现代法学
试题系列
1

高校法学专业
核心课程配套测试

依法理学核心课程教材
最新版本体例组编

第十一版

法理学
配套测试

依据最新立法及学术动态修订升级
新增考试习题、2021～2023年考研真题

教学辅导中心 / 组编

中国法制出版社
CHINA LEGAL PUBLISHING HOUSE

图书在版编目（CIP）数据

法理学配套测试 / 教学辅导中心组编 . —11 版 . —
北京：中国法制出版社，2023. 7
高校法学专业核心课程配套测试
ISBN 978-7-5216-3590-4

Ⅰ. ①法… Ⅱ. ①教… Ⅲ. ①法理学-高等学校-习
题集 Ⅳ. ①D90-44

中国国家版本馆 CIP 数据核字（2023）第 095239 号

责任编辑　孙静　　封面设计　杨泽江　周黎明

法理学配套测试
FALIXUE PEITAO CESHI

组编/教学辅导中心
经销/新华书店
印刷/三河市国英印务有限公司
开本/787 毫米×1092 毫米　16 开　　印张/ 19　字数/ 456 千
版次/2023 年 7 月第 11 版　　2023 年 7 月第 1 次印刷

中国法制出版社出版
书号 ISBN 978-7-5216-3590-4　　定价：52.00 元

北京市西城区西便门西里甲 16 号西便门办公区
邮政编码：100053　　传真：010-63141852
网址：http：//www.zgfzs.com　　**编辑部电话：010-63141787**
市场营销部电话：010-63141612　　**印务部电话：010-63141606**

（如有印装质量问题，请与本社印务部联系。）

第十一版出版说明

《高校法学专业核心课程配套测试丛书》是我社教学辅导中心组织编写的一套教辅丛书。该丛书专为法学院校学生掌握法律专业知识、培养法律思维能力而精心设计，分册设置涵盖法学专业核心课程，因考点全面、题量充足、解答详尽、应试性强等优点，受到广大师生的普遍欢迎，使得该丛书成为法学教辅图书中口碑相传的实力品牌。

《法理学法配套测试》为上述丛书中的一本，自2005年首次出版后，历经多次改版重印，很多读者还来电、来信向我们表达感谢和期待。正是基于这种信赖，为及时体现该领域法学最新研究成果，并与我国立法发展相适应，在承继该书原有优点的基础上，我们对其全面修订。特点如下：

一、配套教材

本书结构上与法理学核心课程教材相配套，便于随学随练。

二、内容及时更新

1. 根据《中华人民共和国立法法》等法律、司法解释及文件等进行全面修订。

2. 收录考试习题、部分高校2021~2023年考研真题等，并对陈旧题目进行替换。

三、加工精细考究

1. 章节前面设置“基础知识图解”，归纳每章的知识体系和基本概念，帮助读者梳理知识点并检验学习成果。

2. 对重点题目的答案以脚注形式提醒注意要点，拓展解题思路。

3. 试题答案讲解细致，重点突出，为培养法律思维和提高应试能力提供有效指导。

4. 本书专门收录两套期末测试题，便于读者进行整体复习和预演自测。

四、附录全面实用

1. 收录全国部分高校法理学专业历年研究生入学考试真题，为准备考研的读者提供更多帮助。

2. 收录法理学学习参考书目，方便读者拓展阅读。

3. 随书赠送课程相关法律单行本一册，方便读者随时查阅我国现行法律规定。

教学辅导中心

2023年7月

导　论

翻开本书，意味着你已经开启法学知识的学习，在未来学习的道路上，你不仅会接触到全国高等学校法学专业16门核心课程中包含的庞大知识点，而且还会逐步构建起法学知识体系，这就需要首先了解这门学科的研究内容和研究对象，还需要掌握一定的学习方法，也就是方法论。作为高校法学核心课程之一，如果你已经感受到法理学与其他部门法稍有区别，让人感觉抽象难懂，那么你首先要弄清楚以下三个基本问题。

法理学是什么？法理学是法学的一般理论、基础理论、方法论和法学的价值意识形态。与民法、刑法等作为应用法学不同，它属于理论法学，这决定了它既是法学学习的内容，也是学习其他具体分科的方法论，可见其重要性。

法理学研究什么？法理学研究法律现象中的一般特点、法律现象的本质和客观规律性。具体包括法哲学的问题、法律运作机制的基本理论问题以及法与其他社会现象关系的基本问题。例如，对法的本体、法的起源与发展、法的运行、法的价值等法理学的基本理论进行了全面阐释。

法理学如何学习？这个问题是初学法理学的人经常提出的问题，因为法理学稍显抽象、理论性较强，所以必须静下心来，扎实学习，慢慢积累。第一，要认真阅读法理学教材和相关著作，具体可见本书附录内容。因为这些著作是对法理学成果的总结和凝练，可以从其中快速汲取养分，所以这些著作可以说是开展法理学学习和研究的起点。第二，要善于以生活中的案例为基础，从法理学的视角进行分析，尽管法理学以抽象的概念、命题和理论表现出来，但其实法理学的理论内容都是对社会生活的高度总结，努力做到“由生活揭示法理，以法理透视生活”。第三，要注意与其他学科的知识相联系，用这些具体的知识理解抽象的法学理论。

最后希望你能通过本书设置的知识结构体系厘清章节脉络，通过本书收录的练习题查漏补缺，夯实基础，激发起对法理学的学习兴趣。

导　论

目　录

第一编　法理学导论

第二编　法理学基本概念

第三编　法的起源和发展

第四编　法的运行

第五编　法的价值

第六编　法治与法治中国

第一编　法理学导论

第一章　法学研究与法学教育

基础知识图解

法学的研究对象
- 1. 就法学作为一个整体而言，其研究对象是法律现象
- 2. 随着法律的发展及法律部门的出现，产生了对法律体系进行解析型研究的需要，因此出现法学内部分科

法学与相邻学科
- 1. 法学与其他学科有特殊的关系
  - ①认识论上，科学是人类认识世界的成果，又是改造世界的思想武器
  - ②现代社会法律渗透到社会的方方面面，许多问题还不仅仅是法律问题
  - ③法治时代越来越多的社会问题都可能转化为法律问题并提交法律机关处理
- 2. 法学与哲学；3. 法学与政治学；4. 法学与经济学；
- 5. 法学与社会学；6. 法学与历史学；7. 法学与逻辑学

法学教育
- 1. 法学教育的目标与功能：①培养高素质公民；②培养高素质法律人
- 2. 当代中国的法学教育

配套测试

一、单项选择题

1. 历史法学派是 19 世纪兴起的一个法学派别，下列哪个选项代表该学派的观点？（　　）

A. 法是一种历史现象，是阶级社会的产物

B. 法和语言、风俗、政治一样，是随着民族的成长而成长的

C. 法是由事物的性质产生出来的必然关系

D. 法是在所有的人中确立的，并得到全人类平等遵守的自然理性

2. 在中国古代，强调“德刑并用”“德主刑辅”的学派是（　　）。

A. 法家　B. 儒家　C. 道家　D. 墨家

3. 标志着作为独立学科的法学出现的是（　　）。

A. 人文主义法学派　B. 分析法学派

C. 历史法学派　D. 社会法学派

二、名词解释

法学

三、简答题

1. 简述法学与哲学的关系。

2. 简述法学与政治学的关系。

3. 简述法学与经济学的关系。

4. 简述法学与社会学的关系。

5. 简要论述人文主义法学派产生的背景及其主张。
6. 根据中国法学的历史，简述法家有关法律的论述并说明其观点对当今中国的法治建设有何影响。
7. 法律人的基本素质包括哪几方面？

参考答案

一、单项选择题

1. **答案**：B。A 属于马克思主义法学理论的观点；D 系自然法学派的观点；C“法是由事物的性质产生出来的必然关系”是法国的孟德斯鸠的观点。
2. **答案**：B。法家强调法的作用和法的规范性。儒家从“礼”“仁”出发，强调道德教化的作用。提出“德刑并用”“德主刑辅”。道家认为“人法地，地法天，天法道，道法自然”。墨家主张以天为法。
3. **答案**：B。

二、名词解释

答案：法学是以法律现象为研究对象的各种科学活动及其认识成果的总称。作为一门系统的科学，法学必须对其研究对象进行全方位的研究，即既要对法进行历时性研究，又要对法进行共时性研究；既要研究法的内在方面，又要研究法的外部方面；既要研究法律规范、法律关系和法律体系的内容和结构以及法律关系的要素，又要研究法的实际效力、效果、作用和价值。

三、简答题

1. **答案**：哲学是关于自然、社会和思维知识的总结和概括。哲学所探求的不是某一具体领域的具体规律，而是自然界、社会和人类思维发展的一般规律。哲学始终居于知识阶梯的最高层次，属于社会意识的最高形式。因此，任何阶级或学派的法学理论，总是以某种哲学作为自己的理论基础。法学同哲学的关系十分密切。在思想史上，哲学曾作为“科学的科学”而出现，企图站在科学之上，独立地创立一个包罗万象的知识体系，将包括法学在内的一切学科都当作这一体系的一个环节。19 世纪中期以后，法学从哲学中分化出来，成为一门独立的学科。但是这并不意味着法学与哲学的脱节。事实上，法学始终受着哲学的巨大影响。这突出地表现为哲学上的每一次更新，每一种新的较有影响的哲学流派的出现，都会引起法学方法论的更新或法学价值定向的改变，并推动着新的法学流派的出现或既有法学流派的分化、变态或消灭。法学与哲学的关系在法理学（法哲学）中表现得最为明显。法理学（法哲学）是对法的一般基础的哲学反思，或者说是根据哲学的观点和方法进行的法律分析。马克思主义法学就是在马克思主义哲学的理论基础上形成和发展起来的。
2. **答案**：政治学是以政治现象及其发展规律为研究对象的一门科学。它所研究的范围相当广泛，包括政治本质、政治结构、政治权力、政治决策、政治规范、政治运行、政治组织、政治文化、政治理论、政治动力、政治秩序、国际政治等。由于法是政治活动和实现政治目标的一种常规形式，特别是在现代社会，民主政治就是法治政治，政治必须采取合法的形式，有规则、有秩序地运行，因而政治和法具有内在的统一性，法学和政治学有着内在的联系，特别是宪法学、立法学、行政法学，本身就兼有法学和政治学两重性质。在历史上，政治学和法学曾经长期不分彼此。19 世纪以后，法学和政治学才各自成为一门独立的学科。由于许多问题，诸如立法政策、权力制约、国家、政党、政府、公民与国家的关系等，是法学和政治学的双边问题，所以法学和政治学两者之间保持着紧密的联系。
3. **答案**：经济学是研究各种经济关系和经济活动规律的科学。法学与经济学有着十分密切的联系，主要是因为：第一，法所反映的统治阶级意志以及法所定型化的权利和义务及其界限，归根结底是由这一阶级的物质生活条件决定的。只有正确而深刻地认识特定阶级的物质生活条件，才能认识法的本质，说明特定社会、特定历史时期法定权利和义务的界限，并为合理地设计权利和义务及其界限提供科学根据。第二，法律对经济有能动的反作用。它能推动社会生产力的发展，也会阻碍社会生产力的发展。这取决于法律制度是否符合经济规律。要为按照经济运行和经济发展的规律管理经济提供法律保障和服务，法学就需要吸收经济学的研究成果。第三，民主和法治的进程取决于社会经济模式和经济发展水平。第四，经济学的许多理论模式和研究方法引入法学领域，可以加深和丰富人们对法律的认识，特别是政治经济学的理论和方法，更有助于说明法律制度、促进法律制度的改革。

4. **答案**：社会学是一门重要的具有综合意义的社会科学。社会学主要研究社会结构和社会进程的宏观问题，其中包括社会关系、社会组织、社会文化、社会规范、社会制度、社会和谐与社会冲突、社会运动和社会变迁、社会越轨与社会控制等。法学与社会学存在相当密切的、相互交错的关系。一方面，法学要研究社会中的法；另一方面，社会学要通过法律研究社会。因而，法学和社会学有很广泛的共同话题。由于广泛的共同话题的存在，推动了横跨法学与社会学两个领域的新学科——法律社会学的产生和发展。

5. **答案**：文艺复兴和宗教改革运动使西方法学朝着世界化的方向发展和变革。一批出身于新兴中产阶级的思想家把君主或人性（而不是神性）看作国家和法律的基础，使法律和法学从天国回到了人间。这个时期法学发展的最重要的标志是人文主义法学派的产生。人文主义法学派主张把罗马法作为整个古典文化的组成部分对待，把哲学方法和历史方法运用于罗马法研究，以便更有说服力地复兴罗马法。注释法学派和人文主义法学派为民族国家的形成、资本主义法律制度的出现和法律的统一化创造了思想理论和技术等方面的有利条件。注释法学家和人文主义法学家是把古代法学传达到近代的使者，他们的研究是连接古代法学和近代法学的纽带。

6. **答案**：春秋战国的几百年是中国法学兴起和大发展的时期。当时各种学说、学派层出不穷，构成了百花齐放的繁荣景象。儒、法、墨、道四家都对法学的兴起和发展作出了贡献，其中法家的贡献尤为突出。法家的代表人物大都是政治活动家。他们在政治活动中，总结了历史上的和现实的治国经验，把法治推崇为立国和治国之本，明确提出“援法而治”“以法治国”等主张，并发动了一系列旨在实现法治的政治改革和变法。在主张和实行法治的过程中，法家的代表人物发表了许多颇有见地的新思想，法家学说曾经成为“显学”。法家的思想和主张对中国封建法学和法律制度的形成和发展，曾经是一个巨大的推动，其推动作用不亚于西方资产阶级启蒙思想在资本主义法律制度取代封建法律制度中的划时代的作用。

7. **答案**：法律人的基本素质包括两大方面：一是基础素质，二是法律素质或法律职业素质。

（1）基础素质。基础素质包括思想素质、文化素质、身体心理素质等。

①思想素质。法律职业者必须具备的思想素质应当包括以下方面：第一，立法为公、执法为民的职业宗旨。第二，追求真理，维护正义的崇高理想。第三，崇尚法律，法律至上的坚定信念。

②文化素质。文化素质是一个宽泛的概念，既包括人文素质，也包括科学素质。文化素质教育是为了培养人文精神和科学精神。具体言之，包括：第一，广阔的知识背景。第二，工具性技能。第三，人际沟通能力。

③身体心理素质。身体心理素质是人才素质的基础部分。身体素质包括机体的力度、速度、韧度和耐受度。心理素质包括心理动力、心理过程、心理状态和心理特征四

个方面。应注意培养以下几个方面良好的心理素质：第一，要注意培养学生正当的动机和兴趣。第二，要注意培养学生自我认识、自我评价的能力。第三，要注意培养学生的情绪稳定力、抗挫力和承受力。第四，要注意培养学生冷静、谦虚的气质和自信、积极、乐观、果断的性格。

（2）法律素质。法律素质是法律人应当具备的职业素质（专业素质），其要素包括：法律思维能力、法律表达能力和探索法律事实的能力。在这三个方面的能力中，法律思维能力是法律素质的核心。

①法律思维能力。法律思维能力包含以下方面的内容：第一，准确掌握法律概念的能力。第二，正确建立和把握法律命题的能力。第三，法律推理的能力。

②法律表达能力。法律表达能力可以分为口头表达能力和书面表达能力两个方面。准确、精练的表达是法律人必须具备的职业技能素质，而深刻的、雄辩的、创造性的表达则是法律人优秀的法律思维能力和高超的法律表达能力的具体体现。

③探索法律事实的能力。探索法律事实，即调查、收集、制作、组合、分析、认证法律事实，是法律实践活动的重要环节。①

① 参见张文显主编的《法理学》（第五版）对这一问题的论述。

第二章　法学的研究方法

基础知识图解

- 法学方法论
  - 1. 释义
    - ①由各种法学研究方法所组成的方法体系以及对这一方法体系的理论说明
    - ②可分为两个基本层次：A. 法学方法体系的理论基础；B. 各种法学方法
  - 2. 基本原则
    - ①坚持实事求是的思想路线；②坚持社会存在决定社会意识的观点
    - ③坚持社会现象的普遍联系和相互作用的观点
    - ④坚持社会历史的发展观点

- 阶级分析方法
  - 1. 释义：用阶级和阶级斗争的观点去观察和分析阶级社会中各种社会现象的方法
  - 2. 防止两种错误倾向
    - ①第一种倾向是以教条主义的态度来理解和运用阶级分析方法，把科学的阶级分析方法片面归结为“阶级斗争之学”和“对敌专政之学”
    - ②第二种倾向是以虚无主义的态度对待阶级分析方法，有意或无意地贬低、轻视甚至否认阶级分析方法的理论意义和认识价值

- 价值分析方法
  - 1. 法学研究的重要方法
  - 2. 以马克思主义哲学为指导的法学在进行价值分析时始终坚持以无产阶级和人民大众的需要为出发点和落脚点

- 实证分析方法
  - 1. 实证分析方法是法学研究的一种基本方法
  - 2. 尤其是在立法和司法评估中，实证分析方法是非常管用的方法
  - 3. 类型：
    - ①社会调查方法；②历史考察方法；③比较研究方法
    - ④逻辑分析方法；⑤语义分析方法

配套测试

一、单项选择题

当代中国对法学研究具有普遍指导意义的根本方法是（　　）。

A. 历史考察的方法

B. 社会调查的方法

C. 马克思主义哲学方法论

D. 分析和比较法律的方法

二、多项选择题

下列关于法的价值分析方法正确的说法是（　　）。

A. 法学是价值中立之学

B. 法学要成为科学就必须只研究事实，而不涉及价值

C. 法的价值分析就是运用一定的价值准则去评判、衡量某种法律

D. 法学像其他社会科学一样，完全排除价值因素是不可能的

三、名词解释

1. 法学方法论
2. 价值分析方法
3. 实证分析方法

四、简答题

1. 简述实证分析方法在法学中的运用。
2. 简要论述法学方法论的基本理论。

参考答案

一、单项选择题

答案：C。我国法学是以马克思主义为指导的，因而它的方法论是建立在马克思主义的基础上的。社会调查的方法、分析和比较法律的方法和历史考察的方法是日常使用的法学方法论。

二、多项选择题

答案：CD。本题考查价值分析方法。价值分析方法就是通过认知和评价社会现象的价值属性，从而揭示、批判或确证一定社会价值或理想的方法。

三、名词解释

1. **答案**：法学方法论就是指由各种法学研究方法所组成的方法体系以及对这一方法体系的理论说明。一般来说，法学方法论的内容可分为两个基本层次或方面。第一个层次是法学方法论的原则，它构成法学方法体系的理论基础，并对其他方法的适用发挥着整体性的导向功能。第二个层次是研究的具体方法，它构成了法学体系的主干部分，在解决具体的法律问题方面发挥着广泛的作用。

2. **答案**：法作为调整社会生活的规范体系，它的存在本身不是目的，而是实现一定价值的手段。社会中所有的立法和司法活动都是一种进行价值选择的活动。当立法者为人们确定权利义务的界限时，他们实际上就是力图通过保护、奖励和制裁等法律手段来肯定、支持或反对一定的行为，从而使社会处于一种在立法者看来是正当或理想的状态。正因为法与价值之间有着这种不可分割的联系，所以价值分析就不能不成为法学研究的重要方法。

3. **答案**：实证分析方法的主要特点就是通过对经验事实的观察和分析来建立和检验各种理论命题。所谓经验事实，指的是可以通过人们的直接观察或间接观察被发现的确定的事实因素。对于法学的实证研究而言，经验事实既包括与法律的制定和实施有关的一切社会事实，也包括法律文本中的词语、句法和逻辑结构等事实因素。

四、简答题

1. **答案**：实证分析方法是法学研究的一种基本方法，其主要特点就是通过对经验事实的观察和分析来建立和检验各种理论命题。所谓经验事实，指的是可以通过人们的直接观察或间接观察被发现的确定的事实因素。对于法学的实证研究而言，经验事实既包括与法律的制定和实施有关的一切社会事实，也包括法律文本中的词语、句法和逻辑结构等事实因素。在法学研究中，可资运用的实证分析方法有许多具体形态，其中最主要的有以下几种。

社会调查的方法。社会调查是法学进行实证研究的最基本的方法。法学所需进行社会调查的课题和范畴是极其广泛的，诸如治安状况的调查、社会组织的调查、法文化的调查、法行为的调查、法实效的调查、法角色的调查和风俗习惯的调查，等等。社会调查的方式也是多种多样的，一般可分为普遍调查、抽样调查、典型调查和个案调查四种。

历史考察的方法。进行历史考察可以使我们从总体上把握法与经济、政治、文化相互作用的历史脉络，加深我们对历史唯物主义法律观的理解并为研究现实问题打下坚实的理论基础。

比较研究方法。一般可分为两种形式，一种是横向的比较，另一种是历史的比较。横向的比较是法学中最常用的比较方法，其中国际的比较已发展成为法学的一个独立分科，被称为比较法学。历史的比较是按照法现象的时间顺序进行比较研究。通过对不同历史类型法制以及同一类型中不同时期法制度的比较研究，我们可以从中得到很多具有启发性和实用性的知识。

逻辑分析方法。逻辑分析方法的具体形式有很多，如归纳与演绎、分析与综合、比较与分类、科学抽象法、数学模型法，等等。

语义分析方法。语义分析方法在法学研究中发挥着十分重要的作用。在法律领域中，语言的功能不仅是一般性地交流思想。立法、执法和司法机构正是通过语言的操作来划定权利与义务的界限，从而宣告和推行国家意志。语言成为传达国家意志和指令的载体，立法过程、执法过程和司法过程本身都伴随一个语言的操作过程。因而，如何正确地使用和解释法律用语，就直接与秩序和人们的切身利益联系在一起了。

2. 答案：法学方法论就是由各种法学研究方法所组成的方法体系以及对这一方法体系的理论说明。一般来说，法学方法论的内容可分为两个基本层次或方面。第一个层次是法学方法论的原则，它构成了法学方法体系的理论基础，并对其他方法的适用发挥着整体性的导向功能。第二个层次是研究的具体方法，它构成了法学体系的主干部分，在解决具体的法律问题方面发挥着广泛的作用。

在法学研究的方法体系中，方法论原则占有特别重要的地位。方法论原则是认识问题、解决问题的基本出发点和基本思路，也是关于如何运用具体方法的一种根本方法。以马克思主义为指导的法学必须以唯物辩证法作为自己的根本方法。

对于法学研究而言，坚持唯物辩证法首先就要坚持以下几条基本方法论原则：

第一，用唯物辩证法研究法学，就必须坚持实事求是的思想路线。

第二，用唯物辩证法研究法学，就必须坚持社会存在决定社会意识的观点。

第三，用唯物辩证法研究法学，就必须坚持社会现象的普遍联系和相互作用的观点。

第四，用唯物辩证法研究法学，就必须坚持社会历史的发展观点。

第三章　马克思主义法理学的产生与发展

基础知识图解

马克思主义法理学的思想渊源
- 1. 三大思想渊源
  - 近代理性主义的古典自然法学
  - 德国古典法哲学
  - 空想社会主义法学思潮
- 2. 马克思在创立历史唯物主义法学理论的过程中，批判地继承了康德的自由观，强调人的权利和自由，抨击专制法律和资产阶级法律制度对人的价值与尊严的践踏；同时也对黑格尔的法学辩证法思想及其方法论原则进行唯物主义的改造，从而在世界观和方法论方面实现了法学领域的伟大变革

马克思主义法理学的形成：《共产党宣言》的问世，标志着马克思主义法理学的诞生

马克思主义法理学的伟大革命
- 1. 本体论意义
  - ①把法的现象放置到整个社会大系统中加以考察，科学地确证法的现象在社会系统中的地位
  - ②对法的现象的本体属性进行逻辑的“思辨”，深入分析法的现象与社会生活条件的相互关系
  - ③准确把握法的现象与社会系统之间的相互作用，探讨法的现象相对独立性的内在机理
- 2. 价值论意义
  - ①致力于分析法的现象的功能状态
  - ②把握法权关系发展的社会人类学向度
  - ③深入探求法的现象的价值基础
- 3. 方法论意义
  - ①研究方法，即“从具体到抽象”
  - ②叙述方法，即“从抽象上升到具体”

列宁对马克思主义法理学的继承与发展
- 1. 阐释了国家与法之间的关系
- 2. 具体阐释了社会主义国家和法的功能与作用，其中包括消灭剥削阶级；组织社会主义经济，提高劳动生产率；发展社会主义文化教育事业
- 3. 提出了“法制统一”思想、法律监督理论、社会主义民主理论、废除旧法的理论、党员和领导干部更要守法的理论等

马克思主义法理学中国化的进程
- 1. 毛泽东思想的法治理论
- 2. 邓小平理论、“三个代表”重要思想、科学发展观的法治理论
- 3. 习近平法治思想
  - （1）习近平新时代中国特色社会主义思想饱含丰富的法治理论和法学理论，集中体现为习近平法治思想，开启了马克思主义法理学中国化新的历史进程
  - （2）基本精神和核心要义集中体现为“十一个坚持”
  - （3）具体内容
    - ①坚持党对全面依法治国的领导
    - ②坚持以人民为中心
    - ③坚持中国特色社会主义法治道路
    - ④坚持依宪治国、依宪执政
    - ⑤坚持在法治轨道上推进国家治理体系和治理能力现代化
    - ⑥坚持建设中国特色社会主义法治体系
    - ⑦坚持依法治国、依法执政、依法行政共同推进，法治国家、法治政府、法治社会一体建设
    - ⑧坚持全面推进科学立法、严格执法、公正司法、全民守法
    - ⑨坚持统筹推进国内法治和涉外法治
    - ⑩坚持建设德才兼备的高素质法治工作队伍
    - ⑪坚持抓住领导干部这个“关键少数”

配套测试

一、单项选择题

依法治国方略的实施是一项浩瀚庞大、复杂而艰巨的系统工程，要全面发挥各种社会规范的调整作用，综合协调地运用多元化的手段和方法实现对国家的治理和管理。关于依法治国理念的基本要求，下列哪一说法是不准确的？（　　）（司考. 2012. 1. 2）①

A. 在指导思想上，要坚持党的领导、人民当家作主和依法治国三者有机统一

B. 在评价尺度上，要坚持法律效果与政治效果、社会效果有机统一

C. 在法的作用上，要构建党委调解、行政调解、司法调解三位一体纠纷解决机制

D. 在法的成效上，要实现依法治国与以德治国的结合与统一

二、简答题

1. 马克思主义法学与以往法学有哪些原则性区别？

2. 如何理解马克思主义法学的伟大之处？

三、论述题

习近平法治思想的基本精神和核心要义是什么。

参考答案

一、单项选择题

答案：C。C 项，在法的作用上，要构建人

① 编者注：部分题号内标注了司法考试真题序号，以本题为例，表示本题为 2012 年司法考试卷一第 2 题。以下不再特别注明。

民调解、行政调解、司法调解三位一体纠纷解决机制。

二、简答题

1. 答案：马克思主义法学与以往法学的原则区别：马克思主义法学以唯物史观为基础，科学地阐明了法的本质及其发展规律，使法学成为一门真正的科学，它与以往的法学具有原则的区别：

第一，马克思主义法学以唯物史观为基础，它认为法是一定阶级意志的体现，这种意志是由这一阶级的物质生活条件所决定的。以往的法学都以唯心史观为基础，否认物质生活条件对法的决定作用。

第二，马克思主义法学认为法具有阶级性，是为一定阶级的利益服务的，而以往法学都以不同形式否认法的阶级性。

第三，马克思主义法学认为法并不是超历史的，是随私有制、阶级和国家的出现而出现的，并随国家的确立而确立。以往法学大都认为法是超历史的，永恒存在的。

2. 答案：(1) 马克思主义法学的本体论意义

马克思主义经典作家对法的现象本体属性的分析，大致可以分为三个层面。

首先，把法的现象放置到整个社会大系统中来加以考察，科学地确证法的现象在社会系统中的地位。

其次，对法的现象的本体属性进行逻辑的“思辨”，深入分析法的现象与社会生活条件的相互关系。

最后，准确把握法的现象与社会系统之间的相互作用，探讨法的现象相对独立性的内在机理。

(2) 马克思主义法学的价值论意义

一是致力于分析法的现象的功能状态。一方面，法律要发挥特殊的政治职能，即维护掌握国家政权的统治阶级的利益。另一方面，法律又要发挥一般的社会职能，即调整社会生活关系，建立和发展社会实际需要的秩序。

二是把握法权关系发展的社会人类学向度。法的现象的历史发展，有其固有的运动机理。在漫漫的历史长河中，法权关系的运动发展呈现出连续性与阶段性的有机统一。它根除了那种表现为与人隔离的虚幻共同体的传统权力，建立起尊重人的价值、维护人的尊严、确认人的个性的价值机制。这是“一个自由人联合体”①。作为这一社会形态初级阶段的社会主义社会的法权关系，把真正的民主权利和自由扩展到亿万劳动人民之中，社会成员的广泛自由和权利在法律上得到确认和保障。

三是深入探求法的现象的价值基础。法的现象的价值属性更深刻的内涵在于：它是对在生产力和交换关系发展的基础上形成的一定社会自由、平等和权利的确认，是对社会主体一定利益的维护和实现。

(3) 马克思主义法学的方法论意义

其一是研究方法，即“从具体到抽象”，这是唯物主义法学的认识路线。这种方法符合法的现象生活的实际。按照这一路线，人们关于法的现象的思想、观念、意识的产生，是直接与人们的物质交往及其活动交织在一起的，是人们物质关系的直接产物。

其二是叙述方法，这是建立法学理论体系的方法，即“从抽象上升到具体”。当法学借助于“从具体到抽象”的研究方法形成一定数量的概念和范畴之后，总会提出一个如何系统化的问题，即需要按照一定的原则再现出来，形成一个具有内在逻辑联系的法学理论体系。

马克思主义法学方法论的上述两个方面并不是漠不相关的，而是互相联系的。法学研究方法是法学叙述方法的前提，法学叙述方法则是法学研究方法在思维行程中的再现或“复归”，二者构成马克思主义法学方法

① 《马克思恩格斯全集》（第23卷），人民出版社1975年版，第95页。

论的完整系统，成为科学的法学思维的辩证法。①

三、论述题

答案： 习近平法治思想是当代中国马克思主义法治理论、21 世纪马克思主义法治理论，是思想深邃、内涵丰富、意蕴深刻、逻辑严密、系统完备的科学理论体系。其基本精神和核心要义集中体现为习近平在 2020 年 11 月召开的中央全面依法治国工作会议上提出的“十一个坚持”。

第一，坚持党对全面依法治国的领导。中国共产党是领导党和执政党，党的领导是中国特色社会主义最本质的特征，是社会主义法治最根本的保证。党的领导是中国特色社会主义法治之魂，是我们的法治与西方资本主义法治最大的区别。坚持中国特色社会主义法治道路，最根本的是坚持中国共产党的领导。把党的领导贯彻到依法治国全过程和各方面，更好落实全面依法治国基本方略。这既是我国社会主义法治建设的一条基本经验，又是全党全民的广泛共识，更是中国共产党行使领导权和执政权的必然要求。坚持加强党对全面依法治国的领导，体现在党对依法治国的战略谋划和顶层设计上，体现在党对科学立法、严格执法、公正司法、全民守法、法治改革的全面领导上，体现在党领导立法、保证执法、支持司法、带头守法上。

第二，坚持以人民为中心。以人民为中心，是社会主义法治的核心价值。全面依法治国最广泛、最深厚的基础是人民，必须坚持为了人民、依靠人民。其一，法治建设为了人民，把实现好、维护好、发展好最广大人民的根本利益作为法治建设的根本目的，把体现人民利益、反映人民意愿、维护人民权益、增进人民福祉、促进人的全面发展作为法治建设的出发点和落脚点，努力使每一项立法、执法和司法都符合宪法精神、反映人民意愿、得到人民拥护。其二，法治建设依靠人民，人民是法治实践的主体，要弘扬人民权益靠法律保障、法律权威靠人民维护的社会主义法治精神，做到法律为人民所掌握、所遵守、所运用，增强全社会尊法学法守法用法的自觉意识。

第三，坚持中国特色社会主义法治道路。党的十八大以来，以习近平同志为核心的党中央总结、概括、拓展了中国特色社会主义法治道路，创新了法治道路的理论，明确提出中国特色社会主义法治道路是中国特色社会主义道路在法治领域的具体体现，是建设社会主义法治国家的唯一正确道路。全面推进依法治国，必须走对路。如果路走错了，南辕北辙了，那再提什么要求和举措也都没有意义了。中国特色社会主义法治道路是一个管总的东西。具体讲我国法治建设的成就，大大小小可以列举出十几条、几十条，但归结起来就是开辟了中国特色社会主义法治道路这一条。在坚持和拓展中国特色社会主义法治道路这个根本问题上，我们要树立自信、保持定力。对这一点，要理直气壮讲、大张旗鼓讲。习近平法治思想指明了全面推进依法治国的正确方向，对于进一步统一全党全国人民的认识和行动具有十分重要的意义。坚持中国特色社会主义法治道路，核心要义是坚持党的领导、坚持中国特色社会主义制度、贯彻中国特色社会主义法治理论。在坚持中国特色社会主义法治道路的同时，还要与时俱进，不断推进理论创新、制度创新、实践创新，不断拓展中国特色社会主义法治道路。

第四，坚持依宪治国、依宪执政。宪法是国家的根本大法，是治国理政的总章程，是中国特色社会主义法律体系的总依据，是中国共产党长期执政的根本法律依据。依法治国首先是依宪治国，依法执政首先是依宪执政。宪法和法律的生命在于实施，宪法法

① 参见张文显主编的《法理学》（第五版）对这一问题的论述。

律的权威在于实施，宪法法律的伟力也在于实施。中国特色社会主义法律体系形成、基本解决有法可依之后，依法治国的重点是保证宪法法律实施，尤其是把宪法实施作为首要任务和基础工作。正如习近平所指出："宪法是国家的根本法。法治权威能不能树立起来，首先要看宪法有没有权威。必须把宣传和树立宪法权威作为全面推进依法治国的重大事项抓紧抓好，切实在宪法实施和监督上下功夫。"① 宪法实施的关键是确保宪法确定的中国共产党领导地位不动摇，确保宪法确定的人民民主专政的国体和人民代表大会制度的政体不动摇，确保宪法所确立的社会主义基本经济制度、基本政治制度得到巩固和发展。保证宪法实施的另一关键是建立健全宪法实施机制，完善宪法监督程序，确保宪法法律的规定落到实处。党的十八大以来，在加强宪法实施机制上党和国家做了大量的工作。2018 年宪法第五次修正案以宪法的形式和权威健全了宪法实施机制，如加强对法规、司法解释的合宪性审查，完善宪法法律解释程序，设立国家宪法日，国家工作人员就职时应当依照法律规定公开进行宪法宣誓等。

第五，坚持在法治轨道上推进国家治理体系和治理能力现代化。新中国成立之后，我们党就提出要推进现代化建设。不过，在很长时间内，在党和国家的文献中，"现代化"概念主要指农业、工业、国防、科技等物质层面的现代化。党的十八大以来，以习近平同志为核心的党中央把国家治理体系和治理能力现代化亦即制度现代化纳入现代化的范畴，推动中国进入全面现代化的新时代。党的十九届四中全会明确提出："到我们党成立一百年时，在各方面制度更加成熟更加定型上取得明显成效；到二〇三五年，各方面制度更加完善，基本实现国家治理体系和治理能力现代化；到新中国成立一百年时，全面实现国家治理体系和治理能力现代化，使中国特色社会主义制度更加巩固、优越性充分展现。"②

法治是国家治理体系和治理能力的重要依托，我国社会主义法治凝聚着我们党治国理政的理论成果和实践经验，凝聚着中华民族治理国家的智慧和人类制度文明的精髓，具有支撑国家治理的强大制度力量，是中国治理的制度根基。在法治轨道上推进国家治理体系和治理能力现代化，是国家治理现代化的必由之路。只有全面依法治国才能有效保障国家治理体系的系统性、规范性、协调性，才能最大限度凝聚社会共识。

第六，坚持建设中国特色社会主义法治体系。全面推进依法治国，涉及立法、执法、司法、守法、法律监督、法治保障、法学教育，涉及依法治国、依法执政、依法行政共同推进，法治国家、法治政府、法治社会一体建设，涉及国家法治、地方法治、社会法治统筹互动、协调发展，在实际工作中必须有一个总揽全局、牵引各方的总抓手，这个总抓手就是建设中国特色社会主义法治体系。"中国特色社会主义法治体系"是习近平汇聚全党智慧凝练出来的一个思想品位极高的统领法治建设全局的概念。明确提出"法治体系"概念，并把建设中国特色社会主义法治体系作为全面依法治国的总目标、总抓手，具有重大理论创新、制度创新和实践创新意义。习近平指出建设中国特色社会主义法治体系就是"在中国共产党领导下，坚持中国特色社会主义制度，贯彻中国特色社会主义法治理论，形成完备的法律规范体系、高效的法治实施体系、严密的法治监督体系、有力的法治保障体系，形成完善的党内法规体系"③。

---

① 中共中央文献研究室编：《十八大以来重要文献选编》（中），中央文献出版社 2016 年版，第 148 页。

② 《中国共产党第十九届中央委员会第四次全体会议公报》，人民出版社 2019 年版，第 8 页。

③ 中共中央文献研究室编：《十八大以来重要文献选编》（中），中央文献出版社 2016 年版，第 157 页。

第七，坚持依法治国、依法执政、依法行政共同推进，法治国家、法治政府、法治社会一体建设。党的十八大之后，习近平从实现“两个一百年”奋斗目标、实现中华民族伟大复兴中国梦的战略出发，明确提出“建设法治中国”。建设法治中国概念的提出和建设法治中国理论的形成，旨在解决法治建设碎片化和各自为政的问题，增强法治建设的系统性、协同性。习近平指出，建设法治中国，就是要“坚持依法治国、依法执政、依法行政共同推进，坚持法治国家、法治政府、法治社会一体建设”①，必须“在共同推进上着力，在一体建设上用劲”②。

习近平对三者“共同推进”和三者“一体建设”进行了辩证阐释，指出：依法治国、依法执政、依法行政是一个有机整体，关键在于党要坚持依法执政，善于运用制度和法律治理国家，提高党科学执政、民主执政、依法执政水平，坚持以法治的理念、法治的体制、法治的程序开展工作，改进党的领导方式和执政方式，推进依法执政制度化、规范化、程序化。重点在于政府要依法行政，坚持法定职责必须为、法无授权不可为，健全依法决策机制，完善执法程序，严格执法责任，做到严格规范公正文明执法。

习近平指出：“法治国家、法治政府、法治社会三者各有侧重、相辅相成，法治国家是法治建设的目标，法治政府是建设法治国家的主体，法治社会是构筑法治国家的基础。”③在“一体建设”中，法治政府建设对法治国家、法治社会建设具有示范带动作用，要率先突破。2015 年 12 月，中共中央、国务院印发了《法治政府建设实施纲要（2015—2020 年）》，明确提出了法治政府建设的指导思想、总体目标、基本原则、衡量标准、主要任务和具体举措。5 年后，即 2020 年 12 月，中共中央印发了《法治社会建设实施纲要（2020—2025 年）》，提出要建设信仰法治、公平正义、保障权利、守法诚信、充满活力、和谐有序的社会主义法治社会。两个《实施纲要》生动体现了坚持法治国家、法治政府、法治社会一体建设的指导思想和决策部署。

第八，坚持全面推进科学立法、严格执法、公正司法、全民守法。这四个方面是全面推进依法治国、建设社会主义法治国家的基本任务。党的十八大首次提出全面推进依法治国的基本任务是科学立法、严格执法、公正司法、全民守法。在这四个环节中，科学立法是全面推进依法治国的前提，严格执法是全面推进依法治国的关键，公正司法是全面推进依法治国的重点，全民守法是全面推进依法治国的基础。四个环节的意义在于：科学立法保证良法善治，严格执法维护法律权威，公正司法确保公平正义，全民守法提振社会文明。要继续推进法治领域改革，解决好立法、执法、司法、守法等领域的突出矛盾和问题。

第九，坚持统筹推进国内法治和涉外法治。统筹推进国内和国际两个大局是我们党治国理政的基本理念和基本经验。党的十八大以来，习近平更加强调必须统筹国内国际两个大局，综合运用国际国内两个市场、国际国内两种资源、国际国内两类规则，坚定不移“维护国家主权、安全、发展利益”和“维护世界和平、促进共同发展”④。

在当今世界激荡变局的背景下，在复杂多变的国际环境下，习近平高瞻远瞩、审时度势，及时提出要“坚持统筹推进国内法治和涉外法治”，“协调推进国内治理和国际治理”，使两个大局相互促进、相得益彰，依法维护国家主权、安全、发展利益，坚决维

① 中共中央文献研究室编：《十八大以来重要文献选编》（中），中央文献出版社 2016 年版，第 188 页。
② 中共中央文献研究室编：《十八大以来重要文献选编》（中），中央文献出版社 2016 年版，第 188 页。
③ 《习近平谈治国理政》（第三卷），外文出版社 2020 年版，第 285 页。
④ 中共中央文献研究室编：《十八大以来重要文献选编》（上），中央文献出版社 2014 年版，第 37 页。

护国家主权、尊严和核心利益。在“两个大局”中，涉外法治是短板、是弱项，所以要加快涉外法治工作战略布局，强化法治思维，运用法治方式，综合利用立法、执法、司法等手段开展斗争，有效应对挑战、防范风险。统筹国内国际两个大局，要秉持共商共建共享的全球治理观，推进国际关系民主化法治化公正化，推动构建人类命运共同体。

第十，坚持建设德才兼备的高素质法治工作队伍。人才强法是人才强国的重要组成部分，是全面依法治国的根本保证。法治人才培养上不去，没有人才辈出的良好局面，全面依法治国的伟业是无法实现的。习近平强调指出：“全面推进依法治国，建设一支德才兼备的高素质法治队伍至关重要。”① 在法治工作队伍中，法治专门队伍主要包括在人大和政府从事立法工作的人员，在行政机关从事执法工作的人员，在司法机关从事司法工作的人员。全面推进依法治国，首先要把这几支队伍建设好。要按照政治过硬、业务过硬、责任过硬、纪律过硬、作风过硬的要求，推进法治专门队伍革命化、正规化、专业化、职业化，确保做到忠于党、忠于国家、忠于人民、忠于法律。要大力加强律师队伍思想政治建设，把拥护中国共产党领导、拥护社会主义法治作为律师从业的基本要求，教育引导律师等法律服务工作者坚持正确政治方向，依法依规诚信执业，认真履行社会责任。

法学教育在全面依法治国中具有基础性先导性作用，要重点打造一支政治立场坚定、理论功底深厚、熟悉中国国情的高水平法学家和专家团队，建设高素质学术带头人、骨干教师、专兼职教师队伍。要坚持立德树人，德法兼修，创新法治人才培养机制，培养造就熟悉和坚持中国特色社会主义法治体系的法治人才及后备力量，要注重培养通晓国际法律规则、善于处理涉外法律事务的涉外法治人才队伍。

第十一，坚持抓住领导干部这个“关键少数”。全面推进依法治国，建设法治中国，必须坚持全民守法。全民守法，就是全国各族人民、一切国家机关和武装力量、各政党和各社会团体、各企业事业组织，都必须以遵守宪法和法律为根本活动原则，并负有维护宪法和法律尊严、保证宪法和法律实施的职责。为此，一方面，要抓住“绝大多数”，努力培育社会主义法治文化，弘扬社会主义法治精神，在全社会形成尊法学法守法用法的良好氛围。另一方面，要切实抓住“关键少数”，关键少数就是各级领导干部。他们具体行使党的领导权、执政权和国家立法权、行政权、监察权、司法权，是全面依法治国的关键。领导干部必须带头尊崇法治、敬畏法律，了解法律、掌握法律，遵纪守法、捍卫法治，厉行法治、依法办事，不断提高运用法治思维和法治方式深化改革、推动发展、化解矛盾、维护稳定的能力，做尊法学法守法用法的表率，做到在法治之下而不是法治之外，更不是在法治之上想问题、作决策、办事情，切实做到守规则、重程序，法定职责必须为、法无授权不可为，尊重和保护人民权益，自觉接受监督。领导干部要提高运用法治思维和法治方式的能力，努力以法治凝聚改革共识、规范发展行为、促进矛盾化解、建设和谐社会；牢固树立宪法法律至上、法律面前人人平等、权由法定、权依法使等基本法治观念，彻底摒弃人治思想和长官意志，绝不搞以言代法、以权压法；努力营造办事依法、遇事找法、解决问题用法、化解矛盾靠法的法治环境。

上述“十一个坚持”既是习近平法治思想的科学内涵，也是其核心要义。②

---

① 中共中央文献研究室编：《十八大以来重要文献选编》（中），中央文献出版社2016年版，第190页。

② 参见《法理学》编写组：《法理学》（第二版），人民出版社、高等教育出版社2020年版，第23-29页。

第四章　法理学概述

基础知识图解

法理学性质
1. 法理学是法学的一般理论、基础理论、方法论和意识形态
2. 一般理论：从宏观、整体的角度研究法律现象
3. 基础理论：为人们提供法的抽象的、基础的理论
4. 方法论
   - ①法理学的理论对法学研究具有方法论价值
   - ②法学方法论是法理学的重要研究内容
5. 意识形态：法理学深受一定意识形态的影响，法理学本身是意识形态的重要组成部分。法理学提炼和浓缩了法学的一系列基本立场、观点和方法，是整个法学体系的理论基础和方法论的核心

学习法理学的意义和方法
1. 意义
   - ①树立马克思主义法律观的需要
   - ②培养中国特色社会主义法治理念的需要
   - ③培养法律思维、法治思维和法理思维的需要
2. 方法
   - ①认真阅读法理学经典著作
   - ②善于从生活中的具体事例或案例出发进行法理学思考，提炼或检验法理学理论
   - ③注重联系其他学科的知识来理解和掌握法理学理论
   - ④了解法理学的发展史，通过法理学的发展史来理解和掌握理论
   - ⑤要了解西方法理学，通过联系和比较中西方法理学来学习法理学
   - ⑥要了解中国法理学的研究现状，积极参与法理学的讨论
   - ⑦注意将理论法学（法理学）与部门法学（法律学）的学习相结合

配套测试

一、单项选择题

1. 不能构成法学体系中独立分科的是（　　）。
A. 国内法学　　B. 法律史学
C. 应用法学　　D. 理论法学

2. 下列关于法律体系、法学体系和法系的表述，正确的是（　　）。
A. 法学体系是法系赖以建立和存在的前提
B. 在一个国家中，法学体系一般只有一个，而法律体系会有数个
C. 法学体系的范围比法律体系的范围广泛
D. 法学体系是法律体系的基础

二、不定项选择题

1. 下列属于我国法理学内容的是（　　）。
A. 法的价值论问题　B. 法的本体论问题
C. 法的历史问题　　D. 法的运行问题

2. 下列有关法理学的表述，哪一个是正确的？（　　）（中国政法大学 2006 年考研真题）①

① 编者注：本书中收录的考研题目为编者收集整理，仅供拓展参考。

A. 法理学是一门理论法学，因而没有实践价值
B. 汉语中“法理学”一词来自日语，与法哲学没有任何关系
C. 法理学既是沟通法学诸学科的桥梁，也是法学与其他科学相联系的纽带
D. 法理学在整个法学体系中具有基础地位，因此部门法学对法理学的研究没有影响

三、名词解释

法理学

四、简答题

1. 简述法理学的研究对象。
2. 简述学习法理学的方法。

五、论述题

试论法理学在法学体系中的地位。

参考答案

一、单项选择题

1. **答案**：C。根据各种类别的法律，法学可以分为：国内法学、国际法学、法律史学、比较法学和外国法学；根据法律的制定到实施，法学可以分为立法学、法律解释学、法律社会学；从认识论的角度，法学可以分为理论法学、应用法学；根据法学与其他学科的关系，法学可以分为法学本科、法学边缘学科。但是，在以上分科中，应用法学和法学本科不是法学体系中的独立分科。
2. **答案**：C。法系是根据法的历史传统对法所作的分类，其存在不以法学体系为前提。法律体系反映的是一国现行的国内法，即各部门法的内容，而法学体系不仅要研究本国现行的部门法，还要研究古今中外的各国法学理论以及国际法等，其研究范围比法律体系要宽泛得多。法律体系的建立也不以法学体系为基础。由于各阶级和派别的意识形态、研究角度以及认识程度的不同，在一国同一时期，可能会出现若干不同的法学体系，但法律体系却是单一的。故选C。

二、不定项选择题

1. **答案**：ABCD。我国法理学的基本问题除选项中的四个外，还包括法与其他社会规范的相互作用问题。
2. **答案**：C。

三、名词解释

答案：法理学是研究一般法，尤其是本国法的一般概念、规律和原理的法学分支学科。就其在法学体系中的地位而言，它是法学的一般理论、基础理论和方法论。

四、简答题

1. **答案**：法理学不同于其他法学学科之处在于，法理学是从宏观的、整体的角度研究法律现象，而不是从微观的、局部的角度研究法律现象。或者说，是法理学思考和研究法律现象的一般性、普遍性问题，而不是法律现象某一领域或方面的具体问题。所谓一般性，就是指包括宪法、行政法、民法、经济法、刑法、诉讼法、国际法等在内的整个法律体系，包括立法、行政执法、司法、法律监督等在内的法律运行全过程，以及古今中外各种类型的法律制度及其各个发展阶段中普遍存在的问题。
2. **答案**：学习法理学与学习其他科学一样，并没有投机取巧的方法可循，必须扎扎实实地下一番功夫。第一，善于从具体案例出发进行法理学思考，提炼或检验法理学理论。第二，联系其他学科的知识来理解和掌握法理学的理论。第三，了解法理学的发展史，从法理学的发展史来理解和掌握理论。第四，了解现代西方法理学，从中西方法理学的联系和比较中来学习法理学。第五，了解当代中国法理学的研究现状，积极参与法理学的讨论。

五、论述题

答案：法理学在法学体系中占有特殊地位。这个特殊地位就是：它是法学的一般理论、基础理论和方法论。

（1）法学的一般理论

法理学以“一般法”即整体法律现象为研究对象。所谓“一般法”，首先指法的整

个领域或者说整个法律现实，以及现行法从制定到实施的全部过程。法理学要概括出各个部门法及其运行的共同规律、共同特征、共同范畴，从而为部门法学提供指南，为法制建设提供理论服务。

“一般法”其次指古今中外一切法。我们的法理学要立足中国，放眼世界，通观历史，从横向和纵向全面地考察法律现象，要吸收比较法学和法史学的研究成果，尽可能了解和批判地借鉴国外法学的研究成果。正因为法理学研究的是一般法，所以，它也被法学家们称作“法的一般理论”。

(2) 法学的基础理论

法理学的对象是一般法，但它的内容不是一般法的全部，而仅仅包含一般法中的普遍问题和根本问题。法理学属于法学知识体系的最高层次，担负着探讨法的普遍原理或最高原理，为各个部门法学和法史学提供理论根据和思想指导的任务。它处理的主要是法律的一般思想，而不是法律的具体知识。因而，法理学的论题是法学和法律实践中带有根本性的问题。

(3) 法学的方法论

除作为法的一般理论和法学基础理论外，法理学还是法学的方法论。所谓方法论是指关于方法的理论和学说。在一定意义上，科学的方法是把主体与客体联系起来的桥梁、渡船、通道。在没有科学的方法就没有科学的认识这种意义上，也可以说方法是科学的生命。改革开放以来，我国法理学越来越重视对法学方法的研究，正在建立起科学的方法论体系。在这个过程中，法理学特别注重研究如何把马克思主义认识世界的一般方法即哲学方法论具体化为认识法律现象的具体方法；注重总结我国法学工作者在法学研究中积累起来的有效的方法，并通过理性化的升华，使之成为普遍有效的认识方法；注重移植其他学科的方法；注重批判地借鉴国外法学研究中的科学方法。

鉴于上述法理学在整个法学体系中的特殊地位和作用，认真学习法理学，切实掌握法理学的理论和方法，对于树立科学的法律观、民主的法治观，学会运用辩证唯物主义和历史唯物主义的立场、观点和方法观察和思考法律问题，特别是当代中国社会主义法治建设的基本问题，确立法律思维方法和法学理论素质，是十分重要的。

第二编　法理学基本概念

第五章　法的概念

基础知识图解

法、法律的语义分析
- 1. 汉语中的“法”及相关概念
- 2. 外文中的“法”及相关概念
- 3. 学术意义上的“法”的概念：法是由国家制定、认可并由国家保证实施的，反映由特定物质生活条件所决定的统治阶级（或人民）意志，以权利和义务为内容，以确认、保护和发展统治阶级（或人民）所期望的社会关系和社会秩序为目的的行为规范体系

法的基本特征
- 1. 调整社会关系的行为规范；2. 由国家制定或认可的行为规范；
- 3. 规定权利和义务的社会规范；4. 由国家强制力保证实施的社会规范

法的本质
- 1. 马克思主义经典作家关于法的本质的论述
- 2. 法的阶级本质
  - ①法是统治阶级意志的体现
  - ②法的本质由统治阶级的物质生活条件决定

法的作用
- 1. 原理
  - ①法的作用是统治阶级（在阶级对立社会中）或人民（在社会主义社会中）的意志影响社会生活的体现
  - ②法的作用是国家权力运行过程的体现
  - ③法的作用是社会生产方式自身力量的体现
- 2. 法的分类
  - 一般作用与具体作用
  - 整体作用与局部作用
  - 预期作用与实际作用
  - 直接作用与间接作用
  - 积极作用与消极作用
  - 规范作用与社会作用
    - ①规范作用
      - 告知作用：代表国家立法机关关于人们应当如何行为的意见和态度
      - 指引作用：通过规定人们在法律上的权利和义务以及违反法律规定应承担的责任来调整人们的行为
      - 评价作用：判断、衡量人们行为的标准和尺度
      - 预测作用：根据法律规定，人们可以预先估计到他们相互间将如何行为，国家机关及其工作人员将如何行为
      - 教育作用：通过法律的实施而对一般人今后的行为发生影响
      - 强制作用：制裁违法行为
    - ②社会作用：对精神文明的促进；对政治文明的促进；对生态文明的促进
- 3. 法的局限性
  - ①法只是许多调整方法中的一种；②法的作用范围不是无限的，也并非在任何问题上都是适当的
  - ③法对千姿百态、不断变化的社会生活的涵盖性和适应性不可避免地存在一定的局限
  - ④在实施法律所需的人力资源、精神条件和物质条件不具备的情况下，法不可能充分发挥作用
  - ⑤法律作用的充分发挥依赖一系列社会条件

配套测试

一、单项选择题

1. 有学者这样解释法的产生：最初的纠纷解决方式可能是双方找到一位共同信赖的长者，向他讲述事情的原委并由他作出裁决；但是当纠纷多到需要占用一百位长者的全部时间时，一种制度化的纠纷解决机制就成为必要了，这就是最初的法律。对此，下列哪一说法是正确的？（　　）（司考．2017.1.13）
   A. 反映了社会调整从个别调整到规范性调整的规律
   B. 说明法律始终是社会调整的首要工具
   C. 看到了经济因素和政治因素在法产生过程中的作用
   D. 强调了法律与其他社会规范的区别
2. 法律格言说：“法律不能使人人平等，但在法律面前人人是平等的。”关于该法律格言，下列哪一说法是正确的？（　　）（司考．2014.1.9）
   A. 每个人在法律面前事实上是平等的
   B. 在任何时代和社会，法律面前人人平等都是一项基本法律原则
   C. 法律可以解决现实中的一切不平等问题
   D. 法律面前人人平等原则并不禁止在立法上作出合理区别的规定
3. 关于法的规范作用，下列哪一说法是正确的？（　　）（司考．2014.1.10）
   A. 陈法官依据诉讼法规定主动申请回避，体现了法的教育作用
   B. 法院判决王某行为构成盗窃罪，体现了法的指引作用
   C. 林某参加法律培训后开始重视所经营企业的法律风险防控，反映了法的保护自由价值的作用
   D. 王某因散布谣言被罚款300元，体现了法的强制作用
4. 宽严相济是我国的基本刑事政策，要求法院对于危害国家安全、恐怖组织犯罪、“黑恶”势力犯罪等严重危害社会秩序和人民生命财产安全的犯罪分子，尤其对于极端仇视国家和社会，以不特定人为侵害对象，所犯罪行特别严重的犯罪分子，该依法重判的坚决重判，该依法判处死刑立即执行的绝不手软。对于解决公共秩序、社会安全、犯罪分子生命之间存在的法律价值冲突，该政策遵循下列哪一原则？（　　）（司考．2011.1.13）
   A. 个案平衡原则　　B. 比例原则
   C. 价值位阶原则　　D. 自由裁量原则
5. 近年来，政法机关通过“大接访”“大走访”“大下访”等做法，通过开门评警、回访信访当事人等形式，倾听群众呼声，了解群众疾苦，为群众排忧解难。关于这些做法的意义，下列哪一表述是不恰当的？（　　）（司考．2011.1.2）
   A. 政法机关既是执法司法机关，也是群众工作机关
   B. 政法干警既是执法司法工作者，也是群众工作者
   C. 人民群众是执法主体，法治建设要坚持群众运动
   D. 司法权必须坚持专门机关工作与群众路线相结合
6. 马克思曾说：“社会不是以法律为基础，那是法学家的幻想。相反，法律应该以社会为基础。法律应该是社会共同的，由一定的物质生产方式所产生的利益需要的表现，而不是单个人的恣意横行。”根据这段话所表达的马克思主义法学原理，下列哪一选项是正确的？（　　）（司考．2007.1.1）
   A. 强调法律以社会为基础，这是马克思主义法学与其他派别法学的根本区别
   B. 法律在本质上是社会共同体意志的体现
   C. 在任何社会，利益需要实际上都是法律内容的决定性因素
   D. 特定时空下的特定国家的法律都是由一定的社会物质生活条件所决定的
7. 关于法的本质的社会控制论观点的主要代表人物是（　　）。
   A. 梅因　　B. 韩非
   C. 康德　　D. 庞德
8. 下列思想家中，认为法律就是人民自己意志

的记录的是（　　）。
A. 卢梭　　B. 霍布斯
C. 西塞罗　　D. 孟德斯鸠

9. 下列有关法的普遍性的说法不正确的是（　　）。
A. 法的普遍性是指法在国家权力管辖范围内普遍有效
B. 法的普遍约束力是以外在强制力为特征的约束，而其他社会规范以内在强制为主要特征
C. 法的普遍性在空间上是以国家主权管辖范围为界，因此，它不是绝对的和无限的
D. 法具有普遍性，因此，一切具体的法律的效力都是完全相同的

10. 下列哪一选项体现了法律的可诉性特征？（　　）（司考 . 2007. 1. 7）
A. 下一级的规范性法律文件因与上一级的规范性法律文件冲突而被宣布无效
B. 公民和法人可以利用法律维护自己的权利
C. “一国两制”原则体现在《香港特别行政区基本法》的制定过程中
D. 道德规范上升为法律规范

11. 把法分为永恒法、自然法、人法和神法四种的是（　　）。
A. 柏拉图　　B. 亚里士多德
C. 奥古斯丁　　D. 托马斯·阿奎那

12. 下列不属于法的特征的是（　　）。
A. 法是由国家制定或者认可的，具有国家意志性
B. 法是由国家强制力保证实施的，具有强制性
C. 法是由原始社会的习惯演变而来的，具有历史性
D. 法是由严格的程序规定的，具有程序性

13. 法所具有的规定人们的行为模式，指导人们行为的性质的特征是指（　　）。
A. 法的普遍性　　B. 法的一般性
C. 法的规范性　　D. 法的程序性

14. 下列有关法的规范性的表述不正确的是（　　）。
A. 从法存在的形态看，其首先是一种规范
B. 法与道德、宗教等规范同属于社会规范
C. 法作为社会规范，特点在于其调整的对象是人们的交往的相互行为
D. 技术规范调整的对象是人与自然的关系，因此，其永远不会上升为法律规范

15. 下列说法错误的是（　　）。
A. 法是国家意志的体现，所有的国家意志都表现为法
B. 所有的“国法”意义上的法都是国家意志的体现
C. 法是国家意志的体现，因此，具有统一性和权威性
D. 法是一种特殊的社会规范，这种特殊就在于它具有国家意志性

16. 下列表述正确的是（　　）。
A. 法是由国家强制力保证实施的，具有国家强制性
B. 法是由国家强制力保证实施的，具有国家强制力
C. 国家强制力是保证法实施的唯一力量
D. 任何情况下法的实施都必须借助于国家强制力

17. 根据马克思主义法学的观点，下列哪一种说法是错误的？（　　）
A. 法体现了一种意志
B. 法体现了统治阶级意志
C. 法体现了统治阶级整体意志
D. 所有的法律都不可能反映被统治阶级的某些利益和愿望

18. 法不同于同一上层建筑中思想意识和政治组织的基本特征是（　　）。
A. 法规定人们的权利、义务、权力
B. 法由国家强制力保证实施
C. 法由国家制定或认可
D. 法是调节人们行为的规范

19. 阶级对立社会的法的第一层次本质是（　　）。
A. 统治阶级赖以生存的物质基础
B. 物质生活条件以外的其他因素
C. 统治阶级对被统治阶级的专政
D. 统治阶级意志的体现

20. 在法律生效期间内，法律规范是反复适用的，而不是仅适用一次的。这表明法具有（　　）。

A. 概括性的属性 B. 效率性的属性
C. 规范性的属性 D. 连续性的属性

21. 下列不属于法的基本特征的表述是（ ）。
A. 法是调节人们行为的规范
B. 法由国家制定或认可
C. 法规定人们的权利、义务、权力
D. 法是阶级社会特有的产物

22. 直接对法的性质、作用和特点发生决定或重大作用的，首先是（ ）。
A. 特定的社会物质生活条件
B. 社会基本矛盾的状况
C. 生产力的发展水平
D. 国家的性质和状况

23. 当代中国法的本质属性是（ ）。
A. 法的国家强制性 B. 法的规范性
C. 法的公平性 D. 法的人民性

24. 根据法的创制与适用主体的不同，法可以分为（ ）。
A. 根本法与普通法
B. 一般法与特别法
C. 成文法与不成文法
D. 国内法与国际法

25. 根据法的渊源的载体形式不同，可将法律渊源分为（ ）。
A. 主要渊源与次要渊源
B. 直接渊源与间接渊源
C. 制定法渊源与非制定法渊源
D. 成文法渊源与不成文法渊源

26. 在一个民主国家，法的渊源中最重要的是（ ）。
A. 风俗习惯 B. 宪法
C. 法律原则 D. 民主法治精神

27. 按照法的创制与表达形式的不同，法可以分为（ ）。
A. 根本法与普通法
B. 实体法与程序法
C. 成文法与不成文法
D. 一般法与特别法

28. 下列有关公法与私法的表述，哪一项是不正确的？（ ）
A. 公法与私法的划分，最早是由古罗马法学家提出来的
B. 按照乌尔比安的解释，公法是以保护国家（公共）利益为目的的法律，私法是以保护私人利益为目的的法律
C. 通常认为，宪法、刑法、行政法属于公法，而诉讼法、民法、商法属于私法
D. “我们不承认任何‘私法’，在我们看来，经济领域中的一切都属于公法范围，而不属于私法范围。”这一段话是由列宁讲的

29. 按照法律的调整范围的不同，法律可分为（ ）。
A. 根本法和普通法
B. 一般法和特别法
C. 实体法和程序法
D. 成文法和不成文法

30. 按照法律规定的内容的不同，法律可分为（ ）。
A. 成文法和不成文法
B. 一般法和特别法
C. 实体法和程序法
D. 国内法和国际法

31. 王某在某大学已取得法学大专文凭，但他根据国家的有关法律规定认为自己必须再读一个法学本科文凭，只有这样他将来才能有资格参加国家的司法考试。这体现了法的（ ）。
A. 指引作用 B. 教育作用
C. 评价作用 D. 强制作用

32. 对每个个体行为的指引有个别性指引和规范指引。规范性指引相对于个别性指引的缺陷是（ ）。
A. 缺乏稳定性 B. 缺乏连续性
C. 缺乏高效率 D. 缺乏针对性

33. 现代社会中，不仅需要有法律这种社会规范，而且还需要有道德、习俗、纪律等其他社会规范。这说明（ ）。
A. 法律是可有可无的
B. 法的作用范围是有限的
C. 法自身具有缺陷
D. 法只是社会调整方法的一种

34. 从法是一种调整人们行为的规范这一角度出发来解释法的作用，称为（ ）。

A. 法的评价作用　B. 法的指引作用
C. 法的社会作用　D. 法的规范作用

35. 指引作用的对象是（　）。
A. 违法者的行为　B. 每个人本人的行为
C. 一般人　D. 他人的行为

36. 下列不是执行社会公共事务作用的是（　）。
A. 有关技术规范的法律
B. 有关犯罪和刑法的法律
C. 有关生产力和科学技术的法律
D. 有关一般文化事务的法律

37. 法的指引作用是（　）。
A. 一种律他作用
B. 一种自律作用
C. 法的一种社会作用
D. 法在各类社会规范中所特有的作用

38. 《民法典》第1133条第2款规定："自然人可以立遗嘱将个人财产指定由法定继承人中的一人或者数人继承。"从法的规范作用看，该项规定属于下列哪种情况？（　）
A. 个别性指引　B. 确定的指引
C. 有选择的指引　D. 非规范性指引

39. 法的规范作用与社会作用是（　）。
A. 手段与目的的关系
B. 理论和实践的关系
C. 目的和本质的关系
D. 理论和价值的关系

40. 在阶级对立的社会中，法的社会作用的核心是（　）。
A. 维护人类社会基本生活条件
B. 促进生产力和科学技术的发展
C. 促进人类文化事业的发展
D. 确认和维护社会的基本经济制度和阶级关系

41. 国家在刑法中通过罪刑法定原则的体现，惩罚了犯罪人，同时又对于社会上的其他人也产生了一定的威慑和教育作用，这里体现了法的两方面的作用，对于这两种作用，二者的关系是（　）。
A. 法的规范作用是目的
B. 法的特别预防作用是目的
C. 法的规范作用和法的社会作用是手段和目的的关系
D. 法的规范作用和法的社会作用是目标和目的的关系

42. 陈某与前妻林某婚生子陈某宝（7岁）并由林某抚养，林某与王某再婚后，王某擅自将陈某宝改为王某宝。陈某诉至法院，法官认为，陈某宝是无民事行为能力的人，其变更姓名需要由亲生父母同意，故判决林某恢复其子原姓名。对此，下列哪种说法是正确的？（　）
A. 法院判决是规范性法律文件
B. 法院判决体现了法的评价作用
C. 姓名权具有相对性
D. 陈某宝是无民事行为能力的人，不享有任何民事权利

二、多项选择题

1. 一外国电影故事描写道：五名探险者受困山洞，水尽粮绝，五人中的摩尔提议抽签吃掉一人，救活他人，大家同意。在抽签前摩尔反悔，但其他四人仍执意抽签，恰好抽中摩尔并将其吃掉。获救后，四人被以杀人罪起诉并被判处绞刑。关于上述故事情节，下列哪些说法是不正确的？（　）（司考.2013.1.53）
A. 其他四人侵犯了摩尔的生命权
B. 按照功利主义"最大多数人之福祉"的思想，"一命换多命"是符合法理的
C. 五人之间不存在利益上的冲突
D. 从不同法学派的立场看，此案的判决存在"唯一正确的答案"

2. 法是以国家强制力为后盾，通过法律程序保证实现的社会规范。关于法的这一特征，下列哪些说法是正确的？（　）（司考.2013.1.55）
A. 法律具有保证自己得以实现的力量
B. 法律具有程序性，这是区别于其他社会规范的重要特征
C. 按照马克思主义法学的观点，法律主要依靠国家暴力作为外在强制的力量
D. 自然力本质上属于法的强制力之组成部分

3. "社会的发展是法产生的社会根源。社会的发展，文明的进步，需要新的社会规范来解

决社会资源有限与人的欲求无限之间的矛盾，解决社会冲突，分配社会资源，维持社会秩序。适应这种社会结构和社会需要，国家和法这一新的社会组织和社会规范就出现了。”关于这段话的理解，下列哪些选项是正确的？（ ）（司考.2012.1.51）

A. 社会不是以法律为基础，相反，法律应以社会为基础

B. 法律的起源与社会发展的进程相一致

C. 马克思主义的法律观认为，法律产生的根本原因在于社会资源有限与人的欲求无限之间的矛盾

D. 解决社会冲突，分配社会资源，维持社会秩序属于法的规范作用

4. 法是统治阶级意志的体现，但统治阶级的意志（包括法本身），都是由统治阶级所处的社会物质生活条件所决定的。这说明（ ）。

A. 法的最终决定因素是社会物质生活条件

B. 法的唯一决定因素是社会物质生活条件

C. 法不是统治阶级任性和专横的表现，而应遵循客观规律

D. 法是客观见之于主观的东西，即人的主观对客观的反映

5. 法在与相近的社会规范，如道德、政策等相比较的过程中显示出来的特殊象征和标志有哪些？（ ）

A. 法是调整人们的行为或者社会关系的规范，具有规范性

B. 法是由国家制定或者认可的，具有国家意志性

C. 法是由国家强制力保证实施的，具有国家强制性

D. 法在国家权力管辖范围内普遍有效，具有普遍性

6. 下列说法正确的是（ ）。

A. 法的规范性是其普遍性的前提和基础

B. 法的普遍性是其规范性的前提和基础

C. 法的普遍性是其规范性的发展和延伸

D. 法的规范性是其普遍性的发展和延伸

7. 关于法的国家强制性，表述正确的是（ ）。

A. 法在实施过程中，始终离不开国家强制力的介入

B. 在法自觉得到遵守的情况下，就没有必要运用国家强制力

C. 国家强制力是保证法的实施的唯一力量

D. 法的实施也需要社会舆论、思想教育等多种手段来保证

8. 下列不属于法的基本特征的有（ ）。

A. 规范性　　B. 目的性

C. 程序性　　D. 继承性

9. 下列说法中正确的是（ ）。

A. 从体现国家意志的角度讲，法总是一元的

B. 法由国家制定或认可意味着体现国家意志的法具有统一性和权威性

C. 国家意志并不必然表现为法

D. 国家的存在是法存在的前提条件

10. 下列说法正确的有（ ）。

A. 并不是所有的法都具有规范性

B. 并不是所有的法律文件都具有规范性

C. 规范性是法的一个基本特征

D. 法律文件包括规范性文件和非规范性文件

11. 法不同于其他上层建筑现象的基本特征有（ ）。

A. 法是调节人们行为的规范

B. 法由国家制定或认可

C. 法规定人们的权利、义务和权力

D. 法由国家强制力保证实施

12. 法是调节人们行为的一种社会规范，从现象上说，它具有（ ）的属性。

A. 一般性　　B. 规范性

C. 概括性　　D. 普遍性

13. 下列有关法的强制性与国家强制力的关系的说法错误的是（ ）。

A. 法的强制性是国家强制力的一种表现

B. 国家强制力是法的强制力的外在力量渊源，对法来说不可或缺

C. 国家强制力是法的强制性的外在力量渊源，对法来说可有可无

D. 法本身只有国家强制性而不具有国家强制力

14. 在阶级对立社会中，法律对统治阶级内部成员的违法犯罪行为也要追究法律责任，

给予法律制裁。这说明（　　）。

A. 阶级对立社会中的法律不是统治阶级全体成员意志总和的反映

B. 阶级对立社会中的法律不是统治阶级整体意志的反映

C. 阶级对立社会中，统治阶级内部的个别意志与其整体意志相抵触

D. 阶级对立的社会中，统治阶级为维护其整体意志会舍弃个别意志

15. 法自身特点所带来的有限性是由于（　　）。

A. 法具有主观意志性，法律总会存在某种不合理、不科学的地方

B. 法的概括性、抽象性与纷繁复杂的现实生活总会有不一致的地方

C. 法的稳定性与不断发展变化的社会生活总存在差距

D. 法的程序性，有时可能会使人们不能及时地解决问题

16. 法所具有的规定人们的行为模式、指导人们行为的性质是（　　）。

A. 法的规范性　　B. 法的安全性

C. 法的程序性　　D. 法的普遍性和统一性

17. 某国议员提出的法案在议会中由于反对党的反对而未获通过，这说明（　　）。

A. 在民主政体下，法并不一定体现统治阶级的意志

B. 在统治阶级利益分化的情况下，法与统治阶级的意志无关

C. 法所体现的统治阶级意志不是统治阶级内部某党派、集团或其成员的个人意志

D. 法律体现的是统治阶级的整体意志或根本意志

18. 下列有关法的特征的表述哪些是正确的？（　　）

A. 历史上的一切法的规定都是明确的、肯定的

B. 法是司法机关办案的主要依据

C. 法律以外的其他社会规范，也可作为司法机关裁判案件的根据

D. 法是以国家政权意志的形式出现的

19. 下列有关法的本质的观点是非马克思主义学说的有（　　）。

A. 理性说　　B. 自由说

C. 利益说　　D. 主权命令说

20. 法有本质属性与非本质属性之分，下列哪些属于法的非本质属性？（　　）

A. 法的规范性　　B. 法的强制性

C. 法的普遍性　　D. 法的物质制约性

21. 根本法和普通法的划分依据是（　　）。

A. 制定程序不同　　B. 适用主体不同

C. 效力不同　　D. 内容不同

22. 一般而言，下列法律文件中属于公法的有（　　）。

A. 劳动法

B. 收养法

C. 全国人民代表大会常务委员会关于维护互联网安全的决定

D. 担保法

23. 下列有关成文法与不成文法的表述不恰当的是（　　）。

A. 在人类的历史上，法是从不成文法发展到成文法

B. 成文法就是制定法，不成文法就是习惯法

C. 英美法系的判例法是成文法

D. 随着法的发展，成文法日益增多，不成文法则逐渐减少

24. 下列哪些法的分类仅适用特定国家的法律？（　　）

A. 成文法与不成文法

B. 联邦法与联邦成员法

C. 普通法与衡平法

D. 公法与私法

25. 关于普通法与衡平法，表述正确的是（　　）。

A. 普通法与衡平法是英美法系主要的法的分类

B. 普通法与衡平法是大陆法系主要的法的分类

C. 衡平法是作为对普通法的修正和补充而出现的

D. 普通法与衡平法均为判例法

26. 古罗马法分为（　　）。

A. 公法　　B. 私法

C. 普通法　　D. 衡平法

27. 下列有关国际法与国内法的表述哪些是错

误的？（ ）

A. 国际法就是指国际条约

B. 国内法是由国家立法机关制定的、在领陆范围内适用的法律

C. 国内法的一切规范性文件均在全国范围内适用

D. 国际法是国内法的渊源

28. 下列哪些内容不属于制定法？（ ）

A. 家法族规　　B. 衡平法

C. 法院判例　　D. 习惯法汇编

29. 国家制定或认可，也就是使法具有“国家意志”的形式。这一特征明显地表明法与其他社会规范，如道德、宗教规范、政党或其他社会组织的规章以及习惯礼仪等的差别。结合上述关于法的“国家意志性”观点，以下表述不正确的是（ ）。

A. 法由国家制定或认可，这是从法作为一个整体并以国家名义制定和认可来说的。实际上构成这一整体的各个法律、法规是由各种不同层次或不同类别的国家机关制定或认可的

B. 法的“国家意志性”在涉及习惯法时是不适用的，因为习惯不经国家机关依法认可就具有法律效力而成为习惯法

C. 法由国家制定或认可的特征，对以成文法或制定法为主的国家，如德国、法国以及当代中国是非常适合的，而对于以英美等国家为代表的普通法系国家来说，法院的判例同样具有一定的约束力，因而判例的形成也就意味着对于国家意志性的例外

D. 法由国家制定或认可的这一基本特征，也就表明法又具有权威性、普遍性和统一性的非本质属性

30. 法的分类，是从一定的角度或者按照一定的标准，对一个国家的法进行划分，下面关于法的分类的论述正确的是（ ）。

A. 法分为根本法和普通法，这是根据法的内容、效力和制定程序的不同而做的划分

B. 法根据调整范围的不同可划分为一般法和特殊法

C. 虽然法可以分为实体法和程序法，但是往往在所谓的实体法中也有程序法的内容，在程序法中也有实体法的内容

D. 法根据所创制和表达的形式不同可以分为成文法和习惯法，这里所指的习惯法也就是普通法系的判例法

31. 青年男女在去结婚登记的路上被迎面驶来的卡车撞伤，未能登记即被送往医院抢救。女方伤势过重成为植物人，男方遂悔婚约。女方父母把男方告到法院，要求男方对女方承担照顾抚养的责任。法院以法无明文规定为由，裁定不予受理。关于本案，下列哪些评论是错误的？（ ）（司考．2008. 1. 53）

A. 支持不受理，因为法官面对的是法律不调整的“法外空间”事项

B. 支持不受理，因为法官正确运用了类比推理而没有采用设证推理

C. 反对不受理，因为法官违反了“禁止拒绝裁判原则”

D. 反对不受理，因为法官没有发挥法律在社会中的创造作用

32. 下列有关宪法的指引作用的表述中，哪些说法是正确的？（ ）

A. 宪法指引的主体包括国家机构、社会组织和个人

B. 宪法指引的范围涉及政治、经济、文化和社会生活各方面

C. 宪法的指引具有最高性

D. 宪法的指引贯穿民主的基本精神

33. 法维护阶级统治的社会作用表现在下列哪些方面？（ ）

A. 调整统治阶级与被统治阶级的关系

B. 调整统治阶级与其同盟者的关系

C. 调整统治阶级内部的关系

D. 调整统治阶级与大自然的关系

34. 法律的预测作用的对象有（ ）。

A. 当事人之间的相互行为

B. 国家对某种行为的态度

C. 一般人今后的行为

D. 他人今后的行为

35. 对人的行为指引有个别性指引和规范性指引。其中个别性指引具有具体、针对性强

的优点，但也有其缺点。包括（　　）。

A. 具有主观随意性

B. 缺乏效率

C. 不符合人的自主、独立的心理倾向

D. 具有客观性

36. 法的作用受下列哪些因素的直接影响？（　　）

A. 法的本质　　B. 法的特征

C. 国家权力　　D. 法的产生

37. 与其他社会规范相比较，法律评价作用的优点是（　　）。

A. 比较客观　　B. 比较明确

C. 比较具体　　D. 比较灵活

38. 下列哪些领域的法律体现了执行社会公共事务的作用？（　　）

A. 维护人类社会的基本生活条件的法律

B. 促进教育、科学和文化发展的法律

C. 确定使用设备、执行工艺的技术规程，规定产品、服务质量的标准的法律

D. 维护生产和交换条件的法律

39. 法的局限性体现在（　　）。

A. 法只是社会调整方法中的一种

B. 法的作用范围不是无限的

C. 法自身特点所带来的局限性，如法具有连续性、抽象性等

D. 实施法律受经济条件的制约并受到其他社会关系的影响

40. 何某与孙某签订了一份买卖合同，在履行合同过程中发生纠纷。何某向律师许某咨询，许某认为根据合同法，孙某行为构成违约，如提起诉讼，有较大胜诉把握。许某的分析体现了法的（　　）。

A. 评价作用　　B. 教育作用

C. 强制作用　　D. 预测作用

41. 法的指引作用可以分为确定的指引和有选择的指引，下列哪些表述属于有选择的指引？（　　）

A.《宪法》规定，公民的通信自由和通信秘密受法律保护

B.《民法典》规定，当事人协商一致，可以变更合同

C.《刑法》规定，故意杀人的，处死刑、无期徒刑或者 10 年以上有期徒刑

D.《民法典》规定，完成技术成果的个人享有在有关技术成果文件上写明自己是技术成果完成者的权利和取得荣誉证书、奖励的权利

42. 下列有关法的作用的表述，有哪些是错误的？（　　）

A. 宪法、刑法、民法、交通法规等都是主要执行社会公共事务的法律

B. 法律不是万能的，因此法律是可有可无的

C. 法律在法治社会有非常重要的作用，因此社会生活的各方面都应一一立法

D. 法的指引作用表现为对人们行为的一种确定性的、不可选择的指引

43. 法律的指引作用具有哪些优点？（　　）

A. 稳定性　　B. 连续性

C. 高效率　　D. 客观性

44. 福建省九届人大常委会于 2002 年 12 月 17 日制定通过《福建省防洪条例》，该条例（　　）。

A. 体现了法的社会性

B. 体现了法在执行社会公共事务方面的作用

C. 同样直接体现了法在维护政治统治方面的作用

D. 在本质上与法的阶级性无关

45. 下列关于法的局限性，表述正确的有（　　）。

A. 自有国家以后，法律在调节人们行为和社会关系的各种社会规范中，就是最主要的社会调整手段

B. 在法治社会中，所有的问题都可以通过法律来解决

C. 法具有保守性，往往落后于现实生活的变化

D. 由于利益冲突，法并不能在所有个别问题上都体现正义

46. 某林区村民于某某为盖房欲去山上伐几棵国有林木。父亲对儿子说，未经许可去伐国有林木属乱砍滥伐，是违反《森林法》的。于某某依从了父亲的劝导。该事例说明法的哪些功能？（　　）

A. 引导功能　　B. 评价功能

C. 教育功能　　D. 强制功能

47. 学者们认为，法律不是万能的，其作用是有限的，其理由在于：①法律重视程序，不讲效率；②法律调整外在行为，不干预人的思想观念；③法律强调稳定性，避免灵活性；④法律反映客观规律，不体现人的意志。下列哪些选项是正确的？（　　）

A. ①③④　　B. ①②④

C. ②　　D. ③

三、不定项选择题

1. “法律人适用法律的最直接目标就是要获得一个合理的决定。在法治社会，所谓合理的法律决定就是指法律决定具有可预测性和正当性。”对于这一段话，下列说法正确的是（　　）。（司考 . 2014. 1. 92）

A. 正当性是实质法治的要求

B. 可预测性要求法律人必须将法律决定建立在既存的一般性的法律规范的基础上

C. 在历史上，法律人通常借助法律解释方法缓解可预测性与正当性之间的紧张关系

D. 在法治国家，法律决定的可预测性是理当崇尚的一个价值目标

2. 2011 年 7 月 5 日，某公司高经理与员工在饭店喝酒聚餐后表示：别开车了，“酒驾”已入刑，咱把车推回去。随后，高经理在车内掌控方向盘，其他人推车缓行。记者从交警部门了解到，如机动车未发动，只操纵方向盘，由人力或其他车辆牵引，不属于酒后驾车。但交警部门指出，路上推车既会造成后方车辆行驶障碍，也会构成对推车人的安全威胁，建议酒后将车置于安全地点，或找人代驾。鉴于我国对“酒后代驾”缺乏明确规定，高经理起草了一份《酒后代驾服务规则》，包括总则、代驾人、被代驾人、权利与义务、代为驾驶服务合同、法律责任等共六章二十一条邮寄给国家立法机关。

关于高经理和公司员工拒绝“酒驾”所体现的法的作用，下列说法正确的是（　　）。（司考. 2011. 1. 89）

A. 法的指引作用

B. 法的评价作用

C. 法的预测作用

D. 法的强制作用

3. “立法者应该把自己看作一个自然科学家，他不是在制造法律，不是在发明法律，而仅仅是在表述法律……”“法是完全没有自己的历史的”，下列选项中，正确说明上述观点的是（　　）。

A. 法律受到社会物质生活条件的制约，受到社会客观规律的支配

B. 法律虽然反映客观规律，但是也可以不反映客观规律

C. 法律在历史发展过程中没有法律史

D. 法律能否反映客观规律，完全由立法者自身素质所决定

4. 以下关于历史上法的本质的论述不符合马克思主义法的本质观的是（　　）。

A. 法国思想家卢梭指出：法律是人民自己意志的记录，人民服从法律就是服从自己的意志

B. 德国哲学家康德认为：法就是那些使任何人的有意识的行为按照普遍的自由法则确实能与别人有意识的行为相协调的全部条件的综合

C. 德国历史法学派创立人卡尔·冯·萨维尼指出：法是民族精神、民族特性和民族共同意识的体现。法随着民族的成长而成长，随着民族的加强而加强，最后随着民族个性的消亡而消亡

D. 德国法学家鲁道夫·冯·耶林认为：法是以强制作为保障的社会目的的体系，而法的目的就是社会利益，社会利益是法的创造者，是法的唯一根源，所有的法都是为了社会利益的目的而产生

5. 下列有关一般法和特别法的表述正确的是（　　）。

A. 一般法和特别法之分具有相对性

B. 商法相对于民法来说是特别法

C. 同一位阶的法律，在适用时要遵循特别法优于一般法的原则

D. 教师法在适用对象的意义上是特别法，而在适用地域上是一般法

6. 以下关于法的分类的说法正确的是（　　）。

A. 普通法系所谓的普通法指11世纪诺曼人征服英国后通过法院判决而逐步形成的适用于全英格兰的法律

B. 联邦制国家中联邦成员国的立法机关有权制定在该国实施的法律

C. 最早系统提出公私法划分的是乌尔比安

D. 民法法系往往又分为德国法法系和法国法法系

7. “法学作为科学无力回答正义的标准问题，因而是不是法与是不是正义的法是两个必须分离的问题，道德上的善或正义不是法律存在并有效力的标准，法律规则不会因违反道德而丧失法的性质和效力，即使那些同道德严重对抗的法也依然是法。”关于这段话，下列说法正确的是（　　）。（司考.2015.1.90）

A. 这段话既反映了实证主义法学派的观点，也反映了自然法学派的基本立场

B. 根据社会法学派的看法，法的实施可以不考虑法律的社会实效

C. 根据分析实证主义法学派的观点，内容正确性并非法的概念的定义要素

D. 所有的法学派均认为，法律与道德、正义等在内容上没有任何联系

8. “法律只是在自由的无意识的自然规律变成有意识的国家法律时，才成为真正的法律。哪里的法律成为实际的法律，即成为自由的存在，哪里的法律就成为人的实际的自由存在。”关于该段话，下列说法正确的是（　　）。（司考.2016.1.88）

A. 从自由与必然的关系上讲，规律是自由的，但却是无意识的，法律永远是不自由的，但却是有意识的

B. 法律是“人的实际的自由存在”的条件

C. 国家法律须尊重自然规律

D. 自由是评价法律进步与否的标准

9. 在莎士比亚的喜剧《威尼斯商人》中，安东尼与夏洛克订立契约，约定由夏洛克借款给安东尼，如不能按时还款，则夏洛克将在安东尼的胸口割取一磅肉。期限届至，安东尼无力还款，夏洛克遂要求严格履行契约。安东尼的未婚妻鲍西娅针锋相对地向夏洛克提出：可以割肉，但仅限一磅，不许相差分毫，也不许流一滴血，唯其如此方符合契约。关于该故事，下列说法正确的是（　　）。（司考.2016.1.90）

A. 夏洛克主张有约必践，体现了强烈的权利意识和契约精神

B. 夏洛克有约必践（即使契约是不合理的）的主张本质上可以看作“恶法亦法”的观点

C. 鲍西娅对契约的解释运用了历史解释方法

D. 安东尼与夏洛克的约定遵循了人权原则而违背了平等原则

四、名词解释

1. 法律的规范性
2. 法律的国家性
3. 法的意志性和规律性
4. 法的阶级性和共同性
5. 法的利益性和正义性
6. 成文法与不成文法
7. 法的作用
8. 法的告示作用
9. 法的评价作用
10. 法的预测作用

五、简答题

1. 简述世界上所有国家共同适用的法的分类。
2. 试述马克思主义关于法的定义。
3. 简要阐述根本法与普通法的概念。
4. 简述法的特殊分类。
5. 简述阶级社会中法的两种社会作用的关系。
6. 法的作用的局限性表现在哪里？（中国人民大学2010年考研题）
7. 如何理解法的预测作用？

六、论述题

1. 论述法区别于其他上层建筑现象的基本特征。
2. 试论法是国家意志的体现。
3. 如何认识法的本质？
4. 试论法的规范作用。

5. 试述社会规范的概念和一般特点。
6. 试述当代中国法的社会作用。

七、案例分析题

某市公安局2003年2月18日正式发布《关于依法处理行人、非机动车违章造成道路交通事故的通告》，规定：当行人出现以下五种违章行为之一，导致道路交通事故发生，且车辆驾驶人员无违章行为，并采取了适当避让措施而未能避免交通事故发生的，将由行人负事故的全部责任：（一）在明令禁止行人通行的高速公路、高架道路、车行立交桥等道路行走或逗留，与机动车发生交通事故的；（二）在有交通信号控制的地方违反信号规定，与机动车发生交通事故的；（三）在设有人行横道、人行天桥的地段横穿车行道，不走人行横道或人行天桥，与机动车辆发生交通事故的；（四）钻越、跨越或倚坐道路栏杆或隔离设施，与机动车发生交通事故的；（五）在机动车道内招停出租车（公交车）、兜售、发送物品，与机动车发生交通事故的。《道路交通安全法》规定，“机动车与非机动车驾驶人、行人之间发生交通事故的，由机动车一方承担责任；但是，有证据证明非机动车驾驶人、行人违反道路交通安全法律、法规，机动车驾驶人已经采取必要处置措施的，减轻机动车一方的责任。交通事故的损失是由非机动车驾驶人、行人故意造成的，机动车一方不承担责任”。试利用所学习的法理学知识分析上述案例。

（1）试利用法的作用的理论来分析上述法律和通告的规定。

（2）试利用违法行为的理论来分析上述法律的规定。

（3）试利用价值冲突解决的理论来分析上述法律和通告的规定。

参考答案

一、单项选择题

1. **答案**：A。题中解释说明，法的产生经历了从个别调整到规范性调整、一般规范性调整到法的调整的发展过程。故A正确。同时可知，法律成为社会调整的主要工具，并不是一开始就存在的。故B错误。该种解释没有说明经济因素和政治因素在法产生过程中的作用，也没有强调法与其他社会规范的区别。故CD错误。
2. **答案**：D。法律面前人人平等作为一项基本的法律原则得以确立，是反对封建特权的结果。奴隶制、封建制社会通行的是特权和等级原则，故B错。法律面前人人平等主要针对的是特权，但并不禁止合理区别，故D项正确。法律平等不等于事实平等，现实中不平等问题的解决依赖于经济、社会等多方面的条件，仅仅依靠法律无法全部解决，故AC错误。
3. **答案**：D。法的作用包括规范作用和社会作用。A项，体现的是法的指引作用，即法对本人（陈法官）行为的引导作用。B项，体现的是法的评价作用，即判断、衡量他人（王某）行为合法与否的评判作用，法院判决实际就是对行为人行为的评价。C项，体现的是指引作用，“法的保护自由价值的作用”说的是法的社会作用而不是规范作用。D项正确，强制作用即制裁违法犯罪行为，针对的是违法者的行为（散布谣言）。
4. **答案**：C。严重危害社会秩序和人民生命财产安全的犯罪分子，该依法重判的坚决重判，该依法判处死刑立即执行的绝不手软。可见，该政策优先考虑公共秩序、社会安全，犯罪分子生命退居其次。由此可知，该政策遵循的是价值位阶原则。
5. **答案**：C。执法司法要发扬民主，扩大民众的有序参与，但是人民群众本身并不是执法主体。法治建设要坚持群众路线，但不能搞群众运动。C项表述错误，ABD正确。
6. **答案**：D。关于A，马克思主义法学与以往法学的根本区别在于是否认为法具有客观实在性，是唯物史观还是唯心史观。以往的法学认为法的本质是神的意志、理性、主权者意志等，马克思主义法学认为，法是统治阶级意志的体现，最终由社会物质生活条件决定。因此强调法律以社会为基础，并不是马克思主义法学与其他派别法学的根本区别，A错误。关于B，马克思主义法学认为，法不是平均地反映每个人的意志，首先反映统治阶级的意志。因此B错误。关于C，马克思主义法学认为，法的本质体现为法的物质制约性，即法的内容受社会存在这个因素的制约，最终也是由一定的社会物质生活条件决定的，故法律内容的决定性因素是一定的物质生活条件，并不是利益需要。关于D，根据前面的理由，可以推知D是正确的。

7. **答案**：D。庞德是关于法的本质的社会控制论观点的主要代表人物。

8. **答案**：A。法国资产阶级启蒙思想家卢梭认为，法律就是人民自己意志的记录。

9. **答案**：D。法的普遍性是指法作为一般的行为规范在国家权力管辖范围内具有普遍适用的效力和特性。但法的效力是有局限性的，一国具体的法律，其效力也是不同的。故D不正确。

10. **答案**：B。所谓法的可诉性，是指法律具有被任何人在法律规定的机构中通过争议解决程序加以运用以维护自身权利的可能性，因此B正确。关于A，它是法的普遍性的表现，并非法的可诉性，因此A错误。关于C，这是法的国家意志性的体现，因此C错误。关于D，道德规范上升为法律规范是国家以认可的方式形成法律的表现，因此D错误。

11. **答案**：D。托马斯是中世纪最有权威的经院哲学家，他将法分为永恒法、自然法、人法和神法四种。

12. **答案**：C。法的特征有：规范性、国家意志性、国家强制性、普遍性、程序性。法具有历史性，但历史性不是其特征。

13. **答案**：C。所谓法的规范性，指的是法所具有的规定人们的行为模式，指导人们行为的性质。法的普遍性是指法在国家权力范围内普遍有效；法的程序性是指法的运行是通过时间、空间上的步骤和方式而得以进行的。

14. **答案**：D。技术规范调整的是人与自然的关系，虽然并不必然涉及人们的交互行为，但为了避免因不遵守技术规范的行为可能造成的危害，有时需要将技术规范上升为法律规范。

15. **答案**：A。国家意志的表现形式是多方面的，可以表现为法，也可以在政治、伦理等领域得以体现。法是国家意志的体现，但并非所有的国家意志都体现为法。

16. **答案**：A。法本身只具有国家强制性，不具有国家强制力，故B错误；国家强制力是法的最后保证手段，并非任何情况下都必须借助强制力，在一定程度上，法的实施还要依靠社会舆论、道德观念、法治观念等多种手段来保证，故CD错误。

17. **答案**：D。法是统治阶级整体意志的体现，但有些情况下，统治阶级也会允许法体现被统治阶级的某些利益和愿望，当然这也是统治阶级出于维护自身利益的考虑。故D错误。

18. **答案**：D。法是调节人们行为的规范。这是法不同于同一上层建筑中的思想意识形态和政治组织（国家、政党）的基本特征。

19. **答案**：D。法是国家意志的体现是法的本质的第一个层次。国家意志也就是指掌握国家政权阶级的意志；法并非全体社会成员的“共同意志”；阶级意志和阶级利益是不可分的。社会物质生活条件是国家意志内容的最终决定因素，它是法的第二个层次的本质。经济以外的因素，如政治、思想、道德、文化、历史传统等，对法所体现的国家意志也有影响。它们是法的本质的第三层次。法和这些因素在经济因素起最终决定作用的条件下相互作用。

20. **答案**：A。法的概括性是指法律规范是一种抽象、概括的规定，即首先，它的对象是一般的人或事而不是特定的人或事。其次，在这一法律生效期间内，是反复适用的，而不是仅适用一次。最后，同样情况同样适用，即“法律面前人人平等”。

21. **答案**：D。法的基本特征即不同于其他上层建筑的特征：（1）法是调节人们行为的规范。（2）法由国家制定或认可。（3）法规定人们的权利、义务、权力。（4）法由国家强制力保证实施。

22. **答案**：A。社会基本矛盾的状况、生产力发展的状况和国家的性质和状况都决定着法的性质与作用，但是，它们都是间接地决定法的性质。只有特定的社会物质生活条件才直接决定法的性质、作用和特点。

23. **答案**：D。我国社会主义法的本质首先在于它的阶级本质，即它是工人阶级领导下的全国人民共同意志的体现。既体现了它的鲜明的阶级性，又体现了它的广泛的人民性，两者是统一的。

24. **答案**：D。国内法是指由特定国家创制并适用于国家主权所及范围内的法律，其法律关系主体一般是个人或组织；国际法是指由参与国际关系的国家通过协议制定或公认的，并适用于国家之间的法律，其法律关系主体主要是国家。故选D。

25. **答案**：D。根据载体形式的不同，可将法的渊源分为成文法渊源和不成文法渊源。前者是指表现为文字形式的制定法等，后者是指不表现为文字形式的习惯法等。故选D。

26. **答案**：B。一国的宪法是规定国家的根本制度和公民的基本权利义务的根本大法，在法的渊源中处于核心地位。故选B。

27. **答案**：C。成文法是指由特定国家机关制定和公布，并以文字形式出现的法律，又称为制定法；不成文法是指由国家认可其法律效力，但又不具有文字表现等形式的法，包括习惯法和判例法。

28. **答案**：C。诉讼法一般认为属于公法。凡属涉及公共权利、利益，公共关系和上下级服从关系、管理关系、强制关系的法，即为公法。凡属平等主体之间涉及个人权利、利益，自由选择的法即为私法。

29. **答案**：B。根据法的调整范围的不同，法可分为一般法和特别法。一般法是指在一国范围内对一般的人和事在不特别限定地区和期间内有效的法律。特别法是对于特定的人和事，在特定的地区、时间内有效的法律。

30. **答案**：C。根据法所规定的内容不同，可将法分为实体法和程序法。实体法指规定法律关系主体的实体权利和义务（或者职责、职权）的法律；程序法是指规定保证法律关系主体的权利和义务得以实施的程序或方式的法律。

31. **答案**：A。法的指引作用是指法对本人的行为具有的引导作用。

32. **答案**：D。个别性指引是指通过一个具体的指示形成对具体人的具体情况的指引；规范性指引是指通过一般的规则对同类的人或行为的指引。个别性指引比规范性指引更具有针对性。故选D。

33. **答案**：D。法不是唯一的调整人们行为的社会规范，道德、伦理、宗教等同样发挥了社会规范的作用。

34. **答案**：D。法主要是由法律规范（规则）构成的，它是一种调整人们行为的规范。法的规范作用中的一种是预测作用。

35. **答案**：B。法的指引作用，是指法的规范作用的首先体现，即对本人行为的指引。行为的主体是每个人自己。对人的行为的指引有两种：个别性指引和规范性指引。

36. **答案**：B。法执行社会公共事务方面的作用主要体现在：为维护人类社会基本生活条件的法律；有关生产力和科学技术方面的法律；有关技术规范的法律；有关一般文化事务的法律；等等。选项中只有B不是执行社会公共事务。

37. **答案**：B。指引作用是法对本人所具有的指导作用，在这里，行为主体是每个个人，从这个意义上说，法的指引作用是一种自律作用。

38. **答案**：C。有选择的指引，是指通过宣告法律权利，给人们一定的选择范围。该条文赋予公民订立遗嘱的权利。

39. **答案**：A。法的规范作用，法主要是由法律规范（规则）构成的，它是一种调整人们行为的规范。法的社会作用，从法的本质和目的这一角度来说，法是经济基础的上层建筑，是为维护经济基础和发展生产力服务的。这两种作用相辅相成、不可分割，但却不是并列的。法通过调整人们行为这种规范作用（作为手段）来实现维护经济基础和发展生产力的社会作用（作为目的）。法的作用的特征之一就在于它是以自己特有的规范作用来实现它的社会作用的。

40. 答案：D。维护统治阶级的阶级统治，这是法的社会作用的核心。体现在：①阶级统治的含义极为广泛，包括经济、政治、思想等各个领域。②法在维护阶级统治方面，最重要的作用是确认和维护以生产资料私有制为基础的社会经济制度以及统治阶级对被统治阶级的专政。③法在调整统治阶级内部和统治阶级及其同盟者之间的关系方面也具有重要作用。

41. 答案：C。本题考查的是法的两个方面的作用，即法的规范作用和法的社会作用。法的规范作用和法的社会作用是手段和目的的关系。对于法的规范作用 2002 年司法考试在多项选择中已考查过。

42. 答案：B。本题考查了规范性法律文件，法的评价作用，民事权利等知识点。A 选项：法院的判决书只针对案件当事人发生效力，案外人则不需受其约束，因此属于典型的非规范性法律文件。A 选项错误，不当选。

B 选项：评价作用是指以法律为标准对他人已经作出的行动作出合法或违法的判定，法院通过依法裁判对当事人的行为进行判定直接体现了法律的评价作用（也可以说判决本身就是一个评价）。B 选项正确，当选。

C 选项：作为人格权一部分的姓名权是典型的绝对权，权利人以外的一般主体都应尊重并附有不侵犯义务。C 选项错误，不当选。

D 选项：无民事行为能力人是指其从事民事法律行为的范围受限，并不意味着其不享有任何民事权利，这是完全不同的两个概念。本题陷阱在于无民事行为能力人和不享有任何民事权利这两个概念容易误解，这是因为理解不到位造成的知识点与日常生活当中一些想当然的常识发生冲突。法律规定，无民事行为能力的人可以实施纯获利的行为。D 选项错误，不当选。

二、多项选择题

1. 答案：CD。显然，五人之间存在激烈的利益上的冲突，为了保全自己必须牺牲另外一个人，故 C 项不正确。不同法学派对该案可能作出不一样的判决，如有的法学派认为，谨遵法律条文，故意杀人者死，应判有罪；有的认为，道德而言应无罪，法律而言有罪，司法机关应当将法律与道德区别开来，不能寻求法律之外的正义，应判有罪；边沁的功利主义主张，一命换多命值得，为了救多人牺牲一人值得，应判无罪；有的则认为，司法部门应考虑民意，依据常识判案，无罪。可见，此案的判决不存在“唯一正确的答案”。故 D 项不正确。AB 表述正确。

2. 答案：ABC。规范都具有保证自己实现的力量。法是以国家强制力为后盾，通过法律程序保证实现的社会规范。因此，法律强制是一种国家强制，法的国家性（正式性）反映了法的强制性特征，是法的本质的表现。而法的程序性是法区别于其他社会规范的重要特征。故 ABC 正确，D 项错误。

3. 答案：AB。C 项，马克思主义的法律观认为，法律产生的根本原因是社会的发展：私有制和商品经济的产生是法产生的经济根源；阶级的产生是法产生的阶级根源；社会的发展是法产生的社会根源。D 项，解决社会冲突，分配社会资源，维持社会秩序属于法的社会作用。AB 表述正确。

4. 答案：ACD。物质制约性是法的本质属性，法根源于社会经济基础，要受到社会物质生活条件的制约。

5. 答案：BCD。法的特征是规范性、国家意志性、国家强制性、普遍性。但道德、宗教、政策也具有一定的规范作用。

6. 答案：AC。法具有普遍性是在法具有规范的效力的意义上而言的，即法作为行为规范在国家管辖范围内具有普遍适用的效力和特性。同时也因为法具有普遍性，法才得以广泛、反复地适用。

7. 答案：BD。国家强制力并不是保证法的实施的唯一力量，只是最终保障手段。法的实施也需要社会舆论、法制观念、伦理道德等多种手段来保证。

8. 答案：BD。法的基本特征有：规范性、国家意志性、国家强制性、普遍性、以权利义务为内容、程序性。目的性、继承性不是法独有的特征。

9. **答案**：ABCD。法是上升为国家意志的统治阶级整体意志的体现，在这个意义上法是一元的，具有统一性和权威性；国家意志不仅体现为法，还体现为道德、伦理等多方面；法作为阶级统治的工具，是以国家的产生和存在为前提条件的。

10. **答案**：BCD。规范性是法的一个基本特征，所有的法都具有规范性。

11. **答案**：ABCD。法不同于其他上层建筑现象的基本特征：（1）法是调节人们行为的规范。（2）法由国家制定或认可。（3）法规定人们的权利、义务、权力。（4）法由国家强制力保证实施。

12. **答案**：ABCD。法作为调节人们行为的一种社会规范，具有规范的一般属性。从现象上说，法具有规范性和一般性（或称普遍性和概括性）的非本质属性。法的规范性是指它为人们的行为提供了一个用以遵循的模式、标准或方向。法的一般性是指法律规范是一种抽象的、概括的规定，即，首先，它的对象是一般的人或事而不是特定的人或事。其次，在这一法律生效期间内，是反复适用的，而不是仅适用一次的。最后，同样情况同样适用，即“法律面前人人平等”。从法的规范性和一般性还可以派生出其他一些属性如连续性、稳定性和效率性。

13. **答案**：BC。法本身只有国家强制性而不具有国家强制力，国家强制力是法的强制性的外在力量渊源，是法的最终保障。

14. **答案**：ACD。阶级对立社会中的法律是统治阶级整体意志的反映，但不是统治阶级全体成员意志总和的反映。当个别意志与其整体意志相抵触时，为了维护其整体意志，统治阶级会舍弃个别成员的意志。

15. **答案**：ABCD。法具有主观意志性、概括性、抽象性、稳定性、程序性等特点，法的有些自身特点会产生法的局限性。

16. **答案**：ACD。法是一种社会规范，能够为人们提供一个行为模式，指导人们的行为。法作为社会规范的约束力及于国家管辖的范围内，无一例外地适用于所有人。法是一个制度化解决问题的程序，具有程序性。

17. **答案**：CD。在阶级社会中，法总是体现统治阶级意志的，但法体现的是统治阶级的整体意志，而不是统治阶级内部某党派、集团或其成员的个人意志。

18. **答案**：BCD。选项BC，是考“法是公共权力机构制定或者认可的具有特定形式的社会规范”的特征，根据《民法典》规定的国家政策作为法律以外的其他社会规范，也可作为司法机关裁判案件的根据，因而法是司法机关办案的主要依据，而不是唯一依据；另外，选项D“法是以国家政权意志的形式出现的”的含义与“法律是掌握国家政权的阶级意志的体现、法律是统治阶级意志的体现”等说法是一致的。

19. **答案**：ABCD。理性说将法的本质归结为人的理性和本性，通常被称为理性主义法律思想，它是一种唯心史观。主权命令说认为法就是主权者的命令。这些观点都是与马克思主义学说不同的。

20. **答案**：ABC。法的规范性、强制性、普遍性等特征，是法在与相近的社会现象（如道德、宗教）进行比较的过程中所表现出来的特殊象征和标志，是法的外在特征。

21. **答案**：ACD。根本法和普通法的划分依据是制定程序不同、效力不同、内容不同。

22. **答案**：AC。公法是指涉及公共权利、公共关系、公共利益和上下服从关系、管理关系、强制关系的法；私法是指平等主体之间涉及个人利益、个人权利、自由选择的法。劳动法是保护社会全体劳动者的合法利益，调整劳动法律关系的法律，C中的决定也是为了保护公共权利、利益的法律，因此属于公法。

23. **答案**：BC。不成文法包括习惯法和判例法。

24. **答案**：BCD。联邦法与联邦成员法的分类适用于联邦制国家；普通法与衡平法的分类只适用于普通法系国家；公法与私法的分类适用于民法法系国家。

25. **答案**：ACD。普通法与衡平法是英美法系主要的法的分类。普通法专指英国在11世纪以后由法官通过判决形式逐渐形成的适用于全英格兰的一种判例法；衡平法是指英国在14世纪后通过对普通法的修正和补充而出现的一种判例法。

26. 答案：AB。普通法和衡平法的划分属于普通法系的划分方法，而罗马法属于大陆法系，应当分为公法和私法。

27. 答案：ABC。选项A不全面，因为国际法除国际条约还包括国际惯例；国内法的效力及于国家主权管辖范围内的一切地域，包括领陆、领水、领空，故B不全面；C中地方性法规的法律效力只及于制定机关的管辖范围内。

28. 答案：ABC。最早的制定法是习惯法汇编，家法族规不属于国家法律，衡平法属于判例法。

29. 答案：BC。本题考查的是法的特征，法具有规范性、国家意志性、普遍性、强制性、程序性的特征。而法由国家制定或认可，就是法具有“国家意志”的形式。法由国家制定或认可，这是从法作为一个整体并以国家名义制定和认可来说的，实际上构成这一整体的各个法律、法规是由各种不同层次或不同类别的国家机关制定或认可的，于是就有了宪法、法律、行政法规、地方性法规等不同的法律渊源形式，而它们的法律效力和法律地位也是不同的，具有不同的位阶。所以A是正确的。对于法的“国家意志性”在涉及习惯法时要注意，其也是适用的，只不过表现的形式不同。因为习惯经国家机关依法认可就具有法律效力而成为习惯法，而某些习惯经国家机关依法认可并吸收到成文法后，这一习惯的内容就转化为成文法。所以B是错误的。法由国家制定或认可的特征，对以成文法或制定法为主的国家，如德国、法国以及当代中国是非常适合的，而对于以英美等国家为代表的普通法系国家来说，法院的判例同样具有一定的约束力，因而判例的形成也就意味着国家授权特定法院对判例法的制定或认可，对于国家意志性不是例外，所以C是错误的。法由国家制定或认可的这一基本特征也就表明法又具有权威性、普遍性和统一性的非本质属性，权威性指法代表国家主权即最高权力的意志。普遍性和统一性指在主权所及范围内普遍有效并相互一致和协调。所以D是正确的。

30. 答案：ABC。本题考查的是关于法的分类。同类的内容在2002年的考试中考过。要求考生注意法根据不同的标准可以作出不同的分类。例如，根据制定和实施的主体的不同可划分为国内法和国际法；根据法的内容、效力和制定程序的不同可划分为根本法和普通法；根据法的调整范围的不同可划分为一般法和特殊法；根据法所创制和表达的形式不同可划分为成文法和习惯法（不成文法）；而考生要理解在分类里面的不成文法（习惯法）所指的并不是英美法系的判例法。附带考生要理解对于法的分类还有在一些国家存在的，如公法和私法，普通法和衡平法，这可以从法的发展的内容来考查。

31. 答案：ABD。法的局限性；法律推理；司法。本案法院应当受理，这是保障当事人诉权的要求，也是“禁止拒绝裁判原则”的要求。但是，法律也不能超出社会的发展需要去创造社会。故选ABD。

32. 答案：ABCD。宪法是国家的根本大法，它规定了一个国家最基本、最重要的问题，具有最高的效力，国家和社会生活方方面面的工作和活动都要以宪法为指导，不得与宪法相抵触。

33. 答案：ABC。法维护阶级统治的社会作用主要表现在调整统治阶级与被统治阶级的关系、调整统治阶级与其同盟者的关系、调整统治阶级内部的关系。

34. 答案：AB。预测作用是指凭借法律的存在，可以预先估计到人们之间会如何行为，其对象包括公民之间，社会组织之间，国家、企事业单位之间以及它们相互之间的行为的预测。

35. 答案：ABC。个别性指引，即通过一个具体的指示形成对具体人的具体情况的指引。

36. 答案：AB。法的作用受到法的本质和法的特征的直接影响。

37. 答案：ABC。评价作用是指法律作为一种行为标准，具有判断、衡量他人行为合法与否的评判作用。

38. 答案：ABCD。法在社会事务方面发挥的作用，体现在维护人类社会的基本生活条件的法律；促进教育、科学和文化发展的法律；确定使用设备、执行工艺的技术规程，规定产品、服务质量的标准的法律；维护生产和交换条件的法律等诸多方面。

39. 答案：ABCD。法在现代社会中的作用是重要的，但也有其局限性。体现在：法只是社会调整方法中的一种；法的作用范围不是无限的；法自身特点所带来的局限性，如法具有连续性、抽象性等；实施法律受经济条件的制约并受到其他社会关系的影响。

40. 答案：AD。评价作用是指法作为一种行为标准，具有判断、衡量他人行为合法与否的作用；预测作用是指凭借法律的存在，可以预先估计到人们相互之间会如何行为。

41. 答案：BCD。有选择的指引是通过宣告一定的权利，赋予人们一定的选择范围。其中C项比较特殊，刑法分则部分的条文，要求人们不得为刑法规定的犯罪行为，从这个角度看，其指引作用属于确定的指引。但同时，刑法分则部分的条文，也属于裁判的规则，它告诉人民法院对于犯罪行为，应当如何判处刑罚，从这个角度讲，属于有选择的指引。

42. 答案：ABCD。A中宪法、刑法、民法都不是执行社会公共事务的法律；法律在法治社会有非常重要的作用，但法律是有局限性的；法对人们的指引有两种方式，即确定的指引和不确定的指引。

43. 答案：ABC。法明确规定人们在一定条件下可以做什么，应当做什么或不应当做什么，为一般人的行为提供了一个模式、标准或方向，正因如此，法对人们的行为具有指引作用。这种指引作用能够稳定、连续地引导人们的行为，使人们的行为乃至整个社会生活达到最高的效率。

44. 答案：AB。法的作用分为政治和社会事务两个方向，都是国家职能的体现，本质上具有阶级性，这一条例的通过体现了法在维护政治统治方面的作用，但并不是直接体现。

45. 答案：CD。立法基于以往的经验，不能完全适应新出现的社会关系和社会事物。并且由于法律体现了一定的利益，所以不能在所有问题上都体现正义。

46. 答案：ABC。评价功能是指根据法律对他人的行为的合法性进行评价的作用。强制功能是指依照法律对违法犯罪者追究法律责任的功能。引导功能是指法对本人的行为具有引导功能。教育功能是指通过法律的实施使法律对一般人的行为产生影响。

47. 答案：CD。法律重视程序，并不必然不讲效率；法律反映客观规律，但也体现人的意志。对于某些领域的社会生活、社会关系不适宜用法来调整，如思想领域；法强调稳定性，因此有时难以适应复杂的社会现实。AB因为有①、④所以不正确。

三、不定项选择题

1. 答案：ABCD。法律决定的可预测性是形式法治的要求，正当性是实质法治的要求。两者都是法治国家理当崇尚的价值目标，但是两者之间存在一定的紧张关系。缓解这种紧张关系通常借助法律解释的方法，ACD正确。可预测性意味着作法律决定的人在作决定的过程中应该尽可能地避免武断和恣意。这就要求他们必须将法律决定建立在既存的一般性的法律规范的基础上，而且他们必须要按照一定的方法适用法律规范，如推理规则和解释方法，故B项正确。

2. 答案：A。法的指引作用，是指法对本人的行为具有引导作用，指向的是行为人自己。评价作用是指，法律作为一种行为标准，判断、衡量他人行为合法与否的评判作用，指向的是他人。预测作用是指，凭借法律的存在，预先估计到人们相互之间会如何行为，指向的是人们相互之间的行为。强制作用是指，法可以通过制裁违法犯罪行为来强制人们遵守法律，其对象是违法者的行为。题中高经理和公司员工拒绝“酒驾”，是自己根据法律规定作出选择，指向的是自己的行为，故选 A。

3. **答案**：A。本题考查的是对于马克思主义法律本质观的理解。马克思主义认为，法是社会经济基础上的上层建筑，受到社会物质条件的制约，并在社会发展中受到社会发展客观规律的支配。

4. **答案**：ABCD。本题考查的是对于法的本质的不同学派的观点，ABCD 没有从本质方面予以说明。

5. **答案**：ABCD。一般法和特别法是根据法的适用范围的不同划分的，这种划分具有相对性。

6. **答案**：ABCD。本题考查的是对于法的分类的综合理解。

7. **答案**：C。这段话的意思是说，法律是法律，道德是道德，法与道德、正义无关。可见，它反映的是实证主义法学派的观点。实证主义法学派分为分析实证主义法学派和社会法学派，前者以权威性制定作为法的概念的一个必要的定义要素，后者以社会实效作为法的概念的一个必要的定义要素。与之相对的非实证主义法学派（自然法学派），则以内容的正确性作为法的概念的一个必要的定义要素。故 ABD 项错误，C 项正确。

8. **答案**：BCD。根据马克思的这段话，法律是人的意识的产物，只有反映自由的自然规律的法律才是真正的法律，即自由的存在。也就是说，自由是衡量国家法律是否属于真正的法律的评价标准，未能反映自由的无意识的自然规律的法律不是真正的法律，而真正的法律是人的实际自由存在的条件。故 A 项“法律永远是不自由的”错误，真正的法律即自由的存在；BCD 项正确。

9. **答案**：AB。安东尼与夏洛克的契约以金钱与身体（生命）作为对价，违背人权原则和平等原则，但是夏洛克主张有约必践，客观上体现了他的权利意识和契约精神，尽管这种权利要求违背人们的正义感。故 A 项正确，D 项错误。夏洛克有约必践的主张，本质上是“恶法亦法”的观点，故 B 项正确。鲍西娅对契约的解释运用的是文义解释，即所谓“一磅肉”，须“仅限一磅，不许相差分毫，也不许流一滴血”，而不是历史解释方法，故 C 项错误。

四、名词解释

1. **答案**：法律是一种行为规范，之所以说它具有规范性，是因为：第一，法律具有概括性；它是一般的、概括的规范，不针对具体的人和事，可以反复被适用。这一点又使法律同非规范性法律文件（如判决书）区别开来。第二，法律的构成要素中以法律规则为主；这不仅表现在法律规则在量方面占主导地位，而且法律的其他要素或者是为法律规则服务的，或者需要转化为规则而发挥作用。第三，法律规则的逻辑结构中包括行为模式、条件假设和法律后果，这是法律的规范性最明显的标志。

2. **答案**：法律出自国家，具有国家性，因为：第一，它是以国家的名义创制的。尽管它是统治阶级意志的体现，但它不能只是以统治阶级的名义。法律代表的是一种表面上凌驾于社会之上的力量，法律需要在全国范围内实施，就要求以国家的名义来制定和颁布。第二，法律的适用范围是以国家主权为界域的，这是法律区别于以血缘关系为范围的原始习惯的重要特征。第三，法律的实施是以国家强制力为保证的。所有这些是法区别于其他社会规范的重要特征。法律的内容从本质上说是统治阶级的意志，从形式上说是国家的意志。只有经过国家制定或认可的统治阶级意志才是国家的意志。

3. **答案**：法是意志和规律的结合。法的意志性，即法由人来制定，它不能不体现人的意志。它作为人类创造的一种行为规则，必然渗透着人的需要和智慧。法的意志性表现在法律对社会关系有一定的需要、理想和价值。比如，需要秩序与安全，那么这种秩序与安全就是人对法律所寄予的希望，也就是一种意志。法的意志性是不可否定的事实，但是法的这种意志性绝不是任意或者任性。

法的规律性，马克思主义法学认为法的内容是由物质生活条件决定的，是受客观规律制约的。客观规律中最重要的是客观存在的经济生活，即一定的经济关系。所以法具有规律性，它是在对客观规律的认识和把握的基础上制定的。

4. **答案**：法的阶级性，即法是在政治、经济和文化方面占有统治地位的阶级意志的体现，是统治阶级进行阶级统治的工具。统治阶级意志通过国家机关的立法活动，上升为国家的意志，从而使法与该阶级的政策、道德区别开来并相互作用。

法的共同性，即法的社会性，是指某些法律内容、形式、作用效果并不以阶级为界限，而带有相同或相似性。不同性质国家其统治阶级制定的法律有某些相同或相似之处，同一国家历史上不同时代的统治阶级指定的法律也存在相似性或共同点；统治阶级的法律有时对被统治阶级也是有利的。这是因为：第一，法律的规律性影响法律的共同性，既然法律是对客观规律的反映，而客观规律是不以人的意志为转移的客观存在，是与人类共同存在的，所以法律反映规律也就决定了不同法律的某些共同性。第二，法律是社会公共管理的手段。第三，法律具有某些特殊的形式，如法律程序、法律语言等方面的共同性。第四，人类交往的增多也是法律共同性的一个重要影响因素。

5. **答案**：法的利益性：无论从应然还是从实然来说，法律都具有利益性，法律所调整的是一种社会利益关系，不同主体的各种利益之间必然存在矛盾和冲突，因此法律才能成为必要。法律作为社会控制的手段和利导机制，必须对各种利益作出合理与非理、合法与非法的界定，并尽可能公正地平衡各种利益关系，很多法律实际上就是各种不同利益相互竞合的产物；法律也必须对社会实际利益关系进行调整。

法的正义性：从应然来说，法律应当具有正义性，否则就是恶法。正义，通常又称为公平、公正、正当或合理，它是人类共同向往的理想和境界。从实质上讲，正义是一种观念形态，是一定经济基础上的上层建筑。但是正义又是活生生的，实践着的，它具有客观和具体的特点。立法可以说是法律对利益的第一次分配，它应当符合并体现正义；法律实施可以说是法律对利益的第二次分配，它应当符合并体现正义。

6. **答案**：以法的创制方式和表达形式为标准对法进行分类，可以分为成文法与不成文法。成文法是指由国家特定机关制定和公布，并以成文形式出现的法律，因此又称制定法。不成文法是指由国家认可其法律效力，但又不具有成文形式的法，一般指习惯法。不成文法还包括同制定法相对应的判例法，即通过法院判决所确定的判例和先例，这些判例和先例对其后的同类案件具有约束力，但它又不是以条文（成文）形式出现的法，因此也是不成文法的主要形式之一。

7. **答案**：法的作用是指法对人的行为以及最终对社会关系和社会生活所产生的影响，其实质是统治阶级（或人民）意志、国家权力对社会关系和社会生活的影响，是社会生产方式回力的体现。

8. **答案**：法律代表国家关于人们应当如何行为的意见和态度。这种意见和态度以赞成和许可或反对和禁止的形式昭示天下，向整个社会传达人们可以或必须如何行为的信息，起到告示的作用。通过法律，人们可以知道什么是国家赞成的，应当做、可以做的；什么是国家反对的，不该做、不得做的；可以知道国家的发展目标、价值取向和政策导向。法的告示作用也可以说是法的意识形态作用，它以对人们的意志、是非观、价值观的影响而为指引作用提供了必要的前提。

9. **答案**：法律作为一种行为标准和尺度，具有判断、衡量人们的行为的作用。在现实生活中，法并不是唯一的评价人们行为的标准，但是法作出的评价却有着与其他不同的特点。首先，法的评价具有比较突出的客观性。其次，法的评价具有普遍的有效性。

10. **答案**：预测作用是指根据法律规定，人们可以预先知晓或估计到人们互相间将如何行为，特别是国家机关及其工作人员将如何对待人们的行为，进而根据这种预知来作出行动安排和计划。由于法律具有预测作用，人们可以根据法律来合理地作出安排，以便用最小的代价和风险取得最有效的结果。

五、简答题

1. **答案**：现代国家普遍适用的关于法的分类，主要有五类，即（1）国内法和国际法。（2）根本法和普通法。（3）一般法和特别法。（4）实体法和程序法。（5）成文法和习惯法。

2. **答案**：马克思主义创始人从唯物史观出发，从不同侧面和角度对法的概念作了不少定义式的表述，深刻地揭示了法的本质和基本特征。

   根据马克思主义关于法的一般理论，吸收国内外法学研究的成果，可以把法定义为：法是由国家制定、认可并依靠国家强制力保证实施的，以权利和义务为调整机制，以人的行为及行为关系为调整对象，反映由特定物质生活条件所决定的统治阶级（在阶级对立社会）或人民（在社会主义社会）意志，以确认、保护和发展统治阶级（或人民）所期望的社会关系和价值目标为目的的行为规范体系。

   马克思主义关于法的定义与非马克思主义关于法的定义相比较，具有如下科学性：第一，揭示了法与统治阶级的内在联系，深刻地阐明了法是以统治阶级（或人民）的利益为出发点和归宿的，法是从统治阶级（或人民）的立场出发，根据统治阶级（或人民）的利害标准和价值观念，来调整社会关系的。第二，揭示了法与国家之间的必然联系，直接指明了国家在统治阶级的意志客观化为法的过程中有“中介作用”，没有这个中介，任何阶级意志都不能成为社会的“共同规则”而具有统一性、权威性和普遍约束力。第三，揭示了法与社会物质生活条件的因果联系。它不是从精神世界或权力意志中寻找法的本源，而是深入法的物质基础即经济基础中来理解法的本源。第四，揭示了法的主要目的、作用和价值。法是统治阶级有意识地创造出来的行为规范体系，具有一定的目的性：确认、保护和发展一定的社会关系和社会秩序。

3. **答案**：根本法与普通法是根据法律的地位、效力、内容和制定主体、程序的不同为标准而对法的分类。这种分类通常只适用于成文宪法国家。在成文宪法国家，根本法即宪法，它规定一个国家的根本制度、根本任务、国体、政体、公民的基本权利和义务，因而在一个国家中享有最高的法律地位和最高的法律效力，宪法的制定主体、制定程序及修改程序也不同于普通法，通常有比较高的严格的程序要求；普通法指宪法以外的法律，其法律地位和法律效力低于宪法，其制定程序也没有宪法那样严格和复杂，其内容涉及的是某一类社会关系，如公民、法人在经济活动中的法律地位，契约的效力，当事人在法庭上的义务等。

4. **答案**：法的特殊分类是相对于法的一般分类的一种分类方法。法的一般分类是对世界上所有国家的法律都基本适用的一种分类，而法的特殊分类则是仅适用于某一类和某一些国家的法律的分类。

   （1）公法和私法

   早在古代罗马时期就存在公法与私法的划分。现代法学一般认为，凡涉及公共权力、公共关系、公共利益和上下服从关系、管理关系、强制关系的法即为公法，而凡属平等主体之间涉及个人利益、个人权利、自由选择的法即为私法。

   （2）普通法和衡平法

   这是普通法系国家的一种法的分类方法。这里的普通法，不同于前面法的一般分类中的普通法概念，而是专指英国在11世纪后由法官通过判决形式逐渐形成的适用于全英格兰的一种判例法。而衡平法是指英国在14世纪后对普通法的修正和补充而出现的一种判例法。

   （3）联邦法和联邦成员法

   这是实行联邦制国家的一种法的分类，单一制国家没有这一分类。联邦法是指由联邦中央制定的法律，而联邦成员法是指由联邦成员制定的法律。由于各联邦制国家的内部结构、法律关系各不相同，因此，有关联邦法和联邦成员法的法律地位、适用范围、效力等均由各联邦制国家宪法和法律规定，没有一种划一的模式。

5. **答案**：(1) 这两个方面的作用是密切联系的。首先，它们是相互依存的，缺少任何一方，另一方也就难以存在。其次，就具体法律而论，有的明显地体现这一方面或那一方面的作用，有的则两种作用交错存在，或者以某一方面为主，另一方面为次。

(2) 这两个方面作用的差别主要是：前一方面作用的对象是阶级统治，后一方面作用的对象是阶级统治以外的事务。维护阶级统治方面的法律当然有利于统治阶级，对被统治阶级是剥夺和压迫，而执行社会公共事务方面的法律，至少从客观上说，有利于全社会；执行社会公共事务方面的法律，即使在不同社会制度下，也往往是相似的，是可以相互借鉴的。

6. **答案**：法是当代社会经济、政治、文化发展和社会全面进步所必不可少的因素。须充分认识和重视法的作用，但是，我们要看到法在作用于社会生活的范围、方式、效果以及实施等方面存在一定的局限性，并要以这种对法的局限性的认识为基础，把法的调整机制与其他社会调整机制有机地结合起来，建立良性的社会秩序。

法的局限性主要表现在以下几个方面：

第一，法只是许多社会调整方法的一种。除法律外，还有政策、纪律、规章、道德、民约、公约、教规及其他社会规范，还有经济、行政、思想教育。虽然在当代社会，就建立和维护整个社会秩序而言，法是最主要的方法，但在某些社会关系和社会生活领域，法并不是主要的方法。且在各种规范调整方法中，法律有时也不是成本最低的方法。

第二，法的作用范围不是无限的，也并非在任何问题上都是适当的。在不少社会关系、社会生活领域或很多问题上，采用法律手段是不适宜的。

第三，法对千姿百态、不断变化的社会生活的涵盖性和适应性不可避免地存在一定的限度。法律作为规范，其内容是抽象的、概括的、定型的，制定出来之后有一定的稳定性。但是，它要处理的现实社会生活则是具体的、形形色色的、易变的。因而，不可能有天衣无缝、预先包容全部社会生活事实的法典。这就使得法律不可能不存在规则真空和一定的不适应性。更为突出的是，法律对人的行为、社会生活和社会关系具有强大的限制性，这种限制性还容易被强化而趋于僵化。这就不可避免地限制人们的创造性活动，特别是社会经济生活和政治生活中的创新和自由。

第四，在实施法律所需人员条件、精神条件和物质条件不具备的情况下，法不可能充分发挥作用。

7. **答案**：预测作用是指根据法的规定，人们可以预先知晓或估计到人们相互间将如何行为，特别是国家机关及其工作人员将如何对待人们的行为，进而根据这种预知来作出行动安排和计划。在社会生活中，每个人的行为都可能对他人的行为产生影响，同时也可能受到他人行为的影响。在这种复杂的互动关系中，如果没有一定的公认的规则，去据以预测自己行为和安排的后果，社会生活就会陷入无序状态。法的预测作用可以减少行动的偶然性盲目性，提高行动的实际效果。总之，由于法具有预测作用，人们就可以根据法来合理地作出安排，以便用最小的代价和风险取得最有效的结果。

六、论述题

1. **答案**：(1) 法是调节人们行为的规范。这一特征表明法与上层建筑中的思想意识以及国家、政党这些政治组织的区别。一般来说，法是由法律原则、法律概念、法律技术规定以及法律规范四要素构成的，法的主体是法律规范。从逻辑上说，每一法律规范均由行为模式和法律后果两个部分构成。作为一种社会规范，法具有规范性和一般性的属性。

(2) 法由国家制定或认可，具有普遍约束力。这一特征表明法有国家意志的形式，使法与其他社会规范区别开来。制定或认可是法产生的两种方式。由于法由国家制定或认可，法便具有权威性。一个国家的法，作为一个整体来说，在该国主权所及范围内是普遍有效的，具有普遍约束力。

(3) 法规定人们的权利、义务、权力。这一特征也表明法与其他社会规范的区别。有的社会规范也规定了某种权利、义务甚至是权力，但在内容、范围和保证实施的方式等方面，与法律权利、义务、权力有很大区别。这里的“人们”和“权利、义务”都是泛指。

2. **答案**：法是国家意志的体现。这是法的第一层次的本质。

(1) 任何国家政权都是由一定阶级掌握的。在任何阶级对立社会，国家意志就是掌握国家政权的统治阶级的意志。在已消灭了剥削阶级的社会主义社会，那里的国家意志就是掌握国家政权的、以工人阶级为领导的全国人民的共同意志。

(2) 从以上意义上讲，统治阶级意志、掌握国家政权阶级的意志和国家意志三者含义是相当的。但三者又有区别。例如，国家意志可以指阶级对立社会中统治阶级的意志，又可以指消灭了剥削阶级的社会的意志，还可以指消灭了剥削阶级的社会主义国家中广大人民的意志。

(3) 这种意志是指作为一个整体的阶级的意志，不是个别人的意志或任性，也不是个人意志的机械的总和。在阶级对立的社会中，由于剥削制度的存在，统治阶级和被统治阶级的利益从根本上说是对立的，又由于国家政权由统治阶级掌握，因而这一社会的法，就其整体来说，只能是统治阶级意志的体现。

3. **答案**：人类对法的本质的认识过程相当漫长，思想家和法学家们都试图回答法是什么，但总是众说纷纭。马克思主义法学运用辩证唯物主义和历史唯物主义，科学地阐明了法的本质。

(1) 法的意志性与规律性

法是意志与规律的结合。

法由人来创制，它不能不体现人的意志。它作为人类创造的一种行为规则，必然渗透着人的需要和智慧。法的意志性表现在法律对社会关系有一定的需要、理想和价值。法的意志性是不可否定的事实，但是法的这种意志性绝不是任意或者任性的。法学史上的自然法观念认为，在实在法之外还存在一个自在的客观法（自然法），立法者的任务不是创造法律，而是揭示和表述事物本身的必然性，而这种客观必然性便是自然法。

马克思主义法学认为法的内容是由物质生活条件决定的，是受客观规律制约的。客观规律中最重要的是客观存在的经济生活，即一定的经济关系。所以法具有规律性，它是在对客观规律的认识和把握的基础上制定的。

但是我们也不能把法律与规律等同起来。规律是客观的，而法律不完全是客观的——法律可能反映规律也可能违背规律。即使尊重规律和反映规律，也不等于把客观规律完全照搬到法律里面。

(2) 法的阶级性与共同性

法是阶级统治和社会管理的手段。

阶级性，即法是在政治、经济和文化方面占统治地位的阶级意志的体现，是统治阶级进行阶级统治的工具。统治阶级意志通过国家机关的立法活动，上升为国家意志，从而使法与该阶级的政策、道德区别开来并相互作用。

共同性，即法的社会性，是指某些法律内容、形式、作用效果并不以阶级为界限，而是带有相同性或相似性。这是因为：第一，法律的规律性影响法律的共同性；既然法律是对客观规律的反映，而客观规律是不以人的意志为转移的客观存在，是与人类共同存在的，所以法律反映规律也就决定了不同法律的某些共同性。第二，法律是社会公共管理的手段；法律中有某些执行社会公共事务的规定，而且这类规定在近现代法律中日益增多。第三，法律具有某些特殊的形式，所以，就有了诸如程序法规、法律语言、适用技术等方面的共同性。第四，人类交往增多也是法律共同性的一个重要影响因素。

(3) 法的利益性与正义性

从应然意义上讲，法律是为实现社会正义而调整各种利益关系的工具。

无论从“实然”还是从“应然”来说，法律都具有利益性。法律所调整的是一种社会利益关系，不同主体的各种利益之间必然存在矛盾和冲突，因此法律才成为必要。法律作为社会控制的手段和利导机制，必须对各种利益作出合理与非理、合法与非法的界定，并尽可能公正地平衡各种利益关系，法律也必须对社会实际利益关系进行调整。从应然来说，法律应当具有正义性，否则就是“恶法”。正义，通常又称为公平、公正、正当或合理，它是人类共同向往的理想和境界。从实质上讲，正义是一种观念形态，是一定经济基础上的上层建筑。但是正义又是活生生的，实践着的，它具有客观和具体的特点。立法可以说是法律对利益的第一次分配，它应当符合并体现正义；法律实施可以说是法律对利益的第二次分配，它也应当符合并体现正义。

以上三个方面，就是以辩证唯物主义和历史唯物主义为指导对法的本质的科学阐释。

4. 答案：(1) 在我们的社会中，法扮演着人类行为的规范和社会关系调整器的角色。前者主要是从微观的角度来看，后者是从宏观的角度来看的。法对个人的规范作用主要针对人的外部行为指向，而不以人的内心世界为观察点。它只注重对人的客观活动的事实判断，而不注重对人的主观活动的情感体验。法通过对个体行为的调整来对整个社会关系产生影响。

(2) 根据法的规范作用的不同方式，即它对不同的行为的不同的影响，规范作用可以被概括为指引、评价、预测、警示等作用。

①法的指引作用是指法（主要是法律规范）对人的行为起到导向、引路的作用。这种作用主要针对每个人自己的行为，而其同时又是不同于个别指引的规范指引。法的指引作用又可以分为确定的指引和有选择的指引，羁束的指引和非羁束的指引，原则的指引和具体的指引。此外需要指出法的指引作用与个体自由的关系。在私法领域内一般坚持法无明文规定即可为之的原则。因而在私法领域法的指引作用对个体的意义主要体现为否定性的指引（如不得欺诈），或原则性的指引（如诚实信用），有选择的指引或非羁束的指引往往最大限度地体现当事人意思自治的原则。在公法领域内，法的指引作用肯定性的指引占多数，其针对的对象主要是代表国家公权力的政府机关，因而坚持无明文规定不可为的原则。

②法的评价作用是指法律作为人们对他人行为的评价标准所起的作用，其作用对象是他人的行为。法的评价根据评价主体的不同又可分为专门的评价和社会的评价。专门的评价是指法律专门授权的国家机关、组织或成员对个体行为的评价，如法官、仲裁员，行政机关对人们行为的评判或裁决。其一般具有一定的法律效力，它以法的强制性为后盾，同时体现法的公正性，树立法的权威，社会的评价主要是指舆论评价或普通主体的评价，它是法所起作用的社会环境对法的规范作用的综合评价。

③法的预测作用是指人们根据法律可以预先估计相互间将怎样行为以及行为的后果，从而对自己的行为作出合理的安排。法之所以具有预测性是因为法具有规范性、确定性的特点，从而法可以给人一种稳定的法律上的预期，使个体在追求自身利益的同时只要遵循共同的行为准则，其利益就会得到法律的承认和保护，这也是法的规范作用得以向法的社会作用扩展的契机。

④法的警示作用是指法律中包含的强制性、责任性的信息给人以启示和教育。法律一颁布就具有警示作用，它无须通过法的强制执行。法的警示作用主要是通过禁止性规范和法律后果而形成的。正是由此，法律才具有了预防犯罪的社会作用。此外，在判例法国家，由于坚持先例原则，往往通过一代代法官的解释使法的警示作用逐渐与社会生活融合，从而无论在司法领域还是在人们的社会生活中，都具有重要的意义。

(3) 法的规范作用在某种意义上还体现在法律规范作为司法机关判案的依据上。在大陆法系国家，由于重视编纂法典，因而法官主要依据法条来判决；在普通法国家，由于“法”主要是指判例法，在这一角度上讲，法也是法官判案的主要依据，只是法官首先需要从先例中“找法”—发现法律原则—进行判断。

5. **答案**：社会规范是指调整人与人之间的关系的一般行为规则，是相应的社会意识的体现，是人们意识和意志活动的结果，归根结底决定于经济。社会规范基于其内容可分为政治规范、文化规范、美学规范、技术规范。而按用何种手段进行调整可分为法律规范、道德规范、习惯规范、社会团体规范。社会规范的特点包括：

(1) 社会规范是人们在社会中的行为规则，它指出在人与人的关系中应该如何行为，行为应是怎样的。

(2) 规范是具有一般性的行为规则，社会规范也是一般性的行为规则，不是针对具体人，而是针对每个人的，它要求某类人，在某种生活下都要按这种规范的参数、模式、尺度行为。

(3) 社会规范是一定社会意识的反映，是自发形成或有目的地制定的，为一定的社会集团所采纳的一般行为规则。

(4) 归根结底，社会规范是被社会经济制度制约的。社会经济条件被人们意识到反映在社会意识中、包括在社会规范中。社会规范也受一定政治制度和人们的理想、文化所制约，但政治制度和人们的理想、文化，归根结底也是一定经济要求的体现。

(5) 在社会规范的内容中，总是反映了人们调整社会关系，使之按照某个社会集团、阶级的愿望发展的企图。就社会规范的内容来看，在阶级社会，它总是有一定阶级倾向性、体现一定阶级的价值观。但并不排除共同生活规则的存在，这种共同生活规则是人类文明发展的产物，是执行由一切社会的性质产生的社会公共事务所必需的。但不同的阶级在利用这些规则时，往往抱着不同的目的、有不同的理解、采用不同的方式。

(6) 作为社会意识、社会文化现象，社会规范有继承性，可为不同的社会关系内容服务。社会规范是社会的组织形式，是任何社会生产的必要条件。当一种生产方式持续一段时期，它就会作为习惯固定下来，并最终被法律化、神圣化。人类的历史已证明了这一点。它同时说明了，这种社会规范在每一种社会形态中都是必要的。因为每一种社会形态中的生产方式的发展必须遵从社会发展的必然，这就要求在社会中占统治地位的生产方式必须摆脱经济发展的偶然性和任意性的影响，服从历史的必然。而这种服从只有成为社会规范，为社会中最大多数人奉行时，社会才能平稳进步。这在一定程度上说明了社会规范产生的原因和使命。

6. **答案**：(1) 当代中国社会主义法的社会作用的划分方法。

①对当代中国来说，将法的社会作用概括为维护阶级统治与执行社会公共事务是不合适的。②过去对当代中国法的社会作用的分析。包括：保障和促进社会主义经济建设和经济体制改革；保障和促进社会主义精神文明建设；保障和促进社会主义民主建设和政治体制改革；保障和促进对外开放。③过去的划分方法的根据是当代中国社会主义现代化建设的总体布局。它符合中国实际，而且也便于理解，但这种划分法主要是从政治理论角度出发。从法学角度可以把中国当代社会主义法的社会作用划分为六种。

(2) 社会作用之一：维护秩序，促进建设与改革开放，实现富强、民主与文明。

①这一作用是我国社会主义法的总的社会作用，说明我国所有法律的社会作用是以党的基本路线和国家的根本任务为核心的。②秩序。秩序意味着稳定，而“没有稳定什么事也做不成”。③建设、改革开放，指党在社会主义初级阶段的基本路线，即一个中心、两个基本点。④实现富强、民主与文明，指宪法规定的建设社会主义现代化的目标。

(3) 社会作用之二：根据一定的价值准则分配利益，确认和维护社会成员的权利、义务。

①“分配”是指法律上规定社会基本制度怎样确认和维护社会成员的权利和义务，“价值准则”即指法的评价准则。②社会成员的权利和利益不仅指经济上、物质上的利益，而且指政治上、精神上的利益。维护社会成员的权利和义务是指一方面法律保护他们的权利；另一方面也对他们滥用权利，即不履行义务的行为实行制约。③我国宪法规定公民的基本权利和义务是对这一社会作用的全面规定，其他法律、法规都体现了这一社会作用。

（4）社会作用之三：为国家机关和国家公职人员执行公务的行为提供法律根据并对他们滥用权利或不尽职责的行为实行制约。

①国家机关及其公职人员执行公务都应有法律根据，即依法办事，任何人妨碍其履行公务应承担相应责任。②法律对国家机关及其公职人员滥用职权或不尽职责的行为加以制约，即对他们的公务行为依法实行有效的监督，纠正其错误，追究和制裁他们的违法行为。③国家机关组织法、行政法、刑法、诉讼法、公务员法和法官法等都体现了法的这一社会作用。

（5）社会作用之四：预防和解决社会成员之间以及他们与国家机关之间的争端。

①在发生各种法律争端时，都应根据相应法律解决，其中很多争端还应通过诉讼解决。②法律还应预防争端的发生，完备的法律规定有助于减少争端。③调解和仲裁是减少诉讼的重要措施。

（6）社会作用之五：预防和制裁违法行为。

①违法包括犯罪行为在社会生活中是必然存在的现象。②法律良好的一个重要标准是预防违法行为，尽可能减少违法行为，对已发生的违法行为，加以相应的制裁。

（7）社会作用之六：为法律本身的运行与发展提供制度和程序。

①法律应规定它本身健康运行和发展的制度和程序。这是其他社会规范不可能具有或不完全具有的一个特点。②即使法律有保障本身健康运行和发展的制度和程序，也需要外力的推动和监督。

七、案例分析题

答案：（1）法的作用是法对社会产生的影响。法的作用分为规范作用和社会作用，法的社会作用是法规范社会关系的目的，往往法的社会作用是通过法的规范作用逐步发展起来的。法的规范作用有指引、评价、教育、预测和强制五种。本案例中，《道路交通安全法》的规定都是对于机动车驾驶者和行人、非机动车驾驶人的行为的指引，通过对于具体的行为后果的预测，使他们树立一些行为的准则，起到法的规范作用，并最终实现法的社会作用。

（2）任何人都不能因为其故意的违法行为而免责，在非机动车驾驶人、行人故意造成其事故损失的，机动车一方不承担责任，体现了法律对于其违法行为的否定态度，所以是合理的。

（3）法的价值有自由、秩序、正义、效率、利益等，但是法的价值并不是完全统一的，有时法的各种价值之间会发生矛盾，从而导致价值的冲突，此时就要利用价值冲突解决的原则来处理。在本案例中，既有对于交通秩序和效率的优先保护，也有《道路交通安全法》对于个人生命权、健康权等权益的保护。在这两种价值中，究竟哪种价值更具有优先性，就体现了价值位阶的选择问题。而在各种价值中，人的生命权、健康权是最重要的，所以要处于更高的价值位阶；并且现代社会的发展更多地从正义的角度出发来保护社会的弱势群体和社会公正。在机动车和行人、非机动车方面，无论从机动车的动力设置还是从机动车的社会保障程度上都明显优越于行人、非机动车，于此行人、非机动车相对处于弱势地位，所以在体现社会公正方面也要予以倾斜和保护。所以《道路交通安全法》的保护更为合理。

第六章　法的渊源、分类和效力

基础知识图解

- 法的渊源
  - 1. 内涵
  - 2. 法的渊源的种类
    - (1) 制定法
    - (2) 习惯法
    - (3) 判例法
- 法的分类
  - 1. 国内法与国际法：根据法的创制和适用主体的不同
  - 2. 成文法与不成文法：根据创制和表达方式的不同
  - 3. 实体法与程序法：根据规定的内容的不同
  - 4. 根本法与普通法：根据法的效力等级、基本内容和制定程序的不同
  - 5. 一般法与特别法：根据适用范围的不同
  - 6. 公法与私法：法学上最传统的分类方法之一
  - 7. 普通法与衡平法
  - 8. 联邦法与联邦成员法
- 法的效力
  - 1. 概念
    - ①从广义上看，它既包括规范性法律文件对人们的行为有普遍的约束力，也包括非规范性法律文件对特定的人、特定的事有法律约束力，还包括因民事主体双方协议或单方法律行为（如遗嘱）而产生的对特定人的法律约束力
    - ②从狭义上看，只有规范性法律文件才能具有普遍约束力
  - 2. 效力范围：①时间效力；②空间效力；③对象效力（对人效力）
  - 3. 处理法的效力冲突的一般原则
    - ①根本法优于普通法
    - ②上位法优于下位法
    - ③新法优于旧法
    - ④特别法优于一般法

配套测试

一、单项选择题

1. 某法院在审理一起合同纠纷案时，参照最高法院发布的第15号指导性案例所确定的“法人人格混同”标准作出了判决。对此，下列哪一说法是正确的？（　　）（司考．2017.1.11）

A. 在我国，指导性案例是正式的法的渊源

B. 判决是规范性法律文件

C. 法官在该案中运用了类比推理

D. 在我国，最高法院和各级法院均可发布指导性案例

2. 原告与被告系亲兄弟，父母退休后与被告共同居住并由其赡养。父亲去世时被告独自料理后事，未通知原告参加。原告以被告侵犯其悼念权为由诉至法院。法院认为，按照我国民间习惯，原告有权对死者进行悼念，但现行法律对此没有规定，该诉讼请求于法无

据，判决原告败诉。关于此案，下列哪一说法是错误的？（　　）（司考．2014．1.12）

A. 本案中的被告侵犯了原告的经济、社会、文化权利

B. 习惯在我国是一种非正式的法的渊源

C. 法院之所以未支持原告的诉讼请求，理由在于被告侵犯的权利并非法定权利

D. 在本案中法官对判决进行了法律证成

3. 李某在某餐馆就餐时，被邻桌互殴的陌生人误伤。李某认为，依据《消费者权益保护法》第7条第1款中“消费者在购买、使用商品和接受服务时享有人身、财产安全不受损害的权利”的规定，餐馆应负赔偿责任，据此起诉。法官结合该法第7条第2款中“消费者有权要求经营者提供的商品和服务，符合保障人身、财产安全的要求”的规定来解释第7条第1款，认为餐馆对商品和服务之外的因素导致伤害不应承担责任，遂判决李某败诉。对此，下列哪一说法是不正确的？（　　）（司考．2013.1.13）

A. 李某的解释为非正式解释

B. 李某运用的是文义解释方法

C. 法官运用的是体系解释方法

D. 就不同解释方法之间的优先性而言，存在固定的位阶关系

4. 某市政府为缓解拥堵，经充分征求广大市民意见，作出车辆限号行驶的规定。但同时明确，接送高考考生、急病送医等特殊情况未按号行驶的，可不予处罚。关于该免责规定体现的立法基本原则，下列哪一选项是不准确的？（　　）（司考．2011.1.10）

A. 实事求是，从实际出发

B. 民主立法

C. 注重效率

D. 原则性与灵活性相结合

5. 甲法官处理一起伤害赔偿案件，耐心向被告乙解释计算赔偿数额的法律依据，并将最高法院公报发布的已生效同类判决提供给乙参考。乙接受甲法官建议，在民事调解书上签字赔偿了原告损失。关于本案，下列哪一判断是正确的？（　　）（司考．2011.1.14）

A. 法院已生效同类判决具有普遍约束力

B. 甲法官在该案调解时适用了判例法

C. 甲法官提供的指导性案例具有说服力

D. 民事调解书经乙签署后即具有行政强制执行力

6. 下列有关规范性文件与非规范性文件区别的表述错误的是（　　）。

A. 规范性文件具有普遍的效力，非规范性文件不具有效力

B. 规范性文件适用的对象是不特定的人，非规范性文件则是适用于特定的人

C. 规范性文件可以反复适用，非规范性文件仅能适用一次

D. 规范性文件规定的内容是一般的行为模式和标准，非规范性文件的内容是特定的事项

7. 下列关于表述法的效力的选项哪个是正确的？（　　）

A. 法律不经公布，就不具有效力

B. 一切法律的效力级别高低和范围大小是由刑法、民法、行政法等基本法律所规定的

C. “法律仅仅适用于将来，没有溯及力”，这项规定在法学上被称为“从新原则”

D. 法律生效后，应该使一国之内的所有公民知晓，所谓“不知法者得免其罪”

8. “法律条文”“规范性法律文件”和“规范性法律文件体系”这一系列概念体现了（　　）。

A. 法的规范内容　　B. 法的技术内容

C. 法的本质　　D. 法的形式

9. 张某过马路闯红灯，司机李某开车躲闪不及将张某撞伤，法院查明李某没有违章，依据《道路交通安全法》的规定判李某承担10%的赔偿责任。关于本案，下列哪一选项是错误的？（　　）（司考．2008.1.5）

A.《道路交通安全法》属于正式的法的渊源

B. 违法行为并非承担法律责任的唯一根源

C. 如果李某自愿支付超过10%的赔偿金，法院以民事调解书加以确认，则李某不能反悔

D. 李某所承担的是一种竞合的责任

10. 关于法律语言、法律适用、法律条文和法律渊源，下列哪一选项不成立？（　）（司考. 2007. 1. 6）

A. 法律语言具有开放性，因此法律没有确定性

B. 法律适用并不是适用法律条文自身的语词，而是适用法律条文所表达的意义

C. 法律适用的过程并不是纯粹的逻辑推理过程，而是有法律适用者的价值判断

D. 社会风俗习惯作为非正式的法律渊源，可以支持对法律所作的解释

11. （　）是指一定的国家机关依照法定职权和程序制定或者认可的具有不同法律效力和地位的法的不同表现形式。

A. 法的效力渊源　　B. 法的历史渊源

C. 法的思想渊源　　D. 法的文献渊源

12. 特别法是指（　）。

A. 宪法

B. 宪法以外的其他法律

C. 在国际范围内的特定地区、特定时间或者对特定事件、特定公民有效的法律

D. 在一国的特定地区、特定时期或者对特定事件、特定公民有效的法律

13. 下列有关经济特区的规范性文件的表述错误的是（　）。

A. 经济特区制定的法规是地方性法规中的一种

B. 经济特区制定法规的效力来自授权

C. 经济特区制定的法规不得与宪法相抵触

D. 经济特区制定的法规并不都是法律、行政法规的具体化

14. 形式意义上的渊源，即指法的创制方式和表现形式，也就是（　）。

A. 法的理论渊源　　B. 法的历史渊源

C. 法的效力渊源　　D. 法的文献渊源

15. 法律汇编是（　）。

A. 将一国已经制定、颁布的所有规范性文件进行整理、归类、加工、汇编成册

B. 在不改变内容的前提下，将一国现行有效的规范性文件按照不同标准汇编成册

C. 在不改变内容的前提下，将一国已经制定、颁布的规范性文件按照不同标准汇编成册

D. 对一国原有的规范性文件的内容进行适当加工

16. 下列关于法典编纂的说法不正确的是（　）。

A. 法典编纂可以增加新的内容

B. 法典编纂只能由立法机关进行

C. 法典编纂又称法律编纂

D. 法典编纂不能改变原有规范的内容

17. 制定法渊源与非制定法渊源的划分依据是（　）。

A. 法的渊源的载体形式

B. 法的渊源与法规范的关系

C. 是否经过国家制定程序

D. 法的渊源的相对地位

18. 判例作为正式意义上的法律渊源，存在于（　）。

A. 罗马法系

B. 社会主义法系

C. 罗马法系和普通法系

D. 普通法系

19. 法律编纂（　）。

A. 是对原有全部规范性文件进行整理

B. 在不改变原有规范性文件内容的前提下进行加工

C. 是对属于某一法律部门的规范性文件进行整理加工，编制成新的系统化的法律文件，因而是一种立法活动

D. 不是一种立法活动

20. 规范性法律文件的规范化是指（　）。

A. 法律汇编

B. 法律编纂

C. 法律解释

D. 属于法的各种渊源的规范性法律文件，必须有一个统一的规格和标准

21. 规范性法律文件系统化，是指（　）。

A. 系统地适用法律

B. 系统地解释法律

C. 系统地执行法律

D. 对已经制定的各种规范性法律文件加以整理和归类

22. 在规范性法律文件系统化的方法中，不具有立法性质的方法是（　）。

A. 法律清理　　B. 法律汇编
C. 法律编纂　　D. 法典编纂

23. 法律对其生效以前的事件和行为是否适用，称为（　　）。
A. 法的拘束力　　B. 法的溯及力
C. 法的继承性　　D. 法的统一性

24. 2008 年 12 月 27 日全国人大常委会《关于修改〈中华人民共和国专利法〉的决定》规定："本决定自 2009 年 10 月 1 日起施行。本决定施行前提出的专利申请和根据该申请授予的专利权，适用修改以前的专利法的规定。"该条规定说明该决定在法律溯及力上（　　）。
A. 有溯及既往的效力
B. 实行从旧原则
C. 实行从旧兼从轻的原则
D. 实行从新原则

25. 在法对人的效力方面，我国采用国际通行原则，即（　　）。
A. 属人主义
B. 属地主义
C. 保护主义
D. 以属地主义为基础，结合属人主义和保护主义

26. 我国《刑法》第 12 条第 1 款规定："中华人民共和国成立以后本法施行以前的行为，如果当时的法律不认为是犯罪的，适用当时的法律；如果当时的法律认为是犯罪的，依照本法总则第四章第八节的规定应当追诉的，按照当时的法律追究刑事责任，但是如果本法不认为是犯罪或者处刑较轻的，适用本法。"这一规定表明我国刑法在有无溯及力问题上采用（　　）原则。
A. 从旧原则　　B. 从轻原则
C. 从旧兼从轻原则　　D. 从新兼从轻原则

27. 根据法的空间效力原理，下列说法正确的是（　　）。
A. 只有刑事法律才可能在本国领域外生效
B. 一国民事、经济等法的效力，一般也及于在本国领域外的本国公民
C. 一国的法律只在国内有效
D. 一国的法律在其主权实际管辖的那部分陆地有效

28. 法律规范生效的时间，如无明文规定时，其生效时间应是（　　）。
A. 法律通过之日　　B. 法律公布之日
C. 法律批准之日　　D. 法律签署之日

29. 中华人民共和国成立初期的《土地改革法》《合作化法》等失去效力，是因为（　　）。
A. 立法水平太低
B. 法不适应社会需要
C. 法已完成历史任务
D. 执法人员素质不高

30. 默示的废止是根据（　　）原则来确定旧法与新法规定相冲突时适用新法的。
A. 宪法优于法律
B. 新法优于旧法
C. 特别法优于普通法
D. 国际法优于国内法

31. 我国《刑法》第 7 条第 2 款规定："中华人民共和国国家工作人员和军人在中华人民共和国领域外犯本法规定之罪的，适用本法。"这一规定表明，中国刑法具有（　　）。
A. 时间效力　　B. 域外效力
C. 对人的效力　　D. 域内效力

32. 对法律汇编与法典编纂之间区别的理解，可以有多种角度。下列哪种表述准确地揭示了二者之间的区别？（　　）
A. 法律汇编既可以由个人进行，也可以由社会团体乃至国家机关进行；法典编纂只能由国家立法、执法和司法机关进行
B. 法律汇编是为了形成新的统一的规范性法律文件；法典编纂是将不同时代的法典汇编成册
C. 法律汇编可以按年代、发布机关及涉及社会关系内容的不同，适当地对汇编的法律进行改变；法典编纂不能改变原来法律规范的内容
D. 法律汇编不属于国家机关的立法活动；法典编纂是一种在清理已有立法文件基础上的立法活动

33. 规定关于本自治区实行区域自治比较重大问题的规范性文件是（　　）。
A. 自治条例　　B. 单行条例

C. 地方性法规　　　　D. 地方性规章

34. 律师潘某认为《母婴保健法》与《婚姻登记条例》关于婚前检查的规定存在冲突，遂向全国人大常委会书面提出了进行审查的建议。对此，下列哪一说法是错误的？（　　）

A. 《母婴保健法》的法律效力高于《婚姻登记条例》

B. 如全国人大常委会审查后认定存在冲突，则有权改变或撤销《婚姻登记条例》

C. 全国人大相关专门委员会和常务委员会工作机构需向潘某反馈审查研究情况

D. 潘某提出审查建议的行为属于社会监督

35. 甲和乙系夫妻，因外出打工将女儿小琳交由甲母照顾两年，但从未支付过抚养费。后甲与乙闹离婚且均不愿抚养小琳。甲母将甲和乙告上法庭，要求支付抚养费2万元。法院认为，甲母对孙女无法定或约定的抚养义务，判决甲和乙支付甲母抚养费。关于该案，下列哪一选项是正确的？（　　）（司考. 2016.1.10）

A. 判决是规范性法律文件

B. 甲和乙对小琳的抚养义务是相对义务

C. 判决在原被告间不形成法律权利和义务关系

D. 小琳是民事诉讼法律关系的主体之一

36. 有法谚云："法律为未来作规定，法官为过去作判决。"关于该法谚，下列哪一说法是正确的？（　　）（司考. 2016.1.11）

A. 法律的内容规定总是超前的，法官的判决根据总是滞后的

B. 法官只考虑已经发生的事实，故判案时一律选择适用旧法

C. 法律绝对禁止溯及既往

D. 即使案件事实发生在过去，但"为未来作规定"的法律仍然可以作为其认定的根据

37. 在宋代话本小说《错斩崔宁》中，刘贵之妾陈二姐因轻信刘贵欲将她休弃的戏言连夜回娘家，路遇年轻后生崔宁并与之结伴同行。当夜盗贼自刘贵家盗走15贯钱并杀死刘贵，邻居追赶盗贼遇到陈、崔二人，因见崔宁刚好携带15贯钱，遂将二人作为凶手捉拿送官。官府当庭拷讯二人，陈、崔屈打成招，后被处斩。关于该案，下列哪一说法是正确的？（　　）（司考. 2016.1.12）

A. 话本小说《错斩崔宁》可视为一种法的非正式渊源

B. 邻居运用设证推理方法断定崔宁为凶手

C. "盗贼自刘贵家盗走15贯钱并杀死刘贵"所表述的是法律规则中的假定条件

D. 从生活事实向法律事实转化需要一个证成过程，从法治的角度看，官府的行为符合证成标准

38. 王某参加战友金某婚礼期间，自愿帮忙接待客人。婚礼后王某返程途中遭遇车祸，住院治疗花去费用1万元。王某认为，参加婚礼并帮忙接待客人属帮工行为，遂将金某诉至法院要求赔偿损失。法院认为，王某行为属由道德规范的情谊行为，不在法律调整范围内。关于该案，下列哪一说法是正确的？（　　）（司考. 2016.1.14）

A. 在法治社会中，法律可以调整所有社会关系

B. 法官审案应区分法与道德问题，但可进行价值判断

C. 道德规范在任何情况下均不能作为司法裁判的理由

D. 一般而言，道德规范具有国家强制性

39. 国务院，即中央人民政府，是最高国家权力机关的执行机关，最高国家行政机关。根据我国根本法《宪法》以及相关法律的规定，关于国务院，下列哪一项是正确的？（　　）

A. 有权制定有关行政拘留的规范性文件

B. 国务院司法部与教育部联合制定的规章的效力与地方政府规章的效力相同

C. 领导和管理民政、司法行政、民族事务和监察监督等工作

D. 行政法规的效力高于省级人大制定的法规，因此部门规章的效力高于市级人大制定的法规

二、多项选择题

1. 甲骑车经过乙公司在小区内的某施工场地

时，由于施工场地湿滑摔倒致骨折，遂诉至法院请求赔偿。由于《民法通则》对“公共场所”没有界定，审理过程中双方对施工场地是否属于《民法通则》中的“公共场所”产生争议。法官参考《刑法》《集会游行示威法》等法律和多个地方性法规对“公共场所”的规定后，对“公共场所”作出解释，并据此判定乙公司承担赔偿责任。关于此案，下列哪些选项表述是正确的？（　　）（司考.2014.1.55）

A. 法官对“公共场所”的具体含义的证成属于外部证成

B. 法官运用了历史解释方法

C. 法官运用了体系解释方法

D. 该案表明，同一个术语在所有法律条文中的含义均应作相同解释

2. 下列有关“国法”的理解，哪些是不正确的？（　　）（司考.2012.1.54）

A. “国法”是国家法的另一种说法

B. “国法”仅指国家立法机关创制的法律

C. 只有“国法”才有强制性

D. 无论自然法学派，还是实证主义法学派，都可能把“国法”看作实在法

3.《畜禽遗传资源进出境和对外合作研究利用审批办法》第3条规定，本办法所称畜禽，是指列入依照《畜牧法》第11条规定公布的畜禽遗传资源目录的畜禽。本办法所称畜禽遗传资源，是指畜禽及其卵子（蛋）、胚胎、精液、基因物质等遗传材料。对此，下列哪些表述是错误的？（　　）（司考.2010.1.56）

A.《畜牧法》是《畜禽遗传资源进出境和对外合作研究利用审批办法》的上位法

B.《畜牧法》和《畜禽遗传资源进出境和对外合作研究利用审批办法》均属于行政法规

C. 该条款内容属于技术规范

D. 该条款规定属于任意性规则

4. 某出版社编辑出版了《中华人民共和国法律法规全书》，这属于（　　）。

A. 规范性法律文件的规范化

B. 规范性法律文件的系统化

C. 法律汇编

D. 法典编纂

5. 下列有关规范性文件系统化的说法正确的是（　　）。

A. 规范性文件系统化可以帮助人们发现规范性文件之间的矛盾

B. 规范性文件系统化可以消除规范性文件之间的矛盾

C. 规范性文件系统化只是国家机关的一种活动

D. 规范性文件系统化有利于法的实施

6. 下列有关法典编纂的表述错误的是（　　）。

A. 法典编纂只删除已过时的内容而不增加新的规范

B. 任何国家机关皆可以进行法典编纂

C. 法典编纂的结果往往是一个新的法典的产生

D. 法典编纂要求的技术不高，任何人都可以从事

7. 下列有关中国历史上法的渊源的说法正确的是（　　）。

A. 中国最早的法的渊源是成文法

B. 中国封建王朝的法的渊源主要是成文法

C. 中国古代法的渊源呈多样性

D. 中国历史上法的渊源不包括习惯法

8. 根据法的渊源的分类，下列不属于“法律”这一法的渊源的有（　　）。

A.《全国人大常委会关于最高人民法院工作报告的决议》

B.《宪法修正案》

C.《全国人民代表大会常务委员会关于修改〈中华人民共和国进出口商品检验法〉的决定》

D.《退耕还林条例》

9. 在中外法学著作中，法的渊源有如下不同的含义（　　）。

A. 法的理论渊源　　B. 法的历史渊源

C. 法的形式渊源　　D. 文件渊源

10. 规范性法律文件系统化的方法主要有（　　）。

A. 法律清理　　B. 法律汇编

C. 法律编纂　　D. 法律修改

11. 狭义上的法的效力包括（　　）。

A. 法的空间效力　　B. 法的时间效力
C. 法的事项效力　　D. 法的对象效力

12. 下列哪些属于我国法的效力终止的情况？（　　）
A. 在法中明文规定该法的有效期限，期限届满时，该法即自行终止效力
B. 新法公布实施后，原有的相同内容的法自行失去效力
C. 新法中明文宣布原有的相同内容的法自新法生效之日起终止效力
D. 有权的国家机关颁布决定、命令等专门的法律文件，宣布某法失效

13. 当代中国的法适用于（　　）。
A. 悬挂中国国旗停泊在汉堡港的油轮
B. 西沙群岛
C. 吉林省吉林市石文镇
D. 中国驻英国大使馆

14. 下列关于我国法的效力层次的表述正确的是（　　）。
A. 法的效力层次指法律文件之间的效力等级关系
B. 上位法的效力高于下位法
C. 特别法总是优先于普通法
D. 在同一位阶的法律之间，新法优于旧法

15. 下列法律中只在国家局部区域有效的有（　　）。
A.《福建省经济特区条例》
B.《森林法》
C.《河南省计划生育条例》
D.《民族区域自治法》

16. 某法院在一起疑难案件的判决书中援引了法学教授叶某的学说予以说理。对此，下列哪些说法是正确的？（　　）（司考. 2015. 1. 57）
A. 法学学说在当代中国属于法律原则的一种
B. 在我国，法学学说中对法律条文的解释属于非正式解释
C. 一般而言，只能在民事案件中援引法学学说
D. 参考法学学说有助于对法律条文作出正确理解

17. 耀亚公司未经依法批准经营危险化学品，2003 年 7 月 14 日被区工商分局依据《危险化学品安全管理条例》罚款 40 万元。耀亚公司以处罚违法为由诉至法院。法院查明，《安全生产法》规定对该种行为的罚款不得超过 10 万元。关于该案，下列哪些说法是正确的？（　　）（司考. 2016. 1. 57）
A.《危险化学品安全管理条例》与《安全生产法》的效力位阶相同
B.《安全生产法》中有关行政处罚的法律规范属于公法
C. 应适用《安全生产法》判断行政处罚的合法性
D. 法院可在判决中撤销《危险化学品安全管理条例》中与上位法相抵触的条款

18. 特别法优先原则是解决同位阶的法的渊源冲突时所依凭的一项原则。关于该原则，下列哪些选项是正确的？（　　）（司考. 2016. 1. 58）
A. 同一机关制定的特别规定相对于同时施行或在先施行的一般规定优先适用
B. 同一法律内部的规则规定相对于原则规定优先适用
C. 同一法律内部的分则规定相对于总则规定优先适用
D. 同一法律内部的具体规定相对于一般规定优先适用

三、不定项选择题

1. 2011 年 7 月 5 日，某公司高经理与员工在饭店喝酒聚餐后表示：别开车了，“酒驾”已入刑，咱把车推回去。随后，高经理在车内掌控方向盘，其他人推车缓行。记者从交警部门了解到，如机动车未发动，只操纵方向盘，由人力或其他车辆牵引，不属于酒后驾车。但交警部门指出，路上推车既会造成后方车辆行驶障碍，也会构成对推车人的安全威胁，建议酒后将车置于安全地点，或找人代驾。鉴于我国对“酒后代驾”缺乏明确规定，高经理起草了一份《酒后代驾服务规则》，包括总则、代驾人、被代驾人、权利与义务、代为驾驶服务合同、法律责任等共六

章二十一条邮寄给国家立法机关。关于高经理起草的《酒后代驾服务规则》，下列说法不正确的是（ ）。（司考．2011.1.91）

A. 属于民法商法规则

B. 是立法议案

C. 是法的正式渊源

D. 是规范性法律文件

2. “现今的很多法律格言都是在古罗马时期形成的，‘法律仅仅适用于将来’就是一例。这一思想后来被古典自然法学派所推崇，并体现在法国人权宣言和美国宪法之中，形成了法不溯及既往原则。”根据此引文以及相关法学知识，下列表述正确的是（ ）。（司考．2008.1.91）

A. 古罗马时期的法律是用法律格言的形式表现的

B. “法律仅仅适用于将来”已经成为现代社会的法律效力原则

C. 只有古典自然法学派强调法不溯及既往的原则

D. 法不溯及既往仅仅是人权宣言和宪法通行的效力原则

四、名词解释

1. 法的形式（中国人民大学 2007 年考研题）

2. 法的清理（中国人民大学 2012 年考研题）

3. 法的汇编

4. 法的效力（西北政法大学 2010 年考研题）

5. 法的溯及力（中南财经政法大学 2010 年考研题）

五、简答题

1. 简述法的内容和形式的关系。

2. 规范性法律文件系统化的意义何在？

3. 什么是法律对人的效力？各国法律对人的效力实行的原则主要有几种？

4. 简述法的编纂的内容与特点。

5. 简述规范性法律文件的规范化。

6. 如何区别法的形式和法的渊源？

7. 简述规范性法律文件系统化的主要方法。

8. 如何理解法的不溯及既往原则？

六、论述题

我国法的效力冲突表现形式及解决方式。

参考答案

一、单项选择题

1. 答案：C。在我国，指导性案例是非正式的法的渊源。故 A 错误。规范性法律文件具有普遍适用、反复适用的效力，判决只是针对具体个案、具体当事人的适用，不具有普遍效力，属于非规范性法律文件。故 B 错误。《最高人民法院关于案例指导工作的规定》第 1 条规定：“对全国法院审判、执行工作具有指导作用的指导性案例，由最高人民法院确定并统一发布。”故 D 错误。法官参照指导性案例作出判决，实际就是参照类案作出类似判决，属于类比推理。故 C 正确。

2. 答案：A。原告有权对死者进行悼念，这是一种习惯权利，属于非正式的法的渊源，不具有明文规定的法律效力，BC 正确。该权利不属于经济、社会、文化权利，而应归入人身权的范畴，故 A 错误。法律适用过程就是一个法律证成的过程，即给一个决定提供充足理由的过程，D 正确。

3. 答案：D。A 项正确，李某的解释不具有法律约束力，不被作为执行法律的依据，故为非正式解释。从方法上看，李某是文义解释，即按照日常的、一般的或法律的语言使用方式清晰地描述制定法的某个条款的内容；而法官结合该法第 7 条第 2 款来解释第 7 条第 1 款，属于体系解释，即将被解释的法律条文放在整部法律乃至整个法律体系中，联系此法条与其他法条的相互关系来解释法律。BC 表述正确。

就不同解释方法之间的优先性而言，现今大部分法学家都认可下列位阶：（1）语义学解释→（2）体系解释→（3）立法者意图或目的解释→（4）历史解释→（5）比较解释→（6）客观目的解释。但是，这种位阶关系不是固定的，也就是说，依此不能得以终局地确定个别解释方法的重要性，重要性如何很大部分取决于其将造成怎样的结果。即存在更强的理由的情况下，这种优先性关系是可以被推翻的。故D项错误。

4. **答案**：C。该市政府作出车辆限号行驶的规定，是根据社会实际情况和客观需要（“为缓解拥堵”）作出的，体现了实事求是、从实际出发原则；“充分征求广大市民意见”体现了民主立法原则；作出车辆限号行驶的一般规定的同时，也列举了特殊情况免责的情形，体现了原则性与灵活性相结合原则。故ABD正确。题中免责规定没有体现注重效率原则，C错误。

5. **答案**：C。在中国，判例的重要性被人们普遍承认。但是，中国不是判例法国家，法院已生效同类判决不具有普遍约束力。最高人民法院发布的裁判文书具有最高的司法效力，但是作为法的非正式渊源而存在，不具有明文规定的法律效力，只具有法律说服力。故C正确，AB错误。人民法院进行调解，达成协议的，人民法院应当制作调解书。调解书经双方当事人签收后，即具有法律效力。但是这里的法律效力，主要是指申请人民法院强制执行，而不是行政强制执行力。故D错误。

6. **答案**：A。规范性法律文件是有权制定法律规范的国家机关发布的具有普遍约束力的法律文件。非规范性法律文件主要是指国家机关在适用法律的过程中发布的个别性文件，这类文件的效力仅及于特定案件或相关的主体、客体、行为，没有普遍约束力，并非不具有效力。故A错误。

7. **答案**：A。本题考查法的效力和相关知识。

8. **答案**：D。规范性法律文件体系、规范性法律文件、法律条文都是法的形式，它们具有由高到低不同的等级。规范性法律文件由法律条文构成，规范性法律文件体系由规范性法律文件构成。

9. **答案**：D。《道路交通安全法》作为全国人大常委会颁布的法律，属于我国法的正式渊源。在本案中，李某并未违章，他依法承担的法律责任并非由于其违法行为所致，而是来自法律的规定；民事调解书确认李某自愿支付超过10%的赔偿金后，李某即不能反悔；他承担的责任既不是侵权责任，也不是违约责任，而只是无过错责任，所以不存在责任竞合问题。故应选D项。

10. **答案**：A。关于A，由于法具有物质制约性，会随着社会的发展而变化，因此法律语言也应具有开放性，但法作为调整人们生活的社会规范，必须具有确定性，它是社会得以维系和发展的前提和内在要求，因此A错误。关于B，法的适用是指国家司法机关根据法定职权和法定程序，具体应用法律处理案件的专门活动。法律所适用的是法律规则或法律原则，而法律规则或法律原则是由法律条文所表述的，它们是法律条文的内容，法律条文是它们的表现形式，因此，法律适用并不是适用法律条文自身的语词，而是适用法律条文所表达的法律规则或法律原则，因此B正确。关于C，由于法律规则有其内在的逻辑结构，因此在法的适用过程中必然会有一个逻辑推理过程，但同时，有关司法机关在适用法律之时，要对案件作出公正的判决，就必然会对秩序、自由、利益或正义等价值进行判断，因此C正确。关于D，法的渊源可分为正式的渊源和非正式的渊源，非正式的法的渊源是指具有法律意义的准则和观念。社会风俗习惯是非正式法律渊源的一种，它是指人们在长期的生产、生活中俗成或约定所形成的一种行为规范，我国幅员辽阔，历史悠久，各地都有不同的风俗、习惯，在这些地区实行法律，必须考虑到其特殊的风俗、习惯，因此D正确。

11. **答案**：A。法的效力渊源，是指由不同国家机关制定或认可，因而具有不同法律效力或法律地位的各种法律类别，如制定法、判例法、习惯法、法理等。

12. **答案**：D。特别法是指针对特定人、特定事、特定地区、特定时间有效的法律。故选D。

13. **答案**：A。有关经济特区的规范性法律文件，由于是全国人大和全国人大常委会授权制定的，其法律地位已经不同于一般法规和规章，可以单列为法的渊源之一。故A错误。

14. 答案：C。形式意义上的渊源，即指法的创制方式和表现形式，也就是指法的效力渊源，即法学上通常所说的法的渊源。形式意义上的渊源，还可分为：直接渊源与间接渊源，制定法等与法规范、法条文直接相关的渊源为法的直接渊源，学说等与法规范、法条文间接相关的渊源为法的间接渊源。

15. 答案：C。法律汇编是将一国已经制定、颁布的规范性法律文件按照一定的标准进行排列并汇编成册，不改变规范性文件的内容。

16. 答案：D。法典编纂实际是一种立法活动，可以改变原有规范的内容。

17. 答案：C。依据是否经过国家制定程序，可将法的渊源分为制定法渊源和非制定法渊源。

18. 答案：D。在罗马法系和社会主义法系，判例不是正式的法律渊源。只有在普通法系判例才是正式的法律渊源。

19. 答案：C。法律编纂，是指国家立法机关将属于某一法律部门的所有现行规范性法律文件进行清理和修改，创制新的规范，修改不适合的规范，废除过时的规范，从而编制成内容和谐一致、体例完整合理的系统化的新法律或者法典。

20. 答案：D。规范性法律文件的规范化，是指规范性法律文件在制定的时候或者制定之前要求有统一的标准或者模式。而选项AB属于规范性法律文件的系统化的方法。

21. 答案：D。规范性法律文件系统化，是指对一国全部现行法律进行整理使之形成系统的活动。

22. 答案：B。法律清理，是指有立法权的国家机关对一定时期和范围的规范性法律文件予以审查、整理、重新确认其法律效力的活动。法律编纂，是指国家立法机关将属于某一法律部门的所有现行规范性法律文件进行清理和修改，创制新的规范，修改不适合的规范，废除过时的规范，从而编制成内容和谐一致、体例完整合理的系统化的新法律或者法典。如果法律编纂的结果是法典，就是法典编纂。法律汇编，又称法规汇编，是指国家机关或者其他组织将有关规范性法律文件按照一定标准汇编成册的活动，是规范性法律文件系统化的一种形式。法律汇编不改变法律的内容，因此不具有立法的性质。

23. 答案：B。法的溯及力，即法律对其生效以前发生的事件和行为是否适用，如果适用就是有溯及力，如果不适用就是没有溯及力。

24. 答案：B。从旧原则，即对于新法生效以前发生的事件和行为适用原来的法律。

25. 答案：D。属地主义是指法对人的效力以地域为准；属人主义是指法对人的效力以国籍为准。保护主义是指以维护本国利益为基础，不管是什么国籍的人，在什么地方发生的行为，只要侵犯了本国的利益，就适用本国的法律。

26. 答案：C。“从旧兼从轻”的原则，即新法原则上不溯及既往，但新法不认为是犯罪或者处罚较轻的，适用新法。这同时也是罪刑法定原则的体现。

27. 答案：B。一般来说，一国法律适用于该国主权范围所及的全部领域，包括领土、领水、底土和领空，以及本国驻外使馆、在外船舶、飞机。除刑事法律外，民事、经济等法律的效力也及于在本国域外的本国公民。故选B。

28. 答案：B。法律规范生效的时间，如无明文规定时，其生效时间应以公布时间为准。

29. 答案：C。法律完成历史任务而自行失效属于法的默示废止的形式。

30. 答案：B。新法公布后旧法即失去效力，这是由于新法的效力优于旧法。

31. 答案：B。域外效力，即法律的效力及于制定的机关所管理的领域之外。

32. 答案：D。法律汇编又称法规汇编，是对已经颁布的规范性法律文件按照一定的目的或标准进行系统的排列，汇编成册。法律汇编不改变汇编的规范性法律文件的内容，不制定新的法律规范，因而不是国家的立法活动。法律汇编既可以由个人进行，也可以由社会团体乃至国家机关进行。

法典编纂是指对散见于不同规范性法律文件中的属于某一部门法的全部现行法律规范，进行审查、修改和补充，编纂成具有完整结构的、统一的法典的活动。法典编纂可以改变原来的规范内容，既可以删除已经过时或不正确的内容，也可以增加新的内容，属于国家的立法活动。其只能由国家的立法机关进行，而不能由执法机关等其他机关、团体和个人进行。

33. 答案：A。自治条例，一般是指规定关于本自治区实行的区域自治的基本组织原则、机构设置、自治机关的职权、工作制度以及其他比较重大的问题的规范性文件。地方性规章，是指地方国家行政机关为保证法律、行政法规和本行政区的地方性法规的遵守和执行，制定的规范性法律文件。地方性法规，是指地方国家权力机关及其常设机关为保证宪法、法律和行政法规的遵守和执行，结合本行政区的具体情况和实际需要，依照法律规定的权限，通过和发布的规范性法律文件。

34. 答案：B。A 项正确，《母婴保健法》是法律，《婚姻登记条例》是行政法规，法律的效力高于行政法规。B 项错误，全国人大常委会有权撤销同宪法和法律相抵触的行政法规，但无权改变。《立法法》第 108 条规定："改变或者撤销法律、行政法规、地方性法规、自治条例和单行条例、规章的权限是……（二）全国人民代表大会常务委员会有权撤销同宪法和法律相抵触的行政法规，有权撤销同宪法、法律和行政法规相抵触的地方性法规，有权撤销省、自治区、直辖市的人民代表大会常务委员会批准的违背宪法和本法第八十五条第二款规定的自治条例和单行条例……"C 项正确，《立法法》第 113 条规定："全国人民代表大会有关的专门委员会和常务委员会工作机构应当按照规定要求，将审查、研究情况向提出审查建议的国家机关、社会团体、企业事业组织以及公民反馈，并可以向社会公开。"D 项正确，社会监督即非国家机关的监督，而是指由各政党、各社会组织和公民依照宪法和有关法律，对各种法律活动的合法性所进行的监督。潘某作为公民提出审查建议的行为属于社会监督。

35. 答案：B。判决是个别性法律文件，适用于特定对象，不具有一般性约束力，故 A 项错误。相对义务又称对人义务，对应特定的权利人，本案中，甲和乙的抚养义务仅对应小琳，是为相对义务，故 B 项正确。判决在原被告之间形成保护性法律关系，被告（甲和乙）须支付原告（甲母）抚养费，故 C 项错误。法律关系主体是法律关系的参加者，即在法律关系中一定权利的享有者和一定义务的承担者。本案中，小琳尚不具有成为法律关系的行为能力，且不是诉讼当事人一方，所以不是民事诉讼法律关系的主体之一，故 D 项错误。

36. 答案：D。该法谚表达的主要是法律不溯及既往的一般原则，"法律为未来作规定"指的是不能用明天的法律来要求人们今天的行为，也不能用今天的法律来要求人们昨天的行为，"法官为过去作判决"指的是法官只能根据行为当时的法律对该行为作出判决。但是这一原则并非绝对，如刑事法律中，各国通例均有"有利原则"作为例外，即法律原则上不溯及既往，但是有利于当事人的例外。故 D 项正确，ABC 项错误。

37. 答案：B。设证推理是对从所有能够解释事实的假设中优先选择一个假设的推论。

本案中，邻居追赶盗贼遇到陈、崔二人，看到崔宁刚好携带 15 贯钱（待解释现象）；如果陈、崔自刘贵家盗走 15 贯钱并杀死刘贵，那么崔宁身上刚好携带 15 贯钱；因此，可以推定，陈、崔自刘贵家盗走 15 贯钱并杀死刘贵。可见，邻居断定崔宁为凶手运用的是设证推理方法，故 B 项正确。

当今中国法的非正式渊源主要包括习

惯、判例、政策等，话本小说《错斩崔宁》不能视为一种法的非正式渊源，故A项错误。“盗贼自刘贵家盗走15贯钱并杀死刘贵”表述的是法律规则中的行为模式，故C项错误。法律适用过程作为一个证成过程，法律决定的合理性取决于下列两个方面：一方面，法律决定是按照一定的推理规则从前提中推导出来的；另一方面，推导法律决定所依赖的前提是合理的、正当的。本案中，官府当庭拷讯二人，陈、崔屈打成招，官府据此作出的法律决定（处斩）不符合证成标准，故D项错误。

38. **答案**：B。法律非常重要，但也是有限的，不能调整所有的社会关系，故A项错误。法官审案应区分法与道德问题，但可以进行价值判断，道德规范作为法的非正式渊源，有的情况下也可以作为司法裁判的理由，故B项正确，C项错误。一般而言，道德规范的强制是内在的，法律规范则是外在的，具有国家强制性，故D项错误。

39. **答案**：B。本题考查的是与国务院相关的考点，国务院是否有权制定有关行政拘留的规范性文件，是否领导和管理民政、司法行政、民族事务和监察监督等工作等问题。

A选项：根据我国《立法法》第11条的规定，犯罪与刑罚，对公民政治权利的剥夺和限制人身自由的强制措施及处罚，属于法律的绝对保留事项，因此只能由全国人大或全国人大常委会制定法律加以规定，国务院的行政法规无权规定上述事项。A选项错误，不当选。

B选项：部门规章与地方政府规章没有高下之分，在发生矛盾的情况下，由国务院裁决。B选项正确，当选。

C选项：2018年《宪法修正案》创设了监察委员会这一全新的国家机关，专职负责监察工作，因此国务院不再领导和管理监察工作。C选项错误，不当选。

D选项：部门规章与地方性法规没有上位法和下位法的关系，二者发生矛盾时，由国务院决定适用法规或由全国人大常委会决定裁决。本选项陷阱在于，考生容易认为国务院部门的级别高所以效力高，这是因为背诵不到位造成的知识点细节遗漏。D选项错误，不当选。

二、多项选择题

1. **答案**：AC。法律证成可分为内部证成和外部证成，即法律决定必须按照一定的推理规则从相关前提中逻辑地推导出来，属于内部证成；对法律决定所依赖的前提的证成属于外部证成。内部证成关涉的是从前提到结论之间推论是否是有效的；外部证成关涉的是对内部证成所使用的前提本身的合理性，即对前提的证成。本案中，法官对“公共场所”含义的证成是对前提（法律规定）的证成，属于外部证成，故A正确。法官对“公共场所”的解释，运用的是体系解释方法，即将被解释的对象（“公共场所”）放在整个法律体系中，联系不同法律法规之间的关系加以解释，故C正确，B错误。D错误，同一个法律术语在整个法律体系中应当具有一致性，不同的法律条文之间不能相互矛盾，但是未必在所有法律条文中的含义都应作相同解释，比如刑法中的“政治权利”与宪法中的“政治权利”就不能作完全相同的解释。

2. **答案**：ABC。特定国家现行有效的法，笼统地讲，就是“国法”。“国法”不同于国家法，国家法在多种意义上被使用，有的与民间法相对，有的与地方法相对，有的指宪法相关法。故A错误。“国法”外延包括：国家立法机关创制的法律（成文法），法院或法官创制的规则（判例法），国家通过一定方式认可的习惯法（不成文法），其他（如教会法）。故B项错误。“国法”和其他社会规范（如道德、习惯等）都具有强制力，但只有“国法”具有国家强制力。故C项错误。D项表述正确。综上，本题的答案为ABC。

3. **答案**：BCD。《畜牧法》是法律，《畜禽遗传资源进出境和对外合作研究利用审批办法》是行政法规，前者是上位法，效力高于后者。故A正确，B错误。当然，即使不知道后者是否属于行政法规，也能判断出A正确B错误。该条款内容是对“畜禽”“畜禽遗传资源”等用语的界定，属于法律概念的范畴，而不属于法律规范（法律规则和法律原则）的范畴，故CD表述错误。需要说明的是，C项存在一定的争议，因为法律用语和法律概念的界定属于技术性规范，但是如果仅从法律规范的层面对技术规范作狭义理解，此时，技术规范与道德规范相对，但都属于法律规范（与法律概念相对）的范畴。因此本题存在不严谨之处。

4. **答案**：BC。本题中的活动并非立法活动，属于规范性法律文件的系统化中的法律汇编。

5. **答案**：ABD。规范性文件系统化有利于法的适用和遵守，使现行法保持和谐统一的状态，有助于总结过去立法工作的经验教训，不断提高立法技术水平。

6. **答案**：ABD。法律编纂，是指对属于某一部门法或某类法律的全部规范性文件进行整理、补充、修改，或者在此基础上编制一部新的系统化的法律。它不是一项单纯的技术工作，而是制定法律的活动，只能由国家立法机关来进行。

7. **答案**：BC。中国最早的法的渊源是不成文法，在历史上中国法的渊源包括制定法（成文法）、习惯法等。

8. **答案**：ABD。作为法的渊源的“法律”是指全国人大及其常委会制定的规范性文件。A不属于规范性的规定，不视为法律；B属于宪法；D属于行政法规。

9. **答案**：ABCD。中外法学著作中，法的渊源主要有以下的含义：第一，法的历史渊源；第二，法的理论渊源；第三，法的形式渊源；第四，文件渊源，是指对于法律规范作权威性解释的文件或者公文；第五，文献渊源，即那些没有权威性的、法官没有义务加以采纳的各种关于法律问题的文献资料。

10. **答案**：ABC。规范性法律文件系统化的方法：法律清理、法律汇编和法律编纂。

法律清理，是指有立法权的国家机关对一定时期和范围的规范性法律文件予以审查、整理、重新确认其法律效力的活动。

法律汇编，又称法规汇编，是指国家机关或者其他组织将有关规范性法律文件按照一定标准汇编成册的活动，是规范性法律文件系统化的一种形式。

法律编纂，是指国家立法机关将属于某一法律部门的所有现行规范性法律文件进行清理和修改，创制新的规范，修改不适合的规范，废除过时的规范，从而编制成内容和谐一致、体例完整合理的系统化的新法律或者法典。

11. **答案**：ABCD。狭义上的法的效力，仅指由国家制定和颁布的规范性法律文件的效力，一般是指法的生效范围或适用范围，包括法的时间效力范围、法的空间效力范围、法的对象效力范围、法的事项效力范围。

12. **答案**：ABCD。我国法律效力终止的形式主要有：新的法律公布后，原有的法律即丧失效力；新法取代原有法律，同时宣布旧法作废；法律本身规定的有效期届满；由有关机关颁发专门文件宣布废止某个法律；法律已完成其历史任务而自行失效。

13. **答案**：ABCD。当代中国的法律适用于中华人民共和国主权管辖范围内的地域。

14. **答案**：ABD。法的效力层次是指在一个国家法律体系中的各种法的渊源，由于制定主体、程序、时间、适用范围等不同，各种法的效力也不同，由此形成的法的效力等级体系。在这个体系中，全国性法效力高于地方性法，上位法的效力高于下位法，在同一位阶的法律之间，新法优于旧法，特别法优先于普通法，但法律另有规定的依照法律规定。

15. **答案**：ACD。凡中央国家机关制定的法律在全国有效；凡地方国家机关制定的法律只能在制定机关所管辖的范围内生效。《森林法》系中央国家机关制定的法律。

16. **答案**：BD。法学学说在当代中国属于非正式的法的渊源，即不具有明文规定的法律效力，但具有法律说服力并能够构成法律人的法律决定的大前提的准则来源。作为非正式的法的渊源，并不限于在民事案件中援引。故C项错误，D项正确。法律规则和法律原则均属于法律规范，法律规范由国家制定或认可，属于正式的法的渊源。

法学学说属于非正式法律渊源，当然不能作为法律原则。故A项错误。根据解释主体和解释效力的不同，法律解释可以分为正式解释和非正式解释。正式解释，通常也叫法定解释，是指由特定的国家机关、官员或其他有解释权的人对法律作出的具有法律上约束力的解释。非正式解释，通常也叫学理解释，一般是指由学者或其他个人及组织对法律规定所作的不具有法律约束力的解释。可知，B项正确。

17. **答案**：BC。《危险化学品安全管理条例》属于行政法规，《安全生产法》属于法律（狭义），后者效力位阶高于前者，故A项错误。根据上位法优于下位法的原则，当两者规定冲突时，应适用《安全生产法》的规定，故C项正确；但是法院无权撤销《危险化学品安全管理条例》中与上位法相抵触的条款，故D项错误。通常认为，公法是配置和调整公权力的法律规范的总和，以保护国家（公共）利益为目的。公法的一方主体是国家或公权力，与另一方主体一般是不平等的隶属或服从关系。故B项正确。

18. **答案**：ABCD。根据特别法优先原则，对于同一机关制定的法律，特别规定相对于同时施行或在先施行的一般规定优先适用。对于同一法律内部，规则相对于原则优先适用，穷尽法律规则，始得适用法律原则；分则相对于总则，具体规定相对于一般规定优先适用。故ABCD均正确。

三、不定项选择题

1. **答案**：ABCD。《酒后代驾服务规则》是高经理作为公民个人向国家立法机关提出的立法建议，还没有获得国家机关的通过，还没有成为法律，因此谈不上法律规则（民法商法规则）；不具有法律效力，自然也谈不上规范性法律文件或法的正式渊源。因为是普通公民提出的立法建议，因此也不能称为立法议案。ABCD表述均错误。

2. **答案**：B。法不溯及既往原则作为现代社会的法律效力原则，均为自然法学派和法实证主义所强调，也被包括人权宣言、宪法、刑法、民法等各种规范性文件所采纳。此外，古罗马时期的法律主要表现为习惯法、议会制定的法律、元老院决议、长老的告示、皇帝敕令、具有法律解答权的法学家的解答与著述等。故B项正确。

四、名词解释

1. **答案**：法的形式指法的具体的外部表现形式。这一概念所指称的，主要是法由何种国家机关制定或认可，具有何种表现形式或效力等级。

　　法的形式的意义：第一，法的形式是区分法律规范同其他社会规范的一种重要标志。不是所有的规范都是法，只有通过一定程序、经过一定国家机关制定或认可，并具有法的形式的社会规范才属于法的范畴。要把某种意志上升为法这种特殊的社会规范，必须使这种意志采取法的表现形式。

　　第二，不同法的形式由不同国家机关或主体产生，立法者不能产生不属于自己权限范围的法的形式。研究法的形式可表现法的不同效力等级，研究法的形式有助于采取适当法的形式表现不同法的效力等级，有助于明确哪些法的效力高些，什么样的法具有最高效力。

　　第三，不同法的形式适合于调整不同社会关系，不同法的形式亦有不同技术特点，研究法的形式，有助于立法者采取适当法的形式调整一定社会关系，运用特定立法技术制定或认可特定形式的法。

2. **答案**：法的清理指有权的国家机关，在其职权范围内，以一定的方式，对一国一定范围内所存在的规范性法律文件进行审查，确定它们或存或废或改动的专门活动。法的清理的目的，是把现存有关的法加以系统研究、分析、分类和处理。清理的基本任务有两个，并因此形成两个阶段。一是搞清现存各种法的基本情况，确定哪些可继续适用，哪些需要修改、补充或废止。这是梳理法的阶段，这一阶段不改变原有法的面貌，不是直接的立法活动。二是对可继续适用的，列为现行法；对需要修改或补充的，提上修改或补充的日程，有些可届时修改或补充的，加以修改或补充后再列为现行法；对需要废止的，加以废止。这是处理法的阶段。

3. **答案**：法的汇编是在法的清理的基础上，按一定顺序将各种法或有关法集中起来，加以系统编排，汇编成册。其特点是：一般不改变法的文字和内容，而是对现存法进行汇集和技术处理或外部加工，是立法的辅助性工作，不产生新法，不是正式的立法活动。法的汇编的任务，是将法集中化、系统化。法的汇编价值在于：它使法得以集中化、系统化，从而便于集中、系统地反映法制的面貌，便于人们全面、完整地了解各种相关法的规定，使法的清理的成果得到反映，便于人们发现现行法的优点和缺点，了解法的立改废任务何在，还可以为法的编纂打下基础和准备必要的条件。立法主体和其他机关、组织或个人都可进行法的汇编。法的汇编的过程一般分为编辑和出版发行两个阶段。汇编的形式有单项汇编和综合汇编之分。

4. **答案**：法的效力即各种法的约束力的通称。凡具有法的约束力的事物即具有法的效力。法理学所称的法的效力，通常指正式意义上的法的形式或渊源尤其是规范性法律文件的一般法效力，即在适用对象、时间、空间三方面的效力范围。

5. **答案**：法的溯及力指新法颁布后对它生效前所发生的事件和行为可加以适用的效力。有以下几种原则，一是从旧原则，即新法没有溯及力。二是从新原则，即新法有溯及力。三是从轻原则，即比较新法与旧法，哪个处理轻些就按哪个法处理。四是从旧兼从轻原则，即新法原则上溯及既往，但旧法对行为人的处罚较轻时，则从旧法。五是从新兼从轻原则，即新法对行为人的处罚较轻时，则从新法。

五、简答题

1. **答案**：（1）法的内容，一指法的阶级本质，二指法所调整的社会关系，即法规定了什么内容。法的形式指法的外部表现形态，即法的内容的组织形式。

（2）法的内容与形式，在一般情况下是统一的，内容决定形式。一方面，不同本质的法往往有不同的形式。如封建制法的本质决定封建制法中存在皇帝的敕令、诏书这种形式。另一方面，法所调整的社会关系的内容决定法的形式。无论是资本主义国家还是社会主义国家，都需要以宪法、刑法、行政法等调整社会关系，因此都有宪法、刑法、行政法等法的形式。

（3）法的内容与形式的关系又是复杂的。一方面，具有相同阶级本质和调整内容的法往往有不同表现形式，如有的国家采用成文宪法形式，有的国家采用不成文宪法形式。另一方面，同一种法的形式往往也可为不同阶级本质的法所采用，如宪法、法律、行政法规这些法的形式既为资本主义法采用，也为社会主义法采用。这些情况的存在，是由各国国情所决定的。

2. **答案**：规范性法律文件是由不同立法主体在不同时期规定的。制定这些规范性法律文件时，立法主体未必都能顾及它们同其他规范性法律文件之间的联系。在经过一定时间并积累了相当数量的法律、法规、规章后，其中有些法就会发生过时、部分不合时宜或相互抵触、不一致的问题。注意实现规范性法律文件的系统化：第一，有助于查阅有关同一事项的所有规范性法律文件，迅速了解同类的或整个的规范性法律文件体系的全貌，确定有关规范性法律文件的范围；第二，有助于明确哪些规范法律文件已经失效，哪些继续有效，从而有助于法的适用和遵守；第三，有助于发现既有的规范性法律文件哪些应加以废止、修改或补充，有助于发现立法上还有哪些缺陷和空白，以利于立法的进一步发展。

3. **答案**：法律对人的效力，指法律对谁有效力，适用于哪些人。在世界各国的法律实践中先后采用过四种对人的效力的原则：

（1）属人主义，即法律只适用于本国公民，不论其身在国内还是国外；非本国公民即便身在该国领域内也不适用。

（2）属地主义，法律适用于该国管辖地区内的所有人，不论是否为本国公民，都受法律约束和法律保护；本国公民不在本国，则不受本国法律的约束和保护。

(3) 保护主义，即以维护本国利益作为是否适用本国法律的依据；任何侵害了本国利益的人，不论其国籍和所在地域，都要受该国法律的追究。

(4) 以属地主义为主，与属人主义、保护主义相结合。

4. **答案**：法的编纂又称法律编纂、法典编纂，指有关的国家机关在法的清理和汇编的基础上，将现存同类法或同一部门法加以审查，从统一原则出发，决定它们的存废，对它们加以修改、补充，最终形成集中统一的、系统的法。法的编纂的特点在于：它是一项重要的立法活动，必须由有权的立法机关依照法定程序进行；其结果是产生新法或法典。法的编纂的任务是统一同类的有关规范性法律文件，形成一个系统的整体，删除原有法中已过时的或其他不合适的部分，消除法和立法中的矛盾、混乱。法的编纂不仅适用于形成一个统一的法典或法律，也可适用于行政法规、地方性法规甚至其他规范性法律文件。法的编纂有助于实现法的科学化、系统化，帮助人们发现现存法的弊端，从而去改善、消除它；有助于促进法的体系的完善，就同类法或同一部门法的某方面实行增删整合，简化规范性法律文件，产生出规模较大的作为部门法基础和中心的法；有助于各种法、法的规范之间的协调一致、相互配合；还有助于法的贯彻实行。法的编纂需要在一定数量的同类法的基础上进行。法的编纂可经常开展，但不可随意进行，否则与制定新法便无区别。大规模的法的编纂通常发生在一国处于盛世之际，亦发生在立法有相当发展以致出现规范性法律文件颇为芜杂、不进行法的编纂便无法改变这种局面的情况之下。

5. **答案**：规范性法律文件的规范化，是指立法主体应以统一的规格和标准制定和修改各种形式的规范性法律文件，使一国属于法的形式的各种规范性法律文件成为效力等级分明、结构严谨、协调统一的整体。法律、法规、规章产生于不同主体、不同方面，如果没有统一的规格和标准，就会滋生混乱、矛盾、相互脱节和其他弊病。并由此影响法的体系的和谐一致和整个法制的统一和尊严，使人无所适从，给执法、守法造成困难。实现规范性法律文件的规范化，有助于消除或防止以上弊病，有助于分清各种法的类别、效力等级、立法主体和适用范围，有利于整个法的形式和法的体系的和谐统一，对立法的科学化和良法的产生，对整个法制的协调发展和法的实施，有重要意义。

实现规范性法律文件的规范化，就要使各种不同的规范性法律文件：第一，只能由相应的、特定的国家机关制定；第二，其法的效力和地位以及它们的相互关系应有明确规定；第三，应用专有名称；第四，应有统一的表达方式，文字应简练明确，法律术语应严谨、统一。

6. **答案**：法的形式和法的渊源是一对容易混淆的概念。许多人所说的法的渊源就是法的形式，所说的法的形式就是法的渊源，究竟是使用法的形式还是法的渊源，几乎完全由人们依据自己的喜好而自便。

法的渊源和法的形式的界限不容混淆，它们本来是两种性质不同的事物，分别代表法的形成过程中两个性质不同的阶段，有各自的价值。

第一，未然和已然、可能和现实的区分，是法的渊源和法的形成的一个界分。法的渊源主要指法的来源，它表明法由哪些原料构成，出自何种途径，基于何种动因形成，是法的半成品和预备库，是未然的法和可能的法。法的渊源有一定的必然性意味，但更主要的是未然的和可能的概念。法的形式所表明的则是已然的和现实的概念。它是提取和升华法的渊源的实际成果，是经由法的渊源这种未然的和可能的阶段，而成为已然的和现实的法，是法的既成产品，有鲜明的实在性。

第二，多元和统一的区分，是法的渊源和法的形式的又一界分。法的渊源是多样化的，有来自不同资源、不同进路和不同动因的法的渊源，它们之间有复杂的关联，也都各具独立性，是多元化地存在于一国法的渊源体系之中的。法的渊源的多元化，要求法律人经常检点自己是否具有较为宽广的视域，能否驾驭法的渊源体系的全局，能否在实际运作和理论研究中全面发掘各种法的渊源的功用。法的形式也是多样化的，但却不是多元的。一国法的形式通常总有法律、法规和其他规范性法律文件的区分，它们的种类在各国也不尽相同。但多样化的法的形式，特别是在公法所涉及的法的形式方面，在绝大多数国家，却被一条统一的主线贯穿在一起，这条主线就是统一的国家权力体系。①

7. **答案**：规范性法律文件的系统化是指对已制定的有关规范性法律文件加以系统整理和归纳加工，使其完善化、科学化的活动。

规范性法律文件系统化的方法主要有三种：

(1) 法的清理。法的清理指有权的国家机关，在其职权范围内，以一定方式，对一定范围的规范性法律文件进行审查，确定它们或存或废或修改的专门活动。法的清理的目的，是把现存有关的法加以系统研究、分析、分类和处理。清理的基本任务有两个，并由此形成两个阶段。一是厘清现存各种法的基本情况，确定哪些可继续适用，哪些需要修改、补充或废止。这是梳理法的阶段。二是对可继续适用的，列为现行法；法的清理方法，通常分为集中清理、定期清理和专项清理三种。

(2) 法的汇编。法的汇编是在法的清理的基础上，按一定顺序将各种法或有关法集中起来，加以系统编排、汇编成册。其特点是：一般不改变法的文字和内容，而是对现存法进行汇集和技术处理或外部加工，是立法的辅助性工作，不产生新法，不是正式的立法活动。法的汇编是法的清理的一种逻辑结果，法的清理是科学的法的汇编的必要准备。法的汇编的主要任务是将法集中化、系统化。法的汇编的价值在于：它使法得以集中化、系统化，从而便于集中、系统地反映法制的面貌，便于人们全面、完整地了解各种相关法的规定；使法的清理的成果得到反映，便于人们发现现行法的优点和缺点，了解立改废的任务何在；还可为法的编纂打下基础和准备必要的条件。

(3) 法的编纂。法的编纂又称法律编纂、法典编纂，指立法主体在法的清理和汇编的基础上，将现存同类法和同一部门法加以研究审查，从统一的原则出发，决定它们的存废，对它们加以修改、补充，最终形成集中、统一和系统的法。法的编纂的特点在于：它是一项重要的立法活动，应由有权立法的机关依法定程序进行；其结果是产生新法或法典。法的编纂的主要任务是统一同类有关规范性法律文件，形成系统的整体，删除原有法中已过时的或其他不合适的部分，消除法和立法中的矛盾、混乱。法的编纂不仅适用于形成统一的法典或法律，也可适用于行政法规、地方性法规甚至其他规范性法律文件。法的编纂有助于实现法的科学化、系统化，帮助人们发现现存法的弊病，从而去改善它、消除它；有助于促进法的体系的完善，就同一部门法实行增删整合，简化规范性法律文件，产生出规模较大的作为部门法基础和中心的法；有助于各种法、法律规范之间的协调一致、相互配合；还有助于法的贯彻实行。法的编纂需要在一定数量的同类法的基础上进行。

8. **答案**：法的溯及力，指新法对它生效前所发生的行为和事件可加以适用的效力。法是规范现时社会关系和指引主体现时行为的准则，未公布前，人们不可能明了将来的法规范哪些社会关系，允许或禁止哪些行为，也谈不上按尚未制定的法去办事。因此，一般来说，法只适用于生效后发生的行为和事件，不适用于生效前的行为和事件，不应有溯及既往的效力，特别是有关侵权、违约的法和刑事法，更不适宜有溯及既往的效力。这就是法不溯及既往的原则。目前世界上多

① 参见张文显主编的《法理学》（第五版）对这一问题的论述。

数国家采取从旧原则，法没有溯及力。在法律规定有溯及力的国家，通常采用从旧兼从轻原则。中国现时期主要也采取从旧兼从轻原则，在特殊情况下也可溯及既往。按照立法法的规定，中国法的溯及力的现行制度为："法律、行政法规、地方性法规、自治条例和单行条例、规章不溯及既往，但为了更好地保护公民、法人和其他组织的权利和利益而作的特别规定除外。"

六、论述题

答案：由于法的数量非常之多，它们由多方面的立法主体制定或认可，或由多方面的司法机关所创制，且产生的时间和针对的侧重点不同，使得它们之间常有冲突。

（1）上位法和下位法的冲突和协调

处理不同层级的法之间所发生的冲突，应遵循上位法优先于下位法的规则。在我国，这方面现行法律规定是：第一，宪法具有最高的法的效力，一切法律、行政法规、地方性法规、自治条例和单行条例、规章都不得同宪法相抵触，否则无效。第二，法律的效力高于行政法规、地方性法规和规章。行政法规的效力高于地方性法规和规章。地方性法规的效力高于本级和下级地方政府的规章。省、自治区人民政府制定的规章，效力高于本行政区域内较大市的人民政府制定的规章。第三，法律、行政法规、地方性法规、自治条例和单行条例、规章超越权限，它们中的下位法违反上位法规定的，由有关机关依照《立法法》第108条所确定的权限予以改变或撤销。

（2）此类法和彼类法的冲突和协调

处理特别法和一般法的冲突，一般可遵循有条件的"特别法优先于一般法"的规则。所谓优先，通常指：在适用对象方面，对特定主体和特定事项有效的法优先于对一般主体和一般事项有效的法；在适用时间和空间方面，对特定时间和特定区域有效的法优先于对平时和普通区域有效的法。所谓有条件，是说应在同一主体制定的法之间适用这一规则。

立法法对处理此类冲突已有明确规定：第一，自治条例和单行条例依法对法律、行政法规、地方性法规作变通规定的，在本自治地方适用自治条例和单行条例的规定；经济特区法规根据授权对法律、行政法规、地方性法规作变通规定的，在本经济特区适用经济特区法规的规定。第二，地方性法规和部门规章之间对同一事项的规定不一致，应决定在该地方适用地方性法规的规定；认为应适用部门规章的，应提请全国人大常委会裁决。第三，部门规章之间、部门规章和地方政府规章之间具有同等效力，在各自的权限范围内施行。第四，根据授权制定的法规同法律规定不一致，不能确定如何适用时，由全国人大常委会裁决。

（3）新法和旧法的冲突和协调

在中国，根据立法法的规定，处理新法和旧法相冲突的基本制度是：第一，同一机关规定的法律、行政法规、地方性法规、自治条例和单行条例、规章，新的规定同旧的规定不一致的，适用新的规定。第二，法律之间、行政法规之间、地方性法规之间，对同一事项的新的一般规定同旧的特别规定不一致，不能确定如何适用时，分别由全国人大常委会、国务院、制定地方性法规的机关裁决。第三，同一机关制定的新的一般规定同旧的特别规定不一致时，由制定机关裁决。

第七章 法的要素

基础知识图解

法的要素释义
- 1. 定义
  - ①法的基本成分
  - ②特征：A. 个别性和局部性；B. 多样性和差别性；C. 不可分割性
- 2. 分类：通说分为法律概念、法律规则、法律原则三要素

法律概念
- 1. 释义
  - ①法律概念是对各种法律事实进行概括，抽象出它们的共同特征而形成的权威性范畴
  - ②法律概念虽不规定具体的事实状态和具体的法律后果，但每个概念都有其确切的法律意义和应用范围（领域、场合）
- 2. 分类　依概念涉及内容不同可分为：涉人概念/涉事概念/涉物概念

法律规则
- 1. 释义
  - ①规则是指具体规定权利和义务以及具体法律后果的准则，或说是对一个事实状态赋予一种确定的具体后果的各种指示和规定
  - ②规则有较为严密的逻辑结构，包括假定（行为发生的时空、各种条件等事实状态的预设）、行为模式（权利和义务规定）和法律后果（含否定式后果和肯定式后果）三部分
  - ③同个别性命令相比的特点
    - A. 规则是普遍的行为模式，具可重复适用性
    - B. 规则可适用于一定的角色群或一定法域中的所有人
  - ④同原则相比的特点：A. 微观的指导性；B. 可操作性强；C. 确定性程度高
- 2. 分类
  - ①从内容上看，分为授权性规则/义务性规则/权义复合性规则
  - ②从形式特征上看，分为规范性规则/标准性规则
  - ③从功能上看，分为调整性规则/构成性规则
  - ④从强制性程度上看，分为强制性规则/指导性规则

法律原则
- 1. 释义
  - ①法律的基础性真理或原理，为其他规则提供基础性或本源的综合性规 则或原理，是法律行为、法律程序、法律决定的决定性规则
  - ②作用
    - A. 法律原则为法律规 则和概念提供基础或出发点，对法律的制定具有指导意义，对理解法律规则也有指导意义
    - B. 法律原则可直接作为审判的依据
    - C. 法律原则可以作为疑难案件的断案依据，以纠正严格执行实在法可能带来的不公
- 2. 区别（同规则比）
  - ①原则对事及对人的覆盖面比规则要宽
  - ②原则在变化的速率方面与规则相比有较强的稳定性
  - ③原则在是否适用的确定性方面比规则模糊
- 3. 分类
  - ①按产生的基础不同分为：政策性原则/公理性原则
  - ②按覆盖面不同分为：基本原则/具体原则
  - ③按内容不同分为：实体性原则/程序性原则
- 4. 适用
  - ①特点：A. 存在于法律运作的全过程；B. 可以“部分”适用；C. 可以排斥规则的适用
  - ②适用规则
    - A. 只能适用法律原则，不能适用非法律原则
    - B. 法律规则优先适用；C. 充分说明理由

配套测试

一、单项选择题

1. 《民法典》第 187 条规定："民事主体因同一行为应当承担民事责任、行政责任和刑事责任的，承担行政责任或者刑事责任不影响承担民事责任；民事主体的财产不足以支付的，优先用于承担民事责任。"关于该条文，下列哪种说法是正确的？（　　）
   A. 表达的是委任性规则
   B. 表达的是程序性原则
   C. 表达的是强行性规则
   D. 表达的是法律责任的竞合
2. 尹老汉因女儿很少前来看望，诉至法院要求判决女儿每周前来看望 1 次。法院认为，根据《老年人权益保障法》第 18 条规定，家庭成员应当关心老年人的精神需求，不得忽视、冷落老年人；与老年人分开居住的家庭成员，应当经常看望或问候老年人。而且，关爱老人也是中华传统美德。法院遂判决被告每月看望老人 1 次。关于此案，下列哪一说法是错误的？（　　）（司考. 2014. 1. 11）
   A. 被告看望老人次数因法律没有明确规定，由法官自由裁量
   B. 《老年人权益保障法》第 18 条中没有规定法律后果
   C. 法院判决所依据的法条中规定了积极义务和消极义务
   D. 法院判决主要是依据道德作出的
3. 《最高人民法院、最高人民检察院关于办理赌博刑事案件具体应用法律若干问题的解释》第 2 条规定："以营利为目的，在计算机网络上建立赌博网站，或者为赌博网站担任代理，接受投注的，属于刑法第三百零三条规定的'开设赌场'。"关于该解释，下列哪一说法是不正确的？（　　）（司考. 2014. 1. 14）
   A. 属于法定解释
   B. 对刑法条文作出扩大解释
   C. 应当自公布之日起 30 日内报全国人大常委会备案
   D. 运用了历史解释方法
4. 《民法典》第 1065 条第 1 款规定："夫妻可以约定婚姻关系存续期间所得的财产以及婚前财产归各自所有、共同所有或部分各自所有、部分共同所有。约定应当采用书面形式。没有约定或约定不明确的，适用本法第十七条、第十八条的规定。"关于该条款规定的规则（或原则），下列哪个选项是正确的？（　　）
   A. 任意性规则　　B. 法律原则
   C. 准用性规则　　D. 禁止性规则
5. 《文物保护法》第 27 条第 1 款规定："一切考古发掘工作，必须履行报批手续；从事考古发掘的单位，应当经国务院文物行政部门批准。"这一规定属于（　　）。
   A. 权利性规则　　B. 职权性规则
   C. 命令性规则　　D. 禁止性规则
6. 下列属于委任性规则的是（　　）。
   A. 《环境影响评价法》第 36 条："军事设施建设项目的环境影响评价办法，由中央军事委员会依照本法的原则制定。"
   B. 《保险法》第 182 条："海上保险适用《中华人民共和国海商法》的有关规定；《中华人民共和国海商法》未规定的，适用本法的有关规定。"
   C. 《刑法》第 109 条第 2 款："掌握国家秘密的国家工作人员叛逃境外或者在境外叛逃的，依照前款的规定从重处罚。"
   D. 《水法》第 78 条："中华人民共和国缔结或者参加的与国际或者国境边界河流、湖泊有关的国际条约、协定与中华人民共和国法律有不同规定的，适用国际条约、协定的规定。但是，中华人民共和国声明保留的条款除外。"
7. 下列原则中属于程序性法律原则的是（　　）。
   A. 诚实信用原则
   B. 法无明文规定不为罪原则
   C. 无罪推定原则
   D. 罪刑法定原则
8. 下列说法中正确的是（　　）。
   A. 法律规范即法律条文
   B. 法律原则即法律规范
   C. 法律规范是国家以制定或认可的方式创制的

D. 在人类历史上，法律规范一直是以法律条文的形式出现的

9. 在法律规则的构成要素中，处于核心地位的是（　　）。

A. 假定条件　　B. 行为模式

C. 肯定性法律后果　　D. 否定性法律后果

10. 立法实践中，表述法律规则时，法律规则的哪一个构成要素是可以省略的？（　　）

A. 假定条件　　B. 行为模式

C. 肯定性法律后果　　D. 否定性法律后果

11. 命令性规则和禁止性规则合称为（　　）。

A. 授权性规则　　B. 权义复合性规则

C. 义务性规则　　D. 强行性规则

12. 根据法律效力的强弱程度不同，法律规则可以分为（　　）。

A. 授权性规则和义务性规则

B. 强行性规则和任意性规则

C. 确定性规则和准用性规则

D. 调整性规则和构成性规则

13.《公司法》规定，经国务院证券管理部门批准，公司股票可以到境外上市，具体办法由国务院作出特别规定。该规则属于（　　）。

A. 义务性规则　　B. 准用性规则

C. 确定性规则　　D. 委任性规则

14. 我国《刑法》规定："法律明文规定为犯罪行为的，依照法律定罪处刑；法律没有明文规定为犯罪行为的，不得定罪处刑。"这一规定属于（　　）。

A. 法律规则　　B. 法律原则

C. 法律术语　　D. 技术性规范

15. 法律规范在成文法中由（　　）体现出来。

A. 法律条文　　B. 法律概念

C. 法律原则　　D. 法律规则

16. 授权性规范和义务性规范的划分主要是从（　　）角度出发的。

A. 保护权益

B. 法律规则内容是否确定

C. 法律效力的强弱

D. 不同行为模式

17.《医师法》规定，医师的医学专业技术职称和医学专业技术职务的评定、聘任，按照国家的有关规定处理。这一规定属于下列哪一个选项？（　　）

A. 权义复合性规则　　B. 确定性规则

C. 委任性规则　　D. 准用性规则

18.《刑法》第232条规定："故意杀人的，处死刑、无期徒刑或者十年以上有期徒刑；情节较轻的，处三年以上十年以下有期徒刑。"这一规定属于（　　）。

A. 义务性规范　　B. 委托性规范

C. 准用性规范　　D. 确定性规范

19.《刑法》第13条规定："一切危害国家主权、领土完整和安全，分裂国家、颠覆人民民主专政的政权和推翻社会主义制度，破坏社会秩序和经济秩序，侵犯国有财产或者劳动群众集体所有的财产，侵犯公民私人所有的财产，侵犯公民的人身权利、民主权利和其他权利，以及其他危害社会的行为，依照法律应当受刑罚处罚的，都是犯罪，但是情节显著轻微危害不大的，不认为是犯罪。"这一规定属于法的构成要素中的（　　）。

A. 法律规范　　B. 法律概念

C. 法律原则　　D. 法律技术性规定

20. 在下列我国现行法律条款中，哪些不属于法律原则？（　　）

A. 经批准的上市公司的股份，依照有关法律、行政法规上市交易

B. 公司必须保护职工的合法权益，加强劳动保护，实行安全生产

C. 票据活动应当遵守法律、行政法规，不得损害社会公共利益

D. 国务院卫生行政部门主管全国食品卫生监督管理工作

21. 我国《刑法》规定："为了使国家、公共利益、本人或者他人的人身、财产和其他权利免受正在进行的不法侵害，而采取的制止不法侵害的行为，对不法侵害人造成损害的，属于正当防卫，不负刑事责任。"该条款的内容属于哪种规范？（　　）

A. 授权性规范　　B. 义务性规范

C. 命令性规范　　D. 禁止性规范

22. 凡规范未规定行为规则而规定参照、援引其他法律条文或其他法规，这种规范是（　　）。

A. 确定性规范　　B. 任意性规范
C. 委托性规范　　D. 准用性规范

23. 有“可以这样行为”的模式的法律规范，为（　　）。
A. 授权性规范　　B. 禁止性规范
C. 命令性规范　　D. 强行性规范

24. 《刑法》规定：“为了犯罪，准备工具、制造条件的，是犯罪预备。”这一规定属于法构成要素中的（　　）。
A. 法律原则　　B. 法律概念
C. 法律技术性规定　　D. 法律规范

25. 《刑法》规定：“以暴力干涉他人婚姻自由的，告诉的才处理。”这一规定所包含的规范属于（　　）。
A. 委托性规范　　B. 准用性规范
C. 强行性规范　　D. 任意性规范

26. 把法律规范分为授权性、义务性规范的根据是（　　）。
A. 规范的内容规定不同
B. 保护的权益的不同
C. 法律效力的大小不同
D. 法律规则的内容是否确定

27. 法律规范与法律条文的关系是（　　）。
A. 法律条文由法律规范体现出来
B. 一个法律规范就等于一个法律条文
C. 一个法律规范不能包括在几个法律条文中
D. 一个法律条文可以包括几个法律规范

28. 不直接规定行为规则的内容，只指出应当作出规定的机关的法律规则是（　　）。
A. 确定性规则　　B. 委任性规则
C. 准用性规则　　D. 参照性规则

29. 我国《刑事诉讼法》第240条规定：“第二审人民法院对不服第一审裁定的上诉或者抗诉，经过审查后，应当参照本法第二百三十六条、第二百三十八条和第二百三十九条的规定，分别情形用裁定驳回上诉、抗诉，或者撤销、变更原裁定。”这一规定属于（　　）。
A. 确定性规则　　B. 委托性规则
C. 准用性规则　　D. 任意性规则

30. 《刑事诉讼法》第56条规定：“采用刑讯逼供等非法方法收集的犯罪嫌疑人、被告人供述和采用暴力、威胁等非法方法收集的证人证言、被害人陈述，应当予以排除……”对此条文，下列哪种理解是正确的？（　　）
A. 运用了规范语句来表达法律规则
B. 表达的是一个任意性规则
C. 表达的是一个委任性规则
D. 表达了法律规则中的假定条件、行为模式和法律后果

31. 《治安管理处罚法》第115条规定：“公安机关依法实施罚款处罚，应当依照有关法律、行政法规的规定，实行罚款决定与罚款收缴分离；收缴的罚款应当全部上缴国库。”关于该条文，下列哪一说法是正确的？（　　）（司考.2016.1.8）
A. 表达的是禁止性规则
B. 表达的是强行性规则
C. 表达的是程序性原则
D. 表达了法律规则中的法律后果

32. 全兆公司利用提供互联网接入服务的便利，在搜索引擎讯集公司网站的搜索结果页面上强行增加广告，被讯集公司诉至法院。法院认为，全兆公司行为违反诚实信用原则和公认的商业道德，构成不正当竞争。关于该案，下列哪一说法是正确的？（　　）（司考.2016.1.9）
A. 诚实信用原则一般不通过“法律语句”的语句形式表达出来
B. 与法律规则相比，法律原则能最大限度实现法的确定性和可预测性
C. 法律原则的着眼点不仅限于行为及条件的共性，而且关注它们的个别性和特殊性
D. 法律原则是以“全有或全无”的方式适用于个案当中

二、多项选择题

1. 新郎经过紧张筹备准备迎娶新娘。婚礼当天迎亲车队到达时，新娘却已飞往国外，由其家人转告将另嫁他人，离婚手续随后办理。此事对新郎造成严重伤害。法院认为，新娘违背诚实信用和公序良俗原则，侮辱了新郎的人格尊严，判决新娘赔偿新郎财产损

失和精神抚慰金。关于本案，下列哪些说法可以成立？（　）（司考．2014.1.52）

A. 由于缺乏可供适用的法律规则，法官可依民法基本原则裁判案件

B. 本案法官运用了演绎推理

C. 确认案件事实是法官进行推理的前提条件

D. 只有依据法律原则裁判的情形，法官才需提供裁判理由

2. 甲公司派员工伪装成客户，设法取得乙公司盗版销售其所开发软件的证据并诉至法院。审理中，被告认为原告的“陷阱取证”方式违法。法院认为，虽然非法取得的证据不能采信，但法律未对非法取证行为穷尽式列举，特殊情形仍需依据法律原则具体判断。原告取证目的并无不当，也未损害社会公共利益和他人合法权益，且该取证方式有利于遏制侵权行为，应认定合法。对此，下列哪些说法是正确的？（　）（司考．2017.1.58）

A. 采用穷尽式列举有助于提高法的可预测性

B. 法官判断原告取证是否违法时作了利益衡量

C. 违法取得的证据不得采信，这说明法官认定的裁判事实可能同客观事实不一致

D. 与法律规则相比，法律原则应优先适用

3. 《老年人权益保障法》第18条第1款规定：“家庭成员应当关心老年人的精神需求，不得忽视、冷落老年人。”关于该条款，下列哪些说法是正确的？（　）（司考．2013.1.54）

A. 规定的是确定性规则，也是义务性规则

B. 是用“规范语句”表述的

C. 规定了否定式的法律后果

D. 规定了家庭成员对待老年人之行为的“应为模式”和“勿为模式”

4. 法律规则的特征有哪些？（　）

A. 确定性　　B. 可预测性

C. 一般性　　D. 抽象性

5. 由技术规范构成的法，在法学上被称为“技术法规”。这种技术法规属于（　）。

A. 技术规范　　B. 社会规范

C. 思维规范　　D. 法律规范

6. 《政府采购法》第35条规定：“货物和服务项目实行招标方式采购的，自招标文件开始发出之日起至投标人提交投标文件截止之日止，不得少于二十日。”该法律规则逻辑结构中的行为模式是（　）。

A. 采购货物和服务项目

B. 招标

C. 自招标文件开始发出之日起至投标人提交投标文件截止之日止

D. 不得少于20日

7. 下列规则中属于确定性规则的是（　）。

A. 《公司法》第193条第2款：“对外国公司分支机构的经营资金需要规定最低限额的，由国务院另行规定。”

B. 《科学技术普及法》第13条：“科普是全社会的共同任务。社会各界都应当组织参加各类科普活动。”

C. 《政府采购法》第4条：“政府采购工程进行招标投标的，适用招标投标法。”

D. 《清洁生产促进法》第7条第1款：“国务院应当制定有利于实施清洁生产的财政税收政策。”

8. 有关职权性规则，下列说法中正确的是（　）。

A. 职权性规则属授权性规则

B. 职权性规则属义务性规则

C. 职权性规则兼具授权性规则和义务性规则的特征

D. 职权性规则属强行性规则

9. 法律原则可分为公理性原则和政策性原则，下列属于政策性原则的是（　）。

A. 诚实信用原则

B. 四项基本原则

C. 国家实行计划生育

D. 国家实行社会主义市场经济

10. 法律格言云：“不确定性在法律中受到非难，但极度的确定性反而有损确定性。”对此，下列哪些说法是正确的？（　）（司考．2017.1.59）

A. 在法律中允许有内容本身不确定，而是可以援引其他相关内容规定的规范

B. 借助法律推理和法律解释，可提高法律的确定性

C. 通过法律原则、概括条款，可增强法律的适应性

D. 凡规定义务的，即属于极度确定的；凡规定权利的，即属于不确定的

11.《民法典》合同编第 758 条第 1 款规定："当事人约定租赁期限届满租赁物归承租人所有，承租人已经支付大部分租金，但是无力支付剩余租金，出租人因此解除合同收回租赁物，收回的租赁物的价值超过承租人欠付的租金以及其他费用的，承租人可以请求相应返还。"在该法律规则中，假定条件是（　　）。

A. 当事人约定租赁期间届满租赁物归承租人所有

B. 承租人已经支付大部分租金，但无力支付剩余租金

C. 出租人因承租人无力支付剩余租金，解除合同收回租赁物的

D. 承租人收回的租赁物的价值超过承租人欠付的租金以及其他费用的

12. 下面的法律规定中，哪一条不属于法的要素中的法律规则？（　　）

A.《刑法》第 216 条规定："假冒他人专利，情节严重的，处三年以下有期徒刑或者拘役，并处或者单处罚金。"

B.《宪法》第 26 条第 1 款规定："国家保护和改善生活环境和生态环境，防治污染和其他公害。"

C.《刑法》第 94 条规定："本法所称司法工作人员，是指有侦查、检察、审判、监管职责的工作人员。"

D.《民法典》第 8 条规定："民事主体从事民事活动，不得违反法律，不得违背公序良俗。"

13. 下列规则中属于任意性规则的有（　　）。

A.《海域使用管理法》第 6 条第 1 款："国家建立海域使用权登记制度，依法登记的海域使用权受法律保护。"

B.《民办教育促进法》第 7 条第 2 款："国务院人力资源社会保障行政部门及其他有关部门在国务院规定的职责范围内分别负责有关的民办教育工作。"

C.《工会法》第 22 条第 1 款："企业、事业单位、社会组织处分职工，工会认为不适当的，有权提出意见。"

D.《民法典》第 1015 条："自然人应当随父姓或者母姓……"

14. "对任何人犯罪，在适用法律上一律平等。"这是一条（　　）。

A. 公理性原则　　B. 政策性原则

C. 实体性原则　　D. 程序性原则

15. 下列说法中正确的是（　　）。

A. 法律规则在逻辑结构上由假定条件、行为模式和法律后果三部分构成

B. 并非每个法律规则在逻辑结构上都是由假定条件、行为模式和法律后果三部分构成

C. 行为模式是法律规则的核心部分

D. 假定条件、行为模式是法律后果的前提

16.《刑法》第 21 条第 1 款规定："为了使国家、公共利益、本人或者他人的人身、财产和其他权利免受正在发生的危险，不得已采取的紧急避险行为，造成损害的，不负刑事责任。"该法律条文包含了法律规则逻辑结构中的（　　）。

A. 假定条件　　B. 行为模式

C. 合法后果　　D. 违法后果

17.《民法典》第 1260 条规定："本法自 2021 年 1 月 1 日起施行……"该条文（　　）。

A. 是规范性条文

B. 是非规范性条文

C. 是法律技术性条文

D. 从属于《民法典》的规范性法律条文，没有独立含义

18. 下列属于非规范性法律文件的有（　　）。

A.《国家高新技术产业开发区税收政策的规定》

B. 某市中级人民法院关于王某盗窃罪一案的判决书

C. 张某和李某根据《民法典》签订的水果购销合同

D. 某市民政局根据《民法典》给林某和赵某颁发的结婚证

19. 下列哪些选项表述的内容不是法律规则？（　　）

A. 公民的权利能力一律平等
B. 民事活动应当自愿、公平、等价有偿、诚实信用
C. 合同的当事人应当按照合同的约定，全部履行自己的义务
D. 党必须在宪法和法律范围内活动

20. 法律规则与法律原则的区别有哪些方面？（　）
A. 法律原则对人的行为的要求比法律规则的要求具有更高程度的一般性
B. 法律规则比法律原则的强制性大
C. 法律规则比法律原则的适用范围狭小
D. 法律原则在疑难案例中的作用比法律规则的作用大

21. 《刑事诉讼法》规定，第二审人民法院对不服第一审裁定的上诉或者抗诉，经过审查后，第二审人民法院应当参照本法第236条、第238条、第239条的规定，分别情形用裁定驳回上诉、抗诉，或者撤诉、变更原裁定。这一规定属于（　）。
A. 义务性规则　　B. 授权性规则
C. 准用性规则　　D. 委任性规则

22. 法的要素包括法律规则、法律概念和法律原则三者，在以下法的要素的论述中正确的是（　）。
A. 法的要素中，法的主体是规则
B. 法律概念的内涵和外延都不是固定不变的，它们随着社会生活的发展、法制水平和法学家认识水平的发展而不断发展变化。因此法律概念具有历史的局限性
C. 法律原则与法律规则的关系对制定法来说是比较明显的，而在判例法中是比较模糊的
D. 法律规则按照特定行为以前是否有调整规则可以作调控性规则和构成性规则之分

23. 从结构上看，法的内容可分为（　）。
A. 法典　　B. 法律规范
C. 法律部门　　D. 法律体系

24. 2011年，李某购买了刘某一套房屋，准备入住前从他处得知该房内两年前曾发生一起凶杀案。李某诉至法院要求撤销合同。法官认为，根据我国民俗习惯，多数人对发生凶杀案的房屋比较忌讳，被告故意隐瞒相关信息，违背了诚实信用原则，已构成欺诈，遂判决撤销合同。关于此案，下列哪些说法是正确的？（　）（司考.2015.1.56）
A. 不违反法律的民俗习惯可以作为裁判依据
B. 只有在民事案件中才可适用诚实信用原则
C. 在司法判决中，诚实信用原则以“全有或全无的方式”加以适用
D. 诚实信用原则可以为相关的法律规则提供正当化基础

三、名词解释

1. 法的要素
2. 政策性原则
3. 公理性原则
4. 法律概念（中国人民大学2008年考研题）
5. 确定性概念
6. 不确定性概念

四、简答题

1. 简述法律规范与技术规范的区别和联系。
2. 简述法律概念和法律原则在法的要素中的地位和作用。
3. 简述法律规则的含义及其特征。
4. 简述法律原则与法律规则的区别。（中国政法大学2007年考研题）
5. 简述从法律规则内容上对法律规则所作的分类。
6. 试比较授权性规则与义务性规则。
7. 司法适用中法律原则适用规则有哪些？

参考答案

一、单项选择题

1. 答案：C。委任性规则与确定性规则、准月性规则相对，是指内容尚未确定，而只规定某种概括性指示，由相应国家机关通过相应途径或程序加以确定的法律规则。不合题意，故A错误。程序性原则与实体性原则相对，是直接指涉及程序法（诉讼法）问题的原则。该条文表达的是法律规则，而不是法

律原则，是实体性规则，而不是程序性规则。故B错误。强行性规则与任意性规则相对，是指内容规定具有强制性质，不允许人们随便加以更改的法律规则。该条文关于“承担行政责任或者刑事责任不影响承担民事责任”“优先用于承担民事责任”的规定均为强行性规定，不是随便可以更改的。符合题意，故C正确。法律责任的竞合指的是同一法律主体实施一个行为，该行为符合两个或两个以上的法律责任构成要件，而该不同法律责任之间互相冲突。该条文规定不涉及具体法律行为，表达的不是法律责任竞合，故D错误。

2. **答案**：D。该法条属于法律规则的内容，法院据此判决，依据的是法律规则而不是道德。当然，该规则本身也是道德规则，是道德内容的法律化，故D错误。该法条规定了家庭成员关心老人的义务，包括“关心老年人的精神需求”“经常看望或问候老年人”的积极义务，以及“不得忽视、冷落老年人”的消极义务，但是没有规定法律后果，故BC正确。A项易知正确。

3. **答案**：D。A项正确，该解释为司法解释，司法解释属于法定解释。B项正确，一般理解“开设赌场”是开设实体赌场，该解释将虚拟世界的赌场也包括进来，“建立赌博网站，或者为赌博网站担任代理，接受投注”以“开设赌场”论，显然较之“开设赌场”字面含义要广。C项正确，《各级人民代表大会常务委员会监督法》第31条规定，最高人民法院、最高人民检察院作出的属于审判、检察工作中具体应用法律的解释，应当自公布之日起30日内报全国人民代表大会常务委员会备案。D项错误，历史解释是依据历史事实进行解释，题中运用的显然不是历史解释。

4. **答案**：A。该条款内容具体明确，规定了具体的行为模式，属于法律规则而不是法律原则，故B项错误。按照规则对人们行为规定和限定的范围或程度不同，可以把法律规则分为强行性规则和任意性规则。所谓强行性规则，是指内容规定具有强制性质，不允许人们随便加以更改的法律规则。所谓任意性规则，是指规定在一定范围内，允许人们自行选择或协商确定为与不为、为的方式以及法律关系中的权利义务内容的法律规则。该题“夫妻可以约定……”显然属于任意性规则，A项正确。“约定应当采用书面形式”，单就这个条文来说，属于强行性规则、命令性规则，但不是禁止性规则，D项不选。C项错误。按照规则内容的确定性程度不同，可以把法律规则分为确定性规则、委任性规则和准用性规则。所谓确定性规则，是指内容本已明确肯定，无须再援引或参照其他规则来确定其内容的法律规则。在法律条文中规定的绝大多数法律规则属于此种规则。所谓委任性规则，是指内容尚未确定，而只规定某种概括性指示，由相应国家机关通过相应途径或程序加以确定的法律规则。所谓准用性规则，是指内容本身没有规定人们具体的行为模式，而是可以援引或参照其他相应内容规定的规则。条文中“适用本法第十七条、第十八条的规定”表达的是准用性规则。但是因为该条文是第19条第1款的一部分，从属于总体的任意性规则，故不选C。

5. **答案**：C。命令性规则是义务性规则的一种，它规定人们必须作出一定的行为。故选C。

6. **答案**：A。委任性规则是指没有明确规定行为规则的内容，而是委托某一机关或某一机构通过相应途径或程序加以规定的法律规则。故选A。

7. **答案**：C。程序性法律原则是指涉及规定保证实体性权利和义务或职权和职责得以实现的程序方面的原则。无罪推定原则是刑事诉讼程序的原则，故选C。

8. **答案**：C。法律规范具体是由法律条文构成的，法律原则是能够作为法律规则来源的具有综合性、稳定性的原理和准则，往往被规定在法律规范中。在人类历史上法律规范并非一开始就以法律条文的形式出现，而是经历了从不成文法到成文法的过程。

9. **答案**：B。行为模式是法律规则中规定人们如何具体行为的方式或范式，是法律规则中的核心部分。

10. 答案：A。在立法实践中，由于法律规则的文字要求简明扼要，因此在表述法律规则内容时，假定条件可以省略。

11. 答案：C。义务性规则是规定人们必须作出或者不得作出某种行为的规则，分为命令性规则（必须为一定行为）和禁止性规则（不得或不准为一定行为）。

12. 答案：B。强行性规则，是指内容具有强制性质，不允许人们随便加以更改的法律规则；任意性规则，是指在一定范围内允许人们自行选择或协商确定的法律规则。强行性规则的法律效力要强于任意性规则。

13. 答案：D。义务性规则是规定人们必须作出某种行为或者不得作出某种行为的规则。准用性规则是指没有具体规定某一行为规则的内容，而是规定可以参照或者援引其他法律规则来加以明确的法律规则。确定性规则是指明确规定了行为规则的内容，无须参照或者援引其他规则来确定本规则的内容。委任性规则是指没有明确规定行为规则内容，而委托某一机关或某一机构通过相应途径或程序加以具体规定的法律规则。故选D。

14. 答案：B。法律规则是对一定的事实状态赋予明确的法律意义，并确定具体法律后果的准则。法律原则是指能够作为法律规则本源或基础的综合性、稳定性的原理或准则。法律术语是指具有法律性质或专门法律意义的用语或概念。技术性规范是调整人与自然之间关系的社会规范。

15. 答案：A。法律规范在成文法中当然由法律条文体现出来，但一个法律规范并不一定等于一个法律条文，一个法律规范可以包括在几个条文中；一个条文中也可能包括几个法律规范。

16. 答案：D。按照规范的不同行为模式，法律规范可以分为授权性规范和义务性规范。授权性规范，是指规定人们有权为一定行为或者不为一定行为的规范，即规定人们的“可为模式”的规范。义务性规范，是指在内容上规定人们的法律义务，即有关人们应当做出或不做出某种行为的规则，分为：命令性规范和禁止性规范。

17. 答案：D。准用性规则是没有具体规定某一行为规则的内容，而是规定可以参照或援引其他法律规则的规定来加以明确的法律规则。

18. 答案：D。根据规范内容的确定性程度不同，法律规范可以分为确定性规范、准用性规范和委任性规范。确定性规范，是指明确规定一定行为规则，不必再参照或者援引其他规则的规范。

19. 答案：B。法律概念，是对各种法律现象或法律事实加以描述概括的概念。《刑法》第13条的规定是犯罪的概念。

20. 答案：A。法律原则是综合性、稳定性的原理和准则，是法律规则的来源和基础。

21. 答案：A。授权性规范是法律赋予人们一定权利、行为自由的法律规则。正当防卫的条款赋予了公民为保护合法利益而采取制止不法侵害行为的权利。

22. 答案：D。准用性规范是指内容本身没有规定人们具体的行为模式，而是援引或者参照其他相应内容规定的规范。

23. 答案：A。按照规范的内容不同，法律规范可以分为授权性规范和义务性规范。授权性规范，是指规定人们有权做一定行为或者不做一定行为的规范，即规定人们的“可为模式”的规范。义务性规范是指在内容上规定人们的法律义务，即有关人们应当做出或不做出某种行为的规则，分为：命令性规范和禁止性规范。

24. 答案：B。法律规则是采取一定的结构形式具体规定人们的法律权利、法律义务以及相应的法律后果的行为规范；法律原则是为法律提供某种基础或本源的综合性的、指导性的价值准则或规范，是法律诉讼、法律程序和法律裁决的确认规范；法律概念是对各种法律规定或法律事实加以描述概括的概念。

25. 答案：D。根据规范内容的确定性程度不同，法律规范可以分为确定性规范、准用性规范和委任性规范。按照规则对人们行为规定和限定的范围或程度不同，可以把法律规范分为强行性规范和任意性规范。任意性规范，是指规定在一定范围内，允许人们自行选择或者协商确定为与不为，为的方式以及法律关系中的权利义务内容的法律规范。强行性规范，是指内容规定具有强制性质，不允许人们随便加以更改的法律规范。刑法规定暴力干涉婚姻自由的，由当事人自主决定是否起诉。法律授权人们自行选择或者协商确定为与不为，为的方式以及法律关系中的权利。

26. 答案：A。按照规范的内容规定不同，法律规范可以分为授权性规范和义务性规范。

27. 答案：D。法律规范在成文法中当然由法律条文体现出来，但一个法律规范并不一定等于一个法律条文。一个法律规范可以包括在几个条文中；一个条文中也可能包括几个法律规范。

28. 答案：B。委任性规则，是指内容尚未确定，而只规定某种概括性指导，由相应国家机关通过相应途径或程序加以确定的法律规则。

29. 答案：C。准用性规则是指规则内容本身并没有规定人们具体的行为模式，而是援引或参照其他规则内容规定的规则。

30. 答案：A。A项正确。表达法律规则的特定语句往往是一种规范语句。规范语句分为命令句和允许句。命令句是指使用了“必须”（must），“应该”（ought to should）或“禁止”（must not）等这样一些道义助动词的语句。允许句是指使用了“可以”（may）这类道义助动词的语句。易知，该条文属于规范语句中的命令句。B项错误，该条文内容具有强制性，不允许人们随意变更，表达的是一个强行性规则。按照规则对人们行为规定和限定的范围或程度不同，可以把法律规则分为强行性规则和任意性规则。强行性规则是指内容规定具有强制性质，不允许人们随便加以更改的法律规则。任意性规则是指规定在一定范围内，允许人们自行选择或协商确定为与不为、为的方式以及法律关系中的权利义务内容的法律规则。C项错误，该条文内容明确肯定，表达的是一个确定性规则。按照规则内容的确定性程度不同，可以把法律规则分为确定性规则、委任性规则和准用性规则。确定性规则是指内容本已明确肯定，无须再援引或参照其他规则来确定其内容的法律规则。委任性规则是指内容尚未确定，而只规定某种概括性指示，由相应国家机关通过相应途径或程序加以确定的法律规则。准用性规则，是指内容本身没有规定人们具体的行为模式，而是可以援引或参照其他相应内容规定的规则。D项错误，该条文表达的只有假定条件和法律后果，没有行为模式。

31. 答案：B。该条文表达的是法律规则，而不是法律原则，故C项错误；表达的是强行性规则，而不是禁止性规则，强行性规则与任意性规则相对，是指内容规定具有强制性质，不允许人们随便加以更改的法律规则，“应当”的表述即为典型，而禁止性规则是指规定人们的消极义务（不作为义务），即禁止人们做出一定行为的规则，典型的标志词如“禁止”“不得”，故A项错误，B项正确；表达的是行为模式，即人们如何具体行为，而不是法律后果，故D项错误。

32. 答案：C。一切法律规范都必须以作为“法律语句”的语句形式表达出来，具有语言的依赖性，法律原则也不例外，故A项错误。法律规则是法律中最具有硬度的部分，能最大限度地实现法律的确定性和可预测性，故B项错误。法律规则的规定是明确具体的，它着眼于主体行为及各种条件（情况）的共性；其明确具体的目的是削弱或防止法律适用上的“自由裁量”。与此相比，法律原则的着眼点不仅限于行为及条件的共性，而且关注它们的个别性。故C项正确。法律规则是以“全有或全无”的方式适用于个案当中，而法律原则的适用不同，因为不同的法律原则具有不同的“强度”（weight，分量），而且这些不同强度的原则甚至冲突的原则都可能存在于一部法律之中，故D项错误。

二、多项选择题

1. **答案**：ABC。A 项正确，一般来说，法官裁判“有规则依规则，没有规则依原则”，即法律规则优先，没有法律规则可适用法律原则。B 项正确，本案运用了演绎推理，大前提是诚实信用和公序良俗原则。C 项正确，案件事实是法官推理的小前提。D 项错误，法律适用过程是为法律决定提供充足理由的过程，无论依据法律规则还是法律原则裁判，都需提供裁判理由。
2. **答案**：ABC。法律列举越详细，法的确定性和可预测性程度越高。故 A 正确。法官判断原告取证是否违法时作了利益衡量，即认为原告取证目的并无不当，也未损害社会公共利益和他人合法权益，且该取证方式有利于遏制侵权行为，应认定合法。故 B 正确。裁判事实不一定与客观事实完全一致。故 C 正确。在使用条件上，应当优先适用法律规则，穷尽法律规则，方得适用法律原则。故 D 错误。
3. **答案**：ABD。A 项正确，该条款内容具体明确，属于确定性规则；规定了人们的法律义务，包括积极义务（命令性规则，“应当关心老年人的精神需求”）和消极义务（禁止性规则，“不得忽视、冷落老年人”），属于义务性规则。而该义务性规则又是使用“规范语句”来表述的，“应当”“不得”均为命令句。故 B 项正确。C 项表述错误，该条款未涉及法律后果，只有行为模式。涉及的行为模式包括“应为模式”（“应当关心老年人的精神需求”）和“勿为模式”（“不得忽视、冷落老年人”），故 D 项正确。
4. **答案**：ABC。法律规则是对一定的事实状态（事件和行为）赋予明确的法律意义，并确定具体法律后果的准则，它具有明确性和确定性、可预测性和一般性。可预测性是指人们可以根据法律规则预测自己或者他人如何行为以及由此所要承受的法律上的后果。一般性是指法律规则是对某类事作出的规定，可以反复适用。
5. **答案**：ABD。技术法规调整的是人与自然的关系，是为了避免因不遵守技术规范而可能造成的损害而将技术规范上升为法律所形成的法律规范。
6. **答案**：CD。行为模式即法律规则中规定人们如何具体行为的方式或范式。该法条规定的行为模式系“应为模式”。
7. **答案**：BD。A 为委任性规则；C 为准用性规则。
8. **答案**：CD。职权性规则是一种授权性规则和义务性规则相重合的特殊的法律规则，属于强行性规则。
9. **答案**：BCD。公理性原则是由法律原理构成的原则，是由法律上之事理推导出来的法律原则，是严格意义上的法律原则；政策性原则是一个国家或民族出于一定的政策考量而制定的一些原则。
10. **答案**：ABC。A 项说的实际上是准用性规则，表述正确。借助法律推理和法律解释，可以提高法律的适应性，如目的解释，也可以提高法律的确定性，如文义解释，故 B 正确。法律原则相对于法律规则，概括条款相对于确定条款，具有较大的灵活性和伸缩度，通过法律原则、概括条款，可增强法律的适应性，故 C 正确。法律的确定性跟义务性规则和权利性规则没有必然联系，义务性规则可能是确定的，也可能是不确定的，权利性规则同样如此。故 D 错误。
11. **答案**：ABCD。假定条件是指法律规则适用的条件，它所要解决的问题是行为的时间和场合、行为的确定主体、范围和对象问题。
12. **答案**：BCD。作为法的要素的法律规则是指采取一定的结构形式具体规定人们的法律权利、法律义务以及相应的法律后果的行为规范。法的要素除了法律规则，还有原则和概念。依此，本题正确答案为 BCD。
13. **答案**：CD。按照规则对人们行为规定和确定的范围和程序不同可以把法律规则分为强行性规则和任意性规则。在任意性规则规定的范围内，行为主体可以进行选择。
14. **答案**：AC。公理性原则，法律上之事理推导出来的法律原则。实体性原则是指直接涉及规定和确认实体性权利、义务和职权、职责方面的原则。

15. **答案**：ABCD。法律规则在逻辑结构上由假定条件、行为模式和法律后果三部分构成，在立法实践中，表述法律规则内容时，假定条件可以省略。行为模式是法律规则的核心部分。假定条件、行为模式是法律后果的前提，前两者任何一个发生改变都会有不同的法律后果。

16. **答案**：ABC。“为了使国家、公共利益、本人或者他人的人身、财产和其他权利免受正在发生的危险，不得已”这一部分是假定条件；“采取的紧急避险行为，造成损害的”，这一部分为行为模式；“不负刑事责任”是法律后果，由于法律认为这种行为不构成犯罪，因此这种法律后果是合法的法律后果。

17. **答案**：BCD。规范性法律条文是直接表述法律规范的法律条文。非规范性法律条文是指不直接规定法律规范，而是规定某些法律技术内容（如专门法律术语的界定、公布机关和时间、法律生效日期等）的条文。

18. **答案**：BCD。BCD 中的法律文件只针对特定事件和特定当事人发生效力，不具有普遍效力，属于非规范性文件。

19. **答案**：ABD。AB 系法律原则；D 不属于法律。

20. **答案**：ACD。法律规则的要求是具体的、明确的，行为主体必须按照规则的要求去行为，法律原则只对行为设定一些起码的要求，具有更高程度的一般性。由于法律规则是具体的、明确的，它只能调整某一类型的行为，而法律原则具有抽象性和不确定性，它所涵盖的社会生活和社会关系的领域要宽泛得多。法律原则是法律规则的本源和基础，在遇到新型的和疑难的案件时，如果没有现成的规则可循，可以直接适用法律原则。

21. **答案**：AC。义务性规则是为人们设定义务的规则，它规定人们必须作出某种行为或者不得作出某种行为；准用性规则是没有具体规定行为规则的内容，而是规定可以参照或援用其他法律规则的规定来加以明确的法律规则。

22. **答案**：BCD。本题考查的是对法的要素的理解。涉及法的要素的所有方面，是比较宏观方面的把握。除题干中的命题外，在法律规则方面要注意到各种不同的分类以及具体的法条可以归属的规则的分类。而在法律概念方面要注意到法律概念的具体定义以及法律概念的具体发展，并且要注意到对于概念法学所运用方法，即认为概念法学是“逻辑自足的”批判，同时还要注意到法律概念的历史性、地域性的特点。在法律原则方面，注意到法律原则和法律概念一样没有确定的事实状态，也没有规定具体的法律后果，但是在创制、理解和适用法律的过程中，它们是必不可少的。在没有相应法律规则时，法律原则可以代替法律规则来作出裁决，即应付没有现成规则时可适用的新情况。

23. **答案**：BCD。调整同一类社会关系的法律规范构成法律部门；按照一定标准划分的法律部门构成法律体系。

24. **答案**：AD。法律原则，是为法律规则提供某种基础或本源的综合性的、指导性的原理或价值准则的一种法律规范。法律规则与法律原则的适用方式不同。法律规则是以“全有或全无的方式”或涵摄的方式应用于个案当中的。而法律原则的适用是以衡量的方式应用于个案当中的，因为不同的法律原则是具有不同的“强度”（分量）的，而且这些不同强度的原则甚至冲突的原则都可能存在于一部法律之中。因此，诚实信用作为一项法律原则，D 项表述正确，C 项表述错误。诚实信用原则是民法的帝王条款，但并非只有民事案件中才可适用该原则，B 项错误。A 项正确，不违反法律的民俗习惯是当代中国法的非正式渊源，故可作为裁判依据。

三、名词解释

1. **答案**：法的要素指法的基本成分，即构成法律的基本元素。法的要素具有如下特征：第一，个别性和局部性。它表现为一个个元素或个体，是组成法律有机体的细胞。因此，我们在认识法律要素的性质和功能时，应当结合法律整体背景来理解。第二，多样性和差别性。组成法律的要素具有多样性，不同的要素具有差别性。第三，整体性和不可分割性。虽然每个法律要素都是独立的单位，但是法律要素作为法律的组成部分又具有整体性和不可分割性。某一要素的改变可能会引起其他要素或整体发生相应的变化，某一要素被违反可能会引起整体或其他要素的反应。每一个要素都与其他的要素相联结，具有不可分割性。

2. **答案**：政策性原则是国家关于必须达到的目的或目标，或实现某一时期、某一方面的任务而作出的方略，通常是关于社会经济、政治、文化、国防的发展目标、战略措施或社会动员等问题的。

3. **答案**：公理性原则是从社会关系性质中产生并得到广泛认同的被奉为法律公理的法律原则，这是严格意义上的法律原则。

4. **答案**：法律概念是有法律意义的概念，即对各种有关法律的事物、状态、行为进行概括而形成的术语。

5. **答案**：确定性概念通常指有明确的法律确定含义的概念，这些概念的解释不允许自由裁量，只能依法而释。

6. **答案**：不确定性概念指没有明确的法律确切含义，在运用时需要法官或执法者运用自由裁量权解释的概念。

四、简答题

1. **答案**：法律规范与技术规范的区别和联系是：(1) 法律规范是以法的形式、国家意志的形式表现出来的一种调整人们相互关系的社会规范，是衡量人们行为是否合法、是否违法，并以国家强制力保证实施的特殊社会规范，具有阶级性。技术规范不是以法的形式、国家意志的形式表现出来的，它是有关使用设备工序，执行工艺过程以及产品、劳动、服务质量要求等方面的准则和标准，它调整人同自然界的关系，本身没有阶级性。(2) 法律规范和技术规范都属于社会规范的范畴，都是人们的行为准则。当技术规范在法律上被确认后就成为技术法规，技术规范往往是技术法规的前身，两者有密切联系。

2. **答案**：法的要素包括法律规则、法律概念和法律原则三者。法的主体是规则，而法律概念和法律原则不是法律规则，既没有规定确定的事实状态，也没有规定具体的法律后果，但在创制法律、理解或适用法律的过程中，它们是必不可少的。在法律实践中，它们往往有直接的、独立的意义。例如，在某些案件中，对某个法律概念的正确理解可以成为该案件的关键问题。又如，在没有明文法律规则的情况下，往往需要由法律原则作为法律裁决的主要根据。当然法律概念和法律原则也有局限性，它们并不像西方有的法学家所认为的是永恒不变、普遍适用的。

3. **答案**：法律规则是规定法律上的权利、义务、责任的准则、标准，或是赋予某种事实状态以法律意义的指示、规定。法律规则是构成法律的首要成分。

与法律原则相比，法律规则具有三大特点：(1) 微观的指导性，即在规则所覆盖的相对有限的事实范围内，可以指导人们的行为。(2) 可操作性较强。只要一个具体案件符合规则设定的事实状态，执法人员可直接适用该规则，一般公民也能较容易地依据规则选择自己的行为方式。(3) 确定性程度较高。与法律原则相比，法律规则的确定性程度要高得多。

4. **答案**：法律原则与法律规则同为法律的要素，两者有共性，在规则与原则间有一个边缘地带，甚至有些法律要素究竟属于规则还是原则是难以定位的。但是法律原则与规则的区别还是明显的：(1) 在对事及对人的覆盖面上，法律原则较宽，法律规则较窄，即法律原则有更大的宏观指导性，某一法律原则常常成为一群规则的基础。(2) 在变化的速率方面，法律原则有较强的稳定性。法律原则通常是社会重大价值的积淀，不会轻易改变，相比之下，法律规则的改变要容易得多。(3) 在是否适用的确定性方面，原则较为模糊，而规则较为明确；当原则与原则、规则与规则相互冲突时，选择的方法也不同。冲突的规则的适用常常是要么无效，要么有效。确定相互冲突的原则的适用时，常常要对冲突的原则所代表的利益作出权衡，相互冲突的原则必须衡量或平衡，某些原则比其他原则具有较大的“分量”。

5. 答案：从法律规则内容上看可以将它分为授权性规则、义务性规则和权义复合规则。

授权性规则是指示人们可以作为、不作为或要求别人作为、不作为的规则。授权性规则的特点是为权利主体提供一定的选择自由，对于权利主体来说不具有强制性，它既不强令权利人作为，也不强令权利人不作为；相反，它为行为人的作为、不作为提供了一个自由选择的空间。

义务性规则是直接要求人们作为或不作为的规则。与授权性规则不同，义务性规则表现为对义务主体的约束，为人际互助、维持社会安全提供保障。义务性规则具有三大特征：第一，强制性。第二，必要性。第三，不利性。

权义复合规则指兼具授予权利、设定义务两种性质的法律规则。权义复合规则的特点是，一方面被指示的对象有权按照法律规则的规定作出一定行为；另一方面作出这些行为又是他们不可推卸的义务。从有权作为的一面来看，它具有授权性规则的特性，从必须或应当作为的一面来看，它又具有义务性规则的属性。

6. 答案：授权性规则是指示人们可以作为、不作为或要求别人作为、不作为的规则。授权性规则的作用在于赋予人们一定的权利去构筑或变更、终止他们的法律地位或法律关系，为人们的自主行为和良性互动提供行为模式，为社会的良性运作和发展提供动力与规则保障。授权性规则的特点是为权利主体提供一定的选择自由，对于权利主体来说不具有强制性，它既不强令权利人作为，也不强令权利人不作为。相反，它为行为人的作为、不作为提供了一个自由选择的空间。一个权利规则常常同时暗含了科以相对义务人一定的作为或不作为义务，否则授权性规则就会落空。授权性规则通常采用“可以”“有权利”“有……自由”等用语。授权性规则在法律中所占的比重随着法律的进化而递增。在现代法律中，授权性规则占首要地位。

义务性规则是直接要求人们作为或不作为的规则。与授权性规则不同，义务性规则表现为对义务主体的约束，为人际互助、维持社会安全提供保障。义务性规则具有三大特征：第一，强制性。义务性规则通常具有强行性，对于不履行义务的人具有强大的压力，违反义务性规则的主体常常要付出代价，即法律会做出否定性反应，这种反应可能是否定行为的合法性、作出处罚或责令做出赔偿或补偿，等等。第二，必要性。为了维护社会成员的自由和利益、维系社会安全和法的权威，义务性规则是必需的，没有义务性规则，社会将不存在。在法治社会，这种必要性还表现在，立法者确定一项义务性规则必须有“社会必要性”，即义务性规则的确立必须有这一规则保护的更高的价值，否则就不得规定，因为义务性规则本身是一种负担，随意确定义务性规则本身构成对公民权利的侵犯。第三，不利性。义务性规则虽然对他人和社会有利，对义务人却是不利的，是一种牺牲或“克己”。①

7. 答案：法律原则的司法适用必须遵守一定的规则：第一，只能适用法律原则，禁止适用道德原则、政治原则等非法律原则。第二，法律规则优先适用。在选用法律时，优先选择法律规则，适用法律原则是例外，即所谓“禁止向一般条款逃逸”。特殊情况下，才允许排斥法律规则而适用法律原则，否则便否定了立法与判例的正当性。第三，严格说明理由。在没有可适用的规则适用法律原则时，特别是在排斥规则而适用法律原则时，法律适用者有充分说明理由的义务。②

① 参见张文显主编的《法理学》（第五版）对这一问题的论述。
② 参见张文显主编的《法理学》（第五版）对这一问题的论述。

第八章　法律体系

基础知识图解

中国特色社会主义法律体系的概念和特征

1. 概念：是指一个国家的全部现行法律规范，按照一定的原则和要求，根据法律规范调整对象和调整方法的不同，划分为若干法律门类，并由这些法律门类及其所包括的不同法律规范形成相互有机联系的统一整体。一个国家只有一个法律体系。法律体系的建立与完善，是实行依法治国的前提和基础。

2. 特征

第一，法律体系的性质是由社会制度的性质决定的。一国的法律体系通常是由一个国家在一定的历史发展阶段所形成的。由于各国的政治制度、经济制度、历史文化传统等的不同，它们各自的法律体系必然各具特点，尤其是不同社会制度国家的法律制度必然有本质的不同。当代中国的法律体系属于社会主义的法律体系，是产生于社会主义经济基础并为之服务的上层建筑。我们要建立的是中国特色社会主义法律体系，以体现人民共同意志、维护人民根本利益、保障人民当家作主为根本特征，这是社会主义法律体系与资本主义法律体系的本质区别。

第二，法律体系的内容是由国家的国情决定的。不同社会形态的法律体系并不相同，同一社会形态的法律体系、同一国家同一社会制度在不同历史时期的法律体系也不完全相同。之所以有这些不同，主要原因在于国情的差异。中国社会主义法制建设的现实基础，就是中国仍处于并将长期处于社会主义初级阶段的基本国情没有变。我们要建立的是中国特色社会主义法律体系，必须从我国社会主义初级阶段的实际出发，从我国的基本经济、政治、文化、社会和生态文明及历史传统出发，而不能从主观愿望出发，也不能照搬外国模式。

第三，法律体系的发展是由社会实践的发展决定的。社会实践是法律的基础，法律是实践经验的总结，并随着社会实践的发展而不断发展。生产力发展了，生产关系发展了，社会发展了，法律也要发展，法律体系也要发展。由此可以看出，实践没有止境，法律体系也要与时俱进、不断创新，它必然是动态的、开放的、发展的，而不是静止的、封闭的、固定的，一定阶段所称“法律体系”只能是相对的而不是绝对的。我国社会主义制度和市场经济体制还处于自我完善和不断发展的过程中，因而反映和规范这种制度和体制的法律体系就必然具有稳定性与变动性、阶段性与前瞻性相统一的特点。

法律部门及其划分标准
1. 释义：根据一定的标准和原则，按照法律规范自身的不同性质、调整社会关系的不同领域和不同方法等所划分的同类法律规范的总和
2. 划分标准：（1）法律规范所调整的社会关系；（2）法律规范的调整方法

配套测试

一、单项选择题

1. “当法律人在选择法律规范时，他必须以该国的整个法律体系为基础，也就是说，他必须对该国的法律有一个整体的理解和掌握，更为重要的是他要选择一个与他确定的案件事实相切合的法律规范，他不仅要理解和掌握法律的字面含义，还要了解和掌握法律背后的意义。”关于该表述，下列哪一理解是错误的？（　　）（司考. 2017. 1. 12）
   A. 适用法律必须面对规范与事实问题
   B. 当法律的字面含义不清晰时，可透过法律体系理解其含义
   C. 法律体系由一国现行法和历史上曾经有效的法构成
   D. 法律的字面含义有时与法律背后的意义不一致
2. 一般而言，《著作权法》属于下列哪一个法律部门？（　　）
   A. 行政法　　B. 民法
   C. 商法　　D. 经济法
3. 下列有关法律部门与规范性法律文件的关系表述不正确的是（　　）。
   A. 一个规范性法律文件就是一个部门法
   B. 一个规范性法律文件可以包括不同法律部门的法律规范
   C. 一个规范性法律文件按照其规范的性质，可以归属于不同的法律部门
   D.《刑法》是“刑法”这一部门法的主要组成部分
4. 根据一定标准和原则划分的同类法律规范的总和，被称为（　　）。
   A. 法律体系　　B. 法系
   C. 立法体系　　D. 法律部门
5. 法律体系，是由一国现行的（　　）构成的体系。
   A. 国际法　　B. 国内法
   C. 国内法与国际法　　D. 成文法
6.《国家赔偿法》属于下列哪一个法律部门？（　　）
   A. 行政法　　B. 经济法
   C. 宪法　　D. 民法
7. 在法学上，一般认为，划分部门法的主要依据是（　　）。
   A. 法律调整的范围
   B. 法律调整的对象和方法
   C. 法律规范的数量
   D. 法律调整的后果
8. 调整财产关系和人身关系的法律应划归为（　　）。
   A. 行政法　　B. 民法
   C. 商法　　D. 劳动法
9. 下列有关部门法的说法正确的是（　　）。
   A. 法律条文是部门法的基本构成单位
   B. 一个部门法是由一个规范性文件组成的
   C. 一个规范性文件就是一个部门法
   D. 法律规范是部门法的基本构成单位
10. 构成法律部门的最基本细胞是（　　）。
   A. 法律制度　　B. 法律体系
   C. 规范性法律文件　　D. 法律规范

二、多项选择题

1. 下列哪些选项，不被看作“法”？（　　）
   A. 县级市的权力机关发布的决议、决定
   B. 中央军事委员会制定的规范性法律文件
   C. 中国共产党的党章
   D. 乡村公约
2. 在当代中国，狭义的法律包括（　　）。
   A. 法律整体
   B. 全国人大制定的法律
   C. 全国人大常委会制定的法律
   D. 行政法规
3. 下列行为中不合法的是哪些？（　　）

A. 全国人大常委会制定关于外贸基本制度的法律
B. 国务院制定有关诉讼和仲裁制度的法规
C. 某自治区人民代表大会讨论通过某单行条例并宣布自通过之日起生效
D. 某省人民政府制定规章规定了限制人身自由的行政处罚措施

4. 省、自治区、直辖市的规章要报下列哪些机关备案？（　　）
A. 全国人民代表大会
B. 全国人民代表大会常务委员会
C. 国务院
D. 本级人大常委会

5. 下列有关法律体系与规范性法律文件体系之间的关系的表述正确的是（　　）。
A. 法律体系与规范性法律文件体系是内容与形式的关系
B. 法律体系的内容与规范性法律文件体系的内容具有一一对应的关系
C. 规范性法律文件体系的形成须以法律体系为前提和基础
D. 法律体系的构建必须考虑到规范性法律文件体系

6. 关于法律体系，下列表述正确的是（　　）。
A. 又称部门法体系
B. 是一国国内法构成的体系，不包括完整意义上的国际法
C. 不包括历史上废止的已不再有效的法律，一般也不包括尚待制定，还没有制定生效的法律
D. 其形成既有客观性，又有主观性

7. 一国法律体系的现状与下列哪些因素有关？（　）
A. 一国国家领导人的法律意识
B. 一国的政治、经济和文化发展水平
C. 一国的法律传统
D. 一国法学家的研究水平

8. 一国现行的全部法律规范按照一定的标准和原则，划分成不同的法律部门，形成的内部一致有机联系的整体，我们称之为（　　）。
A. 法学体系　　B. 立法体系
C. 部门法体系　　D. 法律体系

9. 下列选项中，哪些不属于法律部门的划分？（　　）
A. 宪法、法律、行政法、环境法
B. 宪法、法律、民法、刑法
C. 宪法、行政法、民法
D. 刑法、经济法、环境法

10. 下列有关法律部门的表述，有哪些是不正确的？（　　）
A. 法律部门是由法律规范组成的
B. 经济关系只能由经济法来调整
C. 法律部门的划分标准是客观存在的
D. 一个新的法律部门的产生，仅仅是该国经济发展的结果

11. 下列有关具体法律制度的表述正确的是（　　）。
A. 具体法律制度是同类法律规范的总称
B. 具体法律制度往往是法律部门的组成部分
C. 一个具体法律制度可以从属于不同法律部门
D. 所有权法律制度可以从属于宪法、民法等法律部门

12. 下列属于宪法部门法的有（　　）。
A. 全国人大《关于授权汕头市和珠海市人民代表大会及其常务委员会、人民政府分别制定法规和规章在各自的经济特区实施的决定》
B. 《劳动法》
C. 《立法法》
D. 《全国人民代表大会常务委员会议事规则》

13. 关于法律体系与立法体系，下列表述正确的是（　　）。
A. 立法体系又称法的渊源体系
B. 法律体系与立法体系是内容与形式的关系
C. 在成文法国家，立法体系一般即等同于法律体系
D. 立法体系是法律体系的基础

14. 下列有关法律体系与立法体系的说法不恰当的是（　　）。
A. 两者的内在组成要素的划分标准和依据不同
B. 法律体系属于制度范畴，立法体系属于

学科范畴，两者没有联系

C. 两者包含的内容不同

D. 两者都是以规范性文件为表现形式

15. 下列有关法系与法律体系含义的表述哪些是正确的？（　　）

A. 法系是根据英国普通法（判例法）和欧洲大陆法典法的历史传统而对法所作的分类

B. 法律体系是由一个国家的宪法、行政法、民法、经济法、刑法、诉讼法等构成的内部和谐一致、有机联系的整体

C. 法系是具有同一历史传统的国家和地区的法的总称

D. 法律体系是一国之内的法构成的体系，不包括其他国家的法或完整意义的国际法

16. 在划分部门法时要考虑到法律所调整的社会关系的种类，并同时注意社会关系法律调整的机制。而对划分部门法的标准的论述，下述错误的是（　　）。

A. 法律所调整的社会关系的种类应该是划分部门法的首要的、第一位的标准

B. 因为我国是社会主义公有制经济，所以传统的关于公法、私法的划分的标准在我国不应适用

C. 根据法律调整的机制，可以合理地区分经济法和民法的调整范畴，如经济关系中是平等的主体之间的财产关系的，就划归为民法部门，是非平等关系具有某种国民经济系统中管理和被管理关系的，就划归为经济法

D. 划分法律部门的法律所调整的社会关系也就是法律所直接保护的对象

三、名词解释

法律体系（中国人民大学 2011 年考研题）

四、简答题

1. 划分法律部门的原则有哪些？

2. 划分法律部门的标准是什么？

3. 部门法与法律制度是一种什么关系？

五、论述题

1. 试论法律体系与法制体系、法学体系之间的差别。

2. 完善中国特色社会主义法律体系。

参考答案

一、单项选择题

1. 答案：C。法律体系也称为部门法体系，是指一国的全部现行法律规范，按照一定的标准和原则，划分为不同法律部门而形成的有机整体。法律体系不包括历史上已经失效的法。故 C 错误。ABD 正确。

2. 答案：B。《著作权法》调整的是著作权法律关系，保护文学、艺术、科学作品作者的著作权以及与著作权相关的权益，属于调整财产关系和人身关系的法律规范，应属于民事法律。故选 B。

3. 答案：A。法律部门，又称部门法，是指根据一定的标准或原则所划定的调整同一类社会关系的法律规范的总称。规范性法律文件，是有权制定法律规范的国家机关所发布的具有普遍约束力的法律文件。一个规范性法律文件不能单独构成一个法律部门，只有在调整某一类社会关系的法律规范达到一定数量并且具有相当重要的法律地位的情况下，才可能形成一个相对独立的法律部门。故 A 不正确。

4. 答案：D。法律体系，是指一国的部门法体系，即将一国的现行全部法律规范根据一定的标准和原则划分成不同的法律部门，并由这些法律部门所构成的具有内在联系的统一整体。法系，是指根据法的历史传统对法所作的分类。立法体系，是指与一国立法体制密切相关的各个有权机关依法定权限和程序制定的各种规范性法律文件所构成的体系。法律部门，是指根据一定的标准或原则对一国全部现行法律规范所作的分类。故选 D。

5. 答案：B。法律体系是将一国的现行全部法律规范根据一定的标准和原则划分成不同的法律部门，并由这些法律部门所构成的具有内在联系的统一整体。法律体系是由国内法构成的体系，不包括完整意义的国际法即国际公法。故选 B。

6. **答案**：A。《国家赔偿法》是有关国家承担侵权赔偿责任的法律规范，属于行政法的法律部门。
7. **答案**：B。划分部门法的主要依据是法律调整社会关系的对象和方法。
8. **答案**：B。民法是调整平等主体之间财产关系和人身关系的法律规范的总称。商法是调整商事法律关系和商业活动的法律规范的总称。行政法是调整国家行政关系的法律规范的总称。劳动法是指调整关于劳动关系以及由劳动关系产生的其他关系的法律规范的总称。
9. **答案**：D。部门法是由调整同一类社会关系的法律规范构成的，法律规范是部门法的基本构成单位。
10. **答案**：D。部门法，又称法律部门，是指一个国家根据一定的原则和标准划分的本国同类法律规范的总称。它是法律体系的有机构成部分，也是法律分类的一种形式。部门法是由调整相同种类的社会关系的法律规范组成的，因此法律规范是法律部门的基础细胞。

二、多项选择题

1. **答案**：ACD。法是由享有立法权的特定权力机关制定的，具有普遍性、国家意志性、国家强制性等特征。ACD中的主体都不是立法主体。
2. **答案**：BC。在我国广义的法律指法律的整体。狭义的法律仅指全国人大和人大常委会所制定的法律。
3. **答案**：BCD。有关诉讼和仲裁制度只能以法律的形式制定，国务院无权制定；自治区人民代表大会制定的单行条例在报上一级权力机关批准后才能生效；有关限制人身自由的事项只能以法律的形式制定，省人民政府无权制定。
4. **答案**：CD。根据《地方各级人民代表大会和地方各级人民政府组织法》的规定，省、自治区、直辖市的人民政府，省自治区人民政府所在地的市的人民政府和经国务院批准的较大的市的人民政府，可以根据法律行政法规和本行政区的地方性法规制定规章。省、自治区、直辖市的规章要报国务院和本级人大常委会备案。
5. **答案**：AD。由于法律体系与规范性法律文件体系是内容与形式的关系，构建法律体系时必须考虑到规范性法律文件体系。
6. **答案**：ABCD。法律体系即部门法体系，是指将一国现行的全部法律规范根据一定的标准和原则划分成不同的法律部门，并由这些法律部门所构成的具有内在联系的有机整体。
7. **答案**：ABC。一国法律体系的现状与一国国家领导人的法律意识，一国的政治、经济和文化发展水平和一国的法律传统等因素都有关系。
8. **答案**：CD。法律体系，即部门法体系，是指将一国现行的全部法律规范按照一定的标准和原则，划分成不同的法律部门，形成的内部一致有机联系的整体。
9. **答案**：AB。当代中国主要的法律部门有宪法、民法、刑法、行政法等。
10. **答案**：BD。经济关系不仅由经济法来调整，有时也由行政法、刑法等调整。新的法律部门的产生是一国经济发展、社会关系变化等多种因素共同作用的结果。
11. **答案**：ABCD。具体法律制度是同类法律规范的总称，往往是法律部门的组成部分。一个具体法律制度可以从属于不同法律部门，如所有权法律制度可以从属于宪法、民法等法律部门。
12. **答案**：ACD。宪法部门法主要是规定我国的社会制度、公民的基本权利和义务、国家机关的地位、职权范围、组织与活动原则以及其他有关国家政治生活的基本问题的法律规范的总称。
13. **答案**：AB。法律体系主要是按照所调整的社会关系和调整方法的不同，将一国现行法分为若干法律部门并进而形成一个有机联系的整体。立法体系是指与一国立法体制密切相关的各有权机关依法定权限和程序制定的各种规范性法律文件所构成的体系。法律体系只包括现行法，而立法体系不仅包括现行法，也包括已经废止或自行失效的规范性法律文件。

14. 答案：BD。立法体系属于制度范畴。立法体系不以规范性文件为表现形式。

15. 答案：BCD。法系是根据历史传统但不是根据英国普通法（判例法）和欧洲大陆法典法的历史传统而对法所作的分类。

16. 答案：BD。本题考查的是关于部门法的划分标准。在法的部门划分方面主要原则有：粗细恰当原则、多寡合适原则、主题定类原则、逻辑与实用兼顾原则。而在划分标准方面，法律所调整的社会关系是首要的、第一位的标准，但是法律所调整的社会关系同法律所直接保护的对象要区别开。所以D是错误的。同时在第一位标准不能完成部门法的划分时，要运用社会关系的法律调整方法来划分部门法。但是我们要注意到，并不能因为我国是实行社会主义公有制的国家就否定公法、私法的划分。所以B是错误的。

三、名词解释

答案：法律体系有时也称“法的体系”或简称“法体系”，是指由一国现行的全部法律规范按照不同的法律部门分类组合而形成的一个呈现体系化的有机联系的统一整体。法律体系有以下几个特点：

第一，法律体系是一个国家的全部现行法律构成的整体。

第二，法律体系是一个由法律部门分类组合而形成的呈体系化的有机整体。

第三，法律体系的理想化要求是门类齐全、结构严谨、内在协调。

第四，法律体系是客观法则和主观属性的有机统一。

四、简答题

1. 答案：我国法学界除了提出法律部门的划分标准外，还提出了法律部门的划分原则，这些原则概括起来有以下几点：

第一，整体性原则。即以整个法律体系为划分对象，划分结果必须囊括一国现行法律的全部内容，使法律体系中的所有法律都归属于某一法律部门。

第二，均衡原则。即划分法律部门时应当考虑各法律部门之间法律规范的规模或数量之间保持大体上的均衡，不能使某些法律部门的内容（即规范）特别多，而有些法律部门的内容则特别少。当然，这种均衡只是相对均衡，主要取决于各法律部门的实际需要和调整幅度。

第三，以现行法律为主，兼顾即将规定的法律。即虽然法律体系中的法律部门划分只以现行法律为主，但法律是发展的，法律体系的内容也在不断发生变化。划分法律部门虽要以现行法律为基础，但也不能不考虑法律的发展变化，否则，就不可能在法律发展的动态过程中保持法律体系的相对稳定。

2. 答案：法律部门的划分标准是：(1) 法律规范所调整的社会关系。(2) 法律规范的调整方法。而这两个方面有着较为密切的内在关系。

第一，法律规范所调整的社会关系。法律是调整社会关系的行为准则，任何法律都有其所调整的社会关系，否则，就不称其为法律。法律部门就是以法律所调整的社会关系的内容作为依据来划分一部法律属于哪一个法律部门的。因为这种调整社会关系的内容决定着法律规范的性质。

第二，法律规范的调整方法。法律规范所调整的社会关系虽是很重要的法律部门的划分标准，但仅仅用此作为划分标准还是不够的，因为它们既无法解释一个法律部门（如刑法法律部门）可以调整不同种类的社会关系，也不能解释同一社会关系需由不同的法律部门来调整这一法律现象。

3. 答案：部门法与法律制度的关系是：一种法律制度，可以分属于几个法律部门，如财产所有权制度，它涉及宪法、民法、经济法、刑法和诉讼程序法等法律部门；知识产权制度，它涉及宪法、民法、行政法、劳动法、刑法和诉讼法等法律部门等。反之亦然，一个法律部门，可以包括许多个法律制度，如作为部门法的刑法就包括刑罚制度、死刑制度、上诉申诉制度、辩护制度，等等。

五、论述题

1. 答案：法律体系与法制体系。法律体系是指由一国现行的全部法律规范按照不同的法律部门分类组合而形成的一个呈体系化的有机联系的统一整体，而法制体系则是指法制运行机制和运行环节的全系统，法制体系（或法制系统）包括立法体系、执法体系、司法体系、守法体系、法制监督体系等，由这些体系组合而成的一个呈纵向的法制运行体系。法律体系着重说明的是呈静态状的法律本身的体系构成，而法制体系则既包括静态的法律规范，更着重说明的是呈动态状的法制运行机制系统。从相互关系来讲，法制体系包容着法律体系，而法律体系则组合在法制体系之中。

法律体系与法学体系。首先，法学体系是指一个国家的有关法律的学科体系，它属于社会科学范畴，具有意识形态和思想文化属性；而法律体系则是指一国现行的法律规范体系，属于社会规范体系范畴，是社会及个人的行为准则，有实际的法律效力，并产生实际的法律后果。一个属思想范畴，另一个属规范体系，这是两者的外在的本质区别。其次，法学体系的内容和范围比法律体系的内容和范围要大得多，如法学体系有法哲学、法理学、法律心理学、法律史学等；而作为规范体系的法律体系则不含有这些内容。最后，法律体系具有属国性，即它一般是一个主权国家的表现形式，在该主权范围内发生效力；而法学体系则具有跨国性，多个不同的国家可能在法学体系方面具有相同性或相通性，相互间可以学习、交流、借鉴。

2. 答案：中国特色社会主义法律体系的形成并不意味着立法任务已经结束，而是要不断完善发展。完善中国特色社会主义法律体系，要贯彻立法先行、立改废释并举的方针。一方面，要把握轻重缓急，抓紧研究制定基本的、急需的、条件成熟的法律，特别是在中国特色社会主义法律体系中起支架作用、必不可少的重要法律。对于制定法律的条件尚不够成熟的立法项目，可由国务院先行制定行政法规，待条件成熟时再制定为法律。国务院和有立法权的地方人大及其常委会，要抓紧制定与法律相配套的有关行政法规和地方性法规。另一方面，要坚持立、改、废、释并重，及时修改那些与改革发展形势不相适应的法律法规，并适时进行法律解释，有计划、有重点、有步骤地开展法律的清理和编纂工作，不断拓展法律规范覆盖社会生活的广度，强化法律规范调整社会关系的力度，使法律规范更好地适应经济、政治、文化和社会协调发展的需要。总之，要通过不懈努力，最终建立起门类齐全、结构严谨、内部协调、体例科学的完备的中国特色社会主义法律体系。

当前，完善我国法律体系，要加快重要领域、新兴领域和涉外领域立法，包括：

（1）完善社会主义市场经济法律制度

社会主义市场经济本质上是法治经济。为了使市场在资源配置中起决定性作用和更好发挥政府作用，必须以保护产权、维护契约、统一市场、平等交换、公平竞争、有效监管为基本导向，完善社会主义市场经济法律制度。健全以公平为核心原则的产权保护制度，加强对各种所有制经济组织和自然人财产权的保护，清理有违公平的法律法规条款。创新适应公有制多种实现形式的产权保护制度，加强对国有、集体资产所有权、经营权和各类企业法人财产权的保护。国家保护企业以法人财产权依法自主经营、自负盈亏，企业有权拒绝任何组织和个人无法律依据的要求。加强企业社会责任立法，完善激励创新的产权制度、知识产权保护制度和促进科技成果转化的体制机制。加强市场法律制度建设，加强同《民法典》相关联、相配套的法律法规制度建设，制定和完善发展规划、投资管理、土地管理、能源和矿产资源、农业、财政税收、金融等方面的法律法规，促进商品和要素自由流动、公平交易、平等使用。依法加强和改善宏观调控、市场监管，反对垄断，促进合理竞争，维护公平竞争的市场秩序。

（2）完善社会主义民主政治法律制度

制度化、规范化、程序化是社会主义民主政治的根本保障。以保障人民当家作主为核心，坚持和完善人民代表大会制度，坚持和完善中国共产党领导的多党合作和政治协商制度、民族区域自治制度以及基层群众自治制度，推进社会主义民主政治法治化。加强社会主义协商民主制度建设，推进协商民主广泛多层制度化发展，构建程序合理、环节完整的协商民主体系。完善和发展基层民主制度，依法推进基层民主和行业自律，实行自我管理、自我服务、自我教育、自我监督。完善国家机构组织法，完善选举制度和工作机制。加快推进反腐败国家立法，完善惩治和预防腐败体系，形成不敢腐、不能腐、不想腐的有效机制，坚决遏制和预防腐败现象。完善惩治贪污贿赂犯罪法律制度，把贿赂犯罪对象由财物扩大为财物和其他财产性利益。

(3) 完善社会主义文化建设法律制度

建立健全坚持社会主义先进文化前进方向、遵循文化发展规律、有利于激发文化创造活力、保障人民基本文化权益的文化法律制度。制定文化产业促进法，把行之有效的文化经济政策法定化，健全促进社会效益和经济效益有机统一的制度规范。加强互联网领域立法，完善网络信息服务、网络安全保护、网络社会管理等方面的法律法规，依法规范网络行为。

(4) 完善社会主义社会建设法律制度

加快保障和改善民生、推进社会治理体制创新法律制度建设。依法加强和规范公共服务，完善教育、就业、收入分配、社会保障、医疗卫生、食品安全、慈善、社会救助，以及妇女儿童、老年人、残疾人合法权益保护等方面的法律法规。加强社会组织立法，规范和引导各类社会组织健康发展。

(5) 完善社会主义公共安全和国家安全法律制度

贯彻落实总体国家安全观，加快国家安全法治建设，抓紧出台一批急需法律，推进公共安全法治化，构建国家安全法律制度体系。

(6) 完善社会主义生态文明建设法律制度

用严格的法律制度保护生态环境，加快建立有效约束开发行为和促进绿色发展、循环发展、低碳发展的生态文明法律制度，强化生产者环境保护的法律责任，大幅度提高违法成本。建立健全自然资源产权法律制度，完善国土空间开发保护方面的法律制度，制定完善生态补偿和土壤、水、大气污染防治及海洋生态环境保护等法律法规，促进生态文明建设。

(7) 完善新兴领域立法

聚焦共享经济、互联网金融、生物科技、人工智能等新兴领域，尽快出台相关法律法规，引导新模式、新业态、新科技在法治轨道上创新发展，将其可能风险和负面效应降到最低限度。

(8) 完善涉外领域立法

聚焦涉外民事、商事、行政、刑事等重要领域，抓紧制定急需的法律法规，加快中国法域外适用的法律体系建设，为依法维护中国的主权、安全和发展利益提供立法保障。

需要强调的是，构建中国特色社会主义法律体系，不能简单地按照外国的法律体系对号入座，不加分析地照搬、照套。由于国情不同，需要用法律手段解决的问题不同，外国有的法律，我们不一定就要制定，外国没有的法律，我们不一定就不需要制定。此外，还要注意处理好法律手段与其他社会调整手段的关系。调整社会关系的手段历来是多种多样的，除法律规范外，还有市场机制、社会习惯、道德规范以及管理经验、科学技术等手段，要充分发挥它们在调整社会关系中的协同和互补作用。①

① 参见《法理学》编写组：《法理学》（第二版），人民出版社、高等教育出版社2020年版，第322-325页。

第九章　权利和义务

基础知识图解

权利和义务概念

1. 权利和义务是法学的核心概念
   - ①权利和义务是从法律规范到法律关系再到法律责任的逻辑联系的各个环节的构成要素
   - ②权利和义务贯穿于法的一切部门
   - ③权利和义务通贯法律的运行和操作的整个过程
   - ④权利和义务全面地表现和实现法的价值
2. 释义
   - ①作为法理学研究对象的权利和义务，是由法律明文规定的，或包含在法律规范逻辑中的，或至少可以从法律精神和原则中推断出来
   - ②任何法律上的权利和义务都是统治阶级或集团的意志体现
   - ③权利和义务都有明确的界限
   - ④权利和义务归根结底都是工具而非目的
   - ⑤权利和义务相比，权利具有能动性和可选择性
3. 概念：法律权利是规定或隐含在法律规范中、实现于法律关系中的，主体以相对自由的作为或不作为的方式获得利益的一种手段；法律义务是设定或隐含在法律规范中、实现于法律关系中的，主体以相对 抑制的作为或不作为的方式保障权利主体获得利益的一种约束手段

权利和义务分类

1. 以存在形态为标准，分为应有权利和义务/习惯权利和义务/法定权利和义务/现实权利和义务
2. 以其所体现的社会内容为标准，分为基本权利和义务/普通权利和义务
3. 以其对人们的效力范围为标准，分为一般权利和义务/特殊权利和义务
4. 以权利之间、义务之间的因果关系为标准，分为第一性权利和义务/第二性权利和义务
5. 以权利主体实现其意志和利益的方式为标准，分为行动权利和消极义务/接受权利和积极义务
6. 以权利主体的不同为标准，分为个体权利和义务/集体权利和义务/国家权利和义务/人类权利和义务

权利和义务关系

1. 结构上的相关关系
2. 数量上的等值关系
3. 功能上的互补关系
4. 价值上的主次关系

配套测试

一、单项选择题

1. 梁某欲将儿子转到离家较近的学校上小学，学校要求其提供无违法犯罪记录证明。梁某找到户籍地派出所，民警告之，公安机关已不再出具无违法犯罪记录证明等18类证明。考虑到梁某的难处，民警仍出具了证明，并附言一句："请问学校，难道父母有犯罪记录，就可以剥夺小孩读书的权利吗？"对此，下列哪一说法是正确的？（　　）（司考. 2017. 1. 4）

A. 公安机关不再出具无违法犯罪记录证明，将减损公民合法权益

B. 民警的附言客观上起到了普法作用，符合"谁执法谁普法"的要求

C. 派出所对学校的要求提出质疑，不符合文明执法的要求

D. 梁某要求派出所出具已明令不再出具的证明，其法治意识不强

2. 张林遗嘱中载明：我去世后，家中三间平房归我妻王珍所有，如我妻今后嫁人，则归我侄子张超所有。张林去世后王珍再婚，张超诉至法院主张平房所有权。法院审理后认为，婚姻自由是宪法的基本权利，该遗嘱所附条件侵犯了王珍的婚姻自由，违反《婚姻法》规定，因此无效，判决张超败诉。对于此案，下列哪一说法是错误的？（　　）（司考. 2014. 1. 13）

A. 婚姻自由作为基本权利，其行使不受任何法律限制

B. 本案反映了遗嘱自由与婚姻自由之间的冲突

C. 法官运用了合宪性解释方法

D. 张林遗嘱处分的是其财产权利而非其妻的婚姻自由权利

3. 法律谚语："平等者之间不存在支配权。"关于这句话，下列哪一选项是正确的？（　　）（司考. 2013. 1. 9）

A. 平等的社会只存在平等主体的权利，不存在义务；不平等的社会只存在不平等的义务，不存在权利

B. 在古代法律中，支配权仅指财产上的权利

C. 平等的社会不承认绝对的人身依附关系，法律禁止一个人对另一个人的奴役

D. 从法理上讲，平等的主体之间不存在相互的支配，他们的自由也不受法律限制

4. 苏某和熊某毗邻而居。熊某在其居住楼顶为50只鸽子搭建了一座鸽舍。苏某以养鸽行为严重影响居住环境为由，将熊某诉至法院，要求熊某拆除鸽舍，赔礼道歉。法院判定原告诉求不成立。关于本案，下列哪一判断是错误的？（　　）（司考. 2012. 1. 15）

A. 本案涉及的是安居权与养鸽权之间的冲突

B. 从案情看，苏某的安居权属于宪法所规定的文化生活权利

C. 从判决看，解决权利冲突首先看一个人在行使权利的同时是否造成对他人权利的实际侵害

D. 本案表明，权利的行使与义务的承担相关联

5. 一项法律权利的核心和基础是（　　）。

A. 自由权　　B. 请求权

C. 诉权　　D. 许可权

6. "认为权利是保护利益的意志力和依意志力所保护的利益"的观点属于下列哪一种有关权利本质的学说？（　　）

A. 自由说　　B. 意思说

C. 利益说　　D. 折中说

7. 从权利和义务的产生和发展看，下列观点错误的是（　　）。

A. 在原始社会，权利和义务还浑然一体，没有分离

B. 在阶级对立的社会，权利和义务发生了分离

C. 在社会主义社会，权利和义务既对立又统一

D. 在阶级对立的社会，权利和义务在总量上是不平等的

8. 《宪法》规定，公民有劳动的权利，劳动者有休息的权利。这种权利属于（　　）。

A. 普通权利　　B. 救济权

C. 相对权利　　D. 基本权利

9. 我国《民法典》规定，子女对父母有赡养扶助的义务。这种义务属于（　　）。

A. 绝对义务　　B. 基本义务

C. 相对义务　　D. 集体义务

10. 债权属于（　　）。

A. 对世权　　B. 一般权利

C. 对人权　　D. 专属权

11. 法律义务是指法律关系主体（　　）。

A. 可以自己做出一定行为

B. 可以要求他人做出一定行为

C. 可以要求他人不做出一定行为

D. 必须作出或不做出一定行为

12. 只能属于特定人所有，不能转让于他人的权利称为（　　）。

A. 可转移权　　B. 专属权

C. 对人权　　D. 对世权

13. 义务的分类中，主义务与从义务是依照（　　）。

A. 义务是否独立而分

B. 法律不同而分

C. 效力范围不同而分

D. 义务可否转移而分

14. 公民的所有权属于（　　）。

A. 绝对权　　B. 相对权

C. 特殊权利　　D. 职权

15. 根据义务是否可以独立存在进行划分，法律义务可分为两类，即（　　）。

A. 主义务和从义务

B. 公义务和私义务

C. 对世义务与对人义务

D. 专属义务与可转移义务

16. 按权利的效力范围的不同，可以将权利划分为（　　）。

A. 公权利和私权利

B. 对世权和对人权

C. 原权利和救济权

D. 专属权和可转移权

17. 按义务的效力范围不同，可将义务划分为（　　）。

A. 公义务与私义务

B. 对世义务与对人义务

C. 主义务与从义务

D. 专属义务与可转移义务

18. 人身权利属于（　　）。

A. 绝对权　　B. 相对权

C. 特殊权利　　D. 职权

19. 下列说法不正确的是（　　）。

A. 行使权利必须采用正当、合法的手段

B. 履行义务必须采用不作为方式

C. 遵守法律首先应该遵守宪法

D. 不能只行使权利不履行义务

20. 王甲经法定程序将名字改为与知名作家相同的“王乙”，并在其创作的小说上署名“王乙”以增加销量。作家王乙将王甲诉至法院。法院认为，公民虽享有姓名权，但被告署名的方式误导了读者，侵害了原告的合法权益，违背诚实信用原则。关于该案，下列哪一选项是正确的？（　　）（司考．2017.1.10）

A. 姓名权属于应然权利，而非法定权利

B. 诚实信用原则可以填补规则漏洞

C. 姓名权是相对权

D. 若法院判决王甲承担赔偿责任，则体现了确定法与道德界限的“冒犯原则”

二、多项选择题

1. 下列哪些选项属于积极义务的范畴？（　　）（司考．2011.1.55）

A. 子女赡养父母

B. 严禁刑讯逼供

C. 公民依法纳税

D. 紧急避险

2. 从法理学的角度看，下列哪些表述不能成立？（　　）

A. 法律所规定的权利和法律关系中的权利是相同的

B. 法律制裁是主动承担法律责任的一种方式

C. 立法是对社会资源、社会利益进行第一次分配的活动

D. 行政机关执行法律的过程同时是行使执法权的过程

3. “没有无义务的权利，也没有无权利的义务。”这句话说明（　　）。

A. 权利和义务浑然一体

B. 权利和义务在价值上代表了相同的法律精神

C. 权利和义务在结构上是不可分的

D. 权利和义务在总量上是相等的

4. 债权人有权要求债务人按照合同的约定或者依照法律的规定履行义务。这是（ ）。

A. 绝对权利义务　　B. 相对权利义务

C. 基本权利义务　　D. 普通权利义务

5. 权利、义务可分为基本权利义务和普通权利义务，下列属于我国公民的基本权利义务的是（ ）。

A. 言论、出版、集会、结社、游行、示威的自由

B. 劳动的权利和义务

C. 住宅不受侵犯

D. 纳税的义务

6. 法律权利的特征是（ ）。

A. 由法律规范所规定，得到国家的认可和保障

B. 具有一定程度的自主性

C. 与利益紧密相连

D. 总是与义务人的义务相关联

7. 法律义务的特点有（ ）。

A. 义务是由法律规范所规定的

B. 义务表现了人们行为的不可选择性

C. 义务与负担、约束是紧密相连的

D. 义务总是与权利相关联

8. 关于法律关系主体的权利和义务与法律上规定的权利和义务的区别的表述，哪些是正确的？（ ）

A. 两者所属领域不同

B. 两者针对的主体不同

C. 两者的法律效力不同

D. 两者的属性不同。一个体现为国家意志，另一个体现为当事人的意志

9. 权利一词可以在以下哪几种意义上使用？（ ）

A. 道德权利　　B. 法律权利

C. 习惯权利　　D. 自然权利

10. 我国《宪法》规定，中华人民共和国公民的住宅不受侵犯。禁止非法搜查或者非法侵入公民住宅。它所规定的义务属于（ ）。

A. 基本义务　　B. 绝对义务

C. 相对义务　　D. 普通义务

11. 我国《宪法》规定，城市的土地归国家所有。它所规定的权利属于（ ）。

A. 基本权利　　B. 国家权利

C. 集体权利　　D. 绝对权利

12. 关于权利和权利能力，下列表述中正确的是（ ）。

A. 权利能力以人的认识和控制能力为前提

B. 权利是权利能力在法律关系中的具体反映

C. 具有权利能力的人参与某种法律关系必须具有具体的权利

D. 权利能力指享有权利的法律资格，也包括承担义务在内

三、名词解释

1. 应有权利
2. 法定权利
3. 现实权利
4. 基本权利和义务
5. 普通权利和义务

四、简答题

1. 简述法律权利和义务的关系。（中南财经政法大学2007年考研题）
2. 在社会主义制度下，公民应如何正确地行使权利和履行义务？
3. 简述法与权利和义务的关系。
4. 简述权利滥用理论及其对行使权利的启示。

五、论述题

从防止权利滥用的角度阐述权利的界限。

参考答案

一、单项选择题

1. **答案：**B。公安机关不再出具无违法犯罪记录证明，是落实简政放权、放管结合、优化服务要求的措施，不但不会减损公民合法权益，还有利于规范执法、便民利民，故A错误。派出所的质疑跟文明执法无关，相反，证明附言对学校起到了普法作用，故B正确，C错误，D显然也错误。

2. 答案：A。婚姻自由是基本权利，但基本权利也有它的边界，其行使不能超出这个边界，如不能侵犯其他基本权利或他人的合法权利，故A项错误。合宪性解释，简单说就是依据宪法作出解释，故C正确。BD易知正确。

3. 答案：C。A项表述明显错误。B项，古代法律中，支配权不仅指财产权，更指身份权。D项，平等主体之间不存在人身依附和相互支配，但他们的自由不能超越法律的界限。故ABD项错误，C项表述正确。

4. 答案：B。B项错误，宪法规定的文化生活权利，指的是科学研究、文学艺术创作和其他文化活动的自由，苏某的安居权不在此列。D项正确，苏某享有和行使安居权的同时，也负有尊重他人权利（养鸽权）的义务，在必要的范围内负有容忍的义务。AC表述正确。综上，本题的正确答案为B。

5. 答案：A。自由权是指权利人可以自主决定作出一定行为而不受他人干预的权利，它是法律权利的核心，是其他权利要素存在的基础。请求权是法律权利的实体内容，诉权是其保障手段。故选A。

6. 答案：D。关于权利的本质，自由说认为，权利即自由；意思说认为权利是法律赋予人的意思力或意思支配力；利益说认为，权利就是法律所保护的利益；折中说认为，权利是保护利益的意志力和依意志力所保护的利益。故选D。

7. 答案：D。在剥削阶级社会的法律制度中，权利和义务在数量分配上出现了不平衡，但在总量上是相等的；而在社会主义法律制度实行"权利义务相一致"，权利和义务在数量分配上达到了平衡。

8. 答案：D。基本权利是宪法所规定的，人们在政治生活、经济生活、文化生活、社会生活中的根本权利。它是与普通权利相对的概念。普通权利是宪法以外的普通法律所规定的权利。

9. 答案：C。绝对义务，又称对世义务，是相对应不特定法律主体的义务；相对义务，又称对人义务，是对应特定法律主体的义务，故选C。

10. 答案：C。债权属于债权人的权利，它是对债务人的特定的权利。因此属于对人权利。

11. 答案：D。法律义务，即由法律规定作为法律关系主体（义务主体或承担义务人）应这样行为或不这样行为的一种限制或约束。前一种情况是行为的义务，后一种情况是不行为的义务，两种情况合称"令行禁止"。

12. 答案：B。根据权利能否转移，可以分为专属权和可转移权。专属权是只能属于特定人所有，不能转让于他人的权利。

13. 答案：A。根据义务是否独立可以分为主义务和从义务；根据效力范围不同可以分为对世义务和对人义务；根据义务可否转移可以分为专属义务和可转移义务。

14. 答案：A。根据权利的效力范围的不同，可以把权利分为对世权（绝对权）和对人权（相对权）。对世权是对其他任何人的权利。对人权是对特定人的权利。公民的所有权是针对所有人的权利。

15. 答案：A。根据义务是否独立存在，可以把义务分为主义务和从义务。前者又可称第一位义务，后者又可称第二位义务。

16. 答案：B。根据权利的效力范围的不同，可以把权利分为对世权（绝对权）和对人权（相对权）。对世权是对其他任何人的权利。对人权是对特定人的权利。

17. 答案：B。按照效力范围不同，义务可以分为对世义务和对人义务。前者是一般人都承担的义务。后者是特定人对其他特定人的义务。公义务和私义务的划分是根据依照的法律不同。专属义务与可转移义务是根据义务是否可以被转移所作的划分。

18. 答案：A。人身权利是每个人都享有的，它既不属于特殊权利也不属于职权，而是绝对权。

19. 答案：B。履行义务可以采用作为方式，也可以采用不作为方式，取决于法律的要求和具体情况。

20. 答案：B。姓名权属于法定权利，《民法典》《著作权法》等均有相关规定。故A错误。姓名权是绝对权，对应不特定的义务人。

故 C 错误。冒犯原则也就是公序良俗原则，该原则认为法律禁止那些虽不伤害别人但却冒犯别人的行为是合理的。而王甲的行为已经误导了读者，侵害了原告的合法权益。故 D 错误。法律原则可以弥补规则漏洞，纠正规则不正义，故 B 正确。

二、多项选择题

1. **答案**：AC。积极义务是指行为人必须根据权利的内容做出一定的行为的义务，也叫作为义务，如赡养父母、抚养子女、纳税、服兵役等。消极义务是指义务人不得做出一定行为的义务，也叫不作为义务，如不得破坏公共财产、禁止非法拘禁、严禁刑讯逼供等。故 AC 正确，B 错误。D 项属于权利的范畴，不选。
2. **答案**：AB。法律所规定的权利概念和法律关系中的权利概念属于不同的领域，其所针对的对象和效力也是不同的，并非指同一事物。法律制裁是特定国家机关对违法者依其法律责任实施的强制性惩罚措施，并非主动承担。
3. **答案**：CD。法律权利和法律义务是相互依存的，在数量上是相等的，但在剥削阶级社会，权利义务往往是不等量的。
4. **答案**：BD。相对义务是针对特定人的义务。普通义务是宪法以外的其他法律规定的义务。本题中的法律义务是由合同法规定的，相对于债权人的义务。
5. **答案**：ABCD。基本权利义务是宪法规定公民的权利义务。
6. **答案**：ABCD。权利的本质是由法律规范所决定，得到国家的认可和保障。权利是权利主体按照自己的愿望来决定是否实施某种行为，因而具有一定程度的自主性。权利是为了保护一定利益所采取的法律手段，与利益紧密相连。权利的实现是以义务为保障的。
7. **答案**：ABCD。法律义务是指法规定人们必须做出某种行为或者不得做出某种行为。它与法律权利密切相关，体现了人们行为的不可选择性。
8. **答案**：ABC。作为法律规范内容的权利义务是有待于实现的法律权利和法律义务，属于可能性领域；法律关系主体的权利义务是法律关系主体在实施法律活动过程中所实际享有的权利和正在履行的义务，属于现实性领域。前者针对的是一国之内所有不特定的主体，具有一般的普遍的法律效力；后者针对的主体是特定的，仅对特定的主体有效。
9. **答案**：ABCD。权利一词可以在不同意义上使用，如道德权利、自然权利、习惯权利、法律权利，等等。
10. **答案**：AB。基本义务是宪法所规定的公民的根本义务，绝对义务是与不特定法律关系主体相对应的义务。
11. **答案**：ABD。此法律条文规定了国家对土地的所有权。系由宪法规定的国家的基本权利、绝对权利。
12. **答案**：BCD。权利能力是指能够参与一定的法律关系，依法享有一定权利和承担一定义务的法律资格，是法律关系主体实际取得权利、承担义务的前提条件。一国所有公民自出生起即具有权利能力，不以认识和控制能力为前提。权利能力在法律关系中体现为权利。

三、名词解释

1. **答案**：应有权利是权利的初始形态，它是特定社会的人们基于一定的物质生活条件和文化传统而产生出来的权利需要和权利要求，是主体认为或被承认应当享有的权利。由于应有权利又往往表现为道德上的主张（以道德主张出现），所以也被称为“道德权利”。
2. **答案**：法定权利是通过实在法律明确规定或通过立法纲领、法律原则加以宣布的、以规范与观念形态存在的权利。在重视法治和人权的国家，法定权利是权利的主要存在形态。法定权利不限于法律明文规定的权利，也包括根据社会经济、政治和文化发展水平，依照法律的精神和逻辑推定出来的权利，即“推定权利”。
3. **答案**：现实权利即主体实际享有与行使的权利，亦称“实有权利”。现实权利是权利运行的终点，又是新权利运行的起点。因而现实权利是法定权利的另一种参照和评价标准。法定权利只有转化为现实权利，才能成为或再现生活的事实，才对主体有实际的价值，才是真实的和完整的；对于国家来说，才算实现了统治阶级的意志和法律的价值。从法定权利到现实权利是一个决定性的转变。

4. **答案：**基本权利和义务是人们在国家政治生活、经济生活、文化生活和社会生活中的根本权利和义务，是源于社会关系的本质，与主体的生存、发展、地位直接相关的，人生而应当有之，不可剥夺、转让、规避，且为社会公认的，因而也可以说是“不证自明的权利和义务”。它们是人们在基本政治关系、经济关系、文化关系和社会关系中所处地位的法律表现，一般由宪法或基本法律确认或规定。基本权利之“基本”至少有六个方面的含义。其一基本权利具有不可或缺性，基本权利中缺少任何一项，人在法律上就难成为人；其二基本权利具有不可转让性；其三基本权利具有不可替代性；其四基本权利具有稳固性，无论是国家体制的改革还是宪法的修改或重新制定，这些权利都不受影响，不被消除；其五基本权利具有母体性，其他权利是以基本权利为根据派生出来的，是基本权利的衍生物；其六基本权利具有某种世界范围内的共似性，即其在各国有着共同的普遍的最低标准。

5. **答案：**普通权利和义务即非基本权利和义务，是人们在普通经济生活、文化生活和社会生活中的权利和义务，通常由宪法以外的法律或法规规定。如合同法、民法中关于缔约人权利和义务的规定。

四、简答题

1. **答案：**法律权利与义务有着紧密的联系。

(1) 法律权利与义务是一种相辅相成的关系，有权利即有义务，有义务即有权利，两者互为目的、互为手段。

(2) 从人的社会性来看，人总是在社会中生活，人与人之间总存在合作（或冲突）关系，必须和其他人一起生活，必须有规范和调整人们相互关系的法律形式，即法律意义上的权利和义务。

(3) 从我国现行法律、法规来看，都分别规定着相应的权利和义务。

法律权利与义务的关系反映一定的社会关系。体现人们在社会生活中的地位及其相互关系。法律权利与义务在不同社会有不同的关系。在阶级对抗社会，法律权利与义务两者往往不统一，往往是一部分人只享受权利而不尽义务，另一部分人只尽义务而没有权利。在社会主义社会，法律权利与义务变得具有一致性，不允许有只享受权利而不履行义务的人，也不允许有只尽义务而不享受权利的人。

2. **答案：**(1) 必须坚持权利和义务相统一的原则，任何人不能只享受权利而不尽义务；也不能只尽义务，而不享有权利。

(2) 不得滥用权利，不得损害国家的、社会的、集体的利益和其他公民的合法权利。世界上，从来没有什么绝对的、不受任何限制的自由和权利，权利必须依法行使。

(3) 要自觉地履行义务。在社会主义制度下，公民享受权利和履行义务，体现了国家利益、社会的利益、集体的利益和公民个人利益的密切结合。因此，公民在享受自己的权利时，必须自觉地履行自己应尽的义务。

3. **答案：**法是以权利和义务为机制调整人的行为和社会关系的。权利和义务贯穿于法律现象逻辑联系的各个环节、法的一切部门和法律运行的全部过程。

首先，权利和义务是从法律规范到法律关系再到法律责任的逻辑联系的各个环节的构成要素。权利和义务是法律规范的核心内容。

其次，权利和义务贯穿于法的一切部门。

再次，权利和义务通贯法的运行和操作的整个过程。法的运作以立法为起点，以执法、守法、司法、法制监督为主要环节。

最后，权利和义务全面地表现和实现法的价值。权利、义务是法的价值得以实现的方式，正是通过权利和义务的宣告与落实，统治阶级把自己的价值取向和价值选择变为国家和法的价值取向和选择，并借助于国家权威和法律程序而实现。

正因如此，许多法学家认为，权利和义务是法的核心内容，也是法学的基本（基石）范畴，并进而主张法学应是权利义务之学，应以权利和义务为基本（基石）范畴建构当代中国的法学理论体系。

4. 答案：由于权利人的意志有着对权利的识别和能动作用，所以运动过程中有着突破权利界限的可能性，这就易产生权利滥用问题，能够被滥用的权利一定是那些为权利人意识到并处于主动行使状态中的权利。

根据我们对宪法第51条的理解，权利滥用的概念应当明确为：权利人在权利行使过程中故意超越权利界限损害他人的行为。这个定义说明权利滥用的构成有四个方面的要素：第一，权利滥用的主体是正在行使权利的权利人。权利滥用的第一阶段是权利行使阶段，属于合法阶段，只是行使行为超过了极限才进入违法阶段。所以权利滥用的主体具有两重性，它首先是以合法的面目出现的，其次才成为违法人。第二，权利滥用的客体是国家的、社会的、集体的利益和其他公民的合法的自由与权利。第三，权利滥用的主观方面是权利人损人利己的故意。第四，权利滥用的客观方面是有危害他人权利和利益后果发生的行为。常见的滥用行为依权利人故意的不同可分为四类，一类是追求权利超过法定量的行为，一类是以不正当方式维护自己利益的行为，一类是行使权利时牺牲他人权利的行为，一类是把行使权利作为损害他人手段的行为。

任何权利行使都不允许歪曲它的目的、使命和社会职能，法律上能够支持的只是基于社会主义公德的权利利用，权利人对人对己都不能推卸所应承担的法律上和道德上的双重义务，任何以不道德为目的利用法的形式损害他人的行为都是对权利的亵渎。

权利滥用是违反权利规范和破坏法律秩序的行为。

总结权利界限和权利滥用的理论可以使行使权利的人获得两点启示：一是不受限制的权利是不存在的。这个结论应验了英国人洛克的预言：哪里没有法律，哪里就没有自由。二是权利在行使之前必须设想三方面利益：自己的利益、与自己对应的义务人的利益、权利人义务人之外第三者的社会的利益。只有这三种利益互不冲突、和谐一致，权利才能真正得到实现，否则就将走上滥用的歧途。

五、论述题

答案：权利人在权利行使过程中可能故意超越权利，损害他人利益，因此，应当对权利加以明确的限制，使权利和义务有明确的界限。权利和义务所体现的利益以及为追求这种利益而采取的行动，是被限制在统治阶级的根本利益和社会普遍利益之中的，是受社会的经济结构以及社会的文化发展水平所制约的，即以社会承受能力为限度的。

权利和义务的界限可从两方面观之。一方面是立法时的界限，即哪些权利应当有，哪些权利不应有；哪些权利能够有，哪些权利不能有。

马克思主义经典作家在谈及权利的范围时并不去指责权利自身如何不安分守己，而是像跳远裁判那样把两眼放在起跳者是否把脚踏在起跳线上。马克思最早使用了法定权利与习惯权利的概念，并认为当权者在不满足法定权利而呼吁习惯权利时，则他们要求的不是法的人类内容而是法的动物形式，可见，法科出身的马克思早就树起了权利的路标。

另一方面是权利界限，权利界限指权利被法概括出来之后在现实生活中运行的界限，即权利在什么时间、在什么范围内、对什么人能够实现的界限，亦即法律上的保护力在多大程度上与人的价值相统一的界限。

首先，权利具有时间性。其次，权利具有空间性。最后，权利具有对人性。

权利的对人界限主要指的是相对权的界限，相对权在实现的时候如果要求对世权的范围，相对权会随之变为零。

第十章　法律行为

基础知识图解

概念
- 1. 行为与法律行为的界定：行为人所实施的，能够发生法律效力、产生一定法律效果（或者，作为法律事实，能够引起法律关系产生、变更和消灭）的行为
- 2. 基本特征
  - （1）社会性
  - （2）法理学
  - （3）意志性

结构
- 1. 内在方面：①动机；②目的；③认知能力
- 2. 外在方面：①行为；②手段；③结果

分类
- 1. 根据行为主体性质和特点分
  - ①个人行为/集体行为/国家行为
  - ②单方行为/多方行为；③自主行为/代理行为
- 2. 根据行为的法律性质分：①合法行为/违法行为；②公法行为/私法行为
- 3. 根据行为的表现形式与相互关系分：①积极行为/消极行为；②主行为/从行为

配套测试

一、单项选择题

1. 法律事件和法律行为的划分标准是（　　）。

A. 是否以当事人的意志为转移

B. 是否合法

C. 法律是否予以调整

D. 是否具有社会性

2. 只违反了社会主义道德，尚未违反社会主义法律的行为是（　　）。

A. 伪证　　B. 诈骗

C. 撒谎　　D. 诬告

二、多项选择题

1. 下列哪些法律行为必须经过有关国家机关履行一定手续加以证明，才能引起法律关系的产生、变更或消灭？（　　）

A. 小张和小王结婚

B. 老杜将自己的私有住房转让给小丁

C. 女士参加所在选区的人民代表选举

D. 某公司去保险公司为职员大李投保

2. 法律责任是一种不利的法律后果，而产生法律责任的原因之一是违法行为，关于违法行为的构成要素，以下论述正确的是（　　）。

A. 违法行为必须是违反某种法律具体规定的行为，包括作为和不作为

B. 违法必须是在不同程度上侵犯法律上所保护的社会关系的行为

C. 违法一般必须有行为人的故意或过失，但是在行政法领域，实行“过错推定”的方法，“一般只要行为人实施了违法行为就视其为主观有过错，不必再深究其主观因素，法律另有规定的除外”

D. 没有法定行为能力的人和没有法定责任能力的人往往也可以构成违法行为

三、名词解释

1. 法律行为构成的客观要件

2. 法律行为构成的主观要件
3. 法律行为的确认
4. （意思）表示行为与非表示行为
5. 要式行为与非要式行为
6. 完全行为与不完全行为

四、简答题

1. 违法行为的构成要素有哪些？
2. 法律行为的概念及其基本特征。
3. 简述法律行为的确认。

五、论述题

1. 简述合法行为的特点及种类。
2. 试述法律行为的结构。

参考答案

一、单项选择题

1. **答案**：A。以是否以人们的意志为转移作为标准，可以将法律事实分为法律事件和法律行为。法律事件是法律规范规定的不以当事人的意志为转移的客观事实；法律行为是以当事人的意志为转移的。
2. **答案**：C。法律反映一般的道德要求，但是违反道德的行为不一定都是违法行为。撒谎行为虽然违反道德，但是并不违法。

二、多项选择题

1. **答案**：AB。我国结婚采用登记制，登记后才有效，房屋转让也须登记才有效。
2. **答案**：ABC。本题考查的是关于违法行为的概念。关于违法行为的构成要素一般包括五个方面，第一，违法行为以违反法律为前提；第二，违法行为必须是某种违反法律规定的行为；第三，违法行为必须是在不同程度上侵犯法律上所保护的社会关系的行为；第四，违法行为一般必须有行为人的故意或过失，但是在行政法领域，一般实行的是过错推定原则，在民法领域也有无过错原则的适用；第五，违法者必须具有法定责任能力和法定行为能力。

三、名词解释

1. **答案**：法律行为构成的客观要件，又称“法律行为构成之体素”，是法律行为外在表现的一切方面，大体上分三点说明：

   第一，外在的行动（行为）。即人们通过身体或言语或意思而表现于外在的举动。

   第二，行为方式（手段）。这是指行为人为达到预设的目的而在实施行为过程中所采取的各种方式和方法。

   第三，具有法律意义的结果。
2. **答案**：法律行为构成的主观要件又称“法律行为构成之心素”，是法律行为内在表现的一切方面，它们是行为主体在实施行为时一切心理活动、精神状态及认知能力的总和。主要包括两个方面：

   第一，行为意思（意志）。它是指人们基于需要、受动机支配、为达到目的而实施行为的心理状态。包括三个层次，即需要、动机、目的。

   第二，行为认知。即人对自己行为的法律意义和后果的认识。
3. **答案**：法律行为的确认就是指由法律规定的机关或个人审查在形式上符合构成要件的行为是否具有法律意义和效力，并给予法律上的认定。
4. **答案**：根据行为是否通过意思表示，可以把法律行为分为表示行为和非表示行为。表示行为是指行为人基于意思表示而作出的具有法律意义的行为。非表示行为是指非经行为者意思表示而基于某种事实状态即具有法律效果的行为，如民法上的先占、遗失物的拾得、埋藏物的发现等。这种基于事实而生效力的行为，在法学上又被称为事实行为。
5. **答案**：根据行为是否需要特定形式或实质要件，可以把法律行为分为要式行为和非要式行为。要式行为，是指必须具备某些特定形式或程序才能成立的法律行为。非要式行为，是指无须特定形式或程序即能成立的法律行为。
6. **答案**：根据行为之有效程度，可以把法律行为分为完全行为和不完全行为。完全行为，是指发生完全的法律效力的行为。不完全行为，是指仅有部分效力或不发生效力的法律行为，其中包括无效的法律行为、效力未定的法律行为和失效的法律行为等。

四、简答题

1. **答案**：(1) 违法行为以违反法律为前提。行为违反法律，是对法律的蔑视和否定，是对现行法律秩序的破坏，因此要通过追究法律责任、施加法律制裁否定违法行为，恢复法律秩序。

   (2) 违法行为必须是某种违反法律规定的行为。确认违法必须以人的行为作为客观依据。

   (3) 违法行为必须是在不同程度上侵犯法律上所保护的社会关系的行为。

   (4) 违法行为一般必须有行为人的故意或过失。

   (5) 违法者必须具有法定责任能力或法定行为能力。

2. **答案**：所谓法律行为，就是人们所实施的、能够发生法律上效力、产生一定法律效果的行为。

   (1) 法律行为是具有社会意义的行为。法律行为不是一种纯粹自我指向的行为，而是一种社会指向的行为。法律行为的发生，一定是对行为者本人以外的其他个人或集体、国家之利益和关系产生直接或间接的影响，人在社会中生活，与社会利益一致，或者与社会利益产生矛盾和冲突。

   (2) 法律行为具有法律性。所谓法律性，是指法律行为由法律规定、受法律调整、能够发生法律效力或产生法律效果。具体来说，首先，法律行为是由法律所调整和规定的行为。由于行为具有社会指向，并且可能造成社会矛盾、冲突和社会危害性，它们才有可能也有必要受到法律的调整。其次，法律行为是能够发生法律效力或产生法律效果的行为。所谓能够发生法律效力，具有两层含义：①法律行为往往是交互性的，处在一定的关系（法律关系）之中，或对其他行为有支配力（如行使权力的行为），或受其他行为的支配（如履行义务的行为）。②法律行为一旦形成，就受法律的约束或保护。

   (3) 法律行为是能够为人们的意志所控制的行为，具有意志性。法律行为是人所实施的行为，自然受人的意志的支配和控制，反映了人们对一定的社会价值的认同、对一定的利益和行为结果的追求以及对一定的活动方式的选择。在法律行为的结构中，只存在意志和意识能力强弱的差别，即有时候人们完全按照自我意志来实施法律行为，有时候则可能并不完全出于自由意志实施某种行为，但它本身不是一个意志的有无问题。在法律上，纯粹无意识（无意志）的行为（如完全的精神病人所实施的行为），不能看作法律行为。

3. **答案**：判断一个行为是不是法律行为，除了要看它是否符合构成（成立）要件外，在多数情况下还要看它是否经过确认以及由谁予以确认。

   行为的确认，不属于法律行为自身的结构，故不以法律行为之构成要件看待。所谓法律行为的确认，就是指由法律规定的机关或个人审查在形式上符合构成要件的行为是否具有法律意义和效力，并给予法律上的认定。法律行为的认定主体主要是司法机关（法院等）和某些行政机关，经当事人同意的某些组织和个人（如仲裁委员会）也有一定的确认权限。法律行为确认的内容主要有：法律行为的成立要件是否具备；这些要件之间是否具有必然的关系；行为的成立是否符合法律规定的实质要件（或有效要件）；违法行为是否经过追诉。

五、论述题

1. **答案**：人们的行为可分为法律上有意义的行为（即法律行为）和法律上无意义的行为（即法律不过问的行为）。人们的行为又可分为合法行为和不合法行为（违法行为）。广义的合法行为指法律所不禁止的一切行为。一切行为只要法律未禁止，就是允许的。而严格意义的合法行为指社会关系参加者符合法律规定的、对社会有益或至少无害的，从而受法律保护的行为。

   合法行为的特点包括：

   (1) 合法行为是法律上有意义的，处于法律调整范围内，且符合法律规定和法律原则的行为。(2) 合法行为是有益于该社会或至少是无害的、无社会危害性的行为。(3) 合法行为是一定社会必然要求的、希望的或允许的行为。(4) 合法行为是受国家所保障和保护的行为。

合法行为的种类依其分类标准的不同而不同。

(1) 按行为所实现的法律规范的性质的不同，可分为禁令的遵守、积极义务的履行、合法权利的享有和法的适用。

(2) 按行为人的内心动机和心理期望可以分为：第一类，由于深刻理解并确信法律规定的必要性和合理性而做出的合法行为。第二类，对法律规定并无全面深刻理解，而仅仅出于对法律规定的服从而做出的合法行为。这类行为也称为顺应行为。第三类，行为符合法律的规定，但是在国家制度下做出的，是出于对惩罚的惧怕。

(3) 按照行为主体的不同，可以分为自然人的合法行为、法人的合法行为、国家机关及其公职人员的合法行为。

(4) 按照是否产生奖励性后果，可将合法行为分为一般的合法行为、受奖励的合法行为。

(5) 按行为是作为还是不作为，可将合法行为分为作为的合法行为与不作为的合法行为。前者指符合法律规定或法律原则的积极行为，后者指人们遵守禁止性规范的行为以及某些法律中规定的“默示”行为。

2. 答案：法律行为由客观构成要件和主观构成要件两部分构成：

1. 法律行为构成的客观要件

法律行为构成的客观要件，又可称为“法律行为构成之体素”，是法律行为外在表现的一切方面。

(1) 外在的行动（行为）。即人们通过身体或言语或意思而表现于外在的举动。行动，是法律行为构成的最基本的要素，它是法律行为主体作用于对象的中介及方式。没有任何外在行动的法律行为是不存在的。法律行为之外在行动（行为）也大体上分为两类：①身体行为；②语言行为。它又包括两种：A. 书面语言行为，B. 言语行为，言语行为分三类：(a) 以言表意行为，(b) 以言行事行为，(c) 以言取效行为。

(2) 行为方式（手段）。这是指行为人为达到预设的目的而在实施行为过程中所采取的各种方式和方法。其中包括：行动的计划、方案和措施；行动的程式、步骤和阶段；行动的技术和技巧；行动所借助的工具和器械；等等。

(3) 具有法律意义的结果。没有结果的行为，一般不能视为法律行为。法律通常根据行为的结果来区分行为的法律性质和行为人对行为负责的界限和范围。

2. 法律行为构成的主观要件

所谓“主观要件”，又称“法律行为构成之心素”，是法律行为内在表现的一切方面。它们是行为主体在实施行为时一切心理活动、精神状态及认知能力的总和。主要包括两个方面：(1) 行为意思（意志）。它是指人们基于需要、受动机支配、为达到目的而实施行为的心理状态。包括三个层次，即需要、动机、目的。(2) 行为认知。即行为人对自己行为的法律意义和后果的认识。

第十一章　法律关系

基础知识图解

- 概念和分类
  - 1. 释义
    - ①法律主体之间的社会关系；②以权利和义务为内容的社会关系
    - ③以法律规范为基础形成的社会关系（法律关系内容的社会关系在整个社会关系中的性质、等级和相应的法律 关系的重要程度）
  - 2. 分类
    - ①调整性法律关系/创设性法律关系（以法律关系发生的方式为标准）
    - ②纵向法律关系/横向法律关系（以法律主体在法律关系中的不同地位为标准）
    - ③双边法律关系/多边法律关系（以主体数量的多少为标准）
    - ④第一性法律关系/第二性法律关系（以法律关系之间的因果联系为标准）
- 主体和客体
  - 1. 主体
    - ①在法律关系中享有权利和履行义务的人
    - ②分类：
      - 自然人
      - 法人
      - 国家
      - 国家机关
      - 其他主体
    - ③资格
      - A. 权利能力：享受权利履行义务之资格
      - B. 行为能力：通过行为实际行使权利履行义务的能力
  - 2. 客体
    - ①特征：A. 客观性；B. 有用性；C. 可控性；D. 法律性
    - ②分类：A. 物；B. 人身、人格；C. 智力成果；D. 行为；E. 信息；F. 其他客体
- 法律事实
  - 1. 法律关系形成、变更与消灭的条件：①法律规范：依据；②法律事实：直接前提条件
  - 2. 种类
    - ①以是否以人的意志转移为标准分
      - A. 法律事件
      - B. 法律行为
    - ②以法律事实之存在形式为标准分
      - A. 肯定式法律事实：当该事实存在时产生后果
      - B. 否定式法律事实：当该事实不存在时产生后果
  - 3. 与法律关系之对应关系
    - ①同一个法律事实（事件或者行为）可以引起多种法律关系的产生、变更和消灭
    - ②两个或两个以上法律事实可引起同一个法律关系的产生、变更或消灭

配套测试

一、单项选择题

1. 韩某与刘某婚后购买住房一套，并签订协议：“刘某应忠诚于韩某，如因其婚外情离婚，该住房归韩某所有。”后韩某以刘某与第三者的QQ聊天记录为证据，诉其违反忠诚协议。法官认为，该协议系双方自愿签订，不违反法律禁止性规定，故合法有效。经调解，两人离婚，住房归韩某。关于此案，下列哪一说法是不正确的？（　　）（司考. 2013. 1. 11）
   A. 该协议仅具有道德上的约束力
   B. 当事人的意思表示不能仅被看作一种内心活动，而应首先被视为可能在法律上产生后果的行为
   C. 法律禁止的行为或不禁止的行为，均可导致法律关系的产生
   D. 法官对协议的解释符合“法伦理性的原则”
2. 2012年，潘桂花、李大响老夫妇处置房产时，发现房产证产权人由潘桂花变成了其子李能。原来，早在七年前李能就利用其母不识字骗其母签订合同，将房屋作价过户到自己名下。二老怒将李能诉至法院。法院查明，潘桂花因精神障碍，被鉴定为限制民事行为能力人。据此，法院认定该合同无效。对此，下列哪一说法是不正确的？（　　）（司考. 2013. 1. 14）
   A. 李能的行为违反了物权的取得应当遵守法律、尊重公德、不损害他人合法权益的法律规定
   B. 从法理上看，法院主要根据“法律家长主义”原则（即法律对于当事人“不真实反映其意志的危险选择”应进行限制，使之免予自我伤害）对李能的意志行为进行判断，从而否定了他的做法
   C. 潘桂花被鉴定为限制民事行为能力人是对法律关系主体构成资格的一种认定
   D. 从诉讼“争点”理论看，本案争执的焦点不在于李能是否利用其母不识字骗其母签订合同，而在于合同转让的效力如何认定
3. 甲、乙分别为某有限责任公司的自然人股东，后甲在乙知情但不同意的情况下，为帮助妹妹获取贷款，将自有股份质押给银行，乙以甲侵犯其股东权利为由向法院提起诉讼。关于本案，下列哪一判断是正确的？（　　）（司考. 2011. 1. 12）
   A. 担保关系是债权关系的保护性法律关系
   B. 债权关系是质押关系的第一性法律关系
   C. 诉讼关系是股权关系的隶属性法律关系
   D. 债权关系是质押关系的调整性法律关系
4. “事实构成”是指（　　）。
   A. 构成一个法律事实的相关要素
   B. 两个或两个以上的法律事实所构成的一个相关的整体
   C. 法律事件和法律行为的结合
   D. 法律规范和法律事实的结合
5. 法律关系根源于（　　）。
   A. 思想社会关系　　B. 人与人的关系
   C. 物质生活关系　　D. 财产关系
6. 下列有哪一项不属于或不能构成法律关系？（　　）
   A. 张三经李四（精神病人）的父母同意而收养李四
   B. 甲、乙根据《民法典》订立抵押合同
   C. 甲年满8周岁时向乙购买了价值1000元的自行车
   D. 甲与乙约定选择法院管辖
7. 法律关系的观念来自（　　）。
   A. 德国法　　B. 宗教法
   C. 罗马法　　D. 普通法
8. 张艺谋导演的电影《一个都不能少》属于法律客体的哪一种类？（　　）
   A. 物　　B. 行为结果
   C. 精神产品　　D. 人身
9. 胡某夫妇因有事外出，便雇用一位保姆临时在家照看孩子，事后付给保姆酬劳500元钱。关于胡某夫妇与保姆之间法律关系的客体，下列选项正确的是（　　）。
   A. 孩子
   B. 保姆

C. 孩子的安全、健康

D. 照看孩子的劳务和500元报酬

10. 刘某和药店店主孙某之间订有买卖协议，由刘某长期供应孙某假药低价销售。后因孙某欠款较多，双方发生纠纷。下面的说法正确的是（　　）。

A. 刘某和孙某之间具有买卖的法律关系

B. 假药和欠款是双方法律关系的客体

C. 刘某和孙某购销假药的行为违法，但买卖行为在法律上有效

D. 双方的协议违反法律，是无效合同，不受法律保护

11. 下列人中，第一次对法律关系作了理论阐述的法学家是（　　）。

A. 萨维尼　　B. 霍菲尔德

C. 考库雷克　　D. 哈特

12. 根据法律主体的多少及其权利义务是否一致，可将法律关系分为（　　）。

A. 调整性法律关系和保护性法律关系

B. 纵向法律关系和横向法律关系

C. 单向法律关系、双向法律关系和多向法律关系

D. 主法律关系和从法律关系

13. 甲公司与乙公司签订了一份购销合同，后乙公司违约。甲公司向法院提起诉讼，法院判决乙公司承担违约责任，乙公司不执行判决，由法院强制执行。关于此案中的法律关系，表述正确的是（　　）。

A. 法院对乙公司强制执行的法律关系是调整性法律关系

B. 法院与甲、乙公司在诉讼中的法律关系是横向法律关系

C. 甲、乙公司分别作为诉讼的原告、被告，是纵向法律关系

D. 甲、乙公司的合同关系是调整性法律关系

14. 法律关系主体能够通过自己的行为实际取得权利和履行义务的能力称为（　　）。

A. 行为能力　　B. 权利能力

C. 权利行为能力　　D. 责任行为能力

15. 关于公民的权利能力和行为能力，表述正确的是（　　）。

A. 公民具有权利能力必须首先具有行为能力

B. 公民的权利能力和行为能力不能分离

C. 公民具有权利能力，并不必然具有行为能力

D. 公民丧失行为能力，也就意味着权利能力的丧失

16. 法律关系主体之间权利和义务所指向的对象被称为（　　）。

A. 法律关系的内容

B. 法律关系的客体

C. 法律关系的载体

D. 法律关系的目的

17. 法律关系与其他社会关系的根本区别是（　　）。

A. 合法性　　B. 物质制约性

C. 意志性　　D. 强制性

18. 法律关系主体能够参与一定的法律关系，依法享有一定权利和承担一定义务的法律资格。这在法学上被称为（　　）。

A. 行为能力　　B. 权利能力

C. 权利主体　　D. 权利客体

19. 我国《民法典》第18条第2款规定，16周岁以上的未成年人能以自己的劳动收入为主要生活来源的，应当被视为（　　）。

A. 完全行为能力人　　B. 限制行为能力人

C. 无行为能力人　　D. 部分行为能力人

20. 我国《刑法》将已经满14周岁不满16周岁的公民视为（　　）。

A. 完全行为能力人　　B. 限制行为能力人

C. 无行为能力人　　D. 部分行为能力人

21. 下列有关法人的权利能力和行为能力的表述不恰当的是（　　）。

A. 法人有权利能力，就一定有行为能力

B. 法人的行为能力自法人成立之时就受到限制

C. 法人的权利能力自法人成立之时就受到限制

D. 法人有行为能力，不一定有权利能力

22. 张三将一批货物交给某铁路公司，让其运到北京西站，张三与某铁路公司之间形成的法律关系的客体是（　　）。

A. 货物　　B. 铁路

C. 运输行为结果　　D. 火车

23. 能够引起法律关系产生、变更和消灭的条件主要有两个：一个是法律事实，另一个是（　　）。
A. 法律规范　　B. 法律行为
C. 法律事件　　D. 法律适用

24. 我国法律规定，限制行为能力人包括（　　）。
A. 未满 8 周岁的未成年人
B. 不能辨认自己行为的精神病患者
C. 不能完全辨认自己行为的精神病患者
D. 在押的犯人

25. 我国法律规定，无民事行为能力人包括（　　）。
A. 不能辨认自己行为的精神病患者
B. 16 周岁以下的人
C. 8 周岁以上的未成年人
D. 不能完全辨认自己行为的精神病患者

26. 法律关系属于思想社会关系和（　　）现象。
A. 上层建筑　　B. 物质社会关系
C. 经济基础　　D. 思想关系

27. 凡是能直接引起法律关系产生、变更和消灭的条件或根据称为（　　）。
A. 法律关系主体　　B. 法律关系客体
C. 法律关系内容　　D. 法律事实

28. 法律事实分为两类，一类是法律事件，另一类是（　　）。
A. 法律后果　　B. 法律制裁
C. 法律责任　　D. 法律行为

29. 甲用水果刀将人刺伤，被公安机关按照《治安管理处罚法》的规定给予行政处罚。这一法律关系的客体属于（　　）。
A. 物　　B. 精神产品
C. 人身　　D. 行为结果

30. 根据我国法律，下列各项行为中不具备合法的法律关系客体的是（　　）。
A. 冯某立下遗嘱，死后将遗体捐献给医学院
B. 某公司从制假者手中购进一批假酒
C. 刘某与王某商定如他一个月后出国，就将房屋出租给王某
D. 某市政府将在建的过街天桥冠名权进行公开拍卖

31. 下列属于法律关系的是哪一个？（　　）
A. 已订婚的某对恋人之间的关系
B. 某市区人民法院党组书记杨某与该院其他党员的关系
C. 被告人聘请某律师进行辩护
D. 某甲赌博输给某乙 1000 元钱，立下字据表示在 3 天内付清

32. 纵向法律关系和横向法律关系的划分依据是（　　）。
A. 法律主体的多少
B. 法律主体在法律关系中的地位
C. 相关法律关系的作用和地位
D. 法律关系产生的依据

33. 农民王某在一个种子商店购买了一些水稻种子，后来发现这些种子是假种子，这种法律事实引起的法律关系属于（　　）。
A. 私法法律关系
B. 公法法律关系
C. 商事法律关系
D. 公私混合法律关系

34. 法律关系的内容是法律关系主体之间的法律权利和法律义务，两者之间具有紧密的联系。下列有关法律权利和法律义务相互关系的表述中，哪种说法没有正确揭示这一关系？（　　）
A. 权利和义务在法律关系中的地位有主次之分
B. 享有权利是为了更好地履行义务
C. 权利和义务的存在，发展都必须以另一方的存在和发展为条件
D. 义务的设定目的是保障权利的实现

35. 下列有关公民权利能力的表述，哪一项是错误的？（　　）
A. 权利能力是公民构成法律关系主体的一种资格
B. 所有公民的权利能力都是相同的
C. 公民具有权利能力，并不必然具有行为能力
D. 权利能力也包括公民承担义务的能力或资格

36. 魏某与桂某到婚姻登记机关申请登记结婚，婚姻登记机关依法予以登记并发给结婚证书。产生魏某与桂某法律上的婚姻关系的

事实在法学上被称作什么？(　　)

A. 法律事件　　B. 法律行为

C. 事实行为　　D. 事实关系

37. 每个公民自出生到死亡都享有权利的能力或资格，在法学上称为（　　）。

A. 人身权　　B. 财产权

C. 权利能力　　D. 行为能力

38. 肖像权属于法律关系客体中的（　　）。

A. 物　　B. 作为

C. 不作为　　D. 精神产品

39. 引起法律关系产生、变更或消灭，与参加者意志无关的法律事实称为（　　）。

A. 行为　　B. 事件

C. 法律关系客体　　D. 法律关系内容

40. 张某到某市公交公司办理公交卡退卡手续时，被告知：根据本公司公布施行的《某市公交卡使用须知》，退卡时应将卡内200元余额用完，否则不能退卡，张某遂提起诉讼。法院认为，公交公司依据《某市公交卡使用须知》拒绝张某要求，侵犯了张某自主选择服务方式的权利，该条款应属无效，遂判决公交公司退还卡中余额。关于此案，下列哪一说法是正确的？(　　)（司考.2015.1.12）

A. 张某、公交公司之间的服务合同法律关系属于纵向法律关系

B. 该案中的诉讼法律关系是主法律关系

C. 公交公司的权利能力和行为能力是同时产生和同时消灭的

D.《某市公交卡使用须知》属于地方规章

41. 孙某的狗曾咬伤过邻居钱某的小孙子，钱某为此一直耿耿于怀。一天，钱某趁孙某不备，将孙某的狗毒死。孙某掌握了钱某投毒的证据之后，起诉到法院，法院判决钱某赔偿孙某600元钱。对此，下列哪一选项是正确的？(　　)

A. 孙某因对其狗享有所有权而形成的法律关系属于保护性法律关系

B. 由于孙某起诉而形成的诉讼法律关系属于第二性的法律关系

C. 因钱某毒死孙某的狗而形成的损害赔偿关系属于纵向的法律关系

D. 因钱某毒死孙某的狗而形成的损害赔偿关系中，孙某不得放弃自己的权利

二、多项选择题

1. 赵某在行驶中的地铁车厢内站立，因只顾看手机而未抓扶手，在地铁紧急制动时摔倒受伤，遂诉至法院要求赔偿。法院认为，《民法典》侵权责任编规定，被侵权人对损害的发生有重大过失的，可以减轻经营者的责任。地铁公司在车厢内循环播放"站稳扶好"来提醒乘客，而赵某因看手机未抓扶手，故存在重大过失，应承担主要责任。综合各种因素，判决地铁公司按40%的比例承担赔偿责任。对此，下列哪些说法是正确的？(　　)

A. 该案中赵某是否违反注意义务，是衡量法律责任轻重的重要标准

B. 该案的民事诉讼法律关系属第二性的法律关系

C. 若经法院调解后赵某放弃索赔，则构成协议免责

D. 法官对责任分摊比例的自由裁量不受任何限制

2. 王某恋爱期间承担了男友刘某的开销计20万元。后刘某提出分手，王某要求刘某返还开销费用。经过协商，刘某自愿将该费用转为借款并出具了借条，不久刘某反悔，以不存在真实有效借款关系为由拒绝还款，王某诉至法院。法院认为，"刘某出具该借条系本人自愿，且并未违反法律强制性规定"，遂判决刘某还款。对此，下列哪些说法是正确的？(　　)（司考.2014.1.53）

A. "刘某出具该借条系本人自愿，且并未违反法律强制性规定"是对案件事实的认定

B. 出具借条是导致王某与刘某产生借款合同法律关系的法律事实之一

C. 因王某起诉产生的民事诉讼法律关系是第二性法律关系

D. 本案的裁判是以法律事件的发生为根据作出的

3. 某纳税人因偷税被某税务机关处以罚款1500元的处罚，某纳税人与某税务机关之间形成

的法律关系是（　　）。

A. 调整性法律关系　B. 保护性法律关系

C. 横向法律关系　D. 第二性法律关系

4. 钱某向周某借款1万元，钱某的朋友车某向周某提供了担保。下列选项中，关于三人之间的法律关系，表述正确的是哪些？（　　）

A. 钱某和周某之间是双务法律关系

B. 车某和周某的担保关系是从法律关系，而钱某和周某的借贷关系是主法律关系

C. 车某和钱某的担保关系是保护性法律关系

D. 三人之间的关系是横向的法律关系

5. 根据我国法律，能够成为法律关系主体的有（　　）。

A. 居住在我国的无国籍人

B. 在我国旅游的外国人

C. 个体户

D. 在监狱服刑的犯人

6. 下列关于义务行为能力的表述正确的是（　　）。

A. 义务行为能力是权利义务能力的一种

B. 义务行为能力就是法律关系主体能够通过自己的行为实际取得权利和履行义务的能力

C. 义务行为能力是行为能力的一种特殊形式

D. 义务行为能力是行为人能够实际履行法律义务的能力

7. 关于法人的权利能力和行为能力，下列表述中正确的是哪些？（　　）

A. 法人的行为能力有完全和不完全之分

B. 法人的行为能力是有限的，由其成立宗旨和业务范围决定

C. 法人一经依法成立，即同时具有权利能力和行为能力

D. 法人有权利能力，并不必然有行为能力

8. 根据我国法律，下列不能成为私人法律关系客体的物有（　　）。

A. 铁路

B. 村民王某在自家责任田中发现的一件战国青铜器

C. 盗版光盘

D. 军用枪支

9. 下列哪些选项不属于法律关系？（　　）

A. 党组织对党员的惩戒关系

B. 爱情关系

C. 氏族血缘关系

D. 政治关系

10. 下列哪些选项的法律关系属于保护性法律关系？（　　）

A. 婚姻法律关系　B. 刑事法律关系

C. 劳动法律关系　D. 诉讼法律关系

11. 某人到某商场购物，双方形成的法律关系属于（　　）。

A. 调整性法律关系

B. 横向的法律关系

C. 第一性的法律关系

D. 第二性的法律关系

12. 一切相关的法律关系都有主次之分，下列有关这方面的表述不正确的是（　　）。

A. 调整性法律关系和保护性法律关系中，前者是第一性的法律关系，后者是第二性的法律关系

B. 调整性法律关系和保护性法律关系中，前者是第二性的法律关系，后者是第一性的法律关系

C. 实体性法律关系和程序性法律关系中，前者是第一性的法律关系，后者是第二性的法律关系

D. 实体性法律关系和程序性法律关系中，前者是第二性的法律关系，后者是第一性的法律关系

13. 下列法律关系客体属于行为结果的是（　　）。

A. 刘某在网站注册电子信箱名称然后予以出卖

B. 李某将一广告创意卖给某广告公司

C. 赵某将布料交裁缝店加工成衣服

D. 学生余某给李某的孩子提供有偿家教服务

14. 下列有关法律关系的说法不正确的是（　　）。

A. 所有的法律关系都是合法的社会关系

B. 所有的法律关系都体现了国家意志

C. 所有的法律关系都体现了双方当事人的意志

D. 法律关系具有意志性，因此，不受客观因素的影响

15. 下列各选项的事项，哪些不属于法律关系客体中的物？（　　）

A. 托运行李

B. 发表的小说

C. 某人卖给医院的血

D. 被移植入的器官

16. 下列不能引起法律关系产生、变更和消灭的条件有（　　）。

A. 法律实施　　B. 法律规范

C. 法律事实　　D. 法律关系客体

17. 作为法律关系的客体的物，须具备以下哪些条件？（　　）

A. 得到法律的认可

B. 为人类所认识和控制

C. 能够给人们带来某种物质利益，具有经济价值

D. 具有独立性

18. 下列各项中包含法律事件的有（　　）。

A. 某国发生战争，致使我国外贸公司从该国的进口受阻

B. 某律师事务所与刘某约定，只要刘某通过律师资格考试，就聘请他到该所工作，结果刘某由于被汽车撞伤住院治疗未能参加考试

C. 陈某已有配偶，某天出差时突发急病，经抢救无效而死亡，导致婚姻关系消灭

D. 甲公司与乙公司签订一份买卖合同后，由于突发泥石流损坏公路，致使乙公司无法按照合同约定时间交货

19. 关于法律关系，下列表述中正确的是（　　）。

A. 法律关系与政治关系、道德关系没有什么实质区别

B. 法律关系是一种体现意志性的特种社会关系

C. 法律关系的核心内容是法律权利与法律义务

D. 法律关系是发生在特定法律关系主体之间的权利义务关系

20. 依据（　　）可将法律关系分为调整性法律关系和保护性法律关系。

A. 法律关系产生的依据

B. 法律关系执行的职能

C. 法律关系实现规范的内容

D. 法律主体在法律关系中的地位

21. 纵向法律关系的特点是（　　）。

A. 法律关系主体的权利义务内容较为任意

B. 执行法的调整职能

C. 法律主体处于不平等地位

D. 法律主体间的权利义务具有强制性

22. 关于主法律关系和从法律关系，下列表述中正确的有（　　）。

A. 主法律关系和从法律关系互相依赖而存在

B. 在刑事诉讼中，程序法律关系是主法律关系，而刑事实体法上的法律关系是从法律关系

C. 调整性法律关系是主法律关系，而保护性法律关系是从法律关系

D. 在多向法律关系中居于支配地位的是主法律关系

23. 某省人民政府慰问灾区，向某村赠送了现金和生活用品。省政府和该村在此事中的关系是（　　）。

A. 单向法律关系　　B. 双向法律关系

C. 纵向法律关系　　D. 横向法律关系

24. 根据我国法律的规定，下列能成为法律关系主体的有（　　）。

A. 中华人民共和国

B. 某市第一中学

C. 某大学聘任的外籍教授

D. 北京市海淀区人民法院

25. 行为能力包括（　　）。

A. 权利义务能力　　B. 权利行为能力

C. 义务行为能力　　D. 责任行为能力

26. 关于权利能力，下列表述中正确的是（　　）。

A. 每一主体都具有权利能力

B. 是一种法律资格

C. 是法律关系主体实际取得权利、承担义务的前提条件

D. 是公民的行为能力在法律上的反映

27. 某公司于 2004 年 1 月 8 日在工商部门注册登记成立，具有法人资格，2 月 18 日正式营业，2009 年 3 月 1 日被撤销，关于该公司的权利能力和行为能力，下列表述中正确的是（　　）。

A. 该公司的行为能力始于2004年2月18日
B. 该公司的权利能力始于2004年1月8日
C. 该公司被撤销后，行为能力消灭，但权利能力仍在一段时间内存在
D. 该公司的权利能力和行为能力同时产生，同时消灭

28. 关于法律关系主体的权利和义务与作为法律规则内容的权利和义务，下列表述正确的是（　　）。
A. 两者所属领域不同，法律关系主体的权利义务属于现实性领域，而作为法律规则内容的权利义务属于可能性领域
B. 针对的主体不同，法律关系主体的权利义务所针对的主体是特定的，而法律上规定的权利义务所针对的是一国之内所有不特定的主体
C. 法律效力不同，法律关系主体的权利义务属于个别化的法律权利和法律义务，而法律上的权利和义务属于一般化的法律权利和法律义务
D. 属性不同，法律关系主体的权利义务未必都由法律所规定，并不必然具有法律属性，而法律上的权利义务必然具有法律属性

29. 法律关系的产生、变更和消灭必须有（　　）。
A. 法律规范的规定　　B. 权利主体的存在
C. 合法行为的产生　　D. 违法行为的产生

30. 作为法律事实组成部分的行为，具有如下（　　）特点。
A. 是人们从外部表现出来的行为
B. 是有自觉意识或意志的行为
C. 是产生一定法律后果的行为
D. 是有计划实行的行为

31. 根据我国的法律规定，下列哪些情况可以形成法律关系？（　　）
A. 刘某因赌博欠吴某1万元
B. 甲区警方查处存在火灾隐患的企业，有关人员或被拘留或被处以重罚
C. 何某为急赶回家，将已过有效期限的身份证涂改，机场安检站不予放行登机
D. 任某在医院进行肾移植手术

32. 下列哪些情况不属于法律关系的范畴？（　　）
A. 限制行为能力人之间的法律权利和义务关系
B. 奴隶主对奴隶之占有使用关系
C. 政党社团章程所规定的权利义务关系
D. 无效的合同关系

33. 法律关系是一种（　　）。
A. 物质关系　　B. 思想关系
C. 意志关系　　D. 社会关系

34. 法律关系客体包括（　　）。
A. 物　　B. 行为结果
C. 自然人　　D. 精神产品

35. 法律关系有不同的分类标准，但是如果按照公私法的划分标准可以划分为三大类：公法法律关系、私法法律关系和公私法（社会法等）混合法律关系。关于以上的分类，以下论述中正确的是（　　）。
A. 公法法律关系既有实体法律关系又有程序法律关系，如宪法、行政法、刑法、刑事诉讼法等法律关系
B. 在私法法律关系中民法和商法法律关系是最典型的私法法律关系，一般是平等主体之间的横向关系，所以国家在保护和调整这种关系方面的作用是不需要的
C. 公私法混合法律关系一般调整纵向和横向结合的法律关系，主要包括企业法、预算法、计划法、银行法等法律关系
D. 公法法律关系、私法法律关系的划分有利于社会主义市场经济的发展，有利于社会主义法治的发展，也有利于我国法学的国际交往

36. 李某向王某借款200万元，由赵某担保。后李某因涉嫌非法吸收公众存款罪被立案。王某将李某和赵某诉至法院，要求偿还借款。赵某认为，若李某罪名成立，则借款合同因违反法律的强制性规定而无效，赵某无须承担担保责任。法院认为，借款合同并不因李某犯罪而无效，判决李某和赵某承担还款和担保责任。关于该案，下列哪些说法是正确的？（　　）（司考.2016.1.59）
A. 若李某罪名成立，则出现民事责任和刑事责任的竞合

B. 李某与王某间的借款合同法律关系属于调整性法律关系

C. 王某的起诉是引起民事诉讼法律关系产生的唯一法律事实

D. 王某可以免除李某的部分民事责任

三、不定项选择题

张某因其妻王某私自堕胎，遂以侵犯其生育权为由诉至法院请求损害赔偿，但未获支持。张某又请求离婚，法官调解无效后依照《婚姻法》中“其他导致夫妻感情破裂的情形”的规定判决准予离婚。对此，下列选项中正确的是（　　）。（司考 . 2015. 1. 88）

A. 王某与张某婚姻关系的消灭是由法律事件引起的

B. 张某主张的生育权属于相对权

C. 法院未支持张某的损害赔偿诉求，违反了“有侵害则有救济”的法律原则

D. “其他导致夫妻感情破裂的情形”属于概括性立法，有利于提高法律的适应性

四、名词解释

1. 法律关系（清华大学 2013 年考研题）
2. 调整性法律关系和保护性法律关系
3. 第一性法律关系和第二性法律关系
4. 法律关系主体构成的资格
5. 法律事件
6. 法律行为

五、简答题

1. 为什么说法律关系是一种特殊的思想社会关系？
2. 简述法律事实的概念与种类。
3. 调整性法律关系和保护性法律关系与第一性法律关系和第二性法律关系两种分类方法之间的异同。
4. 公民的行为能力与法人行为能力的异同。
5. 法律关系客体的概念和种类。
6. 简述作为法律关系的客体的物的特征。

六、论述题

论述我国法律关系主体的构成要件。

参考答案

一、单项选择题

1. **答案**：A。A 项，法官正是基于该协议，判决住房归韩某。可见，该协议不仅具有道德上的约束力，也具有法律上的约束力。故选 A，BCD 表述正确。

2. **答案**：B。A 项表述正确。B 项，“法律家长主义”原则主要是为了保护潘桂花，因其精神障碍不能真实反映其意志，而不是针对李能的行为，故 B 项表述不正确。C 项，法律关系主体构成资格，包括权利能力和行为能力。限制民事行为能力人的认定是对潘桂花行为能力即主体构成资格的认定，故 C 项正确。D 项表述准确。

3. **答案**：B。保护性法律关系是由于违法行为而产生的、旨在恢复被破坏的权利和秩序的法律关系，它执行的是法的保护职能，所实现的是法律规范（规则）的保护规则（否定性法律后果）的内容，是法的实现的非正常形式。它的典型特征是一方主体（国家）适用法律制裁，另一方主体（通常是违法者）必须接受这种法律制裁，如刑事法律关系。A 项担保关系显然不符合保护性法律关系的特征。第一性法律关系（主法律关系）是人们之间依法建立的不依赖其他法律关系而独立存在的或在多向法律关系中居于支配地位的法律关系。由此而产生的、居于从属地位的法律关系，就是第二性法律关系（从法律关系）。易知，债权关系是第一性法律关系，质押关系是第二性法律关系。故 B 正确。纵向法律关系是指法律关系主体在法律关系中处于不平等的地位，有管理与被管理、命令与服从、监督与被监督诸方面的差异。诉讼关系中，法院和原被告之间是隶属法律关系，但是原告和被告之间属于横向法律关系。故 C 错误。调整性法律关系是基于人们的合法行为而产生的、执行法的调整职能的法律关系，它所实现的是法律规范（规则）的行为规则的内容。调整性法律关系不需要适用法律制裁，法律主体之间即能够依法行

使权利、履行义务。本案债权关系和质押关系非基于合法行为产生，故不能说是调整性法律关系，D错误。

4. **答案**：B。在法学上，常常把两个或两个以上的法律事实所构成的一个相关的整体称为“事实构成”。

5. **答案**：C。社会物质生活条件是国家意志内容的最终决定因素，它是法的第二层次的本质。社会物质生活条件一般指生产方式，也是社会经济基础，因而法是建立在经济基础之上的上层建筑。既不能从“唯意志论”来理解法的本质，认为法是以意志为基础的，甚至认为法能创造社会经济关系；也不能否认法的阶级意志而仅讲法是物质生活条件的反映，这也等于将法与经济规律混为一谈。

6. **答案**：C。依《民法典》第19条规定，行为人具有相应的民事行为能力是民事法律行为生效的要件之一。8周岁以上的未成年人系限制行为能力人，限制行为能力人所实施的与其年龄、智力、精神状态不相适应的行为是无效的。因此C中的行为人所实施的行为不能构成法律关系。

7. **答案**：C。在历史上，法律关系的观念最早源于罗马法之“法律的锁链”的观念。

8. **答案**：C。精神产品是人通过某种物体（如纸张、胶片、磁盘）或大脑记载下来并加以流传的思维成果，属于非物质财富。影视作品应属于精神产品。

9. **答案**：D。胡某夫妇和保姆之间存在双向法律关系，即胡某夫妇有权要求保姆照看孩子，同时也有义务向保姆支付500元报酬；保姆有义务照看孩子，同时也有权要求雇主支付报酬。因此，在这个法律关系中有两个法律关系客体，即照看孩子的劳务和500元报酬。故选D。

10. **答案**：D。刘某和孙某签订的买卖合同的标的违反国家法律，侵害国家和社会的利益，导致合同无效，无效合同不受法律保护。故选D。

11. **答案**：A。德国法学家萨维尼于1839~1840年第一次对法律关系作了理论阐述，最早将法律关系界定为“由法律规则所决定的人和人之间的关系”。故选A。

12. **答案**：C。单向法律关系是指权利人仅享有权利，义务人仅履行义务，二者之间不存在相反的联系；双向法律关系是指在特定的双方法律主体之间，存在密不可分的两个单项法律关系，其中一方的权利对应着另一方的义务，反之亦然；多向法律关系是三个或三个以上相关法律关系的复合体，这三种法律关系相互关联、缺一不可。

13. **答案**：D。法院是国家的审判机关，在法律上与当事人并不处于平等的地位，法院对乙公司强制执行的法律关系是保护性法律关系；法院在诉讼中与两公司的法律关系是纵向（隶属）法律关系，即在不平等的法律主体之间建立的权力服从关系。甲、乙两公司作为诉讼当事人，具有平等的法律地位，它们之间的合同关系属于调整性法律关系。故选D。

14. **答案**：A。行为能力是指法律关系主体能够通过自己的行为实际取得权利和履行义务的能力，它是法律主体的意识能力在法律上的反映。

15. **答案**：C。公民的行为能力不同于其权利能力。具有行为能力必须首先具有权利能力，但具有权利能力并不必然具有行为能力。在公民的法律关系主体资格构成中，这两种能力可能是统一的，也可能是分离的。

16. **答案**：B。法律关系的客体，即法律关系主体之间权利和义务所指向的对象，它是一定利益的法律形式。

17. **答案**：A。法律关系是根据法律规范建立起来的一种社会关系，具有合法性。它是人与人之间的合法关系，这是它与其他社会关系的根本区别。

18. **答案**：B。所谓权利能力，就是能够参与一定的法律关系，依法享有一定权利和承担一定义务的法律资格。它是法律关系主体实际取得权利、承担义务的前提条件。

19. **答案**：A。完全行为能力人，是指达到一定法定年龄、智力健全，能够对自己的行为负完全责任的自然人（公民）。具有完全行为能力的人可以独立进行民事活动。法律将以自己的劳动收入为主要生活来源的16周岁以上的未成年人视为完全行为能力人，有利于保护这类自然人的特殊利益。

20. 答案：B。限制行为能力人是指行为能力受到一定限制，只具有部分行为能力的公民。刑法所指的限制行为能力人，又称限制刑事责任能力人。故选B。

21. 答案：D。法人的权利能力和行为能力是同时产生、同时消灭的，法人一经成立，就同时具有权利能力和行为能力；法人一经撤销，其权利能力和行为能力就同时消灭。法人的行为能力是有限的，由其成立宗旨和业务范围所决定。故D不正确。

22. 答案：C。法律关系客体的种类有：物、人身、精神产品、行为结果。作为法律关系客体的行为结果是特定的，即义务人完成其行为所产生的结果能够满足权利人的利益要求。

23. 答案：A。引起法律关系产生、变更和消灭的条件主要有法律事实和法律规范。法律规范是法律关系产生、变更、消灭的法律依据，法律事实是法律关系产生、变更、消灭的直接前提条件，它是法律规范和法律关系联系的中介。

24. 答案：C。限制民事行为能力人：不能完全辨认自己行为的精神病人和8周岁以上的未成年人。

25. 答案：A。无民事行为能力人包括不满8周岁的未成年人和不能辨认自己行为的精神病人。

26. 答案：A。历史唯物主义将社会关系分为物质社会关系和思想社会关系、经济基础和上层建筑。法律关系属于思想社会关系和上层建筑现象。

27. 答案：D。选项A，法律关系的主体：一般指这种关系的当事人，有时也指参与者。我国法律关系通常的主体是公民（自然人）、法人、非法人组织以及国家。选项B，法律关系的客体，是指法律关系主体的权利和义务所指向的对象。选项C，法律关系的内容是指法律关系主体之间的权利义务关系。选项D，法律事实是指凡是能直接引起法律关系产生、变更和消灭的条件或根据。

28. 答案：D。法律事实分为两类，一类是法律事件，另一类是法律行为。法律事件是指引起法律关系产生、变更或消灭，与参加者意志无关的法律事实。法律行为是指能引起法律关系产生、变更和消灭而通常又与人的意志有关的人的某种实际行动。

29. 答案：D。法律关系客体，即法律关系主体之间权利义务所指向的对象，行为结果是其种类之一。甲与公安机关之间产生了以其行为造成的损害结果为客体的行政处罚法律关系。

30. 答案：B。B中双方行为人的权利义务的客体是危害人类的物品，不被法律认可，因此不能成为法律关系的客体。

31. 答案：C。法律关系是法律调整社会关系的过程中形成的人们之间的权利义务关系。A中不存在权利义务关系；B不是由法律调整所形成的；D中的关系不合法，不属于法律关系。

32. 答案：B。按照法律关系主体在法律关系中的地位的不同，可将法律关系分为纵向法律关系和横向法律关系。

33. 答案：D。出售假种子的行为既侵害了农民个人利益，也侵害了公共利益、国家利益，因此属于公私混合法律关系。

34. 答案：B。一般而言，权利应该是本位的，享有权利不是为了更好地履行义务，而履行义务是为了更好地享有权利。

35. 答案：B。公民的权利能力分为一般权利能力和特殊权利能力，而二者是有差别的。一般权利能力即基本权利能力，是一国公民均具有的权利能力，是任何人取得公民法律资格的基本条件，不能被任意剥夺或排除。特殊权利能力是公民在特定条件下具有的法律资格，只授予某些特定的法律主体。

36. 答案：B。法律事实是法律规范所规定的能够引起法律关系产生、变更或消灭的客观情况或现象。包括法律事件和法律行为。“魏某与桂某到婚姻登记机关申请登记结婚，婚姻登记机关依法予以登记并发给结婚征书”，这是一种法律行为。

37. 答案：C。公民从出生起到死亡止依法享有权利、承担义务的能力是公民的权利能力。

38. 答案：D。肖像权属于知识产权，因而是精神产品。

39. 答案：B。法律事件是指引起法律关系产生、变更或消灭，与参加者意志无关的法律事实。法律行为是指能引起法律关系产生、变更和消灭而通常又与人的意志有关的人的某种实际行动。

40. 答案：C。根据不同标准，可以对法律关系做不同的分类。按照法律主体在法律关系中的地位不同，可以分为纵向法律关系和横向法律关系。纵向法律关系是指在不平等的法律主体之间所建立的权力服从关系。横向法律关系是指平等法律主体之间的权利义务关系。张某与公交公司属于平等的法律主体，二者之间的服务合同法律关系属于横向法律关系，故A项错误。按照相关的法律关系作用和地位的不同，可以分为主法律关系（第一性法律关系）和从法律关系（第二性法律关系）。主法律关系是人们之间依法建立的不依赖其他法律关系而独立存在的或在多向法律关系中居于支配地位的法律关系。由此而产生的、居于从属地位的法律关系，就是从法律关系。诉讼法律关系依赖于服务合同法律关系而存在，属于从法律关系，故B项错误。C项正确，法人的权利能力和行为能力是同时产生和同时消灭的。D项错误，根据《立法法》规定，地方政府规章的制定主体是自治区、直辖市和设区的市、自治州的人民政府。《某市公交卡使用须知》只是公交公司制定的规定，不属于规章。

41 答案：B。

二、多项选择题

1. 答案：ABC。根据《民法典》侵权责任编的规定，被侵权人对损害的发生有重大过失的，可以减轻经营者的责任。因此，赵某是否存在重大过失（违反注意义务），是衡量法律责任轻重的重要标准。故A正确。赵某与地铁公司之间的运输合同关系是第一性的法律关系（主法律关系），由此而产生的诉讼关系是第二性的法律关系（从法律关系）。故B正确。若经法院调解后赵某放弃索赔，则构成协议免责。故C正确。D明显错误。

2. 答案：ABC。法律事实，就是法律规范所规定的，能够引起法律关系产生、变更和消灭的客观情况或现象。刘某出具借条导致了借款合同法律关系的产生，该行为属于法律事实，B正确。“刘某出具该借条系本人自愿，且并未违反法律强制性规定”就是对这一法律事实的认定，也就是对案件事实的认定，故A正确。本案裁判的作出所根据的是出具借条的行为，该行为属于法律行为，而不是法律事件，D错误。因出具借条的行为而产生的借款合同法律关系属于第一性法律关系（主法律关系），即刘某与王某之间依法建立的不依赖其他法律关系而独立存在的法律关系，因王某起诉产生的民事诉讼法律关系是第二性法律关系（从法律关系），该法律关系以前者合同关系的存在为前提，故C正确。

3. 答案：BD。纳税人没有依法纳税，破坏了国家的税收征收法律关系，因此纳税人受到税务机关处罚形成的法律关系是依赖于税收征收法律关系的第二性法律关系，同时也是保护性法律关系。

4. 答案：BD。钱某向周某只承担返还欠款的义务，不享有权利，因此他们之间是单向（单务）法律关系；担保法律关系是依赖于借贷法律关系而存在的，因此是从法律关系。担保法律关系是由合法行为产生的，故为调整性法律关系。钱某、周某、车某三人是平等的民事主体，故他们之间是横向的法律关系。

5. 答案：ABCD。在中国，根据各种法律的规定，能够参与法律关系的主体包括：自然人（中国公民、在中国境内的外国公民、无国籍人）；机构和组织；国家。

6. 答案：CD。义务行为能力是行为能力的一种形式，是指行为人能够实际履行法律义务的能力。

7. 答案：BC。法人的行为能力总是有限的。并且法人的权利能力和行为能力是同时产生同时消灭的，法人一经依法成立，就同时具有权利能力和行为能力。

8. **答案**：ABCD。在我国，不能进入流通领域，成为私人法律关系客体的物有：人类公共之物或国家专有之物；文物或贵金属；军事设施、武器；危害人类之物。

9. **答案**：ABCD。根据法律关系的定义，在法律规范调整社会关系的过程中形成的人们之间的权利义务关系才属于法律关系的范畴。以上选项都不符合。

10. **答案**：BD。刑事法律关系和诉讼法律关系都是旨在恢复被破坏的权利和秩序的法律关系，故属于保护性法律关系。

11. **答案**：ABC。该行为人与商场是平等的民事法律主体，故 B 正确；商品交易系合法行为，故 A 正确；且他们之间的法律关系是不依赖于其他法律关系而独立存在的，故 C 正确。

12. **答案**：BD。调整性法律关系和保护性法律关系中，调整性法律关系是第一性法律关系；实体性法律关系和程序性法律关系中，实体性法律关系是第一性法律关系。

13. **答案**：CD。AB 属于法律关系客体中的精神产品一类。

14. **答案**：CD。法律关系是根据法律规范建立起来的一种社会关系，体现国家的意志。有些法律关系要通过当事人的意志一致才能产生，但有很多法律关系的产生并不需要体现当事人的意志，如行政法律关系。法律关系根源于社会经济关系并反映经济关系的要求，同时也受到其他社会关系的制约，并且其本身也会对一定社会关系产生影响，具有客观性。

15. **答案**：ABD。分析：A 系作为法律关系客体的行为结果；B 属于精神产品；D 中的移植入的器官没有和人体分离，应属于人身；只有 C 中的卖给医院的血已经脱离人身，属于法律关系客体。

16. **答案**：AD。引起法律关系产生、变更和消灭的条件有两个：法律规范和法律事实。

17. **答案**：ABCD。法律意义上的物是指法律关系主体支配的，在生产上和生活上所需要的客观实体。

18. **答案**：ABCD。法律事件，是法律规范规定的，不以当事人的意志为转移而能够引起法律关系产生、变更、消灭的客观事实。

19. **答案**：BCD。法律关系是按照法律规范建立起来的，体现国家的意志，以权利义务为其核心内容。

20. **答案**：ABC。调整性法律关系是基于人们的合法行为而产生的、执行法的调整职能的法律关系，它所实现的是法律规范的行为规则的内容；保护性法律关系是由违法行为产生的、旨在恢复被破坏的权利和秩序的法律关系，它执行着法的保护职能，所实现的是法律规范的保护规则的内容，是法的实现的非正常形式。

21. **答案**：CD。纵向（隶属）的法律关系是指在不平等的法律主体之间所建立的权力服从关系，其特点是法律主体处于不平等地位，法律主体间的权利义务具有强制性。

22. **答案**：ACD。按照相关法律关系的地位和作用不同，可分为：主法律关系，即不依赖其他法律关系而独立存在的或在多向法律关系中居于支配地位的法律关系；从法律关系，即由主法律关系产生的居于从属地位的法律关系。如实体性法律关系是主法律关系，程序性法律关系是从法律关系。

23. **答案**：AD。单向法律关系是指权利人仅享有权利，义务人仅履行义务的法律关系；横向法律关系是平等主体之间的权利义务关系，其权利义务的内容具有一定程度的任意性。省人民政府的赠与行为不是作为国家机关实施的。

24. **答案**：ABCD。在我国，自然人（包括中国公民、外国侨民和无国籍人）和机构、组织以及国家均可成为法律关系主体。外国侨民和无国籍人参与法律关系以我国有关法律和与有关国家签订的条约为依据。

25. **答案**：BCD。根据内容的不同，行为能力可分为权利行为能力，即通过自己的行为实际行使权利的能力；义务行为能力，即能够实际履行法律义务的能力；责任行为能力，即对自己的违法行为后果承担法律责任的能力。

26. 答案：BC。并非每一主体都必然具有权利能力。例如，法人在依法成立时才具有权利能力。具有权利能力不必然具有行为能力，但具有行为能力必然具有权利能力。

27. 答案：BD。法人的权利能力自成立时产生，至解体时消灭。法人的行为能力和权利能力同时产生、同时消灭。

28. 答案：ABCD。法律关系主体的权利和义务与作为法律规则内容的权利和义务，两者领域不同，法律关系主体的权利义务属于现实性领域，而作为法律规则内容的权利义务属于可能性领域；针对的主体不同，法律关系主体的权利义务所针对的主体是特定的，而法律上规定的权利义务所针对的是一国之内所有不特定的主体；法律效力不同，法律关系主体的权利义务属于个别化的法律权利和法律义务，而法律上的权利和义务属于一般化的法律权利和法律义务；属性不同，法律关系主体的权利义务未必都由法律所规定，并不必然具有法律属性，而法律上的权利义务必然具有法律属性。

29. 答案：ACD。因为法律关系是根据法律结成的权利义务关系，因此任何法律关系的产生变化都是以有法律规定为前提。大多数情况下，法律规范仅为法律关系的变更提供了前提和模式，法律关系产生、变更、消灭还需要有具体的法律事实。法律事实是指凡是能直接引起法律关系产生、变更和消灭的条件或根据。法律事实分为两类，一类是法律事件，另一类是法律行为。

30. 答案：ABC。作为法律事实组成部分的行为，是能够引起法律关系产生、变化、发展的人的有意志的行为。

31. 答案：BCD。法律关系是法律在调整社会关系的过程中形成的人们之间的权利义务关系，是根据法律规范建立起来的一种社会关系，具有合法性。“刘某因赌博欠吴某1万元”不具有合法性，不符合法律关系的含义。

32. 答案：CD。法律关系是法律在调整社会关系的过程中形成的人们之间的权利义务关系。“无效的合同关系”本身不是法律关系，无效的合同关系可能引起法律关系，这一选项比较难，关键是对法律关系概念的真正理解。“奴隶主对奴隶之占有使用关系”，按照奴隶制法属于法律关系，不能按照现在的法律进行理解。

33. 答案：BCD。法律关系是根据法律所结成的权利（权力）义务关系。它是一种思想社会关系和上层建筑现象。法律本身规定的抽象的权利（权力）义务关系仅体现国家意志；而现实生活中具体的权利（权力）义务关系则不仅体现国家意志，而且更体现具体法律关系当事人的意志。但当事人的意志必须符合国家意志，才能构成合法行为。

34. 答案：ABD。法律关系的客体：是指法律关系主体的权利和义务所指向的对象。有以下几类：①物；②人身；③精神产品；④行为结果。

35. 答案：ACD。本题考查的是法律关系的分类。我国传统对于公私法划分长期持否定态度，而自20世纪80年代末期以来，对于此观点逐步改变。考生要理解公法的范畴、私法的范畴和公私法混合的范畴。分类的标准主要是通过法律保护的利益以及保护方法进行分类。公法主要指宪法、行政法、刑法、刑事诉讼法等。私法主要指民商法；公私混合法主要指经济法、劳动法以及社会保障法、环境保护法等；有些学者也认为主要指社会法。答案B指出私法不受国家的干预是不对的，因为像民法这种典型的私法在救济手段方式方面也是需要国家干预的，如民法物权法定的原则也主要是国家意志的干预体现。

36. 答案：BD。如李某罪名成立，则既要承担刑事责任，也要承担还款的民事责任，两个责任并不冲突，不属于责任竞合，故A项错误。调整性法律关系是基于人们的合法行为而产生的、执行法的调整职能的法律关系，它所实现的是法律规范（规则）的行为规则（指示）的内容，故B项正确。

所谓法律事实，就是法律规范所规定的、能够引起法律关系产生、变更和消灭的客观情况或现象，包括法律事件和法律行为，本案中，引起民事诉讼法律关系产生的法律事实有李某的借款、赵某的担保和王某的起诉等，故C项错误。王某免除李某的部分民事责任，是对自己权利的处分，他有权这样做，故D项正确。

三、不定项选择题

答案：BD。王某与张某婚姻关系的消灭是由离婚诉讼行为引起的，属于法律行为，而非法律事件。法律事件是法律规范规定的、不以当事人的意志为转移而引起法律关系形成、变更或消灭的客观事实。故A项错误。生育权本身属于绝对权，对应不特定的义务人，但是张某所主张的生育权，指的是因其妻私自堕胎所侵犯的权利，对应的义务人是其妻王某。故B项正确。“有侵害则有救济”强调的是权利救济，而不是说要支持所有的诉讼请求。故C项错误。D项明显是正确的。

四、名词解释

1. **答案**：法律关系是在法律规范调整社会关系的过程中所形成的人们之间的权利和义务关系。法律关系具有如下特征：第一，法律关系是根据法律规范建立的一种社会关系，具有合法性；第二，法律关系是体现意志性的特种社会关系；第三，法律关系是特定法律主体之间的权利和义务。

2. **答案**：按照法律关系产生的依据、执行的职能和实现规范的内容不同，可以将其分为调整性法律关系和保护性法律关系。调整性法律关系是基于人们的合法行为而产生的、执行法的调整职能的法律关系，它所实现的是法律规范（规则）的行为规则（指示）的内容。调整性法律关系不需要适用法律制裁，法律主体之间即能够依法行使权利、履行义务。

   保护性法律关系是由于违法行为而产生的、旨在恢复被破坏的权利和秩序的法律关系，它执行着法的保护职能，所实现的是法律规范（规则）的保护规则（否定性法律后果）的内容，是法的实现的非正常形式。它的典型特征是一方主体（国家）适用法律制裁，另一方主体（通常是违法者）必须接受这种法律制裁，如刑事法律关系。

3. **答案**：按照相关的法律关系作用和地位不同，可以将其分为第一性法律关系（主法律关系）和第二性法律关系（从法律关系）。第一性法律关系（主法律关系）是人们之间依法建立的不依赖其他法律关系而独立存在的或在多向法律关系中居于支配地位的法律关系。由此产生的、居于从属地位的法律关系，就是第二性法律关系或从法律关系。

4. **答案**：公民和法人要能够成为法律关系的主体，享有权利和承担义务，就必须具有权利能力和行为能力，即具有法律关系主体构成的资格。第一，权利能力。权利能力，又称权义能力，是指能够参与一定的法律关系，依法享有一定权利和承担一定义务的法律资格。它是法律关系主体实际取得权利、承担义务的前提条件。第二，行为能力。行为能力是指法律关系主体能够通过自己的行为实际取得权利和履行义务的能力。确定公民有无行为能力，其标准有二：一是能否认识自己行为的性质、意义和后果；二是能否控制自己的行为并对自己的行为负责。

5. **答案**：法律事件是法律规范规定的，不以当事人的意志为转移而引起法律关系形成、变更或消灭的客观事实。法律事件又分成社会事件和自然事件两种。

6. **答案**：法律行为可以作为法律事实而存在，能够引起法律关系形成、变更和消灭。因为人们的意志有善意与恶意、合法与违法之分，故其行为也可以分为善意行为、合法行为与恶意行为、违法行为。善意行为、合法行为能够引起法律关系的形成、变更和消灭，同样，恶意行为、违法行为也能够引起法律关系的形成、变更和消灭。

五、简答题

1. **答案**：法律关系是一种思想社会关系。

   （1）法是国家意志的体现，把人们之间的一定社会关系确认为法所调整的关系，这一过程就体现着国家意志的要求，法律关系的实现亦即国家意志的实现。

(2) 每一具体法律关系都通过它的参加者的意思表示形成，如没有买卖双方的意志表示就不会形成买卖合同法律关系。有的法律关系，如遗嘱继承关系，在开始形成时并不基于双方当事人的意思表示，但其最终实现，总是反映了双方的意志。例如，有权获得遗产的当事人倘若拒绝接受遗产，该遗嘱继承关系就不能实现。

(3) 当然，法律关系作为一种思想关系或意志关系，并不具有无制约的随意性。它所体现的意志要受法的制约，归根结底还要受社会物质生活条件尤其是社会经济关系的制约。

2. **答案**：所谓法律事实，就是法律规范所规定的，能够引起法律关系产生、变更和消灭的客观情况或现象。也就是说，法律事实首先是一种客观存在的外在现象，而不是人们的一种心理现象或心理活动。纯粹的心理现象不能看作法律事实。此外，法律事实是由法律规定的、具有法律意义的事实，能够引起法律关系的产生、变更或消灭。法律事实的种类有：

第一，法律事件与法律行为。

以是否以人们的意志为转移作标准，法律事实大体上可以分为法律事件和法律行为两类。

法律事件是法律规范规定的，不以当事人的意志为转移而引起法律关系形成、变更或消灭的客观事实。法律事件又分成社会事件和自然事件两种。前者如社会革命、战争等，后者如人的生老病死、自然灾害等，这两种事件对于特定的法律关系主体（当事人）而言，都是不可避免、不以其意志为转移的。

法律行为可以作为法律事实而存在，能够引起法律关系形成、变更和消灭。因为人们的意志有善意与恶意、合法与违法之分，故其行为也可以分为善意行为、合法行为与恶意行为、违法行为。善意行为、合法行为能够引起法律关系的形成、变更和消灭。

第二，肯定式法律事实与否定式法律事实。

这是根据法律事实的存在形式而做的分类。肯定式法律事实是指只有当这种事实存在时，才能引起法律后果的事实。

在研究法律事实问题时，应当看到这样两种复杂的现象：(1) 同一个法律事实（事件或者行为）可以引起多种法律关系的产生、变更和消灭。(2) 两个或两个以上的法律事实引起同一个法律关系的产生、变更或消灭。在法学上，人们常常把两个或两个以上的法律事实所构成的一个相关的整体，称为“事实构成”。

3. **答案**：按照法律关系产生的依据、执行的职能和实现规范的内容不同，可以分为调整性法律关系和保护性法律关系。调整性法律关系是基于人们的合法行为而产生的、执行法的调整职能的法律关系，它所实现的是法律规范（规则）的行为规则（指示）的内容。保护性法律关系是由于违法行为而产生的、旨在恢复被破坏的权利和秩序的法律关系，它执行着法的保护职能，所实现的是法律规范（规则）的保护规则（否定性法律后果）的内容，是法的实现的非正常形式。它的典型特征是一方主体（国家）适用法律制裁，另一方主体（通常是违法者）必须接受这种法律制裁。

按照相关的法律关系作用和地位的不同，可以分为第一性法律关系（主法律关系）和第二性法律关系（从法律关系）。第一性法律关系（主法律关系），是人们之间依法建立的不依赖其他法律关系而独立存在的或在多向法律关系中居于支配地位的法律关系。由此而产生的、居于从属地位的法律关系，就是第二性法律关系或从法律关系。一切相关的法律关系均有主次之分，在调整性法律关系和保护性法律关系中，调整性法律关系是第一性法律关系（主法律关系），保护性法律关系是第二性法律关系（从法律关系）。

4. **答案**：法人组织也具有行为能力，但与公民的行为能力不同。表现在：第一，公民的行为能力有完全与不完全之分，而法人的行为能力总是有限的，由其成立宗旨和业务范围所决定。第二，公民的行为能力和权利能力并不是同时存在的。也就是说，公民具有权利能力却不一定同时具有行为能力，公民丧失行为能力也并不意味着丧失权利能力。与此不同，法人的行为能力和权利能力却是同时产生和同时消灭的。法人一经依法成立，就同时具有权利能力和行为能力；法人一经依法撤销，其权利能力和行为能力就同时消灭。

5. **答案**：法律关系客体是指法律关系主体之间权利和义务所指向的对象。它是构成法律关系的要素之一。法律关系客体是一定利益的法律形式。任何外在的客体，一旦它承载某种利益价值，就可能成为法律关系客体。

法律关系客体的范围和种类归纳起来，有以下几类：

(1) 物。法律意义上的物是指法律关系主体支配的、在生产上和生活上所需要的客观实体。

(2) 人身。人身是由各个生理器官组成的生理整体（有机体）。它是人的物质形态，也是人的精神利益的体现。

(3) 精神产品。精神产品是人通过某种物体（如书本、砖石、纸张、胶片、磁盘）或大脑记载下来并加以流传的思维成果。

(4) 行为结果。作为法律关系客体的行为结果是特定的，即义务人完成其行为所产生的能够满足权利人利益要求的结果。

6. **答案**：法律意义上的物是指法律关系主体支配的、在生产上和生活上所需要的客观实体。它可以是天然物，也可以是生产物；可以是活动物，也可以是不活动物。作为法律关系客体的物与物理意义上的物既有联系，又有不同，它不仅具有物理属性，而且应具有法律属性。物理意义上的物要成为法律关系客体，须具备以下条件：第一，应得到法律之认可。第二，应为人类所认识和控制。不可认识和控制之物（如地球以外的天体）不能成为法律关系客体。第三，能够给人们带来某种物质利益，具有经济价值。第四，须具有独立性。不可分离之物（如道路上的沥青、桥梁之构造物、房屋之门窗）一般不能脱离主物，故不能单独作为法律关系客体存在。

六、论述题

答案：法律关系主体的构成要件：权利能力和行为能力。

(1) 权利能力与行为能力是法律关系主体所必备的条件。特别是在民事法律关系中，作为一般民事法律关系主体，公民应具有民事权利能力和行为能力。

(2) 权利能力。①能够参加一定法律关系、成为法律关系主体、享有权利和承担义务的能力或资格，即为权利能力。②权利能力有多种：从权利能力主体看，有公民的权利能力、法人的权利能力、其他组织的一般权利能力和特别权利能力，前者是指一般人和组织都具有的权利能力，后者是指特定的人和组织才具有的权利能力。③法律关系主体获得和丧失权利能力的时间不同。法人、国家机关、社会组织的权利能力一般始于它们成立时，终于它们被撤销或解散时。公民的权利能力一般始于出生，终于死亡。

(3) 行为能力。①法律关系的参加者能通过自己的行为依法行使权利和承担义务的能力，即行为能力。②权利能力与行为能力既有联系又有区别。权利能力是确认法律关系主体的前提，法律关系主体必须具有权利能力，但并不是一切具有权利能力的人都有行为能力。法律关系主体都有是否具有行为能力的问题，但由于法人的行为能力与权利能力一般是同时存在的，通常说的行为能力指公民即自然人的行为能力。③行为能力不是一切公民都有的。公民只有达到一定年龄并能对自己行为及其后果具有辨别力和控制力，才具有行为能力。④各国立法通常把公民分成三种人：一是有完全行为能力的人。如我国18周岁以上的成年公民一般是完全民事行为能力人，年满16周岁以上不满18周岁而以自己劳动收入为主要生活来源的公民，视为完全民事行为能力人。二是行为能力受限制的人。如我国立法规定的不能完全辨认自己行为的精神病人和8周岁以上的未成年人为限制民事行为能力人。三是无行为能力的人，指不满8周岁的未成年人和不能辨认自己行为的精神病人。

第十二章　法 律 责 任

基础知识图解

- 释义
  - 1. 语义
    - ①定义
      - A. 广义：一般意义上的法律义务的同义词
      - B. 狭义：由特定法律事实所引起的对损害予以补偿、强制履行或接受惩罚的特殊义务
    - ②本质
      - A. 学说：道义责任论；社会责任论；规范责任论
      - B. 本书观点
        - a. 居于统治地位的阶级或社会集团运用法律标准对行为给予的否定性评价
        - b. 自由意志分配下的行为所引起的合乎逻辑的不利法律后果
        - c. 社会为了维护自身的生存条件而强制性地分配给某些社会成员的一种负担
  - 2. 构成：①责任主体；②违法行为或违约行为；③损害结果；④主观过错
  - 3. 种类（按法律责任的类型不同）：①民事法律责任；②行政法律责任；③刑事法律责任；④违宪责任
- 认定与归结
  - 1. 含义：对因违法行为、违约行为或法律规定而引起的法律责任进行判断、认定，追究、归结以及减缓和免除的活动
  - 2. 原则
    - ①责任法定原则
    - ②因果联系原则
    - ③责任与处罚相当原则
      - A. 责任的性质与违法或违约行为的性质相适应
      - B. 责任的种类和轻重与违法或违约行为的具体情节相适应
      - C. 责任的轻重和种类与行为人的主观恶性相适应
    - ④责任自负原则
- 承担
  - 1. 法律责任承担与法律责任实现
    - ①责任承担是一个社会评价过程，通过法律责任的实现进行功利补救和道义谴责，以弥补社会损害
    - ②主动承担法律责任由责任主体自动实现，被动的承担则只能由法定机关等有权主体通过法定程序实现
  - 2. 方式
    - ①惩罚：民主制裁/行政制裁/刑事制裁/违宪制裁
    - ②补偿（赔偿）：民事补偿/国家补偿
    - ③强制：国家通过强制力迫使不履行义务的责任主体履行义务
  - 3. 减轻与免除（免责）
    - ①时效免责；②不诉免责；③自首、主动免责；④补救免责；⑤协议免责或意定免责；⑥自助免责；⑦人道主义免责

配套测试

一、单项选择题

1. 范某参加单位委托某拓展训练中心组织的拔河比赛时，由于比赛用绳断裂导致范某骨折致残。范某起诉该中心，认为事故主要是该中心未尽到注意义务引起的，要求赔偿 10 万余元。法院认定，拔河人数过多导致事故的发生，范某本人也有过错，判决该中心按 40%的比例承担责任，赔偿 4 万元。关于该案，下列哪一说法是正确的？（　　）（司考. 2013. 1. 15）

A. 范某对案件仅做了事实描述，未进行法律判断

B. “拔河人数过多导致事故的发生”这一语句所表达的是一种裁判事实，可作为演绎推理的大前提

C. “该中心按 40%的比例承担责任，赔偿 4 万元”是从逻辑前提中推导而来的

D. 法院主要根据法律责任的效益原则作出判决

2. 《民法典》第 186 条规定，因当事人一方的违约行为，侵害对方人身、财产权益的，受损害方有权选择依照本法要求其承担违约责任或者依照其他法律要求其承担侵权责任。该条款规定了下列哪一类法律现象的处理原则？（　　）

A. 法律位阶的冲突

B. 法律责任的免除

C. 法律价值的冲突

D. 法律责任的竞合

3. 规范责任论认为，法律体现社会的价值观念，是指引和评价人的行为的规范，法律责任的本质是什么？（　　）

A. 对违法者的道义责难

B. 维护社会秩序和社会存在

C. 使违法者适应社会生活和再社会化

D. 行为的规范评价

4. 法律责任的核心构成要素是（　　）。

A. 责任主体

B. 违法行为或违约行为

C. 损害结果和主观过错

D. 因果关系

5. 下列属于根本不适合使用法律手段加以调节的是（　　）。

A. 离婚纠纷

B. 亲属间的财产纠纷

C. 仅有作恶的思想而并无作恶的行为

D. 家庭内部矛盾

6. 某人的一项违法行为同时引起了行政责任、民事责任、刑事责任的追究，请问行为人首先应该承担哪一种责任？（　　）

A. 行政责任　　B. 刑事责任

C. 民事责任　　D. 财产责任

7. 某市政府建新办公大楼，工程由某建筑公司承包。工程按期竣工并验收合格后，市政府由于财政困难，部分工程款一直未按期付给建筑公司，导致该公司陷入严重经济困难。建筑公司认为自己的合法权益被侵犯，遂诉至法院。本案中，市政府应负（　　）。

A. 侵权责任　　B. 违约责任

C. 行政责任　　D. 经济责任

8. 《刑法》第 3 条规定：“法律明文规定为犯罪行为的，依照法律定罪处刑；法律没有明文规定为犯罪行为的，不得定罪处刑。”这体现了法律责任归结的（　　）。

A. 责任法定原则　　B. 公正原则

C. 效益原则　　D. 合理性原则

9. 下列属于法律制裁的是（　　）。

A. 甲、乙两公司签订有合作协议，后甲公司违约，经乙公司聘请的律师与之进行交涉，并以提起诉讼相威胁，甲公司被迫付给乙公司一笔违约金

B. 党员张某因违反党纪受党内严重警告处分

C. 学生李某因严重违反校规被学校通报批评

D. 某省人大常委会制定的地方性法规因与宪法相抵触，被全国人大常委会撤销

10. 将法律责任划分为民事责任、刑事责任、行政责任、国家赔偿责任与违宪责任的标准是（　　）。

A. 责任的内容　　B. 责任的人数

C. 责任的程度 D. 引起责任的行为性质

11. 根据我国法律的有关规定，对下列哪项行为不能减轻或免除法律责任？（ ）

A. 李某一贫如洗却不小心在打工的企业损坏了价值 30 万元的仪器

B. 王某偷了一辆价值 100 元的自行车，14 年后被人查出

C. 赵某遇到抢劫的 3 个手拿利刃的歹徒时奋起反抗，夺过刀将其中一个歹徒刺成重伤

D. 朱某偷彩电被事主抓住，双方签订了由朱某向事主赔偿 1000 元精神损失的协议

12. 刑事制裁与民事制裁的相同处表现在哪一方面？（ ）

A. 制裁目的 B. 制裁程序

C. 制裁方式 D. 制裁机构

13. 我国的法律制裁中，以财产关系为核心的一种制裁是（ ）。

A. 行政制裁 B. 经济制裁

C. 民事制裁 D. 刑事制裁

14. 行政处分适用的对象，是（ ）。

A. 公民 B. 法人

C. 公务员 D. 社会组织

15. （ ）是指行为人只要其行为造成危害结果，行为和结果之间存在外部联系，就应承担责任。

A. 混合责任 B. 严格责任

C. 过错责任 D. 绝对责任

16. 根据我国法律的有关规定，下列选择项中的哪种行为不能减轻或免除法律责任？（ ）

A. 家住偏僻山区的蒋某把入室抢劫的康某捆绑起来，关押了 6 小时后，才将康某押送到 40 里外的乡派出所

B. 蔡某偷了一辆价值 150 元的自行车，10 年后被人查出

C. 医生李某征得患者王某的同意，锯掉其长有恶性肿瘤的小腿

D. 高某在与 3 个青年打架时，拔出刀子将对方一人刺成重伤

17. 以承担法律责任的程度为标准，法律责任可以分为（ ）。

A. 过错责任与无过错责任

B. 有限责任与无限责任

C. 财产责任与非财产责任

D. 个人责任与集体责任

18. 罚金属于（ ）。

A. 经济制裁 B. 民事制裁

C. 行政制裁 D. 刑事制裁

19. 某司机违章驾车，依法应受到（ ）。

A. 刑事制裁 B. 行政制裁

C. 纪律制裁 D. 民事制裁

20. 有关法律责任的说法中，正确的是哪一项？（ ）

A. 没有违反义务，就不会引发责任

B. 刑事责任仅由违法行为引发

C. 法律上的特别规定不能引发行政责任

D. 有法律责任必有法律制裁

21. 赵某因涉嫌走私国家禁止出口的文物被立案侦查，在此期间逃往 A 国并一直滞留于该国。对此，下列哪一说法是正确的？（ ）（司考 .2015. 1. 13）

A. 该案涉及法对人的效力和空间效力问题

B. 根据我国法律的相关原则，赵某不在中国，故不能适用中国法律

C. 该案的处理与法的溯及力相关

D. 如果赵某长期滞留在 A 国，应当适用时效免责

二、多项选择题

1. 法律责任有民事责任、刑事责任、行政责任、违宪责任等，对于这些责任的归责有一些共同的基本原则，这里的基本原则，是具体法律部门归责原则的基础。在我国，关于归责原则的论述，以下几点正确的是（ ）。

A. 责任法定原则，这个原则是指，法律责任作为一种否定的法律后果应当由法律规范预先规定

B. 公正原则，此点包括对于任何违法行为都应依法追究相应的责任，而这也体现了社会对违法行为进行矫正的基本要求

C. 按照公正原则的要求，法律责任的效益原则就不应该予以追究

D. 在一定条件下，基于公正的要求，当出

现法定条件时，法律责任可以部分或全部地被免除

2. 关于违法的表述，下列说法中错误的有（　　）。
A. 广义的违法行为指所有违反法律的行为
B. 狭义的违法行为指犯罪行为
C. 狭义的违法行为指民事侵权行为
D. 违法者必须具有法定责任能力或法定行为能力

3. 西方法学界在法律责任领域影响较大的理论有（　　）。
A. 社会责任论　B. 规范责任论
C. 历史责任论　D. 道义责任论

4. 下列行为中，应该追究法律责任的有（　　）。
A. 税务局稽查员查处一公司漏税 1 万元事件时，拿了公司送的 1000 元钱后只往上报漏税金额 3000 元
B. 某县政府未经县人大批准，任命老许为副县长
C. 李编辑将作者夏某的书稿以自己的名义出版
D. 监狱管教队长陈某与刑满释放人员程某合伙做水果贩运生意

5. 有权认定和归结法律责任的有（　　）。
A. 天津市人民政府
B. 广州市仲裁委员会
C. 江苏省海门市人民法院
D. 湖南省常宁市官岭乡镇观音村村民委员会

6. 法律责任的免除不同于（　　）。
A. 不负责任　B. 无责任
C. 减轻责任　D. 证成

7. 认定和归结法律责任时，要确认违法行为或违约行为与损害结果之间的因果联系，这种因果联系表现为（　　）。
A. 存在的客观性　B. 因果的顺序性
C. 作用的单向性　D. 内容的法定性

8. 下列措施中，属于法律制裁的有（　　）。
A. 王涛因考试作弊被学校给予记过处分
B. 何林端汤时不小心烫伤了顾客，被法院判决赔偿 450 元
C. 林亮连续不参加摄影协会的活动被开除会籍
D. 金强偷彩电、录像机，被县人民法院判处有期徒刑 3 年

9. 法律制裁的具体形式多种多样，主要有（　　）。
A. 限制或剥夺财产
B. 对责任主体的人身施加痛苦
C. 对责任主体的精神施加痛苦
D. 对非责任主体的精神施加痛苦

10. 法律制裁的作用包括（　　）。
A. 报复、预防和矫正
B. 平衡社会关系
C. 肯定责任主体行为
D. 维护社会正义

11. 行政责任的特点表现在（　　）。
A. 承担行政责任的主体是行政主体和行政相对人
B. 产生行政责任的原因是行为人的行政违法行为和法律规定的特定情况
C. 过错不是行政责任的构成要素
D. 行政责任承担的形式多样化

12. 关于刑事责任，下列表述中正确的是（　　）。
A. 产生刑事责任的原因在于行为人行为的严重社会危害性
B. 刑事责任的大小、有无一般不以被害人的意志为转移
C. 刑事责任是一种救济责任
D. 刑事法律并不是追究刑事责任的唯一依据

13. 根据我国的有关规定，产生法律责任的原因有（　　）。
A. 侵权行为　B. 违约行为
C. 主观想法　D. 法律规定

14. 法律责任的构成要素一般包括（　　）。
A. 违法行为　B. 责任主体
C. 主观过错　D. 损害结果

15. 法律责任构成要素中所指的损害结果，包含这样一些含义（　　）。
A. 损害结果表明法律所保护的合法权益遭受了侵害
B. 损害结果必须具有确定性，是违法行为或违约行为已经实际造成的侵害事实
C. 认定损害结果时一般根据法律、社会普遍认识、公众观念并结合社会影响、环境等因素进行
D. 损害结果只能是对人身、财产的损害

16. 追究法律责任时，坚持责任与处罚相当原则就要求（　　）。

A. 法律责任的性质与违法行为或违约行为的性质相适应

B. 法律责任的种类和轻重与违法行为或违约行为的具体情节相适应

C. 法律责任的轻重与行为人的主观恶性相适应

D. 法律责任的有无与行为人的主观态度相适应

17. 下列属于公法法律责任免除的情况的有（　　）。

A. 丧失辨认和控制能力的精神病

B. 私了

C. 正当防卫

D. 未到法定责任年龄

18. 根据制裁的性质，法律制裁可以划分为（　　）。

A. 民事制裁　　B. 刑事制裁

C. 行政制裁　　D. 违宪制裁

19. 刑事制裁与民事制裁的不同之处有（　　）。

A. 制裁机构　　B. 制裁目的

C. 制裁方式　　D. 制裁程序

20. 张三把李四打成重伤，李四住院治疗花费了5万元。请问张三应负哪些法律责任？（　　）

A. 行政责任　　B. 刑事责任

C. 民事责任　　D. 违宪责任

21. 我国法律责任的归责原则是（　　）。

A. 责任法定原则　　B. 因果联系原则

C. 责任相称原则　　D. 责任自负原则

22. 民事责任的特点是（　　）。

A. 是一种由于违法行为、违约行为或者法律规定而引起的责任

B. 主要是一种救济责任

C. 主要是一种财产责任

D. 主要是一方当事人对另一方当事人的责任

23. 法律责任与法定权利、义务的联系是（　　）。

A. 法律责任规范着法律关系主体行使权利的界限，以否定的法律后果防止权利行使不当或滥用权利

B. 在权利受妨害以及违反法定义务时，法律责任又成为救济权利，强制履行义务或追加新义务的依据

C. 法律责任通过否定的法律后果成为权利、义务得以顺利实现的保证

D. 根据我国现行法律，法律责任与权利、义务可以相互转换

24. 责任法定原则是法治原则在法律责任认定和归结问题上的具体运作，下列选项哪些是该原则的要求？（　　）

A. 法律责任应由法的规范预先规定

B. 不允许任何的法的类推适用

C. 国家不能用今天的法来要求人们昨天的行为

D. 没有法律授权的任何国家机关或社会组织都不能向责任主体认定和归结法的责任

三、不定项选择题

下列构成法律责任竞合的情形是（　　）。（司考. 2014. 1. 91）

A. 方某因无医师资格开设诊所被卫生局没收非法所得，并被法院以非法行医罪判处3年有期徒刑

B. 王某通话时，其手机爆炸导致右耳失聪，可选择以侵权或违约为由追究手机制造商法律责任

C. 林某因故意伤害罪被追究刑事责任和民事责任

D. 戴某用10万元假币购买一块劳力士手表，其行为同时触犯诈骗罪与使用假币罪

四、名词解释

1. 法律责任的构成

2. 法律责任的认定和归结

3. 归责

4. 无责任

五、简答题

1. 什么是法律责任？它与法律责任义务如何区分？

2. 什么是法律责任的免除？它有几种免责形式？（中国政法大学2010年考研题）

3. 简述责任相当原则。

4. 简述责任自负原则。
5. 简述法律责任承担方式。

六、论述题

1. 试述法律责任的归结的基本原则。
2. 试述西方法学家有关法律责任本质的理论并对其进行评述。

参考答案

一、单项选择题

1. **答案**：C。A项，范某“认为事故主要是该中心未尽到注意义务引起”，即对该中心违约行为的法律判断。B项，演绎推理是从大前提和小前提中必然推导出结论或结论必然蕴含在前提之中的推论。大前提通常是法律规定，小前提是裁判事实，因此题中裁判事实应作为演绎推理的小前提。C项，“该中心按40%的比例承担责任，赔偿4万元”，就是从大前提（法律规定）和小前提（裁判事实）中推出的结论（判决）。D项，法院主要根据法律责任的公正、合理原则作出判决。故ABD错误，C项正确。
2. **答案**：D。法律责任的竞合，是指由于某种法律事实的出现，导致两种或两种以上的法律责任产生，而这些责任之间相互冲突的现象。其特点是：(1) 数个法律责任的主体为同一主体；(2) 责任主体实施了一个行为；(3) 该行为符合两个或两个以上的法律责任构成要件；(4) 数个法律责任之间相互冲突。题中规定的是民事上常见的侵权责任和违约责任的竞合，我国允许受害人选择其中一种责任提起诉讼。
3. **答案**：D。规范责任论认为，法律责任的本质是行为的规范评价。因为该流派认为，法体现了社会的价值观念，是指引和评价人的行为的规范。
4. **答案**：B。法律责任的构成是指认定法律责任时所必须考虑的条件，包括责任主体、违法行为或违约行为、损害结果、因果关系、主观过错五个方面。由于违法行为或违约行为是最主要、最基本的产生法律责任的原因和根据，是认定和归结法律责任的前提，因此，它是法律责任的核心构成要素。故本题选B。
5. **答案**：C。法是调整人们行为准则的社会规范，纯粹的思想不是法的调整的范围。
6. **答案**：B。某种违法行为符合多种法律责任的构成要件，从而在法律上导致多种法律责任并存或冲突，这种现象被称为“责任竞合”。刑事责任是一种惩罚性的责任，在所有法律责任中是最严厉的，当刑事责任与其他法律责任发生竞合时，行为人应当首先承担刑事责任。
7. **答案**：B。违约责任是指当事人不履行合同义务或者履行义务不符合约定所应承担的民事责任。本题中市政府依合同约定负有向建筑公司支付承包工程款的义务，却没有履行，应当承担违约责任。
8. **答案**：A。责任法定原则的含义包括：违法行为发生后应当按照法律事先规定的性质、范围、程度、期限、方式追究违法者的责任；排除无法律依据的责任。
9. **答案**：D。法律制裁是指由特定国家机关对违法者依其法律责任而实施的强制性惩罚措施。ABC中的各种处罚都不是由特定国家机关实施的，因此不属于法律制裁。故选D。
10. **答案**：D。根据违法行为所违反法律的性质，可以把法律责任分为民事责任、刑事责任、行政责任、国家赔偿责任与违宪责任。
11. **答案**：D。A中行为人应承担由其过失引起的民事赔偿责任，根据其经济财产状况可以适当减轻责任或免除责任；B中行为人的行为虽系盗窃行为，但情节较轻，且已过追诉时效，不再承担刑事责任；C中行为人的行为系正当防卫，不负刑事责任；D中行为人实施盗窃行为应当承担刑事责任。故选D。
12. **答案**：D。刑事制裁的目的在于预防犯罪，民事制裁旨在补救受害人损失；在程序上，刑事制裁一般由检察机关提起公诉，民事制裁一般由被侵害人提起诉讼；刑事制裁的方式有限制、剥夺自由、生命，民事制裁主要是对受害人进行财产补偿。二者的相同之处在于制裁机关都是人民法院。故选D。

13. 答案：C。民事责任主要是一种财产责任，因此民事制裁是以财产关系为核心的。其制裁方式主要有停止侵害、排除妨害、消除危险、返还财产等，旨在保护财产关系。

14. 答案：C。行政处分，是由国家行政机关或其他组织依照行政隶属关系，对违法失职的国家公务员或所属人员所实施的惩戒措施，有警告、记过、记大过、降级、撤职、开除。

15. 答案：D。绝对责任，是指行为人只要其行为造成危害结果，行为和结果之间存在外部联系，就应承担责任。

16. 答案：D。A为自助免责，B为时效免责，C为合法行为。D构成犯罪，不能免责。

17. 答案：B。法律责任可以根据不同的标准作不同的划分。以责任的内容为标准，可以分为财产责任和非财产责任。以责任的程度为标准，可以分为有限责任与无限责任。以责任的人数不同为标准，可以分为个人责任和集体责任。以行为人有无过错为标准可以分为过错责任和无过错责任。

18. 答案：D。罚金属于刑罚中的财产刑，注意与罚款的区别，罚款属于行政制裁。

19. 答案：B。违章驾车属于违反行政管理法规，因此应给予行政制裁。

20. 答案：B。A项错误。义务不等于责任，违反义务只是引发责任的原因之一，责任还可以因法律的特别规定而引发。B正确。刑事责任是违反刑法的犯罪行为所应承担的法律责任。违法行为是指违反国家现行法律规定，危害法律所保护的社会关系的行为。违法行为中只有违反刑事法规，具有社会危害性，应受刑罚处罚的行为，才是犯罪行为。刑事责任由犯罪行为而引发，而犯罪行为属于违法行为的范畴，因此可以说刑事责任仅由违法行为引发。但是不可以说违法行为引发刑事责任。C项错误。行政责任是指由于违反行政法规范或者因行政法规定而应承担的法律责任。行政责任可以由法律特别规定引发。D项错误。法律责任并不一定都导致法律制裁，也有的责任可以由责任人主动实现，责任主体自觉承担法律责任，没有介入国家强制力。

21. 答案：A。法对人的效力，指法律对谁有效力，适用于哪些人。法的空间效力，指法在哪些地域有效力，适用于哪些地区。显然，这两个方面该案均涉及，故A项正确。从对人的效力来说，我国采用的原则是：以属地主义为主，与属人主义、保护主义相结合。故B项错误，赵某不在中国，未必不能适用中国法律。法的溯及力，也称法溯及既往的效力，是指法对其生效以前的事件和行为是否适用。该案处理与溯及力无关，故C项错误。时效免责，即法律责任经过了一定的期限后而免除。根据刑法知识可知，该案中，赵某逃往A国前已经被立案侦查，不受追诉期限的限制。故D项错误。

二、多项选择题

1. 答案：ABD。本题考查的是法律责任的归责原则。这里要同民事责任的归责原则相区别，民事责任一般有过错责任、无过错责任和公平责任三种归责原则。而法律责任归责原则是从宏观上考查所有的法律责任的。有责任法定原则、公正原则和效益原则。而在一定的条件下法律责任在出现法定条件时可以免除和减轻，如正当防卫等。还要注意的是，对于公正原则的要求，并不是和效益原则相冲突的，二者可以兼顾。

2. 答案：BC。广义的违法行为包括违反刑事法律规范的一切违法行为；狭义的违法行为则不包括违反刑事法律规范的违法行为。

3. 答案：ABD。西方法学界在法律责任领域影响较大的理论主要有：社会责任论、规范责任论、道义责任论等。

4. 答案：ABC。A中的行为不构成受贿罪，构成渎职罪应追究其刑事责任；B中行为人的行为违反宪法，应追究其违宪责任；C中行为人侵犯他人著作权，应追究其民事责任；D中的行为系合法行为。

5. 答案：ABC。人民法院有权认定民事、刑事、行政法律责任；仲裁机构有权认定民事法律责任；人民政府有权认定违宪责任。

6. **答案：** ABCD。法律责任的免除是指应当承担法律责任，但由于符合法律规定的或者当事人自行决定的免责条件，而不再承担法律责任的情况。它不同于不负责任、减轻责任、无责任，也不同于证成。

7. **答案：** ABCD。违法行为或违约行为与损害结果之间的因果联系具有存在的客观性、因果的顺序性、作用的单向性、内容的法定性的特征。

8. **答案：** BD。AC 中行为人的行为不是违法行为，不承担法律责任，且作出制裁的主体不是实施法律制裁的主体。

9. **答案：** ABC。法律制裁的形式不包括对非责任主体的精神施加痛苦。

10. **答案：** ABD。法律制裁，是指由特定国家机关对违法者依其法律责任而实施的强制性惩罚措施，其作用是预防违法行为、维护社会秩序、平衡社会关系。

11. **答案：** ABD。责任的承担主体包括一般公民、法人、行政机关及其工作人员。产生行政责任的原因包括行政违法行为和法律规定的情况（无过错行政责任）。对于行政主体和监督主体来说，构成行政违法不要求主观状态，而对于行政相对人来说，认定其行为违反行政法有些必须以过错为要件。行政责任的承担形式有罢免行政领导职务、行政处分、没收违法所得等多种。

12. **答案：** AB。刑事责任是一种公法责任，是由行为人严重危害社会的行为引起的，由国家公诉机关予以追究，除自诉案件以外，不允许当事人协商。刑事责任是一种惩罚性、预防性的法律责任。

13. **答案：** ABD。产生法律责任的原因大体可以分为：侵权行为（违法行为），即侵犯他人财产权利、人身权利、知识产权、政治权利、精神权利所产生的法律责任；违约行为，即违反合同约定，没有履行一定法律关系中的作为或不作为的义务；法律规定，即由于出现了法律规定的事实所承担的责任。

14. **答案：** ABCD。根据违法行为的一般特点，我们把法律责任的构成要素概括为：主体、过错、违法行为、损害结果、因果关系。

15. **答案：** ABC。损害结果包括对人身的、对财产的、对精神的或者三方面都有的损失和伤害。

16. **答案：** ABC。法律责任的轻重与种类应当与行为人的主观恶性相适应，而不是与其主观态度相适应。

17. **答案：** ACD。公法责任通常由国家专门机关负责认定和追究，不允许当事人之间进行和解即所谓"私了"。

18. **答案：** ABCD。根据制裁的性质，法律制裁可以分为民事制裁、刑事制裁、行政制裁、违宪制裁。

19. **答案：** BCD。刑事制裁和民事制裁的制裁机构都是人民法院。

20. **答案：** BC。张三把李四打成重伤，其行为已构成犯罪，应当负刑事责任，同时对因其犯罪行为造成的损失应当承担民事赔偿责任。

21. **答案：** ABCD。我国法律责任的归责原则主要有责任法定原则、因果联系原则、责任相称原则、责任自负原则。

22. **答案：** ABCD。民事责任是一种财产性的救济责任，是由违法行为、违约行为或者法律规定而引起的。

23. **答案：** BC。A 所表述的是法律责任与法律关系中的权利的关系，不符合本题要求。法律责任与权利、义务是不同的概念，不能相互转换。

24. **答案：** ABCD。责任法定原则的含义包括：按照法律的预先规定追究违法者的法律责任；排除无法律依据的责任。

三、不定项选择题

答案： BD。法律责任的竞合，是指由于某种法律事实的出现，导致两种或两种以上的法律责任产生，而这些责任之间相互冲突的现象。B 项是民法上侵权责任和违约责任的竞合，属于典型的法律责任竞合。A 项行政责任和刑事责任可以并存，C 项刑事责任和民事责任可以并存，均不构成法律责任竞合。D 项行为人一个犯罪行为触犯两个罪名/法条，但处理时只能按照一个罪名/法条定罪，属于刑法上的责任竞合。

四、名词解释

1. **答案**：法律责任的构成是指认定法律责任时所必须考虑的条件。

第一，责任主体。责任主体是指违反法律或法律规定的事由而承担法律责任的人，包括自然人、法人和其他社会组织。责任主体是法律责任构成的必备条件。

第二，违法行为或违约行为。违法行为或违约行为在法律责任构成中居于重要地位，是法律责任的核心构成要素。

第三，损害结果。损害结果是指违法行为或违约行为侵犯他人或社会的权利和利益所造成的损失和伤害，包括实际损害、丧失所得利益及预期可得利益。

第四，因果关系。因果关系是指违法行为或违约行为与损害结果之间的必然联系。

第五，主观过错。主观过错是指行为人实施违法行为或违约行为时的主观心理态度。

2. **答案**：法律责任的认定和归结是指对因违法行为、违约行为或法律规定而引起的法律责任，进行判断、认定、追究、归结以及减缓和免除的活动。它是由国家特设或授权的专门机关依照法定程序进行的。在法律领域，认定违法责任并把它归结于违法者的，只能是具有归责权（追究权）的专门国家机关，而且认定和归责的过程表现为一系列法律程序。"认定"和"归责"两个概念的使用表明，当特定的违法行为发生后，法律责任的存在就是客观的，专门国家机关所能做的，只是通过法律程序把客观存在的责任权威性地归结于有责主体。国家机关既不能任意创造或扩大法律责任，也不能任意消灭或缩小法律责任。国家机关认定法律责任和在此基础上的归责与免责，是法律调整社会关系、维系社会秩序、保障公民权利的重要环节。

3. **答案**：归责即法律责任的归结，是指国家机关或其他社会组织根据法律规定，依照法定程序判断、认定、归结和执行法律责任的活动。归责的概念指的是不法行为与制裁之间的特种关系。

4. **答案**：无责任又称不负责任，是指虽然行为人事实上或形式上违反了法律，但因其不具备法律上应负责任的条件，故没有即不承担法律责任。

五、简答题

1. **答案**：在中国法学界乃至世界法学界尚没有一个能被所有人接受并能适用于一切场合的法律责任定义。中国法理学者们通常把法律责任分成广义法律责任和狭义法律责任两种。按照这种区分，广义的法律责任就是一般意义上的法律义务的同义词，狭义的法律责任则是由违法行为所引起的不利法律后果。

关于如何界定法律责任，法学研究者们提出了许多不同的思路和观点，归纳起来，其中最具代表性的方案有三种。

第一种方案把法律责任界定为法律的否定性评价。

第二种方案把法律责任界定为法律上的不利后果。

第三种方案把法律责任界定为一种特殊意义上的义务。所谓特殊意义上的义务是与一般意义上的义务相对而言的。一般意义上的义务又称第一性义务，即人们通常所说的法律义务，包括法定的作为或不作为的义务以及合法约定的作为或不作为的义务；特殊意义上的义务又称第二性义务，通常是指由于违反了法定义务或约定义务而引起的新的特定义务。此种界定的优点在于，它既揭示了责任与义务两者之间的联系，又明确了两者之间的区别。按此思路来界定法律责任，不仅可以厘清法学主要范畴和基本法律术语之间的关系，也有助于在立法、执法、司法和法学研究过程中更加准确和规范地使用这些范畴和术语。

2. **答案**：法律责任的免除，也称免责，是指法律责任由于出现法定条件被部分或全部地免除。我国的法律规定和法律实践中主要存在以下几种免责形式：

（1）法律责任经过一定期限后而免除。

（2）如果受害人或有关当事人不向法院

起诉要求追究行为人的法律责任，行为人的法律责任就实际上被免除；如果受害人与加害人在法律允许的范围内协商同意，也可以免责。

（3）对违法之后有立功表现的人，免除其部分或全部的法律责任。

（4）在财产责任中，在责任人确实没有能力履行或没有能力全部履行的情况下，有关的国家机关免除或部分免除其责任。

3. **答案**：责任相当原则是公平观念在归责问题上的具体体现，其基本含义为法律责任的大小、处罚的轻重应与违法行为或违约行为的轻重相适应，做到“罪责均衡”“罚当其罪”。责任相当原则是实现法律目的的需要，通过惩罚违法行为人和违约行为人，发挥法律责任的积极功能，教育违法、违约者和其他社会成员，从而有利于预防违法行为、违约行为的发生。

责任相当原则的内容具体包括以下几个方面：（1）法律责任的性质与违法行为或违约行为的性质相适应。（2）法律责任的种类和轻重与违法行为或违约行为的具体情节相适应。（3）法律责任的轻重和种类与行为人的主观恶性相适应。

4. **答案**：现代社会每个人都是独立的个人，在法律上具有独立的地位，因此在归责问题上要求遵循责任自负原则。凡是实施了违法行为或违约行为的人，都应当对自己的违法行为或违约行为负责，必须独立承担法律责任；同时，没有法律规定不能让没有违法行为或违约行为的人承担法律责任，国家机关或其他社会组织不得没有法律依据而追究与违法行为者或违约行为者虽有血缘等关系而无违法行为或违约事实的人的责任，防止株连或变相株连。当然，责任自负原则也不是绝对的，在某些特殊情况下，为了社会利益保护的需要，会产生责任转移承担问题。

5. **答案**：法律责任承担的方式，是指承担或追究法律责任的具体形式，包括惩罚、补偿、强制三种。

（1）惩罚

惩罚即法律制裁，是国家通过强制对责任主体的人身、财产和精神实施制裁的责任方式。惩罚是最严厉的法律责任实现方式。惩罚主要针对人身进行，国家使用强制力对责任主体的人身、精神施加痛苦，限制或剥夺财产，使责任主体受到压力、损失和道德非难，从而起到报复、预防和矫正的作用，平衡社会关系，实现社会的有序发展，维护社会正义。惩罚（法律制裁）具体包括以下种类：民事制裁、行政制裁、刑事制裁、违宪制裁。

（2）补偿

补偿是通过国家强制力或当事人要求责任主体以作为或不作为形式弥补或赔偿所造成损失的责任方式。补偿包括防止性的补偿、回复性的补偿、补救性的补偿等不同性能的责任方式。补偿的作用在于制止对法律关系的侵害以及通过对被侵害的权利进行救济，使被侵害的社会关系恢复原态。补偿侧重强调事实，较少渗入道德评判，目的主要在于弥补受害人的损害。主要有民事补偿和国家赔偿两种。

（3）强制

强制是指国家通过强制力迫使不履行义务的责任主体履行义务的责任方式。强制的功能在于保障义务的履行，从而实现权利，使法律关系正常运作。强制包括对人身的强制、对财产的强制。对人身的强制有拘传、强制传唤、强制戒毒、强制治疗、强制检疫等方式。对财产的强制有强制划拨、强制扣缴、强制拆除、强制拍卖、强制变卖等方式。强制是承担行政法律责任的主要方式。强制主要为直接强制，也有代执行、执行罚等间接强制。

六、论述题

1. **答案**：法律责任的归结，也叫归责，是指由特定国家机关或国家授权的机关依法对行为人的法律责任进行判断和确认。责任归责的结果、责任的成立与否，取决于行为人的行为及其后果是否符合相应的责任构成要件。

归责的基本原则是具体法律部门归责原则的基础，是特定法律制度的价值取向的体现；它一方面指导着法律责任的立法，另一方面指导着法律实施中对责任的认定与归结。在我国，归责原则主要可以概括为：责任法定原则、因果联系原则、责任相当原则和责任自负原则。

(1) 责任法定原则

责任法定原则是指，法律责任作为一种否定的法律后果应当由法律规范预先规定在法律规范的逻辑结构之中，当出现了违法行为或法定事由的时候，按照事先规定的责任性质、责任范围、责任方式追究行为人的责任。

要贯彻责任法定原则，第一，由特定的国家机关或国家授权的机构归责；第二，反对责任擅断；第三，反对有害追溯，不能以事后的法律追究在先行为的责任或加重责任；第四，责任法定一般允许人民法院运用判例和司法解释等方法，行使自由裁量权，准确认定和归结行为人的法律责任。

(2) 因果联系原则

在认定和归结法律责任时，必须首先考虑因果关系，即引起与被引起关系，具体包括：①人的行为与损害结果或危害结果之间的因果联系，即人的某一行为是否引起了特定的物质性或非物质性损害结果或危害结果。②人的意志、心理、思想等主观因素与外部行为之间的因果联系，即导致损害结果或危害结果出现的违法行为或违约行为是否是由行为人内心主观意志支配外部客观行为的结果。

(3) 责任相当原则

基本含义为法律责任的大小、处罚的轻重应与违法行为或违约行为的轻重相适应，做到“罪责均衡”“罚当其罪”。责任相当原则是实现法律目的的需要，通过惩罚违法行为人和违约行为人，发挥法律责任的积极功能，教育违法、违约者和其他社会成员，从而有利于预防违法行为、违约行为的发生。

(4) 责任自负原则

与古代社会个体不独立不同，现代社会每个人都是独立的个人，在法律上具有独立的地位，因此在归责问题上要求遵循责任自负原则。凡是实施了违法行为或违约行为的人，都应当对自己的违法行为或违约行为负责，必须独立承担法律责任；同时，没有法律规定不能让没有违法行为或违约行为的人承担法律责任，国家机关或其他社会组织不得没有法律依据而追究与违法行为者或违约行为者虽有血缘等关系而无违法行为或违约事实的人的责任，防止株连或变相株连。当然，责任自负原则也不是绝对的，在某些特殊情况下，为了社会利益保护的需要，会产生责任转移承担问题。

2. 答案：法律责任的本质，是从更深层次回答法律责任是什么和为什么的问题。西方法学家在研究法律责任时，就法律责任的本质问题建立过不同的理论。其中，影响较大的有“三论”即道义责任论、社会责任论和规范责任论。

道义责任论是以哲学和伦理学上的非决定论亦即自由意志论为理论基础的，它假定人的意志是自由的，人有控制自己行为的能力，有自觉行为和行使自由选择的能力，由此推定，违法者应对自己出于自由意志作出的违法行为负责，应该受到道义上的责难。

社会责任论是以哲学和伦理学上的决定论为理论基础的。它假定一切事物（包括人的行为）都有其规律性、必然性和因果制约性。由此推断，违法行为的发生不是由行为者自由的意志，而是由客体条件决定的。因而只能根据行为人的行为环境和行为的社会危险性来确定法律责任的有无和重轻。确定和强制履行法律责任，一方面是维护社会秩序和社会存在，另一方面是使违法者适应社会生活和再社会化，这就是法律责任的本质。

规范责任论认为，法体现了社会的价值观念，是指引和评价人的行为的规范。它对符合规范的行为持肯定（赞许）的态度，对违反规范的行为持否定（不赞许）的态度。否定的态度体现在法律责任的认定和归结中，这种责任就是法律规范和更根本的价值准则评价的结果。因此，行为的规范评价是法律责任的本质。

上述三种理论各有其合理性与局限性。道义责任论正确地揭示了行为的主观因素的作用，却忽视了社会环境对行为方式的巨大影响；社会责任论正确揭示了行为发生受制于一定的客观条件，却忽视了行为人主观因素的重要作用。从历史哲学和法律哲学的角度看，前者所理解的个人，是一种脱离了特定社会关系和社会环境的孤立的个人；后者则完全否认了个人在社会整体面前的相对独立性和主观能动性。因而，这些理论的片面性都与其根本的理论出发点直接相连，仅仅靠增加理论的弹性或对之进行有限的改良，难以完全消除这种片面性。

相对而言，规范责任论可以更加全面地对法律责任的本质进行揭示。它强调了法律责任与体现一定价值标准的法律规范有直接联系。由于法律在评价行为时，不能排除对行为的主观因素和社会环境的考虑，这样，规范责任论从研究法律责任的形式特征入手，有可能把法律评价、主观因素和社会环境较好地统一起来，然而，西方的非马克思主义法学家所提出的规范责任论，既不能充分地理解社会生活中客观规律性与主观能动性的辩证关系，也不可能充分注意到阶级社会中阶级利益冲突和阶级斗争对法律评价标准的深刻影响。

第十三章 法律程序

基础知识图解

- 概述
  - 1. 概念包含如下要点
    - (1) 具有法律上的意义
    - (2) 旨在作出法律性决定
    - (3) 是通过不同法律主体的互动而形成的
    - (4) 是在法定时间和空间中展开的
    - (5) 具有形式性和相对独立性
    - (6) 可以进行价值填充
  - 2. 法律程序对法律行为的调整方式
    - (1) 分工
    - (2) 抑制
    - (3) 导向
    - (4) 缓解
    - (5) 感染
- 正当程序
  - 1. 构成要件
    - (1) 程序的分化
    - (2) 对立面的设置
    - (3) 程序中立
    - (4) 自由平等且实质性的参与
    - (5) 理性对话和交涉
    - (6) 信息充分和对等
    - (7) 公开
    - (8) 及时性和终结性
  - 2. 价值
    - (1) 是权利平等的前提
    - (2) 是权力约束的机制
    - (3) 是解纷效率的保证
    - (4) 是权利实现的手段
    - (5) 是法律权威的保障

配套测试

一、名词解释

1. 诉讼结构

2. 诉讼普遍原则

二、简答题

1. 简述法律程序的概念与特点。

2. 简述法律程序的作用方式。

3. 简述正当程序的作用。

4. 简述诉讼程序的概念和结构特点。

三、论述题

1. 试论程序法与实体法的关系。
2. 论述程序的一般价值。
3. 论诉讼原则。
4. 试述正当程序的意义。

参考答案

一、名词解释

1. **答案**：诉讼结构是指诉讼主体之间的权利义务活动在时间和空间上的安排方式和关系，即诉讼主体行为的安排、组织和关系所构成的诉讼关系模式。诉讼结构的特点是：第一，诉讼结构的主体主要是指控、辩解、裁判三方。第二，诉讼结构的内容是控、辩、判三方程序的权利和义务。第三，诉讼结构主要存在于起诉和审理两个环节。第四，诉讼结构体现并受制于一定的立法目的和价值取向。

2. **答案**：诉讼普遍原则是指在各类、各阶段诉讼程序中均适用的具有普遍指导意义的原则，通常在宪法和法院组织法中规定，主要有：权利原则、平等原则、证据原则、公开原则、回避原则、辩论原则和经济原则。

二、简答题

1. **答案**：法律程序是指人们进行法律行为所必须遵循或履行的法定的时间与空间上的步骤和形式，是实现实体权利和义务的合法方式和必要条件。法律程序的基本特征应是：

第一，法律程序是针对特定的行为而作出要求的。

第二，法律程序是由时间要素和空间要素构成的，换言之，法律程序是以法定时间和法定空间方式作为基本要素的。

第三，法律程序是一种法定的形式。程序具有明显的形式性。程序之于实体是形式与内容的关系。程序法是实体法的形式，法律的实体内容通过法律程序得以实现；实体法制约程序法，实体内容决定程序形式。

第四，法律程序是实体权利义务实现的合法方式或必要条件。法律行为实际上就是权利义务行为。权利行为比义务行为更需要法律程序，作为国家的权力行为一般只有在符合法定程序的条件下，才是合法的，只有在法律程序的约束和指引下才是有效的。

2. **答案**：法律程序通过对法律行为的作用，从而实现对人们的实体权利与义务的分配，影响人们的权利义务的实际享有和承担，法律程序对法律行为的作用方式有以下六个方面：

第一，抑制。通过程序的时间、空间要素来克服和防止法律行为的随意性和随机性。

第二，分工。法律程序通过时空要素实现程序角色分配。

第三，间隔。通过程序形成了一个解决复杂纠纷的相对的空间，使当事人之间的复杂社会关系从进入程序的那一刻开始就与社会隔离开来。用程序的符号（原告、被告、法官、陪审员等）取代他们原有的社会角色，使复杂的社会关系简化为单一的程式化关系，既排斥了当事人之间原有的社会角色，又排斥了其他非程序的因素以及其他处置方式。这就是所谓“作茧自缚”的效应。

第四，导向。通过程序的时空要素来指引人们的法律行为按照一定的指向和标准在时间上得以延续，在空间上得以进行。一方面程序为人们的个别而具体的行为提供了统一化、标准化模式，克服行为的个别化和非规范化。另一方面程序的导向机制还能指示人们的行为在时间与空间上有秩序地连贯和衔接，避免法律行为的中断。

第五，缓解。通过法律程序的时空来促进意见疏通，来缓解人们原先的行为与心理冲突，消除紧张气氛，为解纷行为提供了有条不紊的秩序条件。

第六，感染。法律程序能使行为主体对程序所造成的某种心理状态的无意识的服从。

3. **答案**：正当程序的作用是：

（1）正当程序是权利的重要保障。正当的法律程序是权利平等的前提。权利基于程序而产生，权利保障主要依靠程序。首先，正当程序保证权利平等。其次，正当程序是权利实现的手段。

(2) 正当程序是权力的必要限制。正当程序是权力制衡的机制。法治社会的国家权力应当受到法律的严格约束，而法律程序是其中不可或缺的一种约束机制。正当程序通过抑制、分工、间隔等功能对权力进行制约。正当程序对权力的作用表现在：

首先，正当程序是限制权力的重要机制。

其次，正当程序是进行理性选择的有效措施。

最后，正当程序还是法律适用结论成立的前提。

(3) 正当程序能够弥补实体规则的不足。实体规则并不是完美无缺的。

(4) 正当程序是制度设计的基石。正当程序是法律创制、法律执行、法律实效和法律权威的保障。缺乏程序的法律或制度无异于道德或政策。法律固然需要国家强制力来保证，但是这种强制力有可能使法律权威异化为粗暴的威力。人们对公正的理解和对法律权威的体验首先是从"能够看得见的"程序形式中开始的。程序一方面维持法的稳定性和权威性，另一方面又"使无限的未来可能性尽归于一己"，容许选择的自由，使法律系统具有更大的可塑性和适应能力。

4. **答案**：诉讼就是向司法机关告诉以争论是非，现代意义上的诉讼是指司法机关和案件当事人在其他参与人的配合下为解决案件争议依法定程序所进行的全部活动。根据所涉及的内容和性质，诉讼可分为私法诉讼和公法诉讼。我国诉讼制度主要是由民事诉讼、行政诉讼和刑事诉讼三个方面组成。

诉讼结构是指诉讼主体之间的权利义务活动在时间和空间上的安排方式和关系，即诉讼主体行为的安排、组织和关系所构成的诉讼关系模式。诉讼结构的特点是：

第一，诉讼结构的主体主要是指控、辩解、裁判三方。指控是指对被告的追诉性活动，辩解是指被告人及其代理人或辩护人为被告的利益所进行的答辩性或防御性活动，裁判是指对诉讼实体问题和有关程序问题作出判断性的处理活动。

第二，诉讼结构的内容是控、辩、判三方程序的权利和义务。指控方、辩解方、裁判方各依法享有程序权利和程序义务，由三方权利义务构成诉讼法律关系，反映了诉讼三方在诉讼程序中的地位，并形成诉讼结构。

第三，诉讼结构主要存在于起诉和审理两个环节。起诉阶段，涉及起诉方式与材料、起诉理由与证据，也包括刑事诉讼的证据收集即侦查。审理阶段，包括质证、辩论等，显然存在于控、辩、判三方，并涉及控、辩双方权利，辩论充分程度取决于诉讼结构，也典型反映诉讼结构，而裁判方则听取、分析、判断双方质证和辩论。

第四，诉讼结构体现并受制于一定的立法目的和价值取向。

三、论述题

1. **答案**：所谓实体法是指规定实体权利和义务的法律，而程序法则是指规定实现权利义务的方式和条件的法律。当然程序法与实体法的划分是相对的。

第一，法律程序的合理性有其自身的评价标准，许多情况下我们可以离开实体法的内容来鉴别法律程序的合理与不合理、科学与不科学。程序上的合理性判断，无须借助法的实体内容就能够独立地进行。

第二，法律程序与实体法并不同步发展。可能超越落后的实体法，也可能相对落后于实体法的发展程度。实体法内容的优劣程度也并不必然决定法律程序内容的优劣。诞生一部优异的实体法的国家并不必然会有一部与之相匹配的程序法；同理，有优越的法律实体内容的国家并不必然会产生优越的法律程序形式。

第三，法律程序的规定在不少方面能保持相对稳定性和历史延续性。

2. **答案**：程序的一般价值包括公平价值、秩序价值、自由价值和效率价值。

(1) 程序的公平价值。程序的公平价值一般是指同类的人应当受到相同的对待。在司法程序中，公平是首要的价值目标。公平价值是程序的首要价值。它包括这样一些最低标准：无偏袒地中立、听取对方意见。

其一，无偏袒地中立是指“与自身有关的人不应该是法官”。结果中不应含纠纷解决者的个人利益；纠纷解决者不应有支持或反对某一方的偏见。

其二，听取对方意见是指给予当事人各方充分的机会来陈述本方意见和理由。这意味着必须将程序告知他们，将诉讼中所指控的信息告知他们，以便他们能够准备答辩，法官“对各方当事人的诉讼都应给予公平的注意”“纠纷解决者应听取双方的论据和证据”。

(2) 程序的秩序价值。程序的秩序价值主要是指通过可预测的、理性的决定过程来维持某种关系的稳定性、结构的一致性、行为的规范性、进程的连续性、事件的可预测性。

程序的秩序价值至少要求达到两项标准：公开进行的方式，科学解决的手段。

(3) 程序的自由价值。程序的自由价值主要是指程序中的每个人都可以自由选择其行为的活动余地，从而保障个人在意志、人身和人格上受到尊重，不受奴役。

(4) 程序的效率价值。程序的效率价值是指程序的成本与解决的效果之间的关系问题，即从一个给定的投入量中获得最大的产出，最少的资源消耗取得同样多的效果。

3. 答案：诉讼原则，即诉讼的程序原则，是指由诉讼法确认或体现的，在诉讼程序全过程中或诉讼程序部分过程中起指导作用的准则。

诉讼原则分为诉讼普遍原则与诉讼特别原则。前者是指在各类、各阶段诉讼程序中均适用的具有普遍指导意义的原则，通常是在宪法和法院组织法中规定的；后者是指在某一类、某一阶段诉讼程序中适用的具有指导意义的原则，它们通常是在具体诉讼法中规定的。

(1) 权利原则。这是指诉讼程序应当尊重和保障公民权利。如果说行政权代表国家，具有官方性，那么“司法权则是权利的庇护者”，如果“同一官署忽而忙于维护国家利益，忽而又将国家利益弃置一边，忙于维护正义，显然极不协调”。所以司法程序应当以权利保护为本位，它表现在民事诉讼中就是意思自治的处分权原则，表现在行政诉讼中就是相对人权利保障原则，表现在刑事诉讼中就是被告人人权保障原则。

(2) 平等原则。这是指法院在程序上平等对待当事人。其含义包括：第一，一切公民不论身份差别在法律程序面前一律平等；第二，不同民族的当事人有使用本民族语言的平等权利；第三，外国人与中国公民的程序地位平等；第四，其他同类当事人和同类参与人诉讼地位平等；等等。

(3) 证据原则。这是指诉讼须以事实为根据，而认定事实应当凭证据，或称证据裁判主义。

(4) 公开原则。这是指审判和诉讼活动原则上对当事人、对社会公开。其含义包括：第一，法院审理程序和过程，一般要对社会公开，受社会监督。第二，法院审理程序过程一般要对当事人公开，受当事人监督。第三，对于辩护律师或代理律师，除审理程序和过程公开外，法院进行裁判的证据材料及某些活动环节也应当对当事人的辩护律师、代理律师公开。第四，群众可以在法庭旁听。

(5) 回避原则。这主要是指当出现审判人员（含检察人员、侦查人员等）与本案当事人有亲属、利害关系或可能影响案件公正审判的情况时，审判人员应该回避。

(6) 辩论原则。这是指在诉讼过程中对于事实认定、法律适用由指控和被控双方及其代理人、辩护人展开辩论。其含义包括：第一，双方平等享有辩论权（刑事被告的辩解也属于辩论权）和平等的辩论机会；第二，当事人可以委托律师或其他公民进行辩论；第三，辩论内容可以是关于事实和证据的质证辩论，也可以是关于法律理解与适用选择的法理辩论；第四，辩论形式可以是当庭辩论，也可以是书面辩解；第五，审判人员有义务倾听（或阅读）和分析辩论、辩解以及代理和辩护意见，并在判决书中反映双方辩论意见，作出分析解释。

(7) 经济原则。这是指用比较小的诉讼成本，实现较大的诉讼效益，或者说是为实现特定的诉讼目的，应当选择成本最低的方法和手段。

4. 答案：就中国法传统而言，正当程序是中国法走向现代化的根本元素之一。正当程序的意义主要表现为：

第一，正当的法律程序是权利平等的前提。现代法治原则要求“以相同的规则处理同类的人或事”，即平等地适用法律，而公正的核心是平等。现实生活的具体的人和事，与抽象的法律规则之间存在差异和距离，这给法律适用带来难度。法律适用就是对抽象规则与具体行为的认同过程，这个认同过程的高度“同一性”有赖于法律程序的保证。倘若没有统一的步骤和方法，没有时间与空间上的向导，就难以实现“同一性”，因而平等适用法律也就无从谈起。所以英国法学家们普遍相信：只要你遵守细致规定的光明正大的诉讼程序，你就几乎有把握地获得了公正的解决办法。

第二，正当的法律程序是权力制衡的机制。法治社会的国家权力应当受到法律的严格约束，而法律程序是其中不可或缺的一种约束机制。正当的程序通过抑制、分工等功能对权力进行制衡。在社会经济生活要求国家自由裁量权相对扩大的今天，实体法规则的控权功能有所缩减，因此程序控权的功能大大增长。法律程序以其特有的功能补充了实体法控制权力的不足，达到权力与权利的平衡、效率与自由的协调、形式合理性与实质合理性的结合。

第三，正当的法律程序是解纷效率的保证。正当合理的法律程序总是能够使纠纷及时、有效、公正、合理地得以解决。相反，偏私或不合理的法律程序往往使纠纷的解决出现这样的情况：当事人在程序过程中就感到有不公正因素；当事人在程序过程中尚未消除暴力的直接冲突；当事人为纠纷的解决花费了不必要的或过高的诉讼成本；当事人在处理结果面前仍有遗留的纠纷或由处理结果引起的新的冲突和矛盾。因此，正当合理的法律程序能够保证纠纷真正得到解决，从而实现实体公正。

第四，正当的法律程序是权利实现的手段。首先，法律程序是权利义务实现的合法方式或必要条件；正当的程序能促使权利被实际享受，义务得到切实履行。其次，法律程序通过对权力的约束和控制来保障人权；正当程序是以权力制约和权利本位为特征的，通过权力制约来实现实体权利。此外，法律程序是纠纷解决的重要途径，正当程序对于权利又是一种有效的、重要的补救手段。

第五，正当的法律程序是法律权威的保障。法律权威固然需要国家强制力来保障，但是这种强制力有可能使法律权威异化为粗暴的武力。正当程序的意义就在于通过法律执行的各种程序过程使人们体会到法的公正和尊严。正当程序必定会增强人们对法律的好感、敬意和信心；相反，不正当的程序却会引起人们对法律的厌恶、轻蔑和怀疑。人们对公正的理解和对法律权威的体验首先是从“能够看得见的”程序形式中开始的。①

① 参见张文显主编的《法理学》（第五版）对这一问题的论述。

第三编 法的起源和发展

第十四章 法的历史

基础知识图解

- 法的起源
  - 1. 原始社会的调控机制：原始习惯
  - 2. 法的起源的一般规律
    - ①根本原因是社会生产力的发展
    - ②有一个从氏族习惯到习惯法，又从习惯法到成文法的演变发展过程
    - ③法的起源过程受宗教规范和道德的深刻影响
  - 3. 法和原始习惯的区别
    - ①产生方式不同；②体现本质不同；③适用范围不同
    - ④调整内容不同；⑤实施方式不同；⑥历史使命不同
- 法的历史类型
  - 1. 释义
    - ①概念：将人类历史上存在过的以及现实生活中存在的法，根据其经济基础和阶级本质作出的基本分类
    - ②更替规律
      - A. 社会基本矛盾的运动是其更替之根本原因
      - B. 社会革命是其更替之基本条件
  - 2. 奴隶制（特征）
    - A. 公开保护奴隶制生产关系
    - B. 用宗教迷信和极端野蛮而随意的刑罚维护奴隶主阶级之政治统治
    - C. 公开确认人与人之间等级划分与不平等地位
    - D. 明显带有原始公社行为规范的线索
  - 3. 封建制（中西方差别）
    - A. 中国以儒家思想为指导，有伦理性；西欧以基督教神学为指导，具有宗教性
    - B. 中国从一开始就以统一的成文法典形式出现，有封闭性，西欧具有开放性
    - C. 中国以君权至上为最高原则，西欧君主的权力只是在封建社会末期才处于最高地位
    - D. 在司法体制上存在不同
  - 4. 资本主义法律制度的原则
    - A. 私有财产神圣不可侵犯
    - B. 契约自由
    - C. 法律面前人人平等
  - 5. 当代中国社会主义法律制度的本质
    - A. 从阶级属性层面看，它是工人阶级及其领导下的广大人民意志的体现
    - B. 从产生方式和存在方式层面看，它是民主立法程序中形成并存在于各种法律渊源之中的国家意志
    - C. 从生产方式层面看，它的根本使命是为解放生产力和发展生产力服务
    - D. 从社会作用层面看，它是引导和保障我国社会主义建设各项事业顺利发展的权威性行为准则

配套测试

一、单项选择题

1. 原始社会的社会规范以（　　）为主。
A. 道德　B. 宗教规范
C. 习惯　D. 法律

2. 法律最早出现于（　　）。
A. 氏族公社时期　B. 原始社会后期
C. 奴隶社会　D. 封建社会

3. 需要依靠氏族成员自觉遵守和氏族首领的威望来维持，但也有一定强制性的是（　　）。
A. 原始社会的习惯　B. 伦理
C. 法律　D. 阶级社会的道德

4. 法的产生和发展是多种社会因素相互作用的产物，但这些因素最终起决定作用的是（　　）。
A. 政治因素　B. 经济因素
C. 文化因素　D. 精神因素

5. 法的产生以（　　）为根源。
A. 人文　B. 地理
C. 文化　D. 经济

6. 具有资本主义因素的法出现于（　　）。
A. 罗马法时期
B. 欧洲中世纪中后期
C. 资产阶级革命时期
D. 资产阶级政权建立以后

7. 关于法的历史类型，下列表述中错误的是（　　）。
A. 人类社会的每一形态都对应着一个法的历史类型
B. 法的历史类型与人类阶级社会的形态划分一致
C. 凡建立在相同经济基础之上、反映相同阶级意志的法，就属于同一历史类型的法
D. 社会主义法是最高历史类型的法

8. 法的历史类型更替的根本原因是（　　）。
A. 历史的自然发展
B. 人类有意识的选择
C. 科学技术的发展
D. 社会基本矛盾的运动

9. 以社会形态为标准对法的历史发展所做的划分，通称为（　　）。
A. 法系　B. 法的历史类型
C. 法的渊源　D. 部门法

10. 法的历史类型的划分标准是（　　）。
A. 法的历史渊源　B. 法的外部特征
C. 社会形态　D. 社会生产力水平

11. 大陆法系是以（　　）为基础发展起来的法律的总称。
A. 罗马法　B. 普通法
C. 衡平法　D. 日耳曼法

12. 大陆法系国家正式的法的渊源是（　　）。
A. 法理　B. 法院判例
C. 制定法　D. 习惯法

13. 一般认为，垄断资本主义时期法的典型是（　　）。
A. 英国法系　B. 美国法系
C. 法国法系　D. 德国法系

14. 衡平法的形成基础是（　　）。
A. 议会立法
B. 习惯法
C. 根据普通法院判决形成的全国适用的法律
D. 大法官法院的申诉案件的判例

15. 大陆法系国家法的基本分类是（　　）。
A. 公法和私法　B. 普通法和衡平法
C. 制定法和判例法　D. 法律和法规

16. 在大陆法系国家诉讼中居于主导地位的是（　　）。
A. 法官　B. 当事人
C. 律师　D. 公诉人

17. 法系的分类根据是（　　）。
A. 法的历史传统　B. 法的经济基础
C. 法的阶级性质　D. 法律学说

18. 19 世纪初，以罗马法为基础而制定的（　　）对民法法系的形成起了重要作用。
A.《维斯比法》　B.《阿马尔非法》
C.《民事诉讼法》　D.《法国民法典》

19. 民法法系的发展是以（　　）。
A. 衡平法为基础　B. 判例法为基础
C. 普通法为基础　D. 罗马法为基础

20. 美国法律属于（　　）。
A. 罗马日耳曼法系　B. 法典法系

C. 大陆法系　　　　D. 英美法系

21. 判例作为正式意义上的法的渊源存在于（　）。
A. 普通法系
B. 罗马法系
C. 社会主义法系
D. 罗马法系和普通法系

22. 普通法与衡平法的划分出现于（　）。
A. 大陆法系　　　　B. 英美法系
C. 社会主义法系　　D. 法典法系

23. 下列哪项不属于大陆法系的渊源？（　）
A. 法国民法典和德国民法典
B. 自由大宪章
C. 教会法
D. 罗马法

24. 从日本现行法律制度看，其主要传统、渊源和风格属于下列哪一法系？（　）
A. 中华法系　　　　B. 罗马法系
C. 印度法系　　　　D. 英美法系

25. 西方资本主义法产生的政治条件是（　）。
A. 封建社会中后期商法的兴起
B. 罗马法的复兴
C. 资本原始积累的法律出现
D. 资本主义国家政权的建立

26. “依法建立和维护代议制民主”是（　）。
A. 资本主义法的特征
B. 封建制法的特征
C. 社会主义法的特征
D. 奴隶制法的特征

27. 在垄断资本主义时期，资本主义法制发生的一个重大变化是（　）。
A. 政治制度的建立
B. 法制原则的确立
C. 注重保护社会利益
D. 强调法律保护个人利益

28. 普通法系中的普通法是指（　）。
A. 欧洲封建割据时期作为象征的教会法
B. 在欧洲大陆通行的罗马法
C. 英格兰各地的习惯法
D. 适用于英格兰全境的法律

29. 实现法的历史类型更替的根本途径是（　）。
A. 要有先进思想作指导
B. 新的生产力、生产关系正在旧社会内产生
C. 人民群众觉悟的提高
D. 社会革命

二、多项选择题

1. 中国古代社会一些启蒙作品多涉及当世的法律观念和司法制度，这在下列的哪些表述中有所体现？（　）（司考. 2011. 1. 56）
A.《幼学琼林》：“世人惟不平则鸣，圣人以无讼为贵”
B.《弟子规》：“财物轻，怨何生，言语忍，忿自泯”
C.《增广贤文》：“礼义生于富足、盗窃出于贫穷”
D.《女儿经》：“遵三从，行四德，习礼义，看古人，多贤德，为法则”

2. 原始社会的社会规范包括（　）。
A. 道德规范　　　　B. 宗教规范
C. 习惯　　　　　　D. 习惯法

3. 原始社会的社会规范体现了（　）。
A. 氏族部落领袖的利益
B. 氏族部落领袖的意志
C. 全体氏族成员的共同利益
D. 全体氏族成员的意志

4. 法的产生经历了（　）的发展过程。
A. 从个别调整到规范性调整、一般规范性调整到法的调整
B. 从习惯到习惯法，再到制定法
C. 从判例到判例法，再到法典化
D. 从法与其他规范的一体到与它们的分化、法的相对独立

5. 最早的制定法有（　）。
A. 习惯法的整理和记载
B. 法典
C. 个别立法文件
D. 最主要的判决的记载

6. 原始氏族组织（　）。
A. 是以地域关系为基础自然形成的联盟
B. 是以血缘关系为基础自然形成的联盟
C. 是全体氏族成员的自治组织
D. 实行民主管理

7. 原始社会社会规范的实施依靠（　　）。
A. 氏族部落领袖的威信
B. 社会舆论
C. 人们的自觉遵守
D. 氏族部落的强制力

8. 法与原始社会规范具有以下一些共同点（　　）。
A. 两者都是调整人们相互关系的社会规范
B. 两者都是上层建筑
C. 两者都具有阶级性
D. 两者都具有强制性

9. 在不同的社会初级阶段，法的产生具体情形虽然不同，但是从总体上说法的产生具有一般规律，关于法产生的一般规律，下列论述正确的是（　　）。
A. 法的产生由对人们行为的个别调整逐步发展成为规范性调整
B. 法的产生经历了由习惯演变为习惯法，再发展为成文法的过程
C. 在法的产生早期，法律、道德和宗教规范浑然一体，逐渐分化为各个相对独立的、不同的社会规范
D. 法的产生最终归因于社会经济基础的发展

10. 关于法的历史类型的更替，下列表述中正确的有（　　）。
A. 法的历史类型的更替是法的发展的一种特殊形式
B. 随着人类社会的发展，法的历史类型由低级类型向高级类型依次更替
C. 法的历史类型的更替是人类选择的结果
D. 法的历史类型的更替是不以人的意志为转移的历史必然

11. 奴隶制法的特点是（　　）。
A. 严格保护奴隶主的所有制
B. 公开反映和维护贵族的等级特权
C. 刑罚种类繁多，手段残酷，执行有很大的任意性
D. 长期保留原始社会的某些行为规范残余

12. 资本主义法的特点是（　　）。
A. 保护科学技术的进步
B. 维护资本主义私有制
C. 维护资产阶级专政和代议制政府
D. 维护资产阶级自由、平等和人权

13. 法的历史类型是根据（　　）所做的分类。
A. 法所体现的历史传统
B. 法所体现的阶级意志
C. 法所表现的文化特点
D. 法据以产生和赖以存在的经济基础的性质

14. 法的历史类型的更替是通过（　　）来实现的。
A. 阶级斗争　　B. 社会革命
C. 思想进步　　D. 科技发展

15. 封建制法的特征是（　　）。
A. 维护地主阶级的土地所有制
B. 以成文法典为主
C. 确认和维护封建等级特权
D. 刑罚酷烈，罪名繁多

16. 带有资本主义因素的法出现的标志是（　　）。
A. 资本主义两大法系的出现
B. 商法的兴起
C. 罗马法的复兴
D. 资本原始积累法律的出现

17. 奴隶社会和封建社会的法制（　　）。
A. 与近现代意义的民主的法制有着根本的区别
B. 与近现代意义的民主的法制并无本质的区别
C. 是人治之下的一种法律统治形式
D. 是专制的法制

18. 进入 20 世纪后，资本主义法（　　）。
A. 出现“社会化”趋势
B. 本质发生改变
C. 对财产所有权有所限制
D. 更加强调“政治权利本位”

19. 法国法系（　　）。
A. 是以 1804 年《法国民法典》为蓝本建立起来的
B. 强调社会利益
C. 强调个人权利本位
D. 反映自由资本主义时期社会经济的特点

20. 下列表述中正确的是（　　）。
A. 法国法系和德国法系同是大陆法系的支系
B. 德国法系是以 1896 年《德国民法典》为基础建立的

C. 现代日本的法律属于英美法系

D. 苏格兰属于英美法系

21. 在英美法系国家的诉讼中，法官（　　）。

A. 居于主导地位

B. 充当消极的、中立的裁定者的角色

C. 审理案件首先考虑法律如何制定，并按照法律规定判决

D. 审理案件首先考虑以前的判例，按照判例中概括出的法律规则来进行判决

22. 大陆法系和英美法系的差别（　　）。

A. 是相对的

B. 日益扩大

C. 出现相互靠拢趋势

D. 目前已完全消除

23. 西方法学界通常认为，当代世界主要法系有（　　）。

A. 英美法系　　B. 大陆法系

C. 中华法系　　D. 社会主义法系

24. 大陆法系（　　）。

A. 产生于欧洲大陆

B. 以民法为典型

C. 以法典化的成文法为主要渊源

D. 法院判例和法理是法律的重要渊源

25. 民法法系的私法包括下列哪些？（　　）

A. 民法　　B. 商法

C. 经济法　　D. 刑法

26. 法典形式在英美法系国家（　　）。

A. 根本不被采用

B. 通常不倾向使用

C. 后来也逐步采用

D. 主要是判例法的规范化

27. 关于资本主义法律下列说法正确的是（　　）。

A. 资本主义法律是全体国民意志的体现

B. 资本主义法律并不完全是资产阶级利益的体现，有时也可以反映被统治阶级的利益

C. 法所体现的统治阶级的意志有时取决于阶级斗争的状况

D. 被统治阶级的利益要求，在任何情况下，都有可能规定在法律中

28. 与以往私有制社会法律相比，资本主义社会的法律具有以下特征（　　）。

A. 维护资本主义私有制

B. 维护资产阶级的自由、平等和人权

C. 维护代议制政府

D. 维护资产阶级专政

29. 下列属于民法法系的法律有（　　）。

A.《查士丁尼民法大全》

B.《英国民法典》

C.《德国民法典》

D.《法国民法典》

30. 在民法法系，非正式意义上的法的渊源主要指（　　）。

A. 权威性法学著作

B. 正义和公平等观念

C. 政策

D. 判例

31. 下列哪些选项属于英美法系的特征？（　　）

A. 法院的判例、法理等，没有正式的法律效力

B. 在法的基本分类中有普通法与衡平法之分

C. 在诉讼程序上采取当事人主义

D. 成文法是法的渊源之一

32. 从法系这一角度来说，我国澳门特别行政区属于（　　）。

A. 普通法系　　B. 大陆法系

C. 罗马—德意志法系　　D. 英国法系

33. 关于法系以及西方两大法系的以下论述，正确的有（　　）。

A. 法系主要指具有某种共性和共同历史传统的法律的总称，凡属于具有某种共性和传统的法律就构成一个法系

B. 民法法系又称大陆法系、罗马法系，是以罗马法为基础而发展起来的法律的总称，而普通法系是以英国普通法为基础发展起来的法律的总称

C. 在法律渊源方面大陆法系和普通法系是有区别的，大陆法系以制定法为主要的法律渊源，判例也是正式意义上的法律渊源；判例被认为是普通法系主要的法律渊源

D. 大陆法系的法律基本分类是公、私法以及 20 世纪后发展起来的社会法、经济法和劳动法等，普通法系的基本分类是普通法和衡平法

三、名词解释

1. 社会调控
2. 社会组织
3. 行为规范
4. 法的历史类型
5. 法系
6. 大陆法系
7. 英美法系

四、简答题

1. 简述法产生的因素。
2. 简述法产生的历史必然性。
3. 简述法产生的基本标志。
4. 简述法与氏族习惯的区别。
5. 简述奴隶制法律制度和封建制法律制度的特征。
6. 当代中国法律制度的本质是什么?

五、论述题

1. 试述资本主义法区别于以往私有制社会的法的主要特征。
2. 试论资本主义法律中的自由、平等和人权原则。
3. 资本主义法律社会化述评。
4. 试比较资本主义国家两大法系的区别。
5. 阐述判例法的运作机制。

参考答案

一、单项选择题

1. **答案**:C。原始社会尚未出现阶级和国家,因此不存在法,原始氏族习惯是调整社会关系的社会规范。
2. **答案**:C。法律是随着阶级和国家的产生而出现的,奴隶社会是阶级社会的第一个形态,因此法最早出现于奴隶社会。
3. **答案**:A。在原始社会的氏族部落不存在法律和有阶级的道德。原始社会的习惯靠成员的自觉遵守和氏族首领的威望来维持。
4. **答案**:B。总的来说,法是各种社会因素,在经济因素起最终决定作用的条件下相互作用而产生和发展的。
5. **答案**:D。同上。
6. **答案**:B。在封建社会中后期,带有资本主义因素的法逐渐出现。
7. **答案**:A。所谓法的历史类型,就是按照法的经济基础和阶级本质对法所作的基本分类。凡是建立在相同经济基础之上、具有相同阶级本质的法就属于同一历史类型。原始社会不存在法。因此A错误。
8. **答案**:D。社会基本矛盾(生产力与生产关系、经济基础与上层建筑的矛盾)运动,是法的历史类型更替的根本原因。
9. **答案**:B。法的历史类型是指根据马克思主义历史唯物论,按照法的阶级本质和经济基础而将法划分为不同社会形态的法。
10. **答案**:C。法的历史类型是指根据马克思主义历史唯物论,按照法的阶级本质和经济基础而将法划分为不同社会形态的法。以奴隶制社会的法、封建制社会的法、资本主义社会的法以及社会主义社会的法,这四种社会形态为标准的划分,通称为法的历史类型。它不同于法的渊源的分类和一般法的分类(国内法和国际法)、部门法的分类或法系的分类。
11. **答案**:A。大陆法系是以罗马法为基础发展起来的法律的总称。
12. **答案**:C。制定法(成文法)是大陆法系正式的法的渊源。
13. **答案**:D。德国法系是垄断资本主义时期法的典型。
14. **答案**:D。衡平法是英国在14世纪后通过对普通法的修正和补充而出现的一种判例法。
15. **答案**:A。B、C是英美法系国家法的分类,D不属于法的分类。公法和私法是大陆法系国家的法的分类。
16. **答案**:A。大陆法系的诉讼模式是职权主义模式,法官在诉讼中居于主导地位。
17. **答案**:A。法系是根据法的历史传统划分的。
18. **答案**:D。《法国民法典》对民法法系的形成起了重要的作用。
19. **答案**:D。民法法系,是指以罗马法为基础而发展起来的法律的总称，又称罗马法法系、大陆法系等。首先在欧洲大陆各国兴起，主要由拉丁族和日耳曼族构成，法系的内容主要是民法，代表性法律文献是《查士丁尼民法大全》和《法国民法典》。代表国家是法、德。衡平法、判例法和普通法是普通法系的法的分类。

20. **答案**：D。普通法系，是指以英国普通法为基础而发展起来的法律的总称。主要以英国为代表或英美两国为代表，又称英国法系或英美法系。有英国和美国两个分支。罗马日耳曼法系、法典法系和大陆法系都是指民法法系。

21. **答案**：A。在民法法系国家，判例在法律上或理论上不被认为是正式意义上的法的渊源，判例在法院审判中可以有重大参考作用，但只能被认为是非正式意义上的法的渊源。在普通法系国家，判例被认为是正式意义上的法的渊源，即上级法院（甚至本法院）以前类似案件的判决，作为前例，对下级法院（甚至本法院）有法律上的约束力，制定法与判例法并行存在，相互作用。

22. **答案**：B。普通法系的基本分类是普通法和衡平法，在传统上没有公法和私法的分类。大陆法系的基本分类是公法和私法。公法主要指宪法、行政法和刑法。私法主要指民法和商法。

23. **答案**：B。选项 B 自由大宪章是英国的法律，因此不属于大陆法系的渊源。

24. **答案**：B。罗马法系即大陆法系。日本现行法律制度属大陆法系，如果是问日本古代法律制度，则属于中华法系。

25. **答案**：D。选项 ABC 是带有资本主义因素的法，但是只有在资产阶级取得政权后，才能产生完全意义上的资本主义法。

26. **答案**：A。资本主义社会法律的特征：（1）维护以剥削雇佣劳动为基础的资本主义私有制；（2）维护资产阶级专政和代议制政府；（3）维护资产阶级的自由、平等和人权。

27. **答案**：C。资本主义进入垄断主义阶段，出现了法的社会化的现象，以社会本位代替权利本位，越来越注重对社会利益的保护。

28. **答案**：D。普通法系，是指以英国普通法为基础发展起来的法律的总称。普通法主要是指 11 世纪后由法官通过判决形式逐渐形成的适用于全英格兰的判例法。

29. **答案**：D。国家政权是法律存在的基础，只有通过社会革命推翻国家政权才能建立新历史类型的法律体系。

二、多项选择题

1. **答案**：ABCD。本题与其说是考法律，不如说是考古文理解。“世人惟不平则鸣，圣人以无讼为贵”，即普通人受到不公平的待遇就要抗争，但圣人追求的却是没有诉讼和纠纷的发生，反映出无讼是圣人追求的法律观，法律的最高境界是无讼。“财物轻，怨何生，言语忍，忿自泯”，即把财物看轻了，相互间的怨恨就无处产生；说话相互忍让了，愤恨自然就消除了。反映的观念是，个人的道德、观念、品格是纠纷控制的关键，提高个人境界和修为，是消除纠纷的根源。“礼义生于富足、盗窃出于贫穷”，说的是物质富足才知道讲究礼义，生活贫穷则滋生违法犯罪，反映出带有唯物主义色彩的法律观。法律秩序根源于客观的物质条件，良好的法律秩序要以一定的物质基础作前提。“遵三从，行四德，习礼义，看古人，多贤德，为法则”出自古代规范女性道德行为的教材《女儿经》，虽然是道德教化的内容，但由于古代礼法合一，道德和法律相互渗透，道德要求同时也是制度要求，其反映的实际上也是当时的法律观念和法律内容，即女性要效法古人，修习礼义，遵行三从四德。故选 ABCD。

2. **答案**：ABC。原始社会的社会规范主要包括道德规范、宗教规范和氏族习惯。

3. **答案**：CD。原始社会的社会规范体现了全体氏族成员的共同利益和意志。

4. **答案**：ABD。法经历了从个别调整到规范性调整、一般规范性调整到法的调整；从习惯到习惯法，从习惯法到制定法；从法与其他规范的一体到与它们的分化、法的相对独立的过程而产生。

5. **答案**：ACD。最早的制定法主要包括习惯法的整理和记载、个别立法文件和最主要的判决的记载。

6. **答案**：BCD。原始氏族组织是全体氏族成员的自治组织，它是以血缘关系为基础自然形成的联盟，实行民主管理。

7. **答案**：ABC。原始社会社会规范的实施依靠氏族部落领袖的威信、社会舆论和人们的自觉遵守。

8. **答案**：ABD。法与原始社会的社会规范都属于社会规范，因此具有社会规范的共同特点。但原始社会以氏族习惯为主的社会规范不具有阶级性。

9. **答案**：BCD。本题考查的是法的发展的一般规律。

10. **答案**：ABD。随着人类社会生产力的发展，社会形态的变更，法的历史类型由低级类型向高级类型依次更替，这种更替是法的发展的一种特殊形式，不以人的意志为转移的历史必然。

11. **答案**：ABCD。奴隶制法的特点主要有：严格保护奴隶主的所有制；公开反映和维护贵族的等级特权；刑罚种类繁多，手段残酷，执行有很大的任意性；长期保留原始社会的某些行为规范残余。

12. **答案**：BCD。资本主义法的特点主要有：维护资本主义私有制；维护资产阶级专政和代议制政府；宣扬资产阶级民主、自由、平等和人权。

13. **答案**：BD。根据法据以产生和赖以存在的经济基础的性质和法所体现的阶级意志，可以将法分为不同的历史类型。

14. **答案**：AB。社会基本矛盾的运动是法的历史类型的更替的根本原因。法的历史类型是通过阶级斗争和社会革命来实现更替的，代表先进生产方式的阶级只有通过社会革命才能夺取政权，实现法的历史类型的更替。

15. **答案**：ACD。封建制法的特征有：维护地主阶级的土地所有制；确认和维护封建等级特权；刑罚残酷，极端野蛮。

16. **答案**：BCD。商法的兴起、罗马法的复兴、资本原始积累法律的出现标志着带有资本主义因素的法的出现。

17. **答案**：ACD。奴隶制社会和封建制社会的法制是人治下的法律统治形式，有鲜明的专制色彩，与近代意义的民主的法制有根本区别。

18. **答案**：AC。进入20世纪后，资本主义法出现“社会化”趋势，加强了国家对社会生活的干预，并开始对财产所有权有所限制。

19. **答案**：ACD。法国法系是以1804年《法国民法典》为蓝本建立起来的，反映了19世纪法国自由资本主义时期社会经济的特点，强调个人权利本位。

20. **答案**：AB。现代日本的法律属于大陆法系，苏格兰的法律也属于大陆法系。

21. **答案**：BD。在英美法系国家的诉讼中，法官处于消极、中立的仲裁者的地位，不主动参与案件的调查，首先考虑以前的判例，按照判例中概括出的法律规则来进行判决。

22. **答案**：AC。大陆法系和英美法系在法的渊源、法的分类、诉讼程序等很多方面都存在差异，但这种差别是相对的，并且在进入20世纪后，这种差别在不断缩小。

23. **答案**：ABD。法系是根据法的历史传统的不同划分的，当代西方认为主要有英美法系、大陆法系、社会主义法系。

24. **答案**：ABC。大陆法系以罗马法为基础形成，产生于欧洲大陆，以民法为典型，以法典化的成文法为主要渊源。

25. **答案**：AB。公法和私法是大陆法系对法的分类方法之一。私法是平等主体之间涉及个人权利、利益，自由选择的法。民法和商法属于私法。

26. **答案**：BCD。在英美法系国家，制定法和判例法都是正式的法的渊源，但通常不倾向使用法典形式，后来也逐步采用，主要是以判例法的规范化形式出现。

27. **答案**：BC。资本主义法律有时也反映被统治阶级的利益，这取决于阶级斗争的状况，但最终是为了维护统治阶级的利益。

28. **答案**：ABCD。与以往的私有制法律相比，资本主义法律有以下三个特点：首先维护以剥削雇佣劳动为基础的资本主义私有制；其次维护资产阶级专政和代议制政府；最后维护资产阶级的自由、平等和人权。

29. 答案：ACD。《德国民法典》和《法国民法典》是民法法系的代表性法律文献。德国和日本都属于民法法系。《查士丁尼民法大全》是罗马法的代表性法律文献，也属于民法法系。

30. 答案：ABCD。在民法法系只有制定法是法的正式渊源，判例在法律上或理论上不被认为是正式意义上的法的渊源，判例在法院审判中可以有重大参考作用，但只能被认为是非正式意义上的法的渊源。

31. 答案：BCD。法院的判例在英美法系具有正式的法律效力。在英美法系国家，制定法（成文法）和判例法都是法的正式渊源。普通法与衡平法的分类方法是英美法系特有的。英美法系在诉讼程序上采用当事人主义。

32. 答案：BC。我国澳门特别行政区属于民法法系，民法法系又称罗马—德意志法系、大陆法系。

33. 答案：ABD。本题考查的是法系的内容。对于此点最近几年也是经常考到。我们要理解大陆法系和普通法系的历史传统及其主要区别。在法律渊源上，大陆法系制定法是主要的法律渊源，法院的判例，在法律上和理论上不被认为是正式的法律渊源。所以C是错误的。

三、名词解释

1. 答案：社会调控就是社会组织通过一定的物质力量和精神力量使人们遵从社会行为模式，维持社会秩序和社会价值的手段和过程。

2. 答案：社会组织是社会内部稳定关系的网络，它通过调节利益、制止分裂、联合行动来维护群体的一体化。社会组织必有权威系统。权威系统指拥有一定权力的管理或被公认具有一定威望和能力的人去执行特别管理职能的组织系统。

3. 答案：行为规范作为行为标准，其主要功能是规定人们的行为方式，使人们的行为符合一定的价值观念而具有社会意义，并通过对行为的肯定或否定，而确认、保护和发展某种社会关系，或抵制、改变和禁止某种社会关系。

4. 答案：法的历史类型是与社会形态相联系的概念，是依据法所赖以存在的经济基础及其体现的国家意志的性质的不同而对各种社会的法律制度所做的分类。按照划分法的历史类型的标准，法律发展史上曾先后产生过四种类型的法律制度，即奴隶制度的、封建制度的、资本主义的和社会主义的法律制度。

5. 答案：法系是对各国法律制度的现状和历史渊源进行比较研究的过程中形成的概念。它是依据法律的历史渊源和传统以及由此形成的不同存在样式和运行方式，而对现存的和历史上存在过的各种法律制度所做的分类。

6. 答案：大陆法系又称罗马法系、民法法系、法典法系或罗马日耳曼法系，是承袭古罗马法的传统，依照《法国民法典》和《德国民法典》的样式而建立起来的各国法律制度的总称。欧洲大陆上的法、德、意、荷兰、西班牙、葡萄牙等国和拉丁美洲、亚洲的许多国家的法律都属于大陆法系。

7. 答案：英美法系又称英国法系、普通法系或判例法系，是承袭英国中世纪的法律传统而发展起来的各国法律制度的总称。

四、简答题

1. 答案：总的来说，法是各种社会因素，在经济因素起最终决定作用的条件下相互作用而产生和发展的。这些原因可概括为以下几个方面：

（1）法首先是商品生产和交换的产物，即把每天重复着的生产、分配和交换产品行为，用一种共同规则概括起来，这种规则首先表现为习惯，后来便成为法律。

（2）其次是政治原因，随着私有制和阶级的出现，作为统治阶级的奴隶主利用法律来维护自己的统治。

（3）社会公共事务日益增加以及人的独立意识的成长，因而需要一种新的行为规则——法律，这也是法律产生的一个原因。

2. 答案：人类到了原始社会晚期，学会了经营牧业和农业。特别是由于金属工具的出现，使生产工具整体上有了较大的改进，提高了劳动生产率，使个体劳动成为可能。适应这种生产力向前发展的要求，生产资料公有制逐渐向生产资料私有制转变，劳动产品也逐渐落到个人手中。

随着生产力的进一步发展，个体劳动成为普遍可能的事情，由此引起一夫一妻制个体家庭的确立和子女继承财产的父权制的产生，并使财富逐渐积累于家庭之中，出现了个体家庭私有制。由于属于各个家庭的财产差别的不断扩大，出现了穷人和富人，并且逐渐向两极分化。特别是随着第三次社会大分工，商业的出现，贸易的扩大，货币和货币高利贷以及土地所有权和抵押品的出现，原来属于氏族内部的自由人，也开始大批沦为债务人，继而沦为奴隶。在这样既定的总的历史条件下，必然地产生奴隶制度。奴隶制的出现，改变了使个人服从生产和交换的一般条件。生产和交换成为少数富人剥削穷人、奴隶主剥削奴隶的物质前提。过去概括生产、分配和交换产品的行为的习惯失去了人们自愿遵守的客观基础。奴隶制的出现也根本改变了人们的社会关系。人们过去那种原始的平等友爱关系逐渐由压迫与被压迫、剥削与被剥削的关系所取代；过去那种以纯粹的血缘关系为基础的社会组织逐渐被以地域与疆界的统属关系的社会组织所代替。物质生产和精神生产的分离，打破了人们过去那种共同劳动、共同消费的生活秩序。

在新的社会关系面前，社会自身再也无力解决这种对立的冲突了。为了不使社会和互相冲突的阶级在残酷的斗争中同归于尽，于是就需要有一个凌驾于社会之上的力量，把这种阶级冲突控制在秩序的范围内。由此产生了由特殊的公共权力强制确立社会成员的权利和义务的必要。适应这样的社会结构和历史条件，新的社会组织、权威系统和新的行为模式应运而生。这种新的社会组织、权威系统和行为模式就是国家和法。由此可见，法的产生是社会生产力和生产关系这一社会基本矛盾发展的必然结果，法的产生是同阶级和国家的出现分不开的。

3. 答案：法的产生经历了一个很长的历史阶段，它的最终形成以下述现象为标志。

第一，国家的产生。法律调控意味着：(1) 有一个专门机构以全社会代表的名义认可或制定权威性的行为规范；(2) 有一批被组织起来的官吏负责执行这些规范；(3) 为了保证这些规范不被蔑视，违反规范者会受到有组织暴力施加的制裁。而这些，正是国家机构所具有的特点，没有此种特殊公共权力的存在，法律既不可能被创制出来，也不可能被有效地实施。

第二，诉讼与审判的出现。法律对社会关系和行为的调控，意味着当事人的“私力救济”被限制和“公力救济”的出现，否则任由当事人对侵犯权利的行为自行处置，便难以在利益冲突普遍化的状态下保持必要的秩序。这就要求有一个特定的机构来行使审判权，并通过一定的诉讼程序来处理纠纷。

第三，权利与义务的分离。法律对行为的调控须以利益的分化，即权利和义务的分离为条件，这意味着：(1) 法律规范要对各种行为加以明确区分，规定出什么行为可以做，什么行为不得做和什么行为必须做；(2) 在各种法律关系中把相应的权利义务分别明确地分配给不同的法律关系主体。如果没有这种区分，法律就不能实现对各种行为的调控职能。

当上述三个标志完全具备之时，法律起源的过程就完成了。

4. 答案：新型的社会规范体系法律与原有的氏族习惯有着根本的不同：

第一，两者体现的意志不同。氏族习惯反映氏族全体成员在利益高度融合基础上形成的共同意志，法则是以国家意志的形式体现出来的统治阶级意志，它只是在社会中占主导地位的意志，而不是社会共同意志。

第二，两者产生方式不同。氏族习惯以传统的方式自发地形成和演变，法则是由统治阶级及其政治代表在行使国家权力的过程中，有意识地创立和有意识地对原有习惯加以选择、确认而形成的。

第三，两者实施的方式不同。氏族习惯也就是每个氏族成员自幼养成的行为习惯，它依靠当事人的自觉、舆论和氏族首领的威望来保障实施。法的实施当然也要借助当事人的守法意识和舆论的支持，但是，还要以国家强制力为最后的保障，并以警察、法庭、监狱和各种强制机关作为后盾。

第四，两者适用的范围不同。氏族习惯只适用于具有血缘亲属关系的同一氏族或部落成员。法则适用于国家权力所辖地域内的所有居民。

第五，两者的根本目的不同。氏族习惯是维护共同利益，维系社会成员间平等互助关系的手段。法则以实现统治阶级利益为首要目的，并为此而建立和维护统治关系和社会秩序。

5. 答案：奴隶制的法律制度具有如下重要特征：

(1) 否认奴隶劳动者的法律人格，公开确认对奴隶的人身占有；(2) 惩罚方式极其残酷，带有任意性；(3) 在自由民内部实行等级划分；(4) 明显带有原始习惯的某些残余。

封建制的法律制度的特征为：

(1) 肯定人身依附关系；(2) 封建等级森严；(3) 维护专制王权；(4) 刑罚严酷、野蛮擅断。

6. 答案：当代中国法律制度属于社会主义历史类型，因此，它具有与其他法律制度根本不同的本质规定性。这种本质规定性主要体现在以下几个层面：

第一，从阶级属性的层面上看，当代中国法律制度最重要的本质规定性在于它是工人阶级及其领导下的广大人民意志的体现。

第二，从产生方式和存在方式的层面上看，当代中国法律制度最重要的本质规定性在于它是在民主立法程序中形成并存在于各种法律渊源之中的国家意志。

第三，从生产方式的层面上看，当代中国社会主义法律制度最重要的本质规定性在于它的根本使命是为解放生产力和发展生产力服务，为最终消灭剥削，消除两极分化和实现共同富裕服务。

第四，从社会作用的层面上看，当代中国法律制度最重要的本质规定性在于它是引导和保障我国社会主义建设各项事业顺利发展的权威性行为准则。(1) 我国法律制度是引导和保障社会主义市场经济建设顺利发展的权威性准则。(2) 我国法律制度是引导和保障社会主义民主政治建设顺利发展的权威性准则。(3) 我国法律制度是引导和保障社会主义精神文明建设的权威性准则。(4) 我国法律制度还是引导和保障对外开放、维护和促进世界和平与发展的权威性准则。

五、论述题

1. 答案：(1) 维护资本主义私有制即资产阶级的财产权是资本主义法的核心。无论在自由资本主义时期还是垄断资本主义时期，无论是民法法系还是普通法系，无论是资本主义法的哪个部门，都如此。例如，资本主义国家的宪法对保护私有财产权、经营企业权作出原则规定；资本主义私法即民法和商法等，则是直接体现资本主义财产权的法律；资本主义刑法则规定了对侵犯财产罪的惩罚。

(2) 维护资产阶级专政和代议制政府。资本主义公法即宪法、行政法、选举法、国家机关组织法，特别是刑法，在这方面发挥着主要作用。资本主义宪法一般规定了社会制度、国家制度和其他重要政治制度的一系列基本原则和实现资产阶级专政的组织。选举法、组织法、公务员法等贯彻一个基本要求，即培养和选拔能忠实和有效地为资产阶级执掌政权的代表。刑法则将危害资产阶级专政的行为规定为最严重的罪行：国事罪、谋叛罪、破坏国家安全罪等。

(3) 维护资产阶级自由、平等和人权。资本主义社会不同于以往社会的重大特点之一是，在法律上规定自由、平等和人权。这在反对封建专制、促进新兴资本主义和社会生产力的发展等方面起过重大历史进步作用。但由于资本主义社会仍然是私有制社会，法律上的自由、平等和人权就不能不带有严重局限性，是不可能真正贯彻到底的。

2. 答案：(1) 资本主义社会不同于以往私有制社会的一个重大特征是：在形式上、法律上，不论资本家和工人还是富人和穷人，都处于“平等”地位，“平等”地享有各种“自由”，而这种平等和自由又被归结为“人权”。

(2) 资产阶级自由、平等和人权的提出有其历史、经济和思想根源。在封建社会的中后期，随着资本主义商品经济的发展，要求商品所有者拥有以平等权利进行商品交换的自由，要求有一定数量的自由工人，要求有人权。而要获取这种自由、平等和人权就必须推翻封建统治。因此，在资产阶级革命过程中，自由、平等和人权便被提了出来。自由、平等和人权的思想渊源可上溯到文艺复兴时期的人文主义思潮。

(3) 资产阶级自由、平等和人权的要求被资本主义法律予以确认，属于资本主义民主的范畴。它有巨大的历史进步作用，是反对封建人身依附、等级、特权、专制、割据和为封建统治效劳的宗教神学的；它促进新兴资本主义和社会生产力的发展；也使无产阶级有可能团结起来，向资产阶级开展斗争。

(4) 但由于资本主义民主是建立在资本主义私有制基础之上的，它的自由、平等和人权说到底首先是资产阶级的自由、平等和人权。它是形式上、法律上的自由、平等和人权，甚至在形式上、法律上也是不彻底的。

(5) 马克思主义批判地继承资产阶级的人权思想，又同它有原则区别。

3. 答案：(1) 进入垄断时期后，资本主义法制的一个重大变化就是出现所谓法制的“社会化”。按照资产阶级法学家的观点，在古代和中世纪，法的精神或本位是义务，即强调人民应服从统治者的权力，自“天赋人权论”流行起来，法的精神以个人权利为主。但进入 20 世纪后，法不仅应保护个人权利，更应着重保护社会利益，即法律应体现社会化的精神。同这种观念相适应，在法制实践中，关于财产关系方面的法律强调所有权的限制、合同自由的限制，强调无过错也负损害赔偿责任；刑法中则提倡社会防卫主义和保安处分。此外，各种专门的社会立法也纷纷出现。

(2) 这种法律社会化的理论，企图在“超阶级”的社会、权利和义务的词句下来解释资本主义法在 20 世纪的变化。这种法律社会化的实践，则反映了在资本主义由自由转为垄断、国内外矛盾加剧的条件下，资产阶级要求充分利用国家权力和法律手段来缓和阶级矛盾和加强暴力镇压，加强国家对经济生活的干预。此外。法律社会化也意味着，在社会经济和科学技术迅速发展的条件下，客观上要求国家以法律手段扩大对社会公共事务的调整。

4. 答案：(1) 两大法系都是资本主义法系，在本质、指导思想、基本原则方面，都是一致的。

(2) 两大法系的差别或区别在宏观方面主要有：

①法的渊源方面的差别。这一差别主要表现为判例是否是正式意义上的法的渊源。在普通法系中，判例与制定法都是正式的法的渊源，上级法院判例在下级法院审理类似案件时有约束力。在民法法系中，制定法是主要的法的渊源，判例在法律上或理论上不是正式的法的渊源。

②适用法律技术上或法律推理上的差别。在普通法系，法官审理案件时除确定事实外，首先要考虑以前类似案件的判例，从中找出可适用本案的法律规则作为定案的法律根据。在民法法系，法官审理案件时除确定事实外，首先要考虑有关制定法如何规定，有关判例只作为参考。

③法典编纂方面的差别。普通法系的制定法一般采取单行法律、法规的形式，也有采用法典形式的，但这种法典主要是判例法的规范化，抽象化、系统化较弱。民法法系的重要基本法律，一般采用较系统的法典形式。

④法的分类方面的差别。普通法系的基本分类是普通法与衡平法之分，无公私法之分，只是在有些法学著作中使用公私法分类法。民法法系的基本分类是公私法之分。公

法主要指宪法、行政法和刑法，诉讼程序法一般也属于公法。私法主要指民法和商法。进入20世纪后，又出现兼有公法和私法两种成分的法，如社会法、经济法和劳动法等。

⑤法律概念、术语上的差别。这一法系所使用的概念往往是另一法系中所没有的。

5. **答案**：所谓判例法，就是高一级法院的判决。确切地说，是指一个判决中所含有，对其他法院抑或对本院以后的审判具有作为一种前例的约束力或说服力的法律原则或规则。需要指出的是，前例的约束力是指必须遵从它；说服力是指它也可能并不一定被遵从，但却有某种影响。一个前例的影响或说服力有多大，要依各种因素而定，如作出判决的法院的地位，法官的声誉以及作为前例的那一原则或规则的表达，等等。

判例法的基础是“遵从前例”的原则。它的含义是法官在审理案件时应考虑上级法院甚至本法院在以前类似案件判决中所包含的法律原则或规则。就英国而论，遵从前例原则包括以下三种情况：

(1) 上议院的判决对其他一切法院均有约束力，1996年以前，它对上议院本身也有约束力；(2) 上诉法院的判决，对除上议院外的所有法院，包括上诉法院本身，均有约束力；(3) 高等法院的一个法官的判决，下级法院必须遵从，但对该法院其他法官或刑事法院法官并无绝对约束力，而仅有重要说服力。

第四编　法的运行

第十五章　法的制定

基础知识图解

- 概述
  - 立法概念
    - 1. 释义：特定的国家机关依据法定职权并通过法定程序创制法律规范的活动
    - 2. 立法的特征
      - ①由特定主体进行；②依据一定职权进行
      - ③依据一定程序；④运用一定技术
      - ⑤制定、认可、变动法的活动
  - 立法体制：立法体制是一国立法制度最重要的组成部分，它是由立法权配置、立法权运行和立法权载体等方面的制度和体系构成的有机整体，其核心是有关立法权限的制度和体系
  - 立法原则
    - 1. 含义
    - 2. 发展
- 依法立法
  - 1. 意义
  - 2. 基本内涵和要求
    - 依法立法首先是依宪立法
    - 依法立法是依据法律体系立法
    - 依法立法是依权限、守程序立法
- 科学立法
  - 1. 意义
  - 2. 基本内涵和要求
    - 从我国实际出发，正确处理立法与改革的关系
    - 科学合理地规定权利与义务、职权与职责
- 民主立法
  - 1. 意义
  - 2. 基本内涵和要求
    - 坚持人民通过人民代表大会制度民主立法
    - 充分发挥人大代表的主体性作用
    - 完善社会公众民主参与立法
- 比较立法
  - 1. 意义
  - 2. 基本内涵和要求

配套测试

一、单项选择题

1. 下列哪一项活动是具有立法性质的活动？（　　）

A. 法律汇编　　B. 法典编纂

C. 法律统计　　D. 法律整理

2. 根据对社会关系调整的作用不同，将立法分为（　　）。

A. 一般法立法和特殊法立法

B. 实体法立法和程序法立法

C. 专制立法和民主立法

D. 民事立法、刑事立法、行政立法、经济立法和立宪活动

3. 全国人民代表大会常务委员会不能（　　）。

A. 作出具有规范性的决定

B. 制定基本法律

C. 制定基本法律以外的法律

D. 撤销国务院有权制定的同宪法、法律相抵触的行政法规

4. 下列属于狭义的立法活动的是（　　）。

A. 国务院制定《互联网上网服务营业场所管理条例》

B. 全国人大常委会对《刑法》第384条第1款关于挪用公款“归个人使用”的含义作出解释

C. 山东省人大制定《山东省实施〈中华人民共和国渔业法〉办法》

D. 最高人民法院通过《关于审理国际贸易行政案件若干问题的规定》

5. 列入全国人大常委会会议议程的法律案，一般应经（　　）常委会会议审议后再交付表决。

A. 一次　　B. 二次

C. 三次　　D. 无次数限制

6. 根据我国宪法规定，修改宪法的权力属于（　　）。

A. 全国人民代表大会

B. 全国人民代表大会常务委员会

C. 国务院

D. 国家主席

7. 在我国，自治区的自治条例和单行条例应报（　　）。

A. 全国人民代表大会批准后生效

B. 全国人民代表大会常务委员会批准后生效

C. 国务院批准后生效

D. 自治区人民代表大会批准后生效

8. 法律确立的最后阶段是（　　）。

A. 法律议案的提出

B. 法律草案的审议

C. 法律草案的通过

D. 法律的公布

9. 根据《立法法》的规定，下列哪一项属于地方性法规可以规定的事项？（　　）

A. 执行法律、行政法规规定的事项

B. 执行部门规章的事项

C. 诉讼和仲裁制度

D. 基层群众自治制度

10. 根据立法机关的地位不同，立法可以分为（　　）。

A. 中央立法和地方立法

B. 君主立法和议会立法

C. 一院制立法和两院制立法

D. 行政机关立法和授权立法

11. 根据我国宪法规定，国务院有权制定（　　）。

A. 基本法律

B. 行政法规

C. 特别行政区基本法

D. 除基本法以外的其他法律

12. 在我国，国务院所属部委所发布的各种行政性的规范性法律文件，一般称为（　　）。

A. 行政法规

B. 地方性法规

C. 部门规章

D. 除基本法律以外的其他法律

13. 法的连续性的含义是指（　　）。

A. 法律不能修改

B. 法律不能废止

C. 法律不能替代

D. 一个规范性法律文件的依法失效，或依法废止以前继续有效，不能被随意中断执行

14. 保持法律的稳定性和连续性，是我国法律（　　）。

A. 制定的原则　　B. 实施的原则

C. 适用的原则　　D. 执行的原则

15. 我国的立法体制是指（　　）。

A. 立法技术

B. 依照宪法规定的立法权限的划分

C. 立法措施

D. 立法规划

16. 根据我国宪法规定，全国人民代表大会常务委员会有权制定（　　）。

A. 基本法律

B. 除基本法以外的其他法律
C. 行政法规
D. 地方性法规

17. 法的制定的程序即立法程序，是指（　　）。
A. 仅是制定新的法律的步骤
B. 不包括修改旧的法律的步骤
C. 不包括废除旧的法律的步骤
D. 有关国家机关制定、修改和废除法律或其他规范性文件的法定步骤或方式

18. 在我国，全国人民代表大会通过法律须以（　　）。
A. 到会代表的过半数同意
B. 全体代表的过半数同意
C. 到会代表的 2/3 多数同意
D. 全体代表的 2/3 多数同意

19. 法律解释草案，由（　　）决定列入全国人大常委会会议议程。
A. 全国人大常委会委员长
B. 全国人大常委会委员长会议
C. 全国人大常委会会议
D. 10 人以上全国人大常委会委员

20. 法律解释草案经全国人大常委会通过后，由（　　）发布公告公布。
A. 国家主席
B. 全国人大常委会
C. 全国人大宪法和法律委员会
D. 全国人大常委会委员长

二、多项选择题

1. 依法立法要求（　　）。
A. 保证宪法具有最高地位和最高效力
B. 一切法律、法规都不得违宪
C. 一切立法不得与以前的法律相抵触
D. 一切效力低的规范性文件不得与效力高的规范性文件相矛盾

2. 当代中国的立法应遵循下列哪些原则？（　　）
A. 民主原则　　B. 法治原则
C. 科学原则　　D. 阶级原则

3. 下列关于立法的表述，不正确的是（　　）。
A. 狭义的立法是指中央国家机关制定法律的活动
B. 广义的立法即法律制定
C. 国务院制定行政法规是狭义的立法活动
D. 立法是国家机关的专有活动

4. 立法权包括（　　）。
A. 行政立法权　　B. 经济立法权
C. 国家立法权　　D. 地方立法权

5. 根据我国宪法和法律的规定，下列有权向最高国家权力机关提出法律议案的有（　　）。
A. 全国政协　　B. 最高人民检察院
C. 江西省人大　　D. 全国人大主席团

6. 根据《立法法》的规定，规范性文件的效力等级为（　　）。
A. 行政法规的效力高于地方性法规、规章
B. 法律的效力高于行政法规、地方性法规、规章
C. 省、自治区人民政府制定的规章效力高于本行政区域内的较大的市的人民政府制定的规章
D. 地方性法规的效力高于本级和下级地方政府规章

7. 立法的原则是（　　）。
A. 合宪性与合法性原则
B. 实事求是，从实际出发原则
C. 民主立法原则
D. 原则性与灵活性相结合原则

8. 下列选项中，有权向全国人大提出法律议案的是（　　）。
A. 国务院　　B. 最高人民法院
C. 省人民政府　　D. 最高人民检察院

9. 我国行使国家立法权的国家机构是（　　）。
A. 全国人民代表大会
B. 全国人民代表大会常务委员会
C. 最高人民法院
D. 国务院

10. 由地方国家机关制定的规范性法律文件包括（　　）。
A. 地方性法规
B. 民族区域自治法规
C. 经济特区制定的规范性文件
D. 特别行政区基本法

11. 下列有权制定规章的机构是（　　）。
A. 国务院　　B. 中国人民银行
C. 济南市人民政府　　D. 繁昌县人民政府

12. 根据《立法法》的要求，下列哪些事项只能由全国人民代表大会及其常务委员会制定法律加以规定？（　　）

A. 劳动争议仲裁制度

B. 教育制度

C. 对私有企业的财产征收制度

D. 居民委员会、村民委员会制度

13. 下列活动中属于广义的立法活动的是（　　）。

A. 上海证券交易所制定发布《上海证券交易所大宗交易实施细则》

B. 中共中央颁布施行《党政领导干部选拔任用工作条例》

C. 重庆市人大常委会通过《重庆市气象灾害防御条例》

D. 北京市人民政府废止《北京市人民政府关于加强户外霓虹灯管理的规定》

14. 下列关于立法权的表述，正确的是（　　）。

A. 立法权包括废止法律的权力

B. 立法权是国家权力体系中最重要的、核心的权力

C. 享有立法权是立法的前提

D. 立法是行使立法权的过程和表现

15. 下列可以制定地方性法规的机构是（　　）。

A. 广西壮族自治区人民政府

B. 太原市人民代表大会

C. 重庆市人大常委会

D. 合肥市人民政府

16. 我国《立法法》规定的立法原则是（　　）。

A. 遵循宪法的基本原则

B. 依照法定的权限和程序

C. 体现人民的意志

D. 从实际出发，科学合理地规定权利与义务、权力与责任

17. 全国人民代表大会会议期间，下列个人和组织向大会提出法律议案，其中符合法律权限的有（　　）。

A. 刘某等 28 名全国人大代表联名提出法律议案

B. 王某等 12 名全国人大常委会委员联名提出法律议案

C. 全国人大常委会

D. 最高人民法院

18. 法律草案审议的结果有（　　）。

A. 交付表决　　B. 搁置

C. 颁布实施　　D. 终止审议

19. 下列哪些法规须报上一级有关机关批准后才能实施或者生效？（　　）

A. 省、自治区、直辖市的地方性法规

B. 自治条例

C. 省、自治区人民政府所在地的市和国务院批准的较大的市的地方性法规

D. 经济特区的法规

20. 下列属于法的创制的有（　　）。

A. 全国人大常委会通过《关于修改〈中华人民共和国税收征收管理法〉的决定》

B. 最高人民法院在《最高人民法院公报》上公布具有指导意义的案例

C. 《民法典》对“养老抚幼”的道德规范在法律上予以认可

D. 律师协会制定律师执业规范

21. 地方性法规仅在制定该法规的行政区域内有效，但这种效力在与（　　）不相抵触的前提下才有效。

A. 宪法　　B. 法律

C. 行政法规　　D. 部委规章

22. 国务院制定的行政法规一般以下列哪些名称出现？（　　）

A. 裁定　　B. 条例

C. 规定　　D. 办法

23. 下列地方国家权力机关中，哪些无权制定地方性法规？（　　）

A. 省、自治区、直辖市的权力机关

B. 省、自治区人民政府所在地的市的权力机关

C. 县级市的权力机关

D. 县级民族自治地方的权力机关

24. 下列哪些国家机关有权制定规章？（　　）

A. 国务院各组成部门

B. 国务院的直属机构

C. 省级人民政府

D. 国务院批准的较大的市的人民政府

25. 根据政体的不同，立法可以分为（　　）。

A. 国家立法机关立法　　B. 专制立法

C. 民主立法　　D. 授权立法

26. 决定一个国家立法体制形成的因素是这个国家的（　　）。

A. 国体　　B. 政体

C. 地理环境　　D. 文化传统

27. 在我国，有权依照法律和行政法规，制定地方性规章的是（　　）。

A. 省、自治区、直辖市的人民政府

B. 省、自治区人民政府所在地的市人民政府

C. 经国务院批准的较大的市的人民政府

D. 县级人民政府

28. 下列选项中的哪些表述是错误的？（　　）

A. 省级人民政府受国务院统一领导，服从国务院，对国务院负责并报告工作

B. 省级人民政府对本级人大及其常委会负责，并向全国人民代表大会及其常委会报告工作

C. 省级人民政府可以根据法律、行政法规和本省、自治区、直辖市的地方性法规，制定地方性规章，报本级人大常委会和国务院备案

D. 省级人民政府有权审查省和自治区人民政府所在地的市和国务院批准的较大的市的人民政府制定的地方性规章

29. 在我国，哪些国家机关能够制定地方性法规？（　　）

A. 省、自治区、直辖市人民代表大会及其常委会

B. 自治州、自治县的人民代表大会及其常委会

C. 省级人民政府所在地的市人民代表大会及其常委会

D. 经国务院批准的较大的市的人民代表大会及其常委会

30. 为了解决改革的渐进性和法律稳定性之间的矛盾，我国在立法实践中采取的措施有（　　）。

A. 对某些法律采取“试行”的形式

B. 预先颁布一整套完备的法律

C. 在法律中仅作某些原则规定

D. 授权国务院或其他国家机关制定某一范围、事项的法规

31. 根据我国现行法律规定，享有立法议案提案权的有（　　）。

A. 全国人大常委会

B. 全国人大常委会各专门委员会

C. 全国人大各专门委员会

D. 全国人大各代表团和30名以上的代表

32. 关于法的生效时间，通常有这样一些情况（　　）。

A. 自法律公布之日起生效

B. 由该法明文规定具体的生效时间

C. 由后法规定前法的生效时间

D. 规定法公布后到达一定期限开始生效

33. 法被废止，绝对地失去拘束力，主要是通过（　　）方式。

A. 登报废止　　B. 明示废止

C. 事后废止　　D. 默示废止

三、名词解释

1. 立法

2. 立法指导思想

3. 立法基本原则

4. 立法体制

5. 立法程序

四、简答题

1. 法的连续性和稳定性的含义是什么？

2. 简述中国法律体系下的立法程序。

3. 简述法的生成的概念和特征。

五、论述题

1. 论述我国社会主义立法的法律依据。

2. 在我国立法工作中，如何做到坚持“实事求是，一切从实际出发”的立法原则？

3. 试述科技发展对立法工作的影响。

参考答案

一、单项选择题

1. 答案：B。法律汇编是将规范性法律文件按照一定的标准进行排列并汇编成册，这种活动不改变规范性文件的内容，因此不是制定法律，而仅是一种技术性整理和归类活动。法典编纂是指对属于某一部门法或某类法律

的全部规范性文件加以整理、补充、修改，或者在此基础上编制一部新的系统化的法律，是制定法律的活动。故选B。

2. 答案：B。D选项，根据调整的社会关系的不同性质，分为民事立法、刑事立法、行政立法、经济立法、立宪活动。B选项，根据对社会关系调整的作用不同，分为实体法立法和程序法立法。A选项，根据所立之法的效力的不同，可分为一般法立法和特殊法立法等。C选项，根据政体不同，分为君主立法（专制立法）和议会立法（民主立法）。

3. 答案：B。全国人大常委会有权制定和修改应当由全国人大制定的基本法律以外的其他法律。故选B。

4. 答案：B。狭义的立法活动是专指国家的最高权力机关及其常设机关依照法定职权和程序，制定法律这种特殊的规范性文件的活动。

5. 答案：C。列入全国人大常委会会议议程的法律案，一般应当经三次常委会会议审议后再交付表决。

6. 答案：A。宪法的修改权仅属于全国人民代表大会。

7. 答案：B。民族自治地方的人民代表大会有权依照当地民族的政治、经济和文化的特点，制定自治条例和单行条例、自治区的自治条例和单行条例，报全国人民代表大会常务委员会批准后生效。

8. 答案：D。法的形成要经过4个阶段：(1) 法律议案的提出和审议。(2) 法律草案的审议。(3) 法律草案的通过。(4) 公布法律。公布法律是立法机关或者国家元首就已经通过的法律，为使公民知晓和遵守，而予以公布。它是法律确立的最后阶段。

9. 答案：A。依《立法法》第11条规定，执行部门规章的事项、诉讼和仲裁制度、基层群众自治制度等只能由法律规定。

10. 答案：A。(1) 根据政体不同：君主立法（专制立法）和议会立法（民主立法）。(2) 根据立法机关的组成不同：一院制立法和两院制立法（实行议会立法的国家）。(3) 根据立法机关的性质不同：国家立法机关立法、国家行政机关立法和授权立法。(4) 根据立法机关的地位不同：中央立法和地方立法。在联邦制国家中央立法是指联邦议会的立法，地方立法是指作为联邦成员的立法。

11. 答案：B。国务院是我国最高行政机关，根据宪法和法律有权制定行政法规。

12. 答案：C。国务院各部、各委员会根据法律和国务院的行政法规、决定、命令，在本部门权限内，发布命令、指示和规章。

13. 答案：D。法的连续性，指同一个政权制定的新法与旧法之间在法的根本精神和基本原则方面应该保持一定的继承关系或者有它的一定的连贯性。

14. 答案：A。保持法律的稳定性和连续性是我国社会主义立法的一项基本原则。

15. 答案：B。立法体制，是指按照宪法和法律的规定，关于国家机关立法权限划分的制度。一个国家立法体制的形成，主要是由这个国家的国体、政体和文化传统所决定的。一般政体对于立法体制的形式的影响是非常直接的。

16. 答案：B。全国人民代表大会制定基本法律。国务院根据宪法和法律制定行政法规。省、直辖市的人民代表大会和它的常务委员会，省、自治区所在地的市和国务院批准的较大的市可以制定地方性法规。全国人民代表大会常务委员会制定除基本法以外的其他法律。

17. 答案：D。立法程序，是指按照宪法和法律规定的具有立法权的国家机关创制、认可、修改和废止法律和规范性法律文件的程序或步骤。狭义的立法程序，仅指国家最高权力机关创制、认可、修改和废止法律的程序；广义的立法程序，则包括一切具有立法权的国家机关创制、认可、修改和废止任何规范性法律文件的活动程序。

18. 答案：B。全国人民代表大会通过法律必须是全体代表过半数同意，通过宪法修改要全体代表2/3多数同意。

19. 答案：B。依照《立法法》规定，法律解释草案由全国人大常委会委员长会议决定列入全国人大常委会会议议程。

20. **答案**：B。依照《立法法》规定，法律解释草案经全国人大常委会通过后，由全国人大常委会发布公告公布。

二、多项选择题

1. **答案**：ABD。依法立法是“有法必依”的一个方面，它要求：保证宪法具有最高地位和最高效力；一切法律、法规都不得违宪；一切效力低的规范性文件不得与效力高的规范性文件相矛盾。

2. **答案**：ABC。当代中国的立法原则包括：遵循宪法，依照法定权限和程序，维护法制的统一和尊严，民主、科学。

3. **答案**：AC。狭义的立法，是专指国家最高权力机关及其常设机关依照法定职权和程序，制定法律这种特定的规范性文件的活动。国务院不是最高权力机关，因此它制定行政法规的活动不属于狭义的立法活动。

4. **答案**：ABCD。依享有立法权的主体，可将立法权分为国家立法权和地方立法权；根据所制定法律的性质，可将其分为宪法立法权、刑事立法权、民事立法权、经济立法权、行政立法权等。

5. **答案**：BD。依我国《全国人民代表大会组织法》规定，全国人大主席团、全国人大各专门委员会、国务院、中央军事委员会、最高人民法院、最高人民检察院、全国人大代表团或30名以上的人大代表等均可以向全国人民代表大会提出法律议案。

6. **答案**：ABCD。根据《立法法》的规定，法律的效力高于行政法规、地方性法规、规章；行政法规的效力高于地方性法规、规章；地方性法规的效力高于本级和下级地方政府规章；省、自治区人民政府制定的规章效力高于本行政区域内的较大的市的人民政府制定的规章。

7. **答案**：ABCD。立法活动要遵循合宪性与合法性原则；实事求是，从实际出发原则；民主立法原则；原则性与灵活性相结合原则。

8. **答案**：ABD。依我国《全国人民代表大会组织法》规定，全国人大各专门委员会、国务院、中央军事委员会、最高人民法院、最高人民检察院、全国人大代表团或30名以上的人大代表等均享有立法提案权。

9. **答案**：AB。全国人民代表大会及其常务委员会是我国行使立法权的国家权力机关；法院是司法审判机关；国务院是行政机关。

10. **答案**：ABC。特别行政区具有特殊的法律地位，不同于一般的行政区划，因此特别行政区基本法不属于地方性法规。特别行政区基本法由全国人大常委会制定。

11. **答案**：BC。依宪法规定，国务院各部委、省、自治区、直辖市以及省、自治区人民政府所在地的市和经国务院批准的较大的市有权制定规章。

12. **答案**：ACD。根据《立法法》的规定，基层群众自治制度、对非国有财产的征收、仲裁制度等事项只能由法律加以规定。

13. **答案**：CD。广义的立法活动是指有关国家机关按照法定职权和程序，创制各种具有不同法律效力的规范性文件的活动。AB中的主体都不属于国家机关。

14. **答案**：ABCD。立法权是国家权力体系中最重要的、核心的权力，包括制定、补充、修改、废止或认可法律法规的权力。享有立法权是立法的前提，立法是行使立法权的过程和表现。

15. **答案**：BC。根据我国宪法和有关组织法的规定，省、直辖市的人民代表大会及其常务委员会，省、自治区人民政府所在地的市和经国务院批准的较大的市的人民代表大会及其常务委员会有权制定地方性法规。

16. **答案**：ABCD。《立法法》第3条、第4条、第5条、第6条、第7条规定了立法原则，即遵循宪法的基本原则；依照法定的权限和程序；体现人民的意志；从实际出发，科学合理地规定权利与义务、权力与责任。

17. **答案**：CD。依我国《全国人民代表大会组织法》规定，全国人大各专门委员会、国务院、中央军事委员会、最高人民法院、最高人民检察院、全国人大代表团或30名以上的人大代表等均享有立法提案权。

18. **答案**：ABD。法律草案审议的结果有交付表决、搁置、终止审议三种。

19. **答案**：BC。自治条例、单行条例和省、自治区人民政府所在地的市和国务院批准的较大的市的人民政府制定的地方性法规须报上一级人大常委会批准后才能生效。

20. **答案**：AC。法的创制是拥有立法权的特定国家机关，根据法定程序和权限，制定或认可法律、法规的活动。最高人民法院和律师协会都不拥有立法权。

21. **答案**：ABC。依宪法和地方组织法规定，地方性法规和地方其他规范性文件不得与宪法、法律和行政法规相抵触，否则无效。

22. **答案**：BCD。行政法规是国务院根据宪法、法律和权力机关的特别授权，按照法定程序制定和发布的规范性文件。其名称有条例、规定、办法三种。

23. **答案**：CD。依宪法和1986年修改后的《地方各级人民代表大会和地方各级人民政府组织法》的规定，省、自治区、直辖市以及省人民政府所在地的市和经国务院批准的较大的市的人民代表大会及其常务委员会有权制定地方性法规。

24. **答案**：ABCD。依宪法和地方组织法的规定，部委规章由国务院各部、各委员会以及中国人民银行和审计署制定，地方政府规章由省、自治区、直辖市以及省人民政府所在地的市和经国务院批准的较大的市的人民政府制定。

25. **答案**：BC。政体不同：君主立法（专制立法）和议会立法（民主立法）。

26. **答案**：ABD。立法体制，是指按照宪法和法律的规定，关于国家机关立法权限划分的制度。一个国家立法体制的形成，主要是由这个国家的国体、政体和文化传统所决定的。一般政体对于立法体制的形成的影响是非常直接的。

27. **答案**：ABC。省、直辖市的人民代表大会和它的常务委员会，省、自治区所在地的市和国务院批准的较大的市的人民政府，可以制定地方性规章。

28. **答案**：ABCD。地方省级人民政府向本级人大及其常委会报告工作，地方性规章无须在全国人大常委会备案，省级人民政府无权审查省和自治区人民政府所在地的市和国务院批准的较大的市的人民政府制定的地方性规章。

29. **答案**：ACD。省、自治区、直辖市，省级人民政府所在地的市和经国务院批准的较大的市的人民代表大会及其常委会有权制定地方性法规。

30. **答案**：ACD。为了解决改革的渐进性和法律稳定性之间的矛盾，我国在立法实践中采取的措施主要有：对某些法律采取“试行”的形式；在法律中仅作某些原则规定；授权国务院或其他国家机关制定某一范围、事项的法规；等等。

31. **答案**：ACD。我国立法提案权的享有者：全国人民代表大会的代表团或30名以上的代表、主席团、常务委员会、各专门委员会；中央军事委员会；国务院；最高人民检察院和最高人民法院。

32. **答案**：ABD。一般根据该法的具体性质和实际需要来决定，主要有：自法律公布之日起生效；由该法明文规定具体的生效时间；比照其他法律以确定本法的生效时间；规定法公布后到达一定期限开始生效。

33. **答案**：BD。法律通过明示被废止或默示被废止的形式，终止其效力。明示废止的形式有：新法取代旧法，同时宣布旧法作废；法律本身规定的有效期届满；由有关机关颁发专门文件宣布废止。默示废止的形式有：新法公布后旧法即失去效力；法律完成其历史任务而自行失效。

三、名词解释

1. **答案**：立法是由特定主体，依据一定职权和程序，运用一定技术，制定、认可和变动法这种特定社会规范的活动。

2. **答案**：立法指导思想是立法主体据以进行立法活动的重要的理论依据，是为立法活动指明方向的理性认识。它反映立法主体依据什么思想、理论立法和立什么样的法，是执政者立法意识在立法上的集中体现。

3. **答案**：立法基本原则是立法主体据以进行立

法的重要准绳，是立法指导思想在立法实践中的重要体现，反映立法主体在把立法指导思想与立法实践相结合的过程中特别注重什么，是执政者立法意识和立法制度的重要反映。

4. **答案**：立法体制是关于立法权、立法权运行的立法权载体诸方面的体系和制度所构成的有机整体。其核心是有关立法权限的体系和制度。(1) 立法体制由三要素构成。(2) 立法权的运行体系和制度。(3) 立法权的载体体系和制度。

5. **答案**：立法程序是有权的国家机关，在制定、认可、修改、补充和废止法的活动中，所需遵循的法定步骤和方法。在整个立法活动过程中，由法案到法的阶段的立法程序，是整个立法程序体系的重点所在。这一阶段的立法程序通常包括法案提出、法案审议、法案表决和法的通过。

四、简答题

1. **答案**：(1) 所谓法的连续性，是指同一个政权制定的新法和旧法之间在法的根本精神和基本原则方面应该保持一定的继承关系或者有它的一定的连贯性，前后法律不要在法律根本精神和基本原则上产生质的变化。

(2) 法的稳定性，是指法律不要轻易变动，不要频繁地创、改、废；它的效力要维持适当的时期，不能“朝令夕改”。如果法律改动频繁，人们就会无所适从，这对于正常社会生活秩序的建立和维护，对于人们社会生活的安排和思想心理的适应会造成极大的不便。当然，法的稳定性是相对的，不是绝对的。

2. **答案**：立法程序是有权的国家机关，在制定、认可、修改、补充和废止法的活动中，所须遵循的法定步骤和方法。立法主体行使立法职权以外的其他职权时的活动步骤和方法不是立法程序，非法定的，可有可无的步骤和方法不是立法程序。立法是一个遵守制度或受节制的过程，通常包括提出法案，审议法案，表决和通过法案和公布法。

(1) 提出法案。提出法案，就是由有立法提案权的机关、组织和人员，依据法定程序向有权立法的机关提出关于制定、认可变动规范性法律文件的提议和议事原则的专门活动。

(2) 审议法案。审议法案，就是在由法案到法的阶段，由有权机关对法案运用审议权，决定其是否应列入议事日程、是否需要修改以及对其加以修改的专门活动。

(3) 表决和通过法案。表决法案，是有权的机关和人员对法案表示最终的、最有决定意义的态度。表决的结果直接关系到法案究竟能否成为法。通过法案指法案经表决获得法定多数的赞成或同意所形成的一种立法结果。

(4) 公布法。公布法就是指由有权机关或人员，在特定时间内，采用特定方式将法公之于众。亦称法的颁布。

3. **答案**：法的生成是特定国家的法在特定环境与条件下形成并发挥作用的活动。

法的生成在不同的国家有不同的方式和内容。从最一般的意义上看，各国法的生成普遍具有的特征可以概括如下：

(1) 法的生成具有一定的过程性。法是一种秩序，一定的法律往往代表一定的秩序。国家立法在推动新秩序建立的同时，实际上也在否定旧法所代表的旧秩序。无论是新秩序的建立，还是旧秩序的衰亡，都要经历一个漫长的斗争过程。

(2) 法的生成体现了高度的国家意志性。马克思主义认为，法是随着生产力的发展、私有制的出现、阶级的分化及国家权力的出现而产生的。生产力的发展导致私有制的普遍化和社会分工的广泛化，进而产生了严重的社会对立。在这一社会基础之上，开始出现了表面上凌驾于社会之上的国家这一新的公共权力机构。掌握政权者通过国家的力量，借助法律的手段，将各种矛盾与对立维持在秩序的范围之内。

(3) 法的生成还反映了法的深刻的社会性。一方面，作为现代法的主要渊源的制定法、成文法更多地体现为国家意志的产物；另一方面，制定法的实施过程表明，制定法只有在符合并满足一定的社会需要时，才能有效地发挥作用，否则，就是一纸空文。因此，国家与社会的关系始终是法律发展中的一个基本矛盾。

五、论述题

1. **答案**：(1) 宪法的规定。全国人民代表大会修改宪法，制定和修改刑事、民事、国家机构和其他的基本法律；全国人民代表大会常务委员会制定和修改除应当由全国人民代表大会制定的法律以外的其他法律，并在全国人民代表大会闭会期间，对全国人民代表大会制定的法律进行部分补充和修改，但不得同该法律的基本原则相抵触；国务院根据宪法和法律，制定行政法规，发布决定和命令；国务院各部、各委员会根据法律和国务院的行政法规、决定、命令，在本部门权限内，发布命令、指示和规章；省、直辖市的人民代表大会和它的常务委员会，省、自治区所在地的市和国务院批准的较大的市，可以制定地方性法规，报全国人民代表大会常务委员会备案；民族自治地方的人民代表大会有权依照当地民族的政治、经济和文化的特点，制定自治条例和单行条例、自治区的自治条例和单行条例，报全国人民代表大会常务委员会批准后生效。自治州、自治县的自治条例和单行条例，报省或者自治区的人民代表大会常务委员会批准后生效，并报全国人民代表大会常务委员会备案。

   (2) 现行法律的规定。主要有《全国人民代表大会组织法》《国务院组织法》《地方各级人民代表大会和地方各级人民政府组织法》《民族区域自治法》《全国人民代表大会议事规则》《全国人民代表大会常务委员会议事规则》等有关规定，以及有关行政法规和规章的规定。

2. **答案**：(1) 必须从我国的国情和目前所处的国际环境出发。一方面，我们必须从我国的政治、经济、科技、文化以及历史传统、风俗习惯等具体国情出发去制定法律；另一方面，我们必须考虑到全球化过程中我国所处的具体国际环境与国际交往情况。

   我国当前最大的实际就是处于社会主义初级阶段，我国的立法工作必须从这些具体国情出发去进行。

   (2) 必须从建设与改革的需要和可能出发。既要反对在客观条件业已成熟的情况下不去积极主动立法的消极保守思想，又要反对在客观条件尚未成熟的情况下贸然立法的急躁情绪。当前总的要求是加快立法。

   (3) 搞好调查研究是正确立法的基础。要认真调查了解和分析研究我国现存各种社会关系的由来、现状与发展，从中找出规律性的东西。只有认真调查研究，在掌握客观实际及其规律的基础上立法，才能使所立之法符合客观需要和客观规律，才能做到实事求是，一切从实际出发。

3. **答案**：科学是反映自然、社会、思维等的客观规律的分科的知识体系。技术是指人类在利用自然和改造自然的过程中积累起来并在生产劳动中体现出来的经验和知识，也可指其他操作方面的技巧。按照马克思主义科学技术是第一生产力的观点，一国科技水平的高低不仅决定着其生产力的发展水平，也对生产关系和上层建筑有着极大影响。因此，在人类历史上，科学技术对推动历史发展一直具有不可估量的意义。

   科学技术对法律上层建筑的作用是全方位的。在立法方面，其作用主要体现在法的内容、形式、调整范围、调整方法、法律技术以至法律用语等各个方面。

   (1) 从法的内容来看，科技的发展扩大了已有的法律的内容。我国刑法中已将“伪造、变造信用证”列为犯罪行为。而信用证则是随着经济和科技的发展在现代才投入使用的。在民法领域，由于录音、录像技术的出现，在继承法中也出现了录音遗嘱与录像遗嘱。科学技术对法的内容的影响更主要地表现在大量新的立法领域的出现，如环境保护法、民用航空法、开采海洋资源法、开采陆上石油条例。这些立法领域的出现是科学技术发展的直接产物。

   (2) 科学技术扩大了法律调整的空间范围。这尤其体现在国际法对于领海、领空的确定。在古代，人们并无领空的概念。这一概念是随着航空技术的发展而逐渐产生和发展起来的。而今天，人们对领空已有明确的定义，它是指一国的领陆和领水上空的那部分空间，是国家领土不可分割的组成部分，受国家主权支配，对于一国主权与安全具有重大意义。其他领域也是如此。在南极洲发现以前，任何一部法律都未延伸至南极。但随着航海技术的提高，到达南极洲的人越来越多，并逐渐认识到南极洲对于科学研究的意义。为了人类的共同利益，各国对如何保护、开发、利用南极的资源制定了法律，使之也处于法律的保护之下。

（3）从法的形式来看，无论是规范的表现形式、结构形式还是信息传递形式，都与科学技术的发展水平息息相关。最早的规范是习惯，人们以口耳相传的方式将之传递下去。此后，由于文字的产生，习惯法成为成文法，竹简成为记载法律的载体。造纸和印刷术的发明使法律的传递形式有了进一步的发展。进入近代以后，随着电话、电报、传真的出现，特别是由于计算机和网络的兴起，法可以在更短的时间内为更多的人所了解和使用。现在人们已开始用光盘记载法律，从网络传递法律，用电脑处理法律信息。可以设想信息革命将会对法的表现形式产生更大的影响。

（4）科学技术的发展把大量的原本属于纯粹技术规范的各种标准带入法律当中，形成了一种新的法律规范形式——法律技术规范（技术法规）。它们既具有技术性又具有法律性，把人与人之间的社会关系同人与自然之间的关系结合起来调整。但它们所调整的已不再仅仅是主体与客体之间的关系，而更主要的是主体之间的关系，即科学技术活动中的社会关系。这类法律规范广泛存在于调整建筑、冶金、化工、环保、航运、医药、食品等行业之中。

（5）法律技术规范的出现还把大量的技术性、专业性术语带到法律文件中，使法律术语发生了很大变化。如《专利法实施细则》中使用的“请求保护色彩”“省略视图”等术语就很难使非专业人员理解，如果望文生义或随便猜测则可能导致严重问题。由于专业性较强，这些术语通常只为专业技术人员所使用，这就使社会中的普通人，包括法律工作者难以理解和自由使用这些术语。这就要求我们在立法、执法、司法过程中听取专家意见。

（6）从立法过程本身来讲，科学技术，特别是计算机的发展大大减轻了立法工作的负担。我国的立法机关——全国人民代表大会及其常务委员会通过法案、选举国家领导人时已无须举手表决或将选票投入票箱。代表只需要按动电钮，表决结果就可很快显示出来。此外，在对一项法律、法规在现实生活中的作用进行调查时，以往的做法是出动大量工作人员发放调查试卷，再收集上来进行统计。而现在普遍进行的是网上调查，这一方面省去了大量人力物力，另一方面也大大减少了有效试卷因意外原因而无法被统计的情况。在计算统计数字上，计算机和统计软件的使用也大大减少了所需人力及时间，更降低了错误率，使统计结果更加精确和令人信服。

因此，科技的这种推动作用最终使法律的制定更加科学、民主和公正，这反过来也会使法律更加注重促进科学技术的发展。两者相互扶持、相得益彰，形成良性循环。总之，由于科技的推动力量，立法无论从技术上、手段上、表现形式上还是过程上都会发生巨大变化。这是生产力进步的表现，是社会发展的必然。它促进了从事不同行业的人在立法领域的交流与合作，法律工作者只能顺应历史潮流、迎接挑战。

第十六章　法的实施

基础知识图解

- 概述
  - 法律实施的重大意义
  - 法律实施的基础与动力
    - 法律的人民性与法律实施
    - 法律的公正性与法律实施
    - 法律的权威性与法律实施

- 宪法的实施：重大意义
  - 宪法实施决定着整个法律体系的实施
  - 宪法实施关系到全面依法治国的全局
  - 宪法实施影响着法治权威的树立

- 执法
  - 1. 概念
    - ①含义
      - A. 广义：一切执行法律、适用法律之活动
      - B. 狭义：国家行政机关和法律授权、委托的组织及其公职人员在行使行政管理权的过程中，依照法定职权和程序，贯彻实施法律的活动
    - ②特征
      - A. 主体之特定性；B. 内容之广泛性；C. 行为之主动性
      - D. 执法权行使之优益性；E. 活动之单方性
  - 2. 执法原则
    - ①合法性原则
      - A. 主体在法定的权限范围内行使职权
      - B. 执法内容合法
      - C. 执法程序合法
      - D. 执法主体违法或不当行使职权应依法承担责任
    - ②合理性原则
    - ③效率原则

- 司法
  - 1. 概念和特点
    - ①概念：国家司法机关依据法定职权和程序，具体应用法律处理案件的专业活动
    - ②特点：A. 专属性；B. 程序性；C. 专业性；D. 权威性；E. 体系性
  - 2. 司法原则
    - ①司法机关依法独立行使职权原则；②司法平等原则；③司法责任原则
    - ④司法公正原则；⑤政策指导原则；⑥司法为民原则

- 守法
  - 1. 概念
    - ①含义：国家机关、社会组织和公民个人依照法的规定，行使权利（权力）和履行义务的活动
  - 2. 守法的主客观条件
    - ①主观条件：A. 政治意识；B. 法律观念；C. 道德观念；D. 文化教育程度
    - ②客观条件：A. 法治状况；B. 政治状况；C. 经济状况

配套测试

一、单项选择题

1. 2011年6月15日，全国人大常委会法工委公布《个人所得税法》修正案草案征求意见结果，30多天收到82707位网民的237684条意见，181封群众来信，11位专家和16位社会公众的意见。据此，草案对个人所得税的起征点进行了调整。关于这种“开门立法”“问法于民”的做法，下列哪一说法是准确的？（　　）（司考．2011.1.4）
   A. 这体现了立法平等原则
   B. 这体现了立法为民、增强立法主体自身民主性的要求
   C. 这表现了执法为民的理念
   D. 这体现了国家权力的相互制约

2. 1943年，马锡五任陕甘宁边区高等法院陇东分庭庭长，他深入基层，依靠群众，就地办案，形式灵活，手续简便，被总结为“马锡五审判方式”。关于“马锡五审判方式”体现的法治意义，下列哪一说法是准确的？（　　）（司考．2011.1.7）
   A. 是不断提高依法行政能力和职业道德水平的典范
   B. 是努力树立司法权威及司法为民的典范
   C. 是从我国国情出发，借鉴国外法治经验的典范
   D. 是立足我国国情，坚持科学立法、维护法制统一的典范

3. 2011年7月，某市公安机关模仿诗歌《见与不见》的语言和风格，在官方网站上发布信息，敦促在逃人员投案自首：“你逃，或者不逃，事就在那，不改不变。你跑，或者不跑，网就在那，不撤不去。你想，或者不想，法就在那，不偏不倚。你自首，或者不自首，警察就在那，不舍不弃。早日去投案，或者，惶惶终日，潜逃无聊，了结真好。”关于某市公安机关的做法，下列哪一说法是恰当的？（　　）（司考．2011.1.8）
   A. 公安机关有权减轻或免除对自首人员的处罚
   B. 公安机关应以社会管理职能代替政治统治职能
   C. 公安机关可以从实际工作出发，对法律予以行政解释
   D. 公安机关可以创新工作手段、利用有效宣传形式，促进全面充分履职

4. 中学生小张课间打篮球时被同学小黄撞断锁骨，小张诉请中学和小黄赔偿1.4万余元。法院审理后认为，虽然二被告对原告受伤均没有过错，不应承担赔偿责任，但原告毕竟为小黄所撞伤，该校的不当行为也是伤害事故发生的诱因，且原告花费1.3万余元治疗后尚未完全康复，依据公平原则，法院酌定被告各补偿3000元。关于本案，下列哪一判断是正确的？（　　）（司考．2012.1.12）
   A. 法院对被告实施了法律制裁
   B. 法院对被告采取了不诉免责和协议免责的措施
   C. 法院做出对被告有利的判决，在于对案件事实与规范间关系进行了证成
   D. 被告承担法律责任主要不是因为行为与损害间存在因果关系

5. 关于司法、司法制度的特征和内容，下列哪一表述不能成立？（　　）（司考．2012.1.45）
   A. 中国特色社会主义司法制度包括司法规范体系、司法组织体系、司法制度体系、司法人员管理体系
   B. 法院已成为现代社会最主要的纠纷解决主体，表明司法的被动性特点已逐渐被普遍性特点所替代
   C. 解决纠纷是司法的主要功能，它构成司法制度产生的基础、决定运作的主要内容和直接任务，也是其他功能发挥的先决条件
   D. “分权学说”作为西方国家一项宪法原则，进入实践层面后，司法的概念逐步呈现技术性、程序性特征

6. 黄某是甲县人事局的干部，他向县检察院举报了县人事局领导叶某在干部调配中收受钱物的行为。两个月后未见动静，黄某几经努力才弄清是检察院的章某把举报信私下扣住并给了叶某。黄某于是又向县人大、市检察院举报章某的行为。黄某的这一行为属于下

列哪一种？（　）

A. 法的适用　　B. 法的遵守

C. 法的执行　　D. 法的解释

7. 关于守法，下列表述中不正确的是（　　）。

A. 广义的守法，就是法的实施

B. 守法包括对行政规章的遵守

C. 根据授权性法律规范积极主动地行使权利、实施法律是一种守法行为

D. 守法主体在本义上仅指公民

8. 不属于当代中国守法的范围的是（　　）。

A. 地方性法规

B. 法院的裁定书

C. 特别行政区的法律

D. 习惯

9. 法的遵守的主体的行为，不论从外在方面还是从内在动机方面，都符合法的精神和要求，从而真正实现法律调整的目的，这属于守法的（　　）。

A. 低级状态　　B. 中间状态

C. 高级状态　　D. 外在状态

10. 法的实施的最终保障手段是（　　）。

A. 道德观念　　B. 守法意识

C. 国家强制力　　D. 社会监督

11. 下列不属于执法活动的有（　　）。

A. 市场监管局给某企业颁发营业执照

B. 人民法院对王某盗窃一案进行审理

C. 县物价局进行物价大检查

D. 市公安局将犯罪嫌疑人李某收押

12. 市民张某在城市街道上无照销售食品，在被城市综合管理执法人员查处过程中暴力抗法，导致一名城市综合管理执法人员受伤。经媒体报道，人们议论纷纷。关于此事，下列哪一说法是错误的？（　）（司考. 2008. 1. 4）

A. 王某指出，城市综合管理执法人员的活动属于执法行为，具有权威性

B. 刘某认为，城市综合管理机构执法，不仅要合法，还要强调公平合理，其执法方式应让一般社会公众能够接受

C. 赵某认为，如果老百姓认为执法不公，就有奋起反抗的权利

D. 陈某说，守法是公民的义务，如果认为城市综合管理机构执法不当，可以采用行政复议、行政诉讼的方式寻求救济，暴力抗法显然是不对的

13. 狭义的法的执行是指国家（　　）。

A. 行政机关的执法活动

B. 司法机关的执法活动

C. 权力机关的执法活动

D. 公安机关的执法活动

14. 在民事案件的审理过程中，在考虑损害事实的同时，还要考虑当事人的实际经济状况，这体现了归责原则中的（　　）。

A. 责任法定原则　　B. 公平原则

C. 公正原则　　D. 效益原则

15. 国家赔偿责任的主体是（　　）。

A. 国家　　B. 公务员

C. 社会团体　　D. 其他社会组织

16. 司法的决定性阶段为（　　）。

A. 调查、分析和确认事实

B. 选择适当的法律规范

C. 作出决定

D. 执行决定

17. 坚持公民在法律面前一律平等，就必须做到（　）。

A. 公民的个别情况可以作为法律权利义务分配的考虑因素

B. 行政诉讼活动中，国家机关与公民的诉讼地位应有所差别

C. 法律对穷人、富人在适用上一律平等

D. 领导干部的违法行为的处理要注意影响，不必太较真

18. 按照狭义的解释，下列哪一种行为属于司法活动？（　）

A. 某人认为自己未达到法定婚龄而拒绝同女友结婚

B. 海关工作人员认为某人有走私嫌疑而查办该案件

C. 检察机关根据群众检举对某人的受贿行为进行侦查

D. 审判员办案途中发现两个人发生口角，而依事实和法律对其进行劝解

19. 人民法院、人民检察院依法独立行使自己的职权，不受（　　）。

A. 权力机关的干涉
B. 政党、社会团体和个人的干涉
C. 上级司法机关的干涉
D. 行政机关、社会团体和个人的干涉

20. 我国《宪法》规定的公民在法律面前一律平等是指（　　）。
A. 人民在法律面前平等
B. 凡具有中华人民共和国国籍的人在法律面前一律平等
C. 18 周岁以上的公民在法律面前一律平等
D. 居住在中国境内的人在法律面前平等

21. 公民在法律面前一律平等，是我国（　　）。
A. 社会主义法的基础
B. 社会主义立法的基本原则
C. 社会主义法的实施的基本原则
D. 社会主义司法的基本原则

22. 我国社会主义司法的要求是（　　）。
A. 以事实为根据，以法律为准绳
B. 正确、合法、及时
C. 实事求是、有错必纠
D. 从重从快

23. 贯彻以事实为根据、以法律为准绳这一原则，适用法律时（　　）。
A. 就不应以党的政策为指导
B. 仍然要以党的政策为指导
C. 有时也要以党的全部政策为指导
D. 法律应无条件地服从党的政策

24. 下列哪个选项不符合我国法律规定的“司法机关依法独立行使职权”原则的含义？（　　）
A. 司法权不得由一般的行政机关来行使
B. 司法机关既要独立行使职权，又不得无限度地使用自由裁量权
C. 任何机关、团体和个人不得以任何形式干预司法活动
D. 司法机关及其工作人员在独立行使职权时不得违反程序规定

25. “司法机关依法独立行使职权”，这是我国的一个（　　）。
A. 法律编纂原则　　B. 法律制定原则
C. 法律适用原则　　D. 法律汇编原则

26. 法的实施方式按（　　）可以分为法的遵守、法的执行、法的适用。
A. 法的内容
B. 实施法律的主体
C. 履行义务的主体
D. 实施法律的主体和法的内容

27. （　　）侧重于过程活动，即法律被人们实际施行的过程和活动。
A. 法律制定　　B. 法律实效
C. 法律实施　　D. 法律颁布

28. （　　）侧重于状态，即法律被人们实际施行的状态、程度。
A. 法律实施　　B. 法律生效
C. 法律颁布　　D. 法律实效

29. 人们实际上按照法律规定的行为模式去行为，法律被人们实际遵守、执行或适用，在法学上称为（　　）。
A. 法律效果　　B. 法律效益
C. 法律实效　　D. 法律效力

30. 法律实施的最主要的保证是（　　）。
A. 社会舆论　　B. 传统力量
C. 人们的自觉维护　　D. 国家强制力

31. 关于司法功能的表述，下列哪一选项是错误的？（　　）
A. 司法具有解决纠纷、调整社会关系的直接功能和解释、补充法律及形成公共政策、秩序维持、文化支持等间接功能
B. 司法要求司法活动的公开性、裁判人员的中立性、当事人地位的平等性、司法过程的参与性、司法活动的合法性、案件处理的正确性
C. 我国晋代刘颂认为应该严格区分君臣在实现司法公正方面的职责
D. 英国哲学家培根强调司法公正的重要性：“一次不公的判断比多次不平的举动为祸尤烈。因为这些不平的举动不过弄脏了水流，而不公的判断则把水源败坏了”

32. 关于司法和司法制度，下列哪一选项是正确的？（　　）
A. 效率是司法的内在要求和本质反映，是法治的灵魂和核心，强调的是尽可能地快速解决纠纷、多解决纠纷，尽可能地

节省和充分利用各种司法资源

B. 从总体上看，司法具有解决纠纷的直接功能和调整社会关系、解释和补充法律、形成公共政策、秩序维持、文化支持等间接功能

C. 根据现代司法行使权力的独立性特点，一切案件或纠纷，一旦进入司法程序，由司法机关依法作出生效的判决、裁定或决定，任何机关和个人都不应再作处理

D. 德国和法国虽然政治制度相同，但德国建立了联邦和州两套法院机构，法国则建立了全国统一的法院机构

33. 司法活动的公开性是体现司法公正的重要方面，要求司法程序的每一阶段和步骤都应以当事人和社会公众看得见的方式进行。据此，按照有关文件和规定精神，下列哪一说法是正确的？（　　）

A. 除依法不在互联网公布的裁判文书外，法院的生效裁判文书均应在互联网公布

B. 检察院应通过互联网、电话、邮件、检察窗口等方式向社会提供案件程序性信息查询服务

C. 监狱狱务因特殊需要不属于司法公开的范围

D. 律师作为诉讼活动的重要参与者，其制作的代理词、辩护词等法律文书应向社会公开

二、多项选择题

1. 下列哪些选项属于法律意识的范畴？（　　）（司考．2011.1.52）

A. 法国大革命后制定的《法国民法典》

B. 西周提出的“以德配天，明德慎罚”

C. 中国传统的“和为贵”“少讼”“厌讼”

D. 社会主义法治理念

2. 近年来，我国部分地区基层法院在民事审判中试点“小额速裁”，对法律关系单一、事实清楚、争议标的额不足1万元的民事案件，实行一审终审制度。关于该审判方式改革体现出的价值取向，下列哪些说法是正确的？（　　）（司考．2011.1.54）

A. 节约司法成本　　B. 促进司法民主

C. 提高司法效率　　D. 推行司法公开

3. 守法的构成要素一般包括（　　）。

A. 守法的主体　　B. 守法的范围

C. 守法的内容　　D. 守法的状态

4. 我国守法具有（　　）的特征。

A. 强制性　　B. 普遍性

C. 广泛性　　D. 平等性

5. 下列说法正确的有哪些？（　　）

A. 强调一切社会主体普遍平等守法对当代中国的法治建设具有重要意义

B. 在资本主义社会，老百姓仅仅是义务的承担者

C. 国家机关及其工作人员应该严格遵守法律

D. 守法就是不触犯法律

6. （　　）对守法有着重要的影响和制约。

A. 社会政治状况　　B. 社会风尚

C. 政治意识　　D. 文化修养

7. 在司法工作中为了更好地贯彻执行公民在法律面前一律平等原则，需要注意的有（　　）。

A. 必须反对形形色色的特权思想

B. 在审理行政案件时，要坚持当事人本地与外地有别、法人与自然人有别

C. 在审理民事案件时坚持当事人诉讼地位平等

D. 在审理刑事案件时，要注重证据

8. 能够影响法的遵守主体遵守法律的因素有（　）。

A. 法律的本质

B. 政体的性质

C. 历史及文化传统

D. 社会力量对比关系

9. 在我国，守法的主体包括（　　）。

A. 一切国家机关

B. 中华人民共和国全体公民、一切组织

C. 在我国领域内的外国组织、外国人和无国籍人

D. 社会组织

10. 守法的范围与一个国家法的渊源密切相关。在我国，（　）属于守法的范围之列。

A. 判例法　　B. 判决书

C. 行政法规　　D. 我国加入的国际条约

11. 下列选项中哪些属于遵守我国法律的行为或事项？（　　）
A. 某市仲裁委员会的仲裁
B. 某县公安局的治安处罚决定
C. 习惯法
D.《广东省经济特区条例》

12. 执法的特点是（　　）。
A. 执法是以国家的名义对社会进行全面管理，具有国家权威性
B. 执法主体是国家行政机关及其公职人员
C. 具有国家强制性，行政机关执行法律的过程同时是行使执法权的过程
D. 具有主动性和单方面性

13. 国家行政机关执行法律的特点有（　　）。
A. 诉讼性　　B. 主动性
C. 强制性　　D. 单方面性

14. 有法必依要求（　　）。
A. 加强立法工作，积极制定法律
B. 全体公民一律遵守法律
C. 一切执法机关和工作人员必须依法办事
D. 国家特定机关依法立法

15. 执法必严意味着（　　）。
A. 一切国家执法机关的活动，必须有法律上的根据
B. 适用法律必须严明、严格、严肃
C. 具体适用法律时从严还是从宽视案件情况和法律规定而定
D. 一切违法犯罪都必须从严处罚

16. 司法作为一种国家活动，不同于其他国家机关、社会组织和公民实现法律的活动，其特点是（　　）。
A. 由特定的国家机关及其公职人员，按照法定职权处理案件的活动
B. 具有严格的程序性
C. 以国家强制力作为后盾来保证法律在社会生活中得到实现
D. 一般都要作出适用法律的文书

17. 司法机关独立行使职权的含义是（　　）。
A. 司法权的专属性
B. 行使职权的独立性
C. 行使职权的合法性
D. 行使职权的迅速性

18. 下列哪些行为不符合我国法律的适用原则？（　　）
A. 法官乐某为办好案件与原、被告双方的代理人分别有多次私下接触
B. 族长决定强奸案的被害人赵某及家人不许向公安局报案，由强奸实施人董某向赵某赔偿5000元
C. 在处理合同纠纷时，诸葛法官接到市委书记的批条，指示不能判外地企业胜诉
D. 监狱根据法定的情况没有将因贪污、受贿被判处10年有期徒刑的原局长万某收监执行

19. 责任法定原则要求（　　）。
A. 法无明文规定不处罚
B. 法有条件地溯及既往
C. 罪刑法定主义
D. 无罪推定

20. 我国宪法、人民法院组织法、人民检察院组织法、刑事诉讼法、民事诉讼法、行政诉讼法等法律都对司法机关依法独立行使职权作出了明确的规定。根据宪法和法律有关规定结合法学理论，以下关于司法机关依法独立行使职权论述正确的有（　　）。
A. 司法权的专属性，即国家的司法权只能由国家各级审判机关和检察机关统一行使，其他任何机关、团体和个人都无权行使此项权利
B. 司法机关行使职权也必须合法，即司法机关审理案件必须严格依照法律规定，正确适用法律，不得滥用职权，枉法裁判
C. 法律适用是一项专业性很强的工作，只能由受过专业训练的法律职业人员从事，所以实行这项原则是正确适用法律的前提
D. 根据这项原则，对于司法机关及其工作人员在刑事诉讼中违法行使职权，造成公民、法人和其他组织人身权或财产权损害的，由司法机关独立承担赔偿责任

21. 相比于执法，司法的特点有（　　）。
A. 司法机关以国家强制力为后盾实施法律活动，具有国家强制性

B. 司法机关依照法律程序、运用法律处理案件，具有严格的程序性和合法性
C. 特定国家机关及其公职人员按照法定职权实施法律专门活动，具有国家权威性
D. 必须有表明法的适用结果的法律文书

22. 根据我国法律的有关规定，代表国家行使司法权的机关为（　　）。
A. 人民法院　　B. 公安机关
C. 司法行政机关　　D. 人民检察院

23. 司法机关依法独立行使职权的基本内容为（　　）。
A. 国家的审判权、检察权只能分别由特定机关行使
B. 司法机关不受任何机关、团体、个人的干涉
C. 司法机关必须依照法律规定，正确适用法律
D. 司法机关不必走群众路线

24. 下面关于司法的说法，正确的有（　　）。
A. 司法的主体是国家专门机关及其工作人员，而不是任何其他社会组织或个人
B. 司法是以法律规范为根据，使法律的一般规定具体化
C. 司法需要遵守一定的程序
D. 司法的对象极为广泛，一切国家机关、社会组织和个人都可以成为司法的对象

25. 蔡某因涉嫌杀人罪被公安机关立案侦查，检察院批准逮捕并向法院提起公诉，蔡某聘请律师为其辩护，法院经审理判处蔡某无期徒刑。上述活动中属于司法活动的有（　　）。
A. 公安机关立案侦查
B. 法院的审判
C. 律师的辩护
D. 检察院批准逮捕、提起公诉

26. 下列社会事态可以作为法的实现的评价标准的有（　　）。
A. 犯罪案件的发生率
B. 公民对法律的了解程度
C. 大众对社会生活中安全、秩序、自由等法的价值的切身感受
D. 有关法律活动的成本与收益的比例

27. 按照属人主义原则，一个国家的法律（　　）。
A. 仅适用于在国内的本国公民
B. 既适用于本国人，也对外国公民有效
C. 适用于本国的一切公民
D. 对外国人、无国籍人没有约束力

28. 法的实施的方式包括（　　）。
A. 修改法律　　B. 守法
C. 执法　　D. 司法

29. 以实施法律的主体和法的内容为标准，法的实施方式可以分为以下几种（　　）。
A. 法的遵守　　B. 法的执行
C. 法的适用　　D. 法的监督

30. 庞德说“法律的生命在于它的实行”，霍姆斯说“法律的生命不在逻辑，而在经验”，利用法的实施的观点，针对上述命题论述正确的有（　　）。
A. 法在制定出来后实施前，只是一种书本上的法律，处于应然状态；法的实施，就是使法律从书本上的法律变成行动中的法律
B. 法的实施使法从抽象的行为模式变成人们的具体行为，使法所规定的权利、义务以及与此密切相关的权利、职权、职责变成了现实
C. 法的实施是实现立法者的目的，是实现法律的作用的前提，是实现法的价值的必由之路
D. 法的实施是建立法治国家的必要条件，即使有再好的法律，没有切实的法律实施，那么也只能说是形式上的法治

三、名词解释

1. 守法
2. 守法主体
3. 守法内容
4. 守法状态
5. 执法
6. 执法体系
7. 执法的原则
8. 司法体系
9. 司法责任原则

10. 法的遵守
11. 法的执行
12. 法的适用

四、简答题

1. 简述守法的主客观条件。
2. 为什么说普法教育是法治的一项重要的基础性工程。
3. 简述普法教育的途径。
4. 法的执行有哪些主要原则?
5. 法律实施的评价标准有哪些?
6. 简述在法的实践中贯彻公民在法律面前一律平等的原则应注意的问题。
7. 简述执法过程中的合理性原则。
8. 如何贯彻以事实为根据，以法律为准绳的原则?
9. 简述司法的概念和基本特征。(*清华大学2008年考研题*)
10. 简述我国的司法职权及职权的划分。
11. 简述司法的基本要求。
12. 法的实施有哪些意义?
13. 法律实效与法律效力的关系是什么?
14. 怎样理解法律效果与法律实效的关系?
15. 法的实施的基本形式有哪些?
16. 简述法的实效的产生条件。
17. 简述法的实现的概念及基本形式。

五、论述题

1. 论守法的根据和理由。
2. 试述我国的执法体系。
3. 试论司法公正。
4. 有人说，法的实现与法的实施是同义语的重复。你认为这种看法对不对?理由是什么?

参考答案

一、单项选择题

1. **答案**：B。“开门立法”“问法于民”是群众路线在立法领域的体现(民主立法)，目的上以维护最广大人民群众的根本利益为本(立法为民)；标准上以人民满意为本；方式上充分依靠人民群众，扩大公众的有序参与(增强立法主体自身民主性)，实行专门机关与群众路线相结合，故选B。A项错误，法律平等原则中不包括立法平等。D显然错误，“开门立法”涉及的是专门机关与普通公众之间的关系，而非不同权力部门之间的关系。C项不准确，题目涉及的不是执法领域而主要是立法领域的民主。
2. **答案**：B。“马锡五审判方式”是群众路线在司法领域的贯彻，是司法民主的典范，是努力树立司法权威及司法为民的典范。故B正确。“马锡五审判方式”，顾名思义，指的是办案方法(司法)，而不是指依法行政，与立法也没有关系，故AD错。C项错误，“马锡五审判方式”是中国扎根国情的自己的独创，而非借鉴国外经验的结果。
3. **答案**：D。合法行政是行政机关的根本要求。行政机关实施行政管理，必须有法律、法规、规章的明确依据，必须在法律、法规、规章规定的范围内进行。没有法定依据或者超越法定范围，都是对合法行政的违背。具体到公安机关，它的职权和职能都是法定的，法律没有授权的不能行使(如A)，法律没有改变的自己不能加以改变(如B)，法律有授权的也必须在授权范围内按照法定的程序行使(如C，行政解释仅限于不属于审判和检察工作中的其他法律、法令如何具体应用的问题)，但是可以创新工作方法和工作手段，促进全面充分履职。故ABC错误，D正确。
4. **答案**：C。依据现有法律规范，被告没有过错，不应承担法律责任；法院之所以判决其补偿原告，依据的是公平原则。所以，被告实际承担了一定的法律责任，不属于免责，更不属于不诉免责(当事人未向法院起诉)和协议免责(受害人与加害人协商同意)。故B项错误。但是，被告承担的不是法律制裁，因为没有强制性惩罚的内容(不是“赔偿”，是“补偿”)，故A错。公平原则之所以能适用，主要是因为被告行为与原告损害之间存在因果关系(“原告毕竟为小黄所撞伤，该校的不当行为也是伤害事故发生的诱因”)。正是因为行为与损害之间存在因果关系，在被告没有过错的情况下，判决被告作出一定的补偿而不是承担全部责任，才能说是对双方公平的。故D错。C项表述正确。法律适用过程就是一个证成过程，即给一个决定提供充足理由的过程。法院做出对被告有利的判决（决定），在于对案件事实与规范间关系的证成（提供充足理由）。综上，本题的正确答案为C。

5. **答案**：B。A项说法正确，中国特色社会主义司法制度包括司法规范体系、司法组织体系、司法制度体系、司法人员管理体系。B项说法不成立，案件的司法解决意味着个别性事件获得普遍性，普遍性在个别事件中得到实现，是司法普遍性特点的体现，但并不意味着被动性特点被普遍性所替代。C项说法正确，解决纠纷是司法的主要功能，它构成司法制度产生的基础、决定运作的主要内容和直接任务，也是其他功能发挥的先决条件。D项说法正确，当1787年分权学说被载入美国宪法后，分权学说即由学术层面进入现实实践，司法的概念逐步呈现技术性、程序性特征。

6. **答案**：B。(1) 法的实施，根据是否需有权机关的干预分为法的适用与法的遵守。法的适用是有权机关的行为。(2) 法的遵守是指一切国家机关和武装力量、各政党和社会团体、各企业事业组织、全体公民都必须守法，严格依法办事。从内容上看，法的遵守包括行使法的权利和履行法的义务两个方面。(3) 行使法的权利是指人们通过一定的行为，或者要求他人实施或者抑制一定的行为来保证自己合法权利得以实现。本题中黄某的行为即行使《宪法》第41条赋予公民的举报权的行为。故选项B正确。

7. **答案**：D。守法又称法的遵守，是指人们依照法律规定，正确地行使法律权利，切实地履行法律义务的活动。其主体包括我国的全体公民、一切组织和在我国领域内的外国组织和个人。

8. **答案**：D。当代中国守法的范围包括规范性法律文件和非规范性法律文件。规范性法律文件包括：享有立法权的国家机关制定的宪法、法律、行政法规、地方性法规、自治条例、单行条例、特别行政区基本法等；有关国家机关在实现其职能过程中制定的规范性法律文件；我国参与缔结或同意的国际条约、协定或国际惯例等。非规范性法律文件包括各有权机关在适用法律的过程中针对具体事件制定的具有法律效力的法律文件，如判决书、裁定书。

9. **答案**：C。守法的高级状态，即法的遵守的主体的行为，不论从外在方面还是从内在动机方面，都符合法的精神和要求，从而真正实现法律调整的目的。

10. **答案**：C。法是以国家强制力为后盾的，这也是法的基本特征之一。法的实施手段包括多种，如人们的道德、法制观念等，但国家强制力是最终保障法律实现的手段。故选C。

11. **答案**：B。执法，即执行法律，是指国家机关及其公职人员依照法定的权限和程序，贯彻和执行法律的活动。B属于司法活动。

12. **答案**：C。执法；守法。本题中所考查的执法是狭义意义上的执法，它指国家行政机关及其公职人员依法行使管理职权、履行职责、实施法律的活动。执法是以国家的名义对社会进行全面管理，具有国家权威性。城市综合管理执法人员查处无照销售食品的行为系执法行为，在执法过程中，要坚持公平合理的原则，要权衡多方面的利益因素和情境因素，执法方式让一般社会公众所接受。执法具有国家强制性，面对国家行政机关及其公职人员的执法行为，公民应当服从，这是公民履行守法义务的体现。如果公民认为执法不当，应当提起行政复议或行政诉讼，而非暴力抗法。故应选C项。

13. **答案**：A。狭义的法的执行，是指行政机关及其公职人员依法行使管理职权、履行职责、实施法律的活动。广义的执法是指行政机关、司法机关及其公职人员的执法活动。

14. **答案**：C。我国归责原则主要有责任法定原则、公正原则、效益原则和合理性原则。

而对于综合考虑使行为人承担责任的多种因素，做到合理地区别对待，是公正原则的体现。

15. **答案**：A。国家赔偿责任，是指国家对于国家机关及其工作人员执行职务、行使公共权力损害公民、法人和其他组织的法定权利与合法利益所应承担的赔偿责任。

16. **答案**：C。司法的决定性阶段为“作出决定”阶段。

17. **答案**：C。公民在法律面前一律平等，是指公民不论性别、民族、种族、职业、家庭出身、财产状况、教育程度，一律平等地享有法律规定的权利，平等地受到法律的保护。

18. **答案**：C。狭义的司法活动是指国家司法机关依据法定的权限和程序，运用法律处理案件的专门活动。

19. **答案**：D。依我国《宪法》《刑事诉讼法》《民事诉讼法》《行政诉讼法》的规定，人民法院、人民检察院依法独立行使自己的职权，不受行政机关、社会团体和个人的干涉。

20. **答案**：B。我国《宪法》规定的公民在法律面前一律平等的原则是指中华人民共和国的公民在法律面前一律平等。

21. **答案**：D。公民在法律面前一律平等的法律原则是指司法上的平等，而并非立法上的平等。

22. **答案**：B。我国社会主义司法的要求是正确、合法、及时地审判案件。

23. **答案**：B。司法机关应当在政治上、思想上、组织上接受党的领导，把党和国家的政策方针融入司法工作的指导原则中。

24. **答案**：C。司法机关依法独立行使职权，不受国家机关、社会团体和个人的非法干涉。国家权力机关有权对司法活动进行监督，“任何机关”的范围太广。

25. **答案**：C。当代中国法律适用的原则：

(1) 公民在法律面前一律平等；

(2) 以事实为根据，以法律为准绳；

(3) 司法机关依法独立行使职权；

(4) 国家赔偿与司法责任。

26. **答案**：D。法的实施，也叫法律的实施，是指法在社会生活中被人们实际施行。法的实施，就是使法律从书本上的法律变成行动中的法律，使它从抽象的行为模式变成人们的具体行为，从应然状态进到实然状态。以实施法律的主体和法的内容为标准，法的实施方式可以分为：法的遵守、法的执行、法的适用。

27. **答案**：C。法的实施，也叫法律的实施，是指法在社会生活中被人们实际施行。法的实施，就是使法律从书本上的法律变成行动中的法律，使它从抽象的行为模式变成人们的具体行为，从应然状态进到实然状态。侧重于实施的过程。法律实效，是指人们实际上按照法律规定的行为模式去行为，法律被人们实际遵守、执行或适用。

28. **答案**：D。见上。

29. **答案**：C。法律实效，是指人们实际上按照法律规定的行为模式去行为，法律被人们实际遵守、执行或适用。选项A，法律效果，是指法律通过实施而实现自己的社会目的、价值或社会功能及其程度。选项B，法律效益有两种含义，一是法律实行的社会效益，二是法在现实生活作用结果中合乎目的的有效部分。选项D，法律效力，是指法律的约束力包括时间效力、空间效力。

30. **答案**：D。法律实施的最主要、最终依靠的是国家强制力，同时也依靠道德、社会舆论等的力量。

31. **答案**：A。

32. **答案**：B。

33. **答案**：A。

二、多项选择题

1. **答案**：BCD。法律意识是指人们关于法律现象的思想、观念、知识和心理的总称，包括法律心理和法律思想体系。BCD均属于法律意识范畴，A属于法律制度和法律文本的范畴。

2. **答案**：AC。“小额速裁”程序处理的民事案件的主要特征是法律关系单一、事实清楚、诉讼标的额小、审理周期短、诉讼成本低等，具有便捷、高效、低成本的优势，省时、省钱、省力，即体现的价值取向主要是节约司法成本，提高司法效率，跟司法民主、司法公开没有什么关联。故选AC。

3. **答案**：ABC。守法的构成要素包括：守法的主体、守法的范围、守法的内容。

4. **答案**：ABCD。当代中国的国家和法的性质决定了我国守法的特征有：强制性、普遍性、广泛性、平等性。

5. **答案**：AC。强调一切社会主体普遍平等守法能够增强公民的法律意识，促进守法行为。国家机关及其工作人员严格遵守法律，建设社会主义法制，同样也会对守法产生良好的影响，守法不仅指不触犯法律，也包括积极实施法律要求的行为。

6. **答案**：ABCD。社会政治状况和社会风尚属于客观条件，政治意识和文化修养属于主观条件，都影响和制约着守法的状况。

7. **答案**：ACD。贯彻执行公民在法律面前一律平等原则，必须反对形形色色的特权思想，在审理民事案件时坚持当事人诉讼地位平等，在审理刑事案件时，要注重证据。

8. **答案**：ABCD。法律的本质、政体的性质、历史及文化传统、社会力量对比关系等因素都会影响法的遵守主体遵守法律。

9. **答案**：ABCD。我国守法的主体包括中华人民共和国全体公民、一切组织；在我国领域内的外国组织和个人。

10. **答案**：BCD。当代中国守法的范围包括规范性法律文件和非规范性法律文件。规范性法律文件包括：享有立法权的国家机关制定的宪法、法律、行政法规、地方性法规、自治条例、单行条例、特别行政区基本法等；有关国家机关在实现其职能过程中制定的规范性法律文件；我国参与缔结或同意的国际条约、协定或国际惯例等。非规范性法律文件包括各有权机关在适用法律的过程中针对具体事件制定的具有法律效力的法律文件，如判决书、裁定书。

11. **答案**：AB。习惯法、《广东省经济特区条例》是法律而不是遵守法律的行为。

12. **答案**：ABCD。执法即执行法律，是指国家机关及其公职人员依照法定职权和程序，贯彻、执行法律的活动。其特点是执法主体是国家行政机关及其公职人员；具有国家强制性，行政机关执行法律的过程同时是行使执法权的过程；是以国家的名义对社会进行全面管理，具有国家权威性；具有主动性和单方面性；执法的范围极为广泛。

13. **答案**：BCD。国家行政机关执行法律的特点有：国家权威性、主体特殊性、执行的主动性和单方面性、国家强制性。

14. **答案**：BCD。有法必依不仅要求全体公民遵守法律，还要求执法机关及其公职人员严格依法办事，绝不允许执法犯法，以权乱法，以言代法，绝不允许任何组织和个人有超越法律的特权。有法必依还包含制定法律也必须依法。

15. **答案**：ABC。执法必严是针对国家专门执法机关和执法人员提出的要求，要求一切国家执法机关的活动，必须有法律上的根据，在适用法律过程中必须严明、严格、严肃，执法如山，不枉不纵，不错不漏，保证法律准确有效地实施。

16. **答案**：ABCD。司法是由特定的国家机关及其公职人员，按照法定职权处理案件的活动，它以国家强制力作为后盾来保证法律得到实现，具有严格的程序性，一般都要作出适用法律的文书。

17. **答案**：ABC。司法机关依法独立行使职权原则的含义：（1）司法权的专属性，即国家的司法权只能由国家各级审判机关和检察机关统一行使，其他任何机关、团体和个人都无权行使此项权利；（2）行使职权的独立性，即人民法院、人民检察院依法独立行使自己的职权，不受行政机关、社会团体和个人的非法干涉；（3）行使职权的合法性，即司法机关审理案件必须严格依照法律规定，正确适用法律，不得滥用职权，枉法裁判。

18. **答案**：ABC。我国法律的适用原则包括司法公正；公民在法律面前一律平等；以事实为根据，以法律为准绳；司法机关依法独立行使职权。选项A，乐某的行为明显违背了司法公正的原则。选项B，族长的行为则侵犯了司法机关的职权。选项C，市委书记的行为明显违背了依法独立行使审判权的原则。选项D，监狱为法律执行机关，不存在法律适用的问题。

19. 答案：AC。责任法定原则要求在认定和追究行为人法律责任时，要依照法律的预先规定，排除无法律依据的责任。

20. 答案：ABC。本题考查的是依法独立行使审判权的基本原则。考生结合国家赔偿法需要注意的是，国家赔偿的主体是国家，对于司法机关工作人员造成的冤假错案，赔偿的是国家，而不是司法机关。所以D错误。

21. 答案：ABCD。与执法相比，司法具有国家强制性、国家权威性、程序性、合法性，并且司法活动必须制作法律文书，以表明法的适用结果。

22. 答案：AD。人民法院和人民检察院是我国的司法机关，代表国家行使司法权。

23. 答案：AC。司法机关依法独立行使职权的基本内容有：国家司法权只能由国家审判机关和检察机关统一行使；人民法院、人民检察院依法独立行使自己的职权；司法机关审理案件必须依照法律规定，正确适用法律。

24. 答案：ABCD。司法的主体是国家专门机关及其工作人员，而不是任何其他社会组织或个人，它是以法律规范为根据，使法律的一般规定具体化。司法需要遵守法定的权限和程序，其对象极为广泛，一切国家机关、社会组织和个人都可以成为司法的对象。

25. 答案：ABD。司法又称法的适用，是指国家司法机关依据法定的职权和程序，运用法律处理案件的专门活动，其中公安机关履行侦查职能，也属于司法活动。

26. 答案：ABCD。法的实现，是指通过执法、司法、守法和法律监督的过程，达到法律设定的权利义务的结果。犯罪案件的发生率，公民对法律的了解程度，大众对社会生活中安全、秩序、自由等法的价值的切身感受，有关法律活动的成本与收益的比例，这些情况都能够反映法的实现程度。

27. 答案：CD。属人主义，即对人的效力以其国籍为准，适用于本国人，不适用于外国人、无国籍人。

28. 答案：BCD。法的实施是指通过执法、司法、守法等途径，把法律规范具体运用于社会生活，使法作用于社会关系的活动。法的实施的方式包括执法、司法、守法。

29. 答案：ABC。法的实施，也叫法律的实施，是指法在社会生活中被人们实际施行。法的实施，就是使法律从书本上的法律变成行动中的法律，使它从抽象的行为模式变成人们的具体行为，从应然状态进到实然状态。以实施法律的主体和法的内容为标准，法的实施方式可以分为：法的遵守、法的执行、法的适用。

30. 答案：ABCD。此题考查的主要是法的实施的含义，要求结合一些法学家的名言来分析。法的实施，也叫法律的实施，是指法在社会生活中被人们实际施行。法的实施是实现立法者的立法目的，实现法律的作用的前提，是实现法的价值的必由之路。通过法的实施，就使法律从书本上的法律变成行动中的法律，将它从抽象的行为模式变成人们的具体行为，从应然状态进到实然状态，所以ABCD都正确。

三、名词解释

1. 答案：第一，守法指国家机关、社会组织和公民个人依照法的规定，行使权利（权力）和履行义务（职责）的活动。

第二，守法意味着一个国家和社会主体严格依法办事的活动和状态，而依法办事就自然包含两层含义，一是依法享有权利并行使权利，二是依法承担义务并履行义务。因此，我们不能仅仅将守法理解为履行义务，它还包含着享有权利并行使权利。

2. 答案：（1）守法主体是指在一个国家和社会中应当遵守法律的主体，即一定守法行为的实施者。从法的应然角度讲，任何一个国家和社会中的所有主体都应当成为守法的主体，但是从法的历史发展来看，守法主体的范围从实然的角度讲，由于国家性质的不同，守法主体的法律地位差异很大，守法指向的内容也是很不相同的，守法主体的实然与应然呈不同的状态。(2) 守法的主体可以分为以下几类：①一切国家机关、武装力量、政党、社会团体、企事业组织。②中华人民共和国公民。③在我国领域内的外国组织、外国人和无国籍人。

3. **答案：**守法的内容包括履行法律义务和行使法律权利。

(1) 履行法律义务是指人们按照法的要求作出或不作出一定的行为，以保障权利人的合法权益。(2) 行使法律权利是指人们通过自己作出一定的行为或者要求他人作出或不作出一定的行为来保证自己的合法权利得以实现。

4. **答案：**守法状态是指守法主体行为的合法程度。它包括：守法的最低状态、守法的中层状态、守法的高级状态。(1) 守法的最低状态是不违反法律。(2) 守法的中层状态是依法办事，形成统一的法律秩序。(3) 守法的高级状态是守法主体不论是外在的行为，还是内在动机都符合法的精神和要求，严格履行法律义务，充分行使法律权利，从而真正实现法律调整的目的。

5. **答案：**执法有广义和狭义两种理解。广义上的执法，是指国家行政机关、司法机关和法律授权、委托的组织及其公职人员，依照法定职权和程序，贯彻实施法律的活动，它包括一切执行法律、适用法律的活动。狭义上的执法，是指国家行政机关、法律授权、委托的组织及其公职人员在行使行政管理权的过程中，依照法定职权和程序，贯彻实施法律的活动。

6. **答案：**执法体系是指由具有不同职权管辖范围的行政机关、社会组织执行法律而构成的相互分工、相互配合的和谐整体。执法体系意味着执法的纵横结构的统一。纵向结构是指执法体系之内的层次区分，由于执法主体的职权管辖范围不同，因此执法存在层级分别；横向结构是指由于调整社会关系、指引人们行为方面的差异，不同对象的执法分立，由此形成执法的外在划分。在社会实践中，纵向结构与横向结构表现为相互交织的情形，二者的统一组成纵横交错的网络式结构。正是在这种结构中各类执法各得其位，相互区别又相互联系，因此组成一国的执法体系。从执法主体的执法权来源的角度，执法体系则由根据法律规定的行政机关的执法和根据法律授权和行政委托的社会组织机关的执法两类构成。行政机关的执法是根据宪法和行政法的规定，行政机关执行法律，行使国家行政职权，管理国家行政事务，包括政府的执法，政府工作部门的执法。社会组织的执法是指根据具体法律、法规的授权和行政委托而由非国家机关的社会组织实施的执法。

7. **答案：**执法的原则是指行政执法主体在执法活动中所应遵循的基本准则。我国的行政执法要求遵循合法性原则、合理性原则、高效率原则。

8. **答案：**司法体系也称“司法体制”或“司法系统”，是指由国家宪法所规定的享有国家司法权能、依法处理案件的专门组织机构即司法主体所构成的体系。根据我国现行宪法和人民法院组织法及人民检察院组织法的规定，我国现行司法主体有以下种类和层次，它们构成当代中国的司法体系。

第一，人民法院。人民法院是我国司法主体的一大主要系统，它代表国家行使审判权。这一大系统由地方各级人民法院、专门人民法院和最高人民法院组成。

第二，人民检察院。人民检察院是我国司法主体的另一大主要系统，它代表国家行使检察权和法律监督权。这一大系统由地方各级人民检察院、专门人民检察院和最高人民检察院组成。

9. **答案：**司法责任原则，是指司法机关和司法人员在行使司法权过程中侵犯了公民、法人和其他社会组织的合法权益，造成严重后果而应承担的一种责任制度。

10. **答案：**法的遵守简称守法，是指公民和其他社会关系的主体自觉遵守宪法和法律，从而使法律得以实现的活动。它是法的实现的一种最基本最主要的形式。它包括社

附赠

高校法学专业核心课程配套测试

中华人民共和国
民法典

中国法制出版社

中华人民共和国民法典

（2020年5月28日第十三届全国人民代表大会第三次会议通过　2020年5月28日中华人民共和国主席令第45号公布　自2021年1月1日起施行）

目　　录

第一编　总　则

第一章　基本规定

第一条　为了保护民事主体的合法权益，调整民事关系，维护社会和经济秩序，适应中国特色社会主义发展要求，弘扬社会主义核心价值观，根据宪法，制定本法。

第二条　民法调整平等主体的自然人、法人和非法人组织之间的人身关系和财产关系。

第三条　民事主体的人身权利、财产权利以及其他合法权益受法律保护，任何组织或者个人不得侵犯。

第四条　民事主体在民事活动中的法律地位一律平等。

第五条　民事主体从事民事活动，应当遵循自愿原则，按照自己的意思设立、变更、终止民事法律关系。

第六条　民事主体从事民事活动，应当遵循公平原则，合理确定各方的权利和义务。

第七条　民事主体从事民事活动，应当遵循诚信原则，秉持诚实，恪守承诺。

第八条　民事主体从事民事活动，不得违反法律，不得违背公序良俗。

第九条　民事主体从事民事活动，应当有利于节约资源、保护生态环境。

第十条　处理民事纠纷，应当依照法律；法律没有规定的，可以适用习惯，但是不得违背公序良俗。

第十一条　其他法律对民事关系有特别规定的，依照其规定。

第十二条　中华人民共和国领域内的民事活动，适用中华人民共和国法律。法律另有规定的，依照其规定。

第二章　自　然　人

第一节　民事权利能力和民事行为能力

第十三条　自然人从出生时起到死亡时止，具有民事权利能力，依法享有民事权利，承担民事义务。

第十四条　自然人的民事权利能力一律平等。

第十五条　自然人的出生时间和死亡时间，以出生证明、死亡证明记载的时间为准；没有出生证明、死亡证明的，以户籍登记或者其他有效身份登记记载的时间为准。有其他证据足以推翻以上记载时间的，以该证据证明的时间为准。

第十六条　涉及遗产继承、接受赠与等胎儿利益保护的，胎儿视为具有民事权利能力。但是，胎儿娩出时为死体的，其民事权利能力自始不存在。

第十七条　十八周岁以上的自然人为成年人。不满十八周岁的自然人为未成年人。

第十八条　成年人为完全民事行为能力人，可以独立实施民事法律行为。

十六周岁以上的未成年人，以自己的劳动收入为主要生活来源的，视为完全民事行为能力人。

第十九条　八周岁以上的未成年人为限制民事行为能力人，实施民事法律行为由其法定代理人代理或者经其法定代理人同意、追认；但是，可以独立实施纯获利益的民事法律行为或者与其年龄、智力相适应的民事法律行为。

第二十条　不满八周岁的未成年人为无民事行为能力人，由其法定代理人代理实施民事法律行为。

第二十一条　不能辨认自己行为的成年人为无民事行为能力人，由其法定代理人代理实施民事法律行为。

八周岁以上的未成年人不能辨认自己行为的，适用前款规定。

第二十二条 不能完全辨认自己行为的成年人为限制民事行为能力人，实施民事法律行为由其法定代理人代理或者经其法定代理人同意、追认；但是，可以独立实施纯获利益的民事法律行为或者与其智力、精神健康状况相适应的民事法律行为。

第二十三条 无民事行为能力人、限制民事行为能力人的监护人是其法定代理人。

第二十四条 不能辨认或者不能完全辨认自己行为的成年人，其利害关系人或者有关组织，可以向人民法院申请认定该成年人为无民事行为能力人或者限制民事行为能力人。

被人民法院认定为无民事行为能力人或者限制民事行为能力人的，经本人、利害关系人或者有关组织申请，人民法院可以根据其智力、精神健康恢复的状况，认定该成年人恢复为限制民事行为能力人或者完全民事行为能力人。

本条规定的有关组织包括：居民委员会、村民委员会、学校、医疗机构、妇女联合会、残疾人联合会、依法设立的老年人组织、民政部门等。

第二十五条 自然人以户籍登记或者其他有效身份登记记载的居所为住所；经常居所与住所不一致的，经常居所视为住所。

第二节 监 护

第二十六条 父母对未成年子女负有抚养、教育和保护的义务。

成年子女对父母负有赡养、扶助和保护的义务。

第二十七条 父母是未成年子女的监护人。

未成年人的父母已经死亡或者没有监护能力的，由下列有监护能力的人按顺序担任监护人：

（一）祖父母、外祖父母；

（二）兄、姐；

（三）其他愿意担任监护人的个人或者组织，但是须经未成年人住所地的居民委员会、村民委员会或者民政部门同意。

第二十八条 无民事行为能力或者限制民事行为能力的成年人，由下列有监护能力的人按顺序担任监护人：

（一）配偶；

（二）父母、子女；

（三）其他近亲属；

（四）其他愿意担任监护人的个人或者组织，但是须经被监护人住所地的居民委员会、村民委员会或者民政部门同意。

第二十九条 被监护人的父母担任监护人的，可以通过遗嘱指定监护人。

第三十条 依法具有监护资格的人之间可以协议确定监护人。协议确定监护人应当尊重被监护人的真实意愿。

第三十一条 对监护人的确定有争议的，由被监护人住所地的居民委员会、村民委员会或者民政部门指定监护人，有关当事人对指定不服的，可以向人民法院申请指定监护人；有关当事人也可以直接向人民法院申请指定监护人。

居民委员会、村民委员会、民政部门或者人民法院应当尊重被监护人的真实意愿，按照最有利于被监护人的原则在依法具有监护资格的人中指定监护人。

依据本条第一款规定指定监护人前，被监护人的人身权利、财产权利以及其他合法权益处于无人保护状态的，由被监护人住所地的居民委员会、村民委员会、法律规定的有关组织或者民政部门担任临时监护人。

监护人被指定后，不得擅自变更；擅自变更的，不免除被指定的监护人的责任。

第三十二条 没有依法具有监护资格的人的，监护人由民政部门担任，也可以由具备履行监护职责条件的被监护人住所地的居民委员会、村民委员会担任。

第三十三条 具有完全民事行为能力的成年人，可以与其近亲属、其他愿意担任监护人的个人或者组织事先协商，以书面形式确定自己的监护人，在自己丧失或者部分丧失民事行为能力时，由该监护人履行监护职责。

第三十四条 监护人的职责是代理被监护人实施民事法律行为，保护被监护人的人身权利、财产权利以及其他合法权益等。

监护人依法履行监护职责产生的权利，受法律保护。

监护人不履行监护职责或者侵害被监护人合法权益的，应当承担法律责任。

因发生突发事件等紧急情况，监护人暂时无法履行监护职责，被监护人的生活处于无人照料状态的，被监护人住所地的居民委员会、村民委员会或者民政部门应当为被监护人安排必要的临时生活照料措施。

第三十五条 监护人应当按照最有利于被监护人的原则履行监护职责。监护人除为维护被监护人利益外，不得处分被监护人的财产。

未成年人的监护人履行监护职责，在作出与被监护人利益有关的决定时，应当根据被监护人的年龄和智力状况，尊重被监护人的真实意愿。

成年人的监护人履行监护职责，应当最大程度地尊重被监护人的真实意愿，保障并协助被监护人实施与其智力、精神健康状况相适应的民事法律行为。对被监护人有能力独立处理的事务，监护人不得干涉。

第三十六条 监护人有下列情形之一的，人民法院根据有关个人或者组织的申请，撤销其监护人资格，安排必要的临时监护措施，并按照最有利于被监护人的原则依法指定监护人：

（一）实施严重损害被监护人身心健康的行为；

（二）怠于履行监护职责，或者无法履行监护职责且拒绝将监护职责部分或者全部委托给他人，导致被监护人处于危困状态；

（三）实施严重侵害被监护人合法权益的其他行为。

本条规定的有关个人、组织包括：其他依法具有监护资格的人，居民委员会、村民委员会、学校、医疗机构、妇女联合会、残疾人联合会、未成年人保护组织、依法设立的老年人组织、民政部门等。

前款规定的个人和民政部门以外的组织未及时向人民法院申请撤销监护人资格的，民政部门应当向人民法院申请。

第三十七条 依法负担被监护人抚养费、赡养费、扶养费的父母、子女、配偶等，被人民法院撤销监护人资格后，应当继续履行负担的义务。

第三十八条 被监护人的父母或者子女被人民法院撤销监护人资格后，除对被监护人实施故意犯罪的外，确有悔改表现的，经其申请，人民法院可以在尊重被监护人真实意愿的前提下，视情况恢复其监护人资格，人民法院指定的监护人与被监护人的监护关系同时终止。

第三十九条 有下列情形之一的，监护关系终止：

（一）被监护人取得或者恢复完全民事行为能力；

（二）监护人丧失监护能力；

（三）被监护人或者监护人死亡；

（四）人民法院认定监护关系终止的其他情形。

监护关系终止后，被监护人仍然需要监护的，应当依法另行确定监护人。

第三节　宣告失踪和宣告死亡

第四十条　自然人下落不明满二年的，利害关系人可以向人民法院申请宣告该自然人为失踪人。

第四十一条　自然人下落不明的时间自其失去音讯之日起计算。战争期间下落不明的，下落不明的时间自战争结束之日或者有关机关确定的下落不明之日起计算。

第四十二条　失踪人的财产由其配偶、成年子女、父母或者其他愿意担任财产代管人的人代管。

代管有争议，没有前款规定的人，或者前款规定的人无代管能力的，由人民法院指定的人代管。

第四十三条　财产代管人应当妥善管理失踪人的财产，维护其财产权益。

失踪人所欠税款、债务和应付的其他费用，由财产代管人从失踪人的财产中支付。

财产代管人因故意或者重大过失造成失踪人财产损失的，应当承担赔偿责任。

第四十四条　财产代管人不履行代管职责、侵害失踪人财产权益或者丧失代管能力的，失踪人的利害关系人可以向人民法院申请变更财产代管人。

财产代管人有正当理由的，可以向人民法院申请变更财产代管人。

人民法院变更财产代管人的，变更后的财产代管人有权请求原财产代管人及时移交有关财产并报告财产代管情况。

第四十五条　失踪人重新出现，经本人或者利害关系人申请，人民法院应当撤销失踪宣告。

失踪人重新出现，有权请求财产代管人及时移交有关财产并报告财产代管情况。

第四十六条　自然人有下列情形之一的，利害关系人可以向人民法院申请宣告该自然人死亡：

（一）下落不明满四年；

（二）因意外事件，下落不明满二年。

因意外事件下落不明，经有关机关证明该自然人不可能生存的，申请宣告死亡不受二年时间的限制。

第四十七条　对同一自然人，有的利害关系人申请宣告死亡，有的利害关系人申请宣告失踪，符合本法规定的宣告死亡条件的，人民法院应当宣告死亡。

第四十八条　被宣告死亡的人，人民法院宣告死亡的判决作出之日视为其死亡的日期；因意外事件下落不明宣告死亡的，意外事件发生之日视为其死亡的日期。

第四十九条　自然人被宣告死亡但是并未死亡的，不影响该自然人在被宣告死亡期间实施的民事法律行为的效力。

第五十条　被宣告死亡的人重新出现，经本人或者利害关系人申请，人民法院应当撤销死亡宣告。

第五十一条　被宣告死亡的人的婚姻关系，自死亡宣告之日起消除。死亡宣告被撤销的，婚姻关系自撤销死亡宣告之日起自行恢复。但是，其配偶再婚或者向婚姻登记机关书面声明不愿意恢复的除外。

第五十二条　被宣告死亡的人在被宣告死亡期间，其子女被他人依法收养的，在死亡宣告被撤销后，不得以未经本人同意为由主张收养行为无效。

第五十三条　被撤销死亡宣告的人有权请求依照本法第六编取得其财产的民事主体返还财产；无法返还的，应当给予适当补偿。

利害关系人隐瞒真实情况，致使他人被宣告死亡而取得其财产的，除应当返还财产外，还应当对由此造成的损失承担赔偿责任。

第四节　个体工商户和农村承包经营户

第五十四条　自然人从事工商业经营，经依法登记，为个体工商户。个体工商户可以起字号。

第五十五条 农村集体经济组织的成员，依法取得农村土地承包经营权，从事家庭承包经营的，为农村承包经营户。

第五十六条 个体工商户的债务，个人经营的，以个人财产承担；家庭经营的，以家庭财产承担；无法区分的，以家庭财产承担。

农村承包经营户的债务，以从事农村土地承包经营的农户财产承担；事实上由农户部分成员经营的，以该部分成员的财产承担。

第三章 法 人

第一节 一般规定

第五十七条 法人是具有民事权利能力和民事行为能力，依法独立享有民事权利和承担民事义务的组织。

第五十八条 法人应当依法成立。

法人应当有自己的名称、组织机构、住所、财产或者经费。法人成立的具体条件和程序，依照法律、行政法规的规定。

设立法人，法律、行政法规规定须经有关机关批准的，依照其规定。

第五十九条 法人的民事权利能力和民事行为能力，从法人成立时产生，到法人终止时消灭。

第六十条 法人以其全部财产独立承担民事责任。

第六十一条 依照法律或者法人章程的规定，代表法人从事民事活动的负责人，为法人的法定代表人。

法定代表人以法人名义从事的民事活动，其法律后果由法人承受。

法人章程或者法人权力机构对法定代表人代表权的限制，不得对抗善意相对人。

第六十二条 法定代表人因执行职务造成他人损害的，由法人承担民事责任。

法人承担民事责任后，依照法律或者法人章程的规定，可以向有过错的法定代表人追偿。

第六十三条 法人以其主要办事机构所在地为住所。依法需要办理法人登记的，应当将主要办事机构所在地登记为住所。

第六十四条 法人存续期间登记事项发生变化的，应当依法向登记机关申请变更登记。

第六十五条 法人的实际情况与登记的事项不一致的，不得对抗善意相对人。

第六十六条 登记机关应当依法及时公示法人登记的有关信息。

第六十七条 法人合并的，其权利和义务由合并后的法人享有和承担。

法人分立的，其权利和义务由分立后的法人享有连带债权，承担连带债务，但是债权人和债务人另有约定的除外。

第六十八条 有下列原因之一并依法完成清算、注销登记的，法人终止：

（一）法人解散；

（二）法人被宣告破产；

（三）法律规定的其他原因。

法人终止，法律、行政法规规定须经有关机关批准的，依照其规定。

第六十九条 有下列情形之一的，法人解散：

（一）法人章程规定的存续期间届满或者法人章程规定的其他解散事由出现；

（二）法人的权力机构决议解散；

（三）因法人合并或者分立需要解散；

（四）法人依法被吊销营业执照、登记证书，被责令关闭或者被撤销；

（五）法律规定的其他情形。

第七十条 法人解散的，除合并或者分立的情形外，清算义务人应当及时组成清算组进行清算。

法人的董事、理事等执行机构或者决策机构的成员为清算义务人。法律、行政法规另有规定的，依照其规定。

清算义务人未及时履行清算义务，造成损害的，应当承担民事责任；主管机关或者利害关系人可以申请人民法院指定有关人员组成清算组进行清算。

第七十一条 法人的清算程序和清算组职权，依照有关法律的规定；没有规定的，参照适用公司法律的有关规定。

第七十二条 清算期间法人存续，但是不得从事与清算无关的活动。

法人清算后的剩余财产，按照法人章程的规定或者法人权力机构的决议处理。法律另有规定的，依照其规定。

清算结束并完成法人注销登记时，法人终止；依法不需要办理法人登记的，清算结束时，法人终止。

第七十三条 法人被宣告破产的，依法进行破产清算并完成法人注销登记时，法人终止。

第七十四条 法人可以依法设立分支机构。法律、行政法规规定分支机构应当登记的，依照其规定。

分支机构以自己的名义从事民事活动，产生的民事责任由法人承担；也可以先以该分支机构管理的财产承担，不足以承担的，由法人承担。

第七十五条 设立人为设立法人从事的民事活动，其法律后果由法人承受；法人未成立的，其法律后果由设立人承受，设立人为二人以上的，享有连带债权，承担连带债务。

设立人为设立法人以自己的名义从事民事活动产生的民事责任，第三人有权选择请求法人或者设立人承担。

第二节 营利法人

第七十六条 以取得利润并分配给股东等出资人为目的成立的法人，为营利法人。

营利法人包括有限责任公司、股份有限公司和其他企业法人等。

第七十七条 营利法人经依法登记成立。

第七十八条 依法设立的营利法人，由登记机关发给营利法人营业执照。营业执照签发日期为营利法人的成立日期。

第七十九条 设立营利法人应当依法制定法人章程。

第八十条 营利法人应当设权力机构。

权力机构行使修改法人章程，选举或者更换执行机构、监督机构成员，以及法人章程规定的其他职权。

第八十一条 营利法人应当设执行机构。

执行机构行使召集权力机构会议，决定法人的经营计划和投资方案，决定法人内部管理机构的设置，以及法人章程规定的其他职权。

执行机构为董事会或者执行董事的，董事长、执行董事或者经理按照法人章程的规定担任法定代表人；未设董事会或者执行董事的，法人章程规定的主要负责人为其执行机构和法定代表人。

第八十二条 营利法人设监事会或者监事等监督机构的，监督机构依法行使检查法人财务，监督执行机构成员、高级管理人员执行法人职务的行为，以及法人章程规定的其他职权。

第八十三条 营利法人的出资人不得滥用出资人权利损害法人或者其他出资人的利益；滥用出资人权利造成法人或者其他出资人损失的，应当依法承担民事责任。

营利法人的出资人不得滥用法人独立地位和出资人有限责任损害法人债权人的利益；滥用法人独立地位和出资人有限责任，逃避债务，严重损害法人债权人的利益的，应当对法人债务承担连带责任。

第八十四条 营利法人的控股出资人、实际控制人、董事、监事、高级管理人员不得利用其关联关系损害法人的利益；利用关联关系造成法人损失的，应当承担赔偿责任。

第八十五条 营利法人的权力机构、执行机构作出决议的会议召集程序、表决方式违反法律、行政法规、法人章程，或者决议内容违反法人章程的，营利法人的出资人可以请求人民法院撤销该决议。但是，营利法人依据该决议与善意相对人形成的民事法律关系不受影响。

第八十六条 营利法人从事经营活动，应当遵守商业道德，维护交易安全，接受政府和社会的监督，承担社会责任。

第三节 非营利法人

第八十七条 为公益目的或者其他非营利目的成立，不向出资人、设立人或者会员分配所取得利润的法人，为非营利法人。

非营利法人包括事业单位、社会团体、基金会、社会服务机构等。

第八十八条 具备法人条件，为适应经济社会发展需要，提供公益服务设立的事业单位，经依法登记成立，取得事业单位法人资格；依法不需要办理法人登记的，从成立之日起，具有事业单位法人资格。

第八十九条 事业单位法人设理事会的，除法律另有规定外，理事会为其决策机构。事业单位法人的法定代表人依照法律、行政法规或者法人章程的规定产生。

第九十条 具备法人条件，基于会员共同意愿，为公益目的或者会员共同利益等非营利目的设立的社会团体，经依法登记成立，取得社会团体法人资格；依法不需要办理法人登记的，从成立之日起，具有社会团体法人资格。

第九十一条 设立社会团体法人应当依法制定法人章程。

社会团体法人应当设会员大会或者会员代表大会等权力机构。

社会团体法人应当设理事会等执行机构。理事长或者会长等负责人按照法人章程的规定担任法定代表人。

第九十二条 具备法人条件，为公益目的以捐助财产设立的基金会、社会服务机构等，经依法登记成立，取得捐助法人资格。

依法设立的宗教活动场所，具备法人条件的，可以申请法人登记，取得捐助法人资格。法律、行政法规对宗教活动场所有规定的，依照其规定。

第九十三条 设立捐助法人应当依法制定法人章程。

捐助法人应当设理事会、民主管理组织等决策机构，并设执行机构。理事长等负责人按照法人章程的规定担任法定代表人。

捐助法人应当设监事会等监督机构。

第九十四条 捐助人有权向捐助法人查询捐助财产的使用、管理情况，并提出意见和建议，捐助法人应当及时、如实答复。

捐助法人的决策机构、执行机构或者法定代表人作出决定的程序违反法律、行政法规、法人章程，或者决定内容违反法人章程的，捐助人等利害关系人或者主管机关可以请求人民法院撤销该决定。但是，捐助法人依据该决定与善意相对人形成的民事法律关系不受影响。

第九十五条 为公益目的成立的非营利法人终止时，不得向出资人、设立人或者会员分配剩余财产。剩余财产应当按照法人章程的规定或者权力机构的决议用于公益目的；无法按照法人章程的规定或者权力机构的决议处理的，由主管机关主持转给宗旨相同或者相近的法人，并向社会公告。

第四节 特别法人

第九十六条 本节规定的机关法人、农村集体经济组织法人、城镇农村的合作经济组织法人、基层群众性自治组织法人，为特别法人。

第九十七条 有独立经费的机关和承担行政职能的法定机构从成立之日起，具有机关法人资格，可以从事为履行职能所需要的民事活动。

第九十八条 机关法人被撤销的，法人终止，其民事权利和义务由继任的机关法人享有和承担；没有继任的机关法人的，由作出撤销决定的机关法人享有和承担。

第九十九条 农村集体经济组织依法取得法人资格。

法律、行政法规对农村集体经济组织有规定的，依照其规定。

第一百条 城镇农村的合作经济组织依法取得法人资格。

法律、行政法规对城镇农村的合作经济组织有规定的，依照其规定。

第一百零一条 居民委员会、村民委员会具有基层群众性自治组织法人资格，可以从事为履行职能所需要的民事活动。

未设立村集体经济组织的，村民委员会可以依法代行村集体经济组织的职能。

第四章 非法人组织

第一百零二条 非法人组织是不具有法人资格，但是能够依法以自己的名义从事民事活动的组织。

非法人组织包括个人独资企业、合伙企业、不具有法人资格的专业服务机构等。

第一百零三条 非法人组织应当依照法律的规定登记。

设立非法人组织，法律、行政法规规定须经有关机关批准的，依照其规定。

第一百零四条 非法人组织的财产不足以清偿债务的，其出资人或者设立人承担无限责任。法律另有规定的，依照其规定。

第一百零五条 非法人组织可以确定一人或者数人代表该组织从事民事活动。

第一百零六条 有下列情形之一的，非法人组织解散：

（一）章程规定的存续期间届满或者章程规定的其他解散事由出现；

（二）出资人或者设立人决定解散；

（三）法律规定的其他情形。

第一百零七条 非法人组织解散的，应当依法进行清算。

第一百零八条 非法人组织除适用本章规定外，参照适用本编第三章第一节的有关规定。

第五章 民事权利

第一百零九条 自然人的人身自由、人格尊严受法律保护。

第一百一十条 自然人享有生命权、身体权、健康权、姓名权、肖像权、名誉权、荣誉权、隐私权、婚姻自主权等权利。

法人、非法人组织享有名称权、名誉权和荣誉权。

第一百一十一条 自然人的个人信息受法律保护。任何组织或者个人需要获取他人个人信息的，应当依法取得并确保信息安全，不得非法收集、使用、加工、传输他人个人信息，不得非法买卖、提供或者公开他人个人信息。

第一百一十二条 自然人因婚姻家庭关系等产生的人身权利受法律保护。

第一百一十三条 民事主体的财产权利受法律平等保护。

第一百一十四条 民事主体依法享有物权。

物权是权利人依法对特定的物享有直接支配和排他的权利，包括所有权、用益物权和担保物权。

第一百一十五条 物包括不动产和动产。法律规定权利作为物权客体的，依照其规定。

第一百一十六条 物权的种类和内容，

由法律规定。

第一百一十七条 为了公共利益的需要，依照法律规定的权限和程序征收、征用不动产或者动产的，应当给予公平、合理的补偿。

第一百一十八条 民事主体依法享有债权。

债权是因合同、侵权行为、无因管理、不当得利以及法律的其他规定，权利人请求特定义务人为或者不为一定行为的权利。

第一百一十九条 依法成立的合同，对当事人具有法律约束力。

第一百二十条 民事权益受到侵害的，被侵权人有权请求侵权人承担侵权责任。

第一百二十一条 没有法定的或者约定的义务，为避免他人利益受损失而进行管理的人，有权请求受益人偿还由此支出的必要费用。

第一百二十二条 因他人没有法律根据，取得不当利益，受损失的人有权请求其返还不当利益。

第一百二十三条 民事主体依法享有知识产权。

知识产权是权利人依法就下列客体享有的专有的权利：

（一）作品；

（二）发明、实用新型、外观设计；

（三）商标；

（四）地理标志；

（五）商业秘密；

（六）集成电路布图设计；

（七）植物新品种；

（八）法律规定的其他客体。

第一百二十四条 自然人依法享有继承权。

自然人合法的私有财产，可以依法继承。

第一百二十五条 民事主体依法享有股权和其他投资性权利。

第一百二十六条 民事主体享有法律规定的其他民事权利和利益。

第一百二十七条 法律对数据、网络虚拟财产的保护有规定的，依照其规定。

第一百二十八条 法律对未成年人、老年人、残疾人、妇女、消费者等的民事权利保护有特别规定的，依照其规定。

第一百二十九条 民事权利可以依据民事法律行为、事实行为、法律规定的事件或者法律规定的其他方式取得。

第一百三十条 民事主体按照自己的意愿依法行使民事权利，不受干涉。

第一百三十一条 民事主体行使权利时，应当履行法律规定的和当事人约定的义务。

第一百三十二条 民事主体不得滥用民事权利损害国家利益、社会公共利益或者他人合法权益。

第六章　民事法律行为

第一节　一般规定

第一百三十三条 民事法律行为是民事主体通过意思表示设立、变更、终止民事法律关系的行为。

第一百三十四条 民事法律行为可以基于双方或者多方的意思表示一致成立，也可以基于单方的意思表示成立。

法人、非法人组织依照法律或者章程规定的议事方式和表决程序作出决议的，该决议行为成立。

第一百三十五条 民事法律行为可以采用书面形式、口头形式或者其他形式；法律、行政法规规定或者当事人约定采用特定形式的，应当采用特定形式。

第一百三十六条 民事法律行为自成立时生效，但是法律另有规定或者当事人另有约定的除外。

行为人非依法律规定或者未经对方同意，不得擅自变更或者解除民事法律行为。

第二节　意 思 表 示

第一百三十七条　以对话方式作出的意思表示，相对人知道其内容时生效。

以非对话方式作出的意思表示，到达相对人时生效。以非对话方式作出的采用数据电文形式的意思表示，相对人指定特定系统接收数据电文的，该数据电文进入该特定系统时生效；未指定特定系统的，相对人知道或者应当知道该数据电文进入其系统时生效。当事人对采用数据电文形式的意思表示的生效时间另有约定的，按照其约定。

第一百三十八条　无相对人的意思表示，表示完成时生效。法律另有规定的，依照其规定。

第一百三十九条　以公告方式作出的意思表示，公告发布时生效。

第一百四十条　行为人可以明示或者默示作出意思表示。

沉默只有在有法律规定、当事人约定或者符合当事人之间的交易习惯时，才可以视为意思表示。

第一百四十一条　行为人可以撤回意思表示。撤回意思表示的通知应当在意思表示到达相对人前或者与意思表示同时到达相对人。

第一百四十二条　有相对人的意思表示的解释，应当按照所使用的词句，结合相关条款、行为的性质和目的、习惯以及诚信原则，确定意思表示的含义。

无相对人的意思表示的解释，不能完全拘泥于所使用的词句，而应当结合相关条款、行为的性质和目的、习惯以及诚信原则，确定行为人的真实意思。

第三节　民事法律行为的效力

第一百四十三条　具备下列条件的民事法律行为有效：

（一）行为人具有相应的民事行为能力；

（二）意思表示真实；

（三）不违反法律、行政法规的强制性规定，不违背公序良俗。

第一百四十四条　无民事行为能力人实施的民事法律行为无效。

第一百四十五条　限制民事行为能力人实施的纯获利益的民事法律行为或者与其年龄、智力、精神健康状况相适应的民事法律行为有效；实施的其他民事法律行为经法定代理人同意或者追认后有效。

相对人可以催告法定代理人自收到通知之日起三十日内予以追认。法定代理人未作表示的，视为拒绝追认。民事法律行为被追认前，善意相对人有撤销的权利。撤销应当以通知的方式作出。

第一百四十六条　行为人与相对人以虚假的意思表示实施的民事法律行为无效。

以虚假的意思表示隐藏的民事法律行为的效力，依照有关法律规定处理。

第一百四十七条　基于重大误解实施的民事法律行为，行为人有权请求人民法院或者仲裁机构予以撤销。

第一百四十八条　一方以欺诈手段，使对方在违背真实意思的情况下实施的民事法律行为，受欺诈方有权请求人民法院或者仲裁机构予以撤销。

第一百四十九条　第三人实施欺诈行为，使一方在违背真实意思的情况下实施的民事法律行为，对方知道或者应当知道该欺诈行为的，受欺诈方有权请求人民法院或者仲裁机构予以撤销。

第一百五十条　一方或者第三人以胁迫手段，使对方在违背真实意思的情况下实施的民事法律行为，受胁迫方有权请求人民法院或者仲裁机构予以撤销。

第一百五十一条　一方利用对方处于危困状态、缺乏判断能力等情形，致使民事法律行为成立时显失公平的，受损害方有权请求人民法院或者仲裁机构予以撤销。

第一百五十二条　有下列情形之一的，

撤销权消灭：

（一）当事人自知道或者应当知道撤销事由之日起一年内、重大误解的当事人自知道或者应当知道撤销事由之日起九十日内没有行使撤销权；

（二）当事人受胁迫，自胁迫行为终止之日起一年内没有行使撤销权；

（三）当事人知道撤销事由后明确表示或者以自己的行为表明放弃撤销权。

当事人自民事法律行为发生之日起五年内没有行使撤销权的，撤销权消灭。

第一百五十三条 违反法律、行政法规的强制性规定的民事法律行为无效。但是，该强制性规定不导致该民事法律行为无效的除外。

违背公序良俗的民事法律行为无效。

第一百五十四条 行为人与相对人恶意串通，损害他人合法权益的民事法律行为无效。

第一百五十五条 无效的或者被撤销的民事法律行为自始没有法律约束力。

第一百五十六条 民事法律行为部分无效，不影响其他部分效力的，其他部分仍然有效。

第一百五十七条 民事法律行为无效、被撤销或者确定不发生效力后，行为人因该行为取得的财产，应当予以返还；不能返还或者没有必要返还的，应当折价补偿。有过错的一方应当赔偿对方由此所受到的损失；各方都有过错的，应当各自承担相应的责任。法律另有规定的，依照其规定。

第四节 民事法律行为的附条件和附期限

第一百五十八条 民事法律行为可以附条件，但是根据其性质不得附条件的除外。附生效条件的民事法律行为，自条件成就时生效。附解除条件的民事法律行为，自条件成就时失效。

第一百五十九条 附条件的民事法律行为，当事人为自己的利益不正当地阻止条件成就的，视为条件已经成就；不正当地促成条件成就的，视为条件不成就。

第一百六十条 民事法律行为可以附期限，但是根据其性质不得附期限的除外。附生效期限的民事法律行为，自期限届至时生效。附终止期限的民事法律行为，自期限届满时失效。

第七章 代　　理

第一节 一般规定

第一百六十一条 民事主体可以通过代理人实施民事法律行为。

依照法律规定、当事人约定或者民事法律行为的性质，应当由本人亲自实施的民事法律行为，不得代理。

第一百六十二条 代理人在代理权限内，以被代理人名义实施的民事法律行为，对被代理人发生效力。

第一百六十三条 代理包括委托代理和法定代理。

委托代理人按照被代理人的委托行使代理权。法定代理人依照法律的规定行使代理权。

第一百六十四条 代理人不履行或者不完全履行职责，造成被代理人损害的，应当承担民事责任。

代理人和相对人恶意串通，损害被代理人合法权益的，代理人和相对人应当承担连带责任。

第二节 委托代理

第一百六十五条 委托代理授权采用书面形式的，授权委托书应当载明代理人的姓名或者名称、代理事项、权限和期限，并由被代理人签名或者盖章。

第一百六十六条 数人为同一代理事项的代理人的，应当共同行使代理权，但是当事人另有约定的除外。

第一百六十七条 代理人知道或者应当知道代理事项违法仍然实施代理行为，或者被代理人知道或者应当知道代理人的代理行为违法未作反对表示的，被代理人和代理人应当承担连带责任。

第一百六十八条 代理人不得以被代理人的名义与自己实施民事法律行为，但是被代理人同意或者追认的除外。

代理人不得以被代理人的名义与自己同时代理的其他人实施民事法律行为，但是被代理的双方同意或者追认的除外。

第一百六十九条 代理人需要转委托第三人代理的，应当取得被代理人的同意或者追认。

转委托代理经被代理人同意或者追认的，被代理人可以就代理事务直接指示转委托的第三人，代理人仅就第三人的选任以及对第三人的指示承担责任。

转委托代理未经被代理人同意或者追认的，代理人应当对转委托的第三人的行为承担责任；但是，在紧急情况下代理人为了维护被代理人的利益需要转委托第三人代理的除外。

第一百七十条 执行法人或者非法人组织工作任务的人员，就其职权范围内的事项，以法人或者非法人组织的名义实施的民事法律行为，对法人或者非法人组织发生效力。

法人或者非法人组织对执行其工作任务的人员职权范围的限制，不得对抗善意相对人。

第一百七十一条 行为人没有代理权、超越代理权或者代理权终止后，仍然实施代理行为，未经被代理人追认的，对被代理人不发生效力。

相对人可以催告被代理人自收到通知之日起三十日内予以追认。被代理人未作表示的，视为拒绝追认。行为人实施的行为被追认前，善意相对人有撤销的权利。撤销应当以通知的方式作出。

行为人实施的行为未被追认的，善意相对人有权请求行为人履行债务或者就其受到的损害请求行为人赔偿。但是，赔偿的范围不得超过被代理人追认时相对人所能获得的利益。

相对人知道或者应当知道行为人无权代理的，相对人和行为人按照各自的过错承担责任。

第一百七十二条 行为人没有代理权、超越代理权或者代理权终止后，仍然实施代理行为，相对人有理由相信行为人有代理权的，代理行为有效。

第三节 代理终止

第一百七十三条 有下列情形之一的，委托代理终止：

（一）代理期限届满或者代理事务完成；

（二）被代理人取消委托或者代理人辞去委托；

（三）代理人丧失民事行为能力；

（四）代理人或者被代理人死亡；

（五）作为代理人或者被代理人的法人、非法人组织终止。

第一百七十四条 被代理人死亡后，有下列情形之一的，委托代理人实施的代理行为有效：

（一）代理人不知道且不应当知道被代理人死亡；

（二）被代理人的继承人予以承认；

（三）授权中明确代理权在代理事务完成时终止；

（四）被代理人死亡前已经实施，为了被代理人的继承人的利益继续代理。

作为被代理人的法人、非法人组织终止的，参照适用前款规定。

第一百七十五条 有下列情形之一的，法定代理终止：

（一）被代理人取得或者恢复完全民事

行为能力；

（二）代理人丧失民事行为能力；

（三）代理人或者被代理人死亡；

（四）法律规定的其他情形。

第八章 民事责任

第一百七十六条 民事主体依照法律规定或者按照当事人约定，履行民事义务，承担民事责任。

第一百七十七条 二人以上依法承担按份责任，能够确定责任大小的，各自承担相应的责任；难以确定责任大小的，平均承担责任。

第一百七十八条 二人以上依法承担连带责任的，权利人有权请求部分或者全部连带责任人承担责任。

连带责任人的责任份额根据各自责任大小确定；难以确定责任大小的，平均承担责任。实际承担责任超过自己责任份额的连带责任人，有权向其他连带责任人追偿。

连带责任，由法律规定或者当事人约定。

第一百七十九条 承担民事责任的方式主要有：

（一）停止侵害；

（二）排除妨碍；

（三）消除危险；

（四）返还财产；

（五）恢复原状；

（六）修理、重作、更换；

（七）继续履行；

（八）赔偿损失；

（九）支付违约金；

（十）消除影响、恢复名誉；

（十一）赔礼道歉。

法律规定惩罚性赔偿的，依照其规定。

本条规定的承担民事责任的方式，可以单独适用，也可以合并适用。

第一百八十条 因不可抗力不能履行民事义务的，不承担民事责任。法律另有规定的，依照其规定。

不可抗力是不能预见、不能避免且不能克服的客观情况。

第一百八十一条 因正当防卫造成损害的，不承担民事责任。

正当防卫超过必要的限度，造成不应有的损害的，正当防卫人应当承担适当的民事责任。

第一百八十二条 因紧急避险造成损害的，由引起险情发生的人承担民事责任。

危险由自然原因引起的，紧急避险人不承担民事责任，可以给予适当补偿。

紧急避险采取措施不当或者超过必要的限度，造成不应有的损害的，紧急避险人应当承担适当的民事责任。

第一百八十三条 因保护他人民事权益使自己受到损害的，由侵权人承担民事责任，受益人可以给予适当补偿。没有侵权人、侵权人逃逸或者无力承担民事责任，受害人请求补偿的，受益人应当给予适当补偿。

第一百八十四条 因自愿实施紧急救助行为造成受助人损害的，救助人不承担民事责任。

第一百八十五条 侵害英雄烈士等的姓名、肖像、名誉、荣誉，损害社会公共利益的，应当承担民事责任。

第一百八十六条 因当事人一方的违约行为，损害对方人身权益、财产权益的，受损害方有权选择请求其承担违约责任或者侵权责任。

第一百八十七条 民事主体因同一行为应当承担民事责任、行政责任和刑事责任的，承担行政责任或者刑事责任不影响承担民事责任；民事主体的财产不足以支付的，优先用于承担民事责任。

第九章 诉讼时效

第一百八十八条 向人民法院请求保

护民事权利的诉讼时效期间为三年。法律另有规定的，依照其规定。

诉讼时效期间自权利人知道或者应当知道权利受到损害以及义务人之日起计算。法律另有规定的，依照其规定。但是，自权利受到损害之日起超过二十年的，人民法院不予保护，有特殊情况的，人民法院可以根据权利人的申请决定延长。

第一百八十九条 当事人约定同一债务分期履行的，诉讼时效期间自最后一期履行期限届满之日起计算。

第一百九十条 无民事行为能力人或者限制民事行为能力人对其法定代理人的请求权的诉讼时效期间，自该法定代理终止之日起计算。

第一百九十一条 未成年人遭受性侵害的损害赔偿请求权的诉讼时效期间，自受害人年满十八周岁之日起计算。

第一百九十二条 诉讼时效期间届满的，义务人可以提出不履行义务的抗辩。

诉讼时效期间届满后，义务人同意履行的，不得以诉讼时效期间届满为由抗辩；义务人已经自愿履行的，不得请求返还。

第一百九十三条 人民法院不得主动适用诉讼时效的规定。

第一百九十四条 在诉讼时效期间的最后六个月内，因下列障碍，不能行使请求权的，诉讼时效中止：

（一）不可抗力；

（二）无民事行为能力人或者限制民事行为能力人没有法定代理人，或者法定代理人死亡、丧失民事行为能力、丧失代理权；

（三）继承开始后未确定继承人或者遗产管理人；

（四）权利人被义务人或者其他人控制；

（五）其他导致权利人不能行使请求权的障碍。

自中止时效的原因消除之日起满六个月，诉讼时效期间届满。

第一百九十五条 有下列情形之一的，诉讼时效中断，从中断、有关程序终结时起，诉讼时效期间重新计算：

（一）权利人向义务人提出履行请求；

（二）义务人同意履行义务；

（三）权利人提起诉讼或者申请仲裁；

（四）与提起诉讼或者申请仲裁具有同等效力的其他情形。

第一百九十六条 下列请求权不适用诉讼时效的规定：

（一）请求停止侵害、排除妨碍、消除危险；

（二）不动产物权和登记的动产物权的权利人请求返还财产；

（三）请求支付抚养费、赡养费或者扶养费；

（四）依法不适用诉讼时效的其他请求权。

第一百九十七条 诉讼时效的期间、计算方法以及中止、中断的事由由法律规定，当事人约定无效。

当事人对诉讼时效利益的预先放弃无效。

第一百九十八条 法律对仲裁时效有规定的，依照其规定；没有规定的，适用诉讼时效的规定。

第一百九十九条 法律规定或者当事人约定的撤销权、解除权等权利的存续期间，除法律另有规定外，自权利人知道或者应当知道权利产生之日起计算，不适用有关诉讼时效中止、中断和延长的规定。存续期间届满，撤销权、解除权等权利消灭。

第十章 期间计算

第二百条 民法所称的期间按照公历年、月、日、小时计算。

第二百零一条 按照年、月、日计算期间的，开始的当日不计入，自下一日开始计算。

按照小时计算期间的，自法律规定或

者当事人约定的时间开始计算。

第二百零二条 按照年、月计算期间的，到期月的对应日为期间的最后一日；没有对应日的，月末日为期间的最后一日。

第二百零三条 期间的最后一日是法定休假日的，以法定休假日结束的次日为期间的最后一日。

期间的最后一日的截止时间为二十四时；有业务时间的，停止业务活动的时间为截止时间。

第二百零四条 期间的计算方法依照本法的规定，但是法律另有规定或者当事人另有约定的除外。

第二编 物 权

第一分编 通 则

第一章 一般规定

第二百零五条 本编调整因物的归属和利用产生的民事关系。

第二百零六条 国家坚持和完善公有制为主体、多种所有制经济共同发展，按劳分配为主体、多种分配方式并存，社会主义市场经济体制等社会主义基本经济制度。

国家巩固和发展公有制经济，鼓励、支持和引导非公有制经济的发展。

国家实行社会主义市场经济，保障一切市场主体的平等法律地位和发展权利。

第二百零七条 国家、集体、私人的物权和其他权利人的物权受法律平等保护，任何组织或者个人不得侵犯。

第二百零八条 不动产物权的设立、变更、转让和消灭，应当依照法律规定登记。动产物权的设立和转让，应当依照法律规定交付。

第二章 物权的设立、变更、转让和消灭

第一节 不动产登记

第二百零九条 不动产物权的设立、变更、转让和消灭，经依法登记，发生效力；未经登记，不发生效力，但是法律另有规定的除外。

依法属于国家所有的自然资源，所有权可以不登记。

第二百一十条 不动产登记，由不动产所在地的登记机构办理。

国家对不动产实行统一登记制度。统一登记的范围、登记机构和登记办法，由法律、行政法规规定。

第二百一十一条 当事人申请登记，应当根据不同登记事项提供权属证明和不动产界址、面积等必要材料。

第二百一十二条 登记机构应当履行下列职责：

（一）查验申请人提供的权属证明和其他必要材料；

（二）就有关登记事项询问申请人；

（三）如实、及时登记有关事项；

（四）法律、行政法规规定的其他职责。

申请登记的不动产的有关情况需要进一步证明的，登记机构可以要求申请人补充材料，必要时可以实地查看。

第二百一十三条 登记机构不得有下列行为：

（一）要求对不动产进行评估；

（二）以年检等名义进行重复登记；

（三）超出登记职责范围的其他行为。

第二百一十四条 不动产物权的设立、变更、转让和消灭，依照法律规定应当登记的，自记载于不动产登记簿时发生效力。

第二百一十五条 当事人之间订立有

关设立、变更、转让和消灭不动产物权的合同，除法律另有规定或者当事人另有约定外，自合同成立时生效；未办理物权登记的，不影响合同效力。

第二百一十六条 不动产登记簿是物权归属和内容的根据。

不动产登记簿由登记机构管理。

第二百一十七条 不动产权属证书是权利人享有该不动产物权的证明。不动产权属证书记载的事项，应当与不动产登记簿一致；记载不一致的，除有证据证明不动产登记簿确有错误外，以不动产登记簿为准。

第二百一十八条 权利人、利害关系人可以申请查询、复制不动产登记资料，登记机构应当提供。

第二百一十九条 利害关系人不得公开、非法使用权利人的不动产登记资料。

第二百二十条 权利人、利害关系人认为不动产登记簿记载的事项错误的，可以申请更正登记。不动产登记簿记载的权利人书面同意更正或者有证据证明登记确有错误的，登记机构应当予以更正。

不动产登记簿记载的权利人不同意更正的，利害关系人可以申请异议登记。登记机构予以异议登记，申请人自异议登记之日起十五日内不提起诉讼的，异议登记失效。异议登记不当，造成权利人损害的，权利人可以向申请人请求损害赔偿。

第二百二十一条 当事人签订买卖房屋的协议或者签订其他不动产物权的协议，为保障将来实现物权，按照约定可以向登记机构申请预告登记。预告登记后，未经预告登记的权利人同意，处分该不动产的，不发生物权效力。

预告登记后，债权消灭或者自能够进行不动产登记之日起九十日内未申请登记的，预告登记失效。

第二百二十二条 当事人提供虚假材料申请登记，造成他人损害的，应当承担赔偿责任。

因登记错误，造成他人损害的，登记机构应当承担赔偿责任。登记机构赔偿后，可以向造成登记错误的人追偿。

第二百二十三条 不动产登记费按件收取，不得按照不动产的面积、体积或者价款的比例收取。

第二节 动产交付

第二百二十四条 动产物权的设立和转让，自交付时发生效力，但是法律另有规定的除外。

第二百二十五条 船舶、航空器和机动车等的物权的设立、变更、转让和消灭，未经登记，不得对抗善意第三人。

第二百二十六条 动产物权设立和转让前，权利人已经占有该动产的，物权自民事法律行为生效时发生效力。

第二百二十七条 动产物权设立和转让前，第三人占有该动产的，负有交付义务的人可以通过转让请求第三人返还原物的权利代替交付。

第二百二十八条 动产物权转让时，当事人又约定由出让人继续占有该动产的，物权自该约定生效时发生效力。

第三节 其他规定

第二百二十九条 因人民法院、仲裁机构的法律文书或者人民政府的征收决定等，导致物权设立、变更、转让或者消灭的，自法律文书或者征收决定等生效时发生效力。

第二百三十条 因继承取得物权的，自继承开始时发生效力。

第二百三十一条 因合法建造、拆除房屋等事实行为设立或者消灭物权的，自事实行为成就时发生效力。

第二百三十二条 处分依照本节规定享有的不动产物权，依照法律规定需要办理登记的，未经登记，不发生物权效力。

第三章 物权的保护

第二百三十三条 物权受到侵害的，权利人可以通过和解、调解、仲裁、诉讼等途径解决。

第二百三十四条 因物权的归属、内容发生争议的，利害关系人可以请求确认权利。

第二百三十五条 无权占有不动产或者动产的，权利人可以请求返还原物。

第二百三十六条 妨害物权或者可能妨害物权的，权利人可以请求排除妨害或者消除危险。

第二百三十七条 造成不动产或者动产毁损的，权利人可以依法请求修理、重作、更换或者恢复原状。

第二百三十八条 侵害物权，造成权利人损害的，权利人可以依法请求损害赔偿，也可以依法请求承担其他民事责任。

第二百三十九条 本章规定的物权保护方式，可以单独适用，也可以根据权利被侵害的情形合并适用。

第二分编 所 有 权

第四章 一 般 规 定

第二百四十条 所有权人对自己的不动产或者动产，依法享有占有、使用、收益和处分的权利。

第二百四十一条 所有权人有权在自己的不动产或者动产上设立用益物权和担保物权。用益物权人、担保物权人行使权利，不得损害所有权人的权益。

第二百四十二条 法律规定专属于国家所有的不动产和动产，任何组织或者个人不能取得所有权。

第二百四十三条 为了公共利益的需要，依照法律规定的权限和程序可以征收集体所有的土地和组织、个人的房屋以及其他不动产。

征收集体所有的土地，应当依法及时足额支付土地补偿费、安置补助费以及农村村民住宅、其他地上附着物和青苗等的补偿费用，并安排被征地农民的社会保障费用，保障被征地农民的生活，维护被征地农民的合法权益。

征收组织、个人的房屋以及其他不动产，应当依法给予征收补偿，维护被征收人的合法权益；征收个人住宅的，还应当保障被征收人的居住条件。

任何组织或者个人不得贪污、挪用、私分、截留、拖欠征收补偿费等费用。

第二百四十四条 国家对耕地实行特殊保护，严格限制农用地转为建设用地，控制建设用地总量。不得违反法律规定的权限和程序征收集体所有的土地。

第二百四十五条 因抢险救灾、疫情防控等紧急需要，依照法律规定的权限和程序可以征用组织、个人的不动产或者动产。被征用的不动产或者动产使用后，应当返还被征用人。组织、个人的不动产或者动产被征用或者征用后毁损、灭失的，应当给予补偿。

第五章 国家所有权和集体所有权、私人所有权

第二百四十六条 法律规定属于国家所有的财产，属于国家所有即全民所有。

国有财产由国务院代表国家行使所有权。法律另有规定的，依照其规定。

第二百四十七条 矿藏、水流、海域属于国家所有。

第二百四十八条 无居民海岛属于国家所有，国务院代表国家行使无居民海岛所有权。

第二百四十九条 城市的土地，属于

国家所有。法律规定属于国家所有的农村和城市郊区的土地，属于国家所有。

第二百五十条 森林、山岭、草原、荒地、滩涂等自然资源，属于国家所有，但是法律规定属于集体所有的除外。

第二百五十一条 法律规定属于国家所有的野生动植物资源，属于国家所有。

第二百五十二条 无线电频谱资源属于国家所有。

第二百五十三条 法律规定属于国家所有的文物，属于国家所有。

第二百五十四条 国防资产属于国家所有。

铁路、公路、电力设施、电信设施和油气管道等基础设施，依照法律规定为国家所有的，属于国家所有。

第二百五十五条 国家机关对其直接支配的不动产和动产，享有占有、使用以及依照法律和国务院的有关规定处分的权利。

第二百五十六条 国家举办的事业单位对其直接支配的不动产和动产，享有占有、使用以及依照法律和国务院的有关规定收益、处分的权利。

第二百五十七条 国家出资的企业，由国务院、地方人民政府依照法律、行政法规规定分别代表国家履行出资人职责，享有出资人权益。

第二百五十八条 国家所有的财产受法律保护，禁止任何组织或者个人侵占、哄抢、私分、截留、破坏。

第二百五十九条 履行国有财产管理、监督职责的机构及其工作人员，应当依法加强对国有财产的管理、监督，促进国有财产保值增值，防止国有财产损失；滥用职权，玩忽职守，造成国有财产损失的，应当依法承担法律责任。

违反国有财产管理规定，在企业改制、合并分立、关联交易等过程中，低价转让、合谋私分、擅自担保或者以其他方式造成国有财产损失的，应当依法承担法律责任。

第二百六十条 集体所有的不动产和动产包括：

（一）法律规定属于集体所有的土地和森林、山岭、草原、荒地、滩涂；

（二）集体所有的建筑物、生产设施、农田水利设施；

（三）集体所有的教育、科学、文化、卫生、体育等设施；

（四）集体所有的其他不动产和动产。

第二百六十一条 农民集体所有的不动产和动产，属于本集体成员集体所有。

下列事项应当依照法定程序经本集体成员决定：

（一）土地承包方案以及将土地发包给本集体以外的组织或者个人承包；

（二）个别土地承包经营权人之间承包地的调整；

（三）土地补偿费等费用的使用、分配办法；

（四）集体出资的企业的所有权变动等事项；

（五）法律规定的其他事项。

第二百六十二条 对于集体所有的土地和森林、山岭、草原、荒地、滩涂等，依照下列规定行使所有权：

（一）属于村农民集体所有的，由村集体经济组织或者村民委员会依法代表集体行使所有权；

（二）分别属于村内两个以上农民集体所有的，由村内各该集体经济组织或者村民小组依法代表集体行使所有权；

（三）属于乡镇农民集体所有的，由乡镇集体经济组织代表集体行使所有权。

第二百六十三条 城镇集体所有的不动产和动产，依照法律、行政法规的规定由本集体享有占有、使用、收益和处分的权利。

第二百六十四条 农村集体经济组织或者村民委员会、村民小组应当依照法律、行政法规以及章程、村规民约向本集体成员公布集体财产的状况。集体成员有权查阅、复制相关资料。

第二百六十五条 集体所有的财产受法律保护，禁止任何组织或者个人侵占、哄抢、私分、破坏。

农村集体经济组织、村民委员会或者其负责人作出的决定侵害集体成员合法权益的，受侵害的集体成员可以请求人民法院予以撤销。

第二百六十六条 私人对其合法的收入、房屋、生活用品、生产工具、原材料等不动产和动产享有所有权。

第二百六十七条 私人的合法财产受法律保护，禁止任何组织或者个人侵占、哄抢、破坏。

第二百六十八条 国家、集体和私人依法可以出资设立有限责任公司、股份有限公司或者其他企业。国家、集体和私人所有的不动产或者动产投到企业的，由出资人按照约定或者出资比例享有资产收益、重大决策以及选择经营管理者等权利并履行义务。

第二百六十九条 营利法人对其不动产和动产依照法律、行政法规以及章程享有占有、使用、收益和处分的权利。

营利法人以外的法人，对其不动产和动产的权利，适用有关法律、行政法规以及章程的规定。

第二百七十条 社会团体法人、捐助法人依法所有的不动产和动产，受法律保护。

第六章 业主的建筑物区分所有权

第二百七十一条 业主对建筑物内的住宅、经营性用房等专有部分享有所有权，对专有部分以外的共有部分享有共有和共同管理的权利。

第二百七十二条 业主对其建筑物专有部分享有占有、使用、收益和处分的权利。业主行使权利不得危及建筑物的安全，不得损害其他业主的合法权益。

第二百七十三条 业主对建筑物专有部分以外的共有部分，享有权利，承担义务；不得以放弃权利为由不履行义务。

业主转让建筑物内的住宅、经营性用房，其对共有部分享有的共有和共同管理的权利一并转让。

第二百七十四条 建筑区划内的道路，属于业主共有，但是属于城镇公共道路的除外。建筑区划内的绿地，属于业主共有，但是属于城镇公共绿地或者明示属于个人的除外。建筑区划内的其他公共场所、公用设施和物业服务用房，属于业主共有。

第二百七十五条 建筑区划内，规划用于停放汽车的车位、车库的归属，由当事人通过出售、附赠或者出租等方式约定。

占用业主共有的道路或者其他场地用于停放汽车的车位，属于业主共有。

第二百七十六条 建筑区划内，规划用于停放汽车的车位、车库应当首先满足业主的需要。

第二百七十七条 业主可以设立业主大会，选举业主委员会。业主大会、业主委员会成立的具体条件和程序，依照法律、法规的规定。

地方人民政府有关部门、居民委员会应当对设立业主大会和选举业主委员会给予指导和协助。

第二百七十八条 下列事项由业主共同决定：

（一）制定和修改业主大会议事规则；

（二）制定和修改管理规约；

（三）选举业主委员会或者更换业主委员会成员；

（四）选聘和解聘物业服务企业或者其他管理人；

（五）使用建筑物及其附属设施的维修资金；

（六）筹集建筑物及其附属设施的维修资金；

（七）改建、重建建筑物及其附属设施；

（八）改变共有部分的用途或者利用共有部分从事经营活动；

（九）有关共有和共同管理权利的其他重大事项。

业主共同决定事项，应当由专有部分面积占比三分之二以上的业主且人数占比三分之二以上的业主参与表决。决定前款第六项至第八项规定的事项，应当经参与表决专有部分面积四分之三以上的业主且参与表决人数四分之三以上的业主同意。决定前款其他事项，应当经参与表决专有部分面积过半数的业主且参与表决人数过半数的业主同意。

第二百七十九条 业主不得违反法律、法规以及管理规约，将住宅改变为经营性用房。业主将住宅改变为经营性用房的，除遵守法律、法规以及管理规约外，应当经有利害关系的业主一致同意。

第二百八十条 业主大会或者业主委员会的决定，对业主具有法律约束力。

业主大会或者业主委员会作出的决定侵害业主合法权益的，受侵害的业主可以请求人民法院予以撤销。

第二百八十一条 建筑物及其附属设施的维修资金，属于业主共有。经业主共同决定，可以用于电梯、屋顶、外墙、无障碍设施等共有部分的维修、更新和改造。建筑物及其附属设施的维修资金的筹集、使用情况应当定期公布。

紧急情况下需要维修建筑物及其附属设施的，业主大会或者业主委员会可以依法申请使用建筑物及其附属设施的维修资金。

第二百八十二条 建设单位、物业服务企业或者其他管理人等利用业主的共有部分产生的收入，在扣除合理成本之后，属于业主共有。

第二百八十三条 建筑物及其附属设施的费用分摊、收益分配等事项，有约定的，按照约定；没有约定或者约定不明确的，按照业主专有部分面积所占比例确定。

第二百八十四条 业主可以自行管理建筑物及其附属设施，也可以委托物业服务企业或者其他管理人管理。

对建设单位聘请的物业服务企业或者其他管理人，业主有权依法更换。

第二百八十五条 物业服务企业或者其他管理人根据业主的委托，依照本法第三编有关物业服务合同的规定管理建筑区划内的建筑物及其附属设施，接受业主的监督，并及时答复业主对物业服务情况提出的询问。

物业服务企业或者其他管理人应当执行政府依法实施的应急处置措施和其他管理措施，积极配合开展相关工作。

第二百八十六条 业主应当遵守法律、法规以及管理规约，相关行为应当符合节约资源、保护生态环境的要求。对于物业服务企业或者其他管理人执行政府依法实施的应急处置措施和其他管理措施，业主应当依法予以配合。

业主大会或者业主委员会，对任意弃置垃圾、排放污染物或者噪声、违反规定饲养动物、违章搭建、侵占通道、拒付物业费等损害他人合法权益的行为，有权依照法律、法规以及管理规约，请求行为人停止侵害、排除妨碍、消除危险、恢复原状、赔偿损失。

业主或者其他行为人拒不履行相关义务的，有关当事人可以向有关行政主管部门报告或者投诉，有关行政主管部门应当依法处理。

第二百八十七条 业主对建设单位、物业服务企业或者其他管理人以及其他业主侵害自己合法权益的行为，有权请求其承担民事责任。

第七章 相邻关系

第二百八十八条 不动产的相邻权利

人应当按照有利生产、方便生活、团结互助、公平合理的原则，正确处理相邻关系。

第二百八十九条 法律、法规对处理相邻关系有规定的，依照其规定；法律、法规没有规定的，可以按照当地习惯。

第二百九十条 不动产权利人应当为相邻权利人用水、排水提供必要的便利。

对自然流水的利用，应当在不动产的相邻权利人之间合理分配。对自然流水的排放，应当尊重自然流向。

第二百九十一条 不动产权利人对相邻权利人因通行等必须利用其土地的，应当提供必要的便利。

第二百九十二条 不动产权利人因建造、修缮建筑物以及铺设电线、电缆、水管、暖气和燃气管线等必须利用相邻土地、建筑物的，该土地、建筑物的权利人应当提供必要的便利。

第二百九十三条 建造建筑物，不得违反国家有关工程建设标准，不得妨碍相邻建筑物的通风、采光和日照。

第二百九十四条 不动产权利人不得违反国家规定弃置固体废物，排放大气污染物、水污染物、土壤污染物、噪声、光辐射、电磁辐射等有害物质。

第二百九十五条 不动产权利人挖掘土地、建造建筑物、铺设管线以及安装设备等，不得危及相邻不动产的安全。

第二百九十六条 不动产权利人因用水、排水、通行、铺设管线等利用相邻不动产的，应当尽量避免对相邻的不动产权利人造成损害。

第八章 共 有

第二百九十七条 不动产或者动产可以由两个以上组织、个人共有。共有包括按份共有和共同共有。

第二百九十八条 按份共有人对共有的不动产或者动产按照其份额享有所有权。

第二百九十九条 共同共有人对共有的不动产或者动产共同享有所有权。

第三百条 共有人按照约定管理共有的不动产或者动产；没有约定或者约定不明确的，各共有人都有管理的权利和义务。

第三百零一条 处分共有的不动产或者动产以及对共有的不动产或者动产作重大修缮、变更性质或者用途的，应当经占份额三分之二以上的按份共有人或者全体共同共有人同意，但是共有人之间另有约定的除外。

第三百零二条 共有人对共有物的管理费用以及其他负担，有约定的，按照其约定；没有约定或者约定不明确的，按份共有人按照其份额负担，共同共有人共同负担。

第三百零三条 共有人约定不得分割共有的不动产或者动产，以维持共有关系的，应当按照约定，但是共有人有重大理由需要分割的，可以请求分割；没有约定或者约定不明确的，按份共有人可以随时请求分割，共同共有人在共有的基础丧失或者有重大理由需要分割时可以请求分割。因分割造成其他共有人损害的，应当给予赔偿。

第三百零四条 共有人可以协商确定分割方式。达不成协议，共有的不动产或者动产可以分割且不会因分割减损价值的，应当对实物予以分割；难以分割或者因分割会减损价值的，应当对折价或者拍卖、变卖取得的价款予以分割。

共有人分割所得的不动产或者动产有瑕疵的，其他共有人应当分担损失。

第三百零五条 按份共有人可以转让其享有的共有的不动产或者动产份额。其他共有人在同等条件下享有优先购买的权利。

第三百零六条 按份共有人转让其享有的共有的不动产或者动产份额的，应当将转让条件及时通知其他共有人。其他共有人应当在合理期限内行使优先购买权。

两个以上其他共有人主张行使优先购

买权的，协商确定各自的购买比例；协商不成的，按照转让时各自的共有份额比例行使优先购买权。

第三百零七条 因共有的不动产或者动产产生的债权债务，在对外关系上，共有人享有连带债权、承担连带债务，但是法律另有规定或者第三人知道共有人不具有连带债权债务关系的除外；在共有人内部关系上，除共有人另有约定外，按份共有人按照份额享有债权、承担债务，共同共有人共同享有债权、承担债务。偿还债务超过自己应当承担份额的按份共有人，有权向其他共有人追偿。

第三百零八条 共有人对共有的不动产或者动产没有约定为按份共有或者共同共有，或者约定不明确的，除共有人具有家庭关系等外，视为按份共有。

第三百零九条 按份共有人对共有的不动产或者动产享有的份额，没有约定或者约定不明确的，按照出资额确定；不能确定出资额的，视为等额享有。

第三百一十条 两个以上组织、个人共同享有用益物权、担保物权的，参照适用本章的有关规定。

第九章 所有权取得的特别规定

第三百一十一条 无处分权人将不动产或者动产转让给受让人的，所有权人有权追回；除法律另有规定外，符合下列情形的，受让人取得该不动产或者动产的所有权：

（一）受让人受让该不动产或者动产时是善意；

（二）以合理的价格转让；

（三）转让的不动产或者动产依照法律规定应当登记的已经登记，不需要登记的已经交付给受让人。

受让人依据前款规定取得不动产或者动产的所有权的，原所有权人有权向无处分权人请求损害赔偿。

当事人善意取得其他物权的，参照适用前两款规定。

第三百一十二条 所有权人或者其他权利人有权追回遗失物。该遗失物通过转让被他人占有的，权利人有权向无处分权人请求损害赔偿，或者自知道或者应当知道受让人之日起二年内向受让人请求返还原物；但是，受让人通过拍卖或者向具有经营资格的经营者购得该遗失物的，权利人请求返还原物时应当支付受让人所付的费用。权利人向受让人支付所付费用后，有权向无处分权人追偿。

第三百一十三条 善意受让人取得动产后，该动产上的原有权利消灭。但是，善意受让人在受让时知道或者应当知道该权利的除外。

第三百一十四条 拾得遗失物，应当返还权利人。拾得人应当及时通知权利人领取，或者送交公安等有关部门。

第三百一十五条 有关部门收到遗失物，知道权利人的，应当及时通知其领取；不知道的，应当及时发布招领公告。

第三百一十六条 拾得人在遗失物送交有关部门前，有关部门在遗失物被领取前，应当妥善保管遗失物。因故意或者重大过失致使遗失物毁损、灭失的，应当承担民事责任。

第三百一十七条 权利人领取遗失物时，应当向拾得人或者有关部门支付保管遗失物等支出的必要费用。

权利人悬赏寻找遗失物的，领取遗失物时应当按照承诺履行义务。

拾得人侵占遗失物的，无权请求保管遗失物等支出的费用，也无权请求权利人按照承诺履行义务。

第三百一十八条 遗失物自发布招领公告之日起一年内无人认领的，归国家所有。

第三百一十九条 拾得漂流物、发现埋藏物或者隐藏物的，参照适用拾得遗失物的有关规定。法律另有规定的，依照其规定。

第三百二十条 主物转让的，从物随主物转让，但是当事人另有约定的除外。

第三百二十一条 天然孳息，由所有权人取得；既有所有权人又有用益物权人的，由用益物权人取得。当事人另有约定的，按照其约定。

法定孳息，当事人有约定的，按照约定取得；没有约定或者约定不明确的，按照交易习惯取得。

第三百二十二条 因加工、附合、混合而产生的物的归属，有约定的，按照约定；没有约定或者约定不明确的，依照法律规定；法律没有规定的，按照充分发挥物的效用以及保护无过错当事人的原则确定。因一方当事人的过错或者确定物的归属造成另一方当事人损害的，应当给予赔偿或者补偿。

第三分编 用益物权

第十章 一般规定

第三百二十三条 用益物权人对他人所有的不动产或者动产，依法享有占有、使用和收益的权利。

第三百二十四条 国家所有或者国家所有由集体使用以及法律规定属于集体所有的自然资源，组织、个人依法可以占有、使用和收益。

第三百二十五条 国家实行自然资源有偿使用制度，但是法律另有规定的除外。

第三百二十六条 用益物权人行使权利，应当遵守法律有关保护和合理开发利用资源、保护生态环境的规定。所有权人不得干涉用益物权人行使权利。

第三百二十七条 因不动产或者动产被征收、征用致使用益物权消灭或者影响用益物权行使的，用益物权人有权依据本法第二百四十三条、第二百四十五条的规定获得相应补偿。

第三百二十八条 依法取得的海域使用权受法律保护。

第三百二十九条 依法取得的探矿权、采矿权、取水权和使用水域、滩涂从事养殖、捕捞的权利受法律保护。

第十一章 土地承包经营权

第三百三十条 农村集体经济组织实行家庭承包经营为基础、统分结合的双层经营体制。

农民集体所有和国家所有由农民集体使用的耕地、林地、草地以及其他用于农业的土地，依法实行土地承包经营制度。

第三百三十一条 土地承包经营权人依法对其承包经营的耕地、林地、草地等享有占有、使用和收益的权利，有权从事种植业、林业、畜牧业等农业生产。

第三百三十二条 耕地的承包期为三十年。草地的承包期为三十年至五十年。林地的承包期为三十年至七十年。

前款规定的承包期限届满，由土地承包经营权人依照农村土地承包的法律规定继续承包。

第三百三十三条 土地承包经营权自土地承包经营权合同生效时设立。

登记机构应当向土地承包经营权人发放土地承包经营权证、林权证等证书，并登记造册，确认土地承包经营权。

第三百三十四条 土地承包经营权人依照法律规定，有权将土地承包经营权互换、转让。未经依法批准，不得将承包地用于非农建设。

第三百三十五条 土地承包经营权互换、转让的，当事人可以向登记机构申请登记；未经登记，不得对抗善意第三人。

第三百三十六条 承包期内发包人不得调整承包地。

因自然灾害严重毁损承包地等特殊情形，需要适当调整承包的耕地和草地的，应当依照农村土地承包的法律规定办理。

第三百三十七条 承包期内发包人不得收回承包地。法律另有规定的，依照其规定。

第三百三十八条 承包地被征收的，土地承包经营权人有权依据本法第二百四十三条的规定获得相应补偿。

第三百三十九条 土地承包经营权人可以自主决定依法采取出租、入股或者其他方式向他人流转土地经营权。

第三百四十条 土地经营权人有权在合同约定的期限内占有农村土地，自主开展农业生产经营并取得收益。

第三百四十一条 流转期限为五年以上的土地经营权，自流转合同生效时设立。当事人可以向登记机构申请土地经营权登记；未经登记，不得对抗善意第三人。

第三百四十二条 通过招标、拍卖、公开协商等方式承包农村土地，经依法登记取得权属证书的，可以依法采取出租、入股、抵押或者其他方式流转土地经营权。

第三百四十三条 国家所有的农用地实行承包经营的，参照适用本编的有关规定。

第十二章 建设用地使用权

第三百四十四条 建设用地使用权人依法对国家所有的土地享有占有、使用和收益的权利，有权利用该土地建造建筑物、构筑物及其附属设施。

第三百四十五条 建设用地使用权可以在土地的地表、地上或者地下分别设立。

第三百四十六条 设立建设用地使用权，应当符合节约资源、保护生态环境的要求，遵守法律、行政法规关于土地用途的规定，不得损害已经设立的用益物权。

第三百四十七条 设立建设用地使用权，可以采取出让或者划拨等方式。

工业、商业、旅游、娱乐和商品住宅等经营性用地以及同一土地有两个以上意向用地者的，应当采取招标、拍卖等公开竞价的方式出让。

严格限制以划拨方式设立建设用地使用权。

第三百四十八条 通过招标、拍卖、协议等出让方式设立建设用地使用权的，当事人应当采用书面形式订立建设用地使用权出让合同。

建设用地使用权出让合同一般包括下列条款：

（一）当事人的名称和住所；

（二）土地界址、面积等；

（三）建筑物、构筑物及其附属设施占用的空间；

（四）土地用途、规划条件；

（五）建设用地使用权期限；

（六）出让金等费用及其支付方式；

（七）解决争议的方法。

第三百四十九条 设立建设用地使用权的，应当向登记机构申请建设用地使用权登记。建设用地使用权自登记时设立。登记机构应当向建设用地使用权人发放权属证书。

第三百五十条 建设用地使用权人应当合理利用土地，不得改变土地用途；需要改变土地用途的，应当依法经有关行政主管部门批准。

第三百五十一条 建设用地使用权人应当依照法律规定以及合同约定支付出让金等费用。

第三百五十二条 建设用地使用权人建造的建筑物、构筑物及其附属设施的所有权属于建设用地使用权人，但是有相反证据证明的除外。

第三百五十三条 建设用地使用权人有权将建设用地使用权转让、互换、出资、赠与或者抵押，但是法律另有规定的除外。

第三百五十四条 建设用地使用权转让、互换、出资、赠与或者抵押的，当事人应当采用书面形式订立相应的合同。使用期限由当事人约定，但是不得超过建设用地使用权的剩余期限。

第三百五十五条 建设用地使用权转让、互换、出资或者赠与的，应当向登记机构申请变更登记。

第三百五十六条 建设用地使用权转让、互换、出资或者赠与的，附着于该土地上的建筑物、构筑物及其附属设施一并处分。

第三百五十七条 建筑物、构筑物及其附属设施转让、互换、出资或者赠与的，该建筑物、构筑物及其附属设施占用范围内的建设用地使用权一并处分。

第三百五十八条 建设用地使用权期限届满前，因公共利益需要提前收回该土地的，应当依据本法第二百四十三条的规定对该土地上的房屋以及其他不动产给予补偿，并退还相应的出让金。

第三百五十九条 住宅建设用地使用权期限届满的，自动续期。续期费用的缴纳或者减免，依照法律、行政法规的规定办理。

非住宅建设用地使用权期限届满后的续期，依照法律规定办理。该土地上的房屋以及其他不动产的归属，有约定的，按照约定；没有约定或者约定不明确的，依照法律、行政法规的规定办理。

第三百六十条 建设用地使用权消灭的，出让人应当及时办理注销登记。登记机构应当收回权属证书。

第三百六十一条 集体所有的土地作为建设用地的，应当依照土地管理的法律规定办理。

第十三章 宅基地使用权

第三百六十二条 宅基地使用权人依法对集体所有的土地享有占有和使用的权利，有权依法利用该土地建造住宅及其附属设施。

第三百六十三条 宅基地使用权的取得、行使和转让，适用土地管理的法律和国家有关规定。

第三百六十四条 宅基地因自然灾害等原因灭失的，宅基地使用权消灭。对失去宅基地的村民，应当依法重新分配宅基地。

第三百六十五条 已经登记的宅基地使用权转让或者消灭的，应当及时办理变更登记或者注销登记。

第十四章 居 住 权

第三百六十六条 居住权人有权按照合同约定，对他人的住宅享有占有、使用的用益物权，以满足生活居住的需要。

第三百六十七条 设立居住权，当事人应当采用书面形式订立居住权合同。

居住权合同一般包括下列条款：

（一）当事人的姓名或者名称和住所；

（二）住宅的位置；

（三）居住的条件和要求；

（四）居住权期限；

（五）解决争议的方法。

第三百六十八条 居住权无偿设立，但是当事人另有约定的除外。设立居住权的，应当向登记机构申请居住权登记。居住权自登记时设立。

第三百六十九条 居住权不得转让、继承。设立居住权的住宅不得出租，但是当事人另有约定的除外。

第三百七十条 居住权期限届满或者居住权人死亡的，居住权消灭的，应当及时办理注销登记。

第三百七十一条 以遗嘱方式设立居住权的，参照适用本章的有关规定。

第十五章 地 役 权

第三百七十二条 地役权人有权按照合同约定，利用他人的不动产，以提高自己的不动产的效益。

前款所称他人的不动产为供役地，自己的不动产为需役地。

第三百七十三条 设立地役权，当事人应当采用书面形式订立地役权合同。

地役权合同一般包括下列条款：

（一）当事人的姓名或者名称和住所；

（二）供役地和需役地的位置；

（三）利用目的和方法；

（四）地役权期限；

（五）费用及其支付方式；

（六）解决争议的方法。

第三百七十四条 地役权自地役权合同生效时设立。当事人要求登记的，可以向登记机构申请地役权登记；未经登记，不得对抗善意第三人。

第三百七十五条 供役地权利人应当按照合同约定，允许地役权人利用其不动产，不得妨害地役权人行使权利。

第三百七十六条 地役权人应当按照合同约定的利用目的和方法利用供役地，尽量减少对供役地权利人物权的限制。

第三百七十七条 地役权期限由当事人约定；但是，不得超过土地承包经营权、建设用地使用权等用益物权的剩余期限。

第三百七十八条 土地所有权人享有地役权或者负担地役权的，设立土地承包经营权、宅基地使用权等用益物权时，该用益物权人继续享有或者负担已经设立的地役权。

第三百七十九条 土地上已经设立土地承包经营权、建设用地使用权、宅基地使用权等用益物权的，未经用益物权人同意，土地所有权人不得设立地役权。

第三百八十条 地役权不得单独转让。土地承包经营权、建设用地使用权等转让的，地役权一并转让，但是合同另有约定的除外。

第三百八十一条 地役权不得单独抵押。土地经营权、建设用地使用权等抵押的，在实现抵押权时，地役权一并转让。

第三百八十二条 需役地以及需役地上的土地承包经营权、建设用地使用权等部分转让时，转让部分涉及地役权的，受让人同时享有地役权。

第三百八十三条 供役地以及供役地上的土地承包经营权、建设用地使用权等部分转让时，转让部分涉及地役权的，地役权对受让人具有法律约束力。

第三百八十四条 地役权人有下列情形之一的，供役地权利人有权解除地役权合同，地役权消灭：

（一）违反法律规定或者合同约定，滥用地役权；

（二）有偿利用供役地，约定的付款期限届满后在合理期限内经两次催告未支付费用。

第三百八十五条 已经登记的地役权变更、转让或者消灭的，应当及时办理变更登记或者注销登记。

第四分编 担保物权

第十六章 一般规定

第三百八十六条 担保物权人在债务人不履行到期债务或者发生当事人约定的实现担保物权的情形，依法享有就担保财产优先受偿的权利，但是法律另有规定的除外。

第三百八十七条 债权人在借贷、买卖等民事活动中，为保障实现其债权，需要担保的，可以依照本法和其他法律的规定设立担保物权。

第三人为债务人向债权人提供担保的，可以要求债务人提供反担保。反担保适用本法和其他法律的规定。

第三百八十八条 设立担保物权，应当依照本法和其他法律的规定订立担保合同。担保合同包括抵押合同、质押合同和其他具有担保功能的合同。担保合同是主债权债务合同的从合同。主债权债务合同无效的，担保合同无效，但是法律另有规定的除外。

担保合同被确认无效后，债务人、担保人、债权人有过错的，应当根据其过错各自承担相应的民事责任。

第三百八十九条 担保物权的担保范围包括主债权及其利息、违约金、损害赔偿金、保管担保财产和实现担保物权的费用。当事人另有约定的，按照其约定。

第三百九十条 担保期间，担保财产毁损、灭失或者被征收等，担保物权人可以就获得的保险金、赔偿金或者补偿金等优先受偿。被担保债权的履行期限未届满的，也可以提存该保险金、赔偿金或者补偿金等。

第三百九十一条 第三人提供担保，未经其书面同意，债权人允许债务人转移全部或者部分债务的，担保人不再承担相应的担保责任。

第三百九十二条 被担保的债权既有物的担保又有人的担保的，债务人不履行到期债务或者发生当事人约定的实现担保物权的情形，债权人应当按照约定实现债权；没有约定或者约定不明确，债务人自己提供物的担保的，债权人应当先就该物的担保实现债权；第三人提供物的担保的，债权人可以就物的担保实现债权，也可以请求保证人承担保证责任。提供担保的第三人承担担保责任后，有权向债务人追偿。

第三百九十三条 有下列情形之一的，担保物权消灭：

（一）主债权消灭；

（二）担保物权实现；

（三）债权人放弃担保物权；

（四）法律规定担保物权消灭的其他情形。

第十七章　抵　押　权

第一节　一般抵押权

第三百九十四条 为担保债务的履行，债务人或者第三人不转移财产的占有，将该财产抵押给债权人的，债务人不履行到期债务或者发生当事人约定的实现抵押权的情形，债权人有权就该财产优先受偿。

前款规定的债务人或者第三人为抵押人，债权人为抵押权人，提供担保的财产为抵押财产。

第三百九十五条 债务人或者第三人有权处分的下列财产可以抵押：

（一）建筑物和其他土地附着物；

（二）建设用地使用权；

（三）海域使用权；

（四）生产设备、原材料、半成品、产品；

（五）正在建造的建筑物、船舶、航空器；

（六）交通运输工具；

（七）法律、行政法规未禁止抵押的其他财产。

抵押人可以将前款所列财产一并抵押。

第三百九十六条 企业、个体工商户、农业生产经营者可以将现有的以及将有的生产设备、原材料、半成品、产品抵押，债务人不履行到期债务或者发生当事人约定的实现抵押权的情形，债权人有权就抵押财产确定时的动产优先受偿。

第三百九十七条 以建筑物抵押的，

该建筑物占用范围内的建设用地使用权一并抵押。以建设用地使用权抵押的，该土地上的建筑物一并抵押。

抵押人未依据前款规定一并抵押的，未抵押的财产视为一并抵押。

第三百九十八条 乡镇、村企业的建设用地使用权不得单独抵押。以乡镇、村企业的厂房等建筑物抵押的，其占用范围内的建设用地使用权一并抵押。

第三百九十九条 下列财产不得抵押：

（一）土地所有权；

（二）宅基地、自留地、自留山等集体所有土地的使用权，但是法律规定可以抵押的除外；

（三）学校、幼儿园、医疗机构等为公益目的成立的非营利法人的教育设施、医疗卫生设施和其他公益设施；

（四）所有权、使用权不明或者有争议的财产；

（五）依法被查封、扣押、监管的财产；

（六）法律、行政法规规定不得抵押的其他财产。

第四百条 设立抵押权，当事人应当采用书面形式订立抵押合同。

抵押合同一般包括下列条款：

（一）被担保债权的种类和数额；

（二）债务人履行债务的期限；

（三）抵押财产的名称、数量等情况；

（四）担保的范围。

第四百零一条 抵押权人在债务履行期限届满前，与抵押人约定债务人不履行到期债务时抵押财产归债权人所有的，只能依法就抵押财产优先受偿。

第四百零二条 以本法第三百九十五条第一款第一项至第三项规定的财产或者第五项规定的正在建造的建筑物抵押的，应当办理抵押登记。抵押权自登记时设立。

第四百零三条 以动产抵押的，抵押权自抵押合同生效时设立；未经登记，不得对抗善意第三人。

第四百零四条 以动产抵押的，不得对抗正常经营活动中已经支付合理价款并取得抵押财产的买受人。

第四百零五条 抵押权设立前，抵押财产已经出租并转移占有的，原租赁关系不受该抵押权的影响。

第四百零六条 抵押期间，抵押人可以转让抵押财产。当事人另有约定的，按照其约定。抵押财产转让的，抵押权不受影响。

抵押人转让抵押财产的，应当及时通知抵押权人。抵押权人能够证明抵押财产转让可能损害抵押权的，可以请求抵押人将转让所得的价款向抵押权人提前清偿债务或者提存。转让的价款超过债权数额的部分归抵押人所有，不足部分由债务人清偿。

第四百零七条 抵押权不得与债权分离而单独转让或者作为其他债权的担保。债权转让的，担保该债权的抵押权一并转让，但是法律另有规定或者当事人另有约定的除外。

第四百零八条 抵押人的行为足以使抵押财产价值减少的，抵押权人有权请求抵押人停止其行为；抵押财产价值减少的，抵押权人有权请求恢复抵押财产的价值，或者提供与减少的价值相应的担保。抵押人不恢复抵押财产的价值，也不提供担保的，抵押权人有权请求债务人提前清偿债务。

第四百零九条 抵押权人可以放弃抵押权或者抵押权的顺位。抵押权人与抵押人可以协议变更抵押权顺位以及被担保的债权数额等内容。但是，抵押权的变更未经其他抵押权人书面同意的，不得对其他抵押权人产生不利影响。

债务人以自己的财产设定抵押，抵押权人放弃该抵押权、抵押权顺位或者变更抵押权的，其他担保人在抵押权人丧失优先受偿权益的范围内免除担保责任，但是其他担保人承诺仍然提供担保的除外。

第四百一十条 债务人不履行到期债务或者发生当事人约定的实现抵押权的情形，抵押权人可以与抵押人协议以抵押财产折价或者以拍卖、变卖该抵押财产所得的价款优先受偿。协议损害其他债权人利益的，其他债权人可以请求人民法院撤销该协议。

抵押权人与抵押人未就抵押权实现方式达成协议的，抵押权人可以请求人民法院拍卖、变卖抵押财产。

抵押财产折价或者变卖的，应当参照市场价格。

第四百一十一条 依据本法第三百九十六条规定设定抵押的，抵押财产自下列情形之一发生时确定：

（一）债务履行期限届满，债权未实现；

（二）抵押人被宣告破产或者解散；

（三）当事人约定的实现抵押权的情形；

（四）严重影响债权实现的其他情形。

第四百一十二条 债务人不履行到期债务或者发生当事人约定的实现抵押权的情形，致使抵押财产被人民法院依法扣押的，自扣押之日起，抵押权人有权收取该抵押财产的天然孳息或者法定孳息，但是抵押权人未通知应当清偿法定孳息义务人的除外。

前款规定的孳息应当先充抵收取孳息的费用。

第四百一十三条 抵押财产折价或者拍卖、变卖后，其价款超过债权数额的部分归抵押人所有，不足部分由债务人清偿。

第四百一十四条 同一财产向两个以上债权人抵押的，拍卖、变卖抵押财产所得的价款依照下列规定清偿：

（一）抵押权已经登记的，按照登记的时间先后确定清偿顺序；

（二）抵押权已经登记的先于未登记的受偿；

（三）抵押权未登记的，按照债权比例清偿。

其他可以登记的担保物权，清偿顺序参照适用前款规定。

第四百一十五条 同一财产既设立抵押权又设立质权的，拍卖、变卖该财产所得的价款按照登记、交付的时间先后确定清偿顺序。

第四百一十六条 动产抵押担保的主债权是抵押物的价款，标的物交付后十日内办理抵押登记的，该抵押权人优先于抵押物买受人的其他担保物权人受偿，但是留置权人除外。

第四百一十七条 建设用地使用权抵押后，该土地上新增的建筑物不属于抵押财产。该建设用地使用权实现抵押权时，应当将该土地上新增的建筑物与建设用地使用权一并处分。但是，新增建筑物所得的价款，抵押权人无权优先受偿。

第四百一十八条 以集体所有土地的使用权依法抵押的，实现抵押权后，未经法定程序，不得改变土地所有权的性质和土地用途。

第四百一十九条 抵押权人应当在主债权诉讼时效期间行使抵押权；未行使的，人民法院不予保护。

第二节 最高额抵押权

第四百二十条 为担保债务的履行，债务人或者第三人对一定期间内将要连续发生的债权提供担保财产的，债务人不履行到期债务或者发生当事人约定的实现抵押权的情形，抵押权人有权在最高债权额限度内就该担保财产优先受偿。

最高额抵押权设立前已经存在的债权，经当事人同意，可以转入最高额抵押担保的债权范围。

第四百二十一条 最高额抵押担保的债权确定前，部分债权转让的，最高额抵押权不得转让，但是当事人另有约定的除外。

第四百二十二条 最高额抵押担保的债权确定前，抵押权人与抵押人可以通过协议变更债权确定的期间、债权范围以及最高债权额。但是，变更的内容不得对其他抵押权人产生不利影响。

第四百二十三条 有下列情形之一的，抵押权人的债权确定：

（一）约定的债权确定期间届满；

（二）没有约定债权确定期间或者约定不明确，抵押权人或者抵押人自最高额抵押权设立之日起满二年后请求确定债权；

（三）新的债权不可能发生；

（四）抵押权人知道或者应当知道抵押财产被查封、扣押；

（五）债务人、抵押人被宣告破产或者解散；

（六）法律规定债权确定的其他情形。

第四百二十四条 最高额抵押权除适用本节规定外，适用本章第一节的有关规定。

第十八章 质 权

第一节 动产质权

第四百二十五条 为担保债务的履行，债务人或者第三人将其动产出质给债权人占有的，债务人不履行到期债务或者发生当事人约定的实现质权的情形，债权人有权就该动产优先受偿。

前款规定的债务人或者第三人为出质人，债权人为质权人，交付的动产为质押财产。

第四百二十六条 法律、行政法规禁止转让的动产不得出质。

第四百二十七条 设立质权，当事人应当采用书面形式订立质押合同。

质押合同一般包括下列条款：

（一）被担保债权的种类和数额；

（二）债务人履行债务的期限；

（三）质押财产的名称、数量等情况；

（四）担保的范围；

（五）质押财产交付的时间、方式。

第四百二十八条 质权人在债务履行期限届满前，与出质人约定债务人不履行到期债务时质押财产归债权人所有的，只能依法就质押财产优先受偿。

第四百二十九条 质权自出质人交付质押财产时设立。

第四百三十条 质权人有权收取质押财产的孳息，但是合同另有约定的除外。

前款规定的孳息应当先充抵收取孳息的费用。

第四百三十一条 质权人在质权存续期间，未经出质人同意，擅自使用、处分质押财产，造成出质人损害的，应当承担赔偿责任。

第四百三十二条 质权人负有妥善保管质押财产的义务；因保管不善致使质押财产毁损、灭失的，应当承担赔偿责任。

质权人的行为可能使质押财产毁损、灭失的，出质人可以请求质权人将质押财产提存，或者请求提前清偿债务并返还质押财产。

第四百三十三条 因不可归责于质权人的事由可能使质押财产毁损或者价值明显减少，足以危害质权人权利的，质权人有权请求出质人提供相应的担保；出质人不提供的，质权人可以拍卖、变卖质押财产，并与出质人协议将拍卖、变卖所得的价款提前清偿债务或者提存。

第四百三十四条 质权人在质权存续期间，未经出质人同意转质，造成质押财产毁损、灭失的，应当承担赔偿责任。

第四百三十五条 质权人可以放弃质权。债务人以自己的财产出质，质权人放弃该质权的，其他担保人在质权人丧失优先受偿权益的范围内免除担保责任，但是其他担保人承诺仍然提供担保的除外。

第四百三十六条 债务人履行债务或者出质人提前清偿所担保的债权的，质权人应当返还质押财产。

债务人不履行到期债务或者发生当事人约定的实现质权的情形，质权人可以与出质人协议以质押财产折价，也可以就拍卖、变卖质押财产所得的价款优先受偿。

质押财产折价或者变卖的，应当参照市场价格。

第四百三十七条　出质人可以请求质权人在债务履行期限届满后及时行使质权；质权人不行使的，出质人可以请求人民法院拍卖、变卖质押财产。

出质人请求质权人及时行使质权，因质权人怠于行使权利造成出质人损害的，由质权人承担赔偿责任。

第四百三十八条　质押财产折价或者拍卖、变卖后，其价款超过债权数额的部分归出质人所有，不足部分由债务人清偿。

第四百三十九条　出质人与质权人可以协议设立最高额质权。

最高额质权除适用本节有关规定外，参照适用本编第十七章第二节的有关规定。

第二节　权利质权

第四百四十条　债务人或者第三人有权处分的下列权利可以出质：

（一）汇票、本票、支票；

（二）债券、存款单；

（三）仓单、提单；

（四）可以转让的基金份额、股权；

（五）可以转让的注册商标专用权、专利权、著作权等知识产权中的财产权；

（六）现有的以及将有的应收账款；

（七）法律、行政法规规定可以出质的其他财产权利。

第四百四十一条　以汇票、本票、支票、债券、存款单、仓单、提单出质的，质权自权利凭证交付质权人时设立；没有权利凭证的，质权自办理出质登记时设立。法律另有规定的，依照其规定。

第四百四十二条　汇票、本票、支票、债券、存款单、仓单、提单的兑现日期或者提货日期先于主债权到期的，质权人可以兑现或者提货，并与出质人协议将兑现的价款或者提取的货物提前清偿债务或者提存。

第四百四十三条　以基金份额、股权出质的，质权自办理出质登记时设立。

基金份额、股权出质后，不得转让，但是出质人与质权人协商同意的除外。出质人转让基金份额、股权所得的价款，应当向质权人提前清偿债务或者提存。

第四百四十四条　以注册商标专用权、专利权、著作权等知识产权中的财产权出质的，质权自办理出质登记时设立。

知识产权中的财产权出质后，出质人不得转让或者许可他人使用，但是出质人与质权人协商同意的除外。出质人转让或者许可他人使用出质的知识产权中的财产权所得的价款，应当向质权人提前清偿债务或者提存。

第四百四十五条　以应收账款出质的，质权自办理出质登记时设立。

应收账款出质后，不得转让，但是出质人与质权人协商同意的除外。出质人转让应收账款所得的价款，应当向质权人提前清偿债务或者提存。

第四百四十六条　权利质权除适用本节规定外，适用本章第一节的有关规定。

第十九章　留　置　权

第四百四十七条　债务人不履行到期债务，债权人可以留置已经合法占有的债务人的动产，并有权就该动产优先受偿。

前款规定的债权人为留置权人，占有的动产为留置财产。

第四百四十八条　债权人留置的动产，应当与债权属于同一法律关系，但是企业之间留置的除外。

第四百四十九条　法律规定或者当事

人约定不得留置的动产，不得留置。

第四百五十条 留置财产为可分物的，留置财产的价值应当相当于债务的金额。

第四百五十一条 留置权人负有妥善保管留置财产的义务；因保管不善致使留置财产毁损、灭失的，应当承担赔偿责任。

第四百五十二条 留置权人有权收取留置财产的孳息。

前款规定的孳息应当先充抵收取孳息的费用。

第四百五十三条 留置权人与债务人应当约定留置财产后的债务履行期限；没有约定或者约定不明确的，留置权人应当给债务人六十日以上履行债务的期限，但是鲜活易腐等不易保管的动产除外。债务人逾期未履行的，留置权人可以与债务人协议以留置财产折价，也可以就拍卖、变卖留置财产所得的价款优先受偿。

留置财产折价或者变卖的，应当参照市场价格。

第四百五十四条 债务人可以请求留置权人在债务履行期限届满后行使留置权；留置权人不行使的，债务人可以请求人民法院拍卖、变卖留置财产。

第四百五十五条 留置财产折价或者拍卖、变卖后，其价款超过债权数额的部分归债务人所有，不足部分由债务人清偿。

第四百五十六条 同一动产上已经设立抵押权或者质权，该动产又被留置的，留置权人优先受偿。

第四百五十七条 留置权人对留置财产丧失占有或者留置权人接受债务人另行提供担保的，留置权消灭。

第五分编 占 有

第二十章 占 有

第四百五十八条 基于合同关系等产生的占有，有关不动产或者动产的使用、收益、违约责任等，按照合同约定；合同没有约定或者约定不明确的，依照有关法律规定。

第四百五十九条 占有人因使用占有的不动产或者动产，致使该不动产或者动产受到损害的，恶意占有人应当承担赔偿责任。

第四百六十条 不动产或者动产被占有人占有的，权利人可以请求返还原物及其孳息；但是，应当支付善意占有人因维护该不动产或者动产支出的必要费用。

第四百六十一条 占有的不动产或者动产毁损、灭失，该不动产或者动产的权利人请求赔偿的，占有人应当将因毁损、灭失取得的保险金、赔偿金或者补偿金等返还给权利人；权利人的损害未得到足够弥补的，恶意占有人还应当赔偿损失。

第四百六十二条 占有的不动产或者动产被侵占的，占有人有权请求返还原物；对妨害占有的行为，占有人有权请求排除妨害或者消除危险；因侵占或者妨害造成损害的，占有人有权依法请求损害赔偿。

占有人返还原物的请求权，自侵占发生之日起一年内未行使的，该请求权消灭。

第三编 合 同

第一分编 通 则

第一章 一般规定

第四百六十三条 本编调整因合同产生的民事关系。

第四百六十四条 合同是民事主体之间设立、变更、终止民事法律关系的协议。

婚姻、收养、监护等有关身份关系的协议，适用有关该身份关系的法律规定；没有规定的，可以根据其性质参照适用本编规定。

第四百六十五条 依法成立的合同，受法律保护。

依法成立的合同，仅对当事人具有法律约束力，但是法律另有规定的除外。

第四百六十六条 当事人对合同条款的理解有争议的，应当依据本法第一百四十二条第一款的规定，确定争议条款的含义。

合同文本采用两种以上文字订立并约定具有同等效力的，对各文本使用的词句推定具有相同含义。各文本使用的词句不一致的，应当根据合同的相关条款、性质、目的以及诚信原则等予以解释。

第四百六十七条 本法或者其他法律没有明文规定的合同，适用本编通则的规定，并可以参照适用本编或者其他法律最相类似合同的规定。

在中华人民共和国境内履行的中外合资经营企业合同、中外合作经营企业合同、中外合作勘探开发自然资源合同，适用中华人民共和国法律。

第四百六十八条 非因合同产生的债权债务关系，适用有关该债权债务关系的法律规定；没有规定的，适用本编通则的有关规定，但是根据其性质不能适用的除外。

第二章 合同的订立

第四百六十九条 当事人订立合同，可以采用书面形式、口头形式或者其他形式。

书面形式是合同书、信件、电报、电传、传真等可以有形地表现所载内容的形式。

以电子数据交换、电子邮件等方式能够有形地表现所载内容，并可以随时调取查用的数据电文，视为书面形式。

第四百七十条 合同的内容由当事人约定，一般包括下列条款：

（一）当事人的姓名或者名称和住所；

（二）标的；

（三）数量；

（四）质量；

（五）价款或者报酬；

（六）履行期限、地点和方式；

（七）违约责任；

（八）解决争议的方法。

当事人可以参照各类合同的示范文本订立合同。

第四百七十一条 当事人订立合同，可以采取要约、承诺方式或者其他方式。

第四百七十二条 要约是希望与他人订立合同的意思表示，该意思表示应当符合下列条件：

（一）内容具体确定；

（二）表明经受要约人承诺，要约人即受该意思表示约束。

第四百七十三条 要约邀请是希望他人向自己发出要约的表示。拍卖公告、招标公告、招股说明书、债券募集办法、基金招募说明书、商业广告和宣传、寄送的价目表等为要约邀请。

商业广告和宣传的内容符合要约条件的，构成要约。

第四百七十四条 要约生效的时间适用本法第一百三十七条的规定。

第四百七十五条 要约可以撤回。要约的撤回适用本法第一百四十一条的规定。

第四百七十六条 要约可以撤销，但是有下列情形之一的除外：

（一）要约人以确定承诺期限或者其他形式明示要约不可撤销；

（二）受要约人有理由认为要约是不可撤销的，并已经为履行合同做了合理准备工作。

第四百七十七条 撤销要约的意思表示以对话方式作出的，该意思表示的内容应当在受要约人作出承诺之前为受要约人所知道；撤销要约的意思表示以非对话方式作出的，应当在受要约人作出承诺之前到达受要约人。

第四百七十八条 有下列情形之一的，要约失效：

（一）要约被拒绝；

（二）要约被依法撤销；

（三）承诺期限届满，受要约人未作出承诺；

（四）受要约人对要约的内容作出实质性变更。

第四百七十九条 承诺是受要约人同意要约的意思表示。

第四百八十条 承诺应当以通知的方式作出；但是，根据交易习惯或者要约表明可以通过行为作出承诺的除外。

第四百八十一条 承诺应当在要约确定的期限内到达要约人。

要约没有确定承诺期限的，承诺应当依照下列规定到达：

（一）要约以对话方式作出的，应当即时作出承诺；

（二）要约以非对话方式作出的，承诺应当在合理期限内到达。

第四百八十二条 要约以信件或者电报作出的，承诺期限自信件载明的日期或者电报交发之日开始计算。信件未载明日期的，自投寄该信件的邮戳日期开始计算。要约以电话、传真、电子邮件等快速通讯方式作出的，承诺期限自要约到达受要约人时开始计算。

第四百八十三条 承诺生效时合同成立，但是法律另有规定或者当事人另有约定的除外。

第四百八十四条 以通知方式作出的承诺，生效的时间适用本法第一百三十七条的规定。

承诺不需要通知的，根据交易习惯或者要约的要求作出承诺的行为时生效。

第四百八十五条 承诺可以撤回。承诺的撤回适用本法第一百四十一条的规定。

第四百八十六条 受要约人超过承诺期限发出承诺，或者在承诺期限内发出承诺，按照通常情形不能及时到达要约人的，为新要约；但是，要约人及时通知受要约人该承诺有效的除外。

第四百八十七条 受要约人在承诺期限内发出承诺，按照通常情形能够及时到达要约人，但是因其他原因致使承诺到达要约人时超过承诺期限的，除要约人及时通知受要约人因承诺超过期限不接受该承诺外，该承诺有效。

第四百八十八条 承诺的内容应当与要约的内容一致。受要约人对要约的内容作出实质性变更的，为新要约。有关合同标的、数量、质量、价款或者报酬、履行期限、履行地点和方式、违约责任和解决争议方法等的变更，是对要约内容的实质性变更。

第四百八十九条 承诺对要约的内容作出非实质性变更的，除要约人及时表示反对或者要约表明承诺不得对要约的内容作出任何变更外，该承诺有效，合同的内容以承诺的内容为准。

第四百九十条 当事人采用合同书形式订立合同的，自当事人均签名、盖章或者按指印时合同成立。在签名、盖章或者按指印之前，当事人一方已经履行主要义务，对方接受时，该合同成立。

法律、行政法规规定或者当事人约定合同应当采用书面形式订立，当事人未采用书面形式但是一方已经履行主要义务，对方接受时，该合同成立。

第四百九十一条 当事人采用信件、数据电文等形式订立合同要求签订确认书的，签订确认书时合同成立。

当事人一方通过互联网等信息网络发布的商品或者服务信息符合要约条件的，对方选择该商品或者服务并提交订单成功时合同成立，但是当事人另有约定的除外。

第四百九十二条 承诺生效的地点为合同成立的地点。

采用数据电文形式订立合同的，收件人的主营业地为合同成立的地点；没有主营业地的，其住所地为合同成立的地点。当事人另有约定的，按照其约定。

第四百九十三条 当事人采用合同书形式订立合同的，最后签名、盖章或者按指印的地点为合同成立的地点，但是当事人另有约定的除外。

第四百九十四条 国家根据抢险救灾、疫情防控或者其他需要下达国家订货任务、指令性任务的，有关民事主体之间应当依照有关法律、行政法规规定的权利和义务订立合同。

依照法律、行政法规的规定负有发出要约义务的当事人，应当及时发出合理的要约。

依照法律、行政法规的规定负有作出承诺义务的当事人，不得拒绝对方合理的订立合同要求。

第四百九十五条 当事人约定在将来一定期限内订立合同的认购书、订购书、预订书等，构成预约合同。

当事人一方不履行预约合同约定的订立合同义务的，对方可以请求其承担预约合同的违约责任。

第四百九十六条 格式条款是当事人为了重复使用而预先拟定，并在订立合同时未与对方协商的条款。

采用格式条款订立合同的，提供格式条款的一方应当遵循公平原则确定当事人之间的权利和义务，并采取合理的方式提示对方注意免除或者减轻其责任等与对方有重大利害关系的条款，按照对方的要求，对该条款予以说明。提供格式条款的一方未履行提示或者说明义务，致使对方没有注意或者理解与其有重大利害关系的条款的，对方可以主张该条款不成为合同的内容。

第四百九十七条 有下列情形之一的，该格式条款无效：

（一）具有本法第一编第六章第三节和本法第五百零六条规定的无效情形；

（二）提供格式条款一方不合理地免除或者减轻其责任、加重对方责任、限制对方主要权利；

（三）提供格式条款一方排除对方主要权利。

第四百九十八条 对格式条款的理解发生争议的，应当按照通常理解予以解释。对格式条款有两种以上解释的，应当作出不利于提供格式条款一方的解释。格式条款和非格式条款不一致的，应当采用非格式条款。

第四百九十九条 悬赏人以公开方式声明对完成特定行为的人支付报酬的，完成该行为的人可以请求其支付。

第五百条 当事人在订立合同过程中有下列情形之一，造成对方损失的，应当承担赔偿责任：

（一）假借订立合同，恶意进行磋商；

（二）故意隐瞒与订立合同有关的重要事实或者提供虚假情况；

（三）有其他违背诚信原则的行为。

第五百零一条 当事人在订立合同过程中知悉的商业秘密或者其他应当保密的信息，无论合同是否成立，不得泄露或者不正当地使用；泄露、不正当地使用该商业秘密或者信息，造成对方损失的，应当承担赔偿责任。

第三章 合同的效力

第五百零二条 依法成立的合同，自成立时生效，但是法律另有规定或者当事人另有约定的除外。

依照法律、行政法规的规定，合同应当办理批准等手续的，依照其规定。未办理批准等手续影响合同生效的，不影响合同中履行报批等义务条款以及相关条款的效力。应当办理申请批准等手续的当事人未履行义务的，对方可以请求其承担违反该义务的责任。

依照法律、行政法规的规定，合同的变更、转让、解除等情形应当办理批准等手续的，适用前款规定。

第五百零三条 无权代理人以被代理人的名义订立合同，被代理人已经开始履行合同义务或者接受相对人履行的，视为对合同的追认。

第五百零四条 法人的法定代表人或者非法人组织的负责人超越权限订立的合同，除相对人知道或者应当知道其超越权限外，该代表行为有效，订立的合同对法人或者非法人组织发生效力。

第五百零五条 当事人超越经营范围订立的合同的效力，应当依照本法第一编第六章第三节和本编的有关规定确定，不得仅以超越经营范围确认合同无效。

第五百零六条 合同中的下列免责条款无效：

（一）造成对方人身损害的；

（二）因故意或者重大过失造成对方财产损失的。

第五百零七条 合同不生效、无效、被撤销或者终止的，不影响合同中有关解决争议方法的条款的效力。

第五百零八条 本编对合同的效力没有规定的，适用本法第一编第六章的有关规定。

第四章　合同的履行

第五百零九条 当事人应当按照约定全面履行自己的义务。

当事人应当遵循诚信原则，根据合同的性质、目的和交易习惯履行通知、协助、保密等义务。

当事人在履行合同过程中，应当避免浪费资源、污染环境和破坏生态。

第五百一十条 合同生效后，当事人就质量、价款或者报酬、履行地点等内容没有约定或者约定不明确的，可以协议补充；不能达成补充协议的，按照合同相关条款或者交易习惯确定。

第五百一十一条 当事人就有关合同内容约定不明确，依据前条规定仍不能确定的，适用下列规定：

（一）质量要求不明确的，按照强制性国家标准履行；没有强制性国家标准的，按照推荐性国家标准履行；没有推荐性国家标准的，按照行业标准履行；没有国家标准、行业标准的，按照通常标准或者符合合同目的的特定标准履行。

（二）价款或者报酬不明确的，按照订立合同时履行地的市场价格履行；依法应当执行政府定价或者政府指导价的，依照规定履行。

（三）履行地点不明确，给付货币的，在接受货币一方所在地履行；交付不动产的，在不动产所在地履行；其他标的，在履行义务一方所在地履行。

（四）履行期限不明确的，债务人可以随时履行，债权人也可以随时请求履行，但是应当给对方必要的准备时间。

（五）履行方式不明确的，按照有利于实现合同目的的方式履行。

（六）履行费用的负担不明确的，由履行义务一方负担；因债权人原因增加的履行费用，由债权人负担。

第五百一十二条 通过互联网等信息网络订立的电子合同的标的为交付商品并采用快递物流方式交付的，收货人的签收时间为交付时间。电子合同的标的为提供服务的，生成的电子凭证或者实物凭证中载明的时间为提供服务时间；前述凭证没有载明时间或者载明时间与实际提供服务时间不一致的，以实际提供服务的时间为准。

电子合同的标的物为采用在线传输方

式交付的，合同标的物进入对方当事人指定的特定系统且能够检索识别的时间为交付时间。

电子合同当事人对交付商品或者提供服务的方式、时间另有约定的，按照其约定。

第五百一十三条 执行政府定价或者政府指导价的，在合同约定的交付期限内政府价格调整时，按照交付时的价格计价。逾期交付标的物的，遇价格上涨时，按照原价格执行；价格下降时，按照新价格执行。逾期提取标的物或者逾期付款的，遇价格上涨时，按照新价格执行；价格下降时，按照原价格执行。

第五百一十四条 以支付金钱为内容的债，除法律另有规定或者当事人另有约定外，债权人可以请求债务人以实际履行地的法定货币履行。

第五百一十五条 标的有多项而债务人只需履行其中一项的，债务人享有选择权；但是，法律另有规定、当事人另有约定或者另有交易习惯的除外。

享有选择权的当事人在约定期限内或者履行期限届满未作选择，经催告后在合理期限内仍未选择的，选择权转移至对方。

第五百一十六条 当事人行使选择权应当及时通知对方，通知到达对方时，标的确定。标的确定后不得变更，但是经对方同意的除外。

可选择的标的发生不能履行情形的，享有选择权的当事人不得选择不能履行的标的，但是该不能履行的情形是由对方造成的除外。

第五百一十七条 债权人为二人以上，标的可分，按照份额各自享有债权的，为按份债权；债务人为二人以上，标的可分，按照份额各自负担债务的，为按份债务。

按份债权人或者按份债务人的份额难以确定的，视为份额相同。

第五百一十八条 债权人为二人以上，部分或者全部债权人均可以请求债务人履行债务的，为连带债权；债务人为二人以上，债权人可以请求部分或者全部债务人履行全部债务的，为连带债务。

连带债权或者连带债务，由法律规定或者当事人约定。

第五百一十九条 连带债务人之间的份额难以确定的，视为份额相同。

实际承担债务超过自己份额的连带债务人，有权就超出部分在其他连带债务人未履行的份额范围内向其追偿，并相应地享有债权人的权利，但是不得损害债权人的利益。其他连带债务人对债权人的抗辩，可以向该债务人主张。

被追偿的连带债务人不能履行其应分担份额的，其他连带债务人应当在相应范围内按比例分担。

第五百二十条 部分连带债务人履行、抵销债务或者提存标的物的，其他债务人对债权人的债务在相应范围内消灭；该债务人可以依据前条规定向其他债务人追偿。

部分连带债务人的债务被债权人免除的，在该连带债务人应当承担的份额范围内，其他债务人对债权人的债务消灭。

部分连带债务人的债务与债权人的债权同归于一人的，在扣除该债务人应当承担的份额后，债权人对其他债务人的债权继续存在。

债权人对部分连带债务人的给付受领迟延的，对其他连带债务人发生效力。

第五百二十一条 连带债权人之间的份额难以确定的，视为份额相同。

实际受领债权的连带债权人，应当按比例向其他连带债权人返还。

连带债权参照适用本章连带债务的有关规定。

第五百二十二条 当事人约定由债务人向第三人履行债务，债务人未向第三人履行债务或者履行债务不符合约定的，应当向债权人承担违约责任。

法律规定或者当事人约定第三人可以直接请求债务人向其履行债务，第三人未在合理期限内明确拒绝，债务人未向第三人履行债务或者履行债务不符合约定的，第三人可以请求债务人承担违约责任；债务人对债权人的抗辩，可以向第三人主张。

第五百二十三条 当事人约定由第三人向债权人履行债务，第三人不履行债务或者履行债务不符合约定的，债务人应当向债权人承担违约责任。

第五百二十四条 债务人不履行债务，第三人对履行该债务具有合法利益的，第三人有权向债权人代为履行；但是，根据债务性质、按照当事人约定或者依照法律规定只能由债务人履行的除外。

债权人接受第三人履行后，其对债务人的债权转让给第三人，但是债务人和第三人另有约定的除外。

第五百二十五条 当事人互负债务，没有先后履行顺序的，应当同时履行。一方在对方履行之前有权拒绝其履行请求。一方在对方履行债务不符合约定时，有权拒绝其相应的履行请求。

第五百二十六条 当事人互负债务，有先后履行顺序，应当先履行债务一方未履行的，后履行一方有权拒绝其履行请求。先履行一方履行债务不符合约定的，后履行一方有权拒绝其相应的履行请求。

第五百二十七条 应当先履行债务的当事人，有确切证据证明对方有下列情形之一的，可以中止履行：

（一）经营状况严重恶化；

（二）转移财产、抽逃资金，以逃避债务；

（三）丧失商业信誉；

（四）有丧失或者可能丧失履行债务能力的其他情形。

当事人没有确切证据中止履行的，应当承担违约责任。

第五百二十八条 当事人依据前条规定中止履行的，应当及时通知对方。对方提供适当担保的，应当恢复履行。中止履行后，对方在合理期限内未恢复履行能力且未提供适当担保的，视为以自己的行为表明不履行主要债务，中止履行的一方可以解除合同并可以请求对方承担违约责任。

第五百二十九条 债权人分立、合并或者变更住所没有通知债务人，致使履行债务发生困难的，债务人可以中止履行或者将标的物提存。

第五百三十条 债权人可以拒绝债务人提前履行债务，但是提前履行不损害债权人利益的除外。

债务人提前履行债务给债权人增加的费用，由债务人负担。

第五百三十一条 债权人可以拒绝债务人部分履行债务，但是部分履行不损害债权人利益的除外。

债务人部分履行债务给债权人增加的费用，由债务人负担。

第五百三十二条 合同生效后，当事人不得因姓名、名称的变更或者法定代表人、负责人、承办人的变动而不履行合同义务。

第五百三十三条 合同成立后，合同的基础条件发生了当事人在订立合同时无法预见的、不属于商业风险的重大变化，继续履行合同对于当事人一方明显不公平的，受不利影响的当事人可以与对方重新协商；在合理期限内协商不成的，当事人可以请求人民法院或者仲裁机构变更或者解除合同。

人民法院或者仲裁机构应当结合案件的实际情况，根据公平原则变更或者解除合同。

第五百三十四条 对当事人利用合同实施危害国家利益、社会公共利益行为的，市场监督管理和其他有关行政主管部门依照法律、行政法规的规定负责监督处理。

第五章　合同的保全

第五百三十五条　因债务人怠于行使其债权或者与该债权有关的从权利，影响债权人的到期债权实现的，债权人可以向人民法院请求以自己的名义代位行使债务人对相对人的权利，但是该权利专属于债务人自身的除外。

代位权的行使范围以债权人的到期债权为限。债权人行使代位权的必要费用，由债务人负担。

相对人对债务人的抗辩，可以向债权人主张。

第五百三十六条　债权人的债权到期前，债务人的债权或者与该债权有关的从权利存在诉讼时效期间即将届满或者未及时申报破产债权等情形，影响债权人的债权实现的，债权人可以代位向债务人的相对人请求其向债务人履行、向破产管理人申报或者作出其他必要的行为。

第五百三十七条　人民法院认定代位权成立的，由债务人的相对人向债权人履行义务，债权人接受履行后，债权人与债务人、债务人与相对人之间相应的权利义务终止。债务人对相对人的债权或者与该债权有关的从权利被采取保全、执行措施，或者债务人破产的，依照相关法律的规定处理。

第五百三十八条　债务人以放弃其债权、放弃债权担保、无偿转让财产等方式无偿处分财产权益，或者恶意延长其到期债权的履行期限，影响债权人的债权实现的，债权人可以请求人民法院撤销债务人的行为。

第五百三十九条　债务人以明显不合理的低价转让财产、以明显不合理的高价受让他人财产或者为他人的债务提供担保，影响债权人的债权实现，债务人的相对人知道或者应当知道该情形的，债权人可以请求人民法院撤销债务人的行为。

第五百四十条　撤销权的行使范围以债权人的债权为限。债权人行使撤销权的必要费用，由债务人负担。

第五百四十一条　撤销权自债权人知道或者应当知道撤销事由之日起一年内行使。自债务人的行为发生之日起五年内没有行使撤销权的，该撤销权消灭。

第五百四十二条　债务人影响债权人的债权实现的行为被撤销的，自始没有法律约束力。

第六章　合同的变更和转让

第五百四十三条　当事人协商一致，可以变更合同。

第五百四十四条　当事人对合同变更的内容约定不明确的，推定为未变更。

第五百四十五条　债权人可以将债权的全部或者部分转让给第三人，但是有下列情形之一的除外：

（一）根据债权性质不得转让；

（二）按照当事人约定不得转让；

（三）依照法律规定不得转让。

当事人约定非金钱债权不得转让的，不得对抗善意第三人。当事人约定金钱债权不得转让的，不得对抗第三人。

第五百四十六条　债权人转让债权，未通知债务人的，该转让对债务人不发生效力。

债权转让的通知不得撤销，但是经受让人同意的除外。

第五百四十七条　债权人转让债权的，受让人取得与债权有关的从权利，但是该从权利专属于债权人自身的除外。

受让人取得从权利不因该从权利未办理转移登记手续或者未转移占有而受到影响。

第五百四十八条　债务人接到债权转让通知后，债务人对让与人的抗辩，可以向受让人主张。

第五百四十九条 有下列情形之一的，债务人可以向受让人主张抵销：

（一）债务人接到债权转让通知时，债务人对让与人享有债权，且债务人的债权先于转让的债权到期或者同时到期；

（二）债务人的债权与转让的债权是基于同一合同产生。

第五百五十条 因债权转让增加的履行费用，由让与人负担。

第五百五十一条 债务人将债务的全部或者部分转移给第三人的，应当经债权人同意。

债务人或者第三人可以催告债权人在合理期限内予以同意，债权人未作表示的，视为不同意。

第五百五十二条 第三人与债务人约定加入债务并通知债权人，或者第三人向债权人表示愿意加入债务，债权人未在合理期限内明确拒绝的，债权人可以请求第三人在其愿意承担的债务范围内和债务人承担连带债务。

第五百五十三条 债务人转移债务的，新债务人可以主张原债务人对债权人的抗辩；原债务人对债权人享有债权的，新债务人不得向债权人主张抵销。

第五百五十四条 债务人转移债务的，新债务人应当承担与主债务有关的从债务，但是该从债务专属于原债务人自身的除外。

第五百五十五条 当事人一方经对方同意，可以将自己在合同中的权利和义务一并转让给第三人。

第五百五十六条 合同的权利和义务一并转让的，适用债权转让、债务转移的有关规定。

第七章　合同的权利义务终止

第五百五十七条 有下列情形之一的，债权债务终止：

（一）债务已经履行；

（二）债务相互抵销；

（三）债务人依法将标的物提存；

（四）债权人免除债务；

（五）债权债务同归于一人；

（六）法律规定或者当事人约定终止的其他情形。

合同解除的，该合同的权利义务关系终止。

第五百五十八条 债权债务终止后，当事人应当遵循诚信等原则，根据交易习惯履行通知、协助、保密、旧物回收等义务。

第五百五十九条 债权债务终止时，债权的从权利同时消灭，但是法律另有规定或者当事人另有约定的除外。

第五百六十条 债务人对同一债权人负担的数项债务种类相同，债务人的给付不足以清偿全部债务的，除当事人另有约定外，由债务人在清偿时指定其履行的债务。

债务人未作指定的，应当优先履行已经到期的债务；数项债务均到期的，优先履行对债权人缺乏担保或者担保最少的债务；均无担保或者担保相等的，优先履行债务人负担较重的债务；负担相同的，按照债务到期的先后顺序履行；到期时间相同的，按照债务比例履行。

第五百六十一条 债务人在履行主债务外还应当支付利息和实现债权的有关费用，其给付不足以清偿全部债务的，除当事人另有约定外，应当按照下列顺序履行：

（一）实现债权的有关费用；

（二）利息；

（三）主债务。

第五百六十二条 当事人协商一致，可以解除合同。

当事人可以约定一方解除合同的事由。解除合同的事由发生时，解除权人可以解除合同。

第五百六十三条 有下列情形之一的，当事人可以解除合同：

（一）因不可抗力致使不能实现合同目的；

（二）在履行期限届满前，当事人一方明确表示或者以自己的行为表明不履行主要债务；

（三）当事人一方迟延履行主要债务，经催告后在合理期限内仍未履行；

（四）当事人一方迟延履行债务或者有其他违约行为致使不能实现合同目的；

（五）法律规定的其他情形。

以持续履行的债务为内容的不定期合同，当事人可以随时解除合同，但是应当在合理期限之前通知对方。

第五百六十四条 法律规定或者当事人约定解除权行使期限，期限届满当事人不行使的，该权利消灭。

法律没有规定或者当事人没有约定解除权行使期限，自解除权人知道或者应当知道解除事由之日起一年内不行使，或者经对方催告后在合理期限内不行使的，该权利消灭。

第五百六十五条 当事人一方依法主张解除合同的，应当通知对方。合同自通知到达对方时解除；通知载明债务人在一定期限内不履行债务则合同自动解除，债务人在该期限内未履行债务的，合同自通知载明的期限届满时解除。对方对解除合同有异议的，任何一方当事人均可以请求人民法院或者仲裁机构确认解除行为的效力。

当事人一方未通知对方，直接以提起诉讼或者申请仲裁的方式依法主张解除合同，人民法院或者仲裁机构确认该主张的，合同自起诉状副本或者仲裁申请书副本送达对方时解除。

第五百六十六条 合同解除后，尚未履行的，终止履行；已经履行的，根据履行情况和合同性质，当事人可以请求恢复原状或者采取其他补救措施，并有权请求赔偿损失。

合同因违约解除的，解除权人可以请求违约方承担违约责任，但是当事人另有约定的除外。

主合同解除后，担保人对债务人应当承担的民事责任仍应当承担担保责任，但是担保合同另有约定的除外。

第五百六十七条 合同的权利义务关系终止，不影响合同中结算和清理条款的效力。

第五百六十八条 当事人互负债务，该债务的标的物种类、品质相同的，任何一方可以将自己的债务与对方的到期债务抵销；但是，根据债务性质、按照当事人约定或者依照法律规定不得抵销的除外。

当事人主张抵销的，应当通知对方。通知自到达对方时生效。抵销不得附条件或者附期限。

第五百六十九条 当事人互负债务，标的物种类、品质不相同的，经协商一致，也可以抵销。

第五百七十条 有下列情形之一，难以履行债务的，债务人可以将标的物提存：

（一）债权人无正当理由拒绝受领；

（二）债权人下落不明；

（三）债权人死亡未确定继承人、遗产管理人，或者丧失民事行为能力未确定监护人；

（四）法律规定的其他情形。

标的物不适于提存或者提存费用过高的，债务人依法可以拍卖或者变卖标的物，提存所得的价款。

第五百七十一条 债务人将标的物或者将标的物依法拍卖、变卖所得价款交付提存部门时，提存成立。

提存成立的，视为债务人在其提存范围内已经交付标的物。

第五百七十二条 标的物提存后，债务人应当及时通知债权人或者债权人的继承人、遗产管理人、监护人、财产代管人。

第五百七十三条 标的物提存后，毁损、灭失的风险由债权人承担。提存期间，标的物的孳息归债权人所有。提存费用由债权人负担。

第五百七十四条 债权人可以随时领取提存物。但是，债权人对债务人负有到期债务的，在债权人未履行债务或者提供担保之前，提存部门根据债务人的要求应当拒绝其领取提存物。

债权人领取提存物的权利，自提存之日起五年内不行使而消灭，提存物扣除提存费用后归国家所有。但是，债权人未履行对债务人的到期债务，或者债权人向提存部门书面表示放弃领取提存物权利的，债务人负担提存费用后有权取回提存物。

第五百七十五条 债权人免除债务人部分或者全部债务的，债权债务部分或者全部终止，但是债务人在合理期限内拒绝的除外。

第五百七十六条 债权和债务同归于一人的，债权债务终止，但是损害第三人利益的除外。

第八章 违约责任

第五百七十七条 当事人一方不履行合同义务或者履行合同义务不符合约定的，应当承担继续履行、采取补救措施或者赔偿损失等违约责任。

第五百七十八条 当事人一方明确表示或者以自己的行为表明不履行合同义务的，对方可以在履行期限届满前请求其承担违约责任。

第五百七十九条 当事人一方未支付价款、报酬、租金、利息，或者不履行其他金钱债务的，对方可以请求其支付。

第五百八十条 当事人一方不履行非金钱债务或者履行非金钱债务不符合约定的，对方可以请求履行，但是有下列情形之一的除外：

（一）法律上或者事实上不能履行；

（二）债务的标的不适于强制履行或者履行费用过高；

（三）债权人在合理期限内未请求履行。

有前款规定的除外情形之一，致使不能实现合同目的的，人民法院或者仲裁机构可以根据当事人的请求终止合同权利义务关系，但是不影响违约责任的承担。

第五百八十一条 当事人一方不履行债务或者履行债务不符合约定，根据债务的性质不得强制履行的，对方可以请求其负担由第三人替代履行的费用。

第五百八十二条 履行不符合约定的，应当按照当事人的约定承担违约责任。对违约责任没有约定或者约定不明确，依据本法第五百一十条的规定仍不能确定的，受损害方根据标的的性质以及损失的大小，可以合理选择请求对方承担修理、重作、更换、退货、减少价款或者报酬等违约责任。

第五百八十三条 当事人一方不履行合同义务或者履行合同义务不符合约定的，在履行义务或者采取补救措施后，对方还有其他损失的，应当赔偿损失。

第五百八十四条 当事人一方不履行合同义务或者履行合同义务不符合约定，造成对方损失的，损失赔偿额应当相当于因违约所造成的损失，包括合同履行后可以获得的利益；但是，不得超过违约一方订立合同时预见到或者应当预见到的因违约可能造成的损失。

第五百八十五条 当事人可以约定一方违约时应当根据违约情况向对方支付一定数额的违约金，也可以约定因违约产生的损失赔偿额的计算方法。

约定的违约金低于造成的损失的，人民法院或者仲裁机构可以根据当事人的请求予以增加；约定的违约金过分高于造成的损失的，人民法院或者仲裁机构可以根据当事人的请求予以适当减少。

当事人就迟延履行约定违约金的，违约方支付违约金后，还应当履行债务。

第五百八十六条 当事人可以约定一方向对方给付定金作为债权的担保。定金合同自实际交付定金时成立。

定金的数额由当事人约定；但是，不得超过主合同标的额的百分之二十，超过部分不产生定金的效力。实际交付的定金数额多于或者少于约定数额的，视为变更约定的定金数额。

第五百八十七条 债务人履行债务的，定金应当抵作价款或者收回。给付定金的一方不履行债务或者履行债务不符合约定，致使不能实现合同目的的，无权请求返还定金；收受定金的一方不履行债务或者履行债务不符合约定，致使不能实现合同目的的，应当双倍返还定金。

第五百八十八条 当事人既约定违约金，又约定定金的，一方违约时，对方可以选择适用违约金或者定金条款。

定金不足以弥补一方违约造成的损失的，对方可以请求赔偿超过定金数额的损失。

第五百八十九条 债务人按照约定履行债务，债权人无正当理由拒绝受领的，债务人可以请求债权人赔偿增加的费用。

在债权人受领迟延期间，债务人无须支付利息。

第五百九十条 当事人一方因不可抗力不能履行合同的，根据不可抗力的影响，部分或者全部免除责任，但是法律另有规定的除外。因不可抗力不能履行合同的，应当及时通知对方，以减轻可能给对方造成的损失，并应当在合理期限内提供证明。

当事人迟延履行后发生不可抗力的，不免除其违约责任。

第五百九十一条 当事人一方违约后，对方应当采取适当措施防止损失的扩大；没有采取适当措施致使损失扩大的，不得就扩大的损失请求赔偿。

当事人因防止损失扩大而支出的合理费用，由违约方负担。

第五百九十二条 当事人都违反合同的，应当各自承担相应的责任。

当事人一方违约造成对方损失，对方对损失的发生有过错的，可以减少相应的损失赔偿额。

第五百九十三条 当事人一方因第三人的原因造成违约的，应当依法向对方承担违约责任。当事人一方和第三人之间的纠纷，依照法律规定或者按照约定处理。

第五百九十四条 因国际货物买卖合同和技术进出口合同争议提起诉讼或者申请仲裁的时效期间为四年。

第二分编　典型合同

第九章　买卖合同

第五百九十五条 买卖合同是出卖人转移标的物的所有权于买受人，买受人支付价款的合同。

第五百九十六条 买卖合同的内容一般包括标的物的名称、数量、质量、价款、履行期限、履行地点和方式、包装方式、检验标准和方法、结算方式、合同使用的文字及其效力等条款。

第五百九十七条 因出卖人未取得处分权致使标的物所有权不能转移的，买受人可以解除合同并请求出卖人承担违约责任。

法律、行政法规禁止或者限制转让的标的物，依照其规定。

第五百九十八条 出卖人应当履行向买受人交付标的物或者交付提取标的物的

单证，并转移标的物所有权的义务。

第五百九十九条 出卖人应当按照约定或者交易习惯向买受人交付提取标的物单证以外的有关单证和资料。

第六百条 出卖具有知识产权的标的物的，除法律另有规定或者当事人另有约定外，该标的物的知识产权不属于买受人。

第六百零一条 出卖人应当按照约定的时间交付标的物。约定交付期限的，出卖人可以在该交付期限内的任何时间交付。

第六百零二条 当事人没有约定标的物的交付期限或者约定不明确的，适用本法第五百一十条、第五百一十一条第四项的规定。

第六百零三条 出卖人应当按照约定的地点交付标的物。

当事人没有约定交付地点或者约定不明确，依据本法第五百一十条的规定仍不能确定的，适用下列规定：

（一）标的物需要运输的，出卖人应当将标的物交付给第一承运人以运交给买受人；

（二）标的物不需要运输，出卖人和买受人订立合同时知道标的物在某一地点的，出卖人应当在该地点交付标的物；不知道标的物在某一地点的，应当在出卖人订立合同时的营业地交付标的物。

第六百零四条 标的物毁损、灭失的风险，在标的物交付之前由出卖人承担，交付之后由买受人承担，但是法律另有规定或者当事人另有约定的除外。

第六百零五条 因买受人的原因致使标的物未按照约定的期限交付的，买受人应当自违反约定时起承担标的物毁损、灭失的风险。

第六百零六条 出卖人出卖交由承运人运输的在途标的物，除当事人另有约定外，毁损、灭失的风险自合同成立时起由买受人承担。

第六百零七条 出卖人按照约定将标的物运送至买受人指定地点并交付给承运人后，标的物毁损、灭失的风险由买受人承担。

当事人没有约定交付地点或者约定不明确，依据本法第六百零三条第二款第一项的规定标的物需要运输的，出卖人将标的物交付给第一承运人后，标的物毁损、灭失的风险由买受人承担。

第六百零八条 出卖人按照约定或者依据本法第六百零三条第二款第二项的规定将标的物置于交付地点，买受人违反约定没有收取的，标的物毁损、灭失的风险自违反约定时起由买受人承担。

第六百零九条 出卖人按照约定未交付有关标的物的单证和资料的，不影响标的物毁损、灭失风险的转移。

第六百一十条 因标的物不符合质量要求，致使不能实现合同目的的，买受人可以拒绝接受标的物或者解除合同。买受人拒绝接受标的物或者解除合同的，标的物毁损、灭失的风险由出卖人承担。

第六百一十一条 标的物毁损、灭失的风险由买受人承担的，不影响因出卖人履行义务不符合约定，买受人请求其承担违约责任的权利。

第六百一十二条 出卖人就交付的标的物，负有保证第三人对该标的物不享有任何权利的义务，但是法律另有规定的除外。

第六百一十三条 买受人订立合同时知道或者应当知道第三人对买卖的标的物享有权利的，出卖人不承担前条规定的义务。

第六百一十四条 买受人有确切证据证明第三人对标的物享有权利的，可以中止支付相应的价款，但是出卖人提供适当担保的除外。

第六百一十五条 出卖人应当按照约定的质量要求交付标的物。出卖人提供有关标的物质量说明的，交付的标的物应当符合该说明的质量要求。

第六百一十六条 当事人对标的物的

质量要求没有约定或者约定不明确，依据本法第五百一十条的规定仍不能确定的，适用本法第五百一十一条第一项的规定。

第六百一十七条 出卖人交付的标的物不符合质量要求的，买受人可以依据本法第五百八十二条至第五百八十四条的规定请求承担违约责任。

第六百一十八条 当事人约定减轻或者免除出卖人对标的物瑕疵承担的责任，因出卖人故意或者重大过失不告知买受人标的物瑕疵的，出卖人无权主张减轻或者免除责任。

第六百一十九条 出卖人应当按照约定的包装方式交付标的物。对包装方式没有约定或者约定不明确，依据本法第五百一十条的规定仍不能确定的，应当按照通用的方式包装；没有通用方式的，应当采取足以保护标的物且有利于节约资源、保护生态环境的包装方式。

第六百二十条 买受人收到标的物时应当在约定的检验期限内检验。没有约定检验期限的，应当及时检验。

第六百二十一条 当事人约定检验期限的，买受人应当在检验期限内将标的物的数量或者质量不符合约定的情形通知出卖人。买受人怠于通知的，视为标的物的数量或者质量符合约定。

当事人没有约定检验期限的，买受人应当在发现或者应当发现标的物的数量或者质量不符合约定的合理期限内通知出卖人。买受人在合理期限内未通知或者自收到标的物之日起二年内未通知出卖人的，视为标的物的数量或者质量符合约定；但是，对标的物有质量保证期的，适用质量保证期，不适用该二年的规定。

出卖人知道或者应当知道提供的标的物不符合约定的，买受人不受前两款规定的通知时间的限制。

第六百二十二条 当事人约定的检验期限过短，根据标的物的性质和交易习惯，买受人在检验期限内难以完成全面检验的，该期限仅视为买受人对标的物的外观瑕疵提出异议的期限。

约定的检验期限或者质量保证期短于法律、行政法规规定期限的，应当以法律、行政法规规定的期限为准。

第六百二十三条 当事人对检验期限未作约定，买受人签收的送货单、确认单等载明标的物数量、型号、规格的，推定买受人已经对数量和外观瑕疵进行检验，但是有相关证据足以推翻的除外。

第六百二十四条 出卖人依照买受人的指示向第三人交付标的物，出卖人和买受人约定的检验标准与买受人和第三人约定的检验标准不一致的，以出卖人和买受人约定的检验标准为准。

第六百二十五条 依照法律、行政法规的规定或者按照当事人的约定，标的物在有效使用年限届满后应予回收的，出卖人负有自行或者委托第三人对标的物予以回收的义务。

第六百二十六条 买受人应当按照约定的数额和支付方式支付价款。对价款的数额和支付方式没有约定或者约定不明确的，适用本法第五百一十条、第五百一十一条第二项和第五项的规定。

第六百二十七条 买受人应当按照约定的地点支付价款。对支付地点没有约定或者约定不明确，依据本法第五百一十条的规定仍不能确定的，买受人应当在出卖人的营业地支付；但是，约定支付价款以交付标的物或者交付提取标的物单证为条件的，在交付标的物或者交付提取标的物单证的所在地支付。

第六百二十八条 买受人应当按照约定的时间支付价款。对支付时间没有约定或者约定不明确，依据本法第五百一十条的规定仍不能确定的，买受人应当在收到标的物或者提取标的物单证的同时支付。

第六百二十九条 出卖人多交标的物

的，买受人可以接收或者拒绝接收多交的部分。买受人接收多交部分的，按照约定的价格支付价款；买受人拒绝接收多交部分的，应当及时通知出卖人。

第六百三十条 标的物在交付之前产生的孳息，归出卖人所有；交付之后产生的孳息，归买受人所有。但是，当事人另有约定的除外。

第六百三十一条 因标的物的主物不符合约定而解除合同的，解除合同的效力及于从物。因标的物的从物不符合约定被解除的，解除的效力不及于主物。

第六百三十二条 标的物为数物，其中一物不符合约定的，买受人可以就该物解除。但是，该物与他物分离使标的物的价值显受损害的，买受人可以就数物解除合同。

第六百三十三条 出卖人分批交付标的物的，出卖人对其中一批标的物不交付或者交付不符合约定，致使该批标的物不能实现合同目的的，买受人可以就该批标的物解除。

出卖人不交付其中一批标的物或者交付不符合约定，致使之后其他各批标的物的交付不能实现合同目的的，买受人可以就该批以及之后其他各批标的物解除。

买受人如果就其中一批标的物解除，该批标的物与其他各批标的物相互依存的，可以就已经交付和未交付的各批标的物解除。

第六百三十四条 分期付款的买受人未支付到期价款的数额达到全部价款的五分之一，经催告后在合理期限内仍未支付到期价款的，出卖人可以请求买受人支付全部价款或者解除合同。

出卖人解除合同的，可以向买受人请求支付该标的物的使用费。

第六百三十五条 凭样品买卖的当事人应当封存样品，并可以对样品质量予以说明。出卖人交付的标的物应当与样品及其说明的质量相同。

第六百三十六条 凭样品买卖的买受人不知道样品有隐蔽瑕疵的，即使交付的标的物与样品相同，出卖人交付的标的物的质量仍然应当符合同种物的通常标准。

第六百三十七条 试用买卖的当事人可以约定标的物的试用期限。对试用期限没有约定或者约定不明确，依据本法第五百一十条的规定仍不能确定的，由出卖人确定。

第六百三十八条 试用买卖的买受人在试用期内可以购买标的物，也可以拒绝购买。试用期限届满，买受人对是否购买标的物未作表示的，视为购买。

试用买卖的买受人在试用期内已经支付部分价款或者对标的物实施出卖、出租、设立担保物权等行为的，视为同意购买。

第六百三十九条 试用买卖的当事人对标的物使用费没有约定或者约定不明确的，出卖人无权请求买受人支付。

第六百四十条 标的物在试用期内毁损、灭失的风险由出卖人承担。

第六百四十一条 当事人可以在买卖合同中约定买受人未履行支付价款或者其他义务的，标的物的所有权属于出卖人。

出卖人对标的物保留的所有权，未经登记，不得对抗善意第三人。

第六百四十二条 当事人约定出卖人保留合同标的物的所有权，在标的物所有权转移前，买受人有下列情形之一，造成出卖人损害的，除当事人另有约定外，出卖人有权取回标的物：

（一）未按照约定支付价款，经催告后在合理期限内仍未支付；

（二）未按照约定完成特定条件；

（三）将标的物出卖、出质或者作出其他不当处分。

出卖人可以与买受人协商取回标的物；协商不成的，可以参照适用担保物权的实现程序。

第六百四十三条 出卖人依据前条第一款的规定取回标的物后，买受人在双方约定或者出卖人指定的合理回赎期限内，消除出卖人取回标的物的事由的，可以请求回赎标的物。

买受人在回赎期限内没有回赎标的物，出卖人可以以合理价格将标的物出卖给第三人，出卖所得价款扣除买受人未支付的价款以及必要费用后仍有剩余的，应当返还买受人；不足部分由买受人清偿。

第六百四十四条 招标投标买卖的当事人的权利和义务以及招标投标程序等，依照有关法律、行政法规的规定。

第六百四十五条 拍卖的当事人的权利和义务以及拍卖程序等，依照有关法律、行政法规的规定。

第六百四十六条 法律对其他有偿合同有规定的，依照其规定；没有规定的，参照适用买卖合同的有关规定。

第六百四十七条 当事人约定易货交易，转移标的物的所有权的，参照适用买卖合同的有关规定。

第十章 供用电、水、气、热力合同

第六百四十八条 供用电合同是供电人向用电人供电，用电人支付电费的合同。

向社会公众供电的供电人，不得拒绝用电人合理的订立合同要求。

第六百四十九条 供用电合同的内容一般包括供电的方式、质量、时间，用电容量、地址、性质，计量方式，电价、电费的结算方式，供用电设施的维护责任等条款。

第六百五十条 供用电合同的履行地点，按照当事人约定；当事人没有约定或者约定不明确的，供电设施的产权分界处为履行地点。

第六百五十一条 供电人应当按照国家规定的供电质量标准和约定安全供电。供电人未按照国家规定的供电质量标准和约定安全供电，造成用电人损失的，应当承担赔偿责任。

第六百五十二条 供电人因供电设施计划检修、临时检修、依法限电或者用电人违法用电等原因，需要中断供电时，应当按照国家有关规定事先通知用电人；未事先通知用电人中断供电，造成用电人损失的，应当承担赔偿责任。

第六百五十三条 因自然灾害等原因断电，供电人应当按照国家有关规定及时抢修；未及时抢修，造成用电人损失的，应当承担赔偿责任。

第六百五十四条 用电人应当按照国家有关规定和当事人的约定及时支付电费。用电人逾期不支付电费的，应当按照约定支付违约金。经催告用电人在合理期限内仍不支付电费和违约金的，供电人可以按照国家规定的程序中止供电。

供电人依据前款规定中止供电的，应当事先通知用电人。

第六百五十五条 用电人应当按照国家有关规定和当事人的约定安全、节约和计划用电。用电人未按照国家有关规定和当事人的约定用电，造成供电人损失的，应当承担赔偿责任。

第六百五十六条 供用水、供用气、供用热力合同，参照适用供用电合同的有关规定。

第十一章 赠与合同

第六百五十七条 赠与合同是赠与人将自己的财产无偿给予受赠人，受赠人表示接受赠与的合同。

第六百五十八条 赠与人在赠与财产的权利转移之前可以撤销赠与。

经过公证的赠与合同或者依法不得撤销的具有救灾、扶贫、助残等公益、道德义务性质的赠与合同，不适用前款规定。

第六百五十九条 赠与的财产依法需要办理登记或者其他手续的，应当办理有关手续。

第六百六十条 经过公证的赠与合同或者依法不得撤销的具有救灾、扶贫、助残等公益、道德义务性质的赠与合同，赠与人不交付赠与财产的，受赠人可以请求交付。

依据前款规定应当交付的赠与财产因赠与人故意或者重大过失致使毁损、灭失的，赠与人应当承担赔偿责任。

第六百六十一条 赠与可以附义务。

赠与附义务的，受赠人应当按照约定履行义务。

第六百六十二条 赠与的财产有瑕疵的，赠与人不承担责任。附义务的赠与，赠与的财产有瑕疵的，赠与人在附义务的限度内承担与出卖人相同的责任。

赠与人故意不告知瑕疵或者保证无瑕疵，造成受赠人损失的，应当承担赔偿责任。

第六百六十三条 受赠人有下列情形之一的，赠与人可以撤销赠与：

（一）严重侵害赠与人或者赠与人近亲属的合法权益；

（二）对赠与人有扶养义务而不履行；

（三）不履行赠与合同约定的义务。

赠与人的撤销权，自知道或者应当知道撤销事由之日起一年内行使。

第六百六十四条 因受赠人的违法行为致使赠与人死亡或者丧失民事行为能力的，赠与人的继承人或者法定代理人可以撤销赠与。

赠与人的继承人或者法定代理人的撤销权，自知道或者应当知道撤销事由之日起六个月内行使。

第六百六十五条 撤销权人撤销赠与的，可以向受赠人请求返还赠与的财产。

第六百六十六条 赠与人的经济状况显著恶化，严重影响其生产经营或者家庭生活的，可以不再履行赠与义务。

第十二章 借款合同

第六百六十七条 借款合同是借款人向贷款人借款，到期返还借款并支付利息的合同。

第六百六十八条 借款合同应当采用书面形式，但是自然人之间借款另有约定的除外。

借款合同的内容一般包括借款种类、币种、用途、数额、利率、期限和还款方式等条款。

第六百六十九条 订立借款合同，借款人应当按照贷款人的要求提供与借款有关的业务活动和财务状况的真实情况。

第六百七十条 借款的利息不得预先在本金中扣除。利息预先在本金中扣除的，应当按照实际借款数额返还借款并计算利息。

第六百七十一条 贷款人未按照约定的日期、数额提供借款，造成借款人损失的，应当赔偿损失。

借款人未按照约定的日期、数额收取借款的，应当按照约定的日期、数额支付利息。

第六百七十二条 贷款人按照约定可以检查、监督借款的使用情况。借款人应当按照约定向贷款人定期提供有关财务会计报表或者其他资料。

第六百七十三条 借款人未按照约定的借款用途使用借款的，贷款人可以停止发放借款、提前收回借款或者解除合同。

第六百七十四条 借款人应当按照约定的期限支付利息。对支付利息的期限没有约定或者约定不明确，依据本法第五百一十条的规定仍不能确定，借款期间不满一年的，应当在返还借款时一并支付；借款期间一年以上的，应当在每届满一年时支付，剩余期间不满一年的，应当在返还借款时一并支付。

第六百七十五条 借款人应当按照约定的期限返还借款。对借款期限没有约定或者约定不明确，依据本法第五百一十条的规定仍不能确定的，借款人可以随时返还；贷款人可以催告借款人在合理期限内返还。

第六百七十六条 借款人未按照约定的期限返还借款的，应当按照约定或者国家有关规定支付逾期利息。

第六百七十七条 借款人提前返还借款的，除当事人另有约定外，应当按照实际借款的期间计算利息。

第六百七十八条 借款人可以在还款期限届满前向贷款人申请展期；贷款人同意的，可以展期。

第六百七十九条 自然人之间的借款合同，自贷款人提供借款时成立。

第六百八十条 禁止高利放贷，借款的利率不得违反国家有关规定。

借款合同对支付利息没有约定的，视为没有利息。

借款合同对支付利息约定不明确，当事人不能达成补充协议的，按照当地或者当事人的交易方式、交易习惯、市场利率等因素确定利息；自然人之间借款的，视为没有利息。

第十三章 保证合同

第一节 一般规定

第六百八十一条 保证合同是为保障债权的实现，保证人和债权人约定，当债务人不履行到期债务或者发生当事人约定的情形时，保证人履行债务或者承担责任的合同。

第六百八十二条 保证合同是主债权债务合同的从合同。主债权债务合同无效的，保证合同无效，但是法律另有规定的除外。

保证合同被确认无效后，债务人、保证人、债权人有过错的，应当根据其过错各自承担相应的民事责任。

第六百八十三条 机关法人不得为保证人，但是经国务院批准为使用外国政府或者国际经济组织贷款进行转贷的除外。

以公益为目的的非营利法人、非法人组织不得为保证人。

第六百八十四条 保证合同的内容一般包括被保证的主债权的种类、数额，债务人履行债务的期限，保证的方式、范围和期间等条款。

第六百八十五条 保证合同可以是单独订立的书面合同，也可以是主债权债务合同中的保证条款。

第三人单方以书面形式向债权人作出保证，债权人接收且未提出异议的，保证合同成立。

第六百八十六条 保证的方式包括一般保证和连带责任保证。

当事人在保证合同中对保证方式没有约定或者约定不明确的，按照一般保证承担保证责任。

第六百八十七条 当事人在保证合同中约定，债务人不能履行债务时，由保证人承担保证责任的，为一般保证。

一般保证的保证人在主合同纠纷未经审判或者仲裁，并就债务人财产依法强制执行仍不能履行债务前，有权拒绝向债权人承担保证责任，但是有下列情形之一的除外：

（一）债务人下落不明，且无财产可供执行；

（二）人民法院已经受理债务人破产案件；

（三）债权人有证据证明债务人的财产不足以履行全部债务或者丧失履行债务能力；

（四）保证人书面表示放弃本款规定的权利。

第六百八十八条 当事人在保证合同中约定保证人和债务人对债务承担连带责任的，为连带责任保证。

连带责任保证的债务人不履行到期债务或者发生当事人约定的情形时，债权人可以请求债务人履行债务，也可以请求保证人在其保证范围内承担保证责任。

第六百八十九条 保证人可以要求债务人提供反担保。

第六百九十条 保证人与债权人可以协商订立最高额保证的合同，约定在最高债权额限度内就一定期间连续发生的债权提供保证。

最高额保证除适用本章规定外，参照适用本法第二编最高额抵押权的有关规定。

第二节 保证责任

第六百九十一条 保证的范围包括主债权及其利息、违约金、损害赔偿金和实现债权的费用。当事人另有约定的，按照其约定。

第六百九十二条 保证期间是确定保证人承担保证责任的期间，不发生中止、中断和延长。

债权人与保证人可以约定保证期间，但是约定的保证期间早于主债务履行期限或者与主债务履行期限同时届满的，视为没有约定；没有约定或者约定不明确的，保证期间为主债务履行期限届满之日起六个月。

债权人与债务人对主债务履行期限没有约定或者约定不明确的，保证期间自债权人请求债务人履行债务的宽限期届满之日起计算。

第六百九十三条 一般保证的债权人未在保证期间对债务人提起诉讼或者申请仲裁的，保证人不再承担保证责任。

连带责任保证的债权人未在保证期间请求保证人承担保证责任的，保证人不再承担保证责任。

第六百九十四条 一般保证的债权人在保证期间届满前对债务人提起诉讼或者申请仲裁的，从保证人拒绝承担保证责任的权利消灭之日起，开始计算保证债务的诉讼时效。

连带责任保证的债权人在保证期间届满前请求保证人承担保证责任的，从债权人请求保证人承担保证责任之日起，开始计算保证债务的诉讼时效。

第六百九十五条 债权人和债务人未经保证人书面同意，协商变更主债权债务合同内容，减轻债务的，保证人仍对变更后的债务承担保证责任；加重债务的，保证人对加重的部分不承担保证责任。

债权人和债务人变更主债权债务合同的履行期限，未经保证人书面同意的，保证期间不受影响。

第六百九十六条 债权人转让全部或者部分债权，未通知保证人的，该转让对保证人不发生效力。

保证人与债权人约定禁止债权转让，债权人未经保证人书面同意转让债权的，保证人对受让人不再承担保证责任。

第六百九十七条 债权人未经保证人书面同意，允许债务人转移全部或者部分债务，保证人对未经其同意转移的债务不再承担保证责任，但是债权人和保证人另有约定的除外。

第三人加入债务的，保证人的保证责任不受影响。

第六百九十八条 一般保证的保证人在主债务履行期限届满后，向债权人提供债务人可供执行财产的真实情况，债权人放弃或者怠于行使权利致使该财产不能被执行的，保证人在其提供可供执行财产的价值范围内不再承担保证责任。

第六百九十九条 同一债务有两个以上保证人的，保证人应当按照保证合同约定的保证份额，承担保证责任；没有约定保证份额的，债权人可以请求任何一个保证人在其保证范围内承担保证责任。

第七百条 保证人承担保证责任后，除当事人另有约定外，有权在其承担保证责任的范围内向债务人追偿，享有债权人对债务人的权利，但是不得损害债权人的利益。

第七百零一条 保证人可以主张债务人对债权人的抗辩。债务人放弃抗辩的，保证人仍有权向债权人主张抗辩。

第七百零二条 债务人对债权人享有抵销权或者撤销权的，保证人可以在相应范围内拒绝承担保证责任。

第十四章 租赁合同

第七百零三条 租赁合同是出租人将租赁物交付承租人使用、收益，承租人支付租金的合同。

第七百零四条 租赁合同的内容一般包括租赁物的名称、数量、用途、租赁期限、租金及其支付期限和方式、租赁物维修等条款。

第七百零五条 租赁期限不得超过二十年。超过二十年的，超过部分无效。

租赁期限届满，当事人可以续订租赁合同；但是，约定的租赁期限自续订之日起不得超过二十年。

第七百零六条 当事人未依照法律、行政法规规定办理租赁合同登记备案手续的，不影响合同的效力。

第七百零七条 租赁期限六个月以上的，应当采用书面形式。当事人未采用书面形式，无法确定租赁期限的，视为不定期租赁。

第七百零八条 出租人应当按照约定将租赁物交付承租人，并在租赁期限内保持租赁物符合约定的用途。

第七百零九条 承租人应当按照约定的方法使用租赁物。对租赁物的使用方法没有约定或者约定不明确，依据本法第五百一十条的规定仍不能确定的，应当根据租赁物的性质使用。

第七百一十条 承租人按照约定的方法或者根据租赁物的性质使用租赁物，致使租赁物受到损耗的，不承担赔偿责任。

第七百一十一条 承租人未按照约定的方法或者未根据租赁物的性质使用租赁物，致使租赁物受到损失的，出租人可以解除合同并请求赔偿损失。

第七百一十二条 出租人应当履行租赁物的维修义务，但是当事人另有约定的除外。

第七百一十三条 承租人在租赁物需要维修时可以请求出租人在合理期限内维修。出租人未履行维修义务的，承租人可以自行维修，维修费用由出租人负担。因维修租赁物影响承租人使用的，应当相应减少租金或者延长租期。

因承租人的过错致使租赁物需要维修的，出租人不承担前款规定的维修义务。

第七百一十四条 承租人应当妥善保管租赁物，因保管不善造成租赁物毁损、灭失的，应当承担赔偿责任。

第七百一十五条 承租人经出租人同意，可以对租赁物进行改善或者增设他物。

承租人未经出租人同意，对租赁物进行改善或者增设他物的，出租人可以请求承租人恢复原状或者赔偿损失。

第七百一十六条 承租人经出租人同意，可以将租赁物转租给第三人。承租人转租的，承租人与出租人之间的租赁合同继续有效；第三人造成租赁物损失的，承租人应当赔偿损失。

承租人未经出租人同意转租的，出租人可以解除合同。

第七百一十七条 承租人经出租人同意将租赁物转租给第三人，转租期限超过承租人剩余租赁期限的，超过部分的约定对出租人不具有法律约束力，但是出租人与承租人另有约定的除外。

第七百一十八条 出租人知道或者应当知道承租人转租，但是在六个月内未提出异议的，视为出租人同意转租。

第七百一十九条 承租人拖欠租金的，次承租人可以代承租人支付其欠付的租金和违约金，但是转租合同对出租人不具有法律约束力的除外。

次承租人代为支付的租金和违约金，可以充抵次承租人应当向承租人支付的租金；超出其应付的租金数额的，可以向承租人追偿。

第七百二十条 在租赁期限内因占有、使用租赁物获得的收益，归承租人所有，但是当事人另有约定的除外。

第七百二十一条 承租人应当按照约定的期限支付租金。对支付租金的期限没有约定或者约定不明确，依据本法第五百一十条的规定仍不能确定，租赁期限不满一年的，应当在租赁期限届满时支付；租赁期限一年以上的，应当在每届满一年时支付，剩余期限不满一年的，应当在租赁期限届满时支付。

第七百二十二条 承租人无正当理由未支付或者迟延支付租金的，出租人可以请求承租人在合理期限内支付；承租人逾期不支付的，出租人可以解除合同。

第七百二十三条 因第三人主张权利，致使承租人不能对租赁物使用、收益的，承租人可以请求减少租金或者不支付租金。

第三人主张权利的，承租人应当及时通知出租人。

第七百二十四条 有下列情形之一，非因承租人原因致使租赁物无法使用的，承租人可以解除合同：

（一）租赁物被司法机关或者行政机关依法查封、扣押；

（二）租赁物权属有争议；

（三）租赁物具有违反法律、行政法规关于使用条件的强制性规定情形。

第七百二十五条 租赁物在承租人按照租赁合同占有期限内发生所有权变动的，不影响租赁合同的效力。

第七百二十六条 出租人出卖租赁房屋的，应当在出卖之前的合理期限内通知承租人，承租人享有以同等条件优先购买的权利；但是，房屋按份共有人行使优先购买权或者出租人将房屋出卖给近亲属的除外。

出租人履行通知义务后，承租人在十五日内未明确表示购买的，视为承租人放弃优先购买权。

第七百二十七条 出租人委托拍卖人拍卖租赁房屋的，应当在拍卖五日前通知承租人。承租人未参加拍卖的，视为放弃优先购买权。

第七百二十八条 出租人未通知承租人或者有其他妨害承租人行使优先购买权情形的，承租人可以请求出租人承担赔偿责任。但是，出租人与第三人订立的房屋买卖合同的效力不受影响。

第七百二十九条 因不可归责于承租人的事由，致使租赁物部分或者全部毁损、灭失的，承租人可以请求减少租金或者不支付租金；因租赁物部分或者全部毁损、灭失，致使不能实现合同目的的，承租人可以解除合同。

第七百三十条 当事人对租赁期限没有约定或者约定不明确，依据本法第五百一十条的规定仍不能确定的，视为不定期租赁；当事人可以随时解除合同，但是应当在合理期限之前通知对方。

第七百三十一条 租赁物危及承租人的安全或者健康的，即使承租人订立合同时明知该租赁物质量不合格，承租人仍然可以随时解除合同。

第七百三十二条 承租人在房屋租赁期限内死亡的，与其生前共同居住的人或者共同经营人可以按照原租赁合同租赁该房屋。

第七百三十三条 租赁期限届满，承租人应当返还租赁物。返还的租赁物应当符合按照约定或者根据租赁物的性质使用后的状态。

第七百三十四条 租赁期限届满，承租人继续使用租赁物，出租人没有提出异议的，原租赁合同继续有效，但是租赁期限为不定期。

租赁期限届满，房屋承租人享有以同等条件优先承租的权利。

第十五章 融资租赁合同

第七百三十五条 融资租赁合同是出租人根据承租人对出卖人、租赁物的选择，向出卖人购买租赁物，提供给承租人使用，承租人支付租金的合同。

第七百三十六条 融资租赁合同的内容一般包括租赁物的名称、数量、规格、技术性能、检验方法，租赁期限，租金构成及其支付期限和方式、币种，租赁期限届满租赁物的归属等条款。

融资租赁合同应当采用书面形式。

第七百三十七条 当事人以虚构租赁物方式订立的融资租赁合同无效。

第七百三十八条 依照法律、行政法规的规定，对于租赁物的经营使用应当取得行政许可的，出租人未取得行政许可不影响融资租赁合同的效力。

第七百三十九条 出租人根据承租人对出卖人、租赁物的选择订立的买卖合同，出卖人应当按照约定向承租人交付标的物，承租人享有与受领标的物有关的买受人的权利。

第七百四十条 出卖人违反向承租人交付标的物的义务，有下列情形之一的，承租人可以拒绝受领出卖人向其交付的标的物：

（一）标的物严重不符合约定；

（二）未按照约定交付标的物，经承租人或者出租人催告后在合理期限内仍未交付。

承租人拒绝受领标的物的，应当及时通知出租人。

第七百四十一条 出租人、出卖人、承租人可以约定，出卖人不履行买卖合同义务的，由承租人行使索赔的权利。承租人行使索赔权利的，出租人应当协助。

第七百四十二条 承租人对出卖人行使索赔权利，不影响其履行支付租金的义务。但是，承租人依赖出租人的技能确定租赁物或者出租人干预选择租赁物的，承租人可以请求减免相应租金。

第七百四十三条 出租人有下列情形之一，致使承租人对出卖人行使索赔权利失败的，承租人有权请求出租人承担相应的责任：

（一）明知租赁物有质量瑕疵而不告知承租人；

（二）承租人行使索赔权利时，未及时提供必要协助。

出租人怠于行使只能由其对出卖人行使的索赔权利，造成承租人损失的，承租人有权请求出租人承担赔偿责任。

第七百四十四条 出租人根据承租人对出卖人、租赁物的选择订立的买卖合同，未经承租人同意，出租人不得变更与承租人有关的合同内容。

第七百四十五条 出租人对租赁物享有的所有权，未经登记，不得对抗善意第三人。

第七百四十六条 融资租赁合同的租金，除当事人另有约定外，应当根据购买租赁物的大部分或者全部成本以及出租人的合理利润确定。

第七百四十七条 租赁物不符合约定或者不符合使用目的的，出租人不承担责任。但是，承租人依赖出租人的技能确定租赁物或者出租人干预选择租赁物的除外。

第七百四十八条 出租人应当保证承

租人对租赁物的占有和使用。

出租人有下列情形之一的，承租人有权请求其赔偿损失：

（一）无正当理由收回租赁物；

（二）无正当理由妨碍、干扰承租人对租赁物的占有和使用；

（三）因出租人的原因致使第三人对租赁物主张权利；

（四）不当影响承租人对租赁物占有和使用的其他情形。

第七百四十九条　承租人占有租赁物期间，租赁物造成第三人人身损害或者财产损失的，出租人不承担责任。

第七百五十条　承租人应当妥善保管、使用租赁物。

承租人应当履行占有租赁物期间的维修义务。

第七百五十一条　承租人占有租赁物期间，租赁物毁损、灭失的，出租人有权请求承租人继续支付租金，但是法律另有规定或者当事人另有约定的除外。

第七百五十二条　承租人应当按照约定支付租金。承租人经催告后在合理期限内仍不支付租金的，出租人可以请求支付全部租金；也可以解除合同，收回租赁物。

第七百五十三条　承租人未经出租人同意，将租赁物转让、抵押、质押、投资入股或者以其他方式处分的，出租人可以解除融资租赁合同。

第七百五十四条　有下列情形之一的，出租人或者承租人可以解除融资租赁合同：

（一）出租人与出卖人订立的买卖合同解除、被确认无效或者被撤销，且未能重新订立买卖合同；

（二）租赁物因不可归责于当事人的原因毁损、灭失，且不能修复或者确定替代物；

（三）因出卖人的原因致使融资租赁合同的目的不能实现。

第七百五十五条　融资租赁合同因买卖合同解除、被确认无效或者被撤销而解除，出卖人、租赁物系由承租人选择的，出租人有权请求承租人赔偿相应损失；但是，因出租人原因致使买卖合同解除、被确认无效或者被撤销的除外。

出租人的损失已经在买卖合同解除、被确认无效或者被撤销时获得赔偿的，承租人不再承担相应的赔偿责任。

第七百五十六条　融资租赁合同因租赁物交付承租人后意外毁损、灭失等不可归责于当事人的原因解除的，出租人可以请求承租人按照租赁物折旧情况给予补偿。

第七百五十七条　出租人和承租人可以约定租赁期限届满租赁物的归属；对租赁物的归属没有约定或者约定不明确，依据本法第五百一十条的规定仍不能确定的，租赁物的所有权归出租人。

第七百五十八条　当事人约定租赁期限届满租赁物归承租人所有，承租人已经支付大部分租金，但是无力支付剩余租金，出租人因此解除合同收回租赁物，收回的租赁物的价值超过承租人欠付的租金以及其他费用的，承租人可以请求相应返还。

当事人约定租赁期限届满租赁物归出租人所有，因租赁物毁损、灭失或者附合、混合于他物致使承租人不能返还的，出租人有权请求承租人给予合理补偿。

第七百五十九条　当事人约定租赁期限届满，承租人仅需向出租人支付象征性价款的，视为约定的租金义务履行完毕后租赁物的所有权归承租人。

第七百六十条　融资租赁合同无效，当事人就该情形下租赁物的归属有约定的，按照其约定；没有约定或者约定不明确的，租赁物应当返还出租人。但是，因承租人原因致使合同无效，出租人不请求返还或者返还后会显著降低租赁物效用的，租赁物的所有权归承租人，由承租人给予出租人合理补偿。

第十六章　保理合同

第七百六十一条　保理合同是应收账款债权人将现有的或者将有的应收账款转让给保理人，保理人提供资金融通、应收账款管理或者催收、应收账款债务人付款担保等服务的合同。

第七百六十二条　保理合同的内容一般包括业务类型、服务范围、服务期限、基础交易合同情况、应收账款信息、保理融资款或者服务报酬及其支付方式等条款。

保理合同应当采用书面形式。

第七百六十三条　应收账款债权人与债务人虚构应收账款作为转让标的，与保理人订立保理合同的，应收账款债务人不得以应收账款不存在为由对抗保理人，但是保理人明知虚构的除外。

第七百六十四条　保理人向应收账款债务人发出应收账款转让通知的，应当表明保理人身份并附有必要凭证。

第七百六十五条　应收账款债务人接到应收账款转让通知后，应收账款债权人与债务人无正当理由协商变更或者终止基础交易合同，对保理人产生不利影响的，对保理人不发生效力。

第七百六十六条　当事人约定有追索权保理的，保理人可以向应收账款债权人主张返还保理融资款本息或者回购应收账款债权，也可以向应收账款债务人主张应收账款债权。保理人向应收账款债务人主张应收账款债权，在扣除保理融资款本息和相关费用后有剩余的，剩余部分应当返还给应收账款债权人。

第七百六十七条　当事人约定无追索权保理的，保理人应当向应收账款债务人主张应收账款债权，保理人取得超过保理融资款本息和相关费用的部分，无需向应收账款债权人返还。

第七百六十八条　应收账款债权人就同一应收账款订立多个保理合同，致使多个保理人主张权利的，已经登记的先于未登记的取得应收账款；均已经登记的，按照登记时间的先后顺序取得应收账款；均未登记的，由最先到达应收账款债务人的转让通知中载明的保理人取得应收账款；既未登记也未通知的，按照保理融资款或者服务报酬的比例取得应收账款。

第七百六十九条　本章没有规定的，适用本编第六章债权转让的有关规定。

第十七章　承揽合同

第七百七十条　承揽合同是承揽人按照定作人的要求完成工作，交付工作成果，定作人支付报酬的合同。

承揽包括加工、定作、修理、复制、测试、检验等工作。

第七百七十一条　承揽合同的内容一般包括承揽的标的、数量、质量、报酬，承揽方式，材料的提供，履行期限，验收标准和方法等条款。

第七百七十二条　承揽人应当以自己的设备、技术和劳力，完成主要工作，但是当事人另有约定的除外。

承揽人将其承揽的主要工作交由第三人完成的，应当就该第三人完成的工作成果向定作人负责；未经定作人同意的，定作人也可以解除合同。

第七百七十三条　承揽人可以将其承揽的辅助工作交由第三人完成。承揽人将其承揽的辅助工作交由第三人完成的，应当就该第三人完成的工作成果向定作人负责。

第七百七十四条　承揽人提供材料的，应当按照约定选用材料，并接受定作人检验。

第七百七十五条　定作人提供材料的，应当按照约定提供材料。承揽人对定作人提供的材料应当及时检验，发现不符合约定时，应当及时通知定作人更换、补齐或者采取其他补救措施。

承揽人不得擅自更换定作人提供的材料，不得更换不需要修理的零部件。

第七百七十六条 承揽人发现定作人提供的图纸或者技术要求不合理的，应当及时通知定作人。因定作人怠于答复等原因造成承揽人损失的，应当赔偿损失。

第七百七十七条 定作人中途变更承揽工作的要求，造成承揽人损失的，应当赔偿损失。

第七百七十八条 承揽工作需要定作人协助的，定作人有协助的义务。定作人不履行协助义务致使承揽工作不能完成的，承揽人可以催告定作人在合理期限内履行义务，并可以顺延履行期限；定作人逾期不履行的，承揽人可以解除合同。

第七百七十九条 承揽人在工作期间，应当接受定作人必要的监督检验。定作人不得因监督检验妨碍承揽人的正常工作。

第七百八十条 承揽人完成工作的，应当向定作人交付工作成果，并提交必要的技术资料和有关质量证明。定作人应当验收该工作成果。

第七百八十一条 承揽人交付的工作成果不符合质量要求的，定作人可以合理选择请求承揽人承担修理、重作、减少报酬、赔偿损失等违约责任。

第七百八十二条 定作人应当按照约定的期限支付报酬。对支付报酬的期限没有约定或者约定不明确，依据本法第五百一十条的规定仍不能确定的，定作人应当在承揽人交付工作成果时支付；工作成果部分交付的，定作人应当相应支付。

第七百八十三条 定作人未向承揽人支付报酬或者材料费等价款的，承揽人对完成的工作成果享有留置权或者有权拒绝交付，但是当事人另有约定的除外。

第七百八十四条 承揽人应当妥善保管定作人提供的材料以及完成的工作成果，因保管不善造成毁损、灭失的，应当承担赔偿责任。

第七百八十五条 承揽人应当按照定作人的要求保守秘密，未经定作人许可，不得留存复制品或者技术资料。

第七百八十六条 共同承揽人对定作人承担连带责任，但是当事人另有约定的除外。

第七百八十七条 定作人在承揽人完成工作前可以随时解除合同，造成承揽人损失的，应当赔偿损失。

第十八章 建设工程合同

第七百八十八条 建设工程合同是承包人进行工程建设，发包人支付价款的合同。

建设工程合同包括工程勘察、设计、施工合同。

第七百八十九条 建设工程合同应当采用书面形式。

第七百九十条 建设工程的招标投标活动，应当依照有关法律的规定公开、公平、公正进行。

第七百九十一条 发包人可以与总承包人订立建设工程合同，也可以分别与勘察人、设计人、施工人订立勘察、设计、施工承包合同。发包人不得将应当由一个承包人完成的建设工程支解成若干部分发包给数个承包人。

总承包人或者勘察、设计、施工承包人经发包人同意，可以将自己承包的部分工作交由第三人完成。第三人就其完成的工作成果与总承包人或者勘察、设计、施工承包人向发包人承担连带责任。承包人不得将其承包的全部建设工程转包给第三人或者将其承包的全部建设工程支解以后以分包的名义分别转包给第三人。

禁止承包人将工程分包给不具备相应资质条件的单位。禁止分包单位将其承包的工程再分包。建设工程主体结构的施工必须由承包人自行完成。

第七百九十二条 国家重大建设工程合同，应当按照国家规定的程序和国家批准的投资计划、可行性研究报告等文件订立。

第七百九十三条 建设工程施工合同无效，但是建设工程经验收合格的，可以参照合同关于工程价款的约定折价补偿承包人。

建设工程施工合同无效，且建设工程经验收不合格的，按照以下情形处理：

（一）修复后的建设工程经验收合格的，发包人可以请求承包人承担修复费用；

（二）修复后的建设工程经验收不合格的，承包人无权请求参照合同关于工程价款的约定折价补偿。

发包人对因建设工程不合格造成的损失有过错的，应当承担相应的责任。

第七百九十四条 勘察、设计合同的内容一般包括提交有关基础资料和概预算等文件的期限、质量要求、费用以及其他协作条件等条款。

第七百九十五条 施工合同的内容一般包括工程范围、建设工期、中间交工工程的开工和竣工时间、工程质量、工程造价、技术资料交付时间、材料和设备供应责任、拨款和结算、竣工验收、质量保修范围和质量保证期、相互协作等条款。

第七百九十六条 建设工程实行监理的，发包人应当与监理人采用书面形式订立委托监理合同。发包人与监理人的权利和义务以及法律责任，应当依照本编委托合同以及其他有关法律、行政法规的规定。

第七百九十七条 发包人在不妨碍承包人正常作业的情况下，可以随时对作业进度、质量进行检查。

第七百九十八条 隐蔽工程在隐蔽以前，承包人应当通知发包人检查。发包人没有及时检查的，承包人可以顺延工程日期，并有权请求赔偿停工、窝工等损失。

第七百九十九条 建设工程竣工后，发包人应当根据施工图纸及说明书、国家颁发的施工验收规范和质量检验标准及时进行验收。验收合格的，发包人应当按照约定支付价款，并接收该建设工程。

建设工程竣工经验收合格后，方可交付使用；未经验收或者验收不合格的，不得交付使用。

第八百条 勘察、设计的质量不符合要求或者未按照期限提交勘察、设计文件拖延工期，造成发包人损失的，勘察人、设计人应当继续完善勘察、设计，减收或者免收勘察、设计费并赔偿损失。

第八百零一条 因施工人的原因致使建设工程质量不符合约定的，发包人有权请求施工人在合理期限内无偿修理或者返工、改建。经过修理或者返工、改建后，造成逾期交付的，施工人应当承担违约责任。

第八百零二条 因承包人的原因致使建设工程在合理使用期限内造成人身损害和财产损失的，承包人应当承担赔偿责任。

第八百零三条 发包人未按照约定的时间和要求提供原材料、设备、场地、资金、技术资料的，承包人可以顺延工程日期，并有权请求赔偿停工、窝工等损失。

第八百零四条 因发包人的原因致使工程中途停建、缓建的，发包人应当采取措施弥补或者减少损失，赔偿承包人因此造成的停工、窝工、倒运、机械设备调迁、材料和构件积压等损失和实际费用。

第八百零五条 因发包人变更计划，提供的资料不准确，或者未按照期限提供必需的勘察、设计工作条件而造成勘察、设计的返工、停工或者修改设计，发包人应当按照勘察人、设计人实际消耗的工作量增付费用。

第八百零六条 承包人将建设工程转包、违法分包的，发包人可以解除合同。

发包人提供的主要建筑材料、建筑构配件和设备不符合强制性标准或者不履行协助义务，致使承包人无法施工，经催告后在合理期限内仍未履行相应义务的，承包人可以解除合同。

合同解除后，已经完成的建设工程质量合格的，发包人应当按照约定支付相应的工程价款；已经完成的建设工程质量不合格的，参照本法第七百九十三条的规定处理。

第八百零七条 发包人未按照约定支付价款的，承包人可以催告发包人在合理期限内支付价款。发包人逾期不支付的，除根据建设工程的性质不宜折价、拍卖外，承包人可以与发包人协议将该工程折价，也可以请求人民法院将该工程依法拍卖。建设工程的价款就该工程折价或者拍卖的价款优先受偿。

第八百零八条 本章没有规定的，适用承揽合同的有关规定。

第十九章　运输合同

第一节　一般规定

第八百零九条 运输合同是承运人将旅客或者货物从起运地点运输到约定地点，旅客、托运人或者收货人支付票款或者运输费用的合同。

第八百一十条 从事公共运输的承运人不得拒绝旅客、托运人通常、合理的运输要求。

第八百一十一条 承运人应当在约定期限或者合理期限内将旅客、货物安全运输到约定地点。

第八百一十二条 承运人应当按照约定的或者通常的运输路线将旅客、货物运输到约定地点。

第八百一十三条 旅客、托运人或者收货人应当支付票款或者运输费用。承运人未按照约定路线或者通常路线运输增加票款或者运输费用的，旅客、托运人或者收货人可以拒绝支付增加部分的票款或者运输费用。

第二节　客运合同

第八百一十四条 客运合同自承运人向旅客出具客票时成立，但是当事人另有约定或者另有交易习惯的除外。

第八百一十五条 旅客应当按照有效客票记载的时间、班次和座位号乘坐。旅客无票乘坐、超程乘坐、越级乘坐或者持不符合减价条件的优惠客票乘坐的，应当补交票款，承运人可以按照规定加收票款；旅客不支付票款的，承运人可以拒绝运输。

实名制客运合同的旅客丢失客票的，可以请求承运人挂失补办，承运人不得再次收取票款和其他不合理费用。

第八百一十六条 旅客因自己的原因不能按照客票记载的时间乘坐的，应当在约定的期限内办理退票或者变更手续；逾期办理的，承运人可以不退票款，并不再承担运输义务。

第八百一十七条 旅客随身携带行李应当符合约定的限量和品类要求；超过限量或者违反品类要求携带行李的，应当办理托运手续。

第八百一十八条 旅客不得随身携带或者在行李中夹带易燃、易爆、有毒、有腐蚀性、有放射性以及可能危及运输工具上人身和财产安全的危险物品或者违禁物品。

旅客违反前款规定的，承运人可以将危险物品或者违禁物品卸下、销毁或者送交有关部门。旅客坚持携带或者夹带危险物品或者违禁物品的，承运人应当拒绝运输。

第八百一十九条 承运人应当严格履行安全运输义务，及时告知旅客安全运输应当注意的事项。旅客对承运人为安全运输所作的合理安排应当积极协助和配合。

第八百二十条 承运人应当按照有效客票记载的时间、班次和座位号运输旅客。承运人迟延运输或者有其他不能正常运输情形的，应当及时告知和提醒旅客，采取必要的安置措施，并根据旅客的要求安排改乘其他班次或者退票；由此造成旅客损失的，承运人应当承担赔偿责任，但是不可归责于承运人的除外。

第八百二十一条 承运人擅自降低服务标准的，应当根据旅客的请求退票或者减收票款；提高服务标准的，不得加收票款。

第八百二十二条 承运人在运输过程中，应当尽力救助患有急病、分娩、遇险的旅客。

第八百二十三条 承运人应当对运输过程中旅客的伤亡承担赔偿责任；但是，伤亡是旅客自身健康原因造成的或者承运人证明伤亡是旅客故意、重大过失造成的除外。

前款规定适用于按照规定免票、持优待票或者经承运人许可搭乘的无票旅客。

第八百二十四条 在运输过程中旅客随身携带物品毁损、灭失，承运人有过错的，应当承担赔偿责任。

旅客托运的行李毁损、灭失的，适用货物运输的有关规定。

第三节 货运合同

第八百二十五条 托运人办理货物运输，应当向承运人准确表明收货人的姓名、名称或者凭指示的收货人，货物的名称、性质、重量、数量，收货地点等有关货物运输的必要情况。

因托运人申报不实或者遗漏重要情况，造成承运人损失的，托运人应当承担赔偿责任。

第八百二十六条 货物运输需要办理审批、检验等手续的，托运人应当将办理完有关手续的文件提交承运人。

第八百二十七条 托运人应当按照约定的方式包装货物。对包装方式没有约定或者约定不明确的，适用本法第六百一十九条的规定。

托运人违反前款规定的，承运人可以拒绝运输。

第八百二十八条 托运人托运易燃、易爆、有毒、有腐蚀性、有放射性等危险物品的，应当按照国家有关危险物品运输的规定对危险物品妥善包装，做出危险物品标志和标签，并将有关危险物品的名称、性质和防范措施的书面材料提交承运人。

托运人违反前款规定的，承运人可以拒绝运输，也可以采取相应措施以避免损失的发生，因此产生的费用由托运人负担。

第八百二十九条 在承运人将货物交付收货人之前，托运人可以要求承运人中止运输、返还货物、变更到达地或者将货物交给其他收货人，但是应当赔偿承运人因此受到的损失。

第八百三十条 货物运输到达后，承运人知道收货人的，应当及时通知收货人，收货人应当及时提货。收货人逾期提货的，应当向承运人支付保管费等费用。

第八百三十一条 收货人提货时应当按照约定的期限检验货物。对检验货物的期限没有约定或者约定不明确，依据本法第五百一十条的规定仍不能确定的，应当在合理期限内检验货物。收货人在约定的期限或者合理期限内对货物的数量、毁损等未提出异议的，视为承运人已经按照运输单证的记载交付的初步证据。

第八百三十二条 承运人对运输过程中货物的毁损、灭失承担赔偿责任。但是，承运人证明货物的毁损、灭失是因不可抗力、货物本身的自然性质或者合理损耗以及托运人、收货人的过错造成的，不承担赔偿责任。

第八百三十三条 货物的毁损、灭失的赔偿额，当事人有约定的，按照其约定；

没有约定或者约定不明确，依据本法第五百一十条的规定仍不能确定的，按照交付或者应当交付时货物到达地的市场价格计算。法律、行政法规对赔偿额的计算方法和赔偿限额另有规定的，依照其规定。

第八百三十四条 两个以上承运人以同一运输方式联运的，与托运人订立合同的承运人应当对全程运输承担责任；损失发生在某一运输区段的，与托运人订立合同的承运人和该区段的承运人承担连带责任。

第八百三十五条 货物在运输过程中因不可抗力灭失，未收取运费的，承运人不得请求支付运费；已经收取运费的，托运人可以请求返还。法律另有规定的，依照其规定。

第八百三十六条 托运人或者收货人不支付运费、保管费或者其他费用的，承运人对相应的运输货物享有留置权，但是当事人另有约定的除外。

第八百三十七条 收货人不明或者收货人无正当理由拒绝受领货物的，承运人依法可以提存货物。

第四节 多式联运合同

第八百三十八条 多式联运经营人负责履行或者组织履行多式联运合同，对全程运输享有承运人的权利，承担承运人的义务。

第八百三十九条 多式联运经营人可以与参加多式联运的各区段承运人就多式联运合同的各区段运输约定相互之间的责任；但是，该约定不影响多式联运经营人对全程运输承担的义务。

第八百四十条 多式联运经营人收到托运人交付的货物时，应当签发多式联运单据。按照托运人的要求，多式联运单据可以是可转让单据，也可以是不可转让单据。

第八百四十一条 因托运人托运货物时的过错造成多式联运经营人损失的，即使托运人已经转让多式联运单据，托运人仍然应当承担赔偿责任。

第八百四十二条 货物的毁损、灭失发生于多式联运的某一运输区段的，多式联运经营人的赔偿责任和责任限额，适用调整该区段运输方式的有关法律规定；货物毁损、灭失发生的运输区段不能确定的，依照本章规定承担赔偿责任。

第二十章 技术合同

第一节 一般规定

第八百四十三条 技术合同是当事人就技术开发、转让、许可、咨询或者服务订立的确立相互之间权利和义务的合同。

第八百四十四条 订立技术合同，应当有利于知识产权的保护和科学技术的进步，促进科学技术成果的研发、转化、应用和推广。

第八百四十五条 技术合同的内容一般包括项目的名称，标的的内容、范围和要求，履行的计划、地点和方式，技术信息和资料的保密，技术成果的归属和收益的分配办法，验收标准和方法，名词和术语的解释等条款。

与履行合同有关的技术背景资料、可行性论证和技术评价报告、项目任务书和计划书、技术标准、技术规范、原始设计和工艺文件，以及其他技术文档，按照当事人的约定可以作为合同的组成部分。

技术合同涉及专利的，应当注明发明创造的名称、专利申请人和专利权人、申请日期、申请号、专利号以及专利权的有效期限。

第八百四十六条 技术合同价款、报酬或者使用费的支付方式由当事人约定，可以采取一次总算、一次总付或者一次总算、分期支付，也可以采取提成支付或者提成支付附加预付入门费的方式。

约定提成支付的，可以按照产品价格、实施专利和使用技术秘密后新增的产值、利润或者产品销售额的一定比例提成，也可以按照约定的其他方式计算。提成支付的比例可以采取固定比例、逐年递增比例或者逐年递减比例。

约定提成支付的，当事人可以约定查阅有关会计账目的办法。

第八百四十七条 职务技术成果的使用权、转让权属于法人或者非法人组织的，法人或者非法人组织可以就该项职务技术成果订立技术合同。法人或者非法人组织订立技术合同转让职务技术成果时，职务技术成果的完成人享有以同等条件优先受让的权利。

职务技术成果是执行法人或者非法人组织的工作任务，或者主要是利用法人或者非法人组织的物质技术条件所完成的技术成果。

第八百四十八条 非职务技术成果的使用权、转让权属于完成技术成果的个人，完成技术成果的个人可以就该项非职务技术成果订立技术合同。

第八百四十九条 完成技术成果的个人享有在有关技术成果文件上写明自己是技术成果完成者的权利和取得荣誉证书、奖励的权利。

第八百五十条 非法垄断技术或者侵害他人技术成果的技术合同无效。

第二节　技术开发合同

第八百五十一条 技术开发合同是当事人之间就新技术、新产品、新工艺、新品种或者新材料及其系统的研究开发所订立的合同。

技术开发合同包括委托开发合同和合作开发合同。

技术开发合同应当采用书面形式。

当事人之间就具有实用价值的科技成果实施转化订立的合同，参照适用技术开发合同的有关规定。

第八百五十二条 委托开发合同的委托人应当按照约定支付研究开发经费和报酬，提供技术资料，提出研究开发要求，完成协作事项，接受研究开发成果。

第八百五十三条 委托开发合同的研究开发人应当按照约定制定和实施研究开发计划，合理使用研究开发经费，按期完成研究开发工作，交付研究开发成果，提供有关的技术资料和必要的技术指导，帮助委托人掌握研究开发成果。

第八百五十四条 委托开发合同的当事人违反约定造成研究开发工作停滞、延误或者失败的，应当承担违约责任。

第八百五十五条 合作开发合同的当事人应当按照约定进行投资，包括以技术进行投资，分工参与研究开发工作，协作配合研究开发工作。

第八百五十六条 合作开发合同的当事人违反约定造成研究开发工作停滞、延误或者失败的，应当承担违约责任。

第八百五十七条 作为技术开发合同标的的技术已经由他人公开，致使技术开发合同的履行没有意义的，当事人可以解除合同。

第八百五十八条 技术开发合同履行过程中，因出现无法克服的技术困难，致使研究开发失败或者部分失败的，该风险由当事人约定；没有约定或者约定不明确，依据本法第五百一十条的规定仍不能确定的，风险由当事人合理分担。

当事人一方发现前款规定的可能致使研究开发失败或者部分失败的情形时，应当及时通知另一方并采取适当措施减少损失；没有及时通知并采取适当措施，致使损失扩大的，应当就扩大的损失承担责任。

第八百五十九条 委托开发完成的发明创造，除法律另有规定或者当事人另有约定外，申请专利的权利属于研究开发人。研究开发人取得专利权的，委托人可以依法实施该专利。

研究开发人转让专利申请权的，委托人享有以同等条件优先受让的权利。

第八百六十条 合作开发完成的发明创造，申请专利的权利属于合作开发的当事人共有；当事人一方转让其共有的专利申请权的，其他各方享有以同等条件优先受让的权利。但是，当事人另有约定的除外。

合作开发的当事人一方声明放弃其共有的专利申请权的，除当事人另有约定外，可以由另一方单独申请或者由其他各方共同申请。申请人取得专利权的，放弃专利申请权的一方可以免费实施该专利。

合作开发的当事人一方不同意申请专利的，另一方或者其他各方不得申请专利。

第八百六十一条 委托开发或者合作开发完成的技术秘密成果的使用权、转让权以及收益的分配办法，由当事人约定；没有约定或者约定不明确，依据本法第五百一十条的规定仍不能确定的，在没有相同技术方案被授予专利权前，当事人均有使用和转让的权利。但是，委托开发的研究开发人不得在向委托人交付研究开发成果之前，将研究开发成果转让给第三人。

第三节 技术转让合同和技术许可合同

第八百六十二条 技术转让合同是合法拥有技术的权利人，将现有特定的专利、专利申请、技术秘密的相关权利让与他人所订立的合同。

技术许可合同是合法拥有技术的权利人，将现有特定的专利、技术秘密的相关权利许可他人实施、使用所订立的合同。

技术转让合同和技术许可合同中关于提供实施技术的专用设备、原材料或者提供有关的技术咨询、技术服务的约定，属于合同的组成部分。

第八百六十三条 技术转让合同包括专利权转让、专利申请权转让、技术秘密转让等合同。

技术许可合同包括专利实施许可、技术秘密使用许可等合同。

技术转让合同和技术许可合同应当采用书面形式。

第八百六十四条 技术转让合同和技术许可合同可以约定实施专利或者使用技术秘密的范围，但是不得限制技术竞争和技术发展。

第八百六十五条 专利实施许可合同仅在该专利权的存续期限内有效。专利权有效期限届满或者专利权被宣告无效的，专利权人不得就该专利与他人订立专利实施许可合同。

第八百六十六条 专利实施许可合同的许可人应当按照约定许可被许可人实施专利，交付实施专利有关的技术资料，提供必要的技术指导。

第八百六十七条 专利实施许可合同的被许可人应当按照约定实施专利，不得许可约定以外的第三人实施该专利，并按照约定支付使用费。

第八百六十八条 技术秘密转让合同的让与人和技术秘密使用许可合同的许可人应当按照约定提供技术资料，进行技术指导，保证技术的实用性、可靠性，承担保密义务。

前款规定的保密义务，不限制许可人申请专利，但是当事人另有约定的除外。

第八百六十九条 技术秘密转让合同的受让人和技术秘密使用许可合同的被许可人应当按照约定使用技术，支付转让费、使用费，承担保密义务。

第八百七十条 技术转让合同的让与人和技术许可合同的许可人应当保证自己是所提供的技术的合法拥有者，并保证所提供的技术完整、无误、有效，能够达到约定的目标。

第八百七十一条 技术转让合同的受让人和技术许可合同的被许可人应当按照约定的范围和期限，对让与人、许可人提供的技术中尚未公开的秘密部分，承担保密义务。

第八百七十二条 许可人未按照约定许可技术的，应当返还部分或者全部使用费，并应当承担违约责任；实施专利或者使用技术秘密超越约定的范围的，违反约定擅自许可第三人实施该项专利或者使用该项技术秘密的，应当停止违约行为，承担违约责任；违反约定的保密义务的，应当承担违约责任。

让与人承担违约责任，参照适用前款规定。

第八百七十三条 被许可人未按照约定支付使用费的，应当补交使用费并按照约定支付违约金；不补交使用费或者支付违约金的，应当停止实施专利或者使用技术秘密，交还技术资料，承担违约责任；实施专利或者使用技术秘密超越约定的范围的，未经许可人同意擅自许可第三人实施该专利或者使用该技术秘密的，应当停止违约行为，承担违约责任；违反约定的保密义务的，应当承担违约责任。

受让人承担违约责任，参照适用前款规定。

第八百七十四条 受让人或者被许可人按照约定实施专利、使用技术秘密侵害他人合法权益的，由让与人或者许可人承担责任，但是当事人另有约定的除外。

第八百七十五条 当事人可以按照互利的原则，在合同中约定实施专利、使用技术秘密后续改进的技术成果的分享办法；没有约定或者约定不明确，依据本法第五百一十条的规定仍不能确定的，一方后续改进的技术成果，其他各方无权分享。

第八百七十六条 集成电路布图设计专有权、植物新品种权、计算机软件著作权等其他知识产权的转让和许可，参照适用本节的有关规定。

第八百七十七条 法律、行政法规对技术进出口合同或者专利、专利申请合同另有规定的，依照其规定。

第四节 技术咨询合同和技术服务合同

第八百七十八条 技术咨询合同是当事人一方以技术知识为对方就特定技术项目提供可行性论证、技术预测、专题技术调查、分析评价报告等所订立的合同。

技术服务合同是当事人一方以技术知识为对方解决特定技术问题所订立的合同，不包括承揽合同和建设工程合同。

第八百七十九条 技术咨询合同的委托人应当按照约定阐明咨询的问题，提供技术背景材料及有关技术资料，接受受托人的工作成果，支付报酬。

第八百八十条 技术咨询合同的受托人应当按照约定的期限完成咨询报告或者解答问题，提出的咨询报告应当达到约定的要求。

第八百八十一条 技术咨询合同的委托人未按照约定提供必要的资料，影响工作进度和质量，不接受或者逾期接受工作成果的，支付的报酬不得追回，未支付的报酬应当支付。

技术咨询合同的受托人未按期提出咨询报告或者提出的咨询报告不符合约定的，应当承担减收或者免收报酬等违约责任。

技术咨询合同的委托人按照受托人符合约定要求的咨询报告和意见作出决策所造成的损失，由委托人承担，但是当事人另有约定的除外。

第八百八十二条 技术服务合同的委托人应当按照约定提供工作条件，完成配合事项，接受工作成果并支付报酬。

第八百八十三条 技术服务合同的受托人应当按照约定完成服务项目，解决技术问题，保证工作质量，并传授解决技术问题的知识。

第八百八十四条 技术服务合同的委托人不履行合同义务或者履行合同义务不符合约定，影响工作进度和质量，不接受或者逾期接受工作成果的，支付的报酬不得追回，未支付的报酬应当支付。

技术服务合同的受托人未按照约定完成服务工作的，应当承担免收报酬等违约责任。

第八百八十五条 技术咨询合同、技术服务合同履行过程中，受托人利用委托人提供的技术资料和工作条件完成的新的技术成果，属于受托人。委托人利用受托人的工作成果完成的新的技术成果，属于委托人。当事人另有约定的，按照其约定。

第八百八十六条 技术咨询合同和技术服务合同对受托人正常开展工作所需费用的负担没有约定或者约定不明确的，由受托人负担。

第八百八十七条 法律、行政法规对技术中介合同、技术培训合同另有规定的，依照其规定。

第二十一章 保管合同

第八百八十八条 保管合同是保管人保管寄存人交付的保管物，并返还该物的合同。

寄存人到保管人处从事购物、就餐、住宿等活动，将物品存放在指定场所的，视为保管，但是当事人另有约定或者另有交易习惯的除外。

第八百八十九条 寄存人应当按照约定向保管人支付保管费。

当事人对保管费没有约定或者约定不明确，依据本法第五百一十条的规定仍不能确定的，视为无偿保管。

第八百九十条 保管合同自保管物交付时成立，但是当事人另有约定的除外。

第八百九十一条 寄存人向保管人交付保管物的，保管人应当出具保管凭证，但是另有交易习惯的除外。

第八百九十二条 保管人应当妥善保管保管物。

当事人可以约定保管场所或者方法。除紧急情况或者为维护寄存人利益外，不得擅自改变保管场所或者方法。

第八百九十三条 寄存人交付的保管物有瑕疵或者根据保管物的性质需要采取特殊保管措施的，寄存人应当将有关情况告知保管人。寄存人未告知，致使保管物受损失的，保管人不承担赔偿责任；保管人因此受损失的，除保管人知道或者应当知道且未采取补救措施外，寄存人应当承担赔偿责任。

第八百九十四条 保管人不得将保管物转交第三人保管，但是当事人另有约定的除外。

保管人违反前款规定，将保管物转交第三人保管，造成保管物损失的，应当承担赔偿责任。

第八百九十五条 保管人不得使用或者许可第三人使用保管物，但是当事人另有约定的除外。

第八百九十六条 第三人对保管物主张权利的，除依法对保管物采取保全或者执行措施外，保管人应当履行向寄存人返还保管物的义务。

第三人对保管人提起诉讼或者对保管物申请扣押的，保管人应当及时通知寄存人。

第八百九十七条 保管期内，因保管人保管不善造成保管物毁损、灭失的，保管人应当承担赔偿责任。但是，无偿保管人证明自己没有故意或者重大过失的，不承担赔偿责任。

第八百九十八条 寄存人寄存货币、有价证券或者其他贵重物品的，应当向保管人声明，由保管人验收或者封存；寄存人未声明的，该物品毁损、灭失后，保管人可以按照一般物品予以赔偿。

第八百九十九条 寄存人可以随时领取保管物。

当事人对保管期限没有约定或者约定不明确的，保管人可以随时请求寄存人领取保管物；约定保管期限的，保管人无特别事由，不得请求寄存人提前领取保管物。

第九百条 保管期限届满或者寄存人提前领取保管物的，保管人应当将原物及其孳息归还寄存人。

第九百零一条 保管人保管货币的，可以返还相同种类、数量的货币；保管其他可替代物的，可以按照约定返还相同种类、品质、数量的物品。

第九百零二条 有偿的保管合同，寄存人应当按照约定的期限向保管人支付保管费。

当事人对支付期限没有约定或者约定不明确，依据本法第五百一十条的规定仍不能确定的，应当在领取保管物的同时支付。

第九百零三条 寄存人未按照约定支付保管费或者其他费用的，保管人对保管物享有留置权，但是当事人另有约定的除外。

第二十二章　仓储合同

第九百零四条 仓储合同是保管人储存存货人交付的仓储物，存货人支付仓储费的合同。

第九百零五条 仓储合同自保管人和存货人意思表示一致时成立。

第九百零六条 储存易燃、易爆、有毒、有腐蚀性、有放射性等危险物品或者易变质物品的，存货人应当说明该物品的性质，提供有关资料。

存货人违反前款规定的，保管人可以拒收仓储物，也可以采取相应措施以避免损失的发生，因此产生的费用由存货人负担。

保管人储存易燃、易爆、有毒、有腐蚀性、有放射性等危险物品的，应当具备相应的保管条件。

第九百零七条 保管人应当按照约定对入库仓储物进行验收。保管人验收时发现入库仓储物与约定不符合的，应当及时通知存货人。保管人验收后，发生仓储物的品种、数量、质量不符合约定的，保管人应当承担赔偿责任。

第九百零八条 存货人交付仓储物的，保管人应当出具仓单、入库单等凭证。

第九百零九条 保管人应当在仓单上签名或者盖章。仓单包括下列事项：

（一）存货人的姓名或者名称和住所；

（二）仓储物的品种、数量、质量、包装及其件数和标记；

（三）仓储物的损耗标准；

（四）储存场所；

（五）储存期限；

（六）仓储费；

（七）仓储物已经办理保险的，其保险金额、期间以及保险人的名称；

（八）填发人、填发地和填发日期。

第九百一十条 仓单是提取仓储物的凭证。存货人或者仓单持有人在仓单上背书并经保管人签名或者盖章的，可以转让提取仓储物的权利。

第九百一十一条 保管人根据存货人或者仓单持有人的要求，应当同意其检查仓储物或者提取样品。

第九百一十二条 保管人发现入库仓储物有变质或者其他损坏的，应当及时通知存货人或者仓单持有人。

第九百一十三条 保管人发现入库仓储物有变质或者其他损坏，危及其他仓储物的安全和正常保管的，应当催告存货人或者仓单持有人作出必要的处置。因情况紧急，保管人可以作出必要的处置；但是，事后应当将该情况及时通知存货人或者仓单持有人。

第九百一十四条 当事人对储存期限没有约定或者约定不明确的，存货人或者仓单持有人可以随时提取仓储物，保管人也可以随时请求存货人或者仓单持有人提取仓储物，但是应当给予必要的准备时间。

第九百一十五条 储存期限届满，存货人或者仓单持有人应当凭仓单、入库单等提取仓储物。存货人或者仓单持有人逾期提取的，应当加收仓储费；提前提取的，不减收仓储费。

第九百一十六条 储存期限届满，存货人或者仓单持有人不提取仓储物的，保管人可以催告其在合理期限内提取；逾期不提取的，保管人可以提存仓储物。

第九百一十七条 储存期内，因保管不善造成仓储物毁损、灭失的，保管人应当承担赔偿责任。因仓储物本身的自然性质、包装不符合约定或者超过有效储存期造成仓储物变质、损坏的，保管人不承担赔偿责任。

第九百一十八条 本章没有规定的，适用保管合同的有关规定。

第二十三章 委托合同

第九百一十九条 委托合同是委托人和受托人约定，由受托人处理委托人事务的合同。

第九百二十条 委托人可以特别委托受托人处理一项或者数项事务，也可以概括委托受托人处理一切事务。

第九百二十一条 委托人应当预付处理委托事务的费用。受托人为处理委托事务垫付的必要费用，委托人应当偿还该费用并支付利息。

第九百二十二条 受托人应当按照委托人的指示处理委托事务。需要变更委托人指示的，应当经委托人同意；因情况紧急，难以和委托人取得联系的，受托人应当妥善处理委托事务，但是事后应当将该情况及时报告委托人。

第九百二十三条 受托人应当亲自处理委托事务。经委托人同意，受托人可以转委托。转委托经同意或者追认的，委托人可以就委托事务直接指示转委托的第三人，受托人仅就第三人的选任及其对第三人的指示承担责任。转委托未经同意或者追认的，受托人应当对转委托的第三人的行为承担责任；但是，在紧急情况下受托人为了维护委托人的利益需要转委托第三人的除外。

第九百二十四条 受托人应当按照委托人的要求，报告委托事务的处理情况。委托合同终止时，受托人应当报告委托事务的结果。

第九百二十五条 受托人以自己的名义，在委托人的授权范围内与第三人订立的合同，第三人在订立合同时知道受托人与委托人之间的代理关系的，该合同直接约束委托人和第三人；但是，有确切证据证明该合同只约束受托人和第三人的除外。

第九百二十六条 受托人以自己的名义与第三人订立合同时，第三人不知道受托人与委托人之间的代理关系的，受托人因第三人的原因对委托人不履行义务，受托人应当向委托人披露第三人，委托人因此可以行使受托人对第三人的权利。但是，第三人与受托人订立合同时如果知道该委托人就不会订立合同的除外。

受托人因委托人的原因对第三人不履行义务，受托人应当向第三人披露委托人，第三人因此可以选择受托人或者委托人作为相对人主张其权利，但是第三人不得变更选定的相对人。

委托人行使受托人对第三人的权利的，第三人可以向委托人主张其对受托人的抗辩。第三人选定委托人作为其相对人的，委托人可以向第三人主张其对受托人的抗辩以及受托人对第三人的抗辩。

第九百二十七条 受托人处理委托事务取得的财产，应当转交给委托人。

第九百二十八条 受托人完成委托事务的，委托人应当按照约定向其支付报酬。

因不可归责于受托人的事由，委托合同解除或者委托事务不能完成的，委托人应当向受托人支付相应的报酬。当事人另有约定的，按照其约定。

第九百二十九条 有偿的委托合同，因受托人的过错造成委托人损失的，委托人可以请求赔偿损失。无偿的委托合同，因受托人的故意或者重大过失造成委托人损失的，委托人可以请求赔偿损失。

受托人超越权限造成委托人损失的，应当赔偿损失。

第九百三十条 受托人处理委托事务时，因不可归责于自己的事由受到损失的，可以向委托人请求赔偿损失。

第九百三十一条 委托人经受托人同意，可以在受托人之外委托第三人处理委托事务。因此造成受托人损失的，受托人可以向委托人请求赔偿损失。

第九百三十二条 两个以上的受托人共同处理委托事务的，对委托人承担连带责任。

第九百三十三条 委托人或者受托人可以随时解除委托合同。因解除合同造成对方损失的，除不可归责于该当事人的事由外，无偿委托合同的解除方应当赔偿因解除时间不当造成的直接损失，有偿委托合同的解除方应当赔偿对方的直接损失和合同履行后可以获得的利益。

第九百三十四条 委托人死亡、终止或者受托人死亡、丧失民事行为能力、终止的，委托合同终止；但是，当事人另有约定或者根据委托事务的性质不宜终止的除外。

第九百三十五条 因委托人死亡或者被宣告破产、解散，致使委托合同终止将损害委托人利益的，在委托人的继承人、遗产管理人或者清算人承受委托事务之前，受托人应当继续处理委托事务。

第九百三十六条 因受托人死亡、丧失民事行为能力或者被宣告破产、解散，致使委托合同终止的，受托人的继承人、遗产管理人、法定代理人或者清算人应当及时通知委托人。因委托合同终止将损害委托人利益的，在委托人作出善后处理之前，受托人的继承人、遗产管理人、法定代理人或者清算人应当采取必要措施。

第二十四章　物业服务合同

第九百三十七条 物业服务合同是物业服务人在物业服务区域内，为业主提供建筑物及其附属设施的维修养护、环境卫生和相关秩序的管理维护等物业服务，业主支付物业费的合同。

物业服务人包括物业服务企业和其他管理人。

第九百三十八条 物业服务合同的内容一般包括服务事项、服务质量、服务费用的标准和收取办法、维修资金的使用、服务用房的管理和使用、服务期限、服务交接等条款。

物业服务人公开作出的有利于业主的服务承诺，为物业服务合同的组成部分。

物业服务合同应当采用书面形式。

第九百三十九条 建设单位依法与物业服务人订立的前期物业服务合同，以及业主委员会与业主大会依法选聘的物业服务人订立的物业服务合同，对业主具有法律约束力。

第九百四十条 建设单位依法与物业服务人订立的前期物业服务合同约定的服务期限届满前，业主委员会或者业主与新物业服务人订立的物业服务合同生效的，前期物业服务合同终止。

第九百四十一条 物业服务人将物业服务区域内的部分专项服务事项委托给专业性服务组织或者其他第三人的，应当就该部分专项服务事项向业主负责。

物业服务人不得将其应当提供的全部物业服务转委托给第三人，或者将全部物业服务支解后分别转委托给第三人。

第九百四十二条 物业服务人应当按照约定和物业的使用性质，妥善维修、养护、清洁、绿化和经营管理物业服务区域内的业主共有部分，维护物业服务区域内的基本秩序，采取合理措施保护业主的人身、财产安全。

对物业服务区域内违反有关治安、环保、消防等法律法规的行为，物业服务人应当及时采取合理措施制止、向有关行政主管部门报告并协助处理。

第九百四十三条 物业服务人应当定期将服务的事项、负责人员、质量要求、收费项目、收费标准、履行情况，以及维修资金使用情况、业主共有部分的经营与收益情况等以合理方式向业主公开并向业主大会、业主委员会报告。

第九百四十四条 业主应当按照约定向物业服务人支付物业费。物业服务人已经按照约定和有关规定提供服务的，业主不得以未接受或者无需接受相关物业服务为由拒绝支付物业费。

业主违反约定逾期不支付物业费的，物业服务人可以催告其在合理期限内支付；合理期限届满仍不支付的，物业服务人可以提起诉讼或者申请仲裁。

物业服务人不得采取停止供电、供水、供热、供燃气等方式催交物业费。

第九百四十五条 业主装饰装修房屋的，应当事先告知物业服务人，遵守物业服务人提示的合理注意事项，并配合其进行必要的现场检查。

业主转让、出租物业专有部分、设立居住权或者依法改变共有部分用途的，应当及时将相关情况告知物业服务人。

第九百四十六条 业主依照法定程序共同决定解聘物业服务人的，可以解除物业服务合同。决定解聘的，应当提前六十日书面通知物业服务人，但是合同对通知期限另有约定的除外。

依据前款规定解除合同造成物业服务人损失的，除不可归责于业主的事由外，业主应当赔偿损失。

第九百四十七条 物业服务期限届满前，业主依法共同决定续聘的，应当与原物业服务人在合同期限届满前续订物业服务合同。

物业服务期限届满前，物业服务人不同意续聘的，应当在合同期限届满前九十日书面通知业主或者业主委员会，但是合同对通知期限另有约定的除外。

第九百四十八条 物业服务期限届满后，业主没有依法作出续聘或者另聘物业服务人的决定，物业服务人继续提供物业服务的，原物业服务合同继续有效，但是服务期限为不定期。

当事人可以随时解除不定期物业服务合同，但是应当提前六十日书面通知对方。

第九百四十九条 物业服务合同终止的，原物业服务人应当在约定期限或者合理期限内退出物业服务区域，将物业服务用房、相关设施、物业服务所必需的相关资料等交还给业主委员会、决定自行管理的业主或者其指定的人，配合新物业服务人做好交接工作，并如实告知物业的使用和管理状况。

原物业服务人违反前款规定的，不得请求业主支付物业服务合同终止后的物业费；造成业主损失的，应当赔偿损失。

第九百五十条 物业服务合同终止后，在业主或者业主大会选聘的新物业服务人或者决定自行管理的业主接管之前，原物业服务人应当继续处理物业服务事项，并可以请求业主支付该期间的物业费。

第二十五章　行纪合同

第九百五十一条 行纪合同是行纪人以自己的名义为委托人从事贸易活动，委托人支付报酬的合同。

第九百五十二条 行纪人处理委托事务支出的费用，由行纪人负担，但是当事人另有约定的除外。

第九百五十三条 行纪人占有委托物的，应当妥善保管委托物。

第九百五十四条 委托物交付给行纪人时有瑕疵或者容易腐烂、变质的，经委托人同意，行纪人可以处分该物；不能与委托人及时取得联系的，行纪人可以合理处分。

第九百五十五条 行纪人低于委托人指定的价格卖出或者高于委托人指定的价格买入的，应当经委托人同意；未经委托人同意，行纪人补偿其差额的，该买卖对委托人发生效力。

行纪人高于委托人指定的价格卖出或者低于委托人指定的价格买入的，可以按照约定增加报酬；没有约定或者约定不明确，依据本法第五百一十条的规定仍不能确定的，该利益属于委托人。

委托人对价格有特别指示的，行纪人不得违背该指示卖出或者买入。

第九百五十六条 行纪人卖出或者买入具有市场定价的商品，除委托人有相反的意思表示外，行纪人自己可以作为买受人或者出卖人。

行纪人有前款规定情形的，仍然可以请求委托人支付报酬。

第九百五十七条 行纪人按照约定买入委托物，委托人应当及时受领。经行纪人催告，委托人无正当理由拒绝受领的，行纪人依法可以提存委托物。

委托物不能卖出或者委托人撤回出卖，经行纪人催告，委托人不取回或者不处分该物的，行纪人依法可以提存委托物。

第九百五十八条 行纪人与第三人订立合同的，行纪人对该合同直接享有权利、承担义务。

第三人不履行义务致使委托人受到损害的，行纪人应当承担赔偿责任，但是行纪人与委托人另有约定的除外。

第九百五十九条 行纪人完成或者部分完成委托事务的，委托人应当向其支付相应的报酬。委托人逾期不支付报酬的，行纪人对委托物享有留置权，但是当事人另有约定的除外。

第九百六十条 本章没有规定的，参照适用委托合同的有关规定。

第二十六章 中介合同

第九百六十一条 中介合同是中介人向委托人报告订立合同的机会或者提供订立合同的媒介服务，委托人支付报酬的合同。

第九百六十二条 中介人应当就有关订立合同的事项向委托人如实报告。

中介人故意隐瞒与订立合同有关的重要事实或者提供虚假情况，损害委托人利益的，不得请求支付报酬并应当承担赔偿责任。

第九百六十三条 中介人促成合同成立的，委托人应当按照约定支付报酬。对中介人的报酬没有约定或者约定不明确，依据本法第五百一十条的规定仍不能确定的，根据中介人的劳务合理确定。因中介人提供订立合同的媒介服务而促成合同成立的，由该合同的当事人平均负担中介人的报酬。

中介人促成合同成立的，中介活动的费用，由中介人负担。

第九百六十四条 中介人未促成合同成立的，不得请求支付报酬；但是，可以按照约定请求委托人支付从事中介活动支出的必要费用。

第九百六十五条 委托人在接受中介人的服务后，利用中介人提供的交易机会或者媒介服务，绕开中介人直接订立合同的，应当向中介人支付报酬。

第九百六十六条 本章没有规定的，参照适用委托合同的有关规定。

第二十七章　合伙合同

第九百六十七条　合伙合同是两个以上合伙人为了共同的事业目的，订立的共享利益、共担风险的协议。

第九百六十八条　合伙人应当按照约定的出资方式、数额和缴付期限，履行出资义务。

第九百六十九条　合伙人的出资、因合伙事务依法取得的收益和其他财产，属于合伙财产。

合伙合同终止前，合伙人不得请求分割合伙财产。

第九百七十条　合伙人就合伙事务作出决定的，除合伙合同另有约定外，应当经全体合伙人一致同意。

合伙事务由全体合伙人共同执行。按照合伙合同的约定或者全体合伙人的决定，可以委托一个或者数个合伙人执行合伙事务；其他合伙人不再执行合伙事务，但是有权监督执行情况。

合伙人分别执行合伙事务的，执行事务合伙人可以对其他合伙人执行的事务提出异议；提出异议后，其他合伙人应当暂停该项事务的执行。

第九百七十一条　合伙人不得因执行合伙事务而请求支付报酬，但是合伙合同另有约定的除外。

第九百七十二条　合伙的利润分配和亏损分担，按照合伙合同的约定办理；合伙合同没有约定或者约定不明确的，由合伙人协商决定；协商不成的，由合伙人按照实缴出资比例分配、分担；无法确定出资比例的，由合伙人平均分配、分担。

第九百七十三条　合伙人对合伙债务承担连带责任。清偿合伙债务超过自己应当承担份额的合伙人，有权向其他合伙人追偿。

第九百七十四条　除合伙合同另有约定外，合伙人向合伙人以外的人转让其全部或者部分财产份额的，须经其他合伙人一致同意。

第九百七十五条　合伙人的债权人不得代位行使合伙人依照本章规定和合伙合同享有的权利，但是合伙人享有的利益分配请求权除外。

第九百七十六条　合伙人对合伙期限没有约定或者约定不明确，依据本法第五百一十条的规定仍不能确定的，视为不定期合伙。

合伙期限届满，合伙人继续执行合伙事务，其他合伙人没有提出异议的，原合伙合同继续有效，但是合伙期限为不定期。

合伙人可以随时解除不定期合伙合同，但是应当在合理期限之前通知其他合伙人。

第九百七十七条　合伙人死亡、丧失民事行为能力或者终止的，合伙合同终止；但是，合伙合同另有约定或者根据合伙事务的性质不宜终止的除外。

第九百七十八条　合伙合同终止后，合伙财产在支付因终止而产生的费用以及清偿合伙债务后有剩余的，依据本法第九百七十二条的规定进行分配。

第三分编　准　合　同

第二十八章　无因管理

第九百七十九条　管理人没有法定的或者约定的义务，为避免他人利益受损失而管理他人事务的，可以请求受益人偿还因管理事务而支出的必要费用；管理人因管理事务受到损失的，可以请求受益人给予适当补偿。

管理事务不符合受益人真实意思的，管理人不享有前款规定的权利；但是，受益人的真实意思违反法律或者违背公序良俗的除外。

第九百八十条　管理人管理事务不属

于前条规定的情形，但是受益人享有管理利益的，受益人应当在其获得的利益范围内向管理人承担前条第一款规定的义务。

第九百八十一条 管理人管理他人事务，应当采取有利于受益人的方法。中断管理对受益人不利的，无正当理由不得中断。

第九百八十二条 管理人管理他人事务，能够通知受益人的，应当及时通知受益人。管理的事务不需要紧急处理的，应当等待受益人的指示。

第九百八十三条 管理结束后，管理人应当向受益人报告管理事务的情况。管理人管理事务取得的财产，应当及时转交给受益人。

第九百八十四条 管理人管理事务经受益人事后追认的，从管理事务开始时起，适用委托合同的有关规定，但是管理人另有意思表示的除外。

第二十九章　不当得利

第九百八十五条 得利人没有法律根据取得不当利益的，受损失的人可以请求得利人返还取得的利益，但是有下列情形之一的除外：

（一）为履行道德义务进行的给付；

（二）债务到期之前的清偿；

（三）明知无给付义务而进行的债务清偿。

第九百八十六条 得利人不知道且不应当知道取得的利益没有法律根据，取得的利益已经不存在的，不承担返还该利益的义务。

第九百八十七条 得利人知道或者应当知道取得的利益没有法律根据的，受损失的人可以请求得利人返还其取得的利益并依法赔偿损失。

第九百八十八条 得利人已经将取得的利益无偿转让给第三人的，受损失的人可以请求第三人在相应范围内承担返还义务。

第四编　人格权

第一章　一般规定

第九百八十九条 本编调整因人格权的享有和保护产生的民事关系。

第九百九十条 人格权是民事主体享有的生命权、身体权、健康权、姓名权、名称权、肖像权、名誉权、荣誉权、隐私权等权利。

除前款规定的人格权外，自然人享有基于人身自由、人格尊严产生的其他人格权益。

第九百九十一条 民事主体的人格权受法律保护，任何组织或者个人不得侵害。

第九百九十二条 人格权不得放弃、转让或者继承。

第九百九十三条 民事主体可以将自己的姓名、名称、肖像等许可他人使用，但是依照法律规定或者根据其性质不得许可的除外。

第九百九十四条 死者的姓名、肖像、名誉、荣誉、隐私、遗体等受到侵害的，其配偶、子女、父母有权依法请求行为人承担民事责任；死者没有配偶、子女且父母已经死亡的，其他近亲属有权依法请求行为人承担民事责任。

第九百九十五条 人格权受到侵害的，受害人有权依照本法和其他法律的规定请求行为人承担民事责任。受害人的停止侵害、排除妨碍、消除危险、消除影响、恢复名誉、赔礼道歉请求权，不适用诉讼时效的规定。

第九百九十六条 因当事人一方的违约行为，损害对方人格权并造成严重精神损害，受损害方选择请求其承担违约责任的，不影响受损害方请求精神损害赔偿。

第九百九十七条 民事主体有证据证明行为人正在实施或者即将实施侵害其人格权的违法行为，不及时制止将使其合法权益受到难以弥补的损害的，有权依法向人民法院申请采取责令行为人停止有关行为的措施。

第九百九十八条 认定行为人承担侵害除生命权、身体权和健康权外的人格权的民事责任，应当考虑行为人和受害人的职业、影响范围、过错程度，以及行为的目的、方式、后果等因素。

第九百九十九条 为公共利益实施新闻报道、舆论监督等行为的，可以合理使用民事主体的姓名、名称、肖像、个人信息等；使用不合理侵害民事主体人格权的，应当依法承担民事责任。

第一千条 行为人因侵害人格权承担消除影响、恢复名誉、赔礼道歉等民事责任的，应当与行为的具体方式和造成的影响范围相当。

行为人拒不承担前款规定的民事责任的，人民法院可以采取在报刊、网络等媒体上发布公告或者公布生效裁判文书等方式执行，产生的费用由行为人负担。

第一千零一条 对自然人因婚姻家庭关系等产生的身份权利的保护，适用本法第一编、第五编和其他法律的相关规定；没有规定的，可以根据其性质参照适用本编人格权保护的有关规定。

第二章 生命权、身体权和健康权

第一千零二条 自然人享有生命权。自然人的生命安全和生命尊严受法律保护。任何组织或者个人不得侵害他人的生命权。

第一千零三条 自然人享有身体权。自然人的身体完整和行动自由受法律保护。任何组织或者个人不得侵害他人的身体权。

第一千零四条 自然人享有健康权。自然人的身心健康受法律保护。任何组织或者个人不得侵害他人的健康权。

第一千零五条 自然人的生命权、身体权、健康权受到侵害或者处于其他危难情形的，负有法定救助义务的组织或者个人应当及时施救。

第一千零六条 完全民事行为能力人有权依法自主决定无偿捐献其人体细胞、人体组织、人体器官、遗体。任何组织或者个人不得强迫、欺骗、利诱其捐献。

完全民事行为能力人依据前款规定同意捐献的，应当采用书面形式，也可以订立遗嘱。

自然人生前未表示不同意捐献的，该自然人死亡后，其配偶、成年子女、父母可以共同决定捐献，决定捐献应当采用书面形式。

第一千零七条 禁止以任何形式买卖人体细胞、人体组织、人体器官、遗体。

违反前款规定的买卖行为无效。

第一千零八条 为研制新药、医疗器械或者发展新的预防和治疗方法，需要进行临床试验的，应当依法经相关主管部门批准并经伦理委员会审查同意，向受试者或者受试者的监护人告知试验目的、用途和可能产生的风险等详细情况，并经其书面同意。

进行临床试验的，不得向受试者收取试验费用。

第一千零九条 从事与人体基因、人体胚胎等有关的医学和科研活动，应当遵守法律、行政法规和国家有关规定，不得危害人体健康，不得违背伦理道德，不得损害公共利益。

第一千零一十条 违背他人意愿，以言语、文字、图像、肢体行为等方式对他人实施性骚扰的，受害人有权依法请求行为人承担民事责任。

机关、企业、学校等单位应当采取合理的预防、受理投诉、调查处置等措施，防止和制止利用职权、从属关系等实施性骚扰。

第一千零一十一条 以非法拘禁等方式剥夺、限制他人的行动自由，或者非法搜查他人身体的，受害人有权依法请求行为人承担民事责任。

第三章 姓名权和名称权

第一千零一十二条 自然人享有姓名权，有权依法决定、使用、变更或者许可他人使用自己的姓名，但是不得违背公序良俗。

第一千零一十三条 法人、非法人组织享有名称权，有权依法决定、使用、变更、转让或者许可他人使用自己的名称。

第一千零一十四条 任何组织或者个人不得以干涉、盗用、假冒等方式侵害他人的姓名权或者名称权。

第一千零一十五条 自然人应当随父姓或者母姓，但是有下列情形之一的，可以在父姓和母姓之外选取姓氏：

（一）选取其他直系长辈血亲的姓氏；

（二）因由法定扶养人以外的人扶养而选取扶养人姓氏；

（三）有不违背公序良俗的其他正当理由。

少数民族自然人的姓氏可以遵从本民族的文化传统和风俗习惯。

第一千零一十六条 自然人决定、变更姓名，或者法人、非法人组织决定、变更、转让名称的，应当依法向有关机关办理登记手续，但是法律另有规定的除外。

民事主体变更姓名、名称的，变更前实施的民事法律行为对其具有法律约束力。

第一千零一十七条 具有一定社会知名度，被他人使用足以造成公众混淆的笔名、艺名、网名、译名、字号、姓名和名称的简称等，参照适用姓名权和名称权保护的有关规定。

第四章 肖 像 权

第一千零一十八条 自然人享有肖像权，有权依法制作、使用、公开或者许可他人使用自己的肖像。

肖像是通过影像、雕塑、绘画等方式在一定载体上所反映的特定自然人可以被识别的外部形象。

第一千零一十九条 任何组织或者个人不得以丑化、污损，或者利用信息技术手段伪造等方式侵害他人的肖像权。未经肖像权人同意，不得制作、使用、公开肖像权人的肖像，但是法律另有规定的除外。

未经肖像权人同意，肖像作品权利人不得以发表、复制、发行、出租、展览等方式使用或者公开肖像权人的肖像。

第一千零二十条 合理实施下列行为的，可以不经肖像权人同意：

（一）为个人学习、艺术欣赏、课堂教学或者科学研究，在必要范围内使用肖像权人已经公开的肖像；

（二）为实施新闻报道，不可避免地制作、使用、公开肖像权人的肖像；

（三）为依法履行职责，国家机关在必要范围内制作、使用、公开肖像权人的肖像；

（四）为展示特定公共环境，不可避免地制作、使用、公开肖像权人的肖像；

（五）为维护公共利益或者肖像权人合法权益，制作、使用、公开肖像权人的肖像的其他行为。

第一千零二十一条 当事人对肖像许可使用合同中关于肖像使用条款的理解有争议的，应当作出有利于肖像权人的解释。

第一千零二十二条 当事人对肖像许可使用期限没有约定或者约定不明确的，任何一方当事人可以随时解除肖像许可使用合同，但是应当在合理期限之前通知对方。

当事人对肖像许可使用期限有明确约定，肖像权人有正当理由的，可以解除肖像许可使用合同，但是应当在合理期限之前通知对方。因解除合同造成对方损失的，除不可归责于肖像权人的事由外，应当赔偿损失。

第一千零二十三条 对姓名等的许可使用，参照适用肖像许可使用的有关规定。

对自然人声音的保护，参照适用肖像权保护的有关规定。

第五章 名誉权和荣誉权

第一千零二十四条 民事主体享有名誉权。任何组织或者个人不得以侮辱、诽谤等方式侵害他人的名誉权。

名誉是对民事主体的品德、声望、才能、信用等的社会评价。

第一千零二十五条 行为人为公共利益实施新闻报道、舆论监督等行为，影响他人名誉的，不承担民事责任，但是有下列情形之一的除外：

（一）捏造、歪曲事实；

（二）对他人提供的严重失实内容未尽到合理核实义务；

（三）使用侮辱性言辞等贬损他人名誉。

第一千零二十六条 认定行为人是否尽到前条第二项规定的合理核实义务，应当考虑下列因素：

（一）内容来源的可信度；

（二）对明显可能引发争议的内容是否进行了必要的调查；

（三）内容的时限性；

（四）内容与公序良俗的关联性；

（五）受害人名誉受贬损的可能性；

（六）核实能力和核实成本。

第一千零二十七条 行为人发表的文学、艺术作品以真人真事或者特定人为描述对象，含有侮辱、诽谤内容，侵害他人名誉权的，受害人有权依法请求该行为人承担民事责任。

行为人发表的文学、艺术作品不以特定人为描述对象，仅其中的情节与该特定人的情况相似的，不承担民事责任。

第一千零二十八条 民事主体有证据证明报刊、网络等媒体报道的内容失实，侵害其名誉权的，有权请求该媒体及时采取更正或者删除等必要措施。

第一千零二十九条 民事主体可以依法查询自己的信用评价；发现信用评价不当的，有权提出异议并请求采取更正、删除等必要措施。信用评价人应当及时核查，经核查属实的，应当及时采取必要措施。

第一千零三十条 民事主体与征信机构等信用信息处理者之间的关系，适用本编有关个人信息保护的规定和其他法律、行政法规的有关规定。

第一千零三十一条 民事主体享有荣誉权。任何组织或者个人不得非法剥夺他人的荣誉称号，不得诋毁、贬损他人的荣誉。

获得的荣誉称号应当记载而没有记载的，民事主体可以请求记载；获得的荣誉称号记载错误的，民事主体可以请求更正。

第六章 隐私权和个人信息保护

第一千零三十二条 自然人享有隐私权。任何组织或者个人不得以刺探、侵扰、泄露、公开等方式侵害他人的隐私权。

隐私是自然人的私人生活安宁和不愿为他人知晓的私密空间、私密活动、私密信息。

第一千零三十三条 除法律另有规定或者权利人明确同意外，任何组织或者个人不得实施下列行为：

（一）以电话、短信、即时通讯工具、电子邮件、传单等方式侵扰他人的私人生活安宁；

（二）进入、拍摄、窥视他人的住宅、

宾馆房间等私密空间；

（三）拍摄、窥视、窃听、公开他人的私密活动；

（四）拍摄、窥视他人身体的私密部位；

（五）处理他人的私密信息；

（六）以其他方式侵害他人的隐私权。

第一千零三十四条 自然人的个人信息受法律保护。

个人信息是以电子或者其他方式记录的能够单独或者与其他信息结合识别特定自然人的各种信息，包括自然人的姓名、出生日期、身份证件号码、生物识别信息、住址、电话号码、电子邮箱、健康信息、行踪信息等。

个人信息中的私密信息，适用有关隐私权的规定；没有规定的，适用有关个人信息保护的规定。

第一千零三十五条 处理个人信息的，应当遵循合法、正当、必要原则，不得过度处理，并符合下列条件：

（一）征得该自然人或者其监护人同意，但是法律、行政法规另有规定的除外；

（二）公开处理信息的规则；

（三）明示处理信息的目的、方式和范围；

（四）不违反法律、行政法规的规定和双方的约定。

个人信息的处理包括个人信息的收集、存储、使用、加工、传输、提供、公开等。

第一千零三十六条 处理个人信息，有下列情形之一的，行为人不承担民事责任：

（一）在该自然人或者其监护人同意的范围内合理实施的行为；

（二）合理处理该自然人自行公开的或者其他已经合法公开的信息，但是该自然人明确拒绝或者处理该信息侵害其重大利益的除外；

（三）为维护公共利益或者该自然人合法权益，合理实施的其他行为。

第一千零三十七条 自然人可以依法向信息处理者查阅或者复制其个人信息；发现信息有错误的，有权提出异议并请求及时采取更正等必要措施。

自然人发现信息处理者违反法律、行政法规的规定或者双方的约定处理其个人信息的，有权请求信息处理者及时删除。

第一千零三十八条 信息处理者不得泄露或者篡改其收集、存储的个人信息；未经自然人同意，不得向他人非法提供其个人信息，但是经过加工无法识别特定个人且不能复原的除外。

信息处理者应当采取技术措施和其他必要措施，确保其收集、存储的个人信息安全，防止信息泄露、篡改、丢失；发生或者可能发生个人信息泄露、篡改、丢失的，应当及时采取补救措施，按照规定告知自然人并向有关主管部门报告。

第一千零三十九条 国家机关、承担行政职能的法定机构及其工作人员对于履行职责过程中知悉的自然人的隐私和个人信息，应当予以保密，不得泄露或者向他人非法提供。

第五编 婚姻家庭

第一章 一般规定

第一千零四十条 本编调整因婚姻家庭产生的民事关系。

第一千零四十一条 婚姻家庭受国家保护。

实行婚姻自由、一夫一妻、男女平等的婚姻制度。

保护妇女、未成年人、老年人、残疾人的合法权益。

第一千零四十二条 禁止包办、买卖婚姻和其他干涉婚姻自由的行为。禁止借婚姻索取财物。

禁止重婚。禁止有配偶者与他人同居。

禁止家庭暴力。禁止家庭成员间的虐待和遗弃。

第一千零四十三条 家庭应当树立优良家风，弘扬家庭美德，重视家庭文明建设。

夫妻应当互相忠实，互相尊重，互相关爱；家庭成员应当敬老爱幼，互相帮助，维护平等、和睦、文明的婚姻家庭关系。

第一千零四十四条 收养应当遵循最有利于被收养人的原则，保障被收养人和收养人的合法权益。

禁止借收养名义买卖未成年人。

第一千零四十五条 亲属包括配偶、血亲和姻亲。

配偶、父母、子女、兄弟姐妹、祖父母、外祖父母、孙子女、外孙子女为近亲属。

配偶、父母、子女和其他共同生活的近亲属为家庭成员。

第二章 结 婚

第一千零四十六条 结婚应当男女双方完全自愿，禁止任何一方对另一方加以强迫，禁止任何组织或者个人加以干涉。

第一千零四十七条 结婚年龄，男不得早于二十二周岁，女不得早于二十周岁。

第一千零四十八条 直系血亲或者三代以内的旁系血亲禁止结婚。

第一千零四十九条 要求结婚的男女双方应当亲自到婚姻登记机关申请结婚登记。符合本法规定的，予以登记，发给结婚证。完成结婚登记，即确立婚姻关系。未办理结婚登记的，应当补办登记。

第一千零五十条 登记结婚后，按照男女双方约定，女方可以成为男方家庭的成员，男方可以成为女方家庭的成员。

第一千零五十一条 有下列情形之一的，婚姻无效：

（一）重婚；

（二）有禁止结婚的亲属关系；

（三）未到法定婚龄。

第一千零五十二条 因胁迫结婚的，受胁迫的一方可以向人民法院请求撤销婚姻。

请求撤销婚姻的，应当自胁迫行为终止之日起一年内提出。

被非法限制人身自由的当事人请求撤销婚姻的，应当自恢复人身自由之日起一年内提出。

第一千零五十三条 一方患有重大疾病的，应当在结婚登记前如实告知另一方；不如实告知的，另一方可以向人民法院请求撤销婚姻。

请求撤销婚姻的，应当自知道或者应当知道撤销事由之日起一年内提出。

第一千零五十四条 无效的或者被撤销的婚姻自始没有法律约束力，当事人不具有夫妻的权利和义务。同居期间所得的财产，由当事人协议处理；协议不成的，由人民法院根据照顾无过错方的原则判决。对重婚导致的无效婚姻的财产处理，不得侵害合法婚姻当事人的财产权益。当事人所生的子女，适用本法关于父母子女的规定。

婚姻无效或者被撤销的，无过错方有权请求损害赔偿。

第三章 家庭关系

第一节 夫妻关系

第一千零五十五条 夫妻在婚姻家庭中地位平等。

第一千零五十六条 夫妻双方都有各自使用自己姓名的权利。

第一千零五十七条 夫妻双方都有参加生产、工作、学习和社会活动的自由，一方不得对另一方加以限制或者干涉。

第一千零五十八条 夫妻双方平等享有对未成年子女抚养、教育和保护的权利，共同承担对未成年子女抚养、教育和保护的义务。

第一千零五十九条 夫妻有相互扶养的义务。

需要扶养的一方，在另一方不履行扶养义务时，有要求其给付扶养费的权利。

第一千零六十条 夫妻一方因家庭日常生活需要而实施的民事法律行为，对夫妻双方发生效力，但是夫妻一方与相对人另有约定的除外。

夫妻之间对一方可以实施的民事法律行为范围的限制，不得对抗善意相对人。

第一千零六十一条 夫妻有相互继承遗产的权利。

第一千零六十二条 夫妻在婚姻关系存续期间所得的下列财产，为夫妻的共同财产，归夫妻共同所有：

（一）工资、奖金、劳务报酬；

（二）生产、经营、投资的收益；

（三）知识产权的收益；

（四）继承或者受赠的财产，但是本法第一千零六十三条第三项规定的除外；

（五）其他应当归共同所有的财产。

夫妻对共同财产，有平等的处理权。

第一千零六十三条 下列财产为夫妻一方的个人财产：

（一）一方的婚前财产；

（二）一方因受到人身损害获得的赔偿或者补偿；

（三）遗嘱或者赠与合同中确定只归一方的财产；

（四）一方专用的生活用品；

（五）其他应当归一方的财产。

第一千零六十四条 夫妻双方共同签名或者夫妻一方事后追认等共同意思表示所负的债务，以及夫妻一方在婚姻关系存续期间以个人名义为家庭日常生活需要所负的债务，属于夫妻共同债务。

夫妻一方在婚姻关系存续期间以个人名义超出家庭日常生活需要所负的债务，不属于夫妻共同债务；但是，债权人能够证明该债务用于夫妻共同生活、共同生产经营或者基于夫妻双方共同意思表示的除外。

第一千零六十五条 男女双方可以约定婚姻关系存续期间所得的财产以及婚前财产归各自所有、共同所有或者部分各自所有、部分共同所有。约定应当采用书面形式。没有约定或者约定不明确的，适用本法第一千零六十二条、第一千零六十三条的规定。

夫妻对婚姻关系存续期间所得的财产以及婚前财产的约定，对双方具有法律约束力。

夫妻对婚姻关系存续期间所得的财产约定归各自所有，夫或者妻一方对外所负的债务，相对人知道该约定的，以夫或者妻一方的个人财产清偿。

第一千零六十六条 婚姻关系存续期间，有下列情形之一的，夫妻一方可以向人民法院请求分割共同财产：

（一）一方有隐藏、转移、变卖、毁损、挥霍夫妻共同财产或者伪造夫妻共同债务等严重损害夫妻共同财产利益的行为；

（二）一方负有法定扶养义务的人患重大疾病需要医治，另一方不同意支付相关医疗费用。

第二节 父母子女关系和其他近亲属关系

第一千零六十七条 父母不履行抚养义务的，未成年子女或者不能独立生活的成年子女，有要求父母给付抚养费的权利。

成年子女不履行赡养义务的，缺乏劳动能力或者生活困难的父母，有要求成年子女给付赡养费的权利。

第一千零六十八条 父母有教育、保护未成年子女的权利和义务。未成年子女造成他人损害的，父母应当依法承担民事责任。

第一千零六十九条 子女应当尊重父母的婚姻权利，不得干涉父母离婚、再婚以及婚后的生活。子女对父母的赡养义务，不因父母的婚姻关系变化而终止。

第一千零七十条 父母和子女有相互继承遗产的权利。

第一千零七十一条 非婚生子女享有与婚生子女同等的权利，任何组织或者个人不得加以危害和歧视。

不直接抚养非婚生子女的生父或者生母，应当负担未成年子女或者不能独立生活的成年子女的抚养费。

第一千零七十二条 继父母与继子女间，不得虐待或者歧视。

继父或者继母和受其抚养教育的继子女间的权利义务关系，适用本法关于父母子女关系的规定。

第一千零七十三条 对亲子关系有异议且有正当理由的，父或者母可以向人民法院提起诉讼，请求确认或者否认亲子关系。

对亲子关系有异议且有正当理由的，成年子女可以向人民法院提起诉讼，请求确认亲子关系。

第一千零七十四条 有负担能力的祖父母、外祖父母，对于父母已经死亡或者父母无力抚养的未成年孙子女、外孙子女，有抚养的义务。

有负担能力的孙子女、外孙子女，对于子女已经死亡或者子女无力赡养的祖父母、外祖父母，有赡养的义务。

第一千零七十五条 有负担能力的兄、姐，对于父母已经死亡或者父母无力抚养的未成年弟、妹，有扶养的义务。

由兄、姐扶养长大的有负担能力的弟、妹，对于缺乏劳动能力又缺乏生活来源的兄、姐，有扶养的义务。

第四章 离　　婚

第一千零七十六条 夫妻双方自愿离婚的，应当签订书面离婚协议，并亲自到婚姻登记机关申请离婚登记。

离婚协议应当载明双方自愿离婚的意思表示和对子女抚养、财产以及债务处理等事项协商一致的意见。

第一千零七十七条 自婚姻登记机关收到离婚登记申请之日起三十日内，任何一方不愿意离婚的，可以向婚姻登记机关撤回离婚登记申请。

前款规定期限届满后三十日内，双方应当亲自到婚姻登记机关申请发给离婚证；未申请的，视为撤回离婚登记申请。

第一千零七十八条 婚姻登记机关查明双方确实是自愿离婚，并已经对子女抚养、财产以及债务处理等事项协商一致的，予以登记，发给离婚证。

第一千零七十九条 夫妻一方要求离婚的，可以由有关组织进行调解或者直接向人民法院提起离婚诉讼。

人民法院审理离婚案件，应当进行调解；如果感情确已破裂，调解无效的，应当准予离婚。

有下列情形之一，调解无效的，应当准予离婚：

（一）重婚或者与他人同居；

（二）实施家庭暴力或者虐待、遗弃家庭成员；

（三）有赌博、吸毒等恶习屡教不改；

（四）因感情不和分居满二年；

（五）其他导致夫妻感情破裂的情形。

一方被宣告失踪，另一方提起离婚诉讼的，应当准予离婚。

经人民法院判决不准离婚后，双方又分居满一年，一方再次提起离婚诉讼的，应当准予离婚。

第一千零八十条 完成离婚登记，或者离婚判决书、调解书生效，即解除婚姻关系。

第一千零八十一条 现役军人的配偶要求离婚，应当征得军人同意，但是军人一方有重大过错的除外。

第一千零八十二条 女方在怀孕期间、分娩后一年内或者终止妊娠后六个月内，男方不得提出离婚；但是，女方提出离婚或者人民法院认为确有必要受理男方离婚请求的除外。

第一千零八十三条 离婚后，男女双方自愿恢复婚姻关系的，应当到婚姻登记机关重新进行结婚登记。

第一千零八十四条 父母与子女间的关系，不因父母离婚而消除。离婚后，子女无论由父或者母直接抚养，仍是父母双方的子女。

离婚后，父母对于子女仍有抚养、教育、保护的权利和义务。

离婚后，不满两周岁的子女，以由母亲直接抚养为原则。已满两周岁的子女，父母双方对抚养问题协议不成的，由人民法院根据双方的具体情况，按照最有利于未成年子女的原则判决。子女已满八周岁的，应当尊重其真实意愿。

第一千零八十五条 离婚后，子女由一方直接抚养的，另一方应当负担部分或者全部抚养费。负担费用的多少和期限的长短，由双方协议；协议不成的，由人民法院判决。

前款规定的协议或者判决，不妨碍子女在必要时向父母任何一方提出超过协议或者判决原定数额的合理要求。

第一千零八十六条 离婚后，不直接抚养子女的父或者母，有探望子女的权利，另一方有协助的义务。

行使探望权利的方式、时间由当事人协议；协议不成的，由人民法院判决。

父或者母探望子女，不利于子女身心健康的，由人民法院依法中止探望；中止的事由消失后，应当恢复探望。

第一千零八十七条 离婚时，夫妻的共同财产由双方协议处理；协议不成的，由人民法院根据财产的具体情况，按照照顾子女、女方和无过错方权益的原则判决。

对夫或者妻在家庭土地承包经营中享有的权益等，应当依法予以保护。

第一千零八十八条 夫妻一方因抚育子女、照料老年人、协助另一方工作等负担较多义务的，离婚时有权向另一方请求补偿，另一方应当给予补偿。具体办法由双方协议；协议不成的，由人民法院判决。

第一千零八十九条 离婚时，夫妻共同债务应当共同偿还。共同财产不足清偿或者财产归各自所有的，由双方协议清偿；协议不成的，由人民法院判决。

第一千零九十条 离婚时，如果一方生活困难，有负担能力的另一方应当给予适当帮助。具体办法由双方协议；协议不成的，由人民法院判决。

第一千零九十一条 有下列情形之一，导致离婚的，无过错方有权请求损害赔偿：

（一）重婚；

（二）与他人同居；

（三）实施家庭暴力；

（四）虐待、遗弃家庭成员；

（五）有其他重大过错。

第一千零九十二条 夫妻一方隐藏、转移、变卖、毁损、挥霍夫妻共同财产，或者伪造夫妻共同债务企图侵占另一方财产的，在离婚分割夫妻共同财产时，对该方可以少分或者不分。离婚后，另一方发现有上述行为的，可以向人民法院提起诉讼，请求再次分割夫妻共同财产。

第五章 收 养

第一节 收养关系的成立

第一千零九十三条 下列未成年人，

可以被收养：

（一）丧失父母的孤儿；

（二）查找不到生父母的未成年人；

（三）生父母有特殊困难无力抚养的子女。

第一千零九十四条　下列个人、组织可以作送养人：

（一）孤儿的监护人；

（二）儿童福利机构；

（三）有特殊困难无力抚养子女的生父母。

第一千零九十五条　未成年人的父母均不具备完全民事行为能力且可能严重危害该未成年人的，该未成年人的监护人可以将其送养。

第一千零九十六条　监护人送养孤儿的，应当征得有抚养义务的人同意。有抚养义务的人不同意送养、监护人不愿意继续履行监护职责的，应当依照本法第一编的规定另行确定监护人。

第一千零九十七条　生父母送养子女，应当双方共同送养。生父母一方不明或者查找不到的，可以单方送养。

第一千零九十八条　收养人应当同时具备下列条件：

（一）无子女或者只有一名子女；

（二）有抚养、教育和保护被收养人的能力；

（三）未患有在医学上认为不应当收养子女的疾病；

（四）无不利于被收养人健康成长的违法犯罪记录；

（五）年满三十周岁。

第一千零九十九条　收养三代以内旁系同辈血亲的子女，可以不受本法第一千零九十三条第三项、第一千零九十四条第三项和第一千一百零二条规定的限制。

华侨收养三代以内旁系同辈血亲的子女，还可以不受本法第一千零九十八条第一项规定的限制。

第一千一百条　无子女的收养人可以收养两名子女；有子女的收养人只能收养一名子女。

收养孤儿、残疾未成年人或者儿童福利机构抚养的查找不到生父母的未成年人，可以不受前款和本法第一千零九十八条第一项规定的限制。

第一千一百零一条　有配偶者收养子女，应当夫妻共同收养。

第一千一百零二条　无配偶者收养异性子女的，收养人与被收养人的年龄应当相差四十周岁以上。

第一千一百零三条　继父或者继母经继子女的生父母同意，可以收养继子女，并可以不受本法第一千零九十三条第三项、第一千零九十四条第三项、第一千零九十八条和第一千一百条第一款规定的限制。

第一千一百零四条　收养人收养与送养人送养，应当双方自愿。收养八周岁以上未成年人的，应当征得被收养人的同意。

第一千一百零五条　收养应当向县级以上人民政府民政部门登记。收养关系自登记之日起成立。

收养查找不到生父母的未成年人的，办理登记的民政部门应当在登记前予以公告。

收养关系当事人愿意签订收养协议的，可以签订收养协议。

收养关系当事人各方或者一方要求办理收养公证的，应当办理收养公证。

县级以上人民政府民政部门应当依法进行收养评估。

第一千一百零六条　收养关系成立后，公安机关应当按照国家有关规定为被收养人办理户口登记。

第一千一百零七条　孤儿或者生父母无力抚养的子女，可以由生父母的亲属、朋友抚养；抚养人与被抚养人的关系不适用本章规定。

第一千一百零八条　配偶一方死亡，

另一方送养未成年子女的，死亡一方的父母有优先抚养的权利。

第一千一百零九条 外国人依法可以在中华人民共和国收养子女。

外国人在中华人民共和国收养子女，应当经其所在国主管机关依照该国法律审查同意。收养人应当提供由其所在国有权机构出具的有关其年龄、婚姻、职业、财产、健康、有无受过刑事处罚等状况的证明材料，并与送养人签订书面协议，亲自向省、自治区、直辖市人民政府民政部门登记。

前款规定的证明材料应当经收养人所在国外交机关或者外交机关授权的机构认证，并经中华人民共和国驻该国使领馆认证，但是国家另有规定的除外。

第一千一百一十条 收养人、送养人要求保守收养秘密的，其他人应当尊重其意愿，不得泄露。

第二节 收养的效力

第一千一百一十一条 自收养关系成立之日起，养父母与养子女间的权利义务关系，适用本法关于父母子女关系的规定；养子女与养父母的近亲属间的权利义务关系，适用本法关于子女与父母的近亲属关系的规定。

养子女与生父母以及其他近亲属间的权利义务关系，因收养关系的成立而消除。

第一千一百一十二条 养子女可以随养父或者养母的姓氏，经当事人协商一致，也可以保留原姓氏。

第一千一百一十三条 有本法第一编关于民事法律行为无效规定情形或者违反本编规定的收养行为无效。

无效的收养行为自始没有法律约束力。

第三节 收养关系的解除

第一千一百一十四条 收养人在被收养人成年以前，不得解除收养关系，但是收养人、送养人双方协议解除的除外。养子女八周岁以上的，应当征得本人同意。

收养人不履行抚养义务，有虐待、遗弃等侵害未成年养子女合法权益行为的，送养人有权要求解除养父母与养子女间的收养关系。送养人、收养人不能达成解除收养关系协议的，可以向人民法院提起诉讼。

第一千一百一十五条 养父母与成年养子女关系恶化、无法共同生活的，可以协议解除收养关系。不能达成协议的，可以向人民法院提起诉讼。

第一千一百一十六条 当事人协议解除收养关系的，应当到民政部门办理解除收养关系登记。

第一千一百一十七条 收养关系解除后，养子女与养父母以及其他近亲属间的权利义务关系即行消除，与生父母以及其他近亲属间的权利义务关系自行恢复。但是，成年养子女与生父母以及其他近亲属间的权利义务关系是否恢复，可以协商确定。

第一千一百一十八条 收养关系解除后，经养父母抚养的成年养子女，对缺乏劳动能力又缺乏生活来源的养父母，应当给付生活费。因养子女成年后虐待、遗弃养父母而解除收养关系的，养父母可以要求养子女补偿收养期间支出的抚养费。

生父母要求解除收养关系的，养父母可以要求生父母适当补偿收养期间支出的抚养费；但是，因养父母虐待、遗弃养子女而解除收养关系的除外。

第六编 继　承

第一章 一般规定

第一千一百一十九条 本编调整因继承产生的民事关系。

第一千一百二十条 国家保护自然人

的继承权。

第一千一百二十一条 继承从被继承人死亡时开始。

相互有继承关系的数人在同一事件中死亡，难以确定死亡时间的，推定没有其他继承人的人先死亡。都有其他继承人，辈份不同的，推定长辈先死亡；辈份相同的，推定同时死亡，相互不发生继承。

第一千一百二十二条 遗产是自然人死亡时遗留的个人合法财产。

依照法律规定或者根据其性质不得继承的遗产，不得继承。

第一千一百二十三条 继承开始后，按照法定继承办理；有遗嘱的，按照遗嘱继承或者遗赠办理；有遗赠扶养协议的，按照协议办理。

第一千一百二十四条 继承开始后，继承人放弃继承的，应当在遗产处理前，以书面形式作出放弃继承的表示；没有表示的，视为接受继承。

受遗赠人应当在知道受遗赠后六十日内，作出接受或者放弃受遗赠的表示；到期没有表示的，视为放弃受遗赠。

第一千一百二十五条 继承人有下列行为之一的，丧失继承权：

（一）故意杀害被继承人；

（二）为争夺遗产而杀害其他继承人；

（三）遗弃被继承人，或者虐待被继承人情节严重；

（四）伪造、篡改、隐匿或者销毁遗嘱，情节严重；

（五）以欺诈、胁迫手段迫使或者妨碍被继承人设立、变更或者撤回遗嘱，情节严重。

继承人有前款第三项至第五项行为，确有悔改表现，被继承人表示宽恕或者事后在遗嘱中将其列为继承人的，该继承人不丧失继承权。

受遗赠人有本条第一款规定行为的，丧失受遗赠权。

第二章 法定继承

第一千一百二十六条 继承权男女平等。

第一千一百二十七条 遗产按照下列顺序继承：

（一）第一顺序：配偶、子女、父母；

（二）第二顺序：兄弟姐妹、祖父母、外祖父母。

继承开始后，由第一顺序继承人继承，第二顺序继承人不继承；没有第一顺序继承人继承的，由第二顺序继承人继承。

本编所称子女，包括婚生子女、非婚生子女、养子女和有扶养关系的继子女。

本编所称父母，包括生父母、养父母和有扶养关系的继父母。

本编所称兄弟姐妹，包括同父母的兄弟姐妹、同父异母或者同母异父的兄弟姐妹、养兄弟姐妹、有扶养关系的继兄弟姐妹。

第一千一百二十八条 被继承人的子女先于被继承人死亡的，由被继承人的子女的直系晚辈血亲代位继承。

被继承人的兄弟姐妹先于被继承人死亡的，由被继承人的兄弟姐妹的子女代位继承。

代位继承人一般只能继承被代位继承人有权继承的遗产份额。

第一千一百二十九条 丧偶儿媳对公婆，丧偶女婿对岳父母，尽了主要赡养义务的，作为第一顺序继承人。

第一千一百三十条 同一顺序继承人继承遗产的份额，一般应当均等。

对生活有特殊困难又缺乏劳动能力的继承人，分配遗产时，应当予以照顾。

对被继承人尽了主要扶养义务或者与被继承人共同生活的继承人，分配遗产时，可以多分。

有扶养能力和有扶养条件的继承人，

不尽扶养义务的，分配遗产时，应当不分或者少分。

继承人协商同意的，也可以不均等。

第一千一百三十一条 对继承人以外的依靠被继承人扶养的人，或者继承人以外的对被继承人扶养较多的人，可以分给适当的遗产。

第一千一百三十二条 继承人应当本着互谅互让、和睦团结的精神，协商处理继承问题。遗产分割的时间、办法和份额，由继承人协商确定；协商不成的，可以由人民调解委员会调解或者向人民法院提起诉讼。

第三章 遗嘱继承和遗赠

第一千一百三十三条 自然人可以依照本法规定立遗嘱处分个人财产，并可以指定遗嘱执行人。

自然人可以立遗嘱将个人财产指定由法定继承人中的一人或者数人继承。

自然人可以立遗嘱将个人财产赠与国家、集体或者法定继承人以外的组织、个人。

自然人可以依法设立遗嘱信托。

第一千一百三十四条 自书遗嘱由遗嘱人亲笔书写，签名，注明年、月、日。

第一千一百三十五条 代书遗嘱应当有两个以上见证人在场见证，由其中一人代书，并由遗嘱人、代书人和其他见证人签名，注明年、月、日。

第一千一百三十六条 打印遗嘱应当有两个以上见证人在场见证。遗嘱人和见证人应当在遗嘱每一页签名，注明年、月、日。

第一千一百三十七条 以录音录像形式立的遗嘱，应当有两个以上见证人在场见证。遗嘱人和见证人应当在录音录像中记录其姓名或者肖像，以及年、月、日。

第一千一百三十八条 遗嘱人在危急情况下，可以立口头遗嘱。口头遗嘱应当有两个以上见证人在场见证。危急情况消除后，遗嘱人能够以书面或者录音录像形式立遗嘱的，所立的口头遗嘱无效。

第一千一百三十九条 公证遗嘱由遗嘱人经公证机构办理。

第一千一百四十条 下列人员不能作为遗嘱见证人：

（一）无民事行为能力人、限制民事行为能力人以及其他不具有见证能力的人；

（二）继承人、受遗赠人；

（三）与继承人、受遗赠人有利害关系的人。

第一千一百四十一条 遗嘱应当为缺乏劳动能力又没有生活来源的继承人保留必要的遗产份额。

第一千一百四十二条 遗嘱人可以撤回、变更自己所立的遗嘱。

立遗嘱后，遗嘱人实施与遗嘱内容相反的民事法律行为的，视为对遗嘱相关内容的撤回。

立有数份遗嘱，内容相抵触的，以最后的遗嘱为准。

第一千一百四十三条 无民事行为能力人或者限制民事行为能力人所立的遗嘱无效。

遗嘱必须表示遗嘱人的真实意思，受欺诈、胁迫所立的遗嘱无效。

伪造的遗嘱无效。

遗嘱被篡改的，篡改的内容无效。

第一千一百四十四条 遗嘱继承或者遗赠附有义务的，继承人或者受遗赠人应当履行义务。没有正当理由不履行义务的，经利害关系人或者有关组织请求，人民法院可以取消其接受附义务部分遗产的权利。

第四章 遗产的处理

第一千一百四十五条 继承开始后，遗嘱执行人为遗产管理人；没有遗嘱执行人的，继承人应当及时推选遗产管理人；继承人未推选的，由继承人共同担任遗产管理人；没有继承人或者继承人均放弃继承的，由被继承人生前住所地的民政部门或者村民委员会担任遗产管理人。

第一千一百四十六条 对遗产管理人的确定有争议的，利害关系人可以向人民法院申请指定遗产管理人。

第一千一百四十七条 遗产管理人应当履行下列职责：

（一）清理遗产并制作遗产清单；

（二）向继承人报告遗产情况；

（三）采取必要措施防止遗产毁损、灭失；

（四）处理被继承人的债权债务；

（五）按照遗嘱或者依照法律规定分割遗产；

（六）实施与管理遗产有关的其他必要行为。

第一千一百四十八条 遗产管理人应当依法履行职责，因故意或者重大过失造成继承人、受遗赠人、债权人损害的，应当承担民事责任。

第一千一百四十九条 遗产管理人可以依照法律规定或者按照约定获得报酬。

第一千一百五十条 继承开始后，知道被继承人死亡的继承人应当及时通知其他继承人和遗嘱执行人。继承人中无人知道被继承人死亡或者知道被继承人死亡而不能通知的，由被继承人生前所在单位或者住所地的居民委员会、村民委员会负责通知。

第一千一百五十一条 存有遗产的人，应当妥善保管遗产，任何组织或者个人不得侵吞或者争抢。

第一千一百五十二条 继承开始后，继承人于遗产分割前死亡，并没有放弃继承的，该继承人应当继承的遗产转给其继承人，但是遗嘱另有安排的除外。

第一千一百五十三条 夫妻共同所有的财产，除有约定的外，遗产分割时，应当先将共同所有的财产的一半分出为配偶所有，其余的为被继承人的遗产。

遗产在家庭共有财产之中的，遗产分割时，应当先分出他人的财产。

第一千一百五十四条 有下列情形之一的，遗产中的有关部分按照法定继承办理：

（一）遗嘱继承人放弃继承或者受遗赠人放弃受遗赠；

（二）遗嘱继承人丧失继承权或者受遗赠人丧失受遗赠权；

（三）遗嘱继承人、受遗赠人先于遗嘱人死亡或者终止；

（四）遗嘱无效部分所涉及的遗产；

（五）遗嘱未处分的遗产。

第一千一百五十五条 遗产分割时，应当保留胎儿的继承份额。胎儿娩出时是死体的，保留的份额按照法定继承办理。

第一千一百五十六条 遗产分割应当有利于生产和生活需要，不损害遗产的效用。

不宜分割的遗产，可以采取折价、适当补偿或者共有等方法处理。

第一千一百五十七条 夫妻一方死亡后另一方再婚的，有权处分所继承的财产，任何组织或者个人不得干涉。

第一千一百五十八条 自然人可以与继承人以外的组织或者个人签订遗赠扶养协议。按照协议，该组织或者个人承担该自然人生养死葬的义务，享有受遗赠的权利。

第一千一百五十九条 分割遗产，应当清偿被继承人依法应当缴纳的税款和债务；但是，应当为缺乏劳动能力又没有生活来源的继承人保留必要的遗产。

第一千一百六十条 无人继承又无人受遗赠的遗产，归国家所有，用于公益事业；死者生前是集体所有制组织成员的，归所在集体所有制组织所有。

第一千一百六十一条 继承人以所得

遗产实际价值为限清偿被继承人依法应当缴纳的税款和债务。超过遗产实际价值部分，继承人自愿偿还的不在此限。

继承人放弃继承的，对被继承人依法应当缴纳的税款和债务可以不负清偿责任。

第一千一百六十二条 执行遗赠不得妨碍清偿遗赠人依法应当缴纳的税款和债务。

第一千一百六十三条 既有法定继承又有遗嘱继承、遗赠的，由法定继承人清偿被继承人依法应当缴纳的税款和债务；超过法定继承遗产实际价值部分，由遗嘱继承人和受遗赠人按比例以所得遗产清偿。

第七编 侵权责任

第一章 一般规定

第一千一百六十四条 本编调整因侵害民事权益产生的民事关系。

第一千一百六十五条 行为人因过错侵害他人民事权益造成损害的，应当承担侵权责任。

依照法律规定推定行为人有过错，其不能证明自己没有过错的，应当承担侵权责任。

第一千一百六十六条 行为人造成他人民事权益损害，不论行为人有无过错，法律规定应当承担侵权责任的，依照其规定。

第一千一百六十七条 侵权行为危及他人人身、财产安全的，被侵权人有权请求侵权人承担停止侵害、排除妨碍、消除危险等侵权责任。

第一千一百六十八条 二人以上共同实施侵权行为，造成他人损害的，应当承担连带责任。

第一千一百六十九条 教唆、帮助他人实施侵权行为的，应当与行为人承担连带责任。

教唆、帮助无民事行为能力人、限制民事行为能力人实施侵权行为的，应当承担侵权责任；该无民事行为能力人、限制民事行为能力人的监护人未尽到监护职责的，应当承担相应的责任。

第一千一百七十条 二人以上实施危及他人人身、财产安全的行为，其中一人或者数人的行为造成他人损害，能够确定具体侵权人的，由侵权人承担责任；不能确定具体侵权人的，行为人承担连带责任。

第一千一百七十一条 二人以上分别实施侵权行为造成同一损害，每个人的侵权行为都足以造成全部损害的，行为人承担连带责任。

第一千一百七十二条 二人以上分别实施侵权行为造成同一损害，能够确定责任大小的，各自承担相应的责任；难以确定责任大小的，平均承担责任。

第一千一百七十三条 被侵权人对同一损害的发生或者扩大有过错的，可以减轻侵权人的责任。

第一千一百七十四条 损害是因受害人故意造成的，行为人不承担责任。

第一千一百七十五条 损害是因第三人造成的，第三人应当承担侵权责任。

第一千一百七十六条 自愿参加具有一定风险的文体活动，因其他参加者的行为受到损害的，受害人不得请求其他参加者承担侵权责任；但是，其他参加者对损害的发生有故意或者重大过失的除外。

活动组织者的责任适用本法第一千一百九十八条至第一千二百零一条的规定。

第一千一百七十七条 合法权益受到侵害，情况紧迫且不能及时获得国家机关保护，不立即采取措施将使其合法权益受到难以弥补的损害的，受害人可以在保护自己合法权益的必要范围内采取扣留侵权人的财物等合理措施；但是，应当立即请求有关国家机关处理。

受害人采取的措施不当造成他人损害

的，应当承担侵权责任。

第一千一百七十八条 本法和其他法律对不承担责任或者减轻责任的情形另有规定的，依照其规定。

第二章 损害赔偿

第一千一百七十九条 侵害他人造成人身损害的，应当赔偿医疗费、护理费、交通费、营养费、住院伙食补助费等为治疗和康复支出的合理费用，以及因误工减少的收入。造成残疾的，还应当赔偿辅助器具费和残疾赔偿金；造成死亡的，还应当赔偿丧葬费和死亡赔偿金。

第一千一百八十条 因同一侵权行为造成多人死亡的，可以以相同数额确定死亡赔偿金。

第一千一百八十一条 被侵权人死亡的，其近亲属有权请求侵权人承担侵权责任。被侵权人为组织，该组织分立、合并的，承继权利的组织有权请求侵权人承担侵权责任。

被侵权人死亡的，支付被侵权人医疗费、丧葬费等合理费用的人有权请求侵权人赔偿费用，但是侵权人已经支付该费用的除外。

第一千一百八十二条 侵害他人人身权益造成财产损失的，按照被侵权人因此受到的损失或者侵权人因此获得的利益赔偿；被侵权人因此受到的损失以及侵权人因此获得的利益难以确定，被侵权人和侵权人就赔偿数额协商不一致，向人民法院提起诉讼的，由人民法院根据实际情况确定赔偿数额。

第一千一百八十三条 侵害自然人人身权益造成严重精神损害的，被侵权人有权请求精神损害赔偿。

因故意或者重大过失侵害自然人具有人身意义的特定物造成严重精神损害的，被侵权人有权请求精神损害赔偿。

第一千一百八十四条 侵害他人财产的，财产损失按照损失发生时的市场价格或者其他合理方式计算。

第一千一百八十五条 故意侵害他人知识产权，情节严重的，被侵权人有权请求相应的惩罚性赔偿。

第一千一百八十六条 受害人和行为人对损害的发生都没有过错的，依照法律的规定由双方分担损失。

第一千一百八十七条 损害发生后，当事人可以协商赔偿费用的支付方式。协商不一致的，赔偿费用应当一次性支付；一次性支付确有困难的，可以分期支付，但是被侵权人有权请求提供相应的担保。

第三章 责任主体的特殊规定

第一千一百八十八条 无民事行为能力人、限制民事行为能力人造成他人损害的，由监护人承担侵权责任。监护人尽到监护职责的，可以减轻其侵权责任。

有财产的无民事行为能力人、限制民事行为能力人造成他人损害的，从本人财产中支付赔偿费用；不足部分，由监护人赔偿。

第一千一百八十九条 无民事行为能力人、限制民事行为能力人造成他人损害，监护人将监护职责委托给他人的，监护人应当承担侵权责任；受托人有过错的，承担相应的责任。

第一千一百九十条 完全民事行为能力人对自己的行为暂时没有意识或者失去控制造成他人损害有过错的，应当承担侵权责任；没有过错的，根据行为人的经济状况对受害人适当补偿。

完全民事行为能力人因醉酒、滥用麻醉药品或者精神药品对自己的行为暂时没有意识或者失去控制造成他人损害的，应当承担侵权责任。

第一千一百九十一条 用人单位的工

作人员因执行工作任务造成他人损害的，由用人单位承担侵权责任。用人单位承担侵权责任后，可以向有故意或者重大过失的工作人员追偿。

劳务派遣期间，被派遣的工作人员因执行工作任务造成他人损害的，由接受劳务派遣的用工单位承担侵权责任；劳务派遣单位有过错的，承担相应的责任。

第一千一百九十二条 个人之间形成劳务关系，提供劳务一方因劳务造成他人损害的，由接受劳务一方承担侵权责任。接受劳务一方承担侵权责任后，可以向有故意或者重大过失的提供劳务一方追偿。提供劳务一方因劳务受到损害的，根据双方各自的过错承担相应的责任。

提供劳务期间，因第三人的行为造成提供劳务一方损害的，提供劳务一方有权请求第三人承担侵权责任，也有权请求接受劳务一方给予补偿。接受劳务一方补偿后，可以向第三人追偿。

第一千一百九十三条 承揽人在完成工作过程中造成第三人损害或者自己损害的，定作人不承担侵权责任。但是，定作人对定作、指示或者选任有过错的，应当承担相应的责任。

第一千一百九十四条 网络用户、网络服务提供者利用网络侵害他人民事权益的，应当承担侵权责任。法律另有规定的，依照其规定。

第一千一百九十五条 网络用户利用网络服务实施侵权行为的，权利人有权通知网络服务提供者采取删除、屏蔽、断开链接等必要措施。通知应当包括构成侵权的初步证据及权利人的真实身份信息。

网络服务提供者接到通知后，应当及时将该通知转送相关网络用户，并根据构成侵权的初步证据和服务类型采取必要措施；未及时采取必要措施的，对损害的扩大部分与该网络用户承担连带责任。

权利人因错误通知造成网络用户或者网络服务提供者损害的，应当承担侵权责任。法律另有规定的，依照其规定。

第一千一百九十六条 网络用户接到转送的通知后，可以向网络服务提供者提交不存在侵权行为的声明。声明应当包括不存在侵权行为的初步证据及网络用户的真实身份信息。

网络服务提供者接到声明后，应当将该声明转送发出通知的权利人，并告知其可以向有关部门投诉或者向人民法院提起诉讼。网络服务提供者在转送声明到达权利人后的合理期限内，未收到权利人已经投诉或者提起诉讼通知的，应当及时终止所采取的措施。

第一千一百九十七条 网络服务提供者知道或者应当知道网络用户利用其网络服务侵害他人民事权益，未采取必要措施的，与该网络用户承担连带责任。

第一千一百九十八条 宾馆、商场、银行、车站、机场、体育场馆、娱乐场所等经营场所、公共场所的经营者、管理者或者群众性活动的组织者，未尽到安全保障义务，造成他人损害的，应当承担侵权责任。

因第三人的行为造成他人损害的，由第三人承担侵权责任；经营者、管理者或者组织者未尽到安全保障义务的，承担相应的补充责任。经营者、管理者或者组织者承担补充责任后，可以向第三人追偿。

第一千一百九十九条 无民事行为能力人在幼儿园、学校或者其他教育机构学习、生活期间受到人身损害的，幼儿园、学校或者其他教育机构应当承担侵权责任；但是，能够证明尽到教育、管理职责的，不承担侵权责任。

第一千二百条 限制民事行为能力人在学校或者其他教育机构学习、生活期间受到人身损害，学校或者其他教育机构未尽到教育、管理职责的，应当承担侵权责任。

第一千二百零一条 无民事行为能力人或者限制民事行为能力人在幼儿园、学校或者其他教育机构学习、生活期间，受到幼儿园、学校或者其他教育机构以外的第三人人身损害的，由第三人承担侵权责任；幼儿园、学校或者其他教育机构未尽到管理职责的，承担相应的补充责任。幼儿园、学校或者其他教育机构承担补充责任后，可以向第三人追偿。

第四章 产品责任

第一千二百零二条 因产品存在缺陷造成他人损害的，生产者应当承担侵权责任。

第一千二百零三条 因产品存在缺陷造成他人损害的，被侵权人可以向产品的生产者请求赔偿，也可以向产品的销售者请求赔偿。

产品缺陷由生产者造成的，销售者赔偿后，有权向生产者追偿。因销售者的过错使产品存在缺陷的，生产者赔偿后，有权向销售者追偿。

第一千二百零四条 因运输者、仓储者等第三人的过错使产品存在缺陷，造成他人损害的，产品的生产者、销售者赔偿后，有权向第三人追偿。

第一千二百零五条 因产品缺陷危及他人人身、财产安全的，被侵权人有权请求生产者、销售者承担停止侵害、排除妨碍、消除危险等侵权责任。

第一千二百零六条 产品投入流通后发现存在缺陷的，生产者、销售者应当及时采取停止销售、警示、召回等补救措施；未及时采取补救措施或者补救措施不力造成损害扩大的，对扩大的损害也应当承担侵权责任。

依据前款规定采取召回措施的，生产者、销售者应当负担被侵权人因此支出的必要费用。

第一千二百零七条 明知产品存在缺陷仍然生产、销售，或者没有依据前条规定采取有效补救措施，造成他人死亡或者健康严重损害的，被侵权人有权请求相应的惩罚性赔偿。

第五章 机动车交通事故责任

第一千二百零八条 机动车发生交通事故造成损害的，依照道路交通安全法律和本法的有关规定承担赔偿责任。

第一千二百零九条 因租赁、借用等情形机动车所有人、管理人与使用人不是同一人时，发生交通事故造成损害，属于该机动车一方责任的，由机动车使用人承担赔偿责任；机动车所有人、管理人对损害的发生有过错的，承担相应的赔偿责任。

第一千二百一十条 当事人之间已经以买卖或者其他方式转让并交付机动车但是未办理登记，发生交通事故造成损害，属于该机动车一方责任的，由受让人承担赔偿责任。

第一千二百一十一条 以挂靠形式从事道路运输经营活动的机动车，发生交通事故造成损害，属于该机动车一方责任的，由挂靠人和被挂靠人承担连带责任。

第一千二百一十二条 未经允许驾驶他人机动车，发生交通事故造成损害，属于该机动车一方责任的，由机动车使用人承担赔偿责任；机动车所有人、管理人对损害的发生有过错的，承担相应的赔偿责任，但是本章另有规定的除外。

第一千二百一十三条 机动车发生交通事故造成损害，属于该机动车一方责任的，先由承保机动车强制保险的保险人在强制保险责任限额范围内予以赔偿；不足部分，由承保机动车商业保险的保险人按照保险合同的约定予以赔偿；仍然不足或者没有投保机动车商业保险的，由侵权人赔偿。

第一千二百一十四条 以买卖或者其他方式转让拼装或者已经达到报废标准的机动车，发生交通事故造成损害的，由转让人和受让人承担连带责任。

第一千二百一十五条 盗窃、抢劫或者抢夺的机动车发生交通事故造成损害的，由盗窃人、抢劫人或者抢夺人承担赔偿责任。盗窃人、抢劫人或者抢夺人与机动车使用人不是同一人，发生交通事故造成损害，属于该机动车一方责任的，由盗窃人、抢劫人或者抢夺人与机动车使用人承担连带责任。

保险人在机动车强制保险责任限额范围内垫付抢救费用的，有权向交通事故责任人追偿。

第一千二百一十六条 机动车驾驶人发生交通事故后逃逸，该机动车参加强制保险的，由保险人在机动车强制保险责任限额范围内予以赔偿；机动车不明、该机动车未参加强制保险或者抢救费用超过机动车强制保险责任限额，需要支付被侵权人人身伤亡的抢救、丧葬等费用的，由道路交通事故社会救助基金垫付。道路交通事故社会救助基金垫付后，其管理机构有权向交通事故责任人追偿。

第一千二百一十七条 非营运机动车发生交通事故造成无偿搭乘人损害，属于该机动车一方责任的，应当减轻其赔偿责任，但是机动车使用人有故意或者重大过失的除外。

第六章 医疗损害责任

第一千二百一十八条 患者在诊疗活动中受到损害，医疗机构或者其医务人员有过错的，由医疗机构承担赔偿责任。

第一千二百一十九条 医务人员在诊疗活动中应当向患者说明病情和医疗措施。需要实施手术、特殊检查、特殊治疗的，医务人员应当及时向患者具体说明医疗风险、替代医疗方案等情况，并取得其明确同意；不能或者不宜向患者说明的，应当向患者的近亲属说明，并取得其明确同意。

医务人员未尽到前款义务，造成患者损害的，医疗机构应当承担赔偿责任。

第一千二百二十条 因抢救生命垂危的患者等紧急情况，不能取得患者或者其近亲属意见的，经医疗机构负责人或者授权的负责人批准，可以立即实施相应的医疗措施。

第一千二百二十一条 医务人员在诊疗活动中未尽到与当时的医疗水平相应的诊疗义务，造成患者损害的，医疗机构应当承担赔偿责任。

第一千二百二十二条 患者在诊疗活动中受到损害，有下列情形之一的，推定医疗机构有过错：

（一）违反法律、行政法规、规章以及其他有关诊疗规范的规定；

（二）隐匿或者拒绝提供与纠纷有关的病历资料；

（三）遗失、伪造、篡改或者违法销毁病历资料。

第一千二百二十三条 因药品、消毒产品、医疗器械的缺陷，或者输入不合格的血液造成患者损害的，患者可以向药品上市许可持有人、生产者、血液提供机构请求赔偿，也可以向医疗机构请求赔偿。患者向医疗机构请求赔偿的，医疗机构赔偿后，有权向负有责任的药品上市许可持有人、生产者、血液提供机构追偿。

第一千二百二十四条 患者在诊疗活动中受到损害，有下列情形之一的，医疗机构不承担赔偿责任：

（一）患者或者其近亲属不配合医疗机构进行符合诊疗规范的诊疗；

（二）医务人员在抢救生命垂危的患者等紧急情况下已经尽到合理诊疗义务；

（三）限于当时的医疗水平难以诊疗。

前款第一项情形中，医疗机构或者其

医务人员也有过错的，应当承担相应的赔偿责任。

第一千二百二十五条 医疗机构及其医务人员应当按照规定填写并妥善保管住院志、医嘱单、检验报告、手术及麻醉记录、病理资料、护理记录等病历资料。

患者要求查阅、复制前款规定的病历资料的，医疗机构应当及时提供。

第一千二百二十六条 医疗机构及其医务人员应当对患者的隐私和个人信息保密。泄露患者的隐私和个人信息，或者未经患者同意公开其病历资料的，应当承担侵权责任。

第一千二百二十七条 医疗机构及其医务人员不得违反诊疗规范实施不必要的检查。

第一千二百二十八条 医疗机构及其医务人员的合法权益受法律保护。

干扰医疗秩序，妨碍医务人员工作、生活，侵害医务人员合法权益的，应当依法承担法律责任。

第七章 环境污染和生态破坏责任

第一千二百二十九条 因污染环境、破坏生态造成他人损害的，侵权人应当承担侵权责任。

第一千二百三十条 因污染环境、破坏生态发生纠纷，行为人应当就法律规定的不承担责任或者减轻责任的情形及其行为与损害之间不存在因果关系承担举证责任。

第一千二百三十一条 两个以上侵权人污染环境、破坏生态的，承担责任的大小，根据污染物的种类、浓度、排放量，破坏生态的方式、范围、程度，以及行为对损害后果所起的作用等因素确定。

第一千二百三十二条 侵权人违反法律规定故意污染环境、破坏生态造成严重后果的，被侵权人有权请求相应的惩罚性赔偿。

第一千二百三十三条 因第三人的过错污染环境、破坏生态的，被侵权人可以向侵权人请求赔偿，也可以向第三人请求赔偿。侵权人赔偿后，有权向第三人追偿。

第一千二百三十四条 违反国家规定造成生态环境损害，生态环境能够修复的，国家规定的机关或者法律规定的组织有权请求侵权人在合理期限内承担修复责任。侵权人在期限内未修复的，国家规定的机关或者法律规定的组织可以自行或者委托他人进行修复，所需费用由侵权人负担。

第一千二百三十五条 违反国家规定造成生态环境损害的，国家规定的机关或者法律规定的组织有权请求侵权人赔偿下列损失和费用：

（一）生态环境受到损害至修复完成期间服务功能丧失导致的损失；

（二）生态环境功能永久性损害造成的损失；

（三）生态环境损害调查、鉴定评估等费用；

（四）清除污染、修复生态环境费用；

（五）防止损害的发生和扩大所支出的合理费用。

第八章 高度危险责任

第一千二百三十六条 从事高度危险作业造成他人损害的，应当承担侵权责任。

第一千二百三十七条 民用核设施或者运入运出核设施的核材料发生核事故造成他人损害的，民用核设施的营运单位应当承担侵权责任；但是，能够证明损害是因战争、武装冲突、暴乱等情形或者受害人故意造成的，不承担责任。

第一千二百三十八条 民用航空器造成他人损害的，民用航空器的经营者应当承担侵权责任；但是，能够证明损害是因受害人故意造成的，不承担责任。

第一千二百三十九条 占有或者使用易燃、易爆、剧毒、高放射性、强腐蚀性、高致病性等高度危险物造成他人损害的，占有人或者使用人应当承担侵权责任；但是，能够证明损害是因受害人故意或者不可抗力造成的，不承担责任。被侵权人对损害的发生有重大过失的，可以减轻占有人或者使用人的责任。

第一千二百四十条 从事高空、高压、地下挖掘活动或者使用高速轨道运输工具造成他人损害的，经营者应当承担侵权责任；但是，能够证明损害是因受害人故意或者不可抗力造成的，不承担责任。被侵权人对损害的发生有重大过失的，可以减轻经营者的责任。

第一千二百四十一条 遗失、抛弃高度危险物造成他人损害的，由所有人承担侵权责任。所有人将高度危险物交由他人管理的，由管理人承担侵权责任；所有人有过错的，与管理人承担连带责任。

第一千二百四十二条 非法占有高度危险物造成他人损害的，由非法占有人承担侵权责任。所有人、管理人不能证明对防止非法占有尽到高度注意义务的，与非法占有人承担连带责任。

第一千二百四十三条 未经许可进入高度危险活动区域或者高度危险物存放区域受到损害，管理人能够证明已经采取足够安全措施并尽到充分警示义务的，可以减轻或者不承担责任。

第一千二百四十四条 承担高度危险责任，法律规定赔偿限额的，依照其规定，但是行为人有故意或者重大过失的除外。

第九章　饲养动物损害责任

第一千二百四十五条 饲养的动物造成他人损害的，动物饲养人或者管理人应当承担侵权责任；但是，能够证明损害是因被侵权人故意或者重大过失造成的，可以不承担或者减轻责任。

第一千二百四十六条 违反管理规定，未对动物采取安全措施造成他人损害的，动物饲养人或者管理人应当承担侵权责任；但是，能够证明损害是因被侵权人故意造成的，可以减轻责任。

第一千二百四十七条 禁止饲养的烈性犬等危险动物造成他人损害的，动物饲养人或者管理人应当承担侵权责任。

第一千二百四十八条 动物园的动物造成他人损害的，动物园应当承担侵权责任；但是，能够证明尽到管理职责的，不承担侵权责任。

第一千二百四十九条 遗弃、逃逸的动物在遗弃、逃逸期间造成他人损害的，由动物原饲养人或者管理人承担侵权责任。

第一千二百五十条 因第三人的过错致使动物造成他人损害的，被侵权人可以向动物饲养人或者管理人请求赔偿，也可以向第三人请求赔偿。动物饲养人或者管理人赔偿后，有权向第三人追偿。

第一千二百五十一条 饲养动物应当遵守法律法规，尊重社会公德，不得妨碍他人生活。

第十章　建筑物和物件损害责任

第一千二百五十二条 建筑物、构筑物或者其他设施倒塌、塌陷造成他人损害的，由建设单位与施工单位承担连带责任，但是建设单位与施工单位能够证明不存在质量缺陷的除外。建设单位、施工单位赔偿后，有其他责任人的，有权向其他责任人追偿。

因所有人、管理人、使用人或者第三人的原因，建筑物、构筑物或者其他设施倒塌、塌陷造成他人损害的，由所有人、管理人、使用人或者第三人承担侵权责任。

第一千二百五十三条 建筑物、构筑物或者其他设施及其搁置物、悬挂物发生脱落、坠落造成他人损害，所有人、管理人或者使用人不能证明自己没有过错的，应当承担侵权责任。所有人、管理人或者使用人赔偿后，有其他责任人的，有权向其他责任人追偿。

第一千二百五十四条 禁止从建筑物中抛掷物品。从建筑物中抛掷物品或者从建筑物上坠落的物品造成他人损害的，由侵权人依法承担侵权责任；经调查难以确定具体侵权人的，除能够证明自己不是侵权人的外，由可能加害的建筑物使用人给予补偿。可能加害的建筑物使用人补偿后，有权向侵权人追偿。

物业服务企业等建筑物管理人应当采取必要的安全保障措施防止前款规定情形的发生；未采取必要的安全保障措施的，应当依法承担未履行安全保障义务的侵权责任。

发生本条第一款规定的情形的，公安等机关应当依法及时调查，查清责任人。

第一千二百五十五条 堆放物倒塌、滚落或者滑落造成他人损害，堆放人不能证明自己没有过错的，应当承担侵权责任。

第一千二百五十六条 在公共道路上堆放、倾倒、遗撒妨碍通行的物品造成他人损害的，由行为人承担侵权责任。公共道路管理人不能证明已经尽到清理、防护、警示等义务的，应当承担相应的责任。

第一千二百五十七条 因林木折断、倾倒或者果实坠落等造成他人损害，林木的所有人或者管理人不能证明自己没有过错的，应当承担侵权责任。

第一千二百五十八条 在公共场所或者道路上挖掘、修缮安装地下设施等造成他人损害，施工人不能证明已经设置明显标志和采取安全措施的，应当承担侵权责任。

窨井等地下设施造成他人损害，管理人不能证明尽到管理职责的，应当承担侵权责任。

附 则

第一千二百五十九条 民法所称的“以上”、“以下”、“以内”、“届满”，包括本数；所称的“不满”、“超过”、“以外”，不包括本数。

第一千二百六十条 本法自 2021 年 1 月 1 日起施行。《中华人民共和国婚姻法》、《中华人民共和国继承法》、《中华人民共和国民法通则》、《中华人民共和国收养法》、《中华人民共和国担保法》、《中华人民共和国合同法》、《中华人民共和国物权法》、《中华人民共和国侵权责任法》、《中华人民共和国民法总则》同时废止。

会关系主体积极行使权利和认真履行义务两个方面。

11. 答案： 法的执行简称执法，是指国家行政机关通过制定、实施行政法规以及将法律的一般规定适用于行政相对人或事件贯彻宪法和法律的活动。

12. 答案： 法的适用简称司法，是指国家司法机关依照法定职权和程序适用法律处理案件的活动，它是法的实现的一种特殊形式。其特殊性就在于，守法和执法是有关主体主动实现法律的活动，而司法是被动的，是在守法和执法状态遭到破坏或无法继续时产生的法的实现形式。所以，它也是法的实现的一种最终的制度保证，是国家强制力的终局性的直接介入。

四、简答题

1. 答案： 守法作为一种社会行为，是人们有意识、有目的的活动。人们守法的状态，往往受到多种因素的影响和制约。一般来说，对守法具有重大影响的条件主要有主观条件和客观条件。

（1）守法的主观条件

守法的主观条件是守法主体的主观心理状态和法律意识水平。通常人们的政治意识、法律观念、道德观念、纪律观念、个性、文化教育程度等都会对其守法行为产生潜移默化的影响和支配。

政治意识是指人们关于政治现象的思想、观点和心理的总和，是一种重要的社会意识。

法律观念是人们对法所持的态度和信念，是一种法律意识形态，它较之政治意识对人们的守法有着更为直接的影响。

道德观念是人们关于善与恶、公正与偏私、诚实与虚伪、荣誉与耻辱、正义与非正义等的观念。

人们的文化教育程度也在一定程度上影响着人们守法的状态。

一个人在其内在生理素质的基础上和一定的社会历史条件下会逐渐形成自己的个性。人的个性存在种种差异。个性的差异影响着人们包括守法在内的各种行为的状况。

（2）守法的客观条件

守法的客观条件是守法主体所处的客观社会环境，如法制状况、政治状况、经济状况、民族传统、国际形势、科学技术的发展等都会对守法行为产生不同程度的影响。

法制状况包括立法、执法、司法和法律监督等状况，这些都与守法有着密切的联系。首先就立法而言，守法的一个前提条件就是法律自身必须具有优良品质。一个品质优良的法律对人们会产生良好的影响，相反，一个质量低下的法律则只会对人们产生消极的不良的影响。其次就执法和司法而言，国家行政机关和司法机关适用法律的活动也影响着人们的守法。最后就法律监督而言，法律监督是对法律的运行和操作合法性进行监察和督导的手段，它的作用体现在人们实施一定的行为之前、之中和之后，这大大强化了法的威慑作用，促使人们自觉遵守法律。

政治状况主要包括一个国家的社会制度、政治制度、各社会力量对比、社会秩序等方面的状况。不同的社会制度具有不同性质的法，对人们的守法会产生不同的影响。

经济状况主要包括一个国家的经济制度、经济体制和经济发展的水平等，也在不同程度上影响着法的遵守。人们能否依法行使权利和履行义务，并不只是取决于人们主观上的愿望和选择，社会能否为他们提供必要的物质条件也是相当重要的，而这与社会经济的发展水平是密切相关的。

2. 答案： 衡量一个国家是否实行了法治，一个重要标志就是全民的法律意识。在一个法治国家中，全民都有较高的法律意识，人们知法、守法，甚至把法律作为一种生活的需要和信仰。因此，提高全民的法律意识，是实现法治的重要条件。如果人们的法律意识淡薄，再好的法律和制度也会因为得不到遵守和执行而不起作用甚至形同虚设。而要使全民都知法、守法并树立起对法律的信仰，开展普法教育是一项重要的基础性的措施。

我国一直把开展普法教育、提高全民法律意识作为社会主义法治建设的一项重要的基础性工程。经过“一五”“二五”等七个五年普法教育，人们的法律意识有了一定程度的提高。一方面，人们不同程度地学到了有关法律的基本常识，初步填补了法律知识上的空白。另一方面，人们不同程度地树立了法律观念，开始养成依法行使权利、履行义务，依法管理各项事务的意识，依法办事的自觉性有了提高。这不仅对促进政治稳定、经济发展、社会进步起到了积极的作用，而且对加快民主法治建设奠定了良好的思想基础。但是，我们应清醒地看到，普法教育在广度和深度上还不够，人们的法律意识还比较淡薄，轻法、厌诉的心理仍然不同程度地存在，自觉守法和护法的社会风气远未形成，有法不依、执法不严、违法不究的现象仍然相当严重。

3. 答案：人们的法律意识和良好守法品质是不会自发形成的，它必须通过包括普法教育在内的多种手段和措施有意识地加以培养才能形成。普法教育的有效途径一般来说主要有：法学教育、法学研究、大众传播媒介和司法实践等。

法学教育是培养法律人才的主要途径，而法律人才又是普法的骨干力量。法学教育发达，法律人才辈出，宣传和传播法律的人也就越多，人们的法律意识也就会日益提高和发达。

利用大众传播媒介进行普法教育是一种涉及面很广，影响力很大的途径。它与其他途径相比，具有广泛性、普遍性、统一性、时效性、生动性等优点，它能够产生迅速而广泛的影响，同时很容易在社会上形成一种舆论和气氛。使法制观念潜移默化，深入人心。

现实的教育是最生动实际、最有效的教育，对人们的思想有着最深切的影响。司法机关适用法律、审理案件的过程，就是对当事人和广大公民最好的教育。

4. 答案：执法的原则是指行政执法主体在执法活动中所应遵循的基本准则。我国的行政执法要求遵循合法性原则、合理性原则、效率原则。

(1) 合法性原则

合法性原则也即依法行政原则，是法治原则在执法中的具体体现。现代法治国家要求依法行政，保障行政活动的权威性，防止行政权力的滥用。

合法性原则是指执法主体的设立和执法活动不仅要有法可依，行使行政职能也必须由法律授权并依据法律规定。首先，执法主体要合法。执法主体必须在法律规定的职权范围内活动，非经法律授权，不可能具有并行使某项职权。其次，执法内容要合法，执法主体的一切能产生特定法律效力和法律后果的行为都是执法的内容。执法的内容必须有法律依据，是根据法律的规定作出的，而且不得背离立法目的、法律精神及社会公共利益，执法要保护人权，维护公民的合法权益，在执法活动中采用的方式必须是法律规定的方式。最后，执法程序必须合法。执法程序要符合法定步骤、顺序，必须按照各自不同的执法内容来决定所适用的程序，不能任意简化、改变、调换和省略程序；同时，执法还要符合法定时限。

(2) 合理性原则

合理性原则是指执法主体在执法活动中，特别在行使自由裁量权进行行政管理时，必须做到适当、合理、公正，即符合法律的基本精神和目的，具有客观、充分的事实根据和法律依据，与社会生活常理相一致。

(3) 效率原则

效率原则是指在依法行政的前提下，行政机关在对社会实行组织和管理过程中，以尽可能低的成本取得尽可能大的收益，取得最大的执法效益。

执法的效率原则是依法行政的基本要求之一，它要求行政机关在执法时尊重科学，考虑客观规律，作必要的可行性分析和一定的成本—效益分析，使执法行为具有最大可能的合理性，尽可能给国家、社会、公民带来益处，尽可能避免或减少对国家、社会、公民利益的损害。

5. 答案：法律实施的评价标准主要包括以下内容：

（1）人们按照法律规定的行为模式和行为程度，是否能够按照授权性规范行使权利，按照义务性规范履行义务；是否能够根据法律设定的法律后果追究违法者的法律责任。

（2）刑事案件的发案率、案件种类、破案率及犯罪分子的制裁情况。

（3）各类合同的履约率与违约率，各种民事或经济纠纷的发案率及结案率，行政诉讼的立案数及其审结情况。其中有些数量指标具有两面性。

（4）普通公民和国家公职人员对法律的了解程度，他们的法律意识及法治观念的提高或提高的程度。

（5）与其他国家或地区的法律实施情况进行可比性研究。

（6）社会大众对社会生活安全、秩序、自由、公正、公共福利等法的价值的切身感受。

（7）法律的社会功能和社会目的是否有效实现及其程度。

（8）有关法律活动的成本与收益的比率。

6. 答案：要在法治实践中充分贯彻这项原则，应当注意以下几个问题：

（1）坚决反对封建特权思想，与形形色色的违背社会主义平等原则的封建残余作不懈的斗争。

（2）要看到我国法律适用中的公民在法律面前一律平等与资产阶级的法律面前人人平等原则的区别与联系。

（3）要看到适用法律的平等原则与我国社会主义法的性质是一致的。

（4）在司法工作中，必须忠实于事实、忠实于法律、忠实于人民，严格依法办事，绝不能看人办案、因人而异，不能由于责任人的家庭出身，或过去的功绩等而对其的裁判偏离甚至违背法律的要求。

7. 答案：合理性原则是指执法主体在执法活动中，特别在行使自由裁量权进行行政管理时，必须做到适当、合理、公正，即符合法律的基本精神和目的，具有客观、充分的事实根据和法律依据，与社会生活常理相一致。

行政管理是一项范围广泛、内容复杂的活动，法律不可能都作出具体的规定，在许多领域只能规定基本原则、基本规则，给行政机关留有较大的自由裁量权。行政机关在法律规定的权限内，要根据具体情况使执法活动适宜、恰当、合理。为此，执法主体要平等对待行政相对人，对于实施了同样或类似行为的行政相对人应予公平对待处理；行使自由裁量权时要以法律精神为指导考虑相关因素，尽可能照顾到各方利益，在多方利益之间衡量时要合情合理，禁止偏袒，禁止谋私，严格控制自由裁量权的行使；对于法律只有原则规定或没有规定的，就应以客观、充分的事实根据为基础，依据法律的基本精神和目的，遵循与社会生活公理相一致原则，公平合理地处理，执法要符合当地的善良风俗；执法要做到程序公正，不单方接触行政相对人，不在事先未通知和听取行政相对人申辩意见的情况下作出对相对人不利的处理；对于不适当、不合理等显失公平的执法行为应依法及时予以纠正，宣布无效并予以撤销。

执法遵循合理性原则还要恰当处理“合理”与“合法”的关系，在某一项法律规范已不适合社会实际情况，但国家又未明令废止时，行政执法机关可根据法律精神，依照法定程序进行一定变通以适应社会需要。

8. 答案：（1）以事实为根据，就是指司法机关审理一切案件，都只能以与案件有关的客观事实作为根据，而不能以主观臆想作为依据。以法律为准绳，就是指要严格依照法律规定办事，切实做到有法必依、执法必严、违法必究。司法机关在工作中，要符合法律所规定的规格或要求，遵照法律所规定的权限划分并严格按照司法程序办理案件；在法律适用中坚持法制统一性要求，根据我国的法律渊源体系适用法律。

（2）为了贯彻这项原则，在司法实践工作中应当注意以下几个问题：①坚持实事求是、从实际出发的思想路线，重证据，重调查研究，不轻信口供。②在司法工作中，坚持维护社会主义法的规定，而且严格执行程序法的各项规定。③正确处理依法办事与坚持党的政策指导的关系。

9. 答案：司法，有的法学教材亦称之为“法的适用”，是法的实施的重要方式之一。它是国家司法机关依据法定职权和法定程序，具体应用法律处理案件的专门活动。它不同于其他国家机关、社会组织和公民实施法律的活动，它有自身的一些独有特点：

（1）职权的法定性。司法是享有司法权的国家司法机关及其司法人员依照法定职权和法定程序运用法律处理案件的专门活动，也就是以国家名义行使司法权的活动。这项权力只能由享有司法权的国家司法机关及其司法人员行使，其他任何国家机关、社会组织和个人都不能行使此项权力。因此，司法权是一种专有权，并且是排他的。

（2）程序的法定性。司法是司法机关严格按照法定职权和法定程序所进行的专门活动，因此，程序性是司法的最重要、最显著的特点之一。

（3）裁决的权威性。司法是享有司法权的国家司法机关以国家强制力为后盾，以国家的名义运用法律于案件的专门活动，因此，它所作出的裁决具有极大的权威性。即司法机关依照法定职权和法定程序对案件所作出的裁决是具有法律效力的裁决，任何组织和个人都必须执行，不得擅自修改和违抗，因此，它具有很大的权威性和强制性。

10. 答案：司法职权，即承担国家司法职能，行使国家司法权力的职责和权力。这种职权，对于司法主体而言，是一种权力；但对于国家而言，它又是司法主体的一项职责和义务。在我国，根据宪法规定，司法职权分为审判权和检察权及法律监督权，即由人民法院行使的国家审判权和由人民检察院行使的国家检察权和法律监督权。

（1）人民法院的审判权

根据我国宪法和人民法院组织法的规定，人民法院审判权的具体行使是：基层人民法院审判刑事和民事的第一审案件，但是法律另有规定的案件除外；处理不需要开庭审判的民事纠纷和轻微的刑事案件；指导人民调解委员会的工作。

中级人民法院审判按法律规定由它管辖的第一审案件；审判基层人民法院移送审判的第一审案件；审判对基层人民法院判决和裁定的上诉案件和抗诉案件；审判人民检察院按审判监督程序提出的抗诉案件。

高级人民法院审判的案件是：按法律规定由它管辖的第一审案件；下级人民法院移送审判的第一审案件；对下级人民法院判决和裁定的上诉案件和抗诉案件；人民检察院按审判监督程序提出的抗诉案件。

最高人民法院审判的案件是：按照法律规定由它管辖的和它认为应当由自己审判的第一审案件；对于高级人民法院、专门人民法院判决和裁定的上诉案件和抗诉案件；最高人民检察院按照审判监督程序提出的抗诉案件；依照法律规定，核准死刑案件；根据全国人大常委会的决议，最高人民法院对于在审判过程中如何具体应用法律的问题，有权进行解释。

（2）人民检察院的检察权和法律监督权

根据我国宪法和人民检察院组织法，人民检察院行使下列职权：

①对于重大犯罪案件，行使检察权。②对于直接受理的刑事案件，进行侦查。③对于公安机关侦查的案件，进行审查，决定是否逮捕、起诉。对于公安机关的侦查活动是否合法，实行监督。④对于刑事案件提起公诉，支持公诉。对于人民法院的审判活动是否合法，实行监督。⑤对于刑事案件判决、裁定的执行和监狱、看守所的活动是否合法实行监督。

11. 答案：司法的基本要求是正确、合法、及时：

（1）正确。正确首先是指各级国家司法机关适用法律时，对案件确认的事实要准确，即对确认的案件事实要清楚，案件证据要确凿可靠。其次是对案件适用法律要正确，即在确认事实清楚的基础上，根据国家法律规定，区别刑事、民事、经济、行政案件，分清合法与违法，此案与彼案，罪与非罪，此罪与彼罪的界限，实事求是地加以认定。最后是对案件的处理要正确，审理案件要严格执行法律规定，宽严轻重适度，做到罪刑相当，违法行为与处罚结果相当。

(2) 合法。合法是指各级国家司法机关审理案件要合乎法律规定，依法司法。任何机关、组织、个人都不能随意行使司法权。

(3) 及时。及时就是指国家司法机关审理案件时，要提高工作效率，保证办案质量，及时办案，及时结案。

正确、合法、及时是司法的基本要求，是不可分割的统一整体，不可偏废，缺一不可。

12. 答案：(1) 法的实施是实现法的作用与目的的条件。法的实施是实现立法者的立法目的和实现法律的作用的前提，是实现法的价值的必由之路。

(2) 法的实施是建立法治国家的必要条件。法治国家的要义在于法律的权威高于个人的权威，是依法而治，而不是依人而治。严格实施法律，乃是法治社会的一个必备条件。

13. 答案：法律实效与法律效力是两个不同的概念。法律的效力表明法律自身的存在及其约束力，属于“应然”的范畴；法律实效则表明法律在实际生活中的状况，属于“实然”的范畴。

法律实效与法律效力又有重要的联系。法律规范只能在属于一个整体上有实效的规范体系的条件下，才被认为是有效力的。所以，实效是效力的一个条件。

14. 答案：(1) 法律效果是指法律通过实施而实现自己的社会目的、价值或社会功能及其程度。法律效果表明法律的社会目的得以实现，法律实现了立法者所追求的价值。

(2) 法律效果与法律实效是两个既有联系又有区别的概念。一方面，法律效果包括法律实效，法律实效是法律效果的前提。只有首先实现法律实效，才有可能实现法律效果。另一方面，法律效果与法律实效并不完全相同。某些法律虽然可以有实效，但没有实现应有的法律效果，甚至事与愿违，法律实施的结果有悖该法的社会目的以及立法初衷。

15. 答案：法的实施是指通过执法、司法和守法等途径，把法律规范具体运用于社会生活，使法作用于社会关系的活动，法的实施的基本形式有以下两种：

第一种是不一定要通过具体的法律关系就能直接实现法律上的权利和义务。在一些规定绝对权的法律规范和禁止性的法律规范中，权利人并不一定需要通过与特定的人形成具体的法律关系才能实现其权利。因此这种实施形式的特点是：一方权利或义务的实现，不需要他方或多方作出积极的作为，只要不作出有碍权利人的行为，权利人的权利和义务人的义务就能够得以实现。

第二种是必须通过具体的法律关系实现法律上的权利和义务，在规定相对权的法律规范中，凡涉及的权利和义务，彼此都是相互依赖的，一方权利的实现要依赖于另一方作出相应的作为，权利主体要依赖于义务主体的积极作为才能保证实现。因此，这种实施形式的特点是：权利主体和义务主体都是确定的，因而能够形成具体的法律关系，权利也是以义务人积极作为的形式实现的，如果义务人不积极主动地履行义务，则会受到法律的制裁。

值得一提的是，两种实施方式相比，通过具体法律关系实现法律上的权利和义务更具有法律调整的典型特征，具有更大的确切性和保证性。

16. 答案：制约法的实效的因素是多方面的，法律实施的实际结果有时也会不尽如人意，因此，分析法的实效的相关条件，解决其中存在的问题，就是法的实施理论中的一个需要认真探讨的课题。法的实效的产生条件可以分为：

（1）法的内容的有效性。法的内容的有效性是任何法产生实效的前提。这种有效性可以分为形式有效性和实质有效性。法的形式有效性决定了法的效力，法的实质有效性则与法的实效直接有关。

（2）法律制度的整体有效性。在一个国家，一般说法律应该是统一的、协调的，围绕法的实施的各项制度是相互配套的。法的实效在一定意义上就取决于这些制度是否健全、合理、统一、高效。

（3）法的实效还依赖其他社会（广义）因素。法的实效必然受到其他社会因素的制约。第一，法的实效依赖国家的基本制度。第二，法的实效还依赖国家的管理体制。第三，人的思想观念问题。法律只有被信仰，才能被遵守。在我国，依法治国、建设社会主义法治国家，同样要依赖全体公民对法律的尊重和信任，这是我国法产生实效的不可缺少的精神条件。

17. **答案：** 法的实现是指法的要求在社会生活中被转化为现实。

法的实现大体经过下列过程：（1）法律规范的确定阶段。（2）法律事实的出现阶段。（3）法律关系的形成阶段。（4）法律权利义务的实现阶段。

法的实现的基本形式主要有以下三种：

（1）按照法的实现过程中国家干预的程度和方式的不同，法的实现可以分为法的遵守、法的执行、法的适用。

法的遵守，简称守法，是指公民和其他社会关系的主体自觉遵守宪法和法律，从而使法律得以实现的活动。

法的执行，简称执法，是指国家行政机关通过制定、实施行政法规以及将法律的一般规定适用于行政相对人或事件的贯彻宪法和法律的活动。

法的适用，简称司法，是指国家司法机关依照法定职权和程序适用法律处理案件的活动。

（2）按照法律规范所规定的行为模式的不同，法的实现可以分为权利的行使和义务的履行。

权利的行使。权利是法律主体依法享受的利益。法律主体根据授权性法律规范的规定，行使或放弃自己的权利的行为，均受法律保护。

义务的履行。义务是法律主体依法必须承担的责任。

（3）以法的实现是否通过具体的法律关系，法的实现可以分为通过具体法律关系的法的实现和不通过具体法律关系的法的实现。

通过具体法律关系的法的实现是指只有在一定的主体之间建立具体的法律关系（权利义务关系），法律规范的规定才能实现。

不通过具体法律关系的法的实现是指法律规范不需要在有关主体之间形成具体、明确的法律关系即可实现。

五、论述题

1. **答案：** 守法的根据和理由，概括起来主要有以下几个方面：

（1）守法是法的要求。守法是法的要求，这是守法的法的根据。守法是法所规定的义务，换句话说，守法是公民的法律义务。法一旦公布实施，公民就有服从它的法律义务，这是无可选择的，否则，就要承担相应的法律责任，并受到相应的法律制裁。

（2）守法是人出于契约式的利益和信用的考虑。在特定契约关系中，人们守法并不是一件痛苦的事，而是一件欣然的事，人们会自觉地守法，之所以如此，是出于利益和信用的考虑。就利益而言，人们之间订立契约是为了某种利益的需要。利益是人们行为最主要和最直接的动力，同时也是人们所追求的目标。

（3）守法是由于惧怕法律的制裁。法由国家强制力保证实施，这是法的基本特征之一。而强制力是与制裁密切相关的。在一个法律秩序正常的社会，任何明显的违法行为都会受到国家相应的制裁——罚款、监禁甚至处死，这迫使人们产生服从法律的动机。

（4）守法是出于社会的压力。社会是由

无数互相连锁的行为模式组成的，不遵从某些行为方式，不仅会使依赖它们的其他人失望，而且会在某种程度上瓦解社会的组织，这种内在的依赖关系产生了使人遵守法律的强大压力。

（5）守法是出于心理上的惯性。在社会化的过程中，服从法律成为人们心理的组成要素和习惯。

（6）守法是道德的要求。根据公平对待的道德原则，每个社会成员都有服从政府和遵守法律的道德义务。

2. 答案：执法体系是指由具有不同职权管辖范围的行政机关、社会组织执行法律而构成的相互分工、相互配合的和谐整体。

（1）政府的执法

政府的执法是我国执法体系中最重要的执法，包括中央人民政府的执法和地方各级人民政府的执法。

国务院即中央人民政府是最高国家权力机关的执行机关，是最高国家行政机关。根据宪法和国务院组织法的规定，中央人民政府的执法主要有以下几类：①根据宪法和法律，规定行政措施，制定行政法规，发布决定和命令；②规定各部和各委员会的任务和职责，统一领导各部和各委员会的工作，并且领导不属于各部和各委员会的全国性的行政工作；③统一领导地方各级国家行政机关的工作，规定中央和省、自治区、直辖市的国家行政机关的职权和具体划分；④改变或者撤销各部、各委员会发布的不适当的命令、指示和规章；⑤改变或者撤销地方各级国家行政机关的不适当的决定和命令；等等。中央人民政府的执法主要是宏观方面的执法，中央人民政府的执法的范围及于全国。

地方各级人民政府是地方各级权力机关的执行机关，是地方各级国家行政机关，地方各级人民政府的执法既包括执行国家宪法、法律、行政法规，也包括执行地方性法规，其效力及于本行政区域。

（2）政府工作部门的执法

政府工作部门是各级人民政府的下属机构，包括中央人民政府即国务院下属机构和地方各级人民政府的下属机构。

根据有关法律的规定，我国有权执法的政府工作部门主要如市场监督管理部门、科学技术、卫生、交通等。

（3）法律授权的社会组织的执法

根据法律的具体授权而行使特定行政职能的社会组织，可以在一定范围内执行法律。

法律授权的社会组织的执法包括以下几类：

①仲裁组织和裁决组织的执法。②社会组织、社会团体的执法。③企事业组织的执法。④基层民众自治组织的执法。⑤技术检验、鉴定机构的执法。⑥民间治安保卫组织的执法。

（4）行政委托的社会组织的执法

行政委托是行政合同的一种，是指行政机关依法把一定的事务委托另一个机关、工作人员或者其他组织、个人办理的行为。

行政机关委托的社会组织有权进行执法，其执法的特点是，被委托人必须以委托人的名义从事活动，活动的法律后果由委托人承受。

在我国，法律授权执法的上述社会组织都可以成为行政委托执法的社会组织。企事业组织往往受主管行政机关的委托处理某些行政事务，执行有关法律。基层民众自治组织经常根据行政机关的委托，执行法律、行使某些行政职能。

此外，在某些行政管理领域，法律还规定行政机关可委托公民个人执行有关法律，行使某种行政职能。

3. 答案：（1）法是善良和公正的艺术。从一定的意义上讲，前者主要是从法的本体出发，后者则主要体现在法的操作上。公正的司法是法的价值、作用、品格的体现和法的目的的实现。司法公正包括司法部门内部运作——体现在法院、检察院等司法部门在针对具体案件时应依照法治原则，也包含对司法机关的监督和制约机制对司法机关本身的积极的反作用。

（2）司法公正意味着审判权应依法独立行使。审判权依法独立行使原则是我国宪法规定的一条基本原则，也是我国有关组织法和诉讼法规定的司法机关适用法律的一个基本原则。它要求国家的司法权只能由国家的司法机关统一行使，任何其他组织和个人都无权行使此项权力，司法机关在行使权力时，不受其他行政机关、社会团体、个人的干涉。

(3) 司法公正指司法平等。公民在法律面前一律平等，不分民族、种族、性别、职业、宗教信仰、教育程度、财产状况、居住期限等差别，也不论其出身、政治历史、社会地位和政治地位有何不同，在适用法律上一律平等。其不仅适用于公民个人，也适用于法人和其他各种社会组织。司法平等原则是与封建的特权制度斗争的成果，它要求公民在法律上被作为无差别的人对待（一般来讲），是资产阶级反封建的成果，也是社会主义的一项重要原则。

(4) 司法公正还包括司法责任原则，是指司法机关及其工作人员在行使司法权过程中，侵犯了公民、法人和其他组织的合法权益，造成严重后果而应承担责任的制度。它是对司法不公正的救济措施。

法律监督是对司法公正的外部保护。这里所指的法律监督的对象和内容主要指对司法机关的监督与制约。主要来自司法机关内部和外部的监督，关键是使这一监督制度化、规范化，既不妨碍司法机关依法独立行使职权，又保证司法的公正性，形成有效的制约机制。

4. **答案：**这种看法是不对的，因为法的实施和法的实现，虽然二者都是对法作用于社会关系状态的描述，但是，二者还是有明显的区别：

(1) 法的实现比法的实施的含义广泛。法的实施，是执法、司法、守法和法律监督的状态，是贯彻执行法律规范的运动过程，而法的实现既包括贯彻执行法律规范的运动过程，又包括这种运动过程的成功结果，从而使法的预期的社会目的得以实现，将法的预期的社会目的变成事实。显而易见，后者比前者的含义广泛。

(2) 法的实施，是将法定的权利和义务应然的东西，通过具体的法律关系变成已然的东西，即将法律规范具体化，因此，它侧重于执法、司法和守法；而法的实现则着眼于法的整体，着眼于法定的权利和义务所达到的成功结果，因此，它不仅强调执法、司法、守法，还特别强调法律监督。

(3) 法的实施可能是正值，也可能是负值，法的实现肯定是正值，在法的实施过程中，正值的社会效应并不一定完全得以实现，如存在于审判实践中的冤假错案即如此。然而，法的实现的结局则是肯定符合统治阶级立法目的的正值。

(4) 法的实施是手段，法的实现是结果，法的实施包括执法、司法、守法等环节，这些环节都可以视为手段和途径，诚然，这些手段可以达到一定的目的，实现程度不一的部分或全部的结果，但终究不能称法的实施是结果；而法的实现则是结果，是通过法的实施，达到并实现的法的终极结果。

因此，法的实现与法的实施不是同义语的重复，不宜将二者混为一谈。

第十七章　法律职业

基础知识图解

法律职业概述
- 1. 概念：传统上，包括法官、检察官、律师在内的，受过系统的法律专业训练，具有娴熟的法律技能与法律伦理的法律人所构成的职业共同体
- 2. 特征：A. 技能特征；B. 伦理特征；C. 自治特征；D. 准入特征

法律职业制度
- 法律职业资格考试制度
- 法律职业教育培训制度
- 法律职业保障制度

法律职业的伦理
- （1）概述：法律人在其职业实践中必须遵守的一种道德律
- （2）法官、检察官的职业伦理
  - 爱岗敬业、尽职尽责
  - 追求真理、追求公平
  - 忠实于法律，保证法律的有效实施
- （3）律师职业伦理
  - 对当事人而言
  - 对法官而言
  - 对同行而言
  - 律师的其他职业伦理
- （4）法律职业信仰
- （5）公证员职业道德准则

配套测试

一、单项选择题

1. 某市律师协会与法院签订协议，选派 10 名实习律师到法院从事审判辅助工作 6 个月，法院为他们分别指定一名资深法官担任导师。对此，下列哪一说法是正确的？（　　）（司考．2017.1.7）

A. 法官与律师具有完全相同的职业理想和职业道德

B. 是对法院审判活动进行监督的一种新途径

C. 有助于加深律师和法官相互的了解和信任

D. 是从律师中招录法官、充实法官队伍的一种方式

2. 下列哪一选项属于违反法官职业道德规范的情形？（　　）（司考．2011.1.47）

A. 甲市中级法院陈法官的妹妹接到乙县法院开庭传票，晚上到哥哥家咨询开庭注意事项。陈法官只叮嘱其妹庭上发言要有针对性，不要滔滔不绝

B. 乙市某法学院针对甲市中级法院在审案件组织模拟法庭，乙市中级法院钱法官应邀担任审判长。庭审后，钱法官就该案件审理和判决向同学们谈了看法

C. 林法官担任某法学院兼职博士生导师，每年招收法学博士研究生 1 名

D. 某省高级法院朱院长担任法学会法律文书学研究会副会长

3. 我国法律援助制度因其保障人权而体现司法正义，因其救助贫困而体现社会公平。关于该制度，下列哪一表述是不正确的？（　　）（司考.2011.1.49）

A. 我国法律援助是政府的一项重要职责，在性质上是一种社会保障制度

B. 实施法律援助的既有律师、法援机构，也有社会组织，形式上包括诉讼法律援助、非诉讼法律援助及公证、法律咨询

C. 对公民的法律援助申请和法院指派的法律援助案件，由法援机构统一受理、审查、指派、监督，必要时可以委托慈善机构协助受理事宜

D. 法援对象包括符合法定受援条件的经济困难者、残疾者、弱者，及符合规定的外国公民及无国籍人

4. 甲病危，欲将部分财产留给保姆，咨询如何处理。下列哪一意见是正确的？（　　）（司考.2011. 1.50）

A. 甲行走不便，可由身为公证员的侄子办理公证遗嘱

B. 甲提出申请，可由公证机构到医院办理公证遗嘱

C. 公证机构无权办理甲的遗嘱文书及财产保管事务

D. 甲如对该财产曾有其他形式遗嘱，以后公证的遗嘱无效

5. 关于法律职业道德的理解，下列哪一说法不能成立？（　　）

A. 法律职业道德与其他职业道德相比，具有更强的公平正义象征和社会感召作用

B. 法律职业道德与一般社会道德相比，具有更强的约束性

C. 法律职业道德的内容多以纪律规范形式体现，具有更强的可操作性

D. 法律职业道德通过严格程序实现，具有更强的外在强制性

6. 法官、检察官、律师等法律职业主管机关就这3个职业在诉讼活动中的相互关系，出台了一系列规定。下列哪一说法是正确的？（　　）

A. 这些规定的目的是加强职业纪律约束，促进维护司法公正

B. 这些规定具有弥补履行职责上地位不平等，利于发挥各自作用的意义

C. 这些规定允许必要时适度突破职权限制、提高司法效率

D. 这些规定主要强调配合，不涉及互相制约关系的内容

7. 根据《法官法》及《人民法院工作人员处分条例》对法官奖惩的有关规定，下列哪一选项不能成立？（　　）

A. 高法官在审判中既严格程序，又为群众行使权利提供便利；既秉公执法，又考虑情理，案结事了成绩显著。法院给予其嘉奖奖励

B. 黄法官就民间借贷提出司法建议被采纳，对当地政府完善金融管理、改善服务秩序发挥了显著作用。法院给予其记功奖励

C. 许法官违反规定会见案件当事人及其代理人，此事被对方当事人上网披露，造成不良影响。法院给予其撤职处分

D. 孙法官顺带某同学（律师）参与本院法官聚会，半年后该同学为承揽案件向聚会时认识的某法官行贿。法院领导严告孙法官今后注意

8. 关于检察官的行为，下列哪一观点是正确的？（　　）

A. 房检察官在同乡聚会时向许法官打听其在办案件审理情况，并让其估计判处结果。根据我国国情，房检察官的行为可以被理解

B. 关检察长以暂停工作要挟江检察官放弃个人意见，按照陈科长的判断处理某案。关检察长的行为与依法独立行使检察权的要求相一致

C. 容检察官在本地香蕉滞销，蕉农面临重大损失时，多方奔走将10万斤香蕉销往外地，为蕉农挽回了损失，本人获辛苦费5000元。容检察官没有违反有关经商办企业、违法违规营利性活动的规定

D. 成检察官从检察院离任5年后，以律师身份担任各类案件的诉讼代理人或者辩护人，受到当事人及其家属的一致肯定。成检察官的行为符合《检察官法》的有关规定

9. 下列哪一选项属于违反律师或公证有关制度及执业规范规定的情形？（ ）
   A. 刘律师受当事人甲委托为其追索1万元欠款，因该事项与另一委托事项时间冲突，经甲同意后另交本所律师办理，但未告知其支出增加
   B. 李律师承办当事人乙的继承纠纷案，表示乙依法可以继承2间房屋，并作为代理意见提交法庭，未被采纳，乙仅分得万元存款
   C. 林公证员对丙以贵重金饰用于抵押的事项，办理了抵押登记
   D. 王公证员对丁代理他人申办合同和公司章程公证的事项，出具了公证书

10. 卡尔·马克思说："法官是法律世界的国王，法官除了法律没有别的上司。"对于这句话，下列哪一理解是正确的？（ ）（司考.2015.1.14）
   A. 法官的法律世界与其他社会领域（政治、经济、文化等）没有关系
   B. 法官的裁判权不受制约
   C. 法官是法律世界的国王，但必须是法律的奴仆
   D. 在法律世界中（包括在立法领域），法官永远是其他一切法律主体（或机构）的上司

11. 关于司法制度与法律职业的表述，下列哪一选项不能成立？（ ）
   A. 为了客观、中立、公正地进行事实判断、解决纷争，在组织技术上，司法机关只服从法律，不受上级机关、行政机关的干涉
   B. 根据检察权统一行使原则，我国各级检察机关构成不可分割的统一整体，其特点是在行使职权、执行职务时实行"上命下从"；每个检察机关和检察官的活动是检察机关全部活动的有机组成部分，均需依照法律赋予的权力进行
   C. 法律职业以法官、检察官、律师为代表，法律职业之间具备同质性而无行业属性，因此多数国家规定担任法官、检察官、律师须通过专门培养和训练
   D. 法律职业道德的基本原则是指法律职业道德的基本尺度、基本纲领和基本要求。法律职业道德的基本原则主要包括忠实执行宪法和法律、互相尊重互相配合、清正廉洁遵纪守法等方面

二、多项选择题

1. 2015年1月，最高法院巡回法庭先后在深圳、沈阳正式设立，负责审理跨行政区域重大行政和民商事案件。关于设立巡回法庭的意义，下列哪些理解是正确的？（ ）（司考.2015.1.54）
   A. 有利于保证公正司法和提高司法公信力
   B. 有助于消除审判权运行的行政化问题
   C. 有助于节约当事人的诉讼成本，体现了司法为民的原则
   D. 有利于就地化解纠纷，减轻最高法院本部办案压力

2. 培养高素质的法治专门队伍，旨在为建设社会主义法治国家提供强有力的组织和人才保障。下列哪些举措体现了这一要求？（ ）（司考.2015.1.55）
   A. 从符合条件的律师中招录立法工作者、法官、检察官
   B. 实行招录人才的便捷机制，在特定地区，政法专业毕业生可直接担任法官
   C. 建立检察官逐级遴选制度，初任检察官由省级检察院统一招录，一律在基层检察院任职
   D. 将善于运用法治思维和法治方式推动工作的人员优先选拔至领导岗位

三、不定项选择题

1. 法律人的职业思维是重要的职业技能之一，这种思维不同于大众思维，其特点包括：（ ）。
   A. 通过程序进行思考
   B. 判断结论总是非此即彼
   C. 注重缜密的逻辑，谨慎地对待情感因素
   D. 遵循向过去看的习惯，表现得较为稳妥，甚至保守

2. 法律职业道德客观上对法官、检察官、律师

的职业行为产生规范和约束，对于将公正的法律条文变成公正的实际的法律，具有重要的作用。这里的作用是指（　　）

A. 规范作用　　B. 示范作用
C. 提升作用　　D. 辐射作用

3. 关于法律从业人员的职业道德和职业责任，甲、乙、丙、丁四人的下列哪些说法是正确的？（　　）

A. 甲说，依我的意见，律师做广告、乱许诺、高收费、搞风险代理、不敬业尽职、挖墙脚争案源的，都应开除出律师队伍，情节恶劣的要严打
B. 乙说，法官就应该深居简出，高薪高福利，终身任职，任凭自己内心确信去独立判案
C. 丙说，新的《公证法》对私自出证、出假证、篡改公证书和泄露当事人商业秘密或隐私的，处罚很重，对公证处罚款可高达10万元，还可以没收违法所得，还可以吊销公证员执照，有的还可追究刑事责任
D. 丁说，对法律职业人员来说，总的要求就是忠实于事实，忠实于法律

4. 法官与律师的相互关系应当遵守最高人民法院与司法部制定发布的有关规定，下列哪些做法违反了相关规定？（　　）

A. 法官开庭时发现一方的律师沈某是其过去的同事，没有主动回避
B. 律师裘某约请主办法官童某吃饭，了解所代理案件的案情
C. 某律师事务所主办的所刊发表法官彭某的文章
D. 某律师事务所举办法律实务研讨会，邀请法官周某出席演讲

5. 法学院同学就我国法律职业道德规范进行讨论。

甲认为：①法律职业道德一般包括职业道德意识、职业道德行为和职业道德规范3个层次；②法官职业道德的核心是公正、廉洁、为民。

乙认为：①如果缺乏无私奉献、敬业献身的精神，法律职业人员很容易进行“权力寻租”；②加强公证员职业道德建设是维护和增强公证公信力的保障。

丙认为：①法律职业人员的社会义务和道德要求不应高于一般社会成员；②直接影响律师职业形象的执业外行为受到律师职业道德的约束。

对此，下列哪些选项是不能成立的？（　　）

A. 甲①和乙②的说法均正确
B. 甲②和丙②的说法均错误
C. 甲①、乙①和丙①的说法均正确
D. 甲②、乙①和丙①的说法均错误

6. 关于我国法律职业人员的入职条件与业内、业外行为的说法：①法官和检察官的任职禁止条件完全相同；②被辞退的司法人员不能担任律师和公证员；③王某是甲市中院的副院长，其子王二不能同时担任甲市乙县法院的审判员；④李法官利用业余时间提供有偿网络法律咨询，应受到惩戒；⑤刘检察官提出检察建议被采纳，效果显著，应受到奖励；⑥张律师两年前因私自收费被罚款，目前不能成为律所的设立人。对上述说法，下列判断正确的是（　　）。

A. ①⑤正确　　B. ②④错误
C. ②⑤正确　　D. ③⑥错误

四、简答题

1. 简述法律职业的特征。
2. 简述司法官的职业道德基本要求。
3. 法律职业的技能有哪几方面？

五、论述题

试论述法律职业制度的种类。

参考答案

一、单项选择题

1. 答案：C。法官与律师都是社会主义法治工作队伍的组成部分，但两者的职业理想和职业道德存在区别，故A错误。资深法官为实习律师担任导师，是律师培养的一种途径，有利于加深律师和法官之间的了解和信任，与审判监督、法官招录无关。故C正确，BD错误。

2. 答案：B。根据《法官职业道德基本准则》

第14条的规定，尊重其他法官对审判职权的依法行使，除履行工作职责或者通过正当程序外，不过问、不干预、不评论其他法官正在审理的案件。故B项违反了法官职业道德规范。根据《法官职业道德基本准则》第17条的规定，不从事或者参与营利性的经营活动，不在企业及其他营利性组织中兼任法律顾问等职务，不就未决案件或者再审案件给当事人及其他诉讼参与人提供咨询意见。故CD项涉及的兼职都不违反法官职业道德规范。

3. **答案**：C。法律援助制度坚持“四统一”原则，由法律援助机构统一受理（接受）、统一审查、统一指派、统一监督，故C说法错误。

4. **答案**：B。根据《公证法》第26条规定，自然人、法人或者其他组织可以委托他人办理公证，但遗嘱、生存、收养关系等应当由本人办理公证的除外。故A项不正确。《公证法》没有限定办理遗嘱的地点，故B项说法正确。C项说法错误，根据《公证法》第12条的规定，根据自然人、法人或者其他组织的申请，公证机构可以办理下列事务：保管遗嘱、遗产或者其他与公证事项有关的财产、物品、文书。D项说法错误，公证的遗嘱可以变更之前其他形式的遗嘱。

5. **答案**：D。法律职业道德与其他职业道德相比，具有更强的公平正义象征和社会感召作用，因为法律在人们心目中是公平与正义的体现，因而A项说法正确。与一般的社会道德相比，法律职业道德具有主体特定性、职业的特殊性和更强的约束性特征，实践中约束性特征往往通过纪律规范的形式体现出来，因而BC项说法正确。D项说法不成立。

6. **答案**：A。法律职业道德的基本原则要求法律职业人员相互尊重、相互配合，虽然法官、检察官、律师各自担任着不同的职责，但在维护司法公正方面是一致的，在人格和依法履行职责上是平等的，因而A项说法是正确的。BCD项内容均不正确。

7. **答案**：C。根据《人民法院工作人员处分条例》第31条的规定，违反规定会见案件当事人及其辩护人、代理人、请托人的，给予警告处分；造成不良后果的，给予记过或者记大过处分。因而C项给予的撤职处分不能成立。

8. **答案**：D。插手、干预、过问他人办理的案件属于不符合职业纪律、道德的行为，A项错误。B项中关检察长的行为与依法独立行使检察权的要求正好相反，故错误；C项说法错误，营利性活动的界定是以行为的客观特征，而不是主观出发点作为依据的，否则各种营利性活动都可以帮助他人为借口。D项说法正确，成检察官已经从检察院离任5年，符合《检察官法》第37条的规定，其具备资格从事律师业务，因而是正确的。

9. **答案**：A。律师接受当事人委托后，如果由于精力有限或特殊紧急情况不能及时完成当事人的委托事项，可以在征得当事人同意的情况下交由其他适当人选来办理，但是应当与委托人通报和沟通相关情况，故A项中未告知支出增加的情况不适当。B项中的律师根据对法律和事实的理解提交了代理意见，但未得到支持不属于违反执业规范的情形。根据《公证机构办理抵押登记办法》的规定，金银珠宝是可以向公证机关办理抵押登记的，C项中林公证员的行为不存在违规的情况。代理他人申办合同和公司章程也属于可以办理公证的事项，D项中王公证员的行为无不妥之处。

10. **答案**：C。马克思的这句名言阐述的是法官依法独立行使审判权的必要性。其含义是，法官依法独立行使审判权，只服从宪法和法律，不受其他因素左右。由此可知，法官审判只服从宪法和法律，也必须服从宪法和法律，故B项错误，C项正确。A项显然错误，法官的法律世界与其他社会领域关系密切。D项也明显错误，司法和立法是两个不同的领域，法官不可能主宰一切法律事务。

11. **答案**：C。

二、多项选择题

1. **答案**：ABCD。设立巡回法庭，具有多方面的意义。首要的是有利于推动司法“去地方化”和“去行政化”，避免地方法院在审理一些跨行政区域重大行政案件和民商事案件时，受到地方保护主义的影响，从而保证公正司法，提高司法公信力。同时，也有利于方便当事人诉讼，可以为当事人提供更多的权利救济渠道，巡回法庭因此也被称为“开在老百姓家门口的最高法”。此外，巡回法庭就地解决纠纷，就地化解矛盾，也有利于减轻最高法院本部办案压力。可知，ABCD均表述正确。

2. **答案**：ACD。培养高素质的法治专门队伍，要建立从符合条件的律师、法学专家中招录立法工作者、法官、检察官制度，A项正确。要建立法官、检察官逐级遴选制度。初任法官、检察官由高级人民法院、省级人民检察院统一招录，一律在基层法院、检察院任职。故C项正确。要把善于运用法治思维和法治方式推动工作的人选拔到领导岗位上来，D项正确。培养高素质的法治专门队伍，也要健全从政法专业毕业生中招录人才的规范便捷机制，但政法专业毕业生不能直接担任法官，因为违反《法官法》规定的法官任职条件，也有违法官、检察官招录与遴选制度。故B项错误。

三、不定项选择题

1. **答案**：ABCD。
2. **答案**：A。法律职业道德建设的作用有：示范作用、规范作用、提升作用和辐射作用，其中规范作用是指：法律职业道德规范本身就在于规范法律职业人员的行为，这种作用不仅表现在法律职业人员履行职务过程中，还体现在法律职业人员的日常活动中。所以A是正确的。
3. **答案**：CD。本题考查律师行为规范；法官职业道德；公证法律责任。根据律师职业行为规范，律师可以做广告，但不得乱许诺、高收费、搞风险代理、不敬业尽职、挖墙脚争案源，故A错误。法官职业道德要求法官忠实于事实，忠实于法律，依法判案。故B错误。《公证法》第42条规定：“公证机构及其公证员有下列行为之一的，由省、自治区、直辖市或者设区的市人民政府司法行政部门对公证机构给予警告，并处二万元以上十万元以下罚款，并可以给予一个月以上三个月以下停业整顿的处罚；对公证员给予警告，并处二千元以上一万元以下罚款，并可以给予三个月以上十二个月以下停止执业的处罚；有违法所得的，没收违法所得；情节严重的，由省、自治区、直辖市人民政府司法行政部门吊销公证员执业证书；构成犯罪的，依法追究刑事责任：（一）私自出具公证书的；（二）为不真实、不合法的事项出具公证书的；（三）侵占、挪用公证费或者侵占、盗窃公证专用物品的；（四）毁损、篡改公证文书或者公证档案的；（五）泄露在执业活动中知悉的国家秘密、商业秘密或者个人隐私的；（六）依照法律、行政法规的规定，应当给予处罚的其他行为。因故意犯罪或者职务过失犯罪受刑事处罚的，应当吊销公证员执业证书……”故C正确。忠实于事实，忠实于法律是对法律工作者的一般要求。故D正确。由此可知，本题答案为CD。
4. **答案**：AB。本题考查法官和律师的相互关系。根据《最高人民法院、司法部关于规范法官和律师相互关系维护司法公正的若干规定》第3条的规定：“法官不得私自单方面会见当事人及其委托的律师。律师不得违反规定单方面会见法官。”所以律师袁某约请主办法官童某吃饭，了解所代理案件的案情必然违反了该条的规定。该规定第4条第1款规定：“法官应当严格执行回避制度，如果与本案当事人委托的律师有亲朋、同学、师生、曾经同事等关系，可能影响案件公正处理的，应当自行申请回避，是否回避由本院院长或者审判委员会决定。”所以法官开庭时发现一方的律师沈某是其过去的同事，没有主动回避违反了该条的规定。律所刊物发表法官的文章以及法官参加律所举办的研讨会并未违反最高人民法院与司法部制定发布的有关规定。由此可知，本题答案为AB。
5. **答案**：BCD。甲①②、乙①②、丙②说法均正确，丙①说法错误。作为法律的实施者、执行者、裁判者的专业法律人员所应该具有的道德品行必然要高于其他职业的道德要求，这是由法律职业的特殊性所决定的，法律职业人员的社会义务和道德要求更应高于一般社会成员。故正确答案为BCD。

6. 答案：AD。

四、简答题

1. 答案：法律职业是指以律师、法官、检察官为代表的，受过专门的法律专业训练，具有娴熟的法律技能与严格的法律伦理的法律人所构成的自治性共同体。其特征主要包括：(1) 法律职业的技能特征。法律人掌握不同于其他行业的专业的系统职业技能。(2) 法律职业的伦理特征。法律职业伦理有别于大众伦理和其他职业伦理，这种伦理受法律活动规律的制约，受法律职业技能的影响。(3) 法律职业的自治特征。法律职业需要专业化的司法官吏以及法律职业的专门逻辑等。法律人在程序构成的“法的空间”里运用法律概念术语、职业化的方法和技能，进而形成不同于普通大众逻辑的法律思维。(4) 法律职业的准入特征。加入法律职业必将受到严格考察，获得许可证，得到头衔。职业的准入特征可以检测申请者的素养。

2. 答案：结合各国对司法官职业道德的要求以及司法官职业伦理的基本原则，司法官的职业道德要求可概括为：(1) 忠实于法律。坚持法律至上，不能违背法律规范和法的精神。尊重其他司法官、遵守司法礼仪、重视法庭威严等。(2) 尊重律师。程序中认真听取律师意见，判决书中还应载明律师意见与主张，对律师辩论提纲负有保密义务等。(3) 中立地对待当事人。法官应当抵制当事人不正当的干扰，不得单独私自会见当事人、遵守回避的规定等。(4) 司法官社会性活动的职业道德。司法官从事职务外活动应当避免影响法官形象，谨慎进行社交活动，不参加营利性社团组织或者利用权力或名誉为他人拓展商业利益。

3. 答案：(1) 法律职业的知识

法律职业的知识是一种专业知识，它主要由两部分构成，一是制定法中的关于规则的知识，二是法律学问中的关于原理的知识。我们以往总是要求法官学法、懂法，这是局限于制定法中的规则知识，是低层次的要求。事实上关于规则的知识是暂时的，立法者大笔一挥就会改变这种知识，更何况关于规则的知识是机械的、有缺陷的，如法律漏洞，这就需要法官和律师们运用普遍适用的法律原理来处理关于规则知识的局限性。

(2) 法律职业的语言

任何职业均拥有自己的职业话语体系。这些话语由专业词汇构成，形成专业领域，进而形成专业屏障。法律职业的语言是一种特殊的语言，其中的术语由两部分组成，一是来自制定法规定的法律术语，二是来自法学理论的法学术语。大众话语具有情绪化、常识化的特点，而职业话语则具有理性化、专业化的特点。法律职业的语言特征就是只有法律人才能够娴熟运用法律术语和法学术语进行观察、思考和判断。

法律是一种专门的技术知识，法律术语是这门专门知识中最基本的要素。法律语言具有交流与转化两大功能。所谓交流功能，是指法律语言能够准确、简约地传递信息，在法律职业共同体内的同行之间使用相同的术语进行交流，不会产生大众语言所带来的烦琐与不一致性。所谓转化功能，是指所有的社会问题，一概可以运用法言法语转化为法律问题进行分析判断。

(3) 法律职业的思维

第一，通过程序进行思考。法律程序的自治，要求法律人只在程序内进行思考和判断。之所以这样规定，是由程序自身必要性决定的。

第二，遵循向过去看的习惯，表现得较为稳妥，甚至保守。程序是自治的，在其内部的一切活动（包括思维活动）都被视为“过去”，这才可能被认定为是有效的。法官对待法律的态度也是这样，只承认既定的规则。为了阐明法官的保守性，许多思想家甚至把法官看作法律借以说话的嘴巴。任何社会的进步都是在激进与保守这两种势力的平衡中得以发展的。

第三，注重缜密的逻辑，谨慎地对待情感因素。法律人强调推理的逻辑性主要是基于这样的必要：对法律决定的结论要求合乎理性地推出，应当对决定理由进行说明和论证，从而使当事者和全社会看到这个结论是出自理性的，即具有说服力。情感是与逻辑相对的概念。

第四，法律思维追求程序中的“真”，不同于科学中的求“真”。法律意义上的真实或真相其实只是程序意义上和程序范围内的，这意思是说，法律上的真实与真相并不是现实中的真实和真相。

第五，判断结论总是非此即彼，不同于政治思维的“权衡”特点。程序中或多或少会产生对抗性。诉讼的性质要求一方胜诉，另一方败诉，“权利义务对半承担的说法在社会上十分自然，而在法庭上却是纯粹荒谬的理论”，因此，“有时它还使得公平也似乎受法律游戏规则的摆布”。

（4）法律职业的技术

法律职业的技术是一种专门化的技术，它包括法律解释技术、法律推理技术、法律程序技术、证据运用技术、法庭辩论技术、法律文书制作技术，等等。所谓法律解释技术是指法律职业运用专门的多种方法来阐释法律文本及规则，甚至包括按照法律规则或原则解释法律现象。法律推理技术是关于法律依据选择与适用的一种基本方法和技术，法律推理的实质意义不仅是一种方法，而是为了论证法律裁决的理由。法律程序技术是指法律程序的组织、展开和运用的技术。证据运用技术是掌握证据的原理、特性和规律，运用证据法规则来审查判断证据并在程序中证明案件真实的各种方法。法庭辩论技术是指律师在程序中综合运用法律专业语言词汇、法律专业知识和法律职业思维、根据案件事实进行辩论的技术。法律文书制作技术是司法官制作司法裁判文书、律师制作业务文书、诉状等法律文书的重要技术。

五、论述题

答案：所谓法律职业制度是指国家关于法律职业培养、考试、培训、任职、待遇、惩戒、机构等一系列法律制度的总称，综合各国的实践，可以从以下几个角度来认识法律职业制度：（1）法律教育制度。从培养过程和方式上看，法律教育具有学术性和实践性等特点，相应地，西方国家法学教育可以分为两大类，一是大学的法学教育，偏重理论；二是职业法律教育，侧重实践。这种做法值得我们的法学教育借鉴。诚然，法律离不开理论也离不开实践，但是，随着高等法学教育的深入，在理论和实践上做一定程度的区分是有必要的。（2）法律职业考试与培训制度。一般来说，初任法官都必须通过国家司法考试，有的还要实习或者培训。有些国家还规定不同审级法官还需要晋升考试，另外在报考条件上有很严格的限制。（3）法律职业任职制度。很多国家对初任律师和司法官规定了起码的条件和资格。例如，英国规定，担任高等法院法官需要担任过10年以上助理法官；多数国家对法官有专职性要求，即法官不得在行政机关、议会中担任职务，不得经营商业等。（4）法律职业待遇制度。一些国家的法官实行终身制和高薪制。所谓终身制是指法官一经任命即为终身职务。一些国家除了给予较高的工资外，还在住宅、汽车、警卫等方面提供优厚待遇，另外还有丰厚的退休金制度等。这些制度为司法机关依法独立行使职权和司法的公正性提供了保证。（5）法律职业机构。法院行使国家的审判权，各国法律都对法院的审判权力、机构设置、管理体制等作了明确规定。而对于检察官而言，并不是每个国家都存在检察官和检察机构。很多国家的律师都有自己的律师协会和律师公会等。

第十八章　法律方法

基础知识图解

- 概述
  - 1. 法律方法的意义
  - 2. 法律方法的基本特征
    - 法律方法是法律人思考和解决问题的职业方法
    - 法律方法是根据法律理念、原则和规则思考和解决问题的方法
    - 法律方法以司法实践问题为导向

- 法律发现
  - 1. 特点
    - 法律发现只能在法律渊源内进行
    - 法律发现不能脱离整体法律秩序
  - 2. 途径
    - 法律识别
    - 法律规范选择

- 法律解释
  - 1. 概念
    - ①含义
      - A. 对法律的内容和含义所做的说明；B. 主体是享有法定解释权的人或组织
      - C. 从性质上看是立法活动的继续；D. 通常在法的实施过程中进行
    - ②必要性
      - A. 法律是概括的、抽象的，只有经过解释才能成为具体行为的规范标准
      - B. 法律具有相对稳定性，只有经过解释才能适应不断变化的社会需求
      - C. 人的能力是有限的，只有经过不断的解释，法律才能趋于完善
    - ③我国法律解释权限之划分：A. 立法解释；B. 行政解释；C. 司法解释
  - 2. 原则：①合法性；②合理性；③法制统一性；④历史与现实相统一
  - 3. 方法
    - ①一般解释方法
      - A. 语法解释；B. 逻辑解释；C. 历史解释
      - D. 目的解释；E. 当然解释
    - ②特殊解释方法
      - 扩张解释
      - 限缩解释

- 法律推理
  - 1. 概念和研究意义
  - 2. 形式推理（分析推理）
    - ①演绎推理：从一般法律规定到个别特殊行为的推理
    - ②归纳推理：从特殊到一般的推理
    - ③类比推理：在法律没有明确的文字规定的情况下比照相应的法律规定加以处理的推理形式
  - 3. 辩证推理（实质推理）
    - ①概念：在两个相互矛盾、都有一定道理的陈述中选择其一的推理
    - ②产生的条件（情形）
      - A. 法无明文规定，但对如何处理存在两种对立的理由
      - B. 法虽有规定但过于笼统、模糊
      - C. 法律规定本身是矛盾的
      - D. 虽有规定但由于新情况出现，产生合法与合理的冲突
  - 4. 权利推理

法律论证
- 1. 概念：通过提出一定的根据和理由来证明某种立法意见、法律表述、法律陈述和法律决定的正确性和正当性
- 2. 方法
  - ①“正确”的标准：实践中，验证法律规则、法律陈述和司法决定的正确性往往依赖的是一定范围的“共识”
  - ②达至“正确”的方式：可以通过建立一个程序性的法律论证规则体系保证论证本身的合理性；法律论证理论主要就是一个程序性的论证理论
  - ③达至“正确”所需遵循的论证规则
    - A. 一般规则：各种类型的法律论证都须遵循的规则如平等的发言权等
    - B. 特殊规则：各种类型的法律论证活动各自应遵循的规则，如法定论辩过程中的规则和司法决定形成过程及表述中的规则

配套测试

一、单项选择题

1. 2003年7月，年过七旬的王某过世，之前立下一份“打油诗”遗嘱：“本人已年过七旬，一旦病危莫抢救；人老病死本常事，古今无人寿长久；老伴子女莫悲愁，安乐停药助我休；不搞哀悼不奏乐，免得干扰邻和友；遗体器官若能用，解剖赠送我原求；病体器官无处要，育树肥花环境秀；我的一半财产权，交由老伴可拥有；上述遗愿能实现，我在地下乐悠悠。”

对于王某遗嘱中“我的一半财产权”所涉及的住房，指的是“整个房子的一半”，还是“属于父亲份额的一半”，家人之间有不同的理解。儿子认为，父亲所述应理解为母亲应该继承属于父亲那部分房产的一半，而不是整个房产的一半。王某老伴儿坚持认为，这套房子是其与丈夫的共同财产，自己应拥有整个房产（包括属于丈夫的另一半房产）。关于该案，下列哪一说法是正确的？（　　）

A. 王某老伴儿与子女间的争议在于他们均享有正式的法律解释权

B. 王某老伴儿与子女对遗嘱的理解属于主观目的解释

C. 王某遗嘱符合意思表示真实、合法的要求

D. 遗嘱中的“我的一半财产权”首先应当进行历史解释

2. 某商场促销活动时宣称：“凡购买100元商品均送80元购物券。对因促销活动产生的纠纷，本商场有最终解释权。”刘女士在该商场购买了1000元商品，返回800元购物券。刘女士持券买鞋时，被告知鞋类商品2天前已退出促销活动，必须现金购买。刘女士遂找商场理论，协商未果便将商场告上法庭。关于本案，下列哪一认识是正确的？（　　）（司考. 2012. 1. 14）

A. 从法律的角度看，“本商场有最终解释权”是一种学理解释权的宣称

B. 本案的争议表明，需要以公平正义去解释合同填补漏洞

C. 当事人对合同进行解释，等同于对合同享有法定的解释权

D. 商场的做法符合“权利和义务相一致”的原则

3. 以下关于法律问题的判断，表述错误的是（　　）。

A. 法律中的事实判断主要解决客观存在的法律究竟是怎样的这一问题

B. 法律的价值判断是作为主体的人所进行的相关判断，因而它是以主体的取向为尺度，带有主体性

C. 事实判断由于根据的是事实依据，所以不存在真伪的区别

D. 规范分析方法、社会实证方法和历史实证方法都属于事实判断的范畴

4. 根据解释主体和解释效力的不同，可将法律解释分为（　　）。

A. 有权解释和学理解释

B. 字面解释、限制解释和扩充解释
C. 主观解释和客观解释
D. 严格解释和自由解释

5. 将被解释的法律条文放在整部法律中乃至整个法律体系中，联系此法条与其他法条的相互关系来解释法律，称为（　　）。
A. 文义解释　　B. 历史解释
C. 体系解释　　D. 目的解释

6.《最高人民法院关于适用〈中华人民共和国民法典〉婚姻家庭编的解释（一）》第2条：《民法典》第1042条、第1079条、第1091条规定的“与他人同居”的情形，是指有配偶者与婚外异性，不以夫妻名义，持续、稳定地共同居住。该解释为（　　）。
A. 字面解释　　B. 限制解释
C. 扩充解释　　D. 体系解释

7. 在法律推理中，由一般到特殊的推理是（　　）。
A. 归纳推理　　B. 演绎推理
C. 辩证推理　　D. 类比推理

8. 有权解释宪法的国家机构是（　　）。
A. 全国人大　　B. 全国人大常委会
C. 最高人民法院　　D. 全国政协

9. 我国古代司法中，在法无明文规定时，有“举重以明轻”的做法，这种做法（　　）。
A. 不属于法律推理　　B. 是演绎推理
C. 是归纳推理　　D. 是辩证推理

10. 最高人民法院通过对各级法院的判决进行研究，就某种类型案件的审判总结出一般规则，以司法解释的形式予以公布，其总结过程属于（　　）。
A. 演绎推理　　B. 归纳推理
C. 类比推理　　D. 价值推理

11. 按照我国法律规定，凡关于法律条文本身需要进一步明确界限或作补充规定的（　　）。
A. 由最高人民法院解释
B. 由最高人民检察院解释
C. 由全国人大常委会解释
D. 由各级国家权力机关解释

12. 进行（　　）的目的，主要是探求某一法律概念如何被接受到法条中来。
A. 语法解释　　B. 体系解释
C. 历史解释　　D. 目的解释

13. 我国的司法解释，包括两类：一类是最高人民法院的解释；另一类是（　　）。
A. 国务院法制办的解释
B. 司法行政机关的解释
C. 全国人大常委会的解释
D. 最高人民检察院的解释

14.（　　）是指由特定的国家机关、官员或其他有解释权的人对法律作出的具有法律约束力的解释。
A. 法定解释　　B. 扩充解释
C. 目的解释　　D. 学理解释

15. 在我国，当最高人民法院和最高人民检察院的司法解释发生冲突时，应当由（　　）。
A. 全国人民代表大会作出最终解释
B. 全国人大常委会作出最终解释
C. 中央政法委作出最终解释
D. 中共中央作出最终解释

16. 依据法律解释的方法不同，法律解释可分为（　　）。
A. 有权解释、无权解释
B. 立法解释、司法解释、行政解释
C. 语法解释、逻辑解释、历史解释、系统解释
D. 字面解释、扩大解释、限制解释

17. 我国国家最高行政机关对行政法规所作的解释属于（　　）。
A. 立法解释　　B. 行政解释
C. 学理解释　　D. 司法解释

18. 司法解释是指（　　）。
A. 司法机关在适用法律时对法所作的解释
B. 最高司法机关在适用法律过程中对具体应用法律问题所作的解释
C. 省级以上人民法院在审理案件中对法律的解释
D. 各级人民检察院在检察工作中对法律所作的解释

19. 最高人民法院在审判过程中对如何具体应用法律所作的解释（　　）。
A. 对下级法院具有普遍约束力
B. 只对省级法院具有普遍约束力
C. 只对县级法院具有普遍约束力
D. 只对基层法院具有普遍约束力

20.《刑法》规定：共同犯罪是指二人以上共同故意犯罪，教唆不满 18 周岁的人犯罪的，应当从重处罚。潘某教唆 17 岁的陈某盗窃他人财物 1 万余元，法院认定潘某与陈某共同构成盗窃罪，并对潘某从重处罚。这一推理属于（　　）。
A. 演绎推理　　B. 归纳推理
C. 类比推理　　D. 价值推理

21. 在法律解释方法上，文义解释是指（　　）。
A. 强调法律条文字面上的含义，但其实质在于对整个法律的精神而不在于对个别文字和用语的理解
B. 从法律条文文字、语法来理解其含义
C. 在法律文字的字面含义显然比立法原意广时，作出比字面含义窄的解释
D. 严格依照法律条文含义进行解释

22. 我国《宪法》第 33 条第 2 款规定，“中华人民共和国公民在法律面前一律平等”。这里的“法律”一词应作（　　）。
A. 扩充解释　　B. 限制解释
C. 字面解释　　D. 逻辑解释

23. 我国法律上规定的审判工作中的法律解释是指（　　）。
A. 最高人民法院的解释
B. 最高人民检察院的解释
C. 各级人民法院的解释
D. 人民法院审判员的解释

24. 立法机关对于法律条文本身进一步明确界限或作补充的称为（　　）。
A. 立法解释　　B. 司法解释
C. 执法解释　　D. 行政解释

25. 对于法律解释，从来就有关于主观说和客观说的争论，在主观说盛行的时代，曾经扮演过重要角色的法律解释方法是（　　）。
A. 文义解释　　B. 历史解释
C. 体系解释　　D. 目的解释

26. 在法律中对于有关问题没有直接的明文规定，即出现了法律漏洞时，应采用（　　）。
A. 归纳推理　　B. 演绎推理
C. 类比推理　　D. 实质推理

27. 第二次世界大战以来，民法法系和普通法系在法律解释方面都倾向于（　　）。
A. 严格解释　　B. 自由解释
C. 法定解释　　D. 任意解释

28. 关于法律解释和法律推理，下列哪一说法可以成立？（　　）（司考. 2009. 1. 9）
A. 作为一种法律思维活动，法律推理的根本目的在于发现绝对事实和真相
B. 法律解释和法律推理属于完全不同的两种思维活动，法律推理完全独立于法律解释
C. 法官在进行法律推理时，既要遵守和服从法律规则，又要在不同利益冲突间进行价值平衡和选择
D. 法律推理是严格的形式推理，不受人的价值观影响

29.《劳动争议调解仲裁法》第 5 条规定：“发生劳动争议，当事人不愿协商、协商不成或者达成和解协议后不履行的，可以向调解组织申请调解；不愿调解、调解不成或者达成调解协议后不履行的，可以向劳动争议仲裁委员会申请仲裁；对仲裁裁决不服的，除本法另有规定的外，可以向人民法院提起诉讼。”关于这一规定，下列哪一说法是错误的？（　　）（司考. 2009. 1. 10）
A. 从法的要素角度看，该规定属于任意性规则
B. 从法的适用角度看，该规定在适用时不需要法官进行推理
C. 从法的特征角度看，该规定体现了法的可诉性特点
D. 从法的作用角度看，该规定为行为人提供了不确定的指引

二、多项选择题

1. 依《刑法》第 180 条第 4 款之规定，证券从业人员利用未公开信息从事相关交易活动，情节严重的，依照第 1 款的规定处罚；该条第 1 款规定了“情节严重”和“情节特别严重”两个量刑档次。在审理史某利用未公开信息交易一案时，法院认为，尽管第 4 款中只有“情节严重”的表述，但仍应将其理解为包含“情节严重”和“情节特别严重”两个量刑档次，并认为史某的行为属“情节特别严重”。其理由是《刑法》其他条款中

仅有“情节严重”的规定时，相关司法解释仍规定按照“情节严重”“情节特别严重”两档量刑。对此，下列哪些说法是正确的？（　　）（司考. 2017. 1. 60）

A. 第4款中表达的是准用性规则

B. 法院运用了体系解释方法

C. 第4款的规定可以避免法条重复表述

D. 法院的解释将焦点集中在语言上，并未考虑解释的结果是否公正

2. 2011年7月5日，某公司高经理与员工在饭店喝酒聚餐后表示：别开车了，“酒驾”已入刑，咱把车推回去。随后，高经理在车内掌控方向盘，其他人推车缓行。记者从交警部门了解到，如机动车未发动，只操纵方向盘，由人力或其他车辆牵引，不属于酒后驾车。但交警部门指出，路上推车既会造成后方车辆行驶障碍，也会构成对推车人的安全威胁，建议酒后将车置于安全地点，或找人代驾。鉴于我国对“酒后代驾”缺乏明确规定，高经理起草了一份《酒后代驾服务规则》，包括总则、代驾人、被代驾人、权利与义务、代为驾驶服务合同、法律责任等共六章二十一条邮寄给国家立法机关。

关于交警部门的推车前行不属于“酒驾”的解释，下列判断不正确的是（　　）。（司考. 2011. 1. 90）

A. 属于司法解释

B. 属于行政解释

C. 直接运用了类比推理

D. 运用了演绎推理

3. 杨某与刘某存有积怨，后刘某服毒自杀。杨某因患风湿病全身疼痛，怀疑是刘某阴魂纠缠，遂先后3次到刘某墓地掘坟撬棺，挑出刘某头骨，并将其头骨和棺材板移埋于自家责任田。事发后，检察院对杨某提起公诉。一审法院根据《中华人民共和国刑法》第302条的规定，认定杨某的行为构成侮辱尸体罪。杨某不服，认为坟内刘某已成白骨并非尸体，随后上诉。杨某对“尸体”的解释，属于下列哪些解释？（　　）（司考. 2012. 1. 55）

A. 任意解释　　B. 比较解释

C. 文义解释　　D. 法定解释

4. 司法过程的环节包括（　　）。

A. 法律发现　　B. 法律推理

C. 法律解释　　D. 法律论证

5. 下列法律解释中属于法的渊源的是（　　）。

A. 立法解释　　B. 行政解释

C. 司法解释　　D. 学理解释

6. 法律解释分为（　　）。

A. 立法解释　　B. 司法解释

C. 行政解释　　D. 执法解释

7. 法律推理的方法包括演绎推理、归纳推理和辩证推理。下列情况中需要辩证推理的有（　　）。

A. 法律规定本身意义模糊

B. 出现法律空隙或漏洞

C. 同一位阶的法律规定之间存在抵触

D. 某些法律规定明显落后于社会发展

8. 法律解释与一般的解释相比，其特点有（　　）。

A. 法律解释的对象是法律规定和它的附随情况

B. 法律解释与具体案件密切相关

C. 法律解释具有一定的价值取向性

D. 法律解释受解释学循环的制约

9. 2002年4月28日，第九届全国人民代表大会常务委员会第27次会议对《刑法》第294条第1款规定的“黑社会性质的组织”的含义作了解释，该解释为（　　）。

A. 法定解释　　B. 文义解释

C. 司法解释　　D. 目的解释

10. 某机关工勤人员赵某在一次公务活动中玩忽职守给国家财产造成重大损失，检察机关以玩忽职守罪对之进行立案。赵某认为自己不是国家机关工作人员，根据刑法规定不应构成玩忽职守罪。检察机关则认为赵某从事的是公务活动，应构成玩忽职守罪。案件侦查期间，全国人大常委会作出解释：“虽未列入国家机关人员编制但在国家机关中从事公务的人员，在代表国家机关行使职权时，有渎职行为，构成犯罪的，依照刑法关于渎职罪的规定追究刑事责任。”赵某聘请的律师刘某认为该解释不应溯及以前行为。上述案件中，属于法律解释的有（　　）。

A. 赵某的解释

B. 检察机关的认定
C. 全国人大常委会的解释
D. 律师刘某的解释

11. 下列可以成为辩证推理依据的是哪些？（　　）
A. 法律原则　　B. 立法精神与目的
C. 法理　　D. 公正、正义观念

12. 一个规则适用于甲案件，乙案件在实质上与甲案件类似，因此，这个规则也可以适用于乙案件。这种推理（　　）。
A. 是演绎推理　　B. 是归纳推理
C. 是类比推理　　D. 属于辩证推理

13. 甲某是法学院教授，在某律师事务所担任兼职律师。他为因传播淫秽录像而被起诉的毛某担任辩护人，在法庭上依据刑法学理论对传播淫秽录像的犯罪构成作了阐述，并综合其他方面发表了辩护意见，被法院采纳的甲某的辩护意见属于（　　）。
A. 司法解释　　B. 学理解释
C. 任意解释　　D. 正式解释

14. 下列有权向全国人大常委会提出法律解释要求的是（　　）。
A. 河北省人民代表大会
B. 中央军事委员会
C. 国务院
D. 国家主席

15. 关于法律推理，下列表述正确的是（　　）。
A. 法律推理是一种寻求正当性证明的推理
B. 法律推理要受现行法律的约束
C. 法律推理是一种实践理性
D. 法律推理是通过职业自律实现司法公正的重要方法

16. 关于归纳推理，下列说法正确的是（　　）。
A. 类比是归纳推理的一种方法
B. 归纳推理的优点是同样案件同样处理
C. 运用归纳推理的典型是制定法传统中所运用的法律推理
D. 归纳推理可在相当程度上填补制定法的空白、弥补制定法的不足

17. 在法律推理中，下列属于辩证推理的方法为（　　）。
A. 归纳　　B. 类比
C. 推定　　D. 拟制

18. 乔某在使用某产品过程中身体受到伤害，将厂家诉至法院要求进行赔偿，其中包括精神损害赔偿。被告方律师辩称，1 年前该法院在审理一起类似案件时并没有判予精神损害赔偿，因此本案也不应给予精神损害赔偿。但法院援引新颁布的司法解释判令被告方给予乔某精神损害赔偿。下述说法正确的是（　　）。
A. 被告方律师的推理是归纳推理
B. 被告方律师的推理是类比推理
C. 法院判决前后不一致，这是审判不公的表现
D. 法律推理要受现行法律的约束，法院判决虽前后不一致，但在合法性上并无失当

19.《合同法》颁布后，曾参与立法的某合同法专家在学术刊物上撰文对合同法有关条款进行了解释，并对有关部门在实施合同法中存在的问题提出了批评。该专家的行为（　　）。
A. 是法定解释
B. 是学理解释
C. 其学说也是法律意识的表现
D. 对有关部门的批评是一种广义上的法律监督

20. 根据解释尺度的不同，法律解释可以分为（　　）。
A. 字面解释　　B. 扩大解释
C. 目的解释　　D. 限制解释

21. 法律所称的“以上”、“以下”、“以内”、“届满”，包括本数；所称的“不满”、“以外”，不包括本数。这项规定属于（　　）。
A. 司法解释　　B. 扩大解释
C. 正式解释　　D. 有权解释

22. 法律解释的必要性在于（　　）。
A. 法的规定是概括的、抽象的，而社会生活是具体的、复杂的
B. 人们认识水平的差异导致理解上的不同
C. 法的规定之间存在一些矛盾、冲突
D. 法律是稳定的，而社会行为是不断变化的

23. 法律解释的方法有许多种，主要的有（　　）。

A. 语法解释　　B. 政治解释
C. 经济解释　　D. 历史解释

24. 法律解释可以分为立法解释、司法解释和学理解释，不同的法律解释其效力也不尽相同，根据我国《立法法》的规定，下列哪些情况属于全国人大常委会法律解释的权限范围？（　　）

A. 法律的规定需要进一步明确具体含义的
B. 法律规定业已修正需要重新定义其相关内容的
C. 法律制定后出现新的情况，需要明确适用法律依据的
D. 法律之间发生冲突，需要裁决其效力优先性的

25. 按照我国宪法和 1981 年全国人大常委会《关于加强法律解释工作的决议》，下列选项哪些不属于有权法律解释？（　　）

A. 司法机关对宪法和法律的解释
B. 国务院对宪法和法律的解释
C. 全国人民代表大会常务委员会对宪法和法律的解释
D. 法律专家对宪法和法律的解释

26. 法律解释既是人们日常法律实践的重要组成部分，又是法律实施的重要前提，与一般解释相比，法律解释具有特殊性，以下论述正确的是（　　）。

A. 法律解释的任务是要通过研究法律文本及其附随情况，探求它们所表现出来的法律意旨
B. 法律解释的主要任务，就是要确定某一法律规定对某一特定的法律事实是否有意义，也就是对待裁判或处理的事实的法律规定加以解释
C. 法律解释的过程要避免价值判断和价值选择的影响，通过逻辑的三段论推理而达成一致结论
D. 法律解释者要理解法律的每个用语、条文和规定，需要以理解该用语、条文和规定所在的制度、法律整体乃至整个法律体系为条件

27. 一般来说，实质推理是对法律规定和案件事实的实质内容进行价值评价的推理，当出现法律规定本身的含义模糊；在法律中对于有关问题没有直接的明文规定；法律规定之间有抵触或者法律中出现两种以上需要选择适用的条款；出现通常所述的“合法”和“合理”的矛盾的时候，需要运用实质推理。而对于实质推理，各国的法制实践一般通过以下哪些形式来进行？（　　）

A. 通过司法机关对法律的目的和精神进行解释
B. 根据习惯、法理或者根据正义、公平等法律意识及伦理观念作出判断
C. 根据国家的政策或法律的一般原则作出决定
D. 一个城市道路交通法规规定：凡在交通管理当局命令禁止停车的地点停车，罚款 5 元。某甲因为心脏病发作被迫停车于该禁止停车的地点，警察根据甲违章停车的事实给予罚款 5 元的处罚

28. “法律是原创者——企图创设完全或部分的法律规整之——意志的具体化，此中既有‘主观的’想法及意志目标，同时也包含——立法者当时不能全部认识之——‘客观的’目标及事物必然的要求。如果想充分了解法律，就不能不兼顾两者。”关于本观点以下论述正确的是（　　）。

A. 通过法律解释可以解决法律的稳定性和社会发展之间的矛盾
B. 法是随着社会物质经济条件的变化而变化的，其包含的立法者的意志也随着社会物质生活条件的变化而变化
C. 对于法律解释采取客观的解释方法可以使法律解释适应变化的现实，实现法律解释补充和创造法律的功能
D. 法律解释在历史发展中存在的主观解释和客观解释都有其合理之处。

29. 法律解释的方法是解释者为了达到解释的目标所使用的方法，对于法律解释的方法，民法法系和普通法系虽然概括和表述不同，但是法律解释的方法大体上包括文义、历史、体系、目的等。以下关于法律解释方法的论

述错误的是（　　）。

A. 文义解释，也称严格解释、文法解释，是指从法律条文的字面含义来说明法律规定的含义

B. 历史解释是指通过研究立法者有关立法的历史资料或从新旧法律的对比中了解法律含义

C. 体系解释，也称逻辑解释，是指将被解释的法律条文放在整部法律中乃至整个法律体系中，联系此法条与其他法条的相互关系来解释法律

D. 目的解释，是指从制定某一法律的目的来解释法律，指的是对原先制定该法律时的目的进行解释

30. 某城市规章规定："禁止马车进入二环以内的路面。"对此，有人从法学的角度看，解释为：骡车、驴车就可以进入二环内的路面。对于这一解释下列叙述正确的是（　　）。

A. 本解释符合文义解释的要求，所以是合理的

B. 本解释不符合目的解释的要求，所以是不合理的

C. 本规定应作扩张解释"凡是和马相近的动物拉动的车都不准进入二环内的路面"

D. 在进行法律解释时，有时候单纯地运用一种解释是不能符合法律解释的要求的，所以要综合运用多种解释方法

31. 徐某被何某侮辱后一直寻机报复，某日携带尖刀到何某住所将其刺成重伤。经司法鉴定，徐某作案时辨认和控制能力存在，有完全的刑事责任能力。法院审理后以故意伤害罪判处徐某有期徒刑10年。关于该案，下列哪些说法是正确的？（　　）（司考.2015.1.58）

A. "徐某作案时辨认和控制能力存在，有完全的刑事责任能力"这句话包含对事实的法律认定

B. 法院判决体现了法的强制作用，但未体现评价作用

C. 该案中法官运用了演绎推理

D. "徐某被何某侮辱后一直寻机报复，某日携带尖刀到何某住所将其刺成重伤"是该案法官推理中的大前提

32. 张某出差途中突发疾病死亡，被市社会保障局认定为工伤。但张某所在单位认为依据《工伤保险条例》，只有"在工作时间和工作岗位突发疾病死亡"才属于工伤，遂诉至法院。法官认为，张某为完成单位分配任务，须经历从工作单位到达出差目的地这一过程，出差途中应视为工作时间和工作岗位，故构成工伤。关于此案，下列哪些说法是正确的？（　　）（司考.2015.1.59）

A. 解释法律时应首先运用文义解释方法

B. 法官对条文作了扩张解释

C. 对条文文义的扩张解释不应违背立法目的

D. 一般而言，只有在法律出现漏洞时才需要进行法律解释

33. 关于法的适用与法律论证，下列哪些说法是错误的？（　　）

A. 法的适用所处理的问题，既包括法律事实问题也包括法律规范问题，还包括法律语言问题

B. 法的适用通常采用逻辑中的三段论推理

C. 法的适用只要有外部证成即可，无须内部证成

D. 法律论证是一个独立的过程，与法律推理、法律解释没有关系

三、不定项选择题

1. 关于适用法律过程中的内部证成，下列选项正确的是（　　）。（司考.2013.1.86）

A. 内部证成是给一个法律决定提供充足理由的活动

B. 内部证成是按照一定的推理规则从相关前提中逻辑地推导出法律决定的过程

C. 内部证成是对法律决定所依赖的前提的证成

D. 内部证成和外部证成相互关联

2. 王某在未依法取得许可的情况下购买氰化钠并存储于车间内，被以非法买卖、存储危险物质罪提起公诉。法院认为，氰化钠对人体和环境具有极大毒害性，属于《刑法》第125

条第2款规定的毒害性物质，王某未经许可购买氰化钠，虽只有购买行为，但刑法条文中的“非法买卖”并不要求兼有买进和卖出的行为，王某罪名成立。关于该案，下列说法正确的是（ ）。（司考．2016. 1. 89）

A. 法官对“非法买卖”进行了目的解释

B. 查明和确认“王某非法买卖毒害性物质”的过程是一个与法律适用无关的过程

C. 对“非法买卖”的解释属于外部证成

D. 内部证成关涉的是从前提到结论之间的推论是否有效

四、名词解释

1. 法律解释（中南财经政法大学2012年考研题）
2. 立法解释
3. 行政解释
4. 司法解释
5. 系统解释
6. 扩充解释
7. 限制解释
8. 法律推理（西北政法大学2006年考研题）
9. 形式推理

五、简答题

1. 法律解释有什么特点？可以分为哪几类？
2. 怎样理解司法解释的作用？
3. 简述法律解释的必要性。（中国人民大学2008年考研题）
4. 简述我国法律解释的原则。
5. 简述辩证推理的概念及其必要性。

六、论述题

1. 试述法律解释的方法。
2. 试论我国法律解释的权限划分。

七、案例分析题

一个法院审理一个涉及重婚罪的刑事案件，如果它判决被告（甲、乙）有罪并判刑，那么这一判决中所体现的三段论推理大体上是：大前提是《刑法》第258条规定：“有配偶而重婚的，或者明知他人有配偶而与之结婚的，处二年以下有期徒刑或者拘役。”小前提是经查证属实的案件事实，甲已有配偶丙而又与乙结婚，乙本人虽未结婚但明知甲有配偶而与之结婚，因此，甲、乙二人均犯有重婚罪。于此，重婚是联系大小前提的共同概念，以它为中介，使大小前提联系起来，即法律规定重婚罪，案件事实甲、乙二人行为都构成重婚，因而通过从一般到特殊的推理，作出二人均犯重婚罪并处一定的判决。但是，有时候，作为小前提的案件事实是模糊的，如本案件中如果甲、乙并没有结婚，而是事实婚姻的问题，这个时候，法院在确定案件事实的时候，就需要另外寻求法律规定，来形成“事实婚姻”的确信。试以上例进行分析：

（1）本案例中依据《刑法》直接规定而形成案件事实并形成结论的是法律推理中的何种推理？

（2）如果需要法官确定“事实婚姻”，那么这种情况下属于何种推理？此种推理一般适用于何种情形？

参考答案

一、单项选择题

1. **答案**：C。A项错误，所谓正式解释，通常也叫法定解释、有权解释，是指由特定的国家机关、官员或其他有解释权的人对法律作出的具有法律上约束力的解释。王某老伴儿和子女不符合正式解释权的主体要求，都是非正式解释。B项错误，主观目的解释，指的是立法者的目的解释，即根据立法者的意志或立法资料揭示某个法律规定的含义。本案中，王某老伴儿和子女都不是根据王某的意志或相关资料来解释遗嘱的含义。D项错误，各种不同法律解释方法中，文义解释是首先考虑的解释方法，相较于其他解释方法具有优先性。C项正确，尽管遗嘱引起争议，但是仍符合意思表示真实、合法的要求。
2. **答案**：B。A项，学理解释，又称非正式解释，一般是指学者或者其他组织或个人所做的不具有法律约束力的解释。本案中，商场宣称“最终解释权”的本义是具有强制力和法律约束力的解释权，而非学理解释。C项，法定解释权，又称正式解释权，是指特定的国家机关、官员或其他有解释权的人做出的具有法律约束力的解释，当事人对合同的解释不属于法定解释权。D项，商场做法属于限制对方权利，免除自己义务，违背“权利和义务相一致”的原则，D项错误。由此可知，需要用公平正义来解释合同填补漏洞，B项表述正确。综上，本题的正确答案为B。

3. 答案：C。本题考查的是对于法的价值判断和事实判断的理解。价值判断和事实判断主要在判断的取向、判断的维度、判断的方法、判断的真伪方面不同。事实判断也有真伪的问题，这主要取决于其与客体的真实情况是否符合。

4. 答案：A。根据解释主体和解释效力的不同，可将法律解释分为有权解释和学理解释。有权解释又称法定解释、正式解释，是指由特定的国家机关按照宪法和法律所赋予的权限，对有关法律、法令进行的解释。学理解释是由教学机构、学术团体、法学家和法学工作者在学术研究、法学教学和法制宣传教育中对法律进行的解释，这种解释不具有法律效力。

5. 答案：C。体系解释，即将被解释的法律条文放在整部法律中乃至整个法律体系中，联系此法条与其他法条的相互关系来解释法律的解释方法。

6. 答案：B。限制解释是指当法律条文的字面含义广于立法原意时，对法律所作的比字面含义窄的解释。

7. 答案：B。演绎推理是指根据一般性的知识，推出关于特殊性的知识。

8. 答案：B。依照宪法规定，全国人大常委会有权解释宪法。

9. 答案：D。辩证推理，是指当作为推理的前提处于多元化时，借助于辩证思维从中选择出最佳的命题以解决法律问题。类比、推定等是辩证推理的具体方法。

10. 答案：B。归纳推理是指从两个或更多的同类命题中获取一般性命题的推理。

11. 答案：C。凡关于法律条文本身需要进一步明确界限或补充规定的，由全国人大常务委员会进行解释或用法律加以补充规定。

12. 答案：C。历史解释是指通过研究有关立法的历史资料或者从新旧法律的对比中了解法律的含义。

13. 答案：D。司法解释，即国家最高司法机关所作的解释。是指由国家最高司法机关在适用法律过程中对具体应用法律问题所作的解释。分为两种，一种是审判解释，即由最高人民法院对人民法院在审判过程中具体应用法律问题所作的解释；另一种是检察解释，即由最高人民检察院对人民检察机关在检察工作中具体应用法律问题所进行的解释。

14. 答案：A。法定解释，即正式解释，是指由特定的国家机关、官员或其他有解释权的人对法律作出的具有法律约束力的解释。根据解释的国家机关的不同，又可分为立法解释、司法解释和行政解释三种。

15. 答案：B。当最高人民法院和最高人民检察院的司法解释发生冲突时，应当由全国人大常委会作出最终解释。

16. 答案：C。依据法律解释的方法不同，法律解释可以分为：语法解释、逻辑解释、历史解释、系统解释。

17. 答案：B。行政解释，即依法有权解释法律的行政机关，在其职权范围内，对具体应用法律问题所作的解释。

18. 答案：B。司法解释，即由国家最高司法机关在适用法律的过程中，对应用法律问题所作的解释。

19. 答案：A。最高人民法院在审判过程中对如何具体应用法律所作的解释，属于司法解释，对下级法院具有普遍约束力。

20. 答案：A。演绎推理是从一般性命题推出特殊性命题的推理，法院将关于共同犯罪和教唆犯的命题具体到潘某的案件中，是运用了演绎推理的方法。

21. 答案：B。文义解释是指从法律条文的字面意义来说明法律规定的含义。

22. **答案**：A。这里法律应当指所有的规范性法律文件。

23. **答案**：A。审判解释，即由最高人民法院对人民法院在审判过程中具体应用法律问题所作的解释。

24. **答案**：A。立法解释，即全国人大常委会所进行的解释。立法解释包括对宪法的解释和对法律的解释两部分。凡关于法律条文本身需要进一步明确界限或补充规定的，由全国人大常务委员会进行解释或用法律加以补充规定。

25. **答案**：D。本题考查的是对于法律解释的方法的理解。要求考生掌握法律解释具体方法以及具体的概念和意义。

26. **答案**：D。当法律规定本身可能有抵触或法律对有关问题没有直接的明文规定时，需要运用的是实质推理。实质推理是指司法机关对法律的精神进行解释。

27. **答案**：A。本题考查的是对于法律解释的分类的理解，要求考生把握法律解释各分类的概念。

28. **答案**：C。自然科学研究中的推理是一种寻找和发现真相和真理的推理，而在法学领域，法律推理是一种寻求正当性证明的推理。法律推理的核心主要是为行为规范或人的行为是否正确或妥当提供正当理由。故A错。法律解释和法律推理往往相互交织，法律推理的过程中要涉及法律解释，法律解释也包含一定的法律推理，两者并不是完全独立的。故B错。法律推理不仅包括严格的形式推理，也包括辩证推理，后者具有明显的价值取向性，要受到人的价值观影响。故D错。C项表述正确。

29. **答案**：B。法律适用的过程，即从大前提和小前提中推导出法律决定或者法律结论，实质上就是法律推理过程。要适用法律，要得到一个法律结论，必然需要进行法律推理。因此B项错误。任意性规则，是指规定在一定范围内，允许人们自行选择或协商确定为与不为、为的方式以及法律关系中的权利义务内容的法律规则。任意性规则通常都属于不确定的指引。所谓不确定的指引，又称选择的指引，是指通过宣告法律权利，给人们一定的选择范围。法条中规定当事人“可以”如何，表明人们享有一定的权利和选择范围，发挥作用的方式是不确定的指引，该规定属于任意性规则，故AD正确。本法条是关于当事人权利救济的规定，显然反映了法的可诉性，故C正确。

二、多项选择题

1. **答案**：ABC。准用性规则是指内容本身没有规定人们具体的行为模式，而是可以援引或参照其他相应内容规定的规则。“依照第一款的规定处罚”，表达的是准用性规则，并可以避免法条重复表述，故AC正确。体系解释是指将被解释的法律条文放在整部法律中乃至整个法律体系中，联系此法条与其他法条的相互关系来解释法律。法院对第4款的解释，联系的是相关司法解释对《刑法》其他条款中“情节严重”的解释，并与此保持统一，属于体系解释。故B正确。法院的解释背后，隐藏的是对解释结果公正的追求。故D错误。

2. **答案**：ABC。根据1981年全国人大常委会《关于加强法律解释工作的决议》，司法解释的主体是最高人民法院或最高人民检察院，行政解释的主体是国务院及其主管部门。所以，交警部门的解释不属于司法解释，也不属于行政解释。AB表述不正确。推车前行不属于“酒驾”的解释，从推理角度看，运用了演绎推理。“酒驾”的成立要求发动机动车，发动机动车是“酒驾”的必要条件，而推车前行没有发动机动车，所以不属于“酒驾”。本题没有运用类比推理，类比推理是从个别到个别的推理，是根据两个或两类事物在某些属性上是相似的，从而推导出它们在另一个或另一些属性上也是相似的。C项错误。

3. **答案**：AC。杨某非法定的解释主体，其解释不具有法律约束力，故属于任意解释（或者说非正式解释），故A项正确，D项错误。B项错误，比较解释是依据外国的立法例和判例学说对某个法律规定所作的解释，杨某的解释尽管也有比较（白骨和尸体），但是不属于法律解释学上所讲的比较解释。C项正确，文义解释的特点是将解释的焦点集中在语言上，按照语言使用方式描述法律的内容，杨某认为尸体的含义不包括白骨，正是从文义上进行解释的。因此，本题的正确答案为AC。

4. **答案**：ABCD。

5. **答案**：AB。法律解释包括：立法解释、司法解释和行政解释。立法解释是立法机关对于法律条文本身进一步明确界限或作补充规定的，它既具有普遍的约束力又是法的效力来源，是法的一种渊源。对于行政解释，因为国务院有制定行政法规的权力，而且它所解释的法律也大多属于自己制定修正的法规，也是一种法律渊源。司法解释虽然具有普遍的约束力，但是，它不是法的效力的来源，不应看作一种法的渊源。

6. **答案**：ABC。根据解释主体的不同，法律解释可以分为立法解释、司法解释和行政解释。

7. **答案**：ABCD。当发生法律规定本身意义模糊，出现法律空隙或漏洞，同一位阶的法律规定之间存在抵触，某些法律规定明显落后于社会发展等情况时，就需要使用辩证推理来解决有关法律问题。

8. **答案**：ABCD。法律解释不同于一般的解释。法律解释的对象是法律规定，体现了一定的价值取向。

9. **答案**：AB。由全国人大常委会所作的法律解释属于法定解释，对“黑社会性质的组织”所作的解释是针对其含义作出的，因此属于文义解释。

10. **答案**：ACD。赵某和律师刘某的解释属于任意解释，全国人大常委会的解释属于法定解释。

11. **答案**：ABCD。运用辩证的思维方法进行法律推理，可以以法律原则、立法精神与目的、法理以及公正、正义观念为依据。

12. **答案**：CD。类比推理是根据两个或两类对象某些属性相同，从而推出它们在另一些属性方面也可能存在相同点的推理。类比推理属于辩证推理，是辩证推理的方法之一。

13. **答案**：BC。法学研究学者和法律工作者对法律条文进行的阐述和解释属于学理解释，律师和当事人在司法活动中对法律进行的解释属于任意解释。

14. **答案**：BC。依照《立法法》的规定，国务院、中央军事委员会、最高人民法院、最高人民检察院和全国人民代表大会各专门委员会以及各省、自治区、直辖市的人民代表大会常务委员会可以向全国人民代表大会常务委员会提出法律解释要求。

15. **答案**：ABCD。法律推理是指以法律和事实两个已知的判断为前提，运用科学的方法和规则，为法律适用结论提供正当理由的一种逻辑思维活动。法律推理要受现行法律的约束，是一种实践理性，是通过职业自律实现司法公正的重要方法。

16. **答案**：BD。类比推理是根据两个或两类对象某些属性相同，从而推出它们在另一些属性方面也可能存在相同点的推理。归纳推理是从两个或更多的同类特殊命题中获取一般性命题的推理。运用归纳推理的典型是判例法制度。

17. **答案**：BCD。类比、推定、拟制属于辩证推理的方法。

18. **答案**：BD。被告方律师将本案与从前的案例进行类比推出结论，采用的是类比推理的方法。法院判决虽前后不一致，但在合法性上并无失当，因为法律推理要受现行法律的约束。

19. **答案**：BCD。法学研究工作者对法律条文进行的解释属于学理解释，不具有法律效力，是其法律意识的表现。同时也属于广义上的法律监督。

20. **答案**：ABD。根据解释尺度的不同，可将法律解释分为字面解释、扩大解释、限缩解释。字面解释是指严格按照法律条文的字面含义所作的解释；扩大解释是指法律条文的字面含义窄于立法原意时，对法律所作的比字面含义广的解释；限制解释是指法律条文的字面含义广于立法原意时，对法律所作的比字面含义窄的解释。

21. 答案：CD。正式解释即有权解释，是指由特定的国家机关按照宪法和法律所赋予的权限，对有关法律、法令所作的解释。

22. 答案：ABCD。法的概括性、抽象性、稳定性，以及法律规定之间存在的一些矛盾，再加上人们认识水平的差异导致理解上的不同，决定了法律解释是必要的。

23. 答案：AD。根据法律解释的方法不同，可将法律解释分为语法解释、体系解释、目的解释和历史解释。

24. 答案：AC。根据我国《立法法》的规定，法律的规定需要进一步明确具体含义的；法律制定后出现新的情况，需要明确适用法律依据的，属于全国人大常委会法律解释的权限范围。

25. 答案：ABD。只有全国人民代表大会常务委员会才有权解释宪法，AB 属于越权或无权行为。法律专家的解释属于学理解释，不具有法律效力，不是有权解释。

26. 答案：ABD。本题考查的是法律解释的特点。法律解释具有以下四个特点：(1) 法律解释的对象是法律规定和它的附随情况。法律解释的任务是通过研究法律规定和它的附随情况，探求它们所表现出来的法律意旨。(2) 法律解释与具体案件密切相关。(3) 法律解释具有一定的价值取向性。指出法律解释的过程是一个价值判断、价值选择的过程。因此 C 是错误的。(4) 法律解释受解释学循环的制约。解释学循环是解释学中一个中心问题，它是指整体只有通过理解它的部分才能得到理解，而对部分的理解又只能通过对整体的理解。因此解释者要理解法律的每个用语、条文和规定，需要以理解该用语、条文和规定所在的制度、法律整体乃至整个法律体系为条件。

27. 答案：ABC。此点考查的是法律推理的内容。法律推理有形式推理和实质推理之分。本题考查的是对于二者的综合理解。

28. 答案：ABCD。本题考查对法律的发展和法律解释的理解。法律具有稳定性，但是法律又要随着社会物质生活条件的变化而变化，所以法律自制定开始就要因应社会生活条件的发展而发展。而法律解释的目标基于法律的原初的立法者的意志和法律自身的意旨而有主观说和客观说的分野。所以本题 ABCD 全部正确。

29. 答案：AD。本题考查的是对法律解释方法的理解，法律解释和法律推理也是近几年来考试经常光顾之处。本题要求考生理解法律解释的具体方法。一般来讲，法律解释具有以下一些方法。文义解释，也称语法解释、文法解释、文理解释，是从法律条文的字面意义来说明法律规定的含义。所以 A 认为文义解释又称为严格解释是不妥当的。历史解释是指通过研究立法者有关立法的历史资料或从新旧法律的对比中了解法律含义。体系解释，也称逻辑解释，是指将被解释的法律条文放在整部法律中乃至整个法律体系中，联系此法条与其他法条的相互关系来解释法律。目的解释，是指从制定某一法律的目的来解释法律，指的不仅是对原先制定该法律时的目的进行解释，也可以探求法律在当前条件下的需要，所以 D 错误。

30. 答案：BCD。本题考查的是运用理论对于具体事例进行分析的方法，考查的是法律解释的方法。

31. 答案：AC。法律人适用法律解决个案纠纷的过程，首先要查明和确认案件事实，作为小前提；其次要选择和确定与上述案件事实相符合的法律规范，作为大前提；最后以整个法律体系的目的为标准，从两个前提中推导出法律决定或法律裁决。这实际上就是一个演绎推理过程。“徐某被何某侮辱后一直寻机报复，某日携带尖刀到何某住所将其刺成重伤”这一案件事实属于推理的小前提；法官判案所依据的刑事法律规范属于推理的大前提。故 C 项正确，D 项错误。在实际的法律活动中，上述三个步骤绝不是各自独立且严格区分的单个行为，它们之间界限模糊并且可以相互转换，是一个在事实与规范之间来回循环考察的过程。因此，“徐某作案时辨认和控制能力存在，有完全的刑事责任能力”这一判断包含对事实的法律认定，故A项正确。法院判决体现了法的强制作用，也体现了评价作用，即判断、衡量他人行为合法与否的评判作用。故B项错误。

32. 答案：ABC。在运用不同的方法解释法律时，一般文义解释优先。文义解释，也称语法解释、文法解释、文理解释，是指按照日常的、一般的或法律的语言使用方式清晰地描述制定法的某个条款的内容。根据解释的尺度大小，文义解释可以分为字面解释、扩张解释和限缩解释。扩张解释是将条文的含义做扩大范围的解释，限缩解释是将条文的含义做限缩范围的解释。扩张解释和限缩解释都应当符合立法目的。结合此案可知，AC项正确。本案中，法官将“在工作时间和工作岗位”解释为包含“为完成单位任务而从工作单位到达出差目的地这一过程”，明显属于扩张解释。故B项正确。法律解释是法律适用的基础，对于法律适用来说是必不可少的，而不是只有在法律出现漏洞时才需要。故D项错误。

33. 答案：CD。

三、不定项选择题

1. 答案：ABD。法律适用过程是一个法律证成的过程。法律证成可分为内部证成和外部证成，即法律决定必须按照一定的推理规则从相关前提中逻辑地推导出来，属于内部证成；对法律决定所依赖的前提的证成属于外部证成。前者关涉的只是从前提到结论之间推论是否是有效的，而推论的有效性或真值依赖于是否符合推理规则或规律。后者关涉的是对内部证成中所使用的前提本身的合理性，即对前提的证立。故A、B项正确，C项错误。在法律适用中，内部证成和外部证成是相互关联的。D项正确。

2. 答案：ACD。法官认为王某未经许可的购买行为适用“非法买卖”罪名，重要的理由在于氰化钠具有极大的毒害性，而刑法规定的目的，正是要通过对行为人的惩罚防止危险物质对人体和环境造成毒害，所以，王某虽然只有购买行为，但是也构成该罪。可见，法官对“非法买卖”进行了目的解释。故A项正确。法律人查明和确认案件事实的过程不是一个纯粹的事实归结过程，而是一个在法律规范与事实之间的循环过程，即目光在事实与规范之间来回穿梭。故B项错误。法律决定按照一定的推理规则从相关前提中逻辑地推导出来，属于内部证成；对法律决定所依赖的前提的证成属于外部证成。前者关涉的只是从前提到结论之间推论是否是有效的，后者关涉的是对内部证成中所使用的前提本身的合理性，即对前提的证立。故CD正确。

四、名词解释

1. 答案：法律解释是对具有法律效力的规范性法律文件的说明。从法律解释的对象来看，不限于狭义的法律，而是包括宪法、法律、法规在内的所有规范性法律文件。同时，法律解释也不仅是对个别法律条文、概念和术语的说明，而且也指对整个法律文件的系统阐述。

法律解释从性质上看是一种创造性的活动，是立法活动的继续。首先，它是对法律所做的具有普遍约束力的解释，与被解释的法律一样，都具有法律效力。其次，它是针对法律规定不明确或不清楚之处所做的说明，因此，就具有填补法律漏洞的作用。

2. 答案：立法解释可以从狭义和广义两个方面理解。从狭义上说，立法解释专指国家立法机关对法律所做的解释；从广义上说，则泛指依法有权制定法律、法规、规章的国家机关或其授权机关，对自己制定的法律、法规、规章进行的解释。它包括：(1) 全国人大常委会对宪法的解释，以及对需要进一步明确界限或作补充规定的法律的解释。(2) 国务院及其主管部门对自己制定的需要进一步明确界限或作补充规定的行政法规的解释。(3) 省、自治区、直辖市人大常委会对自己制定的需要进一步明确界限或作补充规定的地方性法规的解释。(4) 国务院各部委及省级人民政府对自己制定的需要进一步明确界限或作补充规定的行政规章的解释。立法解释包括事前解释和事后解释。

3. 答案：行政解释是指国家行政机关在依法行使职权时，对有关法律、法规、规章如何具体应用的问题所做的解释。它有两种情况：(1) 国务院及其主管部门对不属于审判和检察工作中的其他法律如何具体应用问题所做的解释。(2) 省、自治区、直辖市人民政府主管部门对地方性法规和规章如何具体应用的问题所做的解释。这种解释仅在所辖地区内发生效力。

4. 答案：司法解释是指国家最高司法机关在适用法律、法规的过程中对如何具体应用法律、法规的问题所做的解释。它包括：(1) 审判解释，即最高人民法院对属于审判工作中如何具体应用法律的问题所做的解释；(2) 检察解释，即最高人民检察院对属于检察工作中如何具体应用法律的问题所做的解释；(3) 审判、检察联合解释，是指最高人民法院和最高人民检察院对具体应用法律的共同性问题所做的联合解释。

5. 答案：系统解释是指将需要解释的法律条文与其他法律条文联系起来，从该法律条文与其他法律条文的关系、该法律条文在所属法律文件中的地位、有关法律规范与法律制度的联系等方面入手，系统全面地分析该法律条文的含义和内容，以免孤立地、片面地理解法律条文。

6. 答案：扩充解释是当法律条文的字面含义过于狭窄，不足以表现立法意图时，对法律条文所做的宽于其文字含义的解释。

7. 答案：限制解释是指当法律条文的字面含义较之立法意图明显失之过宽时，对法律条文所做的窄于其文字含义的解释。

8. 答案：法律推理是逻辑思维方法在法律领域中的运用。推理是从已知的判断推导未知的判断的活动。在以制定法为主的法律体系中，制定法是一切法律推理的基本前提。法律推理正是建立在法律条文与具体事实的这种既相关又不完全对应的关系的基础上。它要求法官在审判过程中理性地、逻辑地而不是机械地适用法律。

9. 答案：形式推理又称分析推理，就是运用形式逻辑进行推理。它包括演绎推理、归纳推理和类比推理。

第一，演绎推理。演绎推理是指从一般法律规定到个别特殊行为的推理。第二，归纳推理。归纳推理是从特殊到一般的推理。第三，类比推理。类比推理在法学上也被称为类推适用或比照适用，是指在法律没有明确的文字规定的情况下，比照相应的法律规定加以处理的推理。

五、简答题

1. 答案：法律解释的特点是：(1) 法律解释的对象是法律规定和它的附随情况。(2) 法律解释与具体案件密切相关。法律解释往往由待处理的案件所引起，法律解释需要将条文与案件事实结合起来进行。(3) 法律解释具有一定的价值取向性。(4) 法律解释受解释学循环的制约。

法律解释可以根据不同的标准分为不同的种类。法律解释由于解释主体和解释的效力不同可以分为正式解释与非正式解释两种；根据解释尺度的不同，法律解释可以分为：限缩解释、扩大解释与字面解释三种。

2. 答案：司法解释的基本作用是为司法机关适用法律审理案件提供说明。具体包括：

(1) 对法律规定不够具体而使理解和执行有困难的问题进行解释，赋予比较概括、原则的规定以具体内容；(2) 通过法律解释使法律适应变化了的新的社会情况；(3) 对适用法律中的疑问进行统一解释；(4) 对各级各类法院之间应如何依据法律规定相互配合审理案件、确定管辖以及有关操作规范问题进行解释；(5) 通过解释活动，弥补立法的不足。

3. 答案：法律解释在法的实施和实现过程中占有重要地位。它是法律实施的前提，又是法律发展的重要方法。原因在于：

第一，法律是概括的、抽象的，只有经过解释，才能成为具体行为的规范标准。概括性和抽象性是制定法的一个基本特点，即制定法总是针对一般的人或事的行为规则，同事同处、同罪同罚是法治的基本要求。法律不可能为个别行为而制定。这就需要将抽象的一般的规定与具体的个别的行为相结合，法律的实施就是将抽象的规定转化为对具体的行为的指导，都是如此。只有对抽象的规定加以解释，该规定才能适用于具体的行为和案件。

第二，法律具有相对的稳定性，只有经过解释，才能适应不断变化的社会需要。法律一经制定，就必须保持相对的稳定性，不能朝令夕改。但是法律又必须与社会发展保持一致，要适应社会需要。这个矛盾一般是通过法律解释的方式来解决的。

第三，人的能力是有限的，只有经过不断的解释，法律才能趋于完善。法律不可能完美无缺，总会存在这样或那样的不尽如人意之处。

4. **答案**：在我国，为了保证法律的统一实施与不断发展，法律解释应该坚持以下原则：

(1) 合法性原则

法律解释应该合乎法律的规定和精神。它包括三个方面的要求：第一，法律解释应该按照法定权限和程序进行，不得越权解释。第二，对低位阶法律的解释不得抵触高位阶的法律。第三，对法律概念和规则的解释与法律原则必须保持一致。

(2) 合理性原则

合理在此是指合乎情理、公理、道理。坚持合理性原则，首先，就要符合社会现实和社会公理。其次，坚持尊重公序良俗。再次，顺应客观规律和社会发展趋势。最后，要以党的政策和国家政策为指导。

(3) 法制统一原则

法制统一是法治的一项基本原则，法律解释坚持法制统一，就是要求法律解释应该在法治的范围内进行。法制统一体现在一个国家表现为法律的内容、形式、精神实质应该是一致的，法律的实施及其结果也应该是相同或相似的。

(4) 历史与现实相统一的原则

任何法律都有自己制定的特殊历史背景，包括当时的社会经济发展需要，政治关系，某一历史事件等。法律解释需要结合法律制定时的历史背景，深入了解立法意图，把握立法原意。

5. **答案**：辩证推理，又称实质推理，是指在两个相互矛盾的、都有一定道理的陈述中选择其一的推理。

司法过程中的辩证推理一般产生于下述具体情况：(1) 对案件的事实及其法律后果法律没有明文规定，且对如何处理此案存在不同的以至相互矛盾的理由。立法者事先没有预见或不可能预见到的情况不时出现在法官面前，而且在如何处理这一案件上存在不同的理由和方法，这就需要依靠法官从中选择。(2) 法律虽然有规定，但它的规定是原则性的、模糊的，以至可以根据同一规定提出两种或多种对立的处理理由，需要法官从中加以判断。(3) 法律规定本身就是矛盾的，存在两种相互矛盾的法律规定，法官同样需要从中加以选择。(4) 法律虽然有规定，但是，由于新的情况的出现，适用这一规定明显不合理，即出现合法与合理的冲突，如安乐死问题。

上述情况，由于缺乏必要的确定的大前提，而无法使用形式推理，法官必须做出一个选择，而且是在对两种或多种理由、方法加以比较后进行选择。

六、论述题

1. **答案**：法律解释的方法是解释者在进行法律解释时为了达到解释的目标所使用的方法。法律解释的方法大体上包括文义、历史、体系、目的等几种方法。

(1) 文义解释，也称语法解释、方法解释、文理解释。这是指从法律条文的字面意义来说明法律规定的含义。可以由以下几种具体方法来确定法律条文的字面含义。①根据日常语言文字的含义来确定法律的含义。②掌握法律专业术语的特定含义。③根据语境确定字面含义。④根据个别事项与一般性用语的连用，确定包括同一种类的所有项目。⑤以类别中明文提及者为限。文义解释的特点是将解释的焦点集中在语言上，而不顾及根据语言解释出的结果是否公正、合理。

(2) 历史解释。历史解释是指通过研究有关立法的历史资料或从新旧法律的对比中了解法律的含义。

(3) 体系解释。体系解释，也称逻辑解释、系统解释，是指将被解释的法律条文放在整部法律乃至整个法律体系中，联系此法条与其他法条的相互关系解释法律。

(4) 目的解释。目的解释是指从制定某一法律的目的来解释法律。这里讲的目的不仅是指原先制定该法律时的目的，也可以指探求该法律在当前条件下的需要；既可以指整部法律的目的，也可以指个别法条、个别制度的目的。

2. 答案：我国的法律解释大体可以分为立法解释、行政解释和司法解释。

(1) 立法解释。从狭义上说，立法解释专指国家立法机关对法律所作的解释；从广义上说，则泛指依法有权制定法律的机关对自己制定的法律所作的解释。它包括：①全国人大常委会对宪法的解释，以及对需要进一步明确界限或作补充规定的法律的解释。②国务院及其主管部门对自己制定的需要进一步明确界限或作补充规定的行政法规的解释。③省、自治区、直辖市人大常委会对本级人大及自己制定的需要进一步明确界限或作补充规定的地方性法规的解释。④国务院各部委及省级人民政府对自己制定的需要进一步明确界限或作补充规定的行政规章的解释。

(2) 行政解释。行政解释是指国家行政机关在依法行使职权时，对有关法律、法规、规章如何具体应用的问题所作的解释。它有两种情况：第一，国务院及其主管部门对不属于审判和检察工作中的其他法律如何具体应用问题所做的解释。第二，省、自治区、直辖市人民政府主管部门对地方性法规和规章如何具体应用的问题所做的解释。这种解释仅在所辖地区内发生效力。

省、自治区人民政府所在地的市和经国务院批准的较大的市的人民代表大会及其常务委员会，也有权在不同宪法、法律、行政法规，本省、自治区的地方性法规相抵触的前提下，制定地方性法规。相应的人民政府主管部门是否具有对同级地方性法规如何具体应用问题的解释权，目前尚无明文规定。从我国行政解释权限的划分特点来看，似应具有。

(3) 司法解释。司法解释是指国家最高司法机关在适用法律、法规的过程中对如何具体应用法律、法规的问题所做的解释。它包括：①审判解释，即最高人民法院对属于审判工作中如何具体应用法律的问题所做的解释；②检察解释，即最高人民检察院对属于检察工作中如何具体应用法律的问题所做的解释；③审判、检察联合解释，是指最高人民法院和最高人民检察院对具体应用法律的共同性问题所做的联合解释。

七、案例分析题

答案：(1) 本案例中依据《刑法》直接规定而形成案件事实并形成结论的是法律推理中的形式推理，形式推理主要有三种方式：演绎推理、归纳推理和类比推理，这里适用的是演绎推理，即在德国法上所谓的涵摄。

(2) 这里法官所运用的是实质推理。一般来讲，在以下几种情况下需要运用实质推理：第一，法律规定本身的意义模糊；第二，在法律中对有关主题没有直接的明文规定，也就是出现了所谓的“法律漏洞”的情况；第三，法律规定之间有抵触或者法律中出现两种以上需要选择适用的条款；第四，出现通常所说的“合法”与“合理”的矛盾时。

第五编 法的价值

第十九章 法的价值概述

基础知识图解

- 释义
  - 1. 价值概念
    - ①从产生机理看，价值是一个表现关系的范畴
    - ②从语义分析角度看，价值是一个表现“偏好”的范畴
  - 2. 法的价值概念
    - ①法律在发挥其社会作用的过程中能够保护和助长哪些值得期冀或美好的东西
    - ②法律自身所应当具有的值得追求的品质和属性
    - ③法律所包含的价值评价标准
- 法的价值体系
  - 1. 释义
    - ①由一组相关价值所组成的系统
    - ②特征
      - A. 从价值属性看，是由一组与法的创制和实施相关的价值所组成的系统
      - B. 从价值主体看，是由占统治地位的社会集团所持有的一组价值所组成的系统
      - C. 从体系结构看，是由法的目的价值、形式价值、评价标准三种成分所组成的价值系统
  - 2. 目的价值体系
  - 3. 形式价值体系
  - 4. 评价标准体系
- 法的价值冲突与整合
  - 1. 价值冲突
    - ①价值冲突既可能发生在目的层面也可能发生在形式层面
    - ②人类社会法治本身的特殊性导致价值冲突的必然性
      - A. 人类生活需求的多样性决定了价值目标的多元化
      - B. 人类社会利益主体的多元化使法的价值冲突变得更常见、复杂
  - 2. 价值整合
    - ①价值整合的过程，是一个对各种具体价值目标加以统筹协调的过程
    - ②这一过程在立法、行政、司法程序中都有所表现
    - ③应遵循的原则：A. 兼顾协调原则；B. 法益权衡原则；C. 维护法律安定性原则
- 社会主义法治的核心价值
  - 1. 以人民为中心
  - 2. 以公平正义为生命线
  - 3. 以全人类共同价值为依归

配套测试

一、单项选择题

1. 秦某以虚构言论、合成图片的手段在网上传播多条“警察打人”的信息，造成恶劣影响，县公安局对其处以行政拘留8日的处罚。秦某认为自己是在行使言论自由权，遂诉至法院。法院认为，原告捏造、散布虚假事实的行为不属于言论自由，为法律所明文禁止，应承担法律责任。对此，下列哪一说法是正确的？（　　）（司考．2017.1.8）
   A. 相对于自由价值，秩序价值处于法的价值的顶端
   B. 法官在该案中运用了个案平衡原则解决法的价值冲突
   C. “原告捏造、散布虚假事实的行为不属于言论自由”仅是对案件客观事实的陈述
   D. 言论自由作为人权，既是道德权利又是法律权利
2. 某高校司法研究中心的一项研究成果表明：处于大城市“陌生人社会”的人群会更多地强调程序公正，选择诉诸法律解决纠纷；处于乡村“熟人社会”的人群则会更看重实体公正，倾向于以调解、和解等中国传统方式解决纠纷。据此，关于人们对“公平正义”的理解与接受方式，下列哪一说法是不准确的？（　　）（司考．2011.1.5）
   A. 对公平正义的理解具有一定的文化相对性、社会差异性
   B. 实现公平正义的方式既应符合法律规定，又要合于情理
   C. 程序公正只适用于“陌生人社会”，实体公正只适用于“熟人社会”
   D. 程序公正以实体公正为目标，实体公正以程序公正为基础
3. 关于公平正义，下列哪一说法是正确的？（　　）（司考．2012.1.4）
   A. 人类一切法律都维护公平正义
   B. 不同的时代秉持相同的正义观
   C. 公平正义是一个特定的历史范畴
   D. 严格执法等于实现了公平正义
4. 下列关于法的价值的说法错误的有（　　）。
   A. 法的价值具有预见性
   B. 法的价值具有应然性
   C. 法的价值主体具有普遍性
   D. 法的价值载体具有特定性
5. 下列有关法的价值的表述不正确的是（　　）。
   A. 法的价值问题就是“法应该是什么”的问题
   B. 法的价值的实质是法作为客体与社会主体需要之间的关系
   C. 法的价值不一定能够说明法是如何发挥作用的
   D. 实现秩序是法律追求的终极价值目标
6. 下列选项中不属于法的价值的是（　　）。
   A. 正义　　B. 秩序
   C. 自由　　D. 幸福
7. 从实质上看，正义是一种（　　）。
   A. 客观真理　　B. 有客观标准的存在
   C. 观念形态　　D. 意识的外化
8. 意味着对所有人平等地执行法律和制度的是（　　）。
   A. 形式正义　　B. 实质正义
   C. 社会正义　　D. 平均正义
9. 临产孕妇黄某由于胎盘早剥被送往医院抢救，若不尽快进行剖宫产手术将危及母子生命。当时黄某处于昏迷状态，其家属不在身边，且联系不上。经医院院长批准，医生立即实施了剖宫产手术，挽救了母子生命。该医院的做法体现了法的价值冲突的哪一解决原则？（　　）（司考．2015.1.9）
   A. 价值位阶原则　　B. 自由裁量原则
   C. 比例原则　　D. 功利主义原则

二、多项选择题

1. 公元前399年，在古雅典城内，来自社会各阶层的501人组成的法庭审理了一起特别案件。被告人是著名哲学家苏格拉底，其因在公共场所喜好与人辩论、传授哲学而被以“不敬神”和“败坏青年”的罪名判处死刑。在监禁期间，探视友人欲帮其逃亡，但被拒绝。苏格拉底说，虽然判决不公正，但

逃亡是毁坏法律，不能以错还错。最后，他服从判决，喝下毒药而亡。对此，下列哪些说法是正确的？（　　）（司考．2013.1.52）

A. 人的良知、道德感与法律之间有时可能发生抵牾

B. 苏格拉底服从判决的决定表明，一个人可以被不公正地处罚，但不应放弃探究真理的权利

C. 就本案的事实看，苏格拉底承认判决是不公正的，但并未从哲学上明确得出“恶法非法”这一结论

D. 从本案的法官、苏格拉底和他的朋友各自的行为看，不同的人对于“正义”概念可能会有不同的理解

2. 法的价值之间会发生冲突，因而必须形成相关的平衡价值冲突的规则。在这个方面，可以采纳的原则主要有（　　）。

A. 价值位阶　　B. 个案平衡

C. 比例原则　　D. 效率优先

3. 从字面上讲，法的价值具有不同的含义，主要有（　　）。

A. 法促进哪些价值

B. 法本身有哪些价值

C. 在不同类价值之间或同类价值之间发生矛盾时，法根据什么标准来对它们进行评价

D. 法对社会发挥的功能

4. 有段时间我国有城市制定“撞了白撞”的规章，规定在行人违反交通法规而机动车没有过错的情况下导致交通事故的，机动车完全不负责任。新的《道路交通安全法》规定“机动车与非机动车驾驶人、行人之间发生交通事故的，由机动车一方承担责任；但是，有证据证明非机动车驾驶人、行人违反道路交通安全法律、法规，机动车驾驶人已经采取必要处置措施的，减轻机动车一方的责任。交通事故的损失是由非机动车驾驶人、行人故意造成的，机动车一方不承担责任”，利用法理分析，以下分析正确的是（　　）。

A. 法律具有效益和公正的价值，而在保护价值方面要二者兼顾，在机动车和行人的法律保护价值方面，从法律上更倾向于保护行人，体现了法律对于社会弱者保护的倾向性，符合法律对于公正的要求

B. 任何人都不能因为其故意的违法行为而免责，在非机动车驾驶人、行人故意造成其事故损失的，机动车一方不承担责任体现了法律对于其故意违法行为的否定态度，所以是合理的

C. 法律规定“撞了白撞”，体现了法律对于个别违反交通事故的制裁态度，而通过这种规定可以督促非机动车和行人遵守交通法规，是正确的

D.《道路交通安全法》是对于有的地方性规章的否定，体现了立法的位阶性

5. 林某与所就职的航空公司发生劳动争议，解决争议中曾言语威胁将来乘坐公司航班时采取报复措施。林某离职后在选乘公司航班时被拒载，遂诉至法院。法院认为，航空公司依合同相关规定负有强制缔约义务，依《民用航空法》有保障飞行安全义务。尽管相关国际条约和我国法律对此类拒载无明确规定，但依航空业惯例航空公司有权基于飞行安全事由拒载乘客。关于该案，下列哪些说法是正确的？（　　）

A. 反映了法的自由价值和秩序价值之间的冲突

B. 若法无明文规定，则法官自由裁量不受任何限制

C. 我国缔结或参加的国际条约是正式的法的渊源

D. 不违反法律的行业惯例可作为裁判依据

三、不定项选择题

1. 李某因热水器漏电受伤，经鉴定为重伤，遂诉至法院要求厂家赔偿损失，其中包括精神损害赔偿。庭审时被告代理律师辩称，一年前该法院在审理一起类似案件时并未判决给予精神损害赔偿，本案也应作相同处理。但法院援引最新颁布的司法解释，支持了李某的诉讼请求。关于此案，下列认识正确的是（　　）。（司考．2015.1.89）

A. “经鉴定为重伤”是价值判断而非事实判断

B. 此案表明判例不是我国正式的法的渊源

C. 被告律师运用了类比推理

D. 法院生效的判决具有普遍约束力

2. 在小说《悲惨世界》中，心地善良的冉阿让因偷一块面包被判刑，他认为法律不公并屡次越狱，最终被加刑至 19 年。他出狱后逃离指定居住地，虽隐姓埋名仍遭警探沙威穷追不舍。沙威冷酷无情，笃信法律就是法律，对冉阿让舍己救人、扶危济困的善举视而不见，直到被冉阿让冒死相救，才因法律信仰崩溃而投河自尽。对此，下列说法正确的是（　　）。（司考 . 2017. 1. 88）

A. 如果认为不公正的法律不是法律，则可能得出冉阿让并未犯罪的结论

B. 沙威“笃信法律就是法律”表达了非实证主义的法律观

C. 冉阿让强调法律的正义价值，沙威强调法律的秩序价值

D. 法律的权威源自人们的拥护和信仰，缺乏道德支撑的法律无法得到人们自觉的遵守

四、名词解释

1. 价值
2. 法的价值
3. 法的目的价值系统
4. 法的形式价值系统
5. 法的目的价值属性

五、简答题

法的价值体系的概念和特征。

参考答案

一、单项选择题

1. 答案：D。自由和秩序都是法的最基本的价值。但相对于秩序价值，自由代表了人的最本质的人性需要，位于法的价值的顶端。故 A 错误。法官认为“原告捏造、散布虚假事实的行为不属于言论自由”，因此不存在价值冲突。故 B 错误。当然，法官的观点本身不仅是对案件事实的陈述，也包含着一种价值判断。故 C 错误。人权既可以作为道德权利而存在，也可以作为法律权利而存在，言论自由具有道德权利和法律权利的双重属性。故 D 正确。

2. 答案：C。公平正义是人类追求的共同理想，但人们对公平正义的理解具有一定的相对性、差异性和多样性，故 A 正确。合法合理是公平正义的内在品质，实现公平正义的方式应既合法又合理。故 B 正确。公平正义既有程序上的，也有实体上的，程序公正以实体公正为目标，实体公正以程序公正为基础。故 D 正确。“陌生人社会”更加偏好程序公正，“熟人社会”更加看重实体公正，但并不意味着程序公正只适用于“陌生人社会”，实体公正只适用于“熟人社会”。故 C 错误。

3. 答案：C。公平正义是一个特定的历史范畴，因此，不同社会条件下，公平正义观、公平正义的实际内容及其实现方式和手段具有重要差别。故 C 项正确，B 项错误。坚持公平正义，要求坚持法律面前人人平等，坚持以事实为根据以法律为准绳，坚持不偏不倚、不枉不纵、秉公执法原则，但是并非简单的严格执法就等于实现了公平正义，实际情况中，还要正确处理好法理和情理、普遍与特殊等关系。故 D 项表述不准确。A 项明显错误。综上，本题的正确答案为 C。

4. 答案：A。法的价值是指全体社会成员根据自己的需要而希望法所应具有的最基本的性状和属性。BCD 项均为法的价值的特点，而 A 项则是错误的。故 A 项为正确答案。

5. 答案：D。实现秩序并不是法的终极价值目标，法的秩序价值必须与法的其他价值相协调，法律所建立和维护的秩序应当体现人类之道德、正义、人权、自由和平等等精神。

6. 答案：D。所谓法的价值，就是法这种客体对个人、社会、阶级的积极意义。法的价值种类包括：自由、秩序、正义等。

7. 答案：C。正义，泛指具有公正性、合理性的观点、行为、事业、关系和制度等。从实质上讲，正义是一种观念形态，是一定经济基础之上的上层建筑。不管是哪类正义，都

是历史的、相对的、阶级的概念。但也存在人类社会普遍接受的某些正义观念。

8. **答案**：A。形式正义意味着对所有人平等地执行法律和制度，但这种法律和制度本身是不正义的。

9. **答案**：A。解答本题的关键在于区分法律价值冲突的各项解决原则。价值位阶原则是指在不同位阶的法的价值发生冲突时，在先的价值优于在后的价值。个案平衡原则是指在处于同一位阶上的法的价值之间发生冲突时，必须综合考虑主体之间的特定情形、需求和利益，以使得个案的解决能够适当兼顾双方的利益。比例原则是指为保护某种较为优越的法的价值须侵及一种法益时，不得逾越此目的所必要的程度。医院在紧急情况下，未经患者及其家属同意实施手术，表明其作出的价值衡量是母子生命高于患者及其家属的同意权（自由），这正是价值位阶原则的体现，故A项正确。D项为干扰项，法的价值冲突的解决原则中无此项原则。

二、多项选择题

1. **答案**：ABCD。苏格拉底服从不公正的判决，其理由在于该判决虽然不公，但也是法律的判决，应当服从，不能以错还错，以毁坏法律的方式（逃亡）对抗这种不公。这表明其坚持的是"恶法亦法"。故C项正确。而他的朋友认为既然判决不公，就不应当服从，而应选择"逃亡"以免受不公，这表明他对正义的理解是"恶法非法"。故D项正确。A项易知正确。B项存有争议。单从B项表述来看，不能算错，但是与题意不完全吻合。如前所述，苏格拉底服从判决表明其主张不能以错还错，而应服从法律，哪怕服从的是不公的法律。"探究真理的权利"的说法有点牵强。

2. **答案**：ABC。价值位阶原则：这是指在不同位阶的法的价值发生冲突时，在先的价值优于在后的价值。个案平衡原则：这是指在处于同一位阶上的法的价值之间发生冲突时，必须综合考虑主体之间的特定情形、需求和利益，以使得个案的解决能够适当兼顾双方的利益。比例原则：价值冲突中的"比例原则"，是指"为保护某种较为优越的法价值须侵及一种法益时，不得逾越此目的的所必要的程度"。此三者都是平衡价值冲突的规则。就法的基本价值而言，主要是自由、秩序与正义，其他则属于基本价值以外的一般价值（如效率、利益等）。基本价值应当是优先于其他价值的，按照价值位阶的原则，效率应当在自由、秩序与正义之后。

3. **答案**：ABC。从字面上看，法的价值包括法促进哪些价值；法本身有哪些价值；在不同类价值之间或同类价值之间发生矛盾时，法根据什么标准来对它们进行评价等多种不同含义。

4. **答案**：ABD。本题考查的是对于法理学问题的综合理解。C所理解的是通过法律规定的指引来达到效率的结果，但是这否定了作为行人人身安全的更大价值，所以是错误的；A体现了对于价值冲突的解决；B体现的是对于违法行为的处理态度；D体现的是立法权的问题，在法律位阶上，中央立法的效力高于地方性立法。

5. **答案**：ACD。法无明文规定，则法官拥有较大自由裁量权，但并非不受任何限制，如本案中航空业惯例就是对法官自由裁量权的一个限制，故B项错误。行业惯例是法的非正式渊源，当法律决定不能从正式渊源中找到确定的大前提时，就需要诉诸非正式渊源，D项正确。AC正确，故本题正确答案为ACD。

三、不定项选择题

1. **答案**：BC。人们对于法律问题的认识与审视，大致包括两个基本的方面：一是人们必须从自身的需要出发，来衡量法律的存在与人的关系以及对人的价值和意义，这就是价值性认识；二是对法律问题进行符合其本来面目的反映和描述，这种认识也可以称为事实性认识。由此种认识出发，对于法律问题的判断也可以分为两类：一是价值判断；二是事实判断。所谓价值判断，是指某一特定的客体对特定的主体有无价值、有什么价值、有多大价值的判断。所谓事实判断，在法学上是用来指称对客观存在的法律原则、规则、制度等所进行的客观分析与判断。在法律的实施过程中，对案件事实的认定总体上属于事实判断，但是认定案件事实离不开证据，一个证据有无证明力以及证明力大小需要相关主体做价值判断。A 项，“经鉴定为重伤”是对案件事实的认识，属于事实判断。故 A 项错误。本案被告律师援引判例运用的是类比推理，通过两个案件的对比得出结论。所谓类比推理，就是根据两个或两类事物在某些属性上是相似的，从而推导出它们在另一个或另一些属性上也是相似的。故 C 项正确。本案中，法院援引司法解释而非判例，对案件作出了判决，这是因为判例不是我国正式的法的渊源，不具有普遍约束力。故 B 项正确，D 项错误。

2. **答案**：ACD。依据人们对法与道德的关系的不同主张，大致上可以将法的概念区分出两种基本立场，即实证主义的法的概念和非实证主义或自然法的法的概念。所有的实证主义理论都主张，法和道德是分离的。所有的非实证主义理论都主张，法与道德是相互联结的。沙威“笃信法律就是法律”表达了实证主义的法律观，故 B 错误。ACD 表述正确。

四、名词解释

1. **答案**：从哲学的意义上讲，价值这一概念可以从两个基本的方面来理解：首先，价值是一个表征关系的范畴，它反映的是人（主体）与外界物——自然、社会（客体）的关系，揭示的是人类的实践活动的动机和目的。

　　其次，“价值”是一个表征意义的范畴，是用以表示事物所具有的对主体有意义的、可以满足主体需要的功能和属性的概念。

　　在理解价值这一概念时，必须注意以下两点。第一点是价值存在于且仅仅存在于主体与客体的关系之中，离开了主体，客体就无所谓有无价值（好与坏），因此，主体是一切价值的原点和标准，主体赋予客体以一定的意义，就此而论，价值反映着主体的态度和评价。要注意的第二点是，事物的客观属性是主体进行价值评价的必要参照，价值既反映着主体的主观情感和意向，也反映着客体呈现给主体的客观属性。总之，单纯地把价值归结为主观现象或客观现象都是不正确的。

2. **答案**：在法学研究中，“法的价值”这一术语的含义可以因如下三种不同的使用方式而有所不同。

　　第一种使用方式是用“法的价值”来指称法律在发挥其社会作用的过程中能够保护和增加哪些价值。这种价值构成了法律所追求的理想和目的，因此，可以称之为法的“目的价值”。

　　第二种使用方式是用“法的价值”来指称法律所包含的价值评价标准。

　　第三种使用方式是用“法的价值”来指称法律自身所具有的价值因素。此种意义上的法的价值可称为法的“形式价值”，它与法的目的价值不同，并不是指法律所追求的社会目的和社会理想，而仅仅是指法律在形式上应当具备哪些值得肯定的或“好”的品质。

3. **答案**：法的目的价值构成了法律制度所追求的社会目的，反映着法律创制和实施的宗旨，它是关于社会关系的理想状态是什么的权威性蓝图，也是关于权利义务的分配格局应当怎样的权威性宣告。目的价值最集中地体现着法律制度的本质规定性和基本使命。任何法律制度的目的价值都具有以下两个方面的重要属性。

　　法的目的价值的多元性。法的目的价值的多元性是与法所调整的社会关系的多样性和人的需求的多样性直接联系在一起的。由于现代社会在此种多样性方面大大超过了古人社会，因而，法的目的价值的多元性在现代法律制度中也就更显得突出。

　　法的目的价值的有序性。法所追求的诸多目的价值是按照一定的位阶排列组合在一起的，当那些低位阶的价值与高位阶的价值发生冲突并不可兼得时，高位阶的价值就会被优先考虑。尽管这种位阶顺序是有一定的弹性的，而且必须联系具体的条件和事实才能最后确定，然而，若没有此种有序性，诸多的目的价值之间就会经常发生无法控制的对立和冲突。

4. 答案：法的形式价值是指法律制度在形式上所具有的优良品质，品质并不直接反映法的社会目的，但是，却构成了“良法”或“善法”在形式上所必须具备的特殊品质。

5. 答案：法的目的价值构成了法律制度所追求的社会目的，反映着法律创制和实施的宗旨，它是关于社会关系的理想状态是什么的权威性蓝图，也是关于权利义务的分配格局应当怎样的权威性宣告，无疑，法的目的价值是整个法的价值体系的基础，但它通常又与法的形式价值和评价标准之间并没有绝对的界限，三者间有时是以难以区分彼此的方式交织在一起的，不过，相对而言，法的目的价值总是居于主导地位，形式价值和评价标准都是为一定的目的价值服务的，目的价值最集中地体现着法律制度的本质规定性和基本使命。从最根本的哲学意义上来看，所谓法的形式价值和评价标准都是，而且也不能不是以法的目的价值为基础和原点的。换一句话说，假如离开了法的目的价值，无论是法的形式价值，还是法的价值评价标准，都不可能具有独立存在的意义，因为它们都变成“中性”的东西了，根本就没有了“价值”的意味。只有在法的目的价值这一基础和原点上，法的目的价值、形式价值和评价标准才得到了统一和协调。

任何法律制度的目的价值都具有以下两种方面的重要属性：

第一，法的目的价值的多元性。凡是可以借助于法律上的权利、义务来加以保护和促进的美好事物，都可以被视为法的目的价值，因而很难用简单枚举的方式把法的各种目的价值一一列举出来，即使用归类的方法把它们概括为若干基本的类型，也仍然可能有所遗漏。法的目的价值的多元性，是与人的需求的多样性和法所调整的社会关系的多样性直接联系在一起的。

第二，法的目的价值的时代性。前文中曾提到，社会特定的物质和精神生活条件是一定价值观念赖以形成的基础，换言之，任何社会和个人的价值观念都不是凭空产生的，而是生产方式、生活方式、制度环境和文化传统等现实因素所孕育的产物。在历史演进的过程中，由于社会生活条件是发展变化的，不同时代的社会价值观也不可能完全一致，由此，反映在法律制度层面的法的目的价值，也会呈现出一定的时代特征。也就是说，不同时代的法律制度，在它们所追求的理想和目的、所服务的对象方面，可能有不同的价值选择。①

五、简答题

答案：价值体系也称价值系统。可以被看作由一组相关价值所组成的系统，它具有以下三个基本特征。

首先，从价值属性上看，法的价值体系是由一组与法的创制和实施相关的价值所组成的系统。换言之，法的价值体系所包含的各种价值是与法律直接相关的价值，而不是所有的价值。

其次，从价值主体上看，法的价值体系是由占统治地位的社会集团所持有的一组价值所组成的系统。法的价值体系是群体现象，而不是个体现象。

最后，从价值体系的结构上看，法的价值体系是由法的目的价值、评价标准和形式价值三种成分所组成的价值系统。由于法的价值这一概念具有三种基本的含义和使用方式，因此，法的价值体系又包含着目的价值系统、评价标准系统和形式价值系统三个子系统。

① 参见张文显主编的《法理学》（第五版）对这一问题的论述。

第二十章　法与秩序[①]

基础知识图解

- 秩序
  - 1. 概念：秩序是指在一定的时间和空间范围内，事物之间以及事物内部要素之间相对稳定的结构状态
  - 2. 秩序可以分为自然秩序和社会秩序
  - 3. 通过法律建立良好的社会秩序和稳定局面是推进改革和发展的重要前提

- 法的秩序价值
  - 1. 秩序作为法的价值的意义
    - ①社会的秩序需求和秩序维持是法律产生的初始动机与直接目的
    - ②秩序是消解、缓和社会矛盾和冲突的一个基本参照标准
    - ③秩序作为法律的价值，不只从消极的角度来协调和解决社会矛盾和纠纷，而且还从积极的角度，即作为社会的一种理想状态，鼓励社会合作，促进社会和谐
  - 2. 法律有助于社会秩序的建立
    - ①法律制度的设计本身就是在描绘人们所向往的社会秩序的基本蓝图，它也当然地成为某个特定的社会所追求的目标，成为该社会建立其社会秩序的标准与参照
    - ②法律通过赋予社会主体一定的权利和自由引导社会主体的各种行为，使这些行为主体在行为方式上和行为结果上能够彼此协调和顺应，从而使相应的社会秩序得以建立
    - ③法律通过给社会主体施加一定的义务与责任的方式，使主体对自身的行为加以必要的克制与自我约束，从而建立相应的社会秩序
  - 3. 法律有助于社会秩序的维护
    - ①维护阶级统治秩序
    - ②维护权力运行秩序
    - ③维护经济秩序
    - ④维护正常的社会生活秩序

① 编者注：第二十章至第二十三章，法与秩序、法与自由、法与公平正义，法与人权共同构成法的基本价值，与第十九章法的价值概述在内容上具有较强的关联性。鉴于上述四章内容较多，分章解析。

配套测试

一、多项选择题

法律秩序是人们在社会生活中依法行事而形成的行为有规则和有序的状态。影响法律秩序的因素是多方面的，主要包括下列哪些选择？（　　）

A. 体制方面的因素
B. 个人方面的因素
C. 环境方面的因素
D. 法律本身的因素

二、名词解释

1. 等级结构秩序观
2. 自由、平等的秩序观
3. 社会本位秩序观
4. 历史唯物主义秩序观

三、简答题

1. 简述历史上主要的四种秩序观并简要评述。
2. 简述法对维护阶级统治秩序所发挥的作用。

四、论述题

1. 我国社会主义法律在对社会治安实行综合治理中有什么重要作用。
2. 试论述“社会本位”秩序观。

参考答案

一、多项选择题

答案：ABCD。法律秩序的形成的行为受多种因素的影响，包括：体制方面的因素、个人方面的因素、环境方面的因素、法律本身的因素等。

二、名词解释

1. **答案**：等级结构秩序观的主要目的在于维护贵族的特权地位，控制社会流动（上层向下层流动或下层向上层流动），或把社会流动限定在统治阶级利益允许的范围内，其核心内容是维护剥削阶级对劳动人民的统治，从而最大地实现统治阶级的根本利益。
2. **答案**：资产阶级上升时期，资产阶级的思想家和活动家所追求和强调的是一种使自由而平等的竞争和人道主义生活成为可能的秩序。平等的秩序观是从个人权利的角度出发对社会基本秩序提出要求并加以设计的，它集中地反映了当时的资产阶级保护自由平等的竞争、反对政治干预、消除封建专制势力的愿望，对于发展资本主义的经济、政治和文化起了巨大的推动作用。
3. **答案**：资本主义进入垄断阶段以来，由于阶级冲突和各种社会矛盾的加剧，自由、平等的秩序观的破绽越来越大，于是资产阶级对秩序的思考开始从个人的角度转向社会的角度。社会本位的秩序强调“社会统合”“社会连带”及“个人与社会的和谐”，并把它们作为资本主义社会应有秩序的内容。资产阶级试图通过此种秩序的建立和维护，来调整各种相互冲突的利益，减少人们之间的相互摩擦和无谓的牺牲，以使社会成员在最少阻碍和浪费的情况下享受各种资源，从而保障资产阶级的统治地位。
4. **答案**：历史唯物主义秩序观有以下几点主要内容。首先，秩序的特殊性质取决于生产方式的历史个性。其次，秩序的力量最终来源于生产关系的历史合理性。最后，阶级社会中的秩序首先是阶级统治的秩序，真正意义上的自由、平等的秩序，只有在消灭了私有制、剥削和阶级之后，才能建立起来。

三、简答题

1. **答案**：秩序是法的最基本的价值之一。由于时代和阶级背景的差异，不同的人对秩序有着不同的定义。以历史阶段为线索，大致可归纳出以下四种秩序观。

   第一，等级结构秩序观。古希腊思想家柏拉图和亚里士多德等人认为由于并非所有的人都具备发展其美德的能力，正如人有不同的体质，所以人天生就应分为不同的等级。这个等级结构的标准是因才定分、各得其所、和谐一致，各等级之间不得互相僭越。托马斯·阿奎那把封建等级制度看成不可侵犯的秩序，认为整个世界就是一个以上帝为最高主宰的、严格的、不可逾越的等级结构；教会是上帝在人间的代表，具有最高的统治权；直接管理社会的世俗君主政府则必须服从教会的命令；而所有的社会成员都受到理性、神法和政治权威三种秩序的支配；任何人都不得破坏这种秩序，否则便是违背上帝的旨意，要受到上帝的惩罚。中国古代思想家韩非宣称：“臣事君，子事父，妻事夫；三者顺则天下治，三者逆则天下乱，此天下之常道也。”

等级结构秩序观的主要目的在于维护贵族的特权地位，控制社会流动（上层向下层流动或下层向上层流动），或把社会流动限定在统治阶级利益允许的范围内，其核心内容是维护剥削阶级对劳动人民的统治，从而最大地实现统治阶级的根本利益。

第二，自由、平等的秩序观。资产阶级上升时期，资产阶级的思想家和活动家所追求和强调的是一种使自由而平等的竞争和人道主义生活成为可能的秩序。有法国资产阶级革命家曾对这种秩序做了如下的描述：“我们希望有这样的秩序，在这种秩序下，一切卑鄙的私欲被抑制下去，而一切良好的和高尚的热情会受到法律的鼓励；在这种秩序下，功名心就是要获得荣誉和为祖国服务；在这种秩序下，差别只从平等本身产出；在这种秩序下，公民服从公职人员，公职人员服从人民，而人民服从正义；在这种秩序下，祖国保证每一个人的幸福，而每一个人自豪地为祖国的繁荣和光荣而高兴；在这种秩序下，一切人都因经常充满共和感情和希望得到伟大人民的尊重而成为高尚的人；在这种秩序下，艺术成了使他们高尚的自由的装饰品，商业成了社会财富的源泉，而不仅仅是几个家族的惊人富裕。”

自由平等的秩序观是从个人权利的角度出发对社会基本秩序提出要求并加以设计的，它集中地反映了当时的资产阶级保护自由平等的竞争、反对政府干预、消除封建专制势力的愿望，对于发展资本主义的经济、政治和文化起了巨大的推动作用。

第三，社会本位秩序观。法国法学家狄骥认为，社会全体成员由于需要相同和劳动分工而产生的相互依存关系即社会连带关系乃是社会的基本秩序。而基于社会连带关系的性质所生出的社会最高准则即客观法，乃是维系社会连带关系不可缺少的条件，它高于并先于国家和政府而存在，对社会中所有成员普遍适用。庞德认为秩序的标志就是在人的“合作本能”与“利己本能”之间建立并保持均衡的状态。而要维持这种秩序则必须以“社会化的法律”取代过分强调个人权利、自由的法律。

“社会本位”的秩序强调“社会统合”“社会连带”及“个人与社会的和谐”，并把它们作为资本主义社会应有秩序的内容。资产阶级试图通过此种秩序的建立和维护，来调整各种相互冲突的利益，减少人们之间的相互摩擦和无谓的牺牲，以使社会成员在最少阻碍和浪费的情况下享用各种资源，从而保障资产阶级的统治地位。

第四，历史唯物主义秩序观。历史唯物主义秩序观有以下几点主要内容。

首先，秩序的特殊性质取决于生产方式的历史个性。其次，秩序的力量最终来源于生产关系的历史合理性。最后，阶级社会中的秩序首先是阶级统治的秩序。

等级结构秩序观是与古代社会的生活条件相适应的，在现代文明中它已经完全过时。自由、平等的秩序观和社会本位秩序观是现代文明的产物，其中分别包含着一定的合理因素。然而，它们都是以历史唯心主义为基础而建立起来的理论，没有深刻指示秩序本质。历史唯物主义秩序观通过以上论述揭示出了秩序的深刻本质。

2. 答案：（1）维护阶级统治秩序

冲突是危害秩序的根源。在阶级社会中，最根本的冲突是阶级冲突。此种冲突在本质上是不可调和的，如果缺乏有力的控制手段，必然导致相互冲突的阶级以致整个社会在无谓的斗争中同归于尽。为避免这种结果发生，必须把阶级冲突控制在秩序的范围内。而由于社会自身无力解决这种对立的冲突，因此，国家就被作为一种“凌驾于社会之上的力量”来缓和与控制各阶级之间的矛盾与冲突。

(2) 维护权力运行秩序

权力指个人、集团或国家不管他人同意与否贯彻自己的意志或政策以及控制、操纵或影响他人行为的能力，它的运行既可能给社会带来利益，也可能给社会造成危害。建立和维护权力运行秩序不可忽视。法律在此过程中可起到重要作用，从历史的趋势看，这种重要性不断增强。

(3) 维护经济秩序

在自然经济条件下，自给自足的农业经济居主导地位，而交换的规模很小，所以法也主要集中在对于农业生产方面的关系进行调整。商品经济阶段之后，社会生产力飞速发展，交换则成为商品实现价值的必经途径，经济形态日趋复杂，经济秩序对法的依赖性前所未有地增强了。这方面的立法越来越细致，逐渐形成完备的体系，主要包括四个方面：第一，法律保护财产所有权。第二，对经济主体资格加以必要限制。第三，调控经济活动。第四，保障劳动者的生存条件。

(4) 维护正常的社会生活秩序

如果没有一个安全的环境能让人们放心地享受其合法利益的话，那么，人类的一切活动都失去了最起码的条件。所以，任何社会都必须建立一个正常的社会生活秩序。法对此主要在以下三个方面起着重要作用：第一，确定权利义务界限，避免纠纷。第二，以文明的手段解决纠纷。第三，对社会基本安全加以特殊维护。

四、论述题

答案：(1) 综合治理社会治安的基本含义，是指在各级政府和党委的统一领导下，把各方面的力量组织起来，依靠全社会力量和发动广大群众来参加社会治安工作。

(2) 法律在实现综合治理中的作用，主要表现在：A. 惩治违法犯罪；B. 教育改造罪犯；C. 预防违法犯罪；D. 对广大人民群众来说，是增强法制观念，提高守法、护法的自觉性；E. 保障社会的稳定与发展。

2. 答案：资本主义进入垄断阶段以来，由于阶级冲突和各种社会矛盾的加剧，自由、平等的秩序观的破绽越来越大，于是资产阶级学者对秩序的思考开始从个人的角度转向社会的角度。法国法学家狄骥认为，社会全体成员由于需要相同和劳动分工而产生的相互依存关系即社会连带关系是社会的基本秩序。而基于社会连带关系的性质所产生的社会最高准则即客观法，是维系社会连带关系的不可缺少的条件，它高于并先于国家和政府而存在，对社会中的所有成员普遍适用。庞德认为秩序的标志就是在人的“合作本能”与“利己本能”之间建立并保持均衡的状态。而要维持这种秩序必须以“社会化的法律”取代过分强调个人权利、自由的法律。

“社会本位”的秩序强调“社会统治”“社会连带”及“个人与社会的和谐”，并把它们作为资本主义社会秩序应有的内容。资产阶级试图通过此种秩序的建立和维护，来调整各种相互冲突的利益，减少人们之间的相互摩擦和无谓的牺牲，以使社会成员在最少阻碍和浪费的情况下享用各种资源，从而保障资产阶级的统治地位。

第二十一章　法与自由

基础知识图解

- 自由释义
  - 自由的概念
    1. 一般意义上，是指从受到束缚的状态之中摆脱出来，或不受约束的状态
    2. 哲学意义上，自由是对必然的认识和客观世界的改造，人的自由包括意志自由和实践自由两方面
    3. 在政治学和社会学意义上，自由是指主体的利益需求与整个社会秩序的和谐与统一
    4. 法理学的意义上，自由是指主体的行为与法律的既有规定相一致或相统一
- 法的自由价值
  1. 自由作为法的价值的意义
  2. 法律确认自由
     - ①以权利和义务规定来设定主体自由的具体范围
     - ②以权利和义务规定来设定主体自由的实现方式
  3. 法律保障自由
     - ①法律通过划定国家权力本身的合理权限范围，并明确规定国家权力正当行使的基本程序，排除国家权力对于主体自由的各种非法妨碍
     - ②法律对每个主体享有的自由进行界定和限制，防止主体之间对各自自由的相互侵害
     - ③法律也禁止主体自身任意放弃自由
     - ④法律为各种对主体自由的非法侵害确立救济手段与程序

配套测试

一、单项选择题

下列有关法与自由的关系的说法错误的是（　　）。

A. 自由是法所体现或促进和实现的价值

B. 法是保障自由和实现自由的重要的社会条件

C. 法既要保护和实现自由，又要对自由作出合理的限制

D. 法律对自由的限制没有任何标准可以遵循

二、名词解释

1. 作为哲学的自由概念

2. 作为政治学和社会学的自由概念

3. 作为法学和法律的自由概念

三、简答题

1. 简述自由之于人的价值。

2. 为什么说自由需要法律的保障？

3. 简述法律保证自由的实现方式。

4. 法律对自由的保障作用。

5. 简述法律确认和保障自由的一般方式。

6. 试比较消极自由和积极自由。

四、论述题

1. 试论法对自由的保障与限制。

2. 材料：

案例一：2005 年 9 月 15 日，B 市的家庭主妇张某在家中利用计算机 ADSL 拨号上网，以 E 话通的方式，使用视频与多人共同进行“裸聊”被公安机关查获。对于本案，

B市S区检察院以聚众淫乱罪向S区法院提起公诉，后又撤回起诉。

案例二：从2006年11月到2007年5月，Z省L县的无业女子方某在网上从事有偿“裸聊”，“裸聊”对象遍及全国22个省、自治区、直辖市，在电脑上查获的聊天记录就有300多人，网上银行汇款记录1000余次，获利2.4万元。对于本案，Z省L县检察院以传播淫秽物品牟利罪起诉，L县法院以传播淫秽物品牟利罪判处方某有期徒刑6个月，缓刑1年，并处罚金5000元。

关于上述两个网上“裸聊”案，在司法机关处理过程中，对于张某和方某的行为如何定罪存在以下三种意见：第一种意见认为应定传播淫秽物品罪（张某）或者传播淫秽物品牟利罪（方某）；第二种意见认为应定聚众淫乱罪；第三种意见认为“裸聊”不构成犯罪。(司考.2008.4.7)

问题：

以上述两个网上“裸聊”案为例，从法理学的角度阐述法律对个人自由干预的正当性及其限度

答题要求：

（1）在综合分析基础上，提出观点并运用法学知识阐述理由；

（2）观点明确，论证充分，逻辑严谨，文字通顺；

（3）不少于500字，不必重复案情。

参考答案

一、单项选择题

答案：D。对自由的限制的标准大致有三点：促进自由权利人的利益，禁止其利用自身的自由进行自我伤害；禁止在行使自由时侵犯他人的相同自由和其他权利；自由的行使必须体现个人利益与社会利益、国家利益的统一。

二、名词解释

1. **答案**：自由的哲学含义是主体意志与客观规律的统一。这里的统一，包含双重意义。第一，自由是对客观规律的认识和对必然的驾驭。由于人只有依据规律、运用规律，才能获得行动的自由，所以必须认识规律。人们对规律的认识越全面、越深刻，运用驾驭客体、改造世界的能力就越强，获得的自由就越多。第二，自由是对客观规律的认同。应把自由理解为建立在认识必然性和自愿选择基础上的行动自由。行动自由是自由的外在状态，是根据对客观规律的认识和目标选择而支配自己和外部世界的能力。它主要表现在对规律的控制、驾驭和利用上，表现在不受他人干涉和限制而作为的状态中。意志自由是行动自由的前提，行动自由是意志自由的现实化。因此，真正的自由是不断由意志自由转化为行动自由的一系列过程。

2. **答案**：自由的政治学和社会学含义是主体利益和社会利益的对立统一，即个人与社会的对立与统一；或者说自由的实质是个人与社会、个人的独立和自决与社会的统一和公决、个人的存在和发展与社会的存在和发展的关系，因而也是个人与社会之间双向的权利义务配置。

3. **答案**：自由在法学和法律上指人的权利，即自由权。作为法律权利，自由指权利主体的行动与法律规范的一致以及主体之间的权利和义务界限。

三、简答题

1. **答案**：综合哲学、政治学、社会学和法学的自由概念，自由对于人类具有伟大的价值。

首先，自由是人的潜在能力的外在化。人一旦存在，就拥有发展的潜在能力。人如果能享有自由，排除影响和制约潜能发挥的否定因素，人的潜能就可以得到发挥，就能够外在化，就可以说，人在自由的环境中获得了自由。

其次，自由是人的自我意识的现实化。人的自由，从一定意义上讲正是人的自我意识的现实化，是人发挥主观能动性的表现。人的自由在于满足人的自身需要，自由是人的自我意识的现实化。

最后，自由是人类发展的助动力。人对自由的追求，以及社会自由程度的提高既是人类发展的表征，也是人类向新的自由度迈进、获得新的发展的保证。

2. 答案：自由需要法律的保障。

首先，用法律保障自由是保证自由免受侵犯的需要。要保证自由不被侵犯，就必须对自由的侵犯者及其侵犯自由的行为予以严厉的惩罚。人类惩罚罪恶的最严厉的外在手段莫过于法律，法律是对侵犯自由者予以惩办的有力措施，法律通过制裁侵犯自由的违法犯罪，保障自由免受侵犯。

其次，用法律保障自由是保证自由不被滥用的需要。自由存在被侵犯的可能性，也存在被滥用的可能性。自由的滥用是由自由享有者任意扩展其自由的范围和内容所致，它同样会导致其他个体或群体的自由受损害或被剥夺。

最后，法律保障自由是宪法的使命，是其他法律、法规的重要追求。宪法作为国家的根本大法，必须担负起确认自由并保障自由的重任。保障自由也是其他法律法规的重要追求。

法律保障自由的重要机制，是把自由法律化为权利，使之成为"从事一切对别人没有害处的活动的权利"。把自由转化为法律权利（自由权）意义重大。当主体的自由意志得到了社会正式代表——国家的承认时，它就具有了合法性，从而表现为"普遍的权利"。以自由权利形式表现出来的意志已经不再仅仅是主体的意志，它同时也是国家的意志。因此，任何对它的侵犯也都是对国家权威的侵犯，要受到国家强制力的回击。

3. 答案：自由无法实现的原因是多方面的，法律保证自由实现的方式也是多方面的。

（1）为解决自由与其他价值的张力和冲突提供法律准则。自由不是社会唯一的价值。各种价值之间难免存在张力或冲突。为此，法律要对这些价值进行平衡，以解决它们之间的冲突。法律为不同的价值准则设定不同的法律地位，甚至不同的实现方式和过程，使各种价值准则各得其所。

（2）法律解决自由之间的冲突，确保自由的共同实现。

（3）法律为自由的享有者提供实现自由的法律方式、方法。

（4）把责任与自由联结，为平等的自由提供保护机制。自由本质上应是"为善的自由"，但经常被人们用来"作恶"，从事形形色色的不良行为。所以，必须把责任与自由联结。社会生活中的自由与责任是对立统一的。

4. 答案：法律的目的不是废除或限制自由，而是保护和扩大自由，法对自由的实现起着多方面、多环节的作用。

第一，法以自由为目的。具体地说：（1）法律规范系为确认和保障自由而设立。（2）法律权利和法律义务系为实现自由而设定。（3）法律的制定和实施应以自由为出发点和归宿。从法律制定和法律实施来看，法律的制定要以自由为出发点和归宿，以自由为核心；法律的实施必须以自由为宗旨，法律的保护或打击，奖励或制裁都应以自由为归宿。

第二，自由需要法律的保障。（1）用法律保障自由是保证自由免受侵犯的需要。（2）用法律保障自由是保证自由不被滥用的需要。（3）法律保障自由是宪法的使命，是其他法律、法规的重要追求。

第三，法律确定自由的范围。法律确定自由范围的方式包括：（1）确定基本的自由，人们的自由是广泛的，但世界各国的宪法和法律都是把公民的基本自由规定在自己的宪法性法律文件之中。（2）确定自由的量度。自由并不是无限的，尤其是普遍的自由。（3）法律确定自由的边际。

第四，法律保证自由的实现。法律保证自由实现的方式是多方面的。（1）为解决自由与其他价值的张力和冲突提供法律准则。（2）法律解决自由之间的冲突，确保自由的共同实现。（3）法律为自由的享有者提供实现自由的法律方式、方法。（4）把责任与自由联结，为平等的自由提供保护机制。

5. 答案：法律保障自由的一般方式，所讨论的是法如何保障自由的问题，这是与法发挥作用的一般特征相关联的。总概学者们的观点，可以将法律保障自由的一般方式归纳为以下几种：

（1）以权利义务方式设定自由的范围以及实现方式

以权利义务方式设定自由的范围以及实现方式，实质是将自由法律化为法律自由。法律规范社会活动的基本方式就是通过权利义务的设定，为每一个人及整个社会活动提供基本方案。在法律调整中，权利规范确认和描述了主体的自由及范围；义务中的禁止表达了对他人自由不得妨碍的要求；义务中积极作为的规定，对应了权利人自由的要求，即通过作为方式构成权利人自由实现的条件。由此，法律为每一社会活动主体划分出了自由的范围，确定了主体间在自由行动中的相互关系。在法律对权利义务的设定中，不仅包含对社会生活不同领域自由的选择和安排，而且包含对各种自由实现方式的选择和安排。

（2）将责任与自由联结

这里的责任不是一般意义上的义务，而是指“作为第二性义务的责任，即自由主体应当而且必须对自己的出于自由意志和自由选择、妨害他人的自由的违法行为承担法律责任。这种责任的设定否定了破坏自由的自由，对于保障每个人的平等自由是绝对必要的”。在社会活动中，自由是可能被滥用的，自由的主体可能滥用自由进而损害他人的自由及其利益。法律防止这种可能性的重要手段就是设定法律责任，以此向社会表明滥用自由将承担的不利后果，责任的实现将伴随着由国家实施的法律制裁。这是一种实体法上的保护手段，它加强了对权利义务所设定的自由活动方案的保护。

（3）设置国家权力及正当程序以提供救济

当社会活动主体的自由受到侵害，不可能也不能由各主体自行强制违法者承担法律责任。各主体自行实施法律必将造成对自由更大的侵害。因此，确定违法者责任和对其实施法律制裁应当是一种国家权力，需要由专门国家机构运用。从法律调整的角度来说，法律是一种国家意志，当国家通过法律将一种自由确认为法律权利后，即意味着国家承担了保护的责任，当这种权利受到侵害时，国家有义务对受害者提供救济，追究违法者的责任。因此，国家在通过法律确认权利时，必须同时通过法律设定专门实施法律救济的机构及职权，并设定救济的正当程序。这种设置具有两重意义：一方面，保证有专门的机构和权力追究违法者的责任，恢复被损害的自由；另一方面，防止国家权力被滥用而威胁和侵害社会自由，给个人和社会组织造成危害。后一意义历来是许多学者所强调的，因为国家滥用权力对自由所造成的危害之烈，通常要远甚于个人滥用权利，且更难寻求救济。①

6. **答案**：消极自由意味着从约束中解脱出来，不被干预、不被控制的状态。消极自由实现的条件就是没有外界的干预和控制。因此，消极自由之保障原则的基本内容就是排除对主体的干预、保证主体得以自主的外在条件。但是，自由之保障不可能没有干预和控制，如果没有干预和控制就不能防止有人滥用自由进而侵害别人的自由。因此，这一原则基本内容的表达是从干预角度作出的，即法律应当保持对主体行为最大的不干预；仅当主体行使自由损害他人和社会利益时，得将干预施于该主体之上，即使是为了促进被干预者的福利也不构成对干预的授权。

积极自由与不受干预的消极自由不同，它是去做某事的自由。当主体无力做成所希望的事项或者主体忽视某种自由时，外界的一定积极干预恰是为了保障被干预自由的实现。积极自由之保障原则的含义就是，为了保障主体的某些自由而对其进行干预是可行和必要的。这种干预在形式上限制了主体的一定自由，而实质上是为了保证主体的自由。这些被干预的行为没有直接危害他人或社会，而直接危害的是行为人自己。这时的干预否定了被干预者的意思自治，但如果没有这种干预，行为人的重要自由将受到自己

① 参见张文显主编的《法理学》（第五版）对这一问题的论述。

行为的损害。这正是这一原则得以成立的根据。

但同样值得注意的是，当为了被干预者的自由而干预其自由能得到授权时，每一个人的自由都会面临强力干预的危险，因为消极自由保障原则所设立的边界已被突破，任何组织特别是政府，都能够以保障被干预者的自由之名来干预他本人。因此，必须强调的是，积极自由保障原则并不意味着对干预的广泛授权，这种授权仍是有限的，即干预的根据不是为了促进被干预者的福利，而是为了防止其境况变坏，为了防止其重大利益受到损害。①

四、论述题

1. 答案：在社会政治意义上，自由意味着人身依赖关系的解除和人格上的独立，它不仅是人类社会的价值，也是法所应体现的价值；另外，自由又受到法的保障与限制。具体而言：

（1）法对自由的保障。自由的实现取决于一系列社会条件（包括政治、经济）的保障。其中，法是保障自由，实现自由的一个重要条件。自由的法律保障，主要是从立法和执法方面采取具体的保护措施和法律制度来实现人们在社会政治生活中的种种自由。在立法上，自由的法律保护表现在两个方面：一是在法律上确立自由原则，为行为自由的实现提供一般的保障；二是规定法律上的自由权。自由权是一般社会自由的法律形式。在现实社会生活中受法律保护的自由（自由权）表现在各个领域，大致包括以下几类：①公民个人自由；②政治自由；③经济自由；等等。当然，各个国家的发展阶段不同，其法律对自由确认和保护的形式和范围以及侧重点也会有所不同。

（2）法对自由的限制。自由是从事一切对他人没有害处的活动的权利，因此，它必须有一个合理的限度。超过了这个限度，就不再是国家法律许可和保障的行为。相反，它要受到法律的禁止和限制。正如孟德斯鸠所说的："在一个有法律的社会里，自由权仅仅是：一个人能够做他应该做的事情，而不被强迫去做他不应该做的事情……自由是做法律所许可的一切事情的权利。"应该指出，法律对自由的限制严格来说，就是法律为人们行使自由权，确定技术上和程序上的活动方式和活动界限。它像自由的法律保障一样，反映着国家、社会对个人自由的认识和基本态度。法律上采取的自由自身限制标准大致有三点：①促进自由权利人的利益，禁止其利用自由进行自我伤害。②禁止在行使自由时侵犯他人的相同自由和其他权利。③自由和行使必须体现个人利益与社会（集体）利益、国家利益的统一，应当有利于或至少无害于社会、集体和国家。

（3）在研究法与自由之间的关系时，既要看到法对自由的保护，也应看到法对自由的合理限制，这两个方面在本质上是统一的，不矛盾的：保障是为了更好地实现自由，限制也是为了更好地保障自由。认识到这一点，不仅具有理论意义，而且也有重要的现实意义。

2. 答案：从哲学上讲，自由是指在没有外在强制的情况下，能够按照自己的意志进行活动的能力。法的价值所言的"自由"，即意味着法以确认、保障人的这种行为能力为己任，从而使主体与客体之间能够达到一种和谐的状态。从价值上讲，法律是自由的保障。就法的本质来说，它以自由为最高的价值目标。法律是用来保卫、维护人民自由的，而不是用来限制、践踏人民自由的；如果法律限制了自由，也就是对人性的一种践踏。

但是，法的价值不是只有自由一项，除此之外，尚有秩序、正义等基本价值和其他价值。法的各种价值之间有时会发生矛盾，这就需要在各种价值之间进行平衡，这也证成了法律对自由的干预。自由是从事一切对他人没有害处的活动的权利。因此它必须有一个合理的限度。超过了这个限度，就不再

① 参见张文显主编的《法理学》（第五版）对这一问题的论述。

是国家法律许可和保障的行为。相反，它要受到法律的干预。法律所保护的自由就是这种自身合理干预的自由。

法律对自由的干预，就是法律为人们行使自由权确定技术上和程序上的活动方式和活动界限。它像自由的法律保障一样，反映着国家、社会对个人自由的认识和基本态度。法律上采取的自由自身限制标准大致有三点：(1) 促进自由权利人的利益，禁止其利用自由进行自我伤害；(2) 禁止在行使自由时侵犯他人的相同自由和其他权利；(3) 自由的行使必须体现个人利益与社会利益、国家利益的统一，应当有利于或至少无害于社会、集体和国家。

因此，在针对“裸聊”问题予以法律规制时，也应注意运用法律对个人自由干预的正当性及其限度来进行考察。如果行为者在“裸聊”时没有超越上述法律上采取的自由自身限制标准，则应尊重行为者的个人自由，法律不能涉入其个人活动空间；但是，如果行为者在“裸聊”时超越了上述标准，侵犯了他人的相同自由和其他权利，或者作出了违背社会公共道德，有害于社会、集体和国家的行为，则法律应该介入，将“裸聊”导致的相关问题纳入法律的调整范围。

第二十二章　法与公平正义

基础知识图解

- 公平正义
  - 1. 概念
    - (1) 一般认为，作为社会基本结构的社会体制的公平正义，是最为根本的、具有决定意义的、首要的公平正义
    - (2) 在法理学意义上，实体公平正义是指通过法律上的实体权利和义务来公正地分配社会合作利益与负担的法律规则所体现出来的正义；程序公平正义是指为了实现法律上的实体权利和义务而公正地设定一系列必要程序，从而以这些程序为内容的法律上的权利和义务所表征的正义
  - 2. 特点
    - (1) 公平正义既有普遍性又有特殊性
    - (2) 公平正义既具有超时代性又具有时代性
    - (3) 公平正义既具有客观性又具有主观性

- 法的公平正义价值
  - 1. 公平正义作为法的价值的意义
    - (1) 公平正义作为法律的价值体现了其作为法律的终极目的和存在根据，法律应与正义相一致
    - (2) 公平正义作为法律的价值体现了通过法律对社会基本结构及其制度的理想性的规范建构
  - 2. 公平正义对法律的作用
    - (1) 公平正义是法律评价标准的核心
    - (2) 公平正义是法律发展和进步的根本动因
  - 3. 法律对公平正义的保障
    - (1) 法律通过把社会生活的主要领域及其重要的社会关系纳入其中，实行法治化治理，把公平正义的基本内涵融入法律规范和制度之中，并通过严格依法办事，从而在整个社会之中全面地促进和保障公平正义
    - (2) 通过法律权利和法律义务机制，一方面在法律上公正地分配社会合作的利益和负担，以此促进和保障法律上的实体公平正义；另一方面在法律上公正地设定本身就体现正义并以实现实体公平正义为目的的程序，以此促进和保障法律上的程序公平正义
    - (3) 通过法律效果认可机制，保障法律上的实体公平正义和程序公平正义，即一方面对违法行为确定其否定性法律后果，予以矫正并恢复受到违反和侵害的法律上的权利和义务；另一方面对合法行为确定其肯定性法律后果，确认已经形成的法律上的权利和义务

配套测试

一、单项选择题

庞德说，“在政治上有组织的社会中，通过社会的法律来调整人与人之间的关系及安排人们的行为”，指的是（　　）。

A. 执行正义　　B. 改正正义
C. 形式正义　　D. 社会正义

二、多项选择题

正义是法的价值问题的重要内容，下列有关正义的说法正确的有（　　）。

A. 从字面上看，正义一词泛指具有公正性、合理性的观点、行为以至事业、关系、制度等
B. 从实质上看，正义是一种观念形态
C. 从整体上来说，正义是具有历史性、阶级性、相对性的概念
D. 正义是一个相对的概念，因此根本不存在判断是否正义的客观标准

三、名词解释

马克思关于正义的概念

四、简答题

1. 简述西方法律思想史中关于法与正义关系的三种观点。
2. 简述正义在法律生活中的作用。
3. 简述正义的划分种类。

五、论述题

1. 论法与正义（公正）的关系。
2. 试论法对正义的实现作用。

参考答案

一、单项选择题

答案：A。本题考查的是对于法的价值——正义的理解。

二、多项选择题

答案：ABC。正义本身是个关系范畴，存在于人与人之间的相互交往中，所谓的“不正义”绝不会存在于孤立的个人之上。正义表现在使这种理想与社会现实条件的结合。所以判断正义的客观标准是存在的。

三、名词解释

答案：马克思主义认为：（1）在阶级社会里，正义是有阶级性的，统治阶级和被统治阶级虽有某些共同的关于人的行为的正义尺度，但在社会制度的正义观上，是根本对立的。奴隶主和封建主认为把人分为不同阶层和等级，并根据阶层和等级占有社会资源和财富是公正的，而资产阶级则要打破阶层和等级的划分，实现正义面前人人平等。（2）正义总是具体的，正义的具体性集中表现为正义是由一定社会的物质生活条件决定的。正如恩格斯在批判蒲鲁东的抽象的“永恒公平”时所指出的：“这个公平则始终只是现存经济关系的或者反映其保守方面或者反映其革命方面的观念化的神圣化的表现。”（3）正义是历史的产物，并随着历史的发展而不断改变。

四、简答题

1. **答案**：西方法律思想史中关于法与正义关系的三种观点：一是法本身代表正义，法与正义是等同的。二是正义是衡量法是否符合法的目的即正义的准则。三是法与正义（道德）是无关的，至少二者并无必然的联系，如分析法学派。
2. **答案**：在法律生活中正义发挥着各种积极作用。

（1）正义对法律有积极的评价和推动作用。正义作为社会的道德价值，对法律具有评价作用。

（2）正义对法律的进化有极大的推动作用。法律进化是在一定的社会中实现的，是社会进化的表现和动力。法律的形式方面和实质方面的进步都离不开正义的推动，主要表现在：

①正义推动了法律精神的进化。法律精

神进化的主要动力在正义。②正义促进了法律地位的提高。法律在社会控制系统中的地位大致有两种形态：人治型和法治型。在人治社会中，法律的控制能力不足，它从属于统治者的权力意志，在法治社会中，统治者的权力意志服从法律，正是正义观念推进了法律由人治型法向法治型法转换。③正义推动了法律内部结构的完善。这里最突出的表现是控权立法的产生与完备。首先，正义观推动了宪法的产生。其次，正义推动了控权行政法的产生与完善。再次，正义推动了程序法量与质的提高。最后，正义催生了专门针对国家机关的诉讼形式：宪法诉讼和行政诉讼，用正义之剑纠正不良立法和不良行政。④正义提高了法律的实效。正义的重要内容之一是对社会的一致、公正的管理，对法律来说，就是法律应当得到良好的实施，官方行为应与法律保持一致。

3. **答案**：第一，从主体的角度，把正义划分为个人正义与社会正义。个人正义适用于个人及其在特殊环境中的行动，指个人的处理与他人的关系中应公平地对待他人的那种道德态度和行为准则；社会正义适用于社会及其基本的经济制度、政治制度和法律制度，指一个社会基本制度及其所含规则和原则的合理性和公正性。

第二，从正义发生和实现的领域的角度，把正义分为道德正义、经济正义、政治正义、法律正义等。道德正义是一种个人美德或是对人类的需要的一种合理、公平的满足；经济正义和政治正义是一种与社会理想相符合，足以保证人们的利益和愿望的制度；法律正义是一种通过创制和执行法律来调整人与人之间的关系及其行为而形成的理想关系。

第三，从正义与主体利益的关系，正义可分为实体正义与形式正义。实体正义是关于制定什么样原则和规则（包括道德原则和规则，法律原则和规则等）来公正地分配社会资源的问题，形式正义则是怎样实施这些原则和规则以及当这些原则和规则被违反的时候如何加以处置的问题。①

五、论述题

1. **答案**：正义含有“公正、合理”之意，是人类所追求的一种理想状态，体现了人们追求的一种理想，是人们一定伦理观念的表现。在法学上，它是对法的一种主观的、相对的价值判断。它所关注的是法律规范和制度性安排的内容，它们对人类的影响以及它们在增进人类幸福与文明建设方面的价值。从最一般的意义上讲，正义的关注点可以被认为是一个群体的秩序或一个社会的制度是否适合于实现其基本的目标。在实现这个目标的过程中，既能满足个人的合理需要和主张，也能促进生产进步和提高社会内聚性的程度。

由于不同社会的生产方式是不同的，因而正义作为一定社会生产方式的观念形态，就不可能是永恒不变的，即“正义是随着时代的变化而变化的，并且不同的人所追求的正义也很不相同”。马克思主义第一次揭示了正义的物质基础，他们认为的公平只是现存经济关系在其保守方面或在其革命方面的观念化、神圣化的表现。社会中的一种行为只要与该社会的生产方式一致就是正义的，反之就是非正义的。这可以归结为：法所体现的正义总是阶级社会一定生产方式基础上的正义，是统治阶级认为是正义的“正义”。

正义有不同的划分，其影响最大的一次是亚里士多德把正义分为分配的正义和矫正的正义。前者即对不同的人给予不同的对待，对相同的人给予相当的对待，根据人的功绩、出身等的不同来分配财富、荣誉；后者即不管什么人，只要损害了别人的财产、权利，都要给予同等的对待，适用等价交换原则，适用于处理民刑事案件，用以矫正并恢复被损害者的利益，是一种补偿性的公平，或曰事后公正。不同的学者对正义进行了不同的分类，美国学者罗尔斯提出了社会正义与个人正义和实质正义与正式正义。

正义与理性、自由、平等、安全、福利

① 参见张文显主编的《法理学》（第五版）对这一问题的论述。

等概念是相互关联的。一定的正义是一种独特的理性的体现，社会秩序中的正义问题在相当广泛的程度上可以进行理性讨论和公正思考。这种理性认为应赋予何种人平等、自由和福利，因而在不同的理性之下感到安全的人是不同的，这些人的安全程度也是不同的。这种变化在社会转型时期尤为突出。因此，正义的内容是十分复杂的。它涵盖了社会中不同的人在不同层面的状态的综合判断。人们平常所说的自由、平等、秩序等只不过是正义的不同方面。

法，从词源上看含有“平”“正”“直”和“公正裁判”之意，现在的法指国家判断人们行为合法不合法的标准。它表现为一种由国家权力制定或认可的规范，它规定了人们法律上的权利和义务，国家以强制力保证其实施，法的目的在于维持一定的秩序。由此可见，法是一定时期的“理”与国家强制力的结合。这里指的理可以大致分为内容与形式两个方面。不同的理有不同的内容，也有不同的表现形式。在法律上，这可以从一定程度上体现为法律规定的不同的人所享有的不同的权利义务，以及这些权利义务实现的方式。

法的内容也涉及社会的各个方面，法律赋予不同的人以进行某种行为的不同资格。由于资格的不同，不同的人可以行为的范围不同，即使可以进行同一行为，其后果也可以因为资格的不同而不同。这可以视为法给予人不同的自由。有相同自由的人在社会中处于平等的地位，他们的安全和福利得到同等的保障，而其安全和利益被破坏之后，其所寻求的救济手段也是相同的。法律还规定了法律主体的权利义务，以及权利义务的实现方式等方面，这些内容也反映出法律实际上要体现一种自由、平等，使人从法律规定中得以预见自己行为的后果，从而可以在保障自己安全的行为方式中进行选择。

由此可见，法与正义是一致的。它们都由一定社会的物质生产方式决定，也都与一定的阶级相联系。这体现在，法总是统治阶级利益的集中体现，它总是保护统治阶级的利益，压制被统治阶级。而统治阶级总是首先在经济上占据统治地位，即成为这一时期先进的生产方式的代表，并因此最终在政治上占据统治地位的阶级。当然在这种阶级内部也存在不同利益集团的矛盾冲突，但其根本利益是一致的。法律所保护的正是统治阶级中一致的根本利益。

此外，从关系上讲两者类似于内容与形式的关系。一方面，法所保护的就是正义，正义是法律的精神所在。立法者以正义为标准，将正义作为法的目标；执法者将法贯彻到日常生活中去，使之真正体现在日常生活中。另一方面，法是正义借以体现的形式，是正义实现过程中的工具。但法与正义毕竟是两个不同的事物，它们之间也存在一定的区别。法一旦确定下来，总是明确而具体的，并具有较强的可操作性。它明确规定了人们行为的方向和方式，并明确规定了违反法律的后果，并由国家强制力保障。但正义则较为模糊，它更多体现为一种笼统目标和要求，因而其可操作性较差。而且正义仅仅指明人们应当如何行为，并未规定违反正义后的惩罚。此外，正义作为一种理想状态，并不一定全部为法律所吸收，即法律所达到的正义永远只是正义的部分内容和一定层次，因而法律总是需要参照正义的标尺作出修正。

2. 答案： “正义只有通过良好的法律才能实现”，“法是善和正义的艺术”。

法律对正义的实现作用，总体上体现为：

第一，分配权利以确立正义。这是法在实现分配正义方面的作用。包括把指导分配的正义的原则法律化、制度化，并具体化为权利、权力、义务和责任，实现对资源、社会合作的利益和负担进行权威性的、公正的分配。

第二，惩罚罪恶以伸张正义。这是法律平均正义的一个方面。

第三，补偿损失以恢复正义。

与社会正义所包括的两个基本方面（分配正义和诉讼正义）相适应，法，一要促进和保障分配的正义；二要促进和保障诉讼的正义。

（1）促进和保障分配的正义

人类社会是这样一个社会，在其中既存在利益的一致，也存在利益的冲突。之所以存在利益的一致，是因为合作可以使所有的人比他们孤立活动生活得更好；之所以存在利益的冲突，是因为每个人都对自己占有社会合作的成果的份额非常敏感，有相当多的人甚至希望自己能得到一个较大的份额。因此，每个社会都需要有一套原则指导社会适当地分配利益和负担，这套原则就是正义原则。

法在实现分配正义方面的作用，主要表现为把指导分配的正义原则法律化、制度化，并具体化为权利和义务，实现对资源、社会合作的利益和负担进行权威性的、公正的分配。

（2）促进和保障诉讼的正义

公正地解决冲突，其主要标志是无偏见地适用公开的规则；类似案件类似处理，同样的情况同样对待，也就是法律面前一律平等。

在现代社会，为了保障冲突和纠纷的公正解决，法律所提供的规则和程序主要有：①依法独立行使审判权，即司法机关和法官个人在行使司法职能时有不受立法机关、行政机关和任何长官非法干涉的自由；法官在其任期内行使权力时，不应有不利于他的调动。②回避制度，即任何人不应审理与自己有利害关系的案件。换言之，法律纠纷应由超然于当事人的第三者来审理。③审判公开，即案件的审理必须公开，接受社会监督和法制监督，但不受舆论所左右。④当事人权利平等，即冲突和纠纷双方均应得到有关程序的公平通告，并有公平的机会去出示证据，回答对方的辩论和证据。⑤判决的内容应当有法的根据和事实的根据，并为公认的正义观所支持。⑥案件的审理应当及时高效，不得迟误。⑦应有上诉和申诉制度，容许对初审判决不服的当事人把初审法院的法官置于“被告”的地位，由上级法院审查下级法院判决的公正性和合法性。⑧律师自由，律师能够没有顾虑地为当事人提供必要的法律帮助（咨询、代理、辩护等）。

第二十三章　法与人权

基础知识图解

- 人权的概念
  - 1. 人权是人作为人所享有或应当享有的那些权利
  - 2. 区别于其他权利的特点
    - (1) 人权是最普遍性的权利
    - (2) 人权是本源性的权利
    - (3) 人权是综合性的权利

- 法的人权价值
  - 1. 人权作为法的价值的意义
    - (1) 人权作为法的价值表明了法律对作为主体的人的肯定，就是对人的独立且平等的人格与人的尊严的尊重
    - (2) 人权作为法的价值，表明了法律的来源、法律运作的各个环节以及法律的根本目的都基于人本身，并以人的正当利益和自由意志为关注焦点，以人的理想生活为直接目标
    - (3) 人权作为法的价值，既是对法律的精神、原则、规范的直接检验，也是对法律的精神、原则、规范的方向引导；既是对法律的内在品质进行反思与批判的标准，又是对法律的内在品质进行塑造与完善的依据。
  - 2. 人权的法律保护
    - (1) 国内法保护
      - ①是人权法律保护的最主要、最经常、最有效的形式
      - ②主要包括宪法保障、立法保护、行政保护、司法救济四个方面。其中，确认和保障人权是宪法的核心价值和主要功能
    - (2) 国际法保护
  - 3. 总结
    - (1) 在人权问题上必须坚持中国特色社会主义人权理论
    - (2) 坚持人权的普遍性和特殊性相结合，走中国特色社会主义人权发展道路
    - (3) 坚持人民主体地位原则，实现以人为中心的发展，一切为了人民、依靠人民、造福人民和保护人民
    - (4) 以生存权和发展权为首要的基本人权，充分实现全体人民平等参与、平等发展权利，最终实现人的自由而全面发展
    - (5) 整体推进各项人权协调发展，既保护公民人身人格权、财产权、政治权利，又保障经济、社会、文化权利
    - (6) 实现集体人权与个人人权的统一，让改革发展成果更多更公平惠及全体人民
    - (7) 加强人权法治保障，积极参与全球人权治理，构建人类命运共同体，促进共商共建共享人权
    - (8) 人权保障没有最好，只有更好，必须坚守尊重和保障人权的宪法原则，不断开辟人权事业的新局面

配套测试

一、单项选择题

1. 关于法与人权的关系，下列哪一说法是错误的？（　　）（司考．2014．1．15）
   A. 人权不能同时作为道德权利和法律权利而存在
   B. 按照马克思主义法学的观点，人权不是天赋的，也不是理性的产物
   C. 人权指出了立法和执法所应坚持的最低的人道主义标准和要求
   D. 人权被法律化的程度会受到一国民族传统、经济和文化发展水平等因素的影响

2. 下列哪一表述说明人权在本源上具有历史性？（　　）（司考．2011．1．15）
   A. “根据自然法，一切人生而自由，既不知有奴隶，也就无所谓释放”
   B. “没有无义务的权利，也没有无权利的义务”
   C. “人人生而平等，他们都从他们的‘造物主’那里被赋予某些不可转让的权利”
   D. “权利永远不能超出社会的经济结构以及由经济结构所制约的文化发展”

3. 在世界各国的人权理论中，我国一直强调马克思主义人权理论，认为人权（　　）。
   A. 以自然权利为基础，并受到自然法所规制
   B. 是人的理性固有的并不依赖于社会的物质生活条件的发展
   C. 与一定政权性质紧密联系，与国家的政治体制因素相关联
   D. 受到国际法保护，当国际法的保护更能体现人的价值时，应优先适用国际法的保护

二、不定项选择题

1. 下列有关人权的表述，哪些是不正确的？（　　）（中国政法大学2006年考研真题）
   A. 马克思主义法学最早提出了人权的理论
   B. 人权仅为一种法定权利
   C. 第二代人权的内容主要是发展权、环境权等
   D. 人权只是国际法上规定并保护的权利

2. 下面对公民的基本权利的特点描述错误的是（　　）。
   A. 对人的不可缺乏性
   B. 可以取代性
   C. 稳定性
   D. 在当代文明各国不具有共似性

3. 社会主义法制对人权的作用表现在（　　）。
   A. 社会主义立法直接确认人权
   B. 社会主义法的实施直接维护和保障人权
   C. 社会主义法制对人权得以实现的环境发生作用
   D. 参加国际人权条约，维护和保障人权

4. 以下关于人权概念的论述正确的有（　　）。
   A. 人权作为应然权利，其内涵事实上要受人类各个时代的社会条件、自然条件所制约
   B. 作为法律权利和实然权利的人权，它是直接同人类各个时代的经济、政治、文化、历史等各种条件相适应的
   C. 人权的最终来源应该归结到人的理性，所以人权具有基于理性基础上的国际性
   D. 人类发展到今天，基本人权的内容至少应当包括生存权、发展权、人身权、政治权、经济权、文化教育权、社会权

5. 近年来，我国对于《联合国宪章》中的人权条款、《世界人权宣言》、《经济、社会、文化权利国际公约》、《公民权利和政治权利国际公约》这些文献中的积极因素是支持和肯定的，并积极参与这些公约和履行这些公约中的合理义务，同时也把这些公约中的积极内容反映在国内的立法中，这体现了我国对于人权的积极态度。以下观点中错误的是（　　）。
   A. 一国人权的内容、人权的范围和实现程度，是与该国的政治、经济、文化、传统和其他社会历史条件等因素相适应的
   B. 我国积极地参加国际人权条约，维护和保障人权，积极地参与国际事务
   C. 社会主义法制的建设依赖于国际人权环

境的发展，因此法制对于人权的保障起到间接的作用

D. 人权状况也是衡量一个国家法制状况的价值尺度，但是人权总是同一国特定的经济、政治、文化等社会历史条件紧密联系，所以我国反对借口人权保护而侵犯他国人权，粗暴干涉他国内政的行径

三、简答题

简述人权对社会主义法制的作用。

四、论述题

1. 试论社会主义法制对人权的作用。
2. 论国内法对人权的保护。

参考答案

一、单项选择题

1. **答案**：A。从根本上说，人权是一种道德权利。为了保障人权的实现，人权必须被法律化。由此可知，被法律化的人权（法律权利）都是道德权利，故 A 错，但是，并不是所有的人权都实际上被法律化。易知 BCD 正确。
2. **答案**：D。人权在本源上具有历史性，既不是天赋的，也不是理性的产物，而是历史地产生的，最终是由一定的物质生活条件所决定的。它的具体内容和范围总是随着历史发展、社会进步而不断丰富和扩展。正因如此，不同时代对人权的取舍、理解和使用都会有所差异。D 项表达的正是这个意思，正确。AC 均否定了人权的历史性，A 主张人权是与生俱来的，诉诸人的自然属性，C 主张天赋人权，诉诸"造物主"。B 项谈的是权利和义务的关系，两者相互联系，相互依存，与题意不合。
3. **答案**：C。马克思主义关于人权的观念要求人权不应该脱离社会的具体经济历史条件，所以所谓超现实的、自然法的、天赋的人权观都是错误的。

二、不定项选择题

1. **答案**：ABCD。人权的理论是 18 世纪资产阶级学者提出的，故 A 的说法不正确。人权不仅作为法定权利，还包括应有的权利和实有的权利两个层面，故 B 的说法不正确。第二代人权中首要的是生存权，故 C 的说法不正确。对于人权问题国际法国内法都应予以保护，故 D 的说法不正确。
2. **答案**：BD。公民的基本权利不可取代，用一项权利取代另一项基本权利，等于宣告人在被替代权利所联系着的社会关系领域内的主体地位被取消。故而 B 的说法是错的。能够以保障人权最低限度实现为文明标准的现代各国，尽管社会制度不同，文化背景和传统有很大的差异，但在人权的内容上有共同性或相似性。故而 D 的说法是错的。
3. **答案**：ABCD。人权是道德权利与法律权利、应然权利与实然权利的结合。这种二重性，决定了人权与法制有着非常密切的关系。要发展人权，必须加强社会主义法制。

   （1）社会主义立法直接确认和保障人权。

   （2）社会主义法的实施直接维护和保障人权。

   （3）社会主义法制对人权得以实现的环境发生作用，由此而间接保障人权。

   （4）参加国际人权条约，维护和保障人权。
4. **答案**：ABD。本题考查的是关于人权的概念与层次。人权之内涵有应有权利、法律权利和实有权利。在人权观点上我国坚持马克思主义人权观，主张人权的主权性，主张权利永远不能超出社会物质生活条件许可的范围。所以 C 主张人权基于理性是错误的，同时主张人权具有国际性，也是不妥当的。
5. **答案**：C。本题考查的是人权与法律的关系以及人权的国际法保护和人权的国内法的保护方面的综合考点。

三、简答题

答案：（1）发展人权就要求法制在确认、维护和保障人权方面发挥种种作用。这种要求对社会主义法制的发展，是重要的动力。

（2）在社会主义制度下，实现人权，就意味着实现人民当家作主，意味着实现公民的生存权、发展权、人身权、政治权、经济权、文化教育权、社会权等。而这些人权的

实现，无疑会有力地促进社会主义法制的发展。

(3) 人权的状况，也是衡量法制状况的一个价值尺度。

四、论述题

1. 答案：(1) 社会主义立法直接确认和保障人权。人权的二重性表明，人权中的一部分权利需要以法的形式加以确认和保障，这一部分人权是起码的、基本的人权，是法所肯定的人权，它们既是人权，又是法律权利。人权发展到社会主义阶段，内容更丰富，范围更大，社会主义立法应注重确认和保障人权。

(2) 社会主义法的实施直接维护和保障人权。表现在：司法机关通过依法审理侵犯人权的案件维护和保障人权；司法机关在办案中通过坚持一系列原则，履行一系列程序，来维护和保障人权；国家专门机关对罪犯一方面加以处罚，另一方面实行改造，再一方面仍然保障他们所保留的人权；行政机关在执法中也注意对人权的保障，禁止在执法中出现侵犯人权的行为；实行人权救济制度，使人权被侵犯者得到应有的补偿。

(3) 社会主义法制对人权得以实现的环境发生作用，由此而间接保障人权。

(4) 参加国际人权条约，维护和保障人权。人权同国际法的联系非常紧密。我国对防止和反对种族歧视的国际人权文献，对保护特殊主体人权的国际文献，一贯持积极态度。我国重视发展人权，我国既积极参与对人权的国际保护，又维护我国国家主权和尊重别国主权，反对以人权为借口而侵犯他国主权。

2. 答案：人权是人的价值的社会承认，从法律意义上讲，人权主要是指人的基本权利，是指那些关于人的先天既存的和后天能够实现的价值在法律上的一般承认。它与人们自己设定法律关系时明确权利义务的个别承认有着本质的不同。基本权利所直接否定的对立物是特权制度和奴役制度。因而，人权和现代法律制度有着本质的联系，它构成现代意义上法律的灵魂，是法律制度人文关怀的最根本的体现。没有法律对人权的确认，人权要么停留于道德权利的应有状态，要么经常面临受侵害的危险而无法救济。而对人权的保护，首先就体现为国内法的保护上。

(1) 保护人权是国内法的重要内容和基本原则。法是确认与保障人权实现的有力工具。其首先体现在一个国家的宪法中，特别是体现在宪法关于公民基本权利和义务的规定之中。

由于人权对于人的不可缺乏性、不可取代性、不可转让性、稳定性、共似性，因而其往往写进一国的最高法律文本中。以宪法的形式确认和宣布人权，是近代民主政治和法治的主要特征。宪法对人权的保护主要体现在宪法的操作方式上，即当基本权利面临侵害时，宪法通过何种方式和途径予以救济。

(2) 除宪法之外，其他法律部门也把人权作为其保护的主要内容，并以不同的立法方式将宪法确立或承认的人权原则和基本人权规范化、具体化。部门法中都贯穿着保护人权的基本精神。如民法上的财产权、人身权、人格权、健康权、生命权的保护；刑法对公民人身自由、财产权、健康权、生命权和自由权的救济性保护；诉讼法中对公民的知情权、听证权、申辩权的保护等。

(3) 对人权的国内法保护由宪法和部门法构成了一个制度设置上的网状结构。宪法基于保护人权的角度，可以超出部门法的范围或对部门法作出修改或否定。同时人权的实现或在现实生活中得到落实，成为个体的实际权益，则更多地依赖于部门法。

第六编　法治与法治中国

第二十四章　中国社会主义法与经济

基础知识图解

法与经济的一般原理
- 1. 在法与经济的关系中，最根本的是法作为上层建筑由经济基础决定并为经济基础服务
- 2. 法律服务于经济

社会主义法与法治经济建设
- 建设社会主义法治经济的核心内涵和要求
  - 1. 坚持和完善社会主义基本经济制度
  - 2. 完善社会主义市场经济法律制度
  - 3. 营造公平竞争、规范有序的经济法治环境
  - 4. 把握新发展阶段、贯彻新发展理念、构建新发展格局

配套测试

一、单项选择题

1. 法与经济基础的关系是（　　）。

A. 法决定经济基础

B. 经济基础决定法

C. 经济基础决定于法

D. 法是第一性的，经济基础是第二性的

2. 法对生产力（　　）。

A. 有直接的促进或阻碍作用

B. 不需要通过经济基础的中介

C. 没有直接的作用

D. 对社会发展不起作用

二、多项选择题

1. 法对生产力的作用在于（　　）。

A. 法对生产力的作用一般要通过经济基础的中介

B. 法对生产力有决定作用

C. 法能促进生产力的发展

D. 法能阻碍生产力的发展

2. 社会主义法的制定和实施可能（　　）。

A. 适应经济规律，对经济发展起促进作用

B. 不适应经济规律，对经济发展起阻碍作用

C. 改变经济规律

D. 创造经济规律

3. 社会主义法与经济的相互作用主要表现在（　　）。

A. 经济基础对社会主义法具有决定作用

B. 社会主义法对经济具有服务作用

C. 社会主义法制约经济的发展

D. 经济和社会主义法没有直接联系

4. 法与经济体制改革的相互作用表现在（　　）。

A. 经济体制改革促进法制的建设和发展

B. 改革促进法制建设的发展

C. 法促进和保障经济体制改革的正常进行

D. 法与经济体制改革相互促进、相互作用

5. 人们往往说市场经济实质上是法制或法治经济，这主要表现在（　　）。

A. 市场经济是自由竞争、平等竞争经济

B. 市场经济关系是契约的经济关系

C. 市场经济是主体独立的经济

D. 市场经济是有序经济、开放型经济

6. 社会主义法发挥组织经济的作用，必须按照经济规律办事，并且（　　）。

A. 利用经济规律　　B. 反映经济规律

C. 修改经济规律　　D. 创造经济规律

三、简答题

1. 我国社会主义法与对外开放的关系。
2. 在实践中，我们应怎样正确分析和处理改革与法的冲突问题。
3. 简述经济基础对法的决定作用。
4. 如何认识法与生产力之间的关系。
5. 简述知识经济的含义和基本特征。
6. 简述知识经济和法治文明之间的关系。

四、论述题

1. 如何正确认识法是一定经济关系的要求和法应该适应经济关系的要求。
2. 如何理解市场经济实质上是法治经济。
3. 试述社会主义法与经济的相互作用。
4. 试述法在市场经济宏观调控中的作用。
5. 从市场经济的角度，谈谈法在市场经济关系中的作用。

参考答案

一、单项选择题

1. **答案**：B。经济基础决定法，法对经济基础有反作用。
2. **答案**：A。生产力对法具有决定作用。法对生产力的阻碍或者促进作用一般通过经济基础这一中介。但是，法对生产力也有直接的促进或者阻碍作用。

二、多项选择题

1. **答案**：ACD。生产力对法具有决定作用。法对生产力的阻碍或者促进作用一般通过经济基础这一中介。但是，法对生产力也有直接的促进或者阻碍作用。
2. **答案**：AB。经济基础对社会主义法有决定作用，因此应当遵循经济规律而不是违背经济规律。同时，社会主义法对经济基础具有服务作用。因此社会主义法应当按照经济规律办事，促进经济的发展。
3. **答案**：AB。社会主义法是建立在经济基础之上的上层建筑，一方面，经济基础对社会主义法具有决定作用。另一方面，社会主义法对经济具有服务作用。
4. **答案**：ABCD。法与经济体制改革是相互促进、相互作用的。首先，经济体制改革促进法制的建设和发展，改革促进法制建设的发展。其次，法促进和保障经济体制改革的正常进行。
5. **答案**：ABCD。市场经济实质上是法治经济。(1) 市场经济是主体独立的经济。市场经济主体的行为需要由法来规范。(2) 市场经济关系是契约经济关系。从身份到契约是从自然经济到市场经济的主要标志。契约关系是一种法的关系，具有法的约束力，也需要法来确认和保障。(3) 市场经济是自由竞争、平等竞争经济。而竞争所必需的规则和规范的主要表现形式就是法。(4) 市场经济是有序经济。要使市场经济成为有序经济，就离不开法制、法治的作用。(5) 市场经济还是开放型经济。现代市场经济的内在动力机制使得它呈现扩展的状态，使各国的经济联系趋于密切。这就要求主权国家既要熟悉和善于运用国际经贸法律、规则和惯例，又要充分注意并善于使自己的涉外经贸法律、法规同国际经贸法律、规则和惯例接轨。
6. **答案**：AB。经济对社会主义法有决定作用，因此应当遵循经济规律而不是违背经济规律。同时，社会主义法对经济具有服务作用。因此社会主义法应当按照经济规律办事，促进经济的发展。

三、简答题

1. **答案**：我国是社会主义国家，我国的法律是社会主义法律，是由社会主义国家制定或认可并以国家强制力保证的行为规范的系统。我国的法，与其他国家的法律一样，既负有阶级统治职能也负有社会公共职能。在社会公共职能中既包括在国内发展政治、经济、文化等各项事业，也包括走出国门与世界其他国家进行合作与交流。可见，我国社会主义法本身就包含了对外开放的职能，实行对外开放是社会主义法的应有之义。

当今世界是一个开放的世界，随着世界经济一体化的发展日渐加快，任何一个国家都不可能脱离国际社会独立发展。中国也是如此。因此，改革开放是中国走向现代化的必然选择，事实也证明这是中国飞速发展的动力之一。在这一过程中，法律既是对外开放的推动力量，也受益于对外开放。而对外开放一方面促进了法律的变革，另一方面给法律提出了更多的课题。将两者协调起来，可以相互促进、相得益彰，共同服务于社会主义中国。我国社会主义法对对外开放的促进和保障作用体现在：

（1）把对外开放的宏观战略和政策细化为具体的法律、法规，以保证其稳定性和可操作性。战略和政策都具有一定模糊性，不易掌握和运用，特别是在改革开放初期，对于初次与中国进行经济往来的外国人而言，缺乏明确而稳定的法律规范会使其无所适从。因此，必须将战略和政策纳入法律调整，使之明确下来，并具有法律的权威性和稳定性。当然，这并不是指简单地将政策照搬到法律中，还必须采用一定的法律技术去粗取精，用含义明确的法律术语表达出来。此外，政策也有许多等级，不同级别的政策间可能存在冲突。因此，在将政策转化为法律的同时，必须在各项政策间进行协调，务求相互支持。

（2）法律有助于加速外国经济力量进入中国市场，使中国可以借助外国经验发展经济。历史已经证明，单靠一国自身的力量是难以全面发展的，无论是物质力量上、技术实力上还是管理方式上，任何国家都需要借鉴别国的成功经验或优点。目前，我国正在经历由计划经济向市场经济的转变，并在积极开拓国际市场，在各方面都有学习别国经验的需要。将这种需要以法律的形式明确和固定下来，有助于使外国了解中国的态度和中国允许的具体做法，使其主动对中国投资，促进中国发展。

（3）法律有助于促进我国积极参与国际经济活动，建立广泛的国际经济关系。在外国进入中国的同时，中国也必须积极走出去，参与国际大家庭的经济活动。而我国以前一直极少进行涉外经济活动，国内经济实体也一直没有对外开展经济活动的权利，即使是现在，能够以自己的名义参与涉外经济活动的仍属少数。这就需要通过法律形式赋予国内各相关主体一定的法律资格，明确其对外经营权，使其能主动参与国际经济活动。同时也要规定其义务范围，使国家与经济实体同时在对外开放中受益，达到双方能够长足发展的目的。

（4）法律有助于趋利避害，保障我国的经济安全和经济独立，抑制对外开放中的负面效应。对外开放将中国和世界联系在一起，这既是中国的机会，但也使中国面临冲击和挑战。首先，这体现为我国内经济实体由于缺乏经验或实力不够雄厚而在竞争激烈的国际环境中面临困境；其次，这体现为由于没有足够的风险防范措施而使中国的经济面临风险。此外，外国的种种精神垃圾也会借中国对外开放之风进入中国。因此，必须用法律手段将防范措施固定下来，使中国最大限度地免受经济全球化的消极影响。同时，用法律方法抑制各种糟粕在中国的泛滥。

对外开放也使社会主义法得到新的发展：

（1）它要求我国积极加入多边或地区性的国际条约和国际组织。对外开放给中国提供了新的发展空间，这要求中国更多地投入新的世界经济活动中去。由于经济一体化的影响，世界上重要的经济活动都是在不同的国际组织的参与下或依照不同的国际条约进行的。中国要想在世界经济活动中占有一席之地就必然要参加公约或国际组织，这必然扩大我国的法律渊源和法律内容，使我国法律有新的发展。

（2）对外开放要求我国积极进行法制改革，做好现有法律与国际法律、法规、习惯的接轨工作，使我国法律既能反映我国法制的特点，也能适应对外开放的要求。这要求我们一方面加紧对现有法律的废止和修改工作，另一方面制定新的、适应市场经济和对外开放双重要求的法律。

（3）我们要处理好促进贸易投资自由化与捍卫国家主权的关系。经济一体化的发展以发达国家为主导，我国采用外向型经济必然受到发达国家经济政策的影响，形成不同国家间利益的冲突。对此，我们既不能不顾长远利益一味强硬到底，也不能一味妥协而牺牲了整体利益，而是要实事求是，把握住原则和大方向，在细枝末节上则可以做适当牺牲，为日后更好发展打下基础。

总之，我国社会主义法将积极促成对外开放，并扩大其成果，同时对其消极因素进行抑制。而我国对外开放也将带给我国社会主义法以新的内容和形式，使其获得新的发展。

2. 答案：（1）实践中确实存在改革与法律、法规发生冲突的情况。对这种情况要作具体分析，不能笼统地说法要给改革让路，也不能笼统地说要给与法发生冲突的改革者治罪。

（2）这里至少要作两方面的解析：第一，要分析改革方面的情况。改革也可以作具体分析，有好的改革，也有不合时宜的改革，还有盲目的改革，至少改革也有得失成败之分。判断改革得失成败的最主要标准是看它是否有利于发展社会生产力，是否有利于增强我国的综合国力和有利于提高人民生活水平。第二，要分析法方面的情况。分析与改革发生冲突的法，主要就是分析该法是否同宪法中的改革原则、精神相符合。

（3）通过分析可以看出改革与法发生冲突的情况主要有三种：

一是不合时宜的改革同宪法和符合宪法原则的法律、法规、规章的矛盾。发生这种矛盾时，应当坚持宪法原则，阻止这种改革发生或暂不让其发生。二是不合时宜的改革同那些与宪法的改革原则相抵触的法律、法规、规章的矛盾。解决这种矛盾的办法主要也是阻止这种改革发生，同时要修改与宪法原则不符合的法律、法规、规章。三是好的改革、正确的改革与有关不适合改革进行的法律、法规、规章的矛盾。这种矛盾发生时，应当及时修改法律、法规、规章。在没有修改之前，不能用它们束缚改革的手脚。因为，同好的、正确的改革相冲突的法，必然是同确立了正确改革原则的宪法相矛盾的。遵守这样的法不仅会扼杀改革，而且是违宪的。

3. 答案：经济基础决定法：

（1）有什么样的经济基础就有什么样的法。每一种社会形态都有特定的经济基础和上层建筑。经济基础和上层建筑的统一，构成特定的社会形态。在经济基础与上层建筑这一矛盾统一体中，经济基础起着主要的决定的作用。同样地，法作为上层建筑的组成部分，归根结底由经济基础所决定，就法与经济基础两者关系来说，经济基础是第一性的，法是第二性的，有什么样的经济基础就有什么样的法。

（2）经济基础决定法，表现在法的产生、本质、特点和发展变化等，归根结底由经济基础决定。在公有制社会不存在作为阶级意志体现的法。随着私有制的出现，产生了阶级后才产生法。自私有制和阶级产生以来，出现过四种类型的社会经济基础，因此就有奴隶制、封建制、资本主义和社会主义四种相应类型的法。在经济上占主导地位进而在政治上占统治地位的阶级，必然会运用所掌握的国家政权，把它的意志通过法表现出来。因此每一种类型的法都不过是以法的形式表现出来的占统治地位的经济关系。在经济基础发生量的变化时，也能引起法的立、改、废。法的许多特点也由经济基础所决定。如奴隶制经济基础的重要特点之一是奴隶主既占有生产资料又占有奴隶人身，这就决定了奴隶制法公开保护奴隶主对生产资料和奴隶人身的双重占有权。

（3）讲经济基础决定法，是在最终意义上讲的，不是说经济基础之外的因素对法没有重要影响，也不是说法可直接、自发地从经济基础中产生出来。经济基础决定法，是一个复杂的过程。

4. 答案：在生产方式中，生产力始终是最活跃、最革命的要素。社会物质文明与精神文明程度的高低，均与生产力有直接联系。因此，生产力标准是衡量一切社会现象的基本标准；离开生产力来论述社会现象，实际上都是空谈。

法与生产力的关系极为密切。首先，法离开生产力的发展，自己无存在的可能，也无存在的必要。其次，法从产生那时起，始终受生产力发展水平的影响、促进和制约。生产力的发展过程，同时也是法律、法学的发展过程。最后，法律历来都是为一定的生产力发展服务的；尽管因种种原因法律对生产力的作用有时是促进，有时却又是阻碍的；但在总体上，法律总是从不同角度促进生产力的发展的，否则，人类就不可能有今天。即使是私有制法律，在它的上升时期，对社会生产力的发展也是起进步作用的。

正确认识社会主义法与生产力的关系，这是我们必须要明确的问题。

5. **答案**：“知识经济”是指建立在知识的生产、分配和使用上的经济，是与农业经济、工业经济相对应的一个概念。这里所说的知识，包含极为广泛的内容，而科学技术、管理和行为科学是其主要部分。

知识经济的基本特征之一就在于它在资源配置上以智力资源、无形资产作为第一要素，并致力于通过智力资源开发新的自然资源来创造新财富，逐步代替工业经济所依赖的作为命脉的、已经短缺的自然资源。这就是说，在知识经济条件下，无形资产主宰着有形资产，知识垄断与竞争代替工业垄断与竞争。

知识经济的另一个基本特征，就是知识产权具有重大意义。因为任何科学技术的发明与创造，只有通过取得专利权、著作权等知识产权，才能受到法律保护，并进而促进产业发展广泛地运用与传播。

知识经济还有一个特征，那就是产品制造模式转向知识密集型产品，伴随而来的柔性的工作组织，在这种情况下，制造业竞争中的劳动力成本大大降低。与此同时，随着需求和制造业的发展向服务业转移，诸如保健、教育和休闲娱乐业将有大的发展，产业开发和营销的社会地位将逐步提高。在这些条件下，知识密集的服务业将为制造业和消费提供大量需求。

在知识经济条件下，取得知识与运用知识成为社会的主题。

6. **答案**：知识经济与法治文明是21世纪人类社会的两大支柱，是人类发展与社会进步的内在动力，它们犹如两个车轮，推动时代前进。它们之间有着密不可分的联系；知识经济离开法治文明，如同法治文明离开知识经济一样，都是不可想象的。

（1）法治文明对知识经济的作用

①法治文明是知识经济运行和发展的中介。任何知识转化为现实生产力的过程，或者说知识经济运行的机制，都必须通过反映法治文明的知识产权这一中介。

②法治文明是知识经济发展的动力。知识是靠人来获取与运用的，而人的积极性、进取性及其各项素质，都与法治文明有直接联系。

③法治文明是知识经济发展的保障。知识经济也是在一定的时间与空间中运行的，离不开有序的环境和良好的社会秩序。

（2）知识经济对法治文明的作用

①知识经济导致法律内容的扩大与更新。知识经济是新的经济形态，必然出现新的社会关系或改变原来某些社会关系，而法律是调整社会关系的，并因社会关系的不同而划分不同的法律部门；在新的社会关系面前，法律的调整范围必须扩大，内容必须更新。

②知识经济导致人们观念的变化和更新，其中当然包括法学观念的变化与更新，特别是法学基本概念的变化与更新。

③知识经济导致法学方法论的更新。知识经济对法学方法论必然要产生极大影响。

总之，知识经济对法治文明的影响是根本性的、全方位的，我们必须面对这种未来，把挑战与机遇结合起来，使法治文明在21世纪大放异彩！

四、论述题

1. **答案**：法与社会经济关系，是马克思主义法学理解法律的最根本视角。仔细分析二者的关系，我们可发现：法是一定经济关系的要求，法应该适应经济关系的要求，对此，可从以下几方面加以认识。

(1) 经济是指社会的物质生产方式，即生产力和生产关系的统一体。其中生产关系又可以从两方面加以认识，一是从静态结构上看，包括生产资料所有制关系、分配关系和由此决定的人们在生产过程中所处的地位；二是从动态过程上看，包括生产、交换、分配和消费四个环节。

(2) 法是一定经济关系的要求，是指法是由生产方式决定的，其中生产关系直接决定法律，生产力间接决定法律，具体地说：

①生产关系对法的决定作用首先表现在从结构上看的生产关系对法的本质的决定。有什么样的生产关系就有什么性质的法。此外，生产关系的发展变化决定着法的发展变化。法律不断调整自己以反映发展变化的生产关系不同的内在要求。②生产关系对法的决定作用还表现在动态过程意义上的生产关系对法的面貌的特定意义上的决定。不同的经济运行方式，即自然经济和商品经济反映在法律方面就有所不同，前者决定私法的落后，且私法具有公法化倾向，后者则决定私法的发达。③生产力作为最活跃最革命的因素，则通过决定生产关系间接地决定法律及其发展变化。④因此，“无论政治的立法或市民的立法，都只是表明和记载经济关系的要求而已”(马克思语)。

(3) 法应该适应经济关系的要求，这主要是因为：

①这是由法的本质所决定的，法作为统治阶级统治的工具，集中体现了统治阶级的意志，当然它应该适应生产力和生产关系的要求，以利于统治阶级的统治。②从法对经济关系的反作用来说，它具有促进或阻碍生产力和生产关系发展两种可能性，因此，法为了促进经济的发展，当然应该适应经济关系的要求。③从法的实现的角度来讲，法只有适应经济关系的要求，才更有可能使人们自觉守法，真正地使法在社会生活中得到贯彻和实现。

(4) 认识到法不仅是一定经济关系的要求，而且应该适应经济关系的要求，在大力发展社会主义市场经济的今天，具有重大的现实意义。它要求我们的法律制度应随着客观经济关系的发展变化而不断发展变化；这不仅有利于市场经济的发展，也有利于社会主义民主政治的发展，有利于依法治国，建设社会主义法治国家。

2. 答案：无论何种市场经济，与法的关系，对法的迫切需要，都比其他类型的经济要突出得多。正因如此，人们往往说市场经济实质上是法制经济或法治经济。这主要表现在：

(1) 市场经济是主体独立的经济。市场经济主体的行为和地位需要由法来规范和确定，需要有法所确认、保障的从事市场经济活动的财产权和其他经济权利。

(2) 市场经济关系是契约经济关系。现代市场经济运行过程中的各种活动，几乎都通过契约来实现。产品生产、市场交换、分配方式、产品消费、社会保障等各个环节，虽然形式上有许多差别，但实质上都是契约关系的表现。从身份到契约是从自然经济到市场经济的主要标志。

(3) 市场经济是自由竞争、平等竞争经济。竞争就是比赛，比赛就要有比赛规则和规范。这种规则和规范的主要表现形式就是法。

(4) 市场经济是有序经济。市场运行需要有正常的秩序，需要有正常的市场进入、市场交易的秩序。要使市场经济成为有序经济，就离不开法制或法治的作用。

(5) 市场经济还是开放型经济。现代市场经济的内在动力机制使得它呈现扩展的状态，使各国的经济联系趋于密切。这就要求主权国家既要熟悉和善于运用国际经贸法律、规则和惯例，又要充分注意并善于使自己的涉外经贸法律、法规同国际经贸法律、规则和惯例接轨。

3. 答案：(1) 经济对社会主义法的决定作用。主要表现在：

①在立法时应考虑所立的法是否有利于生产力的发展，应从实际经济条件出发，使

所立的法符合在这种条件的基础上所产生的客观经济基础服务，促进生产力发展。

②在立法时应正确处理各种物质利益关系。社会经济关系最终都体现为物质利益关系。在我国现阶段，物质利益关系涉及诸多方面，立法时应善于将这些物质利益关系体现为法律权利和义务。

(2) 社会主义法对经济的服务作用。主要在于：

①法积极体现经济建设战略部署的精神并保障其顺利实现，维护基本经济制度和促进经济体制改革，并由此促进生产力发展。②法还直接促进生产力的发展。法确认社会主义市场经济体制模式，确认国民经济持续、快速、健康发展的方针，促进产品、产业、投资、消费等结构趋于合理化，促进经济效益的提高和科学技术的发展，保护自然资源和环境，完善劳动保护制度等。所有这些对生产力的发展都有重大的直接促进作用。

4. 答案：法在实现市场经济宏观调控中的作用，在实现调控的种种方式或工具中，法是主要的一种。其作用主要在于：

(1) 对市场经济的运行起引导作用。通过法的规范，引导市场经济主体在遵循市场经济体制自身要求的同时，也遵循一套统一而普遍适用的规则，避免或抑制各经济主体随意发展、利益冲突和某些经济领域发展失控或呈现危机，使市场经济得以健康发展。

(2) 对市场经济的运行起促进作用。通过法的规范，为市场经济的发展创造条件；反映市场经济规律，促进市场经济发展。不仅通过直接调整市场经济的法，为市场发展、完善创造条件，扫除障碍，促使市场按法所反映的规律发展；还通过不直接调整市场经济的法，为正确处理各种社会关系提供标准，促进市场经济发展。

(3) 对市场经济的运行起保障作用。国家通过法的规范，确认和维护市场经济主体的正当权益，为市场经济运行提供利益保障；确立和维护必要的平等原则，为市场经济运行提供平等保障；建立和维护必要的法的秩序、法的环境，为市场经济运行提供秩序保障和环境保障。

(4) 对市场经济运行起必要的制约作用。国家通过法的规范，在引导、促进和保障市场经济的同时，也制约市场经济中的自发性、盲目性等非有序化倾向和片面强调本位物质利益的消极因素，使市场经济健康发展。

5. 答案：所谓市场经济，是指适应社会化大生产和市场国际化客观的需要以市场作为实现资源的优化配置取向的经济运行形式和管理方法。我国社会主义市场经济的启动、运行和发展，无论是它的运行形式还是它的管理方法，都不可能离开法的调整机制。或者说，法在市场经济关系中发挥着极其重要的作用，具体来说，这种作用表现在：

(1) 适应市场经济主体所应具有的独立性、自主自由性、平等性等要求，国家可通过制定一系列市场经济主体法，如公司法、企业法、合伙法等，从而确保市场主体所享有的财产所有权、经营权，并明晰各市场经济主体之间的权利、义务关系。

(2) 适应市场经济主体之间公平、平等竞争的要求，通过制定一系列市场行为法，如公平竞争法、反垄断法、合同法等，可以有效地规范市场行为，并反对和防止形形色色的垄断行为。

(3) 适应市场经济需要政企分开的要求，通过加强宏观控制法，如计划法、投资法、预算法等，有利于真正实行政企分开，使政府职能由微观控制转变到宏观控制，由直接调整转变到间接调整。

(4) 法在市场经济关系中的作用，很重要的一点还在于通过建立健全的市场经济执法体系和司法体系，有利于排除各种地方保护主义，遏制“权钱交易”的腐败现象，并客观公正地调整经济活动中产生的社会关系和纠纷，从而为市场经济的发展创造一个良好的社会环境，确保市场经济的健康发展。

(5) 此外，法在市场经济关系中的作用还表现在，通过建立并完善市场法律服务体系，如律师法、公证法、会计法、审计法等，使市场经济主体的行为真正有序进行。

(6) 最后，通过健全市场法律监督体系，可以有效监督市场经济行为的合法性，以矫正市场活动中的违法犯罪行为。

总之，市场经济实质上就是法治经济，通过加强立法、执法、司法、法律监督等，将使市场经济健康有序地运行并不断得到发展。

第二十五章　中国社会主义法与民主政治

基础知识图解

法与民主政治的一般关系
- 1. 民主与民主政治
- 2. 民主是法治的基础
- 3. 法治是民主的保障

中国的民主政治制度是符合国情的选择
- 1. 中国人民选择民主政治制度的艰难探索
- 2. 党的领导是社会主义民主政治发展的根本保证
- 3. 社会主义民主政治的本质要求是人民当家作主
- 4. 社会稳定是社会主义民主政治发展的重要条件

发展社会主义民主，建设社会主义政治文明
- 1. 社会主义政治文明的内涵
- 2. 推进社会主义政治文明建设

配套测试

一、单项选择题

1. 党对法治工作的领导体现为思想领导、政治领导和组织领导。下列哪一说法是不正确的？（　　）

A. 党中央将“忠诚、为民、公正、廉洁”作为政法干警的核心价值观

B. 党的地方组织决定相关层级司法机关的案件处理

C. 司法机关要按照党中央关于和谐社会的总体要求，落实宽严相济的刑事政策

D. 党对国家法治事业的发展作出总体战略部署并推动决策实施

2. 党的政策与社会主义法的关系应该是（　　）。

A. 政策指导法，法制约政策，两者相辅相成

B. 法高于并大于政策，政策必须服从法

C. 政策高于并大于法，法必须服从政策

D. 政策与法各自独立，互不干涉

3. 就国家对法的作用来说，能影响以至决定法的形式的最主要的因素是（　　）。

A. 国家所赖以存在的经济基础

B. 国家管理形式和结构形式

C. 国家的中心任务

D. 国家职能

4. 在我国，法和共产党的政策都以马克思主义为指导，这说明二者（　　）。

A. 体现的意志相同　　B. 经济基础相同

C. 适用的范围相同　　D. 思想理论基础相同

5. 在法的范围内进行改革是改革的自我要求。以下说法正确的是（　　）。

A. 改革是一场革命，不应该用法束缚它

B. 在法的范围内进行改革，会束缚党和国家领导改革的手脚

C. 法与改革是互相冲突的

D. 在法的范围内进行改革，是保证社会安定的需要

二、多项选择题

1. 美国法学家拉斯威尔和麦克杜格尔首创一种政策法学，被政策法学作为法的价值是（　　）。

A. 自由　　B. 权力
C. 财富　　D. 平等

2. 法对国家的依赖性表现在（　　）。
A. 法的创立、形式及实施方面的特点直接受国家形式的影响
B. 法的性质、作用和特点都与国家直接关联
C. 国家结构形式直接影响法的形式和法律制度
D. 国家管理形式对法的形式和法的制定有直接影响

3. 法律和党的政策的区别是（　　）。
A. 制定的主体和效力范围不同
B. 表现形式和保障实施的手段不同
C. 稳定性的程度不同
D. 作用范围不同

4. 法与政治都是一定经济基础上的上层建筑，都反映一定阶级的意志和利益，两者相互作用，密切关联，关于二者关系的以下论述，错误的有（　　）。
A. 政治对法的影响体现在政治对于法的主导地位，具体也体现在政治的先进与落后是法的先进与落后的重要根据
B. 政治的发展变化，往往直接导致法和法治的发展变化，我国只有建立民主政治，法治才能有效发展，才能真正实现依法治国
C. 法具有独立的发展规律，法不反映和实现一定阶级、集团的政治目的和政治要求
D. 没有不反映政治的法，没有不存在法律的政治

5. 政治体制改革与法制建设的关系（　　）。
A. 法制建设是政治体制改革的重要组成部分
B. 法制建设应当贯穿于政治体制改革的全过程
C. 政治体制改革的发展为法制建设提出了崭新的课题
D. 二者是当代中国法与政治关系中的两项突出的内容，但是二者没有必然的联系

三、简答题

1. 法与政治的关系是什么？
2. 简述政策和法律的一致性和区别。
3. 简述法与国家的关系。
4. 为什么说全面依法治国，建设社会主义法治国家必须在党的领导下有目的、有步骤、有秩序地进行？

四、论述题

1. 试论正确认识和处理法的稳定性与改革的复杂性、渐进性和探索性之间的矛盾。
2. 试述社会主义民主与社会主义法制的关系。
3. 党和国家应不应该在宪法与法律范围内活动？

参考答案

一、单项选择题

1. **答案**：B。党的领导，主要是思想领导、政治领导和组织领导。党对法治事业的领导，同样需要在宪法和法律规定的范围内进行。各级党组织必须充分尊重司法机关依法独立行使职权，不得违反法律的规定而插手司法机关正常的司法活动。故 B 项错误。其他选项正确。
2. **答案**：A。一方面，党的政策对立法和法的实施活动有重要指导作用。另一方面，党的活动要以法为依据，不能与法相背离。二者是相辅相成的关系。
3. **答案**：B。法的形式和法律制度直接受国家形式的影响。国家管理形式即政体对法有直接的影响。不同政体往往有不同的法的表现形式。在法的形式方面，单一制国家一般不存在多种法的体系。因而法的形式也不复杂。但联邦制国家有联邦法的体系和联邦各组成部分法的体系。
4. **答案**：D。二者都是以马克思主义作为思想基础的。
5. **答案**：D。在法的范围内进行改革，是改革的方式决定的，是保证社会安定的需要。

二、多项选择题

1. **答案**：BC。美国法学家拉斯威尔和麦克杜格尔首创一种政策法学，认为法的价值是权力、财富。
2. **答案**：ABCD。法与国家建立在同一经济基础之上，二者相伴而行，相互依赖，法依赖于

国家表现在：首先，法的制定、认可、变动和实施，是依赖于国家。其次，法的性质、作用和特点都与国家直接相关联。最后，法的形式和法律制度直接受国家形式的影响。

3. **答案**：ABCD。法是由国家机关制定的，党的政策是由党的领导机关制定的。法表现为规范性法律文件，而党的政策表现为纲领、决议等非规范性文件。法的制定修改需要经过法定的程序，而且法具有稳定性，一经制定非有重大变化不易改变。而政策通常为指导具体任务提出，具有灵活性。

4. **答案**：CD。本题考查法和政治的关系。法虽然有自己独特的发展规律，但是法要反映和实现一定阶级、集团的政治目的和政治要求。所以C是错误的。法、法治反映政治，但并不是每一个具体的法都有相应的政治内容，都反映政治要求，例如一些技术规则；但是在阶级政治的发展中往往是伴随法的存在的，所以D是错误的。

5. **答案**：ABC。本题考查的是法制建设与政治体制改革的关系。法制建设和政治体制改革是密切相联系的，法制建设是政治体制改革的重要组成部分，并贯穿于政治体制改革的全过程，所以D是错误的。

三、简答题

1. **答案**：(1) 法与政治都是一定经济基础的上层建筑，都反映一定阶级的意志和利益，两者相互作用、密切关联。政治对法有直接的影响制约作用，法又确认和调整政治关系，直接影响政治的发展。

   (2) 就法与政治两者的相互作用来说，政治对法的作用更明显、更直接，政治在与法发生关系的过程中经常居于主导地位。这特别表现在政治的发展变化直接导致法、法治的发展变化上。当法的状况和法的制定、修改、废止是由于政治的发展变化所引起时，当法反映政治目的和要求时，这种法的活动，可以说是一种政治措施。但不能由此得出法仅仅是一种政治措施的结论。法的作用是多方面的。

2. **答案**：(1) 在我国，法与执政党的政策，在经济基础、体现的意志、根本任务和思想理论基础等方面，都具有一致性。

   (2) 法与执政党的政策，在制定的组织和程序、实施的方式、表现的形式、调整的范围和社会功能、稳定性和灵活性的程度等方面，都有区别。①法由国家机关依据法定程序来制定；党的政策不是由国家机关依据法定程序制定的，而是由党的领导机关根据民主集中制原则制定的。②法具有国家的特殊强制力，在自己的效力范围内具有普遍约束力；政策的实施，对党员以党的纪律作后盾，对公民主要依靠宣传动员和说服教育。③法以宪法、法律、法规等确定性和规范性的形式表现出来，具有肯定性、明确性，具体规定了权利和义务；政策通常以纲领、决议、宣言等非规范性文件形式表现出来，比较注意理论阐述，规定得比较原则，少有具体、明确的权利和义务规定。④法一般调整有重大影响的社会关系，是提供辨别人们行为是否违法犯罪的标准；政策调整的范围更广，它渗透到国家和社会生活的各个领域、环节发挥作用，是区分是与非、正确与错误的标准。⑤法往往是长期经验的总结，情况不发生重大变化不会轻易改变；政策一般是对全局性的任务提出号召，允许人们在实践中加以具体化和灵活运用，它要适合形势变化而及时变化，因而较为灵活。

3. **答案**：法和国家是两种既有联系又有区别的社会现象。

   首先，从国家与法的起源上看，两者都是在社会出现私有制和分裂为阶级的过程中，为了控制个人之间、阶级之间的利益冲突，维护社会的存在而产生的。

   其次，从国家与法在社会结构中的地位和功能上看，它们都是上层建筑最重要的组成部分，都由社会的经济基础决定并对经济基础发生着最直接、最明显的反作用。

   再次，从国家和法的阶级本质上看，它们都是统治阶级借以实现统治的工具。法作为一种行为规范体系，是统治阶级意志的客观化、定型化；国家作为一种权威性的政治组织体系，则是统治阶级用以推行其意志的工具。

   最后，从国家和法的存在方式上看，它

们是互为条件、相互依存的统一整体。国家离不开法，法也离不开国家。法作为国家意志，要由国家来确立和推行；国家作为实行统治的组织，要由法来协调其内部关系并为其活动指明方向，提供调整社会关系的各种规则。

我们认为，在国家与法的关系中，任何一方的权威性都不可也不应该绝对地优越于另一方。如果法律是绝对优越的，它就会成为一种超越一切、支配一切的永恒存在，这样一来，国家对法律的任何修改和废除都是不可能的了。如果国家是绝对优越的，那就意味着一个政权可以任意抛弃和践踏现有的法律秩序。这样一来，任何形式的民主都会被极端的恐怖统治所代替。解答这一矛盾，关键是要把法作为法律制度、法治秩序来理解。在革命夺取政权之后，新生的国家政权首先要建立宪法秩序和法治秩序，在这个时候，可以说国家大于法，因为国家先于法，国家是宪法和法律的创制者。在宪法秩序和法治秩序建立之后，国家必须在宪法和法律的界限内运行，即使国家要对宪法和法律加以修改，也必须遵循宪法和法律规定的程序和法制原则。

4. 答案：全面依法治国，建设社会主义法治国家，必须在党的领导下有目的、有步骤、有秩序地进行。这是因为：第一，法治是全体人民通过立法、执法、司法、法制监督、法治教育等体制运作所建立起来的社会主义法律秩序，具有鲜明的阶级性和人民性。而作为无产阶级先锋队、以为人民服务为宗旨的中国共产党正是这种阶级性和人民性的集中体现。第二，社会主义民主是法治的基础和前提，没有民主就不会有真正的法治，而共产党是争取民主、发扬民主、扩大民主、建设社会主义民主政治的领导核心，没有党的领导就不会有真正的民主，也就不会有社会主义法治。第三，法律的制定过程是把党的意志转化为国家意志，把党的路线、方针和政策转化为法律原则和规则的过程，是党领导立法机关统一认识、集中智慧的过程。在这个过程中，只有坚持党的领导，才能使我们的立法符合党的基本路线，符合国家和社会的发展战略，适应经济体制改革和政治体制改革的需要，找到改革、发展与稳定的平衡点。第四，法律的实施经常遇到区域性乃至全国性的全局问题，触及经济、政治、文化等方面的热点问题，牵涉到诸多政法机关以及其他国家机关的关系。这些全局问题、热点问题、跨部门的重大问题的解决，都需要党来指导和协调。第五，共产党是执政党，执政党的法治观念如何，有无全面依法治国的坚定信仰和坚强意志，能否在宪法和法律的范围内活动，是实行法治的决定性因素。

四、论述题

1. 答案：(1) 一方面，正在我国进行的这场经济体制改革，是一个复杂的、渐进的过程，旧体制向新体制转变，需要经历一个旧新两种体制交替并存的、复杂的、逐步过渡的阶段，而法要求具有稳定性。这样，改革的复杂性、渐进性与法的稳定性就会发生矛盾。另一方面，这场改革又是一个探索的过程，一些重大的改革需要经过试验。

(2) 但从整体上说，这场改革与我国社会主义法不是也不能是在根本上相抵触的。相反地，两者的性质、目的和根本使命等多方面是一致的、相适应的，并且这种一致性和适应性还是主要的。

(3) 法与改革既相矛盾又相适应并且相适应的一面还是主要的情况，一方面决定了不应也不可能期望每一项具体的改革都要在法的范围内进行。要求预先制定一整套完备的、成熟的有关改革的法律、法规、规章，然后按图索骥似的进行改革，是不切实际的。另一方面更决定了应当也可能将改革在整体上或总体上置于法的范围内进行。

2. 答案：(1) 社会主义民主是社会主义法制的基础

①社会主义民主是社会主义法制的前提。只有实现社会主义民主，由工人阶级和全体人民掌握政权，才谈得上制定体现自己意志的法制。现代意义上的法制，中心环节是依法办事，法律面前人人平等，反对超越法律的特权。这种法制只能存在

于民主政体中，绝不能存在于专制政体中。②社会主义民主是社会主义法制的一个原则。法制的民主原则是指在立法、执行、守法、法律监督等法制的种种环节上，都实行民主。坚持法制的民主原则是由社会主义法制的本质决定的。③社会主义民主是社会主义法制的力量源泉。充分发扬民主，使人民在立法、执法、司法、守法和法律监督方面都发挥作用，社会主义法制建设就有成功的保障。④随着社会的发展，社会主义民主不断发展、健全、完善。相应地，法制也必须随之发展、健全、完善。

(2) 社会主义法制是社会主义民主的保障

①社会主义法制确认社会主义民主。民主要得以存在、实现和发展，需要法制加以确认、肯定。②社会主义法制规定社会主义民主的范围。③社会主义法制规定如何实现社会主义民主。一方面法制规定实现民主的程序和方法，为人民行使各项民主权利提供有效措施。另一方面规定对行使民主权利的制约，保障人民能正确地行使民主权利。④社会主义社会仍然存在危害民主的违法犯罪行为，这就需要用法来制裁这些行为，使民主得到切实保障。同时，法制也是同官僚主义进行斗争的武器，通过这种斗争，保障社会主义民主。

3. 答案：党和国家必须在宪法和法律范围内活动，理由在于：

(1) 党和国家必须在宪法和法律范围内活动，是国家根本大法和党的根本大法明确规定的。国家根本大法，即《宪法》中明确规定：“一切国家机关和武装力量、各政党和各社会团体、各企业事业组织都必须遵守宪法和法律。”党的根本大法，即《中国共产党章程》亦明确规定：“党必须在宪法和法律的范围内活动。”

(2) 党和国家在宪法和法律范围内活动，既是党的领导的体现，又是党的领导所必需。因为宪法和法律是以共产党的政策为依据，是共产党的政策条文化、具体化和规范化的表现，共产党领导人民立法，也必须带头守法。

(3) 坚持党和国家必须在宪法和法律范围内活动，这从根本上维护了我国社会主义法制的统一性和权威性。

(4) 维护并遵守宪法和法律是党性的要求和表现，是衡量一个党员是否合乎标准的重要条件之一。

(5) 在现阶段，强调党和国家必须在宪法和法律范围内活动，还具有重要意义，不仅有利于巩固和发展社会主义法治，促进“两个文明”建设的发展，而且有利于加强和完善党的领导。

第二十六章 中国社会主义法与文化

基础知识图解

社会主义法与文化建设
- 1. 法与文化的一般原理
- 2. 社会主义法与法治文化
- 3. 社会主义法与文化建设

社会主义法与道德
- 1. 道德的内涵
- 2. 法与道德的联系和区别
- 3. 社会主义法与道德的联系
  - （1）社会主义法与社会主义道德之间可以达到高度统一
  - （2）社会主义法对社会主义道德具有积极的促进和保障作用
  - （3）社会主义道德为法的制定提供价值导引并促进法的实施

配套测试

一、单项选择题

1. 某法院在网络、微信等平台上公布失信被执行人名单以督促其履行义务，不少失信被执行人迫于“面子”和舆论压力主动找到法院配合执行。对此，下列哪一理解是正确的？（ ）（司考. 2017. 1. 5）

A. 道德问题的有效解决总是必须依赖法律的强制手段

B. 公布失信被执行人名单有助于形成守法光荣、违法可耻的社会氛围

C. 法律的有效实施总是必须诉诸道德谴责和舆论压力

D. 法律与道德具有概念上的必然关系，法律其实就是道德

2. 从（ ）角度，可以将法律意识分为法律心理和法律思想体系。

A. 成熟程度

B. 阶级色彩

C. 对法律现象认识的阶段

D. 经济发展

3. 下列选项中，哪一种说法不正确？（ ）

A. 统治阶级具有较强的政治意识，并不等于说统治阶级同样有较强的法律意识

B. 法律意识可以相对地落后或超越于社会存在

C. 道德意识的传播和发展在一定程度上依赖于法律意识的促进和推动

D. 法律思想体系制约整个法律意识的水平

4. （ ）集中反映了一个国家或民族法律文化、法律传统，体现一个社会法制的总体发展程度。

A. 执政党的法律意识　　B. 社会法律意识

C. 立法意识　　D. 法律思想体系

5. 小吴自幼胆小，性格内向，对法律更是畏而远之，他认为法律是处罚坏人的，是碰不得的。他的这种认识属于（ ）。

A. 法律思想体系　　B. 刑法意识

C. 法律心理　　D. 阶层法律意识

6. 从法律意识的形成看，（ ）。

A. 它随着法律制度的建立而产生

B. 它是人们在社会生活中逐渐形成的

C. 它以司法机关的办案质量优秀为前提

D. 它凭借国家强制力强制人们形成

7. 从意识主体的角度，法律意识可以分为（ ）。

A. 法律心理与法律思想体系

B. 传统法律意识与现代法律意识
C. 固有法律意识与传来法律意识
D. 个人法律意识、群体法律意识和社会法律意识

8. 按照马克思主义学说，法律和道德起源时间的关系是（　　）。
A. 法律先于道德产生
B. 道德先于法律产生
C. 法律和道德同时产生
D. 难以界定先后

9. 法律和道德（　　）。
A. 均是社会规范
B. 都是约定俗成的
C. 在原始社会均已存在
D. 都在国家产生以后才产生

10. 法律规范应（　　）。
A. 与道德完全一致
B. 与道德完全分开
C. 具有最低限度的道德内容
D. 以符合道德为最重要准则

11. 道德与法律都属于社会规范的范畴，都具有规范性、强制性和有效性，道德与法律既有区别又有联系。下列有关法与道德的几种表述中，哪种说法是错误的？（　　）
A. 法律具有既重权利又重义务的“两面性”，道德具有只重义务的“一面性”
B. 道德的强制是一种精神上的强制
C. 马克思主义法学认为，片面强调法的安定性优先是错误的
D. 法律所反映的道德是抽象的

12. 关于法与宗教的关系，下列哪种说法是错误的？（　　）
A. 法与宗教在一定意义上都属于文化现象
B. 法与宗教都在一定程度上反映了特定人群的世界观和人生观
C. 法与宗教在历史上曾经是浑然一体的，但现代国家的法与宗教都是分离的
D. 法与宗教都是社会规范，都对人的行为进行约束，但宗教同时也控制人的精神

13. 社会主义法同社会主义道德具有共同点，表现在（　　）。
A. 调整范围相同　　B. 要求相同
C. 规范内容相同　　D. 历史使命相同

14. 既是违反社会主义道德，又是违法的行为有（　　）。
A. 撒泼骂街　　B. 结伙打架
C. 铺张浪费　　D. 经常撒谎

15. 法和统治阶级道德的一致性，最本质的体现是两者（　　）。
A. 相互渗透
B. 相辅相成
C. 都是统治阶级意志的体现
D. 都是上层建筑的组成部分

16. 东部某市是我国获得文明城市称号且犯罪率较低的城市之一，该市某村为了提高村民的道德素养，建有一条“爱心互助街”，使其成为交换和传递爱心的街区。关于对法治和德治相结合的原则的理解，下列哪一选项是错误的？（　　）
A. 道德可以滋养法治精神和支撑法治文化
B. 通过公民道德建设提高社会文明程度，能为法治实施创造良好的人文环境
C. 坚持依法治国和以德治国相结合，更要强调发挥道德的教化作用
D. 道德教化可以劝人向善，也可以弘扬公序良俗，培养人们的规则意识

二、多项选择题

1. 法律意识的内容非常广泛，包括（　　）。
A. 人们对法的产生、作用的看法
B. 人们对他人权利、义务的认识
C. 人们对现行法律的憎恨
D. 人们关于法律的知识

2. 公民能否有较强的法律意识，与他对下列哪些问题的认识有关？（　　）
A. 法律与自身利益的密切关系
B. 死刑的适用范围和死刑的废除
C. 法律在维护社会秩序方面的作用
D. 法院的级别和法官的级别

3. 下列属于法律意识范畴的有（　　）。
A. 吴明胜了官司后一直拿不到赔偿金，便认为法院没有什么用
B. 胡勤觉得中国的法还是越来越管用了

C. 刘英不知道中国有《劳动法》

D. 林强以为偷书不会构成盗窃罪

4. 关于法律意识下列说法不正确的是（　　）。

A. 法律意识即指人们的法律心理

B. 法律意识是公民守法的心理基础

C. 从当代中国的语言实践看，法律意识通常指对法律的肯定的态度、心理、观点和思想

D. 根据意识主体不同，法律意识可分为群体法律意识和社会法律意识

5. 下列命题正确的有哪些？（　　）

A. 法律意识不是消极地被社会存在所决定

B. 法律意识的发展具有历史继承性

C. 法律意识必定走在经济发展的后面

D. 统治阶级有较强的法律意识

6. 法律意识的作用主要表现为（　　）。

A. 法律意识是公民遵守法律的重要保证

B. 法律意识是正确适用法律的思想保证

C. 法律意识是法律形成的思想和心理基础

D. 法律意识是统治阶级维护统治的主要工具

7. 法律意识对我国的法治建设具有重要的作用，因此应该（　　），从而不断提高公民的法律意识水平。

A. 向民众免费赠送法律法规书籍

B. 多开办“今日说法”类节目

C. 送县人民法院法官到高等院校法律院系进修

D. 高级领导干部遵守法律

8. 在立法时，法律意识能够（　　）。

A. 产生社会关系需要法律调整的要求

B. 形成完善法律制度的愿望

C. 提出进行法律调整的具体设想或方案

D. 帮助立法者正确认识客观实际

9. 下列属于法律意识的表现的有（　　）。

A. 某大学讲师对依法治国理论进行的系统论述

B. 某保护妇女权益组织认为“第三者”问题应由法律进行调整

C. 某省参加高考的考生认为国家在高考录取工作中存在不公正的做法，侵犯了自己的合法权益，欲起诉有关部门

D. 被判处无期徒刑的被告人管某从律师处得知刑事诉讼中“上诉不加刑”的原则后，决定上诉

10. 我国实行宗教信仰自由政策，关于上述问题正确的是（　　）。

A. 我国保护正常的宗教活动，任何人不得利用宗教进行破坏社会秩序、损害公民身体健康、妨害国家安全的活动

B. 对待思想问题，不能采取强制方法，我们不能用行政命令方法去消灭宗教，不能强制人民放弃唯心主义，也不能强迫人们相信马克思主义

C. 在我国，宗教问题与民族问题的文化问题密切联系，实行宗教信仰自由有利于民族团结、文化交流以及社会安定

D. 实行宗教信仰自由，有利于国内团结，发展同各国的外交关系和经济、文化交流，把我国的宗教事务同国际宗教事务的处理结合起来

11. 法律和道德的区别是（　　）。

A. 两者的表现形式和起源的时间不同

B. 两者的具体内容不完全相同

C. 两者实现的方式和手段不同

D. 两者的调整范围不尽相同

12. 道德通常（　　）。

A. 约定俗成

B. 由国家制定和认可

C. 存在于人们的思想和观念之中

D. 表现形式规范、具体

13. 法律和道德调整范围的关系是（　　）。

A. 两者完全相同

B. 一般认为，法律的调整范围大于道德的调整范围

C. 一般认为，道德的调整范围大于法律的调整范围

D. 法律调整的关系，大多也由道德调整

14. 孙某早年与妻子吕某离婚，儿子小强随吕某生活。小强 15 岁时，其祖父去世，孙某让小强参加葬礼。小强与祖父没有感情，加上吕某阻挡，未参加葬礼。从此，孙某就不再支付小强的抚养费用。吕某和小强向当地法院提起诉讼，请求责令孙某承担抚养费。在法

庭上，孙某提出不承担抚养费的理由是，小强不参加祖父葬礼属不孝之举，天理难容。法院没有采纳孙某的理由，而根据我国相关法律判决吕某和小强胜诉。根据这个事例，下面哪些说法是正确的？（　）

A. 一个国家的法与其道德之间并不是完全重合的

B. 法院判决的结果表明：一个国家的立法可以不考虑某些道德观念

C. 法的适用过程完全排除道德判断

D. 法对人们的行为的评价作用应表现为评价人的行为是否合法或违法及其程度

15. 西方的自然法学认为（　）。

A. 恶法亦法

B. 自然法高于人定法

C. 法律应体现道德内容

D. 纳粹德国的法律是不具有法的品质的法律

16. 德国法学家托马西斯认为，道德与法律主要区别在于：前者调整人们的内心活动，旨在求得个人的内心和平，而法律则调整人们的外在活动，即人与人之间的关系，旨在谋求外部世界的和平。对于此论述应作如下理解（　）。

A. 这一观点被康德所重述，科学地划分了法律和道德之间的界限

B. 事实上，无论是道德还是法律都调整人们的内心活动，也调整人们的外部行为，所以这个观点是片面的

C. 这一观点将是否具有外界强制性作为区分道德和法律界限的标准是不能成立的

D. 在托马西斯的观点的基础上，关于社会主义法律和道德之间的差别，我们可以提出以下一点补充，就对社会成员的要求而论，社会主义道德对于人们的要求比法律要高

三、名词解释

1. 宗教

2. 法律文化观念

3. 法律意识

4. 道德

四、简答题

1. 法与宗教的关系。

2. 简述法治与法律意识的相互作用。

3. 简述法律传统的社会价值意义。

4. 简述法律文化的概念及其结构。

5. 简述马克思主义关于阶级对立社会中法律与道德关系的基本原理。

五、论述题

1. 试述我国传统法律文化中的积极因素和消极因素。

2. 试述法律与道德的联系与区别。（西北政法大学 2008 年考研题）

六、案例分析题

在一次法律基础理论课上，老师让大家讨论法律与道德的关系。有人认为我们现在是依法治国，应当完全依照法律办事，在现实生活中有了法律就已经足够，不再需要提倡道德；有人认为法律只不过是工具，我们仍应当大力提倡道德，道德是社会顺畅运行的最重要的基础，法律是可有可无的。

请就法律与道德的关系谈谈你自己的看法。

答题要求：

（1）运用掌握的法学知识阐释你认为正确的观点和理由；

（2）说理充分，逻辑严谨，语言流畅，表述准确；

（3）答题文体不限，字数要求 800~1000 字。

参考答案

一、单项选择题

1. 答案：B。ACD 表述过于绝对。法律是底线的道德，也是道德的保障。但道德问题的解决并非都必须依赖法律，道德问题的解决也并非都可以通过法律强制解决。故 A 错误。道德对法律具有支撑作用，可以为法律的实施营造良好的人文环境，但法律的有效实施

并非总是必须诉诸道德和舆论。故C错误。法律与道德具有概念上的必然关系，也有区别，二者不能等同。故D错误。B表述正确。

2. **答案**：C。法律意识是指人们关于法律现象的思想、观念、知识、心理的总称，是社会意识的一种特殊形式。从对法律现象认识的不同阶段的角度，可以将法律意识分为法律心理和法律思想体系。

3. **答案**：D。法律思想体系是法律意识的高级阶段，它以理性化、理论化和体系化为特征，是人们对法律现象进行理性认识的产物，也是人们对法律现象的自觉反映形式。法律思想体系反映整个法律意识的水平。

4. **答案**：B。社会法律意识集中反映了一个国家或民族法律文化、法律传统，体现一个社会法制的总体发展程度。

5. **答案**：C。法律心理是人们对法律现象表面的、直观的感性认识和情绪，是法律意识的初级形式和阶段。

6. **答案**：B。法律意识是人们在社会生活中逐渐形成的。

7. **答案**：D。从意识主体的角度，法律意识可以分为个人法律意识、群体法律意识和社会法律意识。

8. **答案**：B。按照马克思主义学说，道德先于法律在阶级和国家出现之前就已经产生。

9. **答案**：A。法律和道德都属于社会规范，都具有社会规范应有的规范性、概括性、连续性、稳定性、效率性等属性。

10. **答案**：C。法律规范应当具有最低限度的道德内容。

11. **答案**：D。法律所反映的道德是具体的，而不是抽象的。

12. **答案**：C。本题考查法与宗教的关系。法与宗教都是社会存在的反映，都是社会意识，属于上层建筑的范畴，并在一定程度上反映了特定人群的世界观，是广义的文化现象的组成部分。在社会发展的早期，法与宗教规范是浑然一体的，没有严格分离，都是人们行为的规范。但随着社会的发展，人类文明的进步，法与宗教逐渐分离，形成各自不同的调整范围。法只规范人们的行为，退出了对人们精神领域的调整。而宗教却在规范人们行为的同时，还控制人的精神。在当今社会，除了政教合一的国家以外，其他国家的法与宗教都严格分离，只有政教合一的国家还把某些宗教教义作为本国法的渊源。根据上述关于法与宗教的一般知识可知选项ABD正确，C错误。故本题的答案为C。

13. **答案**：D。就调整范围来说，社会主义道德调整的范围比社会主义法律要广泛。就对社会成员的要求来说，社会主义道德对人们的要求比法律高，法律体现了道德的最低要求，同时，法律中也有一些规定不直接涉及是否合乎道德。法律规范一般体现为国家机关制定的成文法，是条文化的，比较具体；而道德一般体现在人们意识或社会舆论中，比较原则、抽象。

14. **答案**：B。社会主义道德对人们的要求比法律高，法律体现了道德的最低要求，因此不是所有不合乎道德的行为都是违法的，但违法一般都不合乎道德。撒泼骂街、铺张浪费和经常撒谎都不合乎道德，但是不属于违法行为。

15. **答案**：C。在阶级独立社会，统治阶级的思想道德与法律是同一上层建筑的组成部分，有同样的阶级性，是统治阶级意志的体现。

16. **答案**：C。

二、多项选择题

1. **答案**：ABCD。法律意识是人们关于法律现象的思想、观念、知识、心理的总称。

2. **答案**：AC。公民的法律意识的强弱，与他对法律与自身利益关系的密切程度和法律在维护社会秩序方面的作用大小的认识有关。

3. **答案**：ABCD。法律意识是人们关于法律现象的思想、观念、知识、心理的总称，包括正确的和不正确的。

4. **答案**：AD。法律意识是指人们关于法律现象的思想、观念、知识、心理的总称，是公民守法的心理基础。根据主体不同，法律意识可分为个人法律意识、群体法律意识和社会法律意识。

5. **答案**：AB。作为社会意识的一种特殊形式的法律意识是由社会存在所决定的，同时也反作用于社会存在，其发展具有历史继承性。

6. **答案**：ABC。法律意识的作用主要表现在，法律意识是公民遵守法律的重要保证，是正确适用法律的思想保证，是法律形成的思想和心理基础。

7. **答案**：ABCD。提高公民的法律意识水平，应当广泛进行法制宣传，并提高执法、司法人员的法律业务素质，培养领导干部自觉守法的意识。

8. **答案**：ABCD。法律意识在立法工作中的作用表现在法律意识能够产生社会关系需要法律调整的要求，形成完善法律制度的愿望，提出进行法律调整的具体设想或方案，帮助立法者正确认识客观实际。

9. **答案**：ABCD。法律意识是指人们关于法律现象的思想、观念、知识、心理的总称，是社会意识的一种特殊形式。

10. **答案**：ABC。

11. **答案**：ABCD。法律和道德的区别表现在：两者的表现形式和起源的时间不同；两者的具体内容不完全相同；两者实现的方式和手段不同；调整范围不尽相同。

12. **答案**：AC。道德是关于人们思想和行为的善恶、美丑、正义与非正义、公正与偏私、诚实与虚伪、荣誉与耻辱等观念、规范、原则和标准的总和。道德在社会生产生活中自然演进而产生，信念和良心是其存在方式。

13. **答案**：CD。道德的调整范围比法律更广、更具有深度、高度。

14. **答案**：ABD。本题考查法与道德；法的规范作用。法与道德都是调整人们行为的规范，法通过评价人们的行为是否合法来规范人们的行为，道德通过评价人们的行为是否合乎道德来规范人们的行为。二者在社会生活中共同发挥着作用。虽然道德对立法具有指导作用，是评价法律善与恶的标准，但二者仍有不一致的地方，法律仅仅是最低限度的道德。尽管如此，仍不能忽视道德在法律适用过程中所起的作用。故本题中只有选项 C 的说法不正确。所以，本题答案为 ABD。

15. **答案**：BCD。西方的自然法学是道德法学，认为法与道德不可分离，道德是法效力的依据，自然法高于人定法。

16. **答案**：BCD。托马西斯的观点在反对当时封建统治者，尤其是天主教会方面具有进步作用，但是他对于道德和法律之间的界限的解释是不科学的。法律和道德具有一致性也有相互作用。二者都具有外界强制性，区别在于强制的形式，道德的强制性一般体现为社会舆论的谴责，法律则由国家强制力所保证。而对于二者的调整范围来讲，社会主义道德所调整的范围要比法律广；就对社会成员的要求来讲，社会主义道德对人们的要求比法律更高。

三、名词解释

1. **答案**：宗教是自然力量和社会力量在人们意识中的一种虚幻的、歪曲的反映。它的特点在于通过对超自然力量的信仰来获得某种精神上的慰藉。

2. **答案**：法律文化观念是一个国家法制的内在逻辑。它表现在受历史传统制约的人们关于法和法律的态度、价值、信念、心理、感情、习惯等之中，直接或间接、有形或无形地影响着社会主体的法律实践和法律行为，进而在很大程度上规制着一个国家的法律模式及其发展走向。

3. **答案**：法律意识是法律文化观念的基本构成要素，是人们关于法和法律现象的心理、思想与评价的总称。

4. **答案**：道德是人们关于善与恶、正义与非正义、光荣与耻辱、公正与偏私等观念、原则和规范的总和。道德是一种重要的社会现象，绝不是抽象的善恶观念，它的内容与评价标准总是由一定社会物质生活条件所决定的。

四、简答题

1. **答案**：我国法律保护宗教的合法活动。我国《宪法》第 36 条对宗教信仰自由政策明确规定："中华人民共和国公民有宗教信仰自由。任何国家机关、社会团体和个人不得强制公民信仰宗教或者不信仰宗教，不得歧视信仰宗教的公民和不信仰宗教的公民。国家保护正常的宗教活动。任何人不得利用宗教进行破坏社会秩序、损害公民身体健康、妨碍国家教育制度的活动。宗教团体和宗教事务不受外国势力的支配。”

反过来，宗教活动也往往影响法律的制定和实施。法律对宗教合适的定位有利于宗教活动健康、顺利地开展，而宗教活动在正确的引导下开展，有利于社会秩序的稳定，有利于公民自觉遵守法律，从而保证相关法律的实施。

2. 答案：（1）一个国家实行依法治国的重要条件，是本国绝大多数社会成员以及国家公职人员具有适当的、较强的法律意识。法治与法律意识相互并存和促进。

（2）依法治国必然要求国家公职人员特别是法官、检察官以及律师应具有更高、更专门的法律意识，这是他们任职的一个重要条件和资格。

3. 答案：法律传统乃是从过去沿袭传承到今天还在发挥作用的某种法律精神和文化。它的社会价值意义在于：

第一，它具有凝聚的功能。由于某一特定社会的法律传统出于同一源头，因而使生活在这一传统下的社会成员，形成了从种族学意义上讲是共同的或相似的民族法律文化心理。这种民族法律文化心理体现了世代相传的亲缘意识，从而强化了社会成员彼此之间的认同感，起到了凝聚社会的作用。

第二，法律传统也具有规范的功能。社会调整机制是多种多样的。由于法律传统往往表现为世代相传的习俗与行为惯例，因而在一定条件下，它可以起到规范社会成员行为的功用。

第三，法律传统还具有评价的功能。人的行为是否具有合理性或正当性，对此，社会的评价尺度是多样化的。由于法律传统是指导和规范人们行为的一种范型，因而它的评价功能是不言而喻的。不过，这种评价带有道德经验的色彩。

4. 答案：所谓法律文化，是指在一定社会物质生活条件的作用下，掌握国家政权的统治阶级所创制的法律规范、法律制度或者人们关于法律现象的态度、价值、信念、心理、感情、习惯以及学说理论的复合有机体。法律文化有其独特的内在结构。这一结构由两个层面所构成，一是物质性的法律文化，诸如法律制度、法律规范等，亦曰制度形态的法律文化；二是精神性的法律文化，诸如法律学说、法律心理、法律习惯等，这可称为观念形态的法律文化。如果说制度形态的法律文化旨在建构一定的法律调整机制，那么，观念形态的法律文化则充分展示了人类关于法和法律的精神世界的活动。

5. 答案：（1）在阶级对立社会，统治阶级的思想道德与法律是同一上层建筑的组成部分，有同样的阶级性。这种思想道德对法律有重大影响。中国历史上儒家的“德主刑辅”等思想对历代封建王朝法律的影响，18 世纪伏尔泰、孟德斯鸠等思想家对《拿破仑法典》的影响，都体现了道德对法律的重大促进作用。

（2）反过来，法律也积极促进统治阶级的思想道德。例如，中国封建社会法典中“十恶”“八议”等规定以及资本主义法律中的“契约自由”等原则，都表明法律在维护封建主义和资产阶级思想道德方面的作用。

（3）在阶级对立社会中，统治阶级的法律与敌对阶级的思想道德基本上是对立的。

五、论述题

1. 答案：我国传统法律文化中的积极因素：

（1）重视道德教化在调节和控制人的行为方面的作用。(2) 徒法不足以自行。(3) 重视调解在解决一般纠纷中的作用。(4) 执法、司法官员应具有公正廉明、刚正不阿的品质。(5) 制定法传统。

我国传统法律文化中的消极因素：

（1）以“三纲”为核心的封建主义教义。(2) 轻视法律的作用。(3) 轻视诉讼和权利观念淡薄。(4) 法即是刑。(5) 轻视法学。

2. 答案：（1）法与道德的联系

法与道德有着十分密切的联系。它们之

间的联系首先表现为纵的联系。所谓纵的联系，是指它们和其他社会现象间的共同关系。法和道德都是由社会物质生活条件所决定，都是为经济基础服务的。同时，它们又都受到一定阶级的政治和社会意识形态的直接影响，并为实现一定阶级的政治和社会意识形态服务。由此，法与统治阶级的道德的纵的联系决定着它们的社会阶级本质和服务方向必然是共同的，因而它们的基本原则和主要内容必然是一致的。法与道德的联系其次表现为横的联系。所谓横的联系，是指它们之间的相互影响和相互作用。横的联系有三种情况：①互相渗透。法贯穿着道德精神，它的许许多多的规范是根据道德原则或规范制定的。而道德的许多内容又是从法律中汲取的。②互相制约。道德通过对法的某些规定的公正性和公正程度的评价，促使法的改、废、立，使其符合统治阶级（或人民）的利益，保持法的伦理方向。③互相保障。既然法和道德的社会本质和服务方向是一致的，那么，凡是法所禁止和制裁的行为，也是（或应该是）道德所禁止和谴责的行为，凡是法所要求和鼓励的行为，也是（或应该是）道德所要培养和赞扬的行为。从实质上讲，凡是违反法的行为，同时也是（或可能是）违反道德的行为；凡是违反道德的行为，也是（或可能是）违反法的要求的行为，尽管不一定必须直接追究违反者的法律责任。所以，人们说，法是道德的政治支柱，道德是法的精神支柱。

（2）法与道德的区别

第一，表现形式不同。法是以“国家意志”形式出现的，表现在政权机关所制定的宪法、法律、法规、决议、条例、指示等规范性文件中。道德则是以“社会意志”形式出现的，作为“社会意志”，它有多种多样的表现形式，如医务道德、政治道德、商业道德、社会舆论、社会公约等。当然，其主要的表现形式是社会舆论。

第二，违反的后果不同。违反法律将承担法律责任，受到法律明确规定的制裁。违反道德者通常受到社会舆论的轻蔑、批评、谴责，如果他是某一组织的成员，还可能同时受到所属组织或群体的处分。

第三，调节人们行为的方式不同。法是通过为人们确定在社会生活中的权利和义务，通过建立法律关系来调节人们之间的关系。而道德主要是通过为人们指出在社会生活中的义务，在人们中间建立起以义务为纽带的道德的关系而调整人们之间的关系。在法律侧重通过对正当利益的平等保护来调整社会关系的意义上，法律是以权利为本位的，而道德则是以义务为本位的。

第四，调整的对象不同。法调整的是人们的外部行为，即意志的外在表现，因为法的首要任务是要建立一种外在秩序，故一般来说，只要行为合乎法律要求，法律不必过问该行为是出于自觉、惧怕、习惯或是盲目服从。

第五，规范体系的结构不同。法律规范体系，从横向看，是由宪法、行政法、民商法、刑法、诉讼法等并列的法律部门组成的；从纵向看，是由不同效力层次的规范构成的。从纵横交叉看，是由各种法律制度（政治法律制度、经济法律制度、文化法律制度、审判法律制度等）有机地联结在一起的。

六、案例分析题

答案：法律与道德，是一对相辅相成的概念。法律承担着维护社会善良风俗的责任，为道德提供坚实的后盾。而道德通常是指关于人们思想和行为的善恶、美丑、正义与非正义、公正与偏私、诚实与虚伪、荣誉与耻辱等观念、规范、原则和标准的总和，它往往是一部分法律的直接渊源，在一定程度上，对法律起约束作用。

在人类社会早期，法与道德是浑然一体的，后来随着社会的发展，两者开始逐步分化。但即使在两者高度分化后，法与道德依然在许多方面表现出共同性。它们具有内在的统一性，具有共同的基础和目的。它们都以权利和义务为调整内容。两者在发生学上、形式归属上、内容上、功能上和发展水平上都具有很多的共同性。

虽然两者的调整范围不尽相同，但两者

都是社会调控的手段，都是以实现一定社会秩序和正义为使命。同时需要注意的是，法律与道德的调整作用并非不分主次，调整范围也不是平分秋色，而是随着时代的发展变化而不断发展变化。两者的区别具体表现在以下几个方面：

（1）生成方式上的建构性和非建构性。法在生成上往往与有组织的国家活动有关；而道德则是在社会生产和生活中自然演进生成。（2）行为标准上的确定性与模糊性。法有肯定明确的行为模式和法律后果，可操作性强。而道德通常是对行为的笼统和原则的要求，标准比较模糊。（3）存在形式上的一元性和多元性。法在特定国家的体系结构基本是一元的。而道德由于其存在方式主要表现为信念和良心，故道德在本质上是自由、多元和多层次的。（4）调整方式上的外在侧重与内在关注。法一般只规范和关注外在行为，一般不离开行为过问动机。而道德则首先和主要关注内在动机。（5）运作机制上的程序性和非程序性。法是程序性的，而道德则与程序无关。（6）强制方式上的外在强制与内在约束。专门机构、暴力后盾、程序设置、行为针对性和物质结果构成法的外在强制标志。而道德则主要依靠内在良知认同和责难来约束人们的行为。（7）解决方式上的可诉性与不可诉性。可诉性是法区别于一切行为规则的显著特征。而道德则不具有可诉性，主要表现为无形的舆论压力和良心谴责。

在认识法律与道德的关系问题上，我们既要克服“法律万能”的观念，看到没有道德支持的法律是无法实施的法律，仅靠法律调整，不靠道德调整的社会将是极其暴虐和专制的社会；又要克服“法律虚无”的观念，看到法治是道德建设的基础，法治既规定着社会主流道德的性质、内容和发展方向，又决定着道德实现的程度。

“依法治国”和“以德治国”都是治国的指导思想和价值原则，二者相结合的思想科学地阐明了道德和法律的相辅相成、相互促进关系。由于二者所追求的价值目标是一致的，我们在现实中应当“德法并举”。

第二十七章　全面依法治国建设法治中国

基础知识图解

- 全面依法治国建设法治中国
  - 依法治国方略的提出
  - 从依法治国到全面依法治国
  - 全面依法治国的重大意义
    - 全面依法治国是党领导人民治理国家的基本方略
    - 全面依法治国是社会主义市场经济发展的客观需要
    - 全面依法治国是民主政治建设的根本保障
    - 全面依法治国是社会文明进步的重要标志
    - 全面依法治国是中国共产党依法执政的法治前提
    - 全面依法治国是国家长治久安的有力保证
    - 全面依法治国是人民美好生活的急切要求
  - 中国特色社会主义法治道路
    - 法治道路的理性选择
      - ①法治道路的选择是基于法治与社会发展的理论知识、实践试错、经验累积和主观意志这四者的有机统一作出的
      - ②中国特色社会主义法治道路是法治中国建设的唯一正确道路。坚定不移走中国特色社会主义法治道路，是法治中国建设的必然选择
    - 中国特色社会主义法治道路的核心要义
      - 坚持党的领导
      - 坚持中国特色社会主义制度
      - 贯彻中国特色社会主义法治理论
    - 中国特色社会主义法治道路的基本原则
      - 坚持中国共产党的领导
      - 坚持人民主体地位
      - 坚持法律面前人人平等
      - 坚持依法治国和以德治国相结合
      - 坚持依法治国与依规治党有机统一
      - 坚持从中国实际出发
  - 建设中国特色社会主义法治体系：由五个子系统构成
    - 1. 完备的法律规范体系
    - 2. 高效的法治实施体系
    - 3. 严密的法治监督体系
    - 4. 有力的法治保障体系
    - 5. 完善的党内法规体系
  - 全面推进法治中国建设
    - 1. 概念
    - 2. 总体要求
      - （1）依法治国、依法执政、依法行政共同推进
      - （2）法治国家、法治政府、法治社会一体建设

配套测试

一、单项选择题

1. 全面依法治国必须坚持从中国实际出发。对此，下列哪一理解是正确的？（　　）（司考．2017．1.1）

A. 从实际出发不能因循守旧、墨守成规，法治建设可适当超越社会发展阶段

B. 全面依法治国的制度基础是中华法系，实践基础是中国传统社会的治理经验

C. 从中国实际出发不等于“关起门来搞法治”，应移植外国法律制度和法律文化

D. 从实际出发要求凸显法治的中国特色，坚持中国特色社会主义道路、理论体系和制度

2. 关于依法治国，下列哪一认识是错误的？（　　）（司考．2014.1.1）

A. 依法治国要求构建科学完善的权力制约监督机制

B. 依法治国要求坚持“法律中心主义”，强调法律在治理和管理国家中的作用

C. 实施依法治国基本方略，必须坚持法治国家、法治政府、法治社会一体建设

D. 依法治国要求党必须坚持依法执政，正确领导立法、保证执法、带头守法

3. 某省政府向社会公布了政府在行政审批领域中的权力清单。关于该举措，下列哪一说法是错误的？（　　）（司考．2014.1.2）

A. 旨在通过政务公开约束政府权力

B. 有利于保障行政相对人权利

C. 体现了比例原则

D. 符合法治原则

4. 实施依法治国方略，要求各级领导干部善于运用法治思维思考问题，处理每项工作都要依法依规进行。下列哪一做法违反了上述要求？（　　）（司考．2014.1.3）

A. 某市环保部门及时发布大型化工项目的环评信息，回应社会舆论质疑

B. 某市法院为平息来访被害人家属及群众情绪签订保证书，根据案情承诺加重处罚被告人

C. 某市人大常委会就是否在地方性法规中规定“禁止地铁内进食”举行立法听证

D. 某省推动建立涉法涉诉信访依法终结制度

5. 依法行政是依法治国的一个关键环节，是法治国家对政府行政活动的基本要求。依法行政要求行政机关必须诚实守信。下列哪一行为违反了诚实守信原则？（　　）（司考．2014.1.4）

A. 某县发生煤矿重大安全事故，政府部门通报了相关情况，防止了现场矛盾激化

B. 某市政府在招商引资过程中承诺给予优惠，因国家政策变化推迟兑现

C. 某县政府因县内其他民生投资导致资金紧张，未按合同及时支付相关企业的市政工程建设款项

D. 某区政府经过法定程序对已经公布的城建规划予以变更

6. 依法治国是社会主义法治的核心内容。关于依法治国的理解，下列哪一选项是正确的？（　　）（司考．2013.1.1）

A. 只需建成完备的社会主义法律体系即可实现依法治国

B. 依法治国仅要求运用法律约束国家机关和官员的权力，而无须约束公民的权利和自由

C. 依法治国要求在解决社会问题时应将法律作为主要的、排他性的手段

D. 依法治国就是人民群众在党的领导下，依照宪法和法律的规定，通过各种途径和形式管理国家事务、经济文化事务、社会事务，保证国家各项工作都依法进行，逐步实现社会主义民主的制度化、法律化

7. 关于贯彻依法治国理念的基本要求，下列哪一说法是不正确的？（　　）（司考．2013.1.2）

A. 社会成员要知法、信法、守法、用法，这是依法治国方略实施的社会基础

B. 依法治国需要与我国不同发展阶段的主要实践结合起来

C. 实现依法治国的首要目的是运用法律手段加快解决公共卫生保障、文化教育、

保障性住房等领域的现实问题

D. 依法治国要求领导干部善于运用法治思维和法治方式深化改革、推动发展、化解矛盾和维护稳定

8. 某市实行电视问政，市领导和政府部门负责人以电视台开设的专门栏目为平台，接受公众质询，以此“治庸问责”，推动政府积极解决市民关心的问题。对此，下列哪一说法是不正确的？（　　）（司考. 2013. 1. 3）

A. 社会主义法治是“治权之治”，电视问政有利于强化人民群众对官员的监督

B. 电视问政体现了高效便民的原则

C. 电视问政是“治庸问责”的有效法律手段

D. 电视问政有助于引导市民规范有序地参与国家和社会事务管理

9. 卡尔·马克思说：“在民主的国家里，法律就是国王；在专制的国家里，国王就是法律。”关于马克思这段话的理解，下列哪一选项是错误的？（　　）（司考. 2012. 1. 9）

A. 从性质上看，有民主的法律，也有专制的法律

B. 在实行民主的国家，君主或者国王不可以参与立法

C. 在实行专制的国家，国王的意志可以上升为法律

D. 实行民主的国家，也是实行法律至上原则的国家

10. 依法治国是我国宪法确定的治国方略，是社会主义法治理念的核心内容。关于依法治国，下列哪一选项是不正确的？（　　）（司考. 2012. 1. 20）

A. 构建和完善中国特色社会主义法律体系是依法治国的必要前提

B. 依法行政在很大程度上决定着依法治国的水平和成效

C. 高效公正权威的司法对于依法治国具有举足轻重的意义

D. 确立公民的“法律中心主义”意识是依法治国的根本条件

11. 党的十五大报告申明依法治国要从（　　）方面保证党的基本路线和基本纲领的贯彻实施。

A. 制度　　B. 制度和法律

C. 教育　　D. 道德

12. 从历史上看，法治国家是在（　　）才出现的。

A. 近现代社会　　B. 资本主义社会

C. 封建社会　　D. 社会主义社会

13. 我国（　　）通过宪法修正案，明确在《宪法》中规定“中华人民共和国实行依法治国，建设社会主义法治国家”。

A. 八届人大一次会议

B. 八届人大五次会议

C. 九届人大一次会议

D. 九届人大二次会议

14. “法治应包含两重意义：已成立的法律获得普遍的服从，而大家所服从的法律又应该本身是制定得良好的法律。”这段话是由谁阐述的？（　　）

A. 马克思　　B. 恩格斯

C. 列宁　　D. 亚里士多德

15. 推进依法行政、转变政府职能要求健全透明预算制度。修改后的《预算法》规定，经本级人大或者常委会批准的政府预算、预算调整和决算，应及时向社会公开，部门预算、决算及报表也应向社会公开。对此，下列哪一说法是错误的？（　　）（司考. 2017. 1. 2）

A. 依法行政要求对不适应法治政府建设需要的法律及时进行修改和废止

B. 透明预算制度有利于避免财政预算的部门化倾向

C. 立法对政府职能转变具有规范作用，能为法治政府建设扫清障碍

D. 立法要适应政府职能转变的要求，但立法总是滞后于改革措施

16. 社会主义法治的基础是（　　）。

A. 党的领导　　B. 工人阶级意志

C. 社会主义民主　　D. 社会主义文明

17. 某市建立并推行“重大决策合法性审查”制度，将其作为市委、市政府重大决策的前置程序。对此，下列哪一说法是错误的？（　　）（司考. 2017. 1. 3）

A. 有利于确保决策的科学性和正当性

B. 是健全依法决策的重要措施

C. 是以法治方式推动发展的一种表现

D. 可以代替公众参与和集体讨论

18. 依法治国，建设社会主义法治国家，是在党的（　　）大报告中提出的。

A. 十二　　B. 十三

C. 十四　　D. 十五

19. 在西方学说史上，最早论述法治问题的学者是（　　）。

A. 亚里士多德　　B. 柏拉图

C. 卢梭　　D. 孟德斯鸠

20. 近代以来，人们把法治的核心归结为（　　）。

A. 司法机关依法独立行使职权

B. 依法行政

C. 保护人权

D. 以法对国家权力的限制和制约

21. 社会主义法治的形式方面的要求是（　　）。

A. 社会主义法制　　B. 社会主义民主

C. 依法治国　　D. 司法公正

22. 社会主义法治的基本要素是（　　）。

A. 依法治国　　B. 依法办事

C. 健全法制　　D. 依法行政

23. 社会主义法治所要达到的目标是（　　）。

A. 建成社会主义法治国家

B. 建成在高度民主基础上的“社会主义法治（法制）国家”

C. 建立科学、完备的法律体系

D. 建立社会主义市场经济法律体制

24. 在社会主义法制条件下，决定法律“合法性”的是（　　）。

A. 法律文化的先进性

B. 法律的科学性

C. 生产力的要求

D. 人民的意志和利益

25. 我国提出建立社会主义现代化和建立社会主义民主，而当代社会最鲜明的标志集中到一点就是（　　）。

A. 经济的市场化　　B. 法治的现代化

C. 政治的民主化　　D. 人权的普遍化

26. 亚里士多德认为：“我们应该注意到邦国虽有良法，要是人民不能全部遵循，仍然不能实现法治。法治应包含两重含义：已成立的法律获得普遍的服从，而大家所服从的法律又应该本身是制定得良好的法律。”这段话指出了（　　）。

A. 在法治和德治的关系上，前者是优越于后者的

B. 指出了法治的两个要素条件，已经接近于科学的法治的两个条件：制度条件和思想条件

C. 指出了法治优越于人治，原因在于多数人的考虑要比少数人的考虑周到些

D. 指出了“让一个人来统治，就在政治中混入了兽性的因素。常人既不完全消除兽欲，虽最好的人们也未免热忱，这就往往在执政的时候引起偏向”

27. 下述观点中，属于法治论的是（　　）。

A. “道之以德，齐之以刑，有耻且格”

B. “政者，正也。子帅以正，孰敢不正？”

C. “不务德而务法”

D. “贤人政治”

28. 健全社会主义法制的关键条件是（　　）。

A. 有法可依　　B. 有法必依

C. 执法必严　　D. 违法必究

29. 现代意义上的法制的中心环节是（　　）。

A. 民主立法　　B. 公正司法

C. 依法办事　　D. 违法必究

30. 提出社会主义法制建设基本要求“十六字方针”的是（　　）。

A. 十一届三中全会　　B. 十一届六中全会

C. 党的十三大　　D. 党的十五大

31. 社会主义法制的中心环节是（　　）。

A. 有法可依　　B. 有法必依

C. 执法必严　　D. 违法必究

32. 为了落实司法便民，检察院开设了网上举报、申诉和信息查询系统，法院实现网上预约立案和电子签章，公民对国家机关实行网上监督收效明显。关于网络技术在法治建设中的作用，下列哪一选项是不正确的？（　　）（司考．2010.1.2）

A. 社会主义法治理念的落实要与现代科学技术的发展相结合

B. 社会主义法治理念的落实也体现于对网络依法进行管理

C. 司法机关是否贯彻社会主义法治理念，其衡量的根本指标即是否采用现代科技手段

D. 司法机关采用网络技术落实司法便民，是在工作中做到执法为民的具体表现

33. 全面推进依法治国，总目标是建设中国特色社会主义法治体系，建设社会主义法治国家。关于对全面推进依法治国的重大意义和总目标的理解，下列哪一选项是不正确的？（　）

A. 依法治国事关我们党执政兴国，事关人民的幸福安康，事关党和国家的长治久安

B. 依法治国是实现国家治理体系和治理能力现代化的必然要求

C. 总目标包括形成完备的法律规范体系和高效的法律实施体系

D. 通过将全部社会关系法律化，为建设和发展中国特色社会主义法治国家提供保障

二、多项选择题

1. 全面依法治国，要求推进覆盖城乡居民的公共法律服务体系建设。下列哪些做法体现了上述要求？（　）（司考. 2017. 1. 54）

A. 甲市整合政府和社会调解资源，建立“一站式”纠纷解决平台

B. 乙社区设置法律服务机器人，存储海量法律法规和专业信息供居民查询

C. 丙省建立法律服务志愿者微信群，打通服务群众的“最后一米”

D. 丁县推行“一村一律师”，律师结对贫困村，为村民提供免费法律咨询

2. “近现代法治的实质和精义在于控权，即对权力在形式和实质上的合法性的强调，包括权力制约权力、权利制约权力和法律的制约。法律的制约是一种权限、程序和责任的制约。”关于这段话的理解，下列哪些选项是正确的？（　）（司考. 2013. 1. 51）

A. 法律既可以强化权力，也可以弱化权力

B. 近现代法治只控制公权，而不限制私权

C. 在法治国家，权力若不加限制，将失去在形式和实质上的合法性

D. 从法理学角度看，权力制约权力、权利制约权力实际上也应当是在法律范围内的制约和法律程序上的制约

3. 亚里士多德说：“凡是不凭感情因素治事的统治者总比感情用事的人们较为优良。法律恰是全没有感情的；人类的本性便是谁都难免有感情。”“我们注意到邦国虽有良法，如果既是贤良为政，那就不会乱法。我们应该注意到邦国虽有良法，要是人民不能全部遵循，仍然不能实现法治。”以下运用法理学进行的分析，正确的是（　）。

A. “既是贤良为政，那就不会乱法”，这说明法治与人治相比，法治并不一定优越于人治，只要有贤人

B. 法治国家的条件不仅需要有制定得完善的法律，而且还要有“已成立的法律获得普遍的服从”

C. 在法治中，良法是前提条件，遵守法律是实行法治的关键

D. 无论实行法治还是人治，都是按照统治者的意志进行管理，不同的是，法治是按照统治阶级整体意志进行管理，人治按照统治者个人意志进行管理

4. 近代以来的法治概念的内容包括（　）。

A. 法律至上和法律公开

B. 依法行政和依法独立行使审判权

C. 保障权利和自由

D. 实行“正当程序”

5. 社会主义法治（　）。

A. 与社会主义法制有本质不同

B. 与社会主义法制在本质上一致

C. 包括形式意义上的法治与实质意义上的法治

D. 以实现司法公正为根本目标

6. 社会主义法制（　）。

A. 偏重于法律的形式化方面

B. 是实质意义上的法治

C. 强调“以法治国”的制度、程序及其运行机制本身

D. 关注的焦点是社会主义秩序的稳定和国家的长治久安

7. 中国共产党的第十五次代表大会提出（　）。

A. 依法治国

B. 建设社会主义法制国家
C. 建设社会主义法治国家
D. 进一步扩大社会主义民主，健全社会主义法制

8. 建设社会主义法治国家，需要（　　）。
A. 社会主义市场经济的健康发展
B. 政治体制改革的推进和社会民主政治的完善
C. 社会主义精神文明建设的发展和公民素质的提高
D. 立法体制、司法体制的改革和社会主义法律监督体系的完善

9. 在法治和人治的词意方面，法治论者和人治论者的分歧主要在（　　）。
A. 治理国家依靠法律还是道德
B. 对人行为的指引是依靠一般性规则还是针对具体情况的具体指引
C. 人治论强调具体指引，法治论强调一般规则
D. 在政治制度上应实行民主还是专制

10. 法治对人们行为的高度规范性作用具有（　　）的优点。
A. 连续性　　B. 稳定性
C. 高效率性　　D. 权威性

11. 在我国和西方国家历史上关于法治与人治之争有（　　）。
A. 我国春秋战国时期儒法两家的不同观点
B. 古希腊思想家柏拉图和亚里士多德的不同观点
C. 17～18 世纪西方资产阶级先进思想家反封建专制时所提出的法治观点
D. 中国古代的守旧派与革新派的不同观点

12. 程某利用私家车从事网约车服务，遭客管中心查处。执法人员认为程某的行为属于以“黑车”非法营运，遂依该省《道路运输条例》对其处以 2 万元罚款。对此，下列哪些说法是正确的？（　　）（司考. 2017. 1. 55）
A. 当新经营模式出现时，不应一概将其排斥在市场之外
B. 程某受到处罚，体现了“法无授权不可为”的法治原则
C. 科学技术的进步对治理体系和治理能力提出了更高要求
D. 对新事物以禁代管、以罚代管，这是缺乏法治思维的表现

13. 1999 年我国宪法修正案明确规定：“依法治国，建设社会主义法治国家。”根据宪法的这一规定，下列关于“依法治国”的表述，有哪些是正确的或适当的？（　　）
A. 依法治国是发展社会主义市场经济的客观需要，是社会文明进步的重要标志，是国家长治久安的重要保障
B. 依法治国的最终目标在于实现形式意义的法治
C. 依法治国要求逐步实现社会主义民主的制度化、法制化
D. 依法治国把坚持中国共产党的领导、发扬人民民主和严格依法办事统一起来

14. 建设法治国家首先要有较为健全的法制，应包括（　　）。
A. 要有健全的立法体制
B. 要有健全的执法、司法体制
C. 要实行法治观念、理论的改革和法治文化建设
D. 要对法治建设方面作技术改革

15. 社会主义法治和法制的含义在强调法律要建立在社会主义民主的基础上，体现人民的意志、反映社会发展规律、依法办事方面是接近的，但是二者也是有区别的，以下关于二者的区别的表述，正确的是（　　）。
A. 法治一词显示了法律介入社会生活的广泛性，而法律制度对于法律在社会生活中的作用范围从字面上看是无法界定的
B. 法治一词蕴含了法律调整社会生活的正当性，而法制所包含的法律和制度，其含义从字面上看是中性的
C. 从法制到法治的概念转换，标志着我国人民在党的领导下，进入了法的现代化建设的新时期
D. 法制体现的是法律和制度的总称，而法治体现的是依法治国的原则和方略

16. 关于对全面推进依法治国基本原则的理解，下列哪些选项是正确的？（　　）（司考. 2015. 1. 51）

A. 要把坚持党的领导、人民当家作主、依法治国有机统一起来

B. 坚持人民主体地位，必须坚持法治建设以保障人民根本利益为出发点

C. 要坚持从中国实际出发，并借鉴国外法治有益经验

D. 坚持法律面前人人平等，必须以规范和约束公权力为重点

17. 鹿某为引起政府对其利益诉求的重视，以生产、生活和科研需要为由，在两年内向十几个行政机关提起近百次与其实际利益诉求无关的政府信息公开申请，在接到公开答复后又反复提起行政复议和行政诉讼，向相关部门施加压力。对此，下列哪些说法是正确的？（　）（*司考*.2017.1.53）

A. 鹿某为向相关部门施压而恶意提起政府信息公开申请的做法不符合法治精神

B. 滥用知情权和诉权造成了行政和司法资源的浪费

C. 法治国家以权利为本位，公民行使权利时不受任何限制

D. 诉求即使合理合法，也应按照法律规定和程序寻求解决

18. 全面依法治国，需要解决法治建设不适应、不符合推进国家治理体系和治理能力现代化目标的问题。下列哪些措施有助于解决上述问题？（　）

A. 增强法律法规的针对性和可操作性，避免立法部门化倾向

B. 改进行政执法体制，消除多头执法、选择性执法现象

C. 大力解决司法不公和司法腐败问题，提高司法公信力

D. 增强社会成员依法维权意识和国家工作人员依法办事观念

三、不定项选择题

1. 全面推进依法治国，要求深入推进依法行政，加快建设法治政府。下列做法符合该要求的是（　）。（*司考*.2015.1.86）

A. 为打击医药购销领域商业贿赂，某省对列入不良记录逾期不改的药品生产企业，取消所有产品的网上采购资格

B. 某市建立行政机关内部重大决策合法性审查机制，未经审查的，不得提交讨论

C. 某省交管部门开展校车整治行动时，坚持以人为本，允许家长租用私自改装的社会运营车辆接送学生

D. 某市推进综合执法，为减少市县两级政府执法队伍种类，要求无条件在所有领域实现跨部门综合执法

2. 孟子的弟子问孟子，舜为天子时，若舜的父亲犯法，舜该如何处理？孟子认为，舜既不能以天子之权要求有司枉法，也不能罔顾亲情坐视父亲受刑，正确的处理方式应是放弃天子之位，与父亲一起隐居到偏远之地。对此，下列说法正确的是（　）。（*司考*.2017.1.86）

A. 情与法的冲突总能找到两全其美的解决方案

B. 中华传统文化重视伦理和亲情，对当代法治建设具有借鉴意义

C. 孟子的方案虽然保全了亲情，但完全未顾及法律

D. 不同法律传统对情与法的矛盾可能有不同的处理方式

四、名词解释

1. 法治

2. 法治与德治

3. 依法治国的标准

4. 法治的精神

5. 法治的实体要件

6. 法治的形式要件

五、简答题

1. 实现法治国家应具备哪些基本前提条件？

2. 依法治国有哪些优越性和局限性？

3. 历史上法治论者与人治论者的主要分歧是什么？

4. 简述法制与法治的区别与联系。（*清华大学 2008 年考研题*）

5. 简述法治国家的概念。

6. 简述法治的精神要件。

7. 试述社会主义法治国家的基本特征。

六、论述题

1. 材料一：我国形成了以宪法为统帅的中国特色社会主义法律体系，我们国家和社会生活各方面总体上实现了有法可依，这是我们取得的重大成就。实践是法律的基础，法律要随着实践发展而发展。要完善立法规划，突出立法重点，坚持立改废并举，提高立法科学化、民主化水平，提高法律的针对性、及时性、系统性。要完善立法工作机制和程序，扩大公众有序参与，充分听取各方面意见，使法律准确反映经济社会发展要求，更好地协调利益关系，发挥立法的引领和推动作用。(摘自新华社北京 2013 年 2 月 24 日电)

材料二：到 2010 年年底，中国已制定现行有效法律 236 件、行政法规 690 多件、地方性法规 8600 多件，并全面完成对现行法律和行政法规、地方性法规的集中清理工作。一个立足中国国情和实际、适应改革开放和社会主义现代化建设需要、集中体现党和人民意志的，以宪法为统帅，以宪法相关法、民法商法等多个法律部门的法律为主干，由法律、行政法规、地方性法规等多个层次的法律规范构成的中国特色社会主义法律体系已经形成，法律体系内部总体做到科学和谐统一。国家经济建设、政治建设、文化建设、社会建设以及生态文明建设的各个方面实现了有法可依。

问题：

根据以上材料，结合依法治国理念的内涵，从科学立法与民主立法的角度谈谈构建和完善中国特色社会主义法律体系在实施依法治国方略中的意义和要求。

答题要求：

（1）观点正确，表述完整、准确；

（2）无观点或论述，照搬材料原文的不得分；

（3）总字数不得少于 400 字。

2. 材料一：法律是治国之重器，法治是国家治理体系和治理能力的重要依托。全面推进依法治国，是解决党和国家事业发展面临的一系列重大问题，解放和增强社会活力、促进社会公平正义、维护社会和谐稳定、确保党和国家长治久安的根本要求。要推动我国经济社会持续健康发展，不断开拓中国特色社会主义事业更加广阔的发展前景，就必须全面推进社会主义法治国家建设，从法治上为解决这些问题提供制度化方案。

材料二：同党和国家事业发展要求相比，同人民群众期待相比，同推进国家治理体系和治理能力现代化目标相比，法治建设还存在许多不适应、不符合的问题，主要表现为：有的法律法规未能全面反映客观规律和人民意愿，针对性、可操作性不强，立法工作中部门化倾向、争权诿责现象较为突出；有法不依、执法不严、违法不究现象比较严重，执法体制权责脱节、多头执法、选择性执法现象仍然存在，执法司法不规范、不严格、不透明、不文明现象较为突出，群众对执法司法不公和腐败问题反映强烈。(司考 . 2015. 4. 1)

问题：

根据以上材料，结合全面推进依法治国的总目标，从立法、执法、司法三个环节谈谈建设社会主义法治国家的意义和基本要求。

答题要求：

（1）无观点或论述、照搬材料原文的不得分；

（2）观点正确，表述完整、准确；

（3）总字数不得少于 400 字。

3. 联系实际，谈谈在我国确立建设法治国家的方略后，倡导“法律至上”的原则的意义。

4. 试论建设法治国家的保障。

5. 你认为“只要有法律和制度存在就有法制存在，但不一定就厉行法制”对吗？为什么？

6. 论人治与法治的区别并阐述法治的代价。

参考答案

一、单项选择题

1. 答案：D。A 错误，法治建设不可超越社会发展阶段。B 错误，全面依法治国的制度基础是中国特色社会主义制度，实践基础是中国特色社会主义治理经验。C 错误，从中国实际出发不等于“关起门来搞法治”，应借鉴国外法治有益经验，但绝不照搬外国法治理念和模式。D 正确。

2. **答案**：B。依法治国强调法律在治理和管理国家中的作用，但并不是西方法治理论中片面的、绝对化的“法律中心主义”，而是要求实现法律手段与其他社会治理手段和方式的有机结合，故 B 错误。实施依法治国基本方略，建设法治中国，必须坚持依法治国、依法执政、依法行政共同推进，坚持法治国家、法治政府、法治社会一体建设，故 C 正确。易知，AD 均正确。

3. **答案**：C。比例原则是行政法上控制自由裁量权的一项重要原则，指的是行政权力所采取的手段与其所达到的目的之间必须合比例或相称。该原则强调法益的均衡、手段与目的的相称，强调行政权力的行使必须以对相对人侵害最小的方式进行。权力清单与此无关，C 项错误，ABD 正确。

4. **答案**：B。B 项违反了法治思维。法治思维要求被告人的处罚应当以事实为根据，以法律为准绳，而不能为了平息被害人家属及群众情绪，以领导个人意志代替事实和法律。ACD 体现了法治思维的要求。

5. **答案**：C。诚实守信原则指的是行政机关公布的信息应当全面、准确、真实；非因法定事由并经法定程序，行政机关不得撤销、变更已经生效的行政决定。A 项体现了行政信息真实原则，符合诚实守信原则。B 项国家政策变化属于变更行政决定的法定理由，因此推迟兑现不违反诚实守信原则。D 项经法定程序变更城建规划也不违反诚实守信原则。C 项县政府违约，违反诚实守信原则，资金紧张不能作为不及时支付款项的理由。

6. **答案**：D。A 项错误，建成完备的社会主义法律体系是依法治国的必要前提，但不是全部，依法治国是一项规模宏大的系统工程，包括科学立法、严格执法、公正司法、全民守法、权力制约监督等内容。B 项错误，公民的权利和自由并不是无边界的，必须在宪法和法律规定的范围内行使，行使权利的同时须自觉履行宪法和法律规定的义务，如不得损害国家利益、社会利益以及其他社会主体的合法权利与自由。C 项错误，依法治国要求实现法律手段与其他社会治理手段和方式的有机结合，而不是片面地、绝对化地强调“法律中心主义”。D 项表述正确。

7. **答案**：C。公共卫生保障、文化教育、保障性住房等领域的现实问题，需要充分运用法律手段加快解决。但是，这些不能说是依法治国的首要目的。社会主义法治首先是“治官之治”和“治权之治”。故 C 项表述错误。

8. **答案**：C。法律没有对电视问政作出规定，因此电视问政不能算是法律手段，只是行政手段，故 C 项表述错误。

9. **答案**：B。马克思的话表明，民主、法治意味着法律在社会生活中的最高权威（D 项正确），但并不意味着君主或者国王不可以参与立法（B 项错误），只是跟专制、人治不同。专制、人治指的是统治者的个人意志可以上升为法律，甚至高于国家法律（C 项正确）。A 项正确。

10. **答案**：D。A 项正确。依法治国首先意味着要有法可依，否则无从依法治国。有法可依意味着首先要建构和完善中国特色社会主义法律体系。B 项正确。依法行政是依法治国的一个关键环节，是法治国家对政府行政活动的基本要求，在很大程度上决定着依法治国的水平和成效。C 项正确。司法发挥着保证法律的正确实施，保障社会成员合法权益，建立和维护正常社会秩序等重要作用，高效公正权威的司法对于依法治国方略的实施具有举足轻重的作用。D 项错误。“法律中心主义”是资本主义法治理论中片面、绝对化的一种观点。对于社会主义国家来说，治国不仅有宪法、法律，还有党的方针政策、社会主义道德准则等，这些都对社会成员的行为具有约束和导向功能。综上，本题应选 D 项。

11. **答案**：B。党的十五大明确指出要从制度和法律方面保证党的基本路线和基本纲领的贯彻实施。

12. **答案**：A。法治是资产阶级反对封建主义的产物，主张民主、共和政体，因此，在奴隶社会、封建社会不可能出现。

13. **答案**：D。我国九届人大二次会议通过宪法修正案，明确在《宪法》中规定“中华人民共和国实行依法治国，建设社会主义法治国家”。

14. **答案**：D。亚里士多德提出：法治应包含两重意义：已成立的法律获得普遍的服从，而大家所服从的法律又应该本身是制定得良好的法律。

15. **答案**：D。D错误，其一，立法并不总是滞后于改革措施，立法也具有引领作用；其二，要处理好立法与改革的关系，实现立法和改革决策相衔接，做到重大改革于法有据、立法主动适应改革和经济社会发展需要。

16. **答案**：C。社会主义法治是以社会主义民主为基础的，包括立法、执法、守法三个方面，其中核心环节是依法办事。

17. **答案**：D。党的十八届四中全会通过的《中共中央关于全面推进依法治国若干重大问题的决定》（以下简称《决定》）要求：“把公众参与、专家论证、风险评估、合法性审查、集体讨论决定确定为重大行政决策法定程序，确保决策制度科学、程序正当、过程公开、责任明确。建立行政机关内部重大决策合法性审查机制，未经合法性审查或经审查不合法的，不得提交讨论。”可知，合法性审查不能代替公众参与和集体讨论，故D表述错误。

18. **答案**：D。党的十五大提出依法治国的理论。

19. **答案**：A。古希腊哲学家亚里士多德提出了“法治应优于人治”的命题，是西方最早提出“法治”的代表。

20. **答案**：C。近代以来，法治的核心被归结为“保护人权”。

21. **答案**：A。社会主义法治在形式上要求建立健全社会主义法制。

22. **答案**：B。社会主义法治的基本要素是依法办事。

23. **答案**：B。社会主义法治的目标是在高度民主的基础上建成社会主义法治（法制）国家。

24. **答案**：D。社会主义的法应当体现以工人阶级为代表的广大人民群众的意志和利益，因此应当根据人民的意志和利益决定法律的“合法性”。

25. **答案**：B。

26. **答案**：B。比较完善的现代法治概念追溯到亚里士多德。但是现代的法治所要求具备的条件是制度条件和思想条件。

27. **答案**：C。本题考查的是对于古代的法治的论述。考生要注意的是虽然这些论述包含了法治的内容，但是和现代法治的内容是不同的。

28. **答案**：C。执法必严是健全社会主义法制的关键条件，它主要是针对专门执法机关和执法人员提出的要求。

29. **答案**：C。依法办事是法制的中心环节。

30. **答案**：A。党的十一届三中全会总结了我国社会主义法制建设的经验，全面具体地概括了我国社会主义法制建设的基本要求。

31. **答案**：B。有法必依是社会主义法制的中心环节，是国家机关、社会团体、公职人员和全体公民的普遍守法原则。

32. **答案**：C。C项表述不正确，司法机关是否贯彻社会主义法治理念，衡量的根本指标是看其是否坚持党的领导、人民当家作主和依法治国的统一，这是社会主义法治理念的本质属性。ABD表述正确。

33. **答案**：D。

二、多项选择题

1. **答案**：ABCD。公共法律服务是政府公共服务体系的重要组成部分，具体包括：为全民提供法律知识普及教育和法治文化活动；为经济困难和特殊案件当事人提供法律援助；开展公益性法律顾问、法律咨询、辩护、代理、公证、司法鉴定等法律服务；预防和化解民间纠纷的人民调解活动等。故ABCD均正确。

2. **答案**：ACD。A项正确，法律强调权力的合法性，既可以通过增加权力的合法性从而强化权力，也可以通过权限、程序和责任的制约（同样是对合法性的强调）弱化权力。B项不合题意，题中没有“不限制私权”的论述，与我们的常识也不合。CD 表述正确。

3. **答案**：ABCD。本题考查的是对于法治的理解。通过对亚里士多德的经典的话进行分析，比较现代意义上的法治意义。

4. **答案**：ABCD。近代以来的法治概念的内容主要包括：法律至上和法律公开；依法行政和司法机关依法独立行使职权；保障权利和自由；实行“正当程序”。

5. **答案**：BC。法制与法治是紧密相连的，都是一定社会经济基础上的上层建筑。社会主义法治与社会主义法制在本质上是一致的，它包括形式意义上的法治与实质意义上的法治。

6. **答案**：ACD。社会主义法制偏重于法律的形式化方面，强调法律和制度的实施、程序及其运行机制本身，其关注的焦点是社会主义秩序的稳定。

7. **答案**：ACD。中国共产党的第十五次代表大会提出了依法治国，建设社会主义法治国家，进一步扩大社会主义民主，健全社会主义法制的目标。

8. **答案**：ABCD。建设社会主义法治国家，需要社会主义市场经济的健康发展，政治体制改革的推进和社会民主政治的完善，社会主义精神文明建设的发展和公民素质的提高以及立法体制、司法体制的改革和社会主义法律监督体系的完善。

9. **答案**：ABCD。关于法治与人治的三个主要分歧：(1) 治理国家主要依靠什么？是法律还是道德？(2) 对人行为的指引，主要依靠一般性的法律规则，还是依靠针对具体情况的指引？(3) 在政治制度上应实行民主还是专制？

10. **答案**：ABCD。法治代表一种对人们行为的高度规范性指引方式而不是一种个别性指引方式。由于法治是以国家名义制定和实施的，因而这种指引方式有极大的权威性。对社会成员来说，也就是法治的体现和要求，它是建立社会秩序的一个必不可少的条件，具有连续性、稳定性、高效率性的优点，也符合一般人的心理要求，即有相对独立性的生活。

11. **答案**：ABC。在我国和西方国家历史上关于法治与人治有三次重大争论：(1) 春秋战国时期儒法两家对这一问题的不同观点。(2) 古希腊思想家柏拉图和亚里士多德在这一问题上的不同观点。(3) 17~18 世纪资产阶级先进思想家为反对封建专制提出的观点。

12. **答案**：ACD。“法无授权不可为”是针对公权力行使的法治原则，私权利行使的法治原则是“法无禁止即可为”。故 B 错误。ACD 正确。

13. **答案**：ACD。依法治国的最终目标在于实现实质意义的法治而不是形式意义的法治。

14. **答案**：ABCD。实现法治必须有包括立法、执法、司法、法律监督在内完备的法律制度，同时要从法治的观念、理论和法治的运作进行建设。

15. **答案**：ABCD。本题考查的是法治和法制的区别，以及法治的含义优越于法制的理解。

16. **答案**：ABCD。全面推进依法治国必须坚持的原则包括：坚持中国共产党的领导，坚持人民主体地位，坚持法律面前人人平等，坚持依法治国和以德治国相结合，坚持从中国实际出发。题中表述均正确。

17. **答案**：ABD。公民享有知情权和诉权，但权利不得滥用。庞某的做法是典型的权利滥用，不符合法治精神，同时造成了行政和司法资源的浪费。故 ABD 正确，C 错误。

18. **答案**：ABCD。

三、不定项选择题

1. **答案**：AB。C 项错误，家长行为违法，交管部门不应当允许这种行为。D 项错误，跨部门综合执法只能在有条件的领域推行。AB 项正确。

2. **答案**：BD。孟子的方案兼顾了亲情和法律，但不是所有情与法的冲突都能找到两全其美的解决方案。故 AC 错误。BD 正确。

四、名词解释

1. **答案**：第一，“法治”意指一种治国方略或社会调控方式。第二，法治意指依法办事的原则。法治作为一个动态的或能动的社会范畴，其基本的意义是依法办事。人人平等地依法办事是法治的要求和标志。第三，法治意指良好的法律秩序。无论是作为治国方略，还是作为依法办事的原则，法治最终要表现为一种良好的法律秩序。达到某种法律秩序，既是法治的目标和结果，也是检验是否厉行法治的一个重要标志。第四，法治代表某种具有价值规定的社会生活方式。法治不是单纯的法律秩序，不是任何一种法律秩序都称得上法治状态，法治是具有特定价值基础和价值目标的法治秩序，即有价值规定性的社会生活方式。就现代社会而言，法治的价值基础和取向至少包括：其一，法律必须体现人民主权原则，必须是人民根本利益和共同意志的反映，并且是以维护和促进全体人民的综合利益为目标的。其二，法律必须承认、尊重和保护人民的权利和自由。其三，法律面前一律平等。其四，法律承认利益的多元化，对一切正当的利益施以无歧视性差别的保护。

2. **答案**：由于法律出自国家，具有肯定性、普遍性、可预测性、结构完整性和国家强制性等优点，所以，它不仅能够调整个人行为，而且首先具有调整阶级关系、重大利益关系，使统治秩序合法化、固定化的功能；不仅能够调整社会成员的普遍社会关系，而且能够负担巨大的政治、经济、文化的组织任务，因而是实现国家职能，推动经济和社会发展的最重要的、经常的、不可缺少的手段；它较之道德调整机制必然起着主导作用。否认法的主导作用而主张“德主法辅论”“法德轮换论”，是不符合实际的迂腐观念。当然，法律不是万能的。法律有其固有的局限性和弱点，需要由道德辅助和补充。

3. **答案**：依法治国所依靠和依照的法主要是全国人大制定的宪法和基本法律，以及根据宪法和基本法律由全国人大常委会制定的其他法律、由地方省级人大制定的地方性法规。不能把法泛化，把不具备法律性质、不是法的渊源的文件、指示、领导人的讲话当作法，更不能把“土政策”叫作法，把处于地方主义、本位主义、部门私利搞出来的规定叫作法。

4. **答案**：法治的精神的概念包含：其一，它是安排国家制度、确立法律与权力关系的观念力量。其二，它是一种相对稳定的、为保持法的崇高地位而要求人们持有的尚法理念。其三，它反映法律运行的内在规律，对变法具有支配、评价等作用，在遇有权力涉法行为时能传导公众产生排异意识并最终指导人们认同法律的权威。它的实质是关于法在与国家和权力交互作用时人们对这一关系所选择的价值标准和持有的稳定的心态。

5. **答案**：法治的实体要件，指的是依据法治的精神而被奉行的法制原则以及由这些原则所决定的形成制度的法律内容，具体言之，就是法律对待公共权力、国家责任、个人权利、社会自由、公民义务的原则和制度。第一，控权制度的存在和权利制衡原则被遵守。第二，国家责任的无可避免和权力与责任相统一制度的建立。第三，权利受到制度保障和社会自由原则的确立。第四，公民义务的法律化和相对化。

6. **答案**：法治的形式要件，指的是法治实体要件的表现方式及实现实体要件的技术条件。它包括：

第一，法制的统一性。统一性的含义是：其一，避免法律中的矛盾。如果立法权允许分割，那么法律中同一内容不同的规定就不可避免。其二，法律普遍得到遵守。如果允许有人超越法律，那么就一定允许有人毁掉法律。

第二，法律的一般性。一般性的含义是：其一，法律对社会生活的一般性调整。它指法律规范设定人的行为的两种模式，把允许、肯定和鼓励的行为概括为权利，把禁止、命令和否定的行为概括为义务，使人除了情感和思想外的所有存在都被收入这两种最简单的调整范围之内。其二，法律内容的一般性表述。它指法律规范需要用专业性的词汇、概念高度概括人的行为而使权利和义务成为一般性法律条文，人们按事先公布的法律条文选择行为而不被追究，就是初级形态的法治。其三，法律实施中的一般性适用。它一方面是指法律规范的全域约束力，另一方面是指法律规范的逻辑适用。

第三，规范的有效性。有效性的含义为：其一，法律规范的效力系统。在全部法律规范中，只有一个规范具有最高效力，这就是宪法中的人权规范。其二，法律规范的可操作性。其三，法律规范的实效。它指有效的规范在多大程度上实际产生了约束力。

第四，审判的中立性。审判中立，既是程序正义所应恪守的原则，也是实体正义所含之当然要求，审判中立源于审判权的五个特征。其一，审判权是被动性权力，非因诉方、控方请求不得主动行使。其二，审判权是判断性权力。其三，审判权是程序性权力。其四，审判权是中立性权力。其五，审判权是终极性权力，它对争执的判断和处理是最后的和最具权威的，这在结果上必然要求它代表着社会公正。

第五，法律工作的职业性。法律职业是指通过熟谙法律原则及其运用技巧而追求社会公平与获得个人生活来源的专业性工作。该职业的主要构成部分为法官、检察官和律师。如果法律工作非职业化，则无论法治的实体价值还是形式价值，都会在从业者的无知和盲从中丧失。一般来说，一个社会对法官、检察官的尊重程度，直接表明了这个社会的法治程度。相同的道理，法官、检察官对律师的尊重程度，则表明了这个社会的公正程度。法治社会缺乏了主体条件的保障，即使有良法，也未必能出现良法之治。

五、简答题

1. **答案**：实现法治国家应具备的基本前提条件有：

(1) 一般来说，实现法治国家必须具备一些基本的前提条件，如经济比较发达，一般居民生活比较安定，社会秩序相对稳定，有一定程度的民主，社会成员拥有基本的道德水平和法律意识；当然，要有较完备的法律和较健全的立法、执法、司法和法律监督的机制以及较强的法律职业（包括法官、检察官、律师、法律教育工作者等）队伍。

(2) 相反地，在一个动乱不已、人民饥寒交迫、统治者专制暴虐、官吏专横跋扈的社会中，是不可能有法治的。

2. **答案**：(1) 依法治国的优越性首先是法治优于人治。但法治的优越性不限于与人治相比。

(2) 党的十五大报告指出依法治国是治理国家的基本方略以及它对发展市场经济、社会文明进步和长治久安等方面的必要性，正说明法治代表理性、效率、文明、民主和秩序等价值。

法治的局限性主要有：(1) 法律不是调整社会关系的唯一手段；(2) 徒善不足以为政，徒法不足以自行；(3) 法律的抽象性、稳定性与现实生活存在矛盾；(4) 法律所要适用的事实无法确定。

3. **答案**：第一个主要分歧是：治理国家主要依靠什么？是法律还是道德？人治论者认为国家主要应由具有高尚道德的圣君、贤人通过道德感化来进行治理。法治论者则认为主要应由掌握国家权力的人通过强制性的法律（实际上指刑法）来治理。

第二个主要分歧是：对人的行为的指引，主要依靠一般性的法律规则还是依靠针对具体情况的具体指导。人治论强调具体指引，法治论则强调一般性原则。

第三个主要分歧是：在政治制度上应实行民主还是专制。法治论者主张民主、共和政体（包括君主立宪），人治论者主张君主制、君主专制或寡头政治。

4. **答案**：法制是法律制度的简称，任何一个国家只要存在法律，就存在法律制度。资本主义国家有，封建国家有，社会主义国家也有。很显然，法制也是一个法治国家的有机组成部分。在我国，社会主义法制被形象概括为：有法可依，有法必依，执法必严，违法必究。

然而，法制并不等同于法治。首先，法治要求的应该是一种好的法律制度，即不仅制定一部好的法律，而且法律又可得到相当好的实施。其次，法治要求是依法治国，而非以法治国，前者强调法律的权威性，后者则强调法律的工具性。再次，法治的本质要求实行宪制，限制政府权力，保护公民权利，这显然要求相应的法律制度与之配套。

最后，法治要求人们遵从法律办事，而非为了办某些事情改变或设立法制制度。

5. 答案： 法治国家是与专制国家对立的。法治国家是依法治国所形成的理想状态。在当代社会主义中国，法治是民主、自由、平等、人权、理性、文明、秩序、效益与合法性的完美结合。据此意义，社会主义法治国家或法治社会的基本标志应当是：社会生活的基本方面和主要的社会关系均纳入法律（制度及程序的）轨道，接受法律的治理，而法律是建立在尊重民主、人权和潜能，保护和促进经济增长、社会公平、社会秩序和社会进步的基础之上，就是说法治之治是良法之治；凝结着人民公意的宪法和法律高于任何个人、群体、政党的意志，有至上的效力和最高的权威；国家的一切权力根源于法律，而且要依法行使；公民在法律面前一律平等，不因性别、种族、肤色、语言和信仰等特殊情况而有基本权利和义务的差别，非基本权利和义务的差别只应与职位相连，而职位对一切人开放；凡是法律没有禁止的，都是合法或准许的，每个人只要其行为不侵犯别人的自由和公认的公共利益，就有权利（自由）按照自己的意志活动；公民的权利、自由和利益机会非经正当的法律程序和充足的理由不受剥夺，一切非法的侵害（不管是来自个人还是国家）都能得到公正、合理、及时的补偿。

6. 答案： 法治的精神，内含着：（1）它是安排国家制度、确立法律与权力比值关系的观念力量；（2）它是一种相对稳定的、为保持法的崇高地位而要求人们持有的尚法理念；（3）它反映法律运行的内在规律，对变法具有支配、评价等作用，在遇有权力涉法行为时能传导公众产生排异意识并最终指导人们认同法律的权威。构成法治精神的要素至少有以下四种：

（1）善法、恶法价值标准的确立。善法，是法治的最低要求。善法、恶法价值标准的确立，使人们在观念上有了“法上之法”与“法下之法”以及“合法之法”与“不法之法”之分。正义为法上之法，追之近之为合法之法，去之远之则为法下之法或不法之法，亦即恶法。恶法不为法，人人有权予以抵抗。

（2）法律至上地位的认同。法律至上地位的认同问题，回答的是法律是否具有最高权威问题。无论何种形态的社会，总有一个至高无上的权威存在。如果公众心目中认同的最高权威不是法律，那么这个社会就肯定不是法治社会。

（3）法的统治。法的统治（rule of law）的观念是法治精神的核心。在这种观念里，最有价值的思想是承认统治阶级也必须严格守法，而不承认法律之外另有主宰法的而不被法制约的主体。

（4）权利文化人文基础的建立。权利文化与人道主义文化、科技文化一起构成了当今世界三大文化主流。人道主义文化联系着人类的道德规范，社会的精神文明由此得以养成。科技文化概括着人类创造财富的先进手段，社会的物质文明由此不断提高。权利文化制约着人类设计制度的原则，社会的制度文明由此得以建立。权利文化是法治社会得以形成的人文条件。

7. 答案：（1）人民主权；（2）法律至上；（3）法制完备；（4）依法行政；（5）司法公正；（6）权力约束；（7）权利保护；（8）人权保障；（9）社会自治。

六、论述题

1. 答案：（1）依法治国是我们党顺应时代潮流，把握历史机遇，在我国社会发展的关键时刻，在治国理政方略上作出的重大抉择，实现了我党治国理政的重大转变和历史性飞跃。

（2）依法治国方略的实施是一项浩瀚庞大、复杂而艰巨的系统工程，它包含着我国社会运行的制度、体制、机制、方式以及意识和观念等多方面的重要变化，更汇聚着全党、全国乃至整个中华民族的共同智慧与努力。

（3）依法治国方略的实施，要求构建和完善中国特色社会主义法律体系。构建和完善中国特色社会主义法律体系是依法治国方略实施的必要前提。故此，以宪法为统帅，以宪法相关法、民法商法等多个法律部门的法律为主干，由法律、行政法规、地方性法规等多个层次的法律规范构成的中国特色社会主义法律体系之形成，为依法治国方略的实施提供了坚实的基础。

(4) 实践是法律的基础，法律要随着实践发展而发展。在新的历史条件下，中国特色社会主义法律体系仍然需要不断完善。这就要求根据我国经济社会发展出现的新领域、新情况、新特点，坚持科学立法、民主立法，在保持法制统一的前提下，科学地进行立法预测、立法规划，继续完善立法程序和方式，不断提高立法质量，及时制定、修改、完善各项法律制度，使立法更加充分反映广大人民的意志，更加适合我国的具体国情。

2. 答案：(1) 全面推进依法治国的总目标是建设中国特色社会主义法治体系，建设社会主义法治国家。即在党的领导下，坚持中国特色社会主义制度，贯彻中国特色社会主义法治理论，形成完备的法律规范体系、高效的法治实施体系、严密的法治监督体系、有力的法治保障体系，形成完备的党内法规体系，坚持依法治国、依法执政、依法行政共同推进，坚持法治国家、法治政府、法治社会一体建设，实现科学立法、严格执法、公正司法、全民守法，促进国家治理体系和治理能力现代化。

(2) 从立法环节来看，要完善以宪法为核心的法律体系，加强宪法实施。建设中国特色社会主义法治体系，必须坚持立法先行，发挥立法的引领和推动作用，抓住提高立法质量这个关键。形成完备的法律规范体系，要贯彻社会主义核心价值观，使每一项立法都符合宪法精神。要完善立法体制机制，坚持立改废释并举，增强法律法规的及时性、系统性、针对性、有效性。

(3) 从执法环节来看，要深入推进依法行政，加快建设法治政府。法律的生命力和法律的权威均在于实施。建设法治政府要求在党的领导下，创新执法体制，完善执法程序，推进综合执法，严格执法责任，建立权责统一、权威高效的依法行政体制，加快建设职能科学、权责法定、执法严明、公开公正、廉洁高效、守法诚信的法治政府。

(4) 从司法环节看，要保证公正司法，提高司法公信力。要完善司法管理体制和司法权力运行机制，规范司法行为，加强监督，让人民群众在每一个司法案件中感受到公平正义。

3. 答案：所谓法律至上，是指法律享有至高无上的权威，没有任何人或组织可以凌驾于法律之上。在我国确立建设法治国家的方略后，倡导“法律至上”原则具有极其重要的意义。具体表现在：

(1) 历史的经验教训，促使人们在坚持法制的前提下，实行法治，倡导法律至上。在社会主义国家，必须实行法治，倡导法律至上。

(2) 倡导法律至上是建设社会主义法治国家的必然要求。

(3) 倡导法律至上是实行社会主义市场经济的必然要求。市场经济本质上是一种法治经济，无论是市场经济的运行形式还是它的管理方法，都不可能离开法治调整机制。因此，倡导法律至上，使市场经济的主体及其行为都严格依法办事，对社会主义市场经济的启动、运行和发展有着重要意义。

(4) 倡导法律至上是社会主义民主的必然要求。社会主义民主，本质上就是人民当家作主，而人民要真正当家作主，就要求依法建立合理的权力结构形式和制约机制。以限制和正确运用公共权力，亦即倡导法律至上。

(5) 倡导法律至上还是保障国家正常运转和保持国家长治久安的需要。倡导法律至上，可以避免因国家领导人的变化或注意力的改变而引起的国家不稳定，使法律具有不可动摇的普遍效力，这样，国家和社会的长治久安才会有保障。

(6) 倡导法律至上还有利于加强和改善党的领导，十分清楚，倡导法律至上并不是不要党的领导，而是要求党在宪法和法律范围内活动。由于宪法和法律就是共产党政策的体现，因此倡导法律至上不仅不会削弱共产党的领导，相反，它还有利于加强党的领导和改善党的领导。

（7）倡导法律至上还有利于促进社会主义精神文明建设。因为倡导法律至上本身就是一个不断培养和提高社会主义法律意识的过程，而这无疑将促进社会主义精神文明的建设。

总之，在我国这样一个有着几千年封建"人治"传统的国家，要建设社会主义法治国家是极其困难的，在这种情况下，倡导法律至上原则将有利于真正实现"有法可依、有法必依、执法必严、违法必究"，有利于促进法治国家的建立，有利于早日实现社会主义现代化。①

4. 答案：建设社会主义法治国家是我们党和国家的治国方略，然而，法治国家的建设也是极其复杂的，可谓"牵一发而动全身"。因此，建设法治国家需要有多种保障。具体来说，建设法治国家需要：

（1）经济保障。大力发展生产力，是建设法治国家根本的物质条件和保障，只有生产力解放了、发展了、提高了，才能消灭剥削和两极分化，实现共同富裕，才有可能、有条件对法治进行投入，才能促进民主的发展，才有可能依法治国，建设社会主义法治国家。

（2）政治保障。建设法治国家，民主政治起着特殊的保障作用。由于社会主义民主是社会主义法制的前提和基础，因此，只有努力建设中国特色的民主政治，使社会主义民主法治化和社会主义法治民主化，才能为法治国家奠定可靠的、持久的政治基础。

（3）民众保障。人民群众是我们建设社会主义法治国家的主体，只有广大民众渴望，要求并积极参加、推进法治国家的建设，才能使法治建设获得源源不断的动力。其实不管是法治，还是法权，都是以民众为基础，民众为保障的。

（4）精神文明保障。大力发展社会主义精神文明，一方面将使人们的思想道德水平和科学文化大大提高，另一方面也会使人们的社会主义法律意识大大加强，而这将为建设法治国家提供重大的精神动力和智力支持。

此外，建设社会主义法治国家还需要其他的各种保障。其中最重要的就是应该保持社会的稳定团结。只有保持社会的团结和稳定，才有可能齐心协力进行各种建设，包括建设社会主义法治国家。

5. 答案：（1）法制这个词，由于古今中外人们用法和解释的不同，因而就具有多种含义。但是，通常大都是在两种意义上使用，一种是静态意义上的法制，即法律和制度；另一种是动态意义上的法制，即指立法、执法、司法、守法和法律监督的活动和过程。我们理解法制，应从国家的法律制度和法律能被严格遵守和执行结合上认识，因此，法制是指法的制定、执行、司法、守法和法律监督的总称，所以说，"只要有法律和制度存在就有法制存在"。这种提法若从法制的静态意义上看是对的，但若从法制的动态意义上看则不够准确。

（2）所谓厉行法制，是法律和制度在国家和社会生活中真正得到严格的遵守和执行，亦即真正实现社会主义法制的基本要求——使民主制度化、法律化，有法可依、有法必依、执法必严、违法必究。很明显，厉行法制具有非常深刻的内涵，因此，有法律和制度存在，不一定就厉行法制。

（3）承认"只要有法律和制度存在就有法制存在，但不一定就厉行法制"具有重大的现实意义。

总之，在我们建设社会主义市场经济，发展社会主义民主的今天，我们不仅要有适应市场经济和民主政治发展需求的法律和制度，而且尤其要求在实际中真正落实这些法律和制度，真正厉行法制。

6. 答案：从字面上看，法治与人治是指两种治理国家的制度和原则，前者强调法律的作

---

① 编者注：法治一直是考研论述题的热点，读者注意从具体制度角度分析法治问题。

用，后者强调人的作用。其实它们是非常复杂的概念，在不同历史条件下，不同的国家和地区，会有不同解释。

无论是在中国历史上，还是在西方历史上，都有关于人治和法治的争论。它们的区别大体如下：

(1) 人治一般指政府的政策最终依据一个人或几个人来作出；法治则一般指政府的政策必须依据法律作出。(2) 法治的一个重要含义是限制政府的权力，而人治则强调政府权力的无所不在和不可违抗性。(3) 在人治社会中和法治社会中，均有法律制度，可地位并不一样，对前者而言，法律制度是政府统治的工具，对后者而言，法律制度固然并非没有工具性价值，但更是全社会的规则。人治与法治还有其他的区别，比如司法权的地位，人民的法律意识，等等，在人治与法治社会中均有不同，此处就不再一一道出。

当前，法治已成为世界的发展潮流，是大势之所趋。我国也早已把依法治国写入宪法中，依法治国终于从学术领域走向国家决策的实践领域。法治，简而言之，就是规则之治，即大家都服从规则的统治。综合古今中外法学家们的论道，法治基本上包含以下要义：(1) 良好的法律；(2) 法律的至高无上；(3) 司法机关依法独立行使职权。

良好的法律是指一部法律不仅要用语精确，内容明确，而且要符合社会需要。法律的至高无上是指法律只要被通过，就应受到从政府到百姓的自觉服从。司法机关依法独立行使职权，则是指由于在法治社会中，法律的作用就是给人们以稳定预期，调整社会的各种关系，因此为更公正地解决各种纠纷，就应该推出与社会保持一定距离的司法权行使者，来作为各种纠纷的裁判，即审判权必须依法独立行使。此外，法治在现代社会本身还蕴含着保护人民权利的精神，不仅要保护大多数人的权利，少数人的权利也不应该被忽视。

不过，法治之所以随着社会发展，逐渐被人们所接受，并不是因为它尽善尽美。实际上，法治无法穷尽人类社会的各种问题，我们应该看到，法律毕竟只是众多调整人们社会关系的办法的一种，而人类的很多问题不属于法律调整的范畴。同时，法律的“保守”的特性也可能使它跟不上社会的发展趋势。并且，在我们国家建设社会主义法治国家，我们可能不得不付出以下的代价：第一点，使法律成为一个专门的职业。第二点与第一点相联系，与法律职业化相联系的，是诉讼成本的增加，人们为了解决纠纷，可能付出的财力、精力越来越大。第三点，法治的建立同时还可能意味着，人们之间关系的隔膜与格式化，当“法不容情”的时候，人与人之间便也缺少了一份温情。

第二十八章　中国社会主义法与社会

基础知识图解

法与社会的一般原理
- 1. 引导和维护人与人的和谐
- 2. 引导和维护人与社会的和谐

法与社会治理
- 1. 社会治理的目标
  - （1）保障人民安居乐业
  - （2）维护社会安定有序
  - （3）促进社会公平正义
- 2. 社会治理的理念
- 3. 社会治理的体系

社会主义法与社会建设

配套测试

一、单项选择题

近期，无人驾驶汽车在公共交通道路行驶，公众围绕其是否违法、事故后是否担责、如何加强立法进行规制展开讨论，下列说法中正确的是：（　　）。

A. 若无人驾驶汽车上路行驶引发民事纠纷被诉至法院，因法无明文规定，法院不得裁判

B. 科技发展引发的问题只能通过法律解决

C. 现行交通法规对无人驾驶汽车上路行驶尚无规定，这反映了法律的局限性

D. 只有当科技发展造成了实际危害后果时，才能动用法律手段干预

二、多项选择题

1. 《民法典》是新中国第一部以法典命名的法律，开创了我国法典编纂的先河，具有里程碑意义，对《民法典》的意义和举措，下列说法正确的是：（　　）。

A. 婚姻家庭编凸显了中国社会治理经验，传承了中华文化精神气质

B. 弘扬社会主义核心价值观为重要立法目的，具有鲜明中国特色

C. 人格权独立成编，扩大到网络社会对人格权的保护，彰显了信息网络时代社会对人格权保护的特殊价值

D. 其颁布和实施一劳永逸地解决了新时代中国的民事法治建设问题

2. “居有其所”是每个人最基本的生存需求，随着我国经济社会发展，居住权益保障问题日益成为人们普遍关注的社会热点问题，在这一背景下，《民法典》新增了居住权的规定，对此，下列表述正确的是：（　　）。

A. 居住权作为一项人权，其产生先于《民法典》的规定

B. 居住权的设置有利于弱势群体的权益保障

C. 居住权既是道德权利，也是一项法律权利

D. 凡是道德需求的，都应当纳入法律的调整范围之内

3. 甲乙两人分食两个苹果，甲先拿走大的，乙

责怪甲自私，甲问乙若你先拿又如何，乙称会选小的，甲说到，既然如此我拿大的岂非正合你意，你又何必怪我。根据该故事，结合对法治和德治观念的理解，下列说法正确的是：(　　)。

A. 道德缺乏强制力，不能保障人在同样的情形下作出一致的选择

B. 法律可以从外部约束人的行为，但对道德领域难题的解决并无帮助

C. 适用不同的程序可能对同样的结果赋予不同的意义

D. 提前约定好事情的处理方案，对于解决矛盾、避免纠纷起到至关重要的作用

三、论述题

素材一：中国古籍《幼学琼林》载："世人惟不平则鸣，圣人以无讼为贵。"《增广贤文》也载："好讼之子，多数终凶。"中国古代有"无讼以求""息讼止争"的法律传统。

素材二：1997年3月11日，时任最高人民法院院长任建新在第八届全国人民代表大会第五次会议上作最高人民法院工作报告时指出，1996年全国各级人民法院共审结各类案件520多万件，比上年上升约16%。2007年3月13日，最高人民法院院长肖扬在第十届全国人民代表大会第五次会议上作最高人民法院工作报告时指出，2006年各级人民法院共办结各类案件810多万件。

根据所提供的素材，请就从古代的"无讼""厌讼""耻讼"观念到当代的诉讼案件数量不断上升的变化，自选角度谈谈自己的看法。

答题要求：

1. 观点明确，论证充分，逻辑严谨，文字通顺；

2. 不少于500字。(司考. 2007. 4. 7. 甲)

参考答案

一、单项选择题

答案：C。本题考查了社会热点问题即无人驾驶问题。A 选项：根据禁止拒绝裁判原则，即"法官不得以法律没有规定或规定的不清楚为理由拒绝裁判"，故在民事案件的处理过程中，法律没有明文规定的情况下，法官仍可以采用非正式渊源或法律漏洞填补技术对案件进行处理。A 选项错误，不当选。

B 选项：法律的作用具有局限性，在社会治理的过程中，除了可以利用法律手段来处理社会问题外，还可以依靠政策、道德等其他社会规范来进行规制，因此诸如无人驾驶汽车等伴随科技发展引发的新问题并非只能通过法律手段才能解决。B 选项错误，不当选。

C 选项：现行交通法规对无人驾驶汽车上路行驶尚无规定本身属于立法空白，这是法律局限性的具体表现。C 选项正确，当选。

D 选项：立法本身就应当具有一定的前瞻性，完全可以对可能出现的社会问题进行事前预防，因此并非只有当科技发展造成了实际危害后果时，才能动用法律手段干预。D 选项错误，不当选。

二、多项选择题

1. 答案：ABC。本题考查了社会热点问题即《民法典》的问题。

A 选项：《民法典》婚姻家庭编总结了此前《婚姻法》《收养法》等立法经验重新对婚姻家庭规范进行立法，凸显了中国社会治理经验，在"送养""过继"问题上又体现了对中国传统社会习俗的充分尊重。A 选项正确，当选。

B 选项：弘扬社会主义核心价值观是宪法规定的公民思想道德领域的基本要求，作为社会生活的百科全书的《民法典》当然对其应当有所反映。B 选项正确，当选。

C 选项：《民法典》第1034条规定，自然人的个人信息受法律保护。个人信息是以电子或者其他方式记录的能够单独或者与其他信息结合识别特定自然人的各种信息。这体现了在信息社会发展的趋势下，民事立法对人格权的保护的新回应。C 选项正确，当选。

D 选项：法律具有作用上的局限性，理

性的有限性使得立法者无法设计出完美的法典，社会的发展也会使得应当保持稳定的法律不可避免地具有滞后性，同时，D选项说法也过于绝对。选错原因是没有发现绝对词和知识点理解不到位。D选项错误，不当选。

2. 答案：ABC。《民法典》是这两年的热点问题，本题考查了道德权利与法律权利的区分、人权的产生等知识点。A选项：人权是指每个人作为人应该享有的权利，是一种应然权利，具有自然法的属性，也就是属于道德层面上的权利。而居住权作为人权的一类，其产生先于《民法典》的规定。A选项正确，当选。

B选项：我国法律体系中，居住权首先出现于原《婚姻法解释（一）》，其中第27条第3款规定："离婚时，一方以个人财产中的住房对生活困难者进行帮助的形式，可以是房屋的居住权或者房屋的所有权。"此款体现了居住权对离婚后无房可居者的保护。《民法典》承继该精神，扩张了居住权的适用范围。B选项正确，当选。

C选项：居住权作为人权的一类，也就当然是一项道德权利。《民法典》第二编第三分编第十章对居住权作出规定，意味着居住权从道德权利上升为法律权利。C选项正确，当选。

D选项：法律是有局限性的，法律规定的权利只是人权中最普遍享有的权利，或者是最容易受到侵犯的权利，因而有必要通过法律严肃声明。因此，即使是人的基本需求，也无法都由法律作出规定。选错原因是理解不到位造成的知识点与日常生活当中一些想当然的常识发生冲突。D选项错误，不当选。

3. 答案：CD。此题目也是比较新颖的考法，难点在于通过读题干无法判断此题的考点。A选项：任何社会规范都具有强制力，即保证自己不被随意违反的力量，道德规范也不例外，只不过道德规范往往通过内心强制、舆论强制等非正式的强制力量来实现其要求。本选项陷阱在于区分强制力和正式的强制力，错误原因在于理解不到位造成的知识点与其他知识点混淆。A选项错误，不当选。

B选项：道德规范本身的模糊性，在实践中往往会出现因观念纷争而导致行动上的冲突和矛盾，此时我们就可以通过将一定限度的道德要求转化为法律规定，以相对清晰的行为标准来规制统一人们的行动，进而化解一定范围内的道德难题。B选项的说法过于绝对，错误，不当选。

C选项：程序正义和结果正义构成正义的完整内涵，作为实现结果正义的过程和方法的程序选择当然会对最终的结果产生影响，方法不同，程序不同，结果也自然各异。C选项正确，当选。

D选项：约定方案并严格履行，本就是避免行动纷争的重要方法。D选项正确，当选。

三、论述题

答案：中国固有法制强调皇权至上、等级特权、宗法制度、"三纲五常"以及轻视法律作用、宣扬"人情大于王法"的思想等，同时重视道德教化的作用，法律伦理化，把对人的教育放在中心地位，主张"德治"与"法治"相结合，"徒法不足以自行"以及"和为贵"，注重人与自然的和谐，重视人际关系的和谐，突出调解等思想。儒家文化的影响根深蒂固，这使得人们的生活方式和价值观念反映在法律领域的突出特点就是"无讼"和"厌讼"。争讼是人际矛盾激化的表现，无讼则是全体社会公众的理想，在发生纷争的时候，人们往往倾向于通过调解、和解而非诉讼的方式寻求解决问题的途径，从而构成了中国古代法律传统的重要组成部分。

进入近代社会以来，伴随着中国对外开放、参与世界文化交流的进程，中国也在固有法制的基础上开始了法制现代化的进程，主要表现为：（1）法律制度的现代化，传统的法律被否弃或者改造，按照现代标准构建起了越来越完备的法律体系；（2）法律理念或法律意识的现代化，人们对于法律的态度和看法发生了巨大变化，突出表现在近几十年来人们对诉讼的热衷：在发生纠纷之后，人们打破了“无讼”和“厌讼”的传统禁锢，越来越多的人愿意通过打官司的方式维护自己的权益。

社会公众对诉讼的信赖是一种值得肯定的现象，因为诉讼率的不断提高，既表明了公民对司法制度的肯定，同时也是人们权利意识不断提高的表现，现代司法程序能够更好地规范人们的行为、确保人们的预期。人们从“无讼”“厌讼”转而热衷诉讼，这是法治进步的一种表现。但是辩证地来说，在肯定诉讼率上升的同时，还要防止把诉讼当作唯一的纠纷解决机制。在法治社会，解决纠纷的方式远远不止诉讼一种，同时，诉讼作为纠纷解决机制也有不尽如人意的地方，法作为社会控制工具的作用和局限性也是比较明显的。

法治建设中，一方面要强调扬弃中庸的避讼观念，另一方面也必须对法律传统中的有益因素进行继承和吸收，聚焦到本题就是：既要重视诉讼在现代社会中的主导性地位，同时对于传统与习惯要学会在尊重下进行改造，对于和解、调解等法律传统进行理性分析，充分认识到很多社会关系和社会行为不一定要通过正式的诉讼来解决，在建设和谐社会的新时期，特别要重视构建和完善多元化纠纷解决机制。

期末测试题一

一、名词解释（每小题 5 分，共 20 分）

1. 基本权利和义务
2. 法律事实
3. 立法基本原则

二、简答题（每小题 10 分，共 40 分）

1. 简述实证分析方法在法学中的运用。
2. 试述社会主义法治国家的基本特征。
3. 简述“公民的基本权利”。
4. 简述正当程序的作用与价值。

三、论述题（第 1 题 25 分；第 2 题 15 分，共 40 分）

试述社会主义法与经济的相互作用。

参考答案

一、名词解释（每小题 5 分，共 20 分）

1. 答案： 基本权利和义务是人们在国家政治生活、经济生活、文化生活和社会生活中的根本权利和义务，是源于社会关系的本质，与主体的生存、发展、地位直接相关的，人生而应当有之，不可剥夺、转让、规避且为社会公认的，因而也可以说是“不证自明的权利和义务”。他们是人们在基本政治关系、经济关系、文化关系和社会关系中所处地位的法律表现，一般由宪法或基本法律确认或规定。基本权利之“基本”至少有六方面的含义。其一基本权利具有不可或缺性，基本权中缺少任何一项，人在法律上就难称为人；其二基本权利具有不可转让性；其三基本权利具有不可替代性；其四基本权利具有稳固性，无论是国家体制的改革还是宪法的修改或重新制定，这些权利不受影响，不被消除；其五基本权利具有母体性，其他权利是以基本权为根据派生出来的，是基本权的衍生物；其六基本权利具有某种世界范围内的共似性，即其在各国有着共同的普遍的最低标准。

2. 答案： 法律事实，就是法律规范所规定的、能够引起法律关系产生、变更和消灭的客观情况或现象。也就是说，首先，法律事实是一种客观存在的外在现象，而不是人们的一种心理现象或者心理活动。纯粹的心理现象不能看作法律事实。其次，法律事实是由法律规定的、具有法律意义的事实，能够引起法律关系的产生、变更或消灭。

3. 答案： 立法基本原则是立法主体据以进行立法的重要准绳，是立法指导思想在立法实践中的重要体现，反映立法主体在把立法指导思想与立法实践相结合的过程中特别注重什么，是执政者立法意识和立法制度的重要反映。

二、简答题（每小题 10 分，共 40 分）

1. 答案： 实证分析方法是法学研究的一种基本方法，其主要特点就是通过对经验事实的观察和分析来建立和检验各种理论命题。所谓经验事实，指的是可以通过人们的直接观察或间接观察被发现的确定的事实因素。对于法学的实证研究而言，经验事实既包括与法律的制定和实施有关的一切社会事实，也包括法律文本中的词语、句法和逻辑结构等事实因素。在法学研究中，可资运用的实证分析方法有许多具体形态，其中最主要的有以下几种。

社会调查方法。社会调查是法学进行实证研究的最基本的方法。法学所需进行社会调查的课题和范畴是极其广泛的，诸如治安状况的调查、社会组织的调查、法文化的调查、法行为的调查、法实效的调查、法角色的调查和风俗习惯的调查等。社会调查的方式也是多种多样的，一般可分为普遍调查、抽样调查、典型调查和个案调查四种。

历史考察方法。进行历史的考察可以使我们从总体上把握法与经济、政治、文化相互作用的历史脉络，加深我们对历史唯物主义法律观的理解并为研究现实问题打下坚实的理论基础。

比较方法。一般可分为两种形式，一种是横向的比较，另一种是历史的比较。横向的比较是法学中最常用的比较方法，其中国际的比较已发展成为法学的一个独立分科，被称为比较法学。历史的比较是按照法现象的时间顺序进行比较研究。通过对不同历史类型法律制度以及同一类型中不同时期法律制度的比较研究，我们可以从中得到很多具有启发性和实用性的知识。

逻辑分析方法。逻辑分析方法的具体形式有很多，如归纳与演绎、分析与综合、比较与分类、科学抽象法、数学模型法等。

语义分析方法。语义分析方法在法学研究中发挥着十分重要的作用。在法律领域中，语言的功能不仅是一般性地交流思想。立法、执法和司法机构正是通过语言的操作来划定权利与义务的界限，从而宣告和推行国家意志。语言成为传达国家意志和指令的载体，立法过程、执法过程和司法过程本身都伴随一个语言的操作过程。因而，如何正确地使用和解释法律用语，就直接与秩序和人们的切身利益联系在一起了。

2. 答案：(1) 人民主权；(2) 法律至上；(3) 法制完备；(4) 依法行政；(5) 司法公正；(6) 权力约束；(7) 权利保护；(8) 人权保障；(9) 社会自治。

3. 答案：基本权利中的“基本”有以下六个方面的含义：第一，基本权利对人的不可缺乏性。人之所以称为人，原因就在于人是把生命与权利融为一体的动物。离开后者，人可能连动物也不如。摆脱了他人奴役与束缚的、自立的人才称得上真正社会化了的人，只有这样的人才对国家和社会有迫切的需要。受制于人的人还只是他人作为工具的非人，这样的人对国家和社会不是感到需要而是产生排斥。基本权利正是这样一些表明一个人不依附另一个人而与他人具有同等人格与尊严的使人得以自立的权利。它是人被获准掌握的而被社会用制度保障，并被普遍认可的区别于动物的标准，它的法定化对任何人都是不可缺乏的。没有基本权利，人将不称为人。

第二，基本权利的不可取代性。被视为基本权利的权利，每一项都代表着人参与社会生活深度和广度的一个方面，将人从任何一种社会关系中隔离出去，都预示着人的不完整，人参与某种社会关系时被承认的主体价值不能替代参与另一种社会关系时的主体价值。基本权利中的每个单项，都不能用另一个单项来替换。

第三，基本权利的不可转让性。基本权利的不可替代性是对国家而言的，它要求国家不得随意更改公民所享基本权利的种类。基本权利的不可转让性是对公民个人而言的，它要求公民在基本权利面前约束自己的任性，通过自律以珍惜基本权利。公民既不能放弃基本权利，也不能把基本权利转借于他人。人进入社会不是自己选择的结果，集中表现人的社会性的基本权利也就难以成为个人处理的对象。让渡基本权利，无异于自己把自己复归为兽类。基本权利是按人格分配的，即使一人的基本权利转让于另一人，另一人也无法获得法律承认的双份基本权利，这不像财产权易主那样表明获得财产权的人的财富增加了。一个人的人格权转让于他人，接受者并不因之而成为两个人。

第四，基本权利的稳定性。基本权利的绝大多数种类是按时间效力划分出来的永久权和不直接对应义务的绝对权。它与人的人身相始终，在人生命的整个旅程中是稳定不变的。基本权利的稳定性还有第二方面表现，即对于国家立法来说，一旦认定某些权利是人的基本权利，法的修改和废除一般不再对这些权利有效，政府的变易、国家制度的改革、政策方针的调整，基本权利不随之被取消。基本权利是限制宪法修改和为立法权划定界限的尺度，宪法的刚性主要是靠基本权利的稳定性来体现的。

第五，基本权利的母体性。基本权利具有繁衍其他权利的功能，它在整个权利的大系统内起着中轴的作用，权利内容的充实和丰富都以基本权利的轴心为起始。在以宪法展现权利的方式为标准对权利进行分类的时候，基本权利可以分为宣言的权利和包含的权利两类，包含的权利就是从宣言权利的母体中滋生出来的权利。如根据尊严权，可以推导出维护人的尊严的私生活权；根据环境权，可以推导出良好生存环境所必需的净水权、净气权、稳静权等；根据财产权，可以推导出追求幸福的自由。基本权利的稳定性并不影响它的内容的丰富和发展，相反，以宣言的方式明示的基本权利越多，越说明基本权利家庭的繁荣与稳定。基本权利与其他权利的关系如同宪法与其他法之间的关系，在把宪法当作母法的时候，基本权利就是母权利。

第六，基本权利的共拟性。能够以保障人权最低限度的实现为文明标准的现代各国，尽管社会制度不同，文化背景和传统有很大的差异，但在人权内容的肯定上具有共同性或相似性。这一点说明的正是恩格斯所指出的人权具有超越个别国界的性质。不管国家制度有多大的本质不同，社会是由人构成的这一点是相同的，共同的人的社会总能找到如何对待人的共同标准。法律文化所产生的继承性和互融性以及它的世界性，观念上的原因在于人所共同需要的对人的价值一视同仁的标准。

综上，所谓基本权利，就是那些对于人和公民不可缺乏的、不可取代的、不可转让的、稳定的、具有母体性的共同权利。法律意义上的人权指的是宪法制度保障的基本权利。①

4. 答案： 就中国法传统而言，正当程序是中国法走向现代化的根本元素之一。正当程序的意义主要表现为：

第一，正当的法律程序是权利平等的前提。现代法治原则要求“以相同的规则处理同类的人或事”，即平等地适用法律，而公正的核心是平等。现实生活的具体的人和事，与抽象的法律规则之间存在差异和距离，这给法律适用带来难度。法律适用就是对抽象规则与具体行为的认同过程，这个认同过程的高度“同一性”有赖于法律程序的保证。倘若没有统一的步骤和方法，没有时间与空间上的向导，就难以实现“同一性”，因而平等适用法律也就无从谈起。所以英国法学家们普遍相信：只要你遵守细致规定的光明正大的诉讼程序，你就几乎有把握地获得了公正的解决办法。

第二，正当的法律程序是权力制衡的机制。法治社会的国家权力应当受到法律的严格约束，而法律程序是其中的不可或缺的一种约束机制。正当的程序通过抑制、分工等功能对权力进行制衡。在社会经济生活要求国家自由裁量权相对扩大的今天，实体法规则的控权功能有所缩减，因此程序控权的功能大大增长。法律程序以其特有的功能补充了实体法控制权力的不足，达到权力与权利的平衡、效率与自由的协调、形式合理性与实质合理性的结合。

第三，正当的法律程序是解纷效率的保证。正当合理的法律程序总是能够使纠纷及时、有效、公正、合理地得以解决。相反，偏私或不合理的法律程序往往使纠纷的解决出现这样的情况：当事人在程序过程中就感到有不公正因素；当事人在程序过程中尚未消除暴力的直接冲突；当事人为纠纷的解决花费了不必要的或过高的诉讼成本；当事人在处理结果面前仍有遗留的纠纷或由处理结果引起的新的冲突和矛盾。因此，正当合理的法律程序能够保证纠纷真正得到解决，从而实现实体公正。

① 参见张文显主编的《法理学》（第五版）对这一问题的论述。

第四，正当的法律程序是权利实现的手段。首先，法律程序是权利义务实现的合法方式或必要条件；正当的程序能促使权利被实际享受，义务得到切实履行。其次，法律程序通过对权力的约束和控制来保障人权；正当程序是以权力制约和权利本位为特征的，通过权力制约来实现实体权利。此外，法律程序是纠纷解决的重要途径，正当程序对于权利又是一种有效的、重要的补救手段。

第五，正当的法律程序是法律权威的保障。法律权威固然需要国家强制力来保证，但是这种强制力有可能使法律权威异化为粗暴的武力。正当程序的意义就在于通过法律执行的各种程序过程使人们体会到法的公正和尊严。正当程序必定会增强人们对法律的好感、敬意和信心；相反，不正当的程序会引起人们对法律的厌恶、轻蔑和怀疑。人们对公正的理解和对法律权威的体验首先是从"能够看得见的"程序形式中开始的。①

三、论述题（第 1 题 25 分；第 2 题 15 分，共 40 分）

答案：（1）经济对社会主义法的决定作用。主要表现在：

①在立法时应考虑所立的法是否有利于生产力的发展，应从实际经济条件出发，使所立的法符合在这种条件的基础上所产生的客观经济基础服务，促进生产力发展。

②在立法时应正确处理各种物质利益关系。社会经济关系最终都体现为物质利益关系。在我国现阶段，物质利益关系涉及诸多方面，立法时应善于将这些物质利益关系体现为法律权利和义务。

（2）社会主义法对经济的服务作用。主要在于：

①法积极体现经济建设战略部署的精神并保障其顺利实现，维护基本经济制度和促进经济体制改革，并由此促进生产力发展。

②法还直接促进生产力的发展。法确认社会主义市场经济体制模式，确认国民经济持续、快速、健康发展的方针，促进产品、产业、投资、消费等结构趋于合理化，促进经济效益的提高和科学技术的发展，保护自然资源和环境，完善劳动保护制度等。所有这些对生产力的发展都有重大的直接促进作用。

① 参见张文显主编的《法理学》（第五版）对这一问题的论述。

期末测试题二

一、名词解释（每小题 5 分，共 20 分）

1. 法律体系（中国人民大学 2011 年考研题）
2. 要式行为与非要式行为
3. 法的溯及力
4. 法的适用

二、简答题（每小题 10 分，共 40 分）

1. 简述法治与法律意识的相互作用。
2. 简述法律原则与法律规则间的区别。
3. 为什么说自由需要法律的保障。

三、论述题（第 1 题 25 分；第 2 题 15 分，共 40 分）

1. 论述我国法律关系主体的构成要件。
2. 论述法与正义的关系。

参考答案

一、名词解释（每小题 5 分，共 20 分）

1. 答案：法律体系有时也称“法的体系”或简称“法体系”，是指由一国现行的全部法律规范按照不同的法律部门分类组合而形成的一个呈现体系化的有机联系的统一整体。法律体系有以下几个特点：

第一，法律体系是一个国家的全部现行法律构成的整体。

第二，法律体系是一个由法律部门分类组合而形成的呈体系化的有机整体。

第三，法律体系的理想化要求是门类齐全、结构严谨、内在协调。

第四，法律体系是客观法则和主观属性的有机统一。

2. 答案：根据行为是否需要特定形式或实质要件，可以分为要式行为和非要式行为。要式法律行为是指必须具备某些特定形式或程序才能成立的法律行为。非要式法律行为，是指无须特定形式或程序即能成立的法律行为。

3. 答案：法的溯及力是指新法颁布后对它生效前所发生的事件和行为可加以适用的效力。有以下几种原则，一是从旧原则，即新法没有溯及力。二是从新原则，即新法有溯及力。三是从轻原则，即比较新法与旧法，哪个处理轻些就按哪个法处理。四是从新兼从轻原则，即新法原则上溯及既往，但旧法对行为人的处罚较轻时，则从旧法。五是从旧兼从轻原则，即新法对行为人的处罚较轻时，则从新法。

4. 答案：法的适用简称司法，是指国家司法机关依照法定职权和程序适用法律处理案件的活动，它是法的实现的一种特殊形式。其特殊性就在于，守法和执法是有关主体主动实现法律的活动，而司法是被动的，是在守法和执法状态遭到破坏或无法继续时产生的法的实现形式。所以，它也是法的实现的一种最终的制度保证，是国家强制力的终局性的直接介入。

二、简答题（每小题 10 分，共 40 分）

1. 答案：（1）一个国家实行依法治国的重要条件，是本国绝大多数社会成员以及国家公职人员具有适当的、较强的法律意识。法治与法律意识相互并存和促进。

（2）依法治国必然要求国家公职人员特别是法官、检察官以及律师应具有更高、更专门的法律意识，这是他们任职的一个重要条件和资格。

2. 答案：法律原则与法律规则同为法律的要素，两者有共性，在规则与原则间有一个边缘地带，甚至有些法律要素究竟属于规则还是原则是难以定位的。但是法律原则与规则的区别还是明显的：(1) 在对事及对人的覆盖面上，法律原则较宽，法律规则较窄，即法律原则有更大的宏观指导性，某一法律原则常常成为一群规则的基础。(2) 在变化的速率方面，法律原则有较强的稳定性。法律原则通常是社会重大价值的积淀，不会轻易改变，相比之下，法律规则的改变要容易得多。(3) 在是否适用的确定性方面，原则较为模糊，而规则较为明确；当原则与原则、规则与规则相互冲突时，选择的方法也不同。冲突的规则的适用常常是要么无效，要么有效，确定相互冲突的原则的适用时，常常要对冲突的原则所代表的利益作出权衡，相互冲突的原则必须衡量或平衡，某些原则比其他原则具有较大的“分量”。

3. 答案：自由需要法律的保障。

首先，用法律保障自由是保证自由免受侵犯的需要。要保证自由不被侵犯，就必须对自由的侵犯者及其侵犯自由的行为予以严厉的惩罚。人类惩罚罪恶的最严厉的外在手段莫过于法律，法律是对侵犯自由者予以惩办的有力措施，法律通过制裁侵犯自由的违法犯罪，保障自由免受侵犯。

其次，用法律保障自由是保证自由不被滥用的需要。自由存在被侵犯的可能性，也存在被滥用的可能性。自由的滥用是由自由享有者任意扩展其自由的范围和内容所致，它同样会导致其他个体或群体的自由受损害或被剥夺。

最后，法律保障自由是宪法的使命，是其他法律、法规的重要追求。宪法作为国家的根本大法，必须担负起确认自由并保障自由的重任。保障自由也是其他法律法规的重要追求。

法律保障自由的重要机制，是把自由法律化为权利，使之成为“从事一切对别人没有害处的活动的权利”。把自由转化为法律权利（自由权）意义重大。当主体的自由意志得到了社会正式代表——国家的承认时，它就具有了合法性，从而表现为“普遍的权利”。以自由权利形式表现出来的意志已经不再仅仅是主体的意志，它同时也是国家的意志。因此，任何对它的侵犯也都是对国家权威的侵犯，要受到国家强制力的回击。

三、论述题（第 1 题 25 分；第 2 题 15 分，共 40 分）

1. 答案：法律关系主体的构成要件：权利能力和行为能力。

(1) 权利能力与行为能力是法律关系主体所必备的条件。特别是在民事法律关系中，作为一般民事法律关系主体，公民应具有民事权利能力和行为能力。

(2) 权利能力。①能够参加一定法律关系、成为法律关系主体、享有权利和承担义务的能力或资格，即为权利能力。②权利能力有多种：从权利能力主体看，有公民的权利能力、法人的权利能力、其他组织的一般权利能力和特别权利能力，前者是指一般人和组织都具有的权利能力，后者是指特定的人和组织才具有的权利能力。③法律关系主体获得和丧失权利能力的时间不同。法人、国家机关、社会组织的权利能力一般始于它们成立时，终于它们被撤销或解散时。公民的权利能力一般始于出生，终于死亡。

(3) 行为能力。①法律关系的参加者能通过自己的行为依法行使权利和承担义务的能力，即为行为能力。②权利能力与行为能力既有联系又有区别。权利能力是确认法律关系主体的前提，法律关系主体必须具有权利能力，但并不是一切具有权利能力的人都有行为能力。法律关系主体都有是否具有行为能力的问题，但由于法人的行为能力与权利能力一般是同时存在的，通常说的行为能力指公民即自然人的行为能力。③行为能力不是一切公民都有的。公民只有达到一定年龄并能对自己行为及其后果具有辨别力和控制力，才具有行为能力。④各国立法通常把公民分成三种人：一是有完全行为能力的人。如我国 18 周岁以上的成年公民一般是完全民事行为能力人，年满 16 周岁以上不满 18 周岁而以自己劳动收入为主要生活来源的公民，视为完全民事行为能力人。二是行为能力受限制的人。如我国立法规定的不能完全辨认自己行为的精神病人和8周岁以上的未成年人为限制民事行为能力人。三是无行为能力的人，指不满8周岁的未成年人和不能辨认自己行为的精神病人。

2. 答案：正义含有“公正、合理”之意，是人类所追求的一种理想状态，体现了人们追求的一种理想，是人们一定伦理观念的表现。在法学上，它是对法的一种主观的、相对的价值判断。它所关注的是法律规范和制度性安排的内容，它们对人类的影响以及它们在增进人类幸福与文明建设方面的价值。从最一般的意义上讲，正义的关注点可以被认为是一个群体的秩序或一个社会的制度是否适合于实现其基本的目标。在实现这个目标的过程中，既能满足个人的合理需要和主张，也能促进生产进步和提高社会内聚性的程度。

由于不同社会的生产方式是不同的，因而正义作为一定社会生产方式的观念形态，就不可能是永恒不变的，即“正义是随着时代的变化而变化的，并且不同的人所追求的正义也很不相同”。马克思主义第一次揭示了正义的物质基础，他们认为的公平只是现存经济关系在其保守方面或在其革命方面的观念化、神圣化的表现。社会中的一种行为只要与该社会的生产方式一致就是正义的，反之就是非正义的。这可以归结为：法所体现的正义总是阶级社会一定生产方式基础上的正义，是统治阶级认为正义的“正义”。

正义有不同的划分，其影响最大的一次是亚里士多德把正义分为分配的正义和矫正的正义。前者即对不同的人给予不同的对待，对相同的人给予相同的对待，根据人的功绩、出身等的不同来分配财富、荣誉；后者即不管什么人，只要损害了别人的财产、权利，都要给予同等的对待，适用等价交换原则；适用于处理民刑事案件，用以矫正并恢复被损害者的利益，是一种补偿性的公平，或曰事后公正。不同的学者对正义进行了不同的分类，美国学者罗尔斯提出了社会正义与个人正义、实质正义与正式正义。

正义与理性、自由、平等、安全、福利等概念是相互关联的。一定的正义是一种独特的理性的体现，社会秩序中的正义问题在相当广泛的程度上可以进行理性讨论和公正思考。这种理性认为应赋予何种人平等、自由和福利，因而在不同的理性之下感到安全的人是不同的，这些人的安全程度也是不同的。这种变化在社会转型时期尤为突出。因此，正义的内容是十分复杂的。它涵盖了社会中不同的人在不同层面的状态的综合判断。人们平常所说的自由、平等、秩序等只不过是正义的不同方面。

法，从词源看含有“平”“正”“直”和“公正裁判”之意，现在的法是国家判断人们行为合法不合法的标准。它表现为一种由国家权力制定或认可的规范，它规定了人们法律上的权利和义务，国家以强制力保证其实施，法的目的在于维持一定的秩序。由此可见法是一定时期的“理”与国家强制力的结合。这里指的理可以大致分为内容与形式两个方面。不同的理有不同的内容，也有不同的表现形式。在法律上，这可以从一定程度上体现为法律规定的不同的人所享有的不同的权利义务，以及这些权利义务实现的方式。

法的内容也涉及社会的各个方面，法律赋予不同的人以进行某种行为的不同资格。由于资格的不同，不同的人可以行为的范围不同，即使可以进行同一行为，其后果也可以因为资格的不同而不同的。这可以视为法给予人不同的自由。有相同自由的人在社会中处于平等的地位，他们的安全和福利得到同等的保障，而其安全和利益被破坏之后，其所寻求的救济手段也是相同的。法律还规定了法律主体的权利义务，以及权利义务的实现方式等方面，这些内容也反映出法律实际上要体现一种自由、平等，使人从法律规定中得以预见自己行为的后果，从而可以在保障自己安全的行为方式中进行选择。

由此可见，法与正义是一致的。它们都由一定社会的物质生产方式决定，也都与一定的阶级相联系。这体现在，法总是统治阶级利益的集中体现，它总是保护统治阶级的利益，压制被统治阶级。而统治阶级总是首先在经济上占据统治地位，即成为这一时期先进的生产方式的代表，并因此最终在政治上占据统治地位。当然在这种阶级内部也存在不同利益集团的矛盾冲突，但其根本利益是一致的。法律所保护的正是统治阶级中一致的根本利益。

此外，从关系上讲两者类似于内容与形式的关系。一方面，法所保护的就是正义，正义是法律的精神所在。立法者以正义为标准，将正义作为法的目标；执法者将法贯彻到日常生活中去，使之真正体现在日常生活中。另一方面，法是正义借以体现的形式，是正义实现过程中的工具。但法与正义毕竟是两个不同的事物，它们之间也存在一定的区别。法一旦确定下来，总是明确而具体的，并具有较强的可操作性。它明确规定了人们行为的方向和方式，并明确规定了违反法律的后果，并由国家强制力保障。但正义则较为模糊，它更多体现为一种笼统目标和要求，因而其可操作性较差。而且正义仅仅指明人们应当如何行为，并未规定违反正义后的惩罚。此外，正义作为一种理想状态，并不一定全部被法律所吸收，即法律所达到的正义永远只是正义的部分内容和一定层次，因而法律总是需要参照正义的标尺作出修正。

附录一：全国部分法学院校研究生入学考试法理学部分历年真题

北京大学

2022 年

论述题

司法公正的含义是什么，在中国的现实语境下，如何才能更好地实现司法公正，建设法治中国。

2020 年

简答题

1. 简述法的基本特征。

2. 请从国家和社会的角度谈谈制定统一的民法典对市场经济的作用。

2019 年

论述题

我国学者普遍认为，一个法律人，会拥有“法律人思维”，你是如何理解的。

2018 年

论述题

1. 论述法治与文化的关系。

2. 结合司法实践论述法律推理的种类和运行。

2017 年

简答题

1. 简述法律意识的作用。

2. 简述科学技术发展对法律的影响。

2016 年

简答题

1. 法治与法律意识的互动关系。

2. 法理学在法学体系中的地位。

2015 年

简答题

1. 法律的规范性和概括性。

2. 论当代中国法律在建设和完善社会主义市场经济体制中的作用。

2012 年

简答题

1. 从理性和激情的角度论述霍布斯、霍姆斯、韦伯与柏拉图等古典思想的差异。

2. 理解“灵魂秩序是法律秩序的基础”，结合谈谈你对中国法制建设的看法。

3. 恶法需不需要遵守。

2011 年

简答题

1. 19 世纪的分析法学和历史法学。

2. 法的功能和法的作用辨义。

3. 法理学的构成及其资源性要素。

4. 中国现时法的基本形式和渊源。

2010 年

论述题

1. 运用法理学评价许霆案。

2. 请从以下四部著作中任选一部，论述其主要学术贡献、渊源及其流变、给你最深的印象：查士丁尼《法学总论》；奥斯丁《法理学的范围》；黑格尔《法哲学原理》；亚里士多德《政治学》。

3. 请从以下四个法学流派思潮中任选一个，论述其主要学术特质、学术地位、渊源及其流变：功利主义法学；分析实证主义法学；经济分析法学；新自然法学。

2007 年

论述题

法典编纂可以清理不明确的、模棱两可和过时的法律，使法律明确易懂。一个父亲在不需要教授的情况下，也能够通过阅读法典而教其儿子领会法律的规定。请根据法理学知识分析边沁这一论述的意义。

2006 年

案例分析题

1. 根据《人民法院报》2005 年 8 月的一篇文章，关于郑州市中原区人民法院实行先例判决制度改革。结合法理学，来分析自己的看法。

如今到河南省郑州市中原区法院打官司的当事人，在介入诉讼前可以通过查阅这里汇编成册的大量先例判决案例，了解自己案件类似的判决结果。此间法学界人士认为，中原区法院试行的“先例判决”制度，是推进审判制度改革的重大探索，不仅有利于增加法院审判的透明度和权威性，而且有利于促进司法公正和提高审判效率。

中原区法院试行的“先例判决”制度，是指经过某种程序被确认的先例生效判决对本院今后处理同类案件具有一定的拘束力，其他合议庭或独任审判人员在处理同一类型、案情基本相同的案件时，应当遵循先例作出大体一致的判决。在前期先例判决的制作方面，中原区法院审判委员会或专业小组对判例的类型、程序和实体的处理、判例的形式和内容等进行了严格的审核，确认后严格规范先例判决文书，定期汇编成册，予以公布。

据悉，中原区法院试行“先例判决”制度一年来，收到了令人满意的效果。法官办案更加透明了，法院审判工作效率大大提高了，当事人上诉的少了，案件被改判或发还重审现象基本杜绝。

2. 民主和法治的关系，陪审制度是连接两者的重要节点。请谈谈陪审制度是如何在民主与法治之间进行互动的。

中国人民大学

2022 年

一、名词解释

1. 调整性法律关系
2. 扩充解释

二、简答题

1. 法的价值冲突
2. 法的作用的局限性

2020 年

一、简答题

1. 论法律关系产生、变更和消灭的前提。
2. 简述影响法的实施因素。
3. 简述法律规范的逻辑结构。
4. 简述现代法治理念的内容。

二、论述题

1. 论述社会自治对法制建设的作用。
2. 论述实质推理的特点与形式。

2019 年

一、材料分析

材料：《化妆品卫生监督条例》第 2 条：“本条例所称的化妆品，是指以涂擦、喷洒或者其他类似的方法，散布于人体表面任何部位(皮肤、毛发、指甲、口唇等)，以达到清洁、消除不良气味、护肤、美容和修饰目的的日用化学工业产品。”

问题如下：

1. 写出四个常见的法律解释的方法，它们各自的内容。用这四种法律解释方法来讨论牙膏是不是化妆品。

2. 写出的四个常见的法律解释方法及它们之间的关系。

二、论述题

论述法治对国家治理能力及其治理体系现代化的作用。

2018 年

一、材料分析

全面依法治国是国家治理的一场深刻革命，必须坚持厉行法治，推进科学立法、严格执法、公正司法、全民守法。成立中央全面依法治国领导小组，加强对法治中国建设的统一领导。加强宪法实施和监督，推进合宪性审查工作，维护宪法权威。推进科学立法、民主立法、依法立法，以良法促进发展、保障善治。建设法治政府，推进依法行政，严格规范公正文明执法。深化司法体制综合配套改革，全面落实司法责任制，努力让人民群众在每一个司法案件中感受到公平正义。加大全民普法力度，建设社会主义法治文化，树立宪法法律至上、法律面前人人平等的法治理念。各级党组织和全体党员要带头尊法、学法、守法、用法，任何组织和个人都不得有超越宪法法律的特权，绝不允许以言代法、以权压法、逐利违法、徇私枉法。

——《决胜全面建成小康社会　夺取新时代中国特色社会主义伟大胜利——在中国共产党第十九次全国代表大会上的报告》

问题如下：

1. 怎样理解“依法治国是国家治理的一场深刻革命”？

2. 怎样理解科学立法？

二、论述题

法律规定闯红灯是违法行为，但实践中许多人闯红灯却没有受到惩罚，这条法律规范是否失去效力？

2017 年

一、材料分析题

1. 法律反映但并不决定社会的道德价值。一个公正合理的社会的价值将在公正合理的法律当中得到反映。社会越好，法律就越少。天堂里没有法律，狮子和羊羔躺在一起。一个不公正社会的价值将在不公平的法律中得到体现。社会越坏，法律就越多。地狱里没有别的，只有法律，在那里正当程序被小心翼翼地遵守着。

2. 法律制定者如果对那些促进非正式合作的社会条件缺乏眼力，他们就可能造就一个法律更多但秩序更少的世界。

3. 法律本身是一种社会控制，但是还有其他多种社会控制方式存在于社会生活中，存在于家庭、友谊、邻里关系、村落、部落、职业、组织和各种群体中。因此，上述命题的意思是，当其他社会控制的量减少时，法律的量就会增加，反之亦然。无论何时何地，只要能够测定法律和其他社会控制的量，这样表述的命题就适用。它适用于一切问题，从世界各地的社会生活的演化到两个人在街上的邂逅。

问题：

（1）请用自己的话概括上述三段材料反映的共同思想？

（2）相较于其他社会控制方式，法律作为一种社会控制方式的主要特点有哪些？

（3）如何理解法的实施，与“社会的道德价值”“那些促进非正式合作的社会条件”“其他多种社会控制方式”之间的关系？

二、论述题

1. 指导性案例与英美法的判例有何不同？

2. 指导性案例是不是法的渊源？谈谈你的看法。

2016 年

一、比较下列概念

1. 法律论证与法律解释

2. 法律调整对象与法律调整方法

二、分析题

试评析以下论断："加强对司法活动的监督，努力让人民群众在每一个司法案件中都感受到公平正义。"

三、论述题

试述法治与民主的关系。

2015 年

一、名词解释

1. 规范性调整
2. 构成性原则
3. 法的形式价值

二、简答题

简述社会自治对法治的积极意义。

三、论述题

试述如何促进人权的司法保障。

2014 年

一、名词解释

1. 多元化纠纷解决机制
2. 法律均衡理论
3. 法律推理
4. 分配正义

二、论述题

论述政治思维与法治思维的关系。

2013 年

一、名词解释

1. 法的价值系统
2. 政策性原则
3. 法律关系主体
4. 法律责任

二、简答题

简述法产生的标志。

三、论述题

论述社会主义法在构建和谐社会中的作用。

2012 年

一、名词解释

1. 绝对事件
2. 实质推理
3. 法学世界观
4. 法的清理

二、简答题

案例在我国司法适用中的作用。

三、论述题

论述中国特色社会主义法律体系和结构特征。

2011 年

一、名词解释

1. 个别性调整
2. 人权的普遍性
3. 立法主体
4. 判例法
5. 法律体系
6. 目的解释

二、简答题

1. 简述法的原则在法律创制方面的功能。
2. 简述法律解释与法律修改的区别。
3. 法规调整的特点与意义。
4. 简述法律推理的特点。

三、论述题（3 选 2，法理学必选第 1 题）

1. 论述立法的民主原则与科学原则的相互关系。
2. 论述法治在社会主义市场经济发展中的作用。
3. 论述我国法律监督的作用与完善。

2010 年

一、名词解释

1. 调整性法律规则
2. 保护性法律关系
3. 法制
4. 社会主义法治理念
5. 扩充解释
6. 集体人权

二、简答题

1. 简述民主立法的原则及其表现形式。
2. 简述法的作用的局限性。
3. 简述法的政治职能和社会职能的关系。
4. 简述法的价值冲突。

三、论述题

1. 评论法家“威势之可以禁暴，而德厚之不足以治乱”。

2. 多元化纠纷解决机制的概念及意义。

3. 论法律责任归结原则。

2009 年

一、名词解释

1. 法律技术
2. 内在道德
3. 确定性规则

二、简答题

1. 简述我国的法律监督。
2. 简述法系与法的历史类型。
3. 简述霍布斯的法与道德的理论。

三、论述题

1. 论法治原则。
2. 论正义第一原则和正义第二原则。

2008 年

一、名词解释

1. 古代法
2. 法律概念
3. 法律思想体系
4. 法律渊源
5. 立法技术
6. 法律监督

二、简答题

1. 简述潘恩的法治思想。
2. 简述法律解释的必要性。
3. 简述实质推理的适用。
4. 简述法的创制程序。

三、论述题

1. 论法律调整的对象。
2. 论庞德关于法与利益关系的思想。

2007 年

一、名词解释

1. 法律意识
2. 法的形式
3. 成文法
4. 类推适用
5. 社会连带关系

二、简答题

1. 大陆法系与英美法系的不同特点。

2. 法律规范的特征。

3. 法律责任不同于政治责任和道德责任的主要特点有哪些？

4. 哈特如何分析法律与道德的关系？

三、论述题

试论德沃金的公民权利观及其意义。

2006 年

一、简答题

1. 简述阿奎那关于法的分类理论。
2. 简述孟德斯鸠“法的精神”的主要内容。
3. 简述富勒的“法律的内在道德理论”。
4. 纯粹法学的含义及特性。

二、论述题

1. 论当代中国社会主义法的一般社会原则。

2. 试述法律意识的分类。

3. 试述规范性法律文件系统化的方法。

4. 论法的体系与法律渊源体系的区别。

清华大学

2020 年

一、名词解释

1. 理想国
2. 哈特
3. 东方主义
4. 萨拉曼卡学派

二、简答题

1. 简述卢梭的“公意”。

2. 简述第二次世界大战的结局对西方法律思想的影响。

三、论述题

论述法哲学和法律思想史写作的异同。

2019 年

论述题

1. 法律对促进科学技术的作用。
2. 法律对实现自由的作用。
3. 法律规则和法律原则的主要区别。

2018 年

一、名词解释

1. 法律的可诉性
2. 法律的非正式渊源
3. 法律关系
4. 责任法定原则

二、简答题

1. 什么是法律的规范作用，主要表现在哪些方面。
2. 法律解释的方法有哪些，请分别说明。
3. 简述当代中国的立法原则。

2017 年

一、简答题

1. 公法、私法和社会法的区别。
2. 法律意识的作用。

二、论述题

论法律限制自由的原则和条件。

2014 年

一、名词解析

1. 法学和法理学
2. 神法、人法、法治
3. 法律意识、法律文化
4. 习惯法、制定法、判例法
5. 中华法系、大陆法系、英美法系

二、简答题

1. 法律推进道德标准。
2. 法律作用局限性。
3. 法律责任的实质。

三、理解题

1. 《淮南子》：“县法者，法不法也；设赏者，赏当赏也。法定之后，中程者赏，缺绳者诛。尊贵者不轻其罚，而卑贱者不重其刑。犯法者虽贤必诛，中度者虽不肖必无罪，是故公道通而私道塞矣。”请谈谈你对这段话的认识。

2. “法律的存在是一回事，优劣是另一回事”这句话是谁说的，你对这句话的看法是什么？

3. 《唐律疏议》：“今之典宪，前圣规模，章程靡失，鸿纤备举，文选奏弹曰，肃明典宪。汉书曰，规模宏远。汉高祖命张苍定章程。诗传曰，大曰鸿，小曰雁。鸿训为大。纤者，细微也。谓律内大小之刑，无不备举。而刑宪之司执行殊异：大理当其死坐，刑部处以流刑；一州断以徒年，一县将为仗罚。德礼为政教之本，刑罚为政教之用，犹昏晓阳秋相须而成者也。论语，道之以德，齐之以礼。德礼犹晓与阳，刑罚犹昏与秋，言德礼与刑罚犹昏晓相须而成一昼夜，春阳与秋阴相须而成一岁也。也是降纶言於台弦，挥折简於。”谈谈你对这段话的认识。

四、分析题

某市公安局由于大气污染，制定了关于限行的通告，《道路交通安全法》第 39 条规定，公安机关交通管理部门根据道路和交通流量的具体情况，可以对机动车、非机动车、行人采取疏导、限制通行、禁止通行等措施。遇有大型群众性活动、大范围施工等情况，需要采取限制交通的措施，或者作出与公众的道路交通活动直接有关的决定，应当提前向社会公告。

问题：

1. 从法律位阶上评价通告合法性。
2. 通告调整自由和秩序是什么原则？请说说你的看法。
3. 请对《道路交通安全法》第 39 条的内容进行评价。

2013 年

一、名词解释

1. 法律与法

2. 法系与法律关系

3. 法律规范与法律规则

二、简答题

1. 法律与道德的冲突矛盾。

2. 当代中国的法律渊源。

三、论述题

当代中国法治的必要性、主要内容、特点及困难。

2012 年

一、简答题

2011 年 10 月 13 日，广东佛山的小悦悦连续两次被碾轧，18 名路人路过但都视而不见，引发了道德与法律的讨论。结合此类事件，从法律的“意志性”或法律关系的“人为抑制性”的角度谈谈是否应当设立“见死不救罪”。

二、论述题

1. 简述亚里士多德和罗尔斯的正义理论，结合急剧变化的中国社会，谈谈我国应从这些理论中借鉴哪些原理或原则，以推动我国的社会正义。

2. 法律是一种特殊的靠国家强制力保障实施的具有普遍适用性的规范。“可诉性”是否为法律的基本特征之一？为什么？承认或不承认法律的“可诉性”对于我国法治的发展有什么意义？

2011 年

简答题

1. 请简述司法解释在我国法律体系中的性质、地位与功能。如何在区分立法权与司法权的基础上完善和规范我国的司法解释制度。

2. 大陆法系与英美法系的区别；两者的融合体现在哪些方面？

2010 年

一、简答题

1. 简述法的要素及其构成和作用。

2. 简述强制性规则与指导性规则有哪些区别。

3. 简述普通法和衡平法的区别有哪些。

4. 简述法治与法制的区别。

5. 什么是社会法，说说为什么要加强社会法的立法。

6. 简述哈特的“主要规则”和“次要规则”及其作用。

二、论述题

1. 什么是利益，什么是正义，试述利益与正义的关系。

2. 有人说，法律仅仅是对社会生活现象规律的总结和描述。结合我国法律的改革和发展，从法的作用的角度，分析和评述这句话。

2008 年

一、简答题

1. 请简述一般法和特别法的区别及相互关系。

2. 行政执法权可否委托执行？其必要性和条件是什么？

3. 请结合当代法律的发展说明公法与私法相互交融的现象。

4. 请结合德沃金的“法律整合”（ingrety of law）理论阐述法律原则在法律适用中的作用。

二、论述题

1. 法治和法制的基本区别有哪些？请结合中国法治建设的进程说明它们的区别。

2. 试论述审判权的性质和特征。

2007 年

一、简答题

1. 请你谈谈对法与法律两个概念的认识。

2. 请你谈谈法理学的学科价值以及对中国法理学发展现状的评价。

3. 法律与自由的关系。

二、论述题

论法治国家的公权力制约。

2006 年

一、简答题

1. 法律与命令的异同。

2. “绳之以法”中“绳”是什么意思？简述这句话的基本含义。

3. “法律的生命在于经验而非逻辑。”简述这句话的义理。

二、论述题

1. 试从法理学角度谈谈我国法律体系的多元化特征及其基础。

2. 现代法治强调权利、选择和沟通，重视规则和程序。请以权利、选择、沟通、规则、程序为关键词，写一篇短文，谈谈现代法治。(不少于800字)

中国政法大学

2020 年

一、名词解释

1. 法学
2. 法系
3. 法律部门

二、简答题

法的效力范围

2019 年

一、名词解释

1. 非正式渊源
2. 法律解释客观说
3. 法律权利

二、简答题

简述法律责任的归结原则有哪些？

2018 年

一、名词解释

1. 拉德布鲁赫公式
2. 麦考密克的规则理论
3. 规则与法治的关系
4. 规范性裂缝的种类

二、分析题

(一) 有关近代自然法的材料，引用了洛克的一句话

1. 洛克与霍布斯的自然状态有何区别？
2. 洛克是否认为必然会进入战争状态？
3. 洛克的政府是否与个人自由对立？
4. 洛克的观点体现了自然法变化的何种趋势？

(二) 材料出自奥斯丁的《法理学的范围》

1. 体现了奥斯丁的何种立场，有何分歧？
2. 奥斯丁有何主张？
3. 凯尔森有何主张？
4. 哈特有何主张？

(三) 德沃金的原则理论

1. 原则的基本问题。
2. 体现了德沃金的何种立场？
3. 规则与原则有何逻辑差异？
4. 你怎么区分原则和规则？

三、论述题

法学方法论与法治实践的关系。

2017 年

一、名词解释

1. 法学方法
2. 法的渊源
3. 规范性法律文件

二、简答题

简述法律关系的概念和特点。

三、案例分析题

案例：张某因与王某抢占车位而发生口角，张某心生不满遂掏刀将王某扎死。一审判决认定张某犯故意杀人罪，判处死刑缓期两年执行，剥夺政治权利终身。请回答下列问题：

参考法条：《刑法》第232条：故意杀人的，处死刑、无期徒刑或者十年以上有期徒刑；情节较轻的，处三年以上十年以下有期徒刑。

（1）根据主观过错在法律责任中的地位，张某应承担何种责任？为什么？

（2）法院判决体现哪一种法的规范作用？《刑法》第 232 条对人们行为的指引为何种指引？为什么？

（3）本案采用何种法律推理？写出推理结构。

2015 年

一、简答题

1. 有些学者主张在当代中国应加强判例的作用。他们的理由主要有哪些？

2. 如何理解法律规则中的法律后果。

二、分析题

谢某患先天性心脏病，2004 年 7 月 15 日病发住院，出院时被嘱咐继续服药并到上级医院进一步接受治疗。谢某出于生计，与某电器公司签订劳动合同，在该公司担任仓储保管员。谢某上班时身体不适，去医院就诊，在治疗过程中突然神志不清，经抢救无效于当天 12 时死亡。谢某的父母向区社会保障局提出要求认定谢某的死亡属工伤。区社会保障局受理申请后，认为谢某的死亡不属于国务院颁布的《工伤保险条例》第 15 条第 1 款第 1 项规定的“在工作时间和工作岗位，突发疾病死亡或者在 48 小时之内经抢救无效死亡的”，视同为工伤中的情形，认为该条中的“突发疾病”不包括先天性疾病，所以，不能认定为工伤。

请问：

（1）在谢某与某电器公司签订劳动合同形成的法律关系中，体现出了几种法律主体的意志？

（2）谢某的死亡属于哪种法律事实？

（3）谢某的死亡消灭了哪些法律关系？至少说出两种。

（4）《工伤保险条例》属于我国正式法律渊源中的哪一类？

（5）从法律解释方法的角度来说，区社会保障局的解释属于哪种？

2014 年

一、选择题（略）

二、简答题

简述法律关系的特征。

三、分析题

1997 年 8 月，陈某与苏某签订了一份《买卖房屋合约书》，向对方购买位于福建泉州市区一处 87 平方米的拆迁安置房，以及 12 平方米的储藏间，购房总价 35 万元。合同还约定，苏某应协助陈某办理产权过户手续。合同订立后，陈某依约向被告支付购房款 33 万元，并承诺，剩余的 2 万元，办理产权过户后再支付。但陈某入住该住房 10 年，在此过程中，泉州房价飞涨。苏某却一直不答应为陈某办理产权过户，且有毁约之意。陈某一气之下，将苏某告上法庭。在法院审理过程中，苏某向法官辩解称，该房产权本来属于其母亲，当年，其为取得该处房产，伪造了母亲死亡的证明，骗了房管部门，将房子产权办在了自己的名下。因此，他主张，本案的房屋买卖合同是无效的，愿意将所得房款悉数退还。对于苏某的说法，陈某难掩愤怒：“不是钱的问题，人总该讲个信誉！”他解释称：“房子一住十几年，都有感情了，说啥都不能退。”一审法院法官经审理认为，本案的房屋买卖合同，是双方真实意思的表示，判决合同有效。

请回答下列问题：

（1）从法理学上看，陈某与苏某签订的《买卖房屋合约书》属于什么类型的法律文件？

（2）一审法院法官在判决中运用了什么推理？其推理大前提如何表述？

（3）结合本案案情，从法与道德的关系角度谈谈对陈某行为的看法。

2013 年

一、选择题（略）

二、简答题

1. 简述法的规范性的特点。

2. 执法上的合理性原则包括哪些内容？

三、分析题

事实：2001年，一家名为“思微尔”的企业委托上海华智地铁广告公司在该市地铁的四个站点发布品牌内衣广告，打出了“玩美女人”的广告语。上海市工商局黄浦分局以广告内容违反《广告法》为由，责令“思微尔”停止发布广告，公开更正，并罚款10多万元。“思微尔”不服，诉至法院。

法庭上，“思微尔”认为“玩”有“做、追求、崇尚”的意思，“玩美女人”可理解为“追求崇尚美好的女人”。工商部门则指出，“玩”有“戏弄、玩弄”的意思。上海市黄浦区人民法院作出判决，维持上海市工商局黄浦分局对“思微尔”的处罚。

参考法条：《广告法》

第3条：“广告应当真实、合法，符合社会主义精神文明建设的要求”；第7条：“……广告不得有下列情形……（五）妨碍社会公共秩序和违背社会良好风尚……”

请回答下列问题：

（1）此案属何种性质的案件？从法律规则的逻辑结构看，“思微尔”停止发布“玩美女人”的广告属于什么法律后果？

（2）“思微尔”和上海市工商局黄浦分局对广告法的理解各使用了什么解释方法？为什么？

（3）从法学上看，上海市工商局黄浦分局对“思微尔”的处罚决定是否有理？请参照案情和法条予以说明。

2012年

一、选择题（略）

二、简答题

1. 从法学角度简述权利与权力的区别。
2. 简述法学方法论所研究的主要问题。

2010年

一、单项选择题（略）

二、多项选择题（略）

三、简答题

1. 法律规则逻辑结构的“新三要素说”的基本成分及原有理论的缺陷。
2. 法律责任的免除。

四、分析题

1. 案情：2004年6月，李某乘坐旅客列车期间与对面座位的旅客许某搭话后相识。晚上11时许，许某去厕所，李某尾随进入厕所抢得现金990元及价值2300余元的手机一部。后许某向乘警报案，李某被抓获。

参考法条：《刑法》第263条规定：“以暴力、胁迫或者其他方法抢劫公私财物的，处三年以上十年以下有期徒刑……并处罚金或者没收财产：……（二）在公共交通工具上抢劫的……”

争议：甲法官认为：由于在列车上抢劫具有公然性，影响了公共安全，所以才会成为加重情节。但是李某在列车厕所内实施的抢劫不具备公然性，因此不适用加重处罚。

乙法官认为：刑法只规定在公共交通工具上抢劫就是加重情节，即使是在列车厕所抢劫也应适用这个规定。

问题：

（1）请分析《刑法》第263条前半部分的逻辑结构。（2分）

（2）甲、乙法官的观点分别属于哪种解释？（1分）为什么？（3分）

（3）你认为哪种观点更加具有合理性？并请说明理由。（4分）

2. 试分析下列《宪法》规范的含义：“中华人民共和国检察院是国家的法律监督机关。”

3. 试论《联合国国际货物销售合同公约》第6条对缔约形式的影响。

4. 试论依法行政原则。

2009年

一、单项选择题（略）

二、多项选择题（略）

三、简答题

1. 法律推理与法治的联系。
2. 法律自身的局限性。

四、分析题

1. 案情：2001年6月16日傍晚，村民彭某在没有适航证的情况下，驾驶一条旧帆船搭载同村村民金某及其7岁的女儿过河。在帆船就要与水坝相撞时，金某抱着自己的女儿跳水求生。金某被救起，其女儿失踪。金某向法院提起宣告女儿死亡的申请，法院遂于2003年6月26日宣告其女儿死亡。随后，当地法院认定彭某的行为已构成交通肇事罪，判处其1年有期徒刑。

参考法条：《刑法》第133条规定："违反交通运输管理法规，因而发生重大事故，致人重伤、死亡或者使公私财产遭受重大损失的，处三年以下有期徒刑或者拘役……"《中华人民共和国民法通则》第23条规定："公民有下列情形之一的，利害关系人可以向人民法院申请宣告他死亡：（一）下落不明满四年的；（二）因意外事故下落不明，从事故发生之日起满二年的……"

争议：法官甲认为，由于刑法中的"死亡"可以通过扩大解释使之能够包括宣告死亡，因此法院判决是恰当的。法官乙认为，刑法中"死亡"通常指自然死亡，因此彭某的行为不构成犯罪。那种将"死亡"扩展为包括自然死亡的认识，是罪刑法定原则反对的类推。法官丙认为，宣告死亡只能引起民事法律关系上的变化，因此不适用于刑事领域。

问题：

（1）请分析《刑法》第133条的逻辑结构。

（2）你认为法官丙的观点正确吗？请从法律体系的理论中寻找理由。

（3）你认为甲、乙法官的观点哪个更为恰当？请说明理由。

2. 试分析下列宪法规范的含义："中华人民共和国全国人民代表大会是最高国家权力机关。""全国人民代表大会和全国人民代表大会常务委员会行使国家立法权。"

2008年

一、单项选择题（略）

二、多项选择题（略）

三、简答题

1. 法学思维的特点。
2. 法律解释目标主观说的成立理由。

2007年

一、单项选择题（略）

二、多项选择题（略）

三、简答题

1. 法律原则与法律规则的区别。
2. "从旧兼从轻"原则的内容。

西北政法大学

2020年

一、简答题

1. 近代自然法特征。
2. 两种实证主义对社会事实命题的支持。
3. 法律适用机关特征。
4. 法教义学的研究任务。

二、分析题

1. 法概念三个基本争议点是什么，核心问题分别是什么，基本争议点的两个基本立场是什么？

2. 德沃金"法律问题有唯一正确答案"回答这个问题必须解释的两个基本概念是什么？概念一包括什么内容？概念二包括什么？提出这个问题是为了说明什么核心问题。

2019年

一、简答题

1. 法理学的研究方法。
2. 法律原则的特点及功能。
3. 法律规则与法律原则的区别。

二、论述题

法与正义的关系。

2017 年

一、简答题

1. 法律程序的特点。
2. 民法法系与普通法系的区别。
3. 立法的基本原则。

二、论述题

论述法的正义价值。

2016 年

一、简答题

1. 法律原则的意义。
2. 法律与道德的区别。

二、论述题

为什么全面推进依法治国要坚持法律面前人人平等？

2015 年

一、简答题

1. 法律的规范作用和社会作用的区别。
2. 法律体系的概念和特征。
3. 我国社会主义立法的原则。

二、材料分析题

谈谈你对法律的国家强制力的理解。

2014 年

一、名词解释

1. 法学体系
2. 法律编纂
3. 法律文化

二、简答题

法律现象与法律本质的区别和联系。

三、论述题

论述法律与道德。

2013 年

一、名词辨析

1. 法律权利与权利能力
2. 法律部门与法律渊源
3. 立法解释与司法

二、简答题

1. 法律关系与其他社会关系的区别。
2. 试述法治国家的基本特征。

三、论述题

论述法律的正义价值。

2012 年

一、名词解释

1. 法律原则
2. 法律文化
3. 法律职业

二、简答题

1. 简述法律与科学技术的相互关系。
2. 简述司法权与行政权的区别有哪些？

三、论述题

论以法治国与以德治国之关系。

2011 年

一、概念题

1. 法律价值
2. 法律秩序
3. 法理推理

二、简答题

1. 法律规则与法理原则的区别有哪些？
2. 简述法治国家的基本特征。

三、论述题

论法与政治的相互关系。

2010 年

一、名词解释

1. 法律价值
2. 法律效力
3. 不成文法

二、简答题

1. 简述法律解释的必要性。
2. 简述我国司法的基本原则。

三、论述题

马克思主义关于法律本质的学说。

2009 年

一、概念辨析

1. 法律体系与法系
2. 法律部门与法律渊源

二、简答题

1. 法律的社会作用是什么？
2. 法律职业的特征是什么？

2008 年

一、概念和概念辨析

1. 权利
2. 法律推理
3. 法系与法律体系
4. 法律责任与法律制裁
5. 法律效力与法律渊源

二、简答题

1. 试述法律的规范性特征。
2. 试述法律与道德之间的联系。

三、论述题

试论法治与民主政治的关系。

2007 年（综合）

一、解释并辨析下列概念

1. 法学体系与法律体系
2. 一般法与特别法
3. 法律规则与法律原则
4. 法律制定与法律生成
5. 法律责任与法律制裁

二、简答题

1. 法律与道德的联系和区别有哪些？
2. 司法权与行政权的区别有哪些？

三、论述题

试论依法治国与构建和谐社会的关系。

2006 年（综合）

一、概念辨析

1. 法系与法律体系
2. 法的效力与法的作用
3. 法律原则与法律规则
4. 成文法与习惯法

二、简答题

1. 简述法律与宗教的关系。
2. 法律与道德在社会调控方面有何不同？
3. 执法权与审判权有何区别？
4. 简述法治概念的内涵。

三、论述题

试论权力与权利的关系。

中南财经政法大学

2020 年

一、简答题

1. 法律责任的认定归结原则。
2. 司法为民的意义。
3. 法治国家、法治政府、法治社会一体建设的内涵。

二、论述题

法律的权威在于实施，论述法律实施的意义。

2019 年

简答题

1. 简述法律规则的主要分类。
2. 如何理解司法公正原则。

2018 年

一、名词解释

1. 法的规范性

2. 法律秩序
3. 法的概念
4. 立法程序
5. 法律行为
6. 语义解释

二、简答题

1. 法律责任的分类。
2. 我国的法律监督体系。
3. 法的局限性。
4. 法律关系的特征。
5. 自由与平等的关系。

三、论述题

1. 论当代我国法治社会建设。

2. 论法律职业伦理，并选择一个职业来说明。

2012 年

一、名词解释

1. 法理规则
2. 法律事实
3. 法律解释
4. 法律责任

二、简答题

1. 简述法的规范作用。
2. 简述法的一般性及其意义。
3. 简述责任法定原则。

三、论述题

结合我国的实际，谈谈权力制约的理论及其意义。

2010 年

一、名词解释

1. 行政法规
2. 根本法
3. 法的溯及力
4. 法律事件
5. 法的执行
6. 法律继承

二、简答题

1. 简述公法和私法。
2. 简述资本主义法的基本原则。
3. 简述法律责任本质的“道义责任论”。
4. 简述法律原则上的主要功能。
5. 简述司法的特点。

三、论述题

论述基本权利中的“基本”的含义。

四、分析题

阅读下列材料后试回答：

1. 李军（化名）的行为构不构成非法运营行为？为什么？

2. 交通执法大队的处罚行为是否恰当？并说明理由。

李军系上海闵行区某公司市场经理。2009年9月8日下午1点左右，他驾驶福特私家车在路口等红灯，这时一名白衣男子过来敲他的车门。白衣男子说胃痛，因打不到车，请求带他一程去医院，还拿出10元钱当车费。李军先是拒绝，但看到对方“痛得弯下腰”，心软了，就让他上了车。不料，车开出不远，白衣男子在车停下时候突然拔走车钥匙，七八名身穿制服的人随即出现，把李军从车上拖下来，反扣他的双手，卡住他的脖子，将他塞进了一辆面包车，并拿走了驾驶证和行驶证。

“面包车上‘制服人员’拿出一份《闵行区城市交通行政执法大队调查处理通知书》，填写我的车牌，让我签字，理由是‘非法营运’。”李军说，“制服人员”告诉他，交钱才能拿回车。李军想打电话报警，电话被抢走。李军要求“制服人员”亮明身份，“制服人员”称是闵行区城市交通行政执法大队队员，其中有一人出示了工作证，却将姓名一栏遮住。在面包车上交涉半小时后，李军被勒令下车，而他的福特车被“制服人员”开走。

李军对记者说：“我怎么可能开黑车？我不差那点钱。再说，自始至终我对那白衣男子都说不会收他的钱。”

李军后到建交委要车，交通科的万科长说，没有雇社会人士诱骗车辆，“很可能是一部分有‘正义感’的社会人士配合执法”。

14日，按照行政执法大队的处罚流程，李军被“强制性要求”放弃陈诉和申辩的权利。窗口工作人员透露，如果被处罚对象不“放弃上述权利”，就无法取回车辆。14日下午4点，李军向该执法大队缴纳了1万元“罚款”，拿到了被扣押一周的福特车。他说，缴罚款并非是接受处罚，由于自己急着用车，并涉及拿车程序上的“强制”问题，无奈签了字。但自己肯定会提起诉讼，洗掉“非法运营”的罪名。

2009年

一、名词解释

1. 政府规章
2. 法律事实
3. 第二性义务
4. 自然正义
5. 法律职业
6. 法律监督

二、简答题

1. 简述法律面前人人平等包含的基本精神。
2. 简述当代中国法的主要渊源。
3. 简述法律体系的特点。
4. 简述法律解释的必要性。
5. 简述自由对于人的价值。

三、论述题

1. 试论权利与义务是法学的核心范畴。
2. 试论邓小平理论对马克思主义法学的贡献。

四、分析题

中国统一司法考试制度评析。

2008年

一、名词解释

1. 法律文化
2. 法律职业
3. 法律规则
4. 法律论证
5. 权利能力

二、简答题

1. 法治与法制有何基本区分？
2. 简述正当程序的特征。
3. 简述法的确定性。
4. 简述权利本位的法律特征。
5. 法对政治有哪些功能或作用？

三、论述题

联系历史与现实社会的实际，试述自由与秩序这一对价值在法律中的对立与统一关系。

四、材料与分析题

材料：2006年11月的一天，原告汪老太太在某市西门公交车站等候83路车，9时30分左右有2辆83路公交车同时进站。原告准备乘坐后面的83路公交车，在行至前一辆公交车后门时，被告孙宇（年轻的电脑技术员）第一个从公交车后门下车，原告此时摔倒致伤，被告发现后将原告扶起，并在原告的亲属到达后与原告亲属等人将原告送往医院治疗，原告后被诊断为左股骨颈骨折并住院治疗，施行髓关节置换术，产生了医疗费、护理费、营养费等损失。原告到医院后坚持称是被告撞倒了自己，而被告孙宇称自己做好事被冤枉……

某区法院经审理后认为，本案应根据公平责任合理分担损失。并称公平责任是指在当事人双方对损害均无过错，但是按照法律的规定又不能适用无过错责任的情况下，根据公平的观念，在考虑受害人的损害、双方当事人的财产状况及其他相关情况的基础上，判令加害人对受害人的财产损失予以补偿，由当事人合理地分担损失。根据本案案情，酌定被告补偿原告损失的40%较为适宜，遂判决如下：被告孙宇于判决生效之日起10日内一次性给付原告汪老太太4万余元。

此案披露后，舆论哗然。有人认为汪老太太为人不地道，孙宇做好事被冤枉，法院判决不公；有人认为汪老太太受伤害，法院以公平原则判案理所当然。

问题：请运用法理学的有关原理和知识，分析上述案件及相关观点，发表自己的看法，可以从中提炼主题。自拟题目，进行评说。

要求：观点明确，思路开阔，论述有深度，使用法言法语，说理充分。

2007年

一、简答题

1. 简述大陆法系与英美法系的区别。
2. 简述外发型法制现代化模式的主要特点。

3. 简述我国执法体系与司法体系的内容。

4. 简述权利与义务的含义与分类。

二、论述题

1. 结合我国的法律实践，论述法律责任的归责原则。

2. 试从法与道德的优劣长短出发。谈谈你对法治社会中法与道德两种调整机制结合的必要性以及怎样结合问题的认识。

3. 试结合我国改革的实际，谈谈你对政治文明的有机构成及其与法治国家（或法治社会）关系的认识。

4. 对比各国主要立法体制类型之特点，论述我国的立法体制及其完善思路。

北京航空航天大学

2020 年

一、简答题

简述国际法主体的概念和具体类型。

二、论述题

1. 如何理解法理学在法学体系中的地位和作用。

2. 法律责任的概念和认定归结原则。

2019 年

简答题

1. 如何理解秩序、自由、效率、正义的含义。

2. 简述划分法律部门的标准和原则。

2018 年

简答题

1. 简述法律概念的功能。

2. 简述法的现象与法律现象。

2017 年

论述题

1. 论法律解释的方法。

2. 如何理解“随着现代化的发展，法律的作用会日益加强，而包括道德在内的其他社会规范的作用会日益减弱”的说法。

2016 年

论述题

1. 论法律的类推适用。

2. 论法的秩序价值。

3. 为什么需要法律解释。

2015 年

一、简答题

简述法律部门的划分标准和原则。

二、论述题

1. 试述司法原则。

2. 试述司法过程中的辩证推理。

3. 试论法律行为的外在方面。

2014 年

一、简答题

1. 简述法律行为构成的内在要素。

2. 简述立法的基本原则。

3. 简述法律解释的原则。

二、论述题

试论法的要素。

2013 年

一、简答题

1. 在立法、行政和司法程序中，对法的价值进行整合，应当遵循哪些原则？与其他社会现象相比，法有哪些基本特征？

2. 请尝试概括法律思维的特点。

二、论述题

请尝试分析正当程序的特征，以及正当程序对现代法治的意义。

2012 年

简答题

1. 简述法律责任的认定与归结原则。
2. 简述司法的原则。
3. 简述法律人的职业思维。

附录二：法理学学习参考书目

1.《法理学》编写组：《法理学》（第二版），人民出版社、高等教育出版社 2020 年版。

2. 中共中央宣传部编：《习近平新时代中国特色社会主义思想学习纲要》，学习出版社、人民出版社 2019 年版。

3. 中共中央宣传部、中央全面依法治国委员会办公室：《习近平法治思想学习问答》，人民出版社 2023 年版。

4. 中共中央宣传部、中央全面依法治国委员会办公室：《习近平法治思想学习纲要》，学习出版社、人民出版社 2021 年版。

5. 中共中央文献研究室编：《十八大以来重要文献选编》（中），中央文献出版社 2016 年版。

6. 张文显主编：《法理学》（第五版），高等教育出版社 2018 年版。

7. 周枏：《罗马法原论》，商务印书馆 2014 年版。

8. 张文显：《法哲学范畴研究》，中国政法大学出版社 2001 年版。